山右叢書·二編

十一

山右歷史文化研究院　編

上海古籍出版社

目　録

張司隸初集

〔明〕張道濬　撰

田同旭　趙建斌　馬　艷　點校

二編　澤畔行吟續

三編　澤畔行吟再續

四編　奏草焚餘

五編　古測

六編　杞謀

七編　奚囊剩艸

八編　雪广筆役

九編　不可不傳

十編　偵宣鎮記

句注山房集二十卷·尺牘七卷

〔明〕張鳳翼　著

李　蹊　點校

張司隸初集

〔明〕張道濬　撰

田同旭　趙建斌　馬　艷　點校

點校説明

《張司隸初集》，明代張道濬著。

張道濬，字子玄，號深之，山西沁水竇莊人。祖父張五典，曾任大理寺卿，致仕時加兵部尚書。父張銓，曾任巡按御史等職。天啓元年，巡按遼東"殉節"，贈大理寺卿，再進兵部尚書，謚"忠烈"。張道濬因"忠烈"之後，得以廕襲錦衣衛僉事。因失去科舉功名，實不欲以門廕顯。時人喬應甲稱張道濬："有文武略，事業未可量云。"（見明張五典《大司馬海虹先生文集》卷十七喬應甲《明故太子太保兵部尚書海虹張公配夫人李氏竇氏淑人李氏合葬墓志銘》）日後，張道濬也確實想幹一番事業。只是遭遇坎坷，空懷一身"文武略"，終身未能得志。

張道濬在朝廷以忠臣子見重，天啓三年，遷指揮使都督同知，錦衣衛僉書管事。崇禎元年夏五月，察哈爾入犯新平堡。張道濬休沐五日，微服單騎西行偵之。日行二百餘里，四日即還。探得其情由，乃雙方爭市，殺其使而致變。遂將耳聞目見，如山川之險夷、道里之迂直、敵情之勇怯、我兵之强弱，作成《偵宣鎮記》。崇禎四年，因與閹黨楊維垣等相善，爲公論所不予。《明史·張銓傳附張道濬》記："尋以納賄事敗，戍雁門。"

崇禎五年四月，陝西農民軍渡河入晋，兵犯沁水、陽城、晋城，沁河流域慘遭塗炭。張道濬應山西巡撫宋統殷之召，返回沁水，貲募家勇健兒，在竇莊、九仙臺、三纏凹等地，挫敗陝西農民軍，保護了一方百姓，有功于朝廷，有功於沁河流域。而道濬"故得罪清議"，朝廷仍以"離伍冒功"，"沁城既失，不可言功"爲藉口，更戍海寧衛。張道濬因父恩廕以來，多次上疏朝廷，願赴遼東前綫，抗擊後金，以雪國恨，以報父仇。朝廷非但沒有滿足張道濬的請纓，反而更戍其於海寧衛，使之距遼東越來越遠。

談遷在《都督同知張公傳》記張道濬："更戍海寧衛，遂放浪山水。所好稗説小令，興至濡筆，而請纓之志不少挫云。"崇禎十五年冬，張道濬始放還沁水。"甲申（崇禎十七年）驅於秦寇，授延安守。明年正月，殺於北兵。""明年"即清順治二年，張道濬戰死在延安抗清前綫，年僅五十一歲。曾任山西布政使司的澤州苗胙土《錦衣衛加都督同知深之張公墓誌銘》也記："甲申（崇禎十七年），以僞召，遷陝西，竟罹於難。"又記："乙酉（順治二年）正月，都督子玄張公殞于延安。四月，靈輀歸於故里，余往哭之慟。越歲丙戌（順治三年），諸公子持狀來屬余爲銘。余讀狀，竟不禁淚涔涔下。公，文士也，豪士也，胡爲至此極哉！"

崇禎十七年三月，陝西農民軍"闖王"李自成攻入北京，崇禎皇帝煤山自盡，明朝滅亡。張道濬是在明朝滅亡前夕受命延安太守的，到任不到一年，被清軍殺害，死于抗清大業。張道濬之父張銓，也是死於抗清（後金）大業。張道濬猶如乃父張銓，同樣是一位"死于忠烈"的抗清志士、愛國將領、民族英雄。張道濬理應受到後世敬仰，千古流芳。

張道濬祖張五典與父張銓，皆長於著述，而張道濬的著述最爲豐富。光緒《沁水縣志》著録有《丹坪内外集》、《兵燹瑣記》、《奏草焚餘》等，《談遷詩文集》中有《張都督文集序》、《張都督奏議序》、《張都督賦序》等文。張道濬尚有《張深之先生正北西厢記秘本》與《從戎始末》傳世，另有佚作《續國史紀聞》及崇禎《沁水縣志》等。張道濬更戍海寧衛十年，曾彙集編輯了其父張銓的別集《張忠烈公存集》，同時還彙集編輯了自己的別集《張司隸初集》。別集名曰"初集"，一曰初步編撰。再者，《張司隸初集》是張道濬的自編集，編輯於崇禎晚期，時張道濬年不足五十，以爲自己還來日方長，還想編撰"二集"、"三集"云云。不想，張道濬剛過"知天命"之年，就血灑疆場，只能以"初集"爲終了。

《張司隸初集》爲明末刊本，藏首都圖書館，乃海内孤本。由十卷《澤畔行吟》、九卷《澤畔行吟續》、八卷《澤畔行吟再續》、一卷《奏草焚餘》、一卷《古測》、一卷《杞謀》、十一卷《奚囊剩艸》（缺第十一卷）、六卷《雪广筆役》、三卷《不可不傳》、一卷《偵宣鎮記》、一卷《兵燹瑣紀》、一卷《城守規則》等十二種著作組成，每種書前均各自有目録。

此次整理，即以首都圖書館所藏《張司隸初集》爲底本。原書共十二種著作，爲編輯方便，今參照原書總目分爲"十二編"；原著各書均未標卷次，但有明顯的分卷痕迹，今依次標明卷次；原書目録篇目有與正文篇目不對應者，今據正文悉予統一。可據其他文獻參伍校勘之處，均出校勘記説明。難以辨認的文字，暫用□代替，擬補文字均出校勘記説明。

《張司隸初集》叙

嘗讀古人書，因而論其人，論其世。其人之心迹甘苦，其世之風尚異同，可於微文殘墨以一辭而概也。何者？書以自達其中之誠。然風水相生，心手相應，即欲匿之弗能。至所紀載，必國家行政用人及其交游應求，則一世之治迹，端可仰鏡。豈讀今人之書，既獲交斯人，同斯世，而不能一論之？雖知罪作者不辭，而甘苦同心默喻，要歸大道之公而已。

山右張深之司隸，爲忠烈公冢嗣。忠烈公與先子同登甲辰（萬曆三十二年）榜，先持斧吾鄉。抱藝伏謁，即知深之，衛玠丰神，王勃淹麗。辛酉（天啓元年），忠烈公殉遼難，義聲震天地，恩恤有加。深之之才，何難立取卿相？顧念國典家忠，且亟欲一當匈奴，伸不共戴，勉就司隸，亟馳熱血莫灑關外，此可以知深之爲子。清班侍從，多所論列，會魏璫熺虐，深之削籍歸，禍幾不測，士夫此時不立異者多矣，此可以觀深之爲臣。天宇重闢，賜環特起，益以世道爲任。會議論未定，因慷慨上疏，有所激也。深之此時，又不苟同如斯，亡何請歸。

己巳（崇禎二年），逆奴闌入薄都。深之召募勤王，疾趨長安，與當年裹屍遼陽同一熱血，灑之君父。因糾一二規避者，亦有所激也。深之此時原非立異，當日不附璫，豈至此復有依違？然忌者集矣。會朝議糾長垣，并以風影及深之，去國之臣，不潔其名，苦心自知。

澤州寇警，又率家衆捍禦，多斬首虜，例當准功。忌者又格不行，再放長水。恣情著作，文備各體，援筆立就。浩乎若河海之無垠，爛然若日星之不晦。本於墳典，資於子史，毄核於稗官百家，而以游戲之餘，散爲辭曲，聲調俳傷，宋元人不能過也。身既隱矣，無意人世。然中懷所惻，君國世道時勃勃於筆端。酒後耳熱，則又不勝擊碎唾壺之致，惟借文章寄其憤鬱，有奇肆而無險戲，有芳澤而無矜棘，其融水火而歸和平，天地鬼神可以熠鑒，《司隸集》之不可不讀也。

司隸於親則孝，事大父官保公甚順。忤瑠勤王，事君不可謂不忠。與人以裹[一]，盍簪縞帶，同於古人，通於四海，尤稱甚信。或一二過激之事，致滋疑忌。然當世端人皆樂與之游，且極揚其保全調劑之功，自有道之者。語曰："文章千古，得失寸心。"人品亦千古，得失亦寸心。讀是集者，尚不知其人，知其世，又何論古人書乎？雖然，深之異材早貴，尊擬通侯，不及强仕，早爲五湖游，彼蒼假之以顯赫，又優游餘年，以大肆力於文章，而究其不朽盛事，兹《初集》者特其端爾，烏可量哉？

新建年社盟弟戴國士題

校勘記

〔一〕"裹"，疑當作"禮"。

《張司隸初集》序

　　余與深之先生邂近邗上，見其慷慨卓犖，有烈丈夫氣概。予心識之，先生亦甚匿予若，以余爲可交也。已每相見，聽其談論亹亹，於古人成敗得失，及天下利害所在，如指諸掌。余固知其蓄之淵淵，軮之源源也。授予雜刻數十種，大約多模寫物態、染繪風流之言。

　　余讀之曰：“文生於情，豈不然乎？陶靖節之冲淡，宋廣平之端毅，而《閒情》、《梅花》兩賦，辭旨婉麗，若非二君子所道。又空同子稱‘董解元《崔張劇》，當直繼《離騷》’，誰謂酣嬉笑詈、感憤寄托而爲之，非文之至耶？”先生曰：“不然。余平日强志盛氣，好大而見奇，於書無所不讀，會其得意，翛然自喜，不啻若鐘鼎錦繡之獲，顧他嗜好無足易此者。故嘗度揣摩，積有裒葛。凡著述若干卷，前此瑣瑣者，實非余意也。”

　　余盡索而觀之，披卷爛然，體無不備，益知先生所負者大，而其垂之不朽者，成就卓卓有如此也。昔人謂枚乘、司馬相如，瓌麗才士而不近風雅；曹植豐贍，王粲超逸，嵇康標舉，而或不能備體。夫文本同而末異，故能之者偏。若先生者，可免斯譏矣。雖然，皇甫謐序《三都》固足以重左太冲，而陳師錫序《五代史》不足以當歐陽永叔，則余又何能爲先生贊一辭哉？

　　梁溪社盟弟顧宸撰

一編　澤畔行吟

沁水張道濬子玄父　著

歸安韓敬求仲父　閱

嘉興王庭言遠父　訂

《澤畔行吟》序

嘗聞“詩三百篇，聖賢發憤之所爲作也”，至讀朱子《章句》而疑之，以爲貞邪雜陳，不無是非之謬。然考之卜子夏《詩序》，多有異同，則又嘗疑之。夫托物興懷，情深一往。《姣童》[一]、《静女》而寄君父之思，將十九首之倫，解者猶必爲之文，况于經以垂遠者哉？《詩》之後，爲《離騷》。《騷》，《詩》之變也，而深于《詩》。忠而被謗，信而見疑也。離則憂，憂則傷，畏讒讒而希誠，感悟其情，亦以哀矣。放廢行吟，君子尤取之，豈非後世忠義之林，而著作之準與？

深之張先生，以忠貞起家，始效偉勲，而復不容于時，遂遭貶謫。其憂傷之意，一見之于詩。詩以《澤畔》名篇，所况蓋可知也。夫忠不忘君，雖九死而未悔，懷思之隱，今古同情。屈平所居，宗國也，故去而無所之。先生仰承忠烈公，又先志也，故疏辱而多有自效。彼其于君親之義，一篇之中，往復致意，較之恒人，尤有加切者焉。夫《離騷》非《詩》，深于《詩》；先生之《詩》，非《騷》，深于《騷》。嗚呼！忠臣之心，孝子之行，吾今得之矣。

　　長水王庭題

校勘記

〔一〕“姣”，當作“狡”。

《澤畔行吟》序

詩之爲言持也，持世之善物也。本乎至性，發乎至情，非忠臣孝子，莫與言也，亦莫能作也。若僅以句雕字飾，自矜作者，則香籢玉臺廉纖閨閤之音，竹溪樵隱寂寞山林之調，律之詩人大旨，相去不啻萬里。

深之先生，今世忠孝人也。其先忠烈公，以直聲亮節爲神宗朝名御史，持斧巡方，殉難遼左。先生時未離諸生，請自爲一軍，討賊復讐，天下聞其言而壯之。後官大司隸，執戟禦非常，守正不阿，無忝先烈。立朝大節皭皭，如皦日麗空，群陰屏息。此其人即口不言詩，已知其中有磊落千萬言，冲激注射，洶洶欲出矣。

先生以介直不容於時，被放來浙，寓迹湖湄，題其近詩曰《澤畔行吟》，蓋亦江潭憔悴，忠不忘君之意，非如昔人窮愁著書，賦枯魚，悲窮鳥，贈行泣下者。觀其棄逐家居，值寇起晉原，盡傾貲產，爲築城捍禦，保障河山，此豈失分懷憂之所能爲？而論者反以爲先生罪案也。夫蛾眉別貌而見妒則同，芳草異時而受鋤則一。先生之與三閭大夫，不曠世而相感耶？昔太史公稱《離騷》有《國風》、《小雅》之遺，可與日月爭光；而孟堅即譏其太過，不知《離騷》非怨君也，而專病黨人。蘭芷爲茅，糞壤爲芳，令爲君者東西易面而不自知。靈均不悔九死，一篇之中，三致意焉，其愛君爲何如哉？先生不附黨人，即爲黨人所傾，以功爲罪，究於先生奚損？先生於先太史聞聲相思，非有紵衣縞帶之交。迨先太史歿，先生齎炙絮千里來唁，生未謀面而悲感乃若生平歡顧，何以得此於先生乎？比讀其《行吟草》，用意幽深，寄情微渺，纏綿悱惻，直欲起屈氏而上下之，豈屑屑與詩家論漢魏較初盛哉？夫子美夔梓後詩，子厚永州記，子瞻海外文，皆於生平著述外，別搆異觀。古今文人未有不獲江山之助者，而皆出於遷謫流寓坎坷侘傺之餘，迨所謂“窮而後工”者，非歟？方今胡馬外驅，流氛内集，如先生資兼文武，乃不使之高議雲臺，密籌幃幄，建不世出之功；僅從六橋、兩堤間，與春花秋月相爲酬答，亦甚可嘆也！亦甚可嘆也！余賦性樸遫，不足以言詩，感先生氣誼深至，不能去懷。謹盥筆隊詞，略爲序次如此。

時崇禎庚辰季夏西吳韓繹祖拜題

澤畔行吟卷一

賦

晚烟賦

時維暮秋，羲和夕淪。閒館闃如，遵彼水濱。野曠天低，微波揚鱗。沴祲梯空，蟠際無垠。氣流行而庵靄，狀槃縶以紛綸。乍舒乍卷，或散或屯。隱遙帆而若障，蔽遠浦而非塵。黃蘆苦荻，枯卉浙瀝，如戰士之蒙犯雪霜，參差戈鍼；湘筠吳楓，特呈而容，如文人之揮毫落紙，興豪體春；江蘺澤菊，縹緲詰曲，如美女之曳縠披綃，薄言新沐；凋芰敗荷，蕩乎風波，如里嫗之霜鬢霧鬢，悲時無多；蚊虻群起，罔所棲止，如行子之迷津望洋，皇皇失倚；濯濯閒鷺，掩映芙蕖，如野叟之植杖披襟，其致瀟疏；維彼蓬牖，瞷遂及竇，如貧兒之挂衲貫繩，衣不掩陋。亦有樓臺，爰見其端，如朝臣之待漏遲明，峨峨若冠蓋。虛實失歸，俯仰更態。倏忽有無，前不後代。泊聽鳴榔而知漁，睹流火而識螢。非借有此聞見，將毋亂夫真形。嗟乎！寸雲可以膚雨，而烟與之齬；尺霧可以障天，而烟擅其權。明明在上，乘晦用壯。長夜漫漫，姑行爾妄。安得麗皎日於太空，驅烈風而迅掃其煬。

隱豹賦

南山之中，有隱君子。變謝時乘，形緣霧徙。謂鴟張則網羅可加，寧蝘息而鼎鑊莫以。爾乃窮巖絕谷，樵蘇廢役。斧斤聲聞，委蛇厭迹。大澤幽潭，毒龍所專。並育不害，夫何違焉？長林豐草，干雲蔽日。百畝千章，麋檿可俟。亦有鳥雀，巢林一枝。非吾徒也，任其來之。礪齒有石，洗耳有流。上天下地，一壑一丘。淫不狐綏，饑不狼貪。知止庶幾，陋彼眈眈。其臥徐徐，其覺于于。日月跳丸，樂也只且。萬夫莫前，烏在當關？有威可畏，慄不以寒。何必入直，義取諸伏。二十五日，復張其郁。朝爽兮婆娑，夕春兮逶迤。暄溽侵兮蔽藤蘿，栗冽乘兮負岑阿。挹湛瀼兮起凤吪，沾膏澍兮濯翠波。萬籟鳴兮嘯聲和，轉轟車兮恣奮摩。悠哉優哉，藏以避害。莫山子若兮，羌盤桓而或過。雖然，嘯虎生風，興龍從雲。利見利用，千秋以聞。嗟爾何遜，終焉祲氛。一斑之見，烏足云云。夫豈以死鞞，不緣螻蟻，而遂爲薰乎？

歸夢賦

嗟予美之去此，撫長年而心凛。苦白日之不照，夜如何其甘寢？抑愁却坐，幽吟撤飲。俯仰難容，褰帷就枕。庶疏闊於暑寒，得周旋乎俄頃。於是背銀缸，抽瑤簪；卸綺裳，壓繡衾。心惝怳而無那，神迷離而不任。爾乃薰猊體冷，啼烏聲闌。忽化蝶而自栩，隨征鴻而高攀。縮大地兮，不借壺公之術；御天風兮，無煩列子之翰。金微有路，玉簟無寒。慰饑渴於既見，接笑言以成歡。恍房幃之綢繆，感昤睞而盤桓。爾乃譙漏未終，明星載啓。檐鈴碎風，游魂失倚。飄飄來歸，嗒焉驚起。亟追思其所歷，茫不辨夫道里。羌始願之終虛，曷惆悵而能已？

澤畔行吟卷二

詩樂府

公無渡河

公無渡河，河深水黑，蛟龍所匿。長年善涉，而莫之敢即。奈何以身試不測？輕車逶迤，康莊則那。公胡渡河？

夜飲朝眠曲

金屏障風月未午，幕中花娘夜出舞。左旋右旋行復阻，恬緩如文疾如武，形翔袖活神靡所。四座歡深疲按拍，杏梁曈曈見初日。後堂羅帳香待人，少年醉擁金釵客。

當窗織

唧唧復唧唧，有女當窗織。幾回不勝情，低頭長太息。自憐生長閨閣間，不解等閒離別難。良人出門辭妾去，如今遠在雁門關。雁門迢迢千萬里，秋來聞說胡塵起。可憐生死不相知，幾度停梭淚暗垂。絲緒妾心爭歷亂，紗窗獨坐益凄其。

君馬黃

君馬黃，惟君乘之雅稱良。方瞳竹耳開行光，銀鞭錦障何輝煌。四蹄蹀躞塵不揚，千里一日隨所將。寧虞獨馳靡爾副，萬一逸銜蹶中路。

烏夜啼

棲烏夜夜夜半啼，空房夜織停夜機。金缸依稀照孤影，欲滅不滅揚餘輝。揚餘輝，炧將落，含悽抱衾怨蕭索。啼烏啞啞漸歇聲，隔窗又聽雞初鳴。

采蓮曲

船頭坐水如坐空，皓腕越女矜秋風，輕橈暗撥入花中。入花中，嬌不起。映蓮花，采蓮子。

久離別

嬌歌久絕寒青絲，十年妝匣埋燕支。金鈿零落暗華色，離情窈裊東風時。朱弦日夕理清曲，泛羽流宮斷還續。繡榻燒蘭曉夢長，玉窗花暖春烟香。春烟兮如波，曉夢兮仍過。落花寂寂空簾外，愁聽殘鶯奈妾何？

飲馬長城窟行

長城塢，多少征人埋此土。血沾青草盡作燐，骨散黃沙誰是主？憶昔家室初別離，從軍遠塞任所之。出門辛苦無憐憫，猶望生還鄉里時。塞上胡塵一夕起，人人轉戰爭功死。爭功未成先歿身，封侯不是戰死人。

春日長

春日長，情未央。東風吹柳柳半黃，千絲萬縷烟微茫。臨橫塘，君今遠在天一方。妾獨於此嗟斷腸，洞房金爐換夕香。機中錦字影獨傷，使妾青鏡蒙流黃。褰裳不可涉，素肌減啼妝。渺渺何所將，烟水勞湯湯，毋相忘。

楊白花

朝看楊白花，滿樹藏棲鴉。暮看楊白花，滿路飄泥沙。泥沙漫漫路杳杳，雪色搖人醉烟草。餘鶯酣怨不住啼，似惜楊花謝春早。楊花楊花勿浪飛，飛時一一沾妾衣。

折楊柳曲

陌頭楊柳烟絲絲，春來葉葉迎風垂。陌頭女兒送行客，手折長條頻嘆息。妾眼應憐柳葉青，君心恐逐楊花白。楊花柳葉本同枝，不意春風有別離。紅顏憔悴悲征路，腸斷青青送君處。明年此地還作陰，君歸不歸懸妾心。

烏棲曲

機中女將織，停梭淚如雨。少年夫壻離鄉土，從軍遠去征胡虜。胡沙千里何漫漫，北望關山行路難。傷心愁見苦寒月，夜夜獨織星將闌。飛烏飛來庭樹宿，啞啞啼飛飛相逐。可憐閨中止一身，誰能聞此不酸辛。

自君之出矣

自君之出矣，憔悴舊容姿。思君如風絮，飄搖無定時。

雀飛多

雀飛多，營營專嗜欲。貪得昧前算。危機還自觸。雀飛多，如羅何？

長相思

妾如水底芹，君若山頭柏。懸絕無見期，何繇侍君側？山頭旭日瞳瞳開，水底柏影初移來。不近君身近君影，與君暫得相徘徊。徘徊未幾日云逝，嗟君不留妾無計。何人謂妾陰有私，青天白日君當知。妾心生憎日西匿，期君還願月東出。

蓮舟買荷渡

驚鳧衝浪濕，游烟覆水虛。花密舟難進，香遲風未歸。早知荷葉重，悔不製秋衣。

鼓吹入朝曲

雕檀作軫金爲車，蠻獅玉刻羊脂花。劍光雜珮爛白日，天衢照耀森高牙，風吹香騎揚芳華。揚芳華，激皓齒。滿城絲竹清且閒，鼓聲淵淵正盈耳。朱旗絳節，一何葳蕤。騑騑四牡，燦然光輝。至尊虛席賜顔色，歸來晝繡榮錦衣。

相逢行

荆山冶餘鐵，鑄鏡名軒轅。遠歷數千禩，清光烱猶存。一朝流傳入南國，古錦裁囊重拂拭。美人妝影落鏡中，韶姿面面如花紅。深情顧笑無比別，相憐即許初相逢。

猛虎行

飄風不終朝，疾雷不逾時。物理猶可推，人心黯難知。忠信必有申，水火任所之。不見南山巔，猛虎宅于斯。憑威恣唼食，豈擇妍與媸。如何皮寢處，雄勇無復施。

牧牛詞

二月三月春雨晴，□田水暖蘆叢生。牧童驅牛出原隰，細草新青牛可食。夕陽短笛不見人，吹過村南又村北。牧童豢牛盡牛性，駢毛便便角周正。

射雉詞

春滋土脉微雨膏，青青短麥初成苗。朝烟一望散晴旭，菜花歷亂從風搖。五陵少年喜馳突，手握雕弓滿如月。野田雙雉側側飛，錦毛碎空摧捷機。

胡無人

邊風厲高秋，胡馬塞上肥。漢家出天兵，夜合單于圍。寒霜摧人破肌骨，斷角嗚嗚慘不發。將軍飛捷未央宮，胡奴掩淚陰山月。箭括初收大漠塵，長歌齊奏胡無人。銘功再勒燕然石，羞因五利從和親。

舞衣曲

蛛絲穿針縫舞衣，片烟裊裊紅薔薇。上旋下旋燕輕擲，左鋋右鋋鴻驚飛。飄鈿墮珥曲未半，神光零亂香吹散。虧雲剪月鬟始偏，芳容掩抑身遷延。暗迴長袖拂君面，願君知妾情所專。

玉墀怨

梧桐飄風夜知冷，響入空閨夢初醒。五更愁臥嫌薄衾，缺月殘燈暗無影。披衣起坐褰重幃，窗外星河吹虛耿。玉墀秋草咽寒蛩，幾葉霜紅怨金井。

橫江詞

長舟駕舵檣滿篷，篙師倚楫衝長風。橫江日高水烟醒，秋雲垂天壓江影。

蕩舟曲

野水春更緑，水春雲染衣。吳姬玉手弄輕楫，蛾眉入水春生輝。舟蕩漾，蕩漾歌且長。水光灧灧媚春日，落花流盡烟蒼蒼。

行路難〔一〕

駕車且行邁，主人厚爲辭。萬里一室中，出門安所之。深山龍蛇生，修途風雨時。君意不可回，將毋處者悲。汎瀾〔二〕濕前襟，纏綿良足思。嗟乎哉，別離殷勤致懇誠，何如居平不異情。嚶嚶黄鳥得所友，寧知驪歌腸斷聲。

校勘記

〔一〕此詩下另一頁有題作“其二”、“其三”詩二首，已見《澤畔行吟續》卷二《猛虎行三首》“其二”、“其三”，今刪去。

〔二〕“汎”，疑當作“汏”。

詩<small>五言古</small>

感　遇<small>十二首</small>

其　一

白日忽晦暝，昏霧蔽市廛。豺狼東西馳，鷗鴉鳴樹顛。遠避非宜謀，端居安所憐。清明不可追，憂心徒悁悁。

其　二

大河從西來，滔天勢崩漫。賴此中流石，砥之遂安瀾。既鮮舟楫虞，亦無汨溺嘆。風波且坦夷，行路復何難。誰哉摧石頹，悲思傷心肝。

其　三

幽房窅難即，張帷復四垂。車馬雜沓來，高坐如不窺。我思古大隱，茲風可仰追。詎期群動息，心神有專馳。登墻延修頸，子夜未云疲。東鄰無美女，爲此欲挑誰。

其　四

青松高百尺，直凌霄漢間。因緣而上升，藤蘿獲所安。奈何乘其疏，纏綿遂多端。致茲容受身，忽焉反欒欒。旁觀應不平，斧斤誰辭難。

其　五

大山高無極，上有狼與豺。東南帶滄海，汪洋争喧豗。陟降既險阻，毋爲行路哀。理勢不終窮，舟車亦往回。人心匪山海，高深胡莫猜。搔首一長嘆，傷神重徘徊。

其　六

芳蘭生深谷，幽香阻一區。桃李受人憐，顧此豈合殊。忽焉春風謝，盛衰憐者渝。何如違時好，而免鋤當途。

其　七

西施非自美，見者難爲容。揚袖入吴庭，粉黛失纖濃。悠悠千載下，嘆惜不再逢。之子呈素質，驚鴻與游龍。金屋貯空名，雨露無偏鍾。流輩妬君恩，棄斥中讒鋒。深宫一以閉，訴言誰見從。

其　八

傲骨生不俯，乃與世周旋。所遇非等流，誰能委曲憐。指瘢護所醜，自虧思苟全。嗟哉跖蹻心，因而操戈鋋。

其　九

驅車出長安，行行涉遠道。艱辛冒暑溽，况乃兼泥淖。風波平地起，十步九踸踔。僕夫戒畏途，止余莫前蹈。金臺生荆杞，都亭横虎豹。俛首懷康莊，税駕愜所好。

其　十

陰深寒氣凝，陽和忽已徂。落葉辭故柯，繁霜集通衢。鳴蟬無餘聲，止屋惟號烏。弗弗驚涼飇，烈烈憯肌膚。白雲瞻太行，遠阻千里途。憂酸從中來，仰天欲長呼。

其十一

長日無所事，掩關理素琴。一調飲馬行，再調涉江吟。寄聲亦何愴，懷戚無知音。推琴起長嘯，泣下沾衣襟。回想俞伯牙，斷弦良深心。

其十二

雁鶩謀稻粱，矰繳伺其愚。燕雀處高棟，亦有寵烟虞。禍患生不測，安危轉須臾。黃鵠振羽翰，翺翔向天衢。嗤彼挾彈者，今也將焉圖。

出　塞

烽火照漁陽，漢軍出塞上。旌旗翻白日，殺氣恣摩盪。天怒黑雲屯，風逆鼓聲壯。蕭蕭寒馬嘶，士卒勇相尚。報君死志深，刀頭寧所望。

擬招隱

躡烟捫弱葛，俯仰乾坤間。哀音激清嘯，逸思盈秋山。

銅雀臺吊古

阿瞞僭天子，鄴都朝玉帛。漢祚已潛移，猶然著臣迹。人主如嬰兒，何者足顧惜。徒跣死妃后，公卿俱瓦擲。天道從好還，終豈容悖逆。何取漳水邊，搆臺高千尺。所事詎不雄，人生未嘗百。幸逃斧鉞誅，亦爲桑榆迫。忽焉謝人事，一抔掩西陌。白楊鳴秋風，狐兔殘其魄。分香竟安在，遺臭難銷骨。試問地下魂，應否悔往昔。

雁　門

北登雁門關，小憩意殊欣。河山盡一覽，涉歷勝前聞。隘峽出危樓，戈戟雪紛紛。人稀鳥雀閒，艸繁狐兔群。遥顧蒼茫間，指點得宣雲。黄沙蔽城邑，千里見妖氛。明王勤拊髀，專閫無成勳。悠悠百世後，誰爲李將軍。

松蘿篇

青松鬱蒼蒼，女蘿縈高枝。弱質非附喬，焉能引其絲。根本昔未立，希彼雨露施。生意苟有縈，蒙蔽忘所資。松心秉孤直，初謂不我欺。束縛日益深，遂令身莫支。爲援適自罰，慚嘆誰相知。

柏林唐晉王墓

勝迹探柏林，驅車出近坰。林柏久樵蘇，所留乃其名。世遠昧伏臘，有無見精靈。藤蘿冒荒途，苔蘚蝕碑銘。巋存獨石虎，尚爾勢猙獰。遐憶昔中和，鉅野起妖星。屯劫數莫違，所到摧堅城。白日慘無色，千里流膏腥。天子走西川，事讐皆公卿。英雄憤沙漠，先聲役雷霆。指顧埽欃槍，廓然區宇清。功成合上賞，茅土錫汾并。終身奉正朔，臣節羞彭黥。蕭蕭土一坏，藩稱未或更。異代掩重泉，嗚呼問霓旌。

聽　雨

菊房凉歸雲，虛簷集幽爽。飄風吹空林，廓落生影響。零雨凋梧桐，秋聲亂草莽。石牀冷如月，夢醒青苔長。

郊原遠

郊原遠逶迤，旭日照平麓。杪春謝花鳥，孟夏長草木。覓句
倚鳩杖，抱拙任魚服。年來但苦思，詩骨瘦於竹。

偶　成

交鄰莫重新，重新交無鄰。家貧莫讀書，讀書家益貧。丈夫
不得志，出没同路人。仰視蒼天高，何以容我身。

題千里駒爲郭霊吾中丞賀

我愛千里駒，驍騰四踠促。猛氣食駑駘，奇姿矯圖籙。雖當
汗血初，空群業可卜。横行嘶天風，歷塊應輕熟。看踏長安花，
寧爲櫪下伏。

聽李葵塢彈琴

蕭齋積虛白，竹石相照耀。聞君弦指上，歷歷凄苦調。泛兹
静玄理，亡情即高妙。我有三尺桐，焦烈如悲風。裁爲緑綺琴，
請君彈秋鴻。

游　仙

函關有仙史，越世超物情。朝飲木蘭露，夕餐秋菊英。巢居
三千年，遠古忘其名。玄經對心寂，廓落無所營。吾將乘青牛，
從之學無生。

夜集孫白谷吏部園亭

萬籟夜寂然，雲銷閑新月。庭柯入流影，綴景浮疏葉。眷懷
不可忘，聊焉聚佳客。飛觴拓意氣，狂吟岸巾幘。擊節欣同賞，

千古今一夕。茫茫宇宙間，知己良非易。願言葆中悰，終始貞膠漆。

感　寓

蒼穹幹〔一〕玄化，地軸經四維。人生六宇間，大道直且夷。出門各有往，投趾各有宜。曠覽周八荒，無爲守藩籬。繩尺苟不逾，羊腸亦康達。笑彼楊朱子，區區泣路岐。

再　謫

青松何挺然，百尺無旁枝。勁骨勢不俯，文理具多姿。綢繆依蔦蘿，惡聲絶梟鴟。寄迹遠朝市，丘壑足相怡。匠石顧盼間，棟梁遂稱宜。致身非不榮，所性已全違。誰言世好殊，見嫉反遭隳。泥塗國門外，棄捐等如遺。風雨時浸濡，任受烏能辭。故山失終托，速朽昧前期。胡爲尋斧柯，直欲同委棄。不柔寧即折，既方詎可規。眷焉一長謝，毋勞力自疲。

秋　泛

乘閒役輕舟，漾漾出前浦。滄浪意無限，遠近鶩柔櫓。中流夕陰起，歸漁罷網罟。秋薄水際雲，寒生樹邊雨。相忘是非外，行休以終古。

秋江篇

美人悵何許，乃在秋江西。盈盈一水間，屮色何萋迷。褰裳將從之，引領無前蹊。北風吹人心，飛過芙蓉堤。

西　浦

移舟秋冥上，落日秋烟裏。水下波始寒，魚游不知水。空潭澄人心，達生良有以。長嘯歸去來，微風動芳芷。

送吳來之大行

人生重意氣，惟苦無等流。揖讓惜襟裾，談笑避戈矛。所以古賢達，白首寡良儔。肝膽信可披，一日畢千秋。天地有終毀，精神自足周。區區合離間，寧事深爲謀。

雪

窮陰慘萬象，渺渺浮白光。繁雲靉虛無，江天動微茫。散漫搖朔風，飄颻以回翔。登流肆流矚，精神爲飛揚。國風久不作，黃竹徒感傷。

馮　高

馮高眺遠天，天遠見落日。烟樹何微茫，頓使望中失。理心貴杳冥，兀坐虛一室。左手把道書，向晚注初畢。明朝多餘閒，更擬事刪述。

勵　志

一日復一日，流光如電疾。徒有夸父心，愧無魯陽力。盛年不常駐，寸陰誰可軼。往者已莫追，來者當加敕。莫謂道途遠，千里繇一息。巍巍萬仞崗，樵牧躋其極。所以賢達人，爲學求日得。切磨衛武咏，知非伯玉慨。古人如可師，時哉勿自失。

拾　夢

輕舟信微風，漾漾寒日傍。緣流幾曲折，漸入烟微茫。溪聲落高竇，石墮危無梁。捨舟始潛行，萬木飛陰霜。峰心積群翠，路仄傾崖光。空濛若晴雨，秀色搖衣裳。山鳥嚶其鳴，谷蘭生幽芳。懸蘿歷層巔，一氣浮穹蒼。仰挹明河流，俯觀衆星行。崆峒閲倒景，寥廓無陰陽。清曠隨所之，縱目唯荒唐。精理未銷滅，天地如空堂。

唁李青來秀才[二] 程姬

抗遜機雲死，英靈鍾婦人。此言近滑稽，正聽多所嗔。抑知耳目前，千秋具奇因。巾幗足丈夫，鬚眉真後塵。名借文章寵，才將歲月新。區區持門户，方之何堪陳。獨嗟蕙蘭姿，容易謝先春。餘馨挹臨風，爲子重傷神。

艶　情

晚情厭深月，徘徊知春寒。風簾碎花影，露氣聞幽蘭。動息顧聲響，思君在長安。長安與日遠，佳會良獨難。願言假清夢，爲我留暫歡。

南湖漾舟

南湖積清深，兹游值秋孟。展閲屢不同，延覽夕未竟。忘機與鷗息，樂水達魚性。藻色生半陰，竹光斂餘映。中心浣蒙慮，物理齊一净。落葉聞有聲，閒雲感無競。昏見漁人歸，收綸入蘿逕。

出招慶南逢陸芝房司馬[三]泛舟作

繁烟霽殘影，薄暮出招提。偶然逢故人，言笑旋相携。輕雲壓湖舫，積水虛沙堤。野草平遠天，深秋正萋迷。高懷朗如月，嘯傲臨凫鷖。酒酣豁心胸，坐覺群山低。吾儕汗漫游，落魄隨東西。楓林返孤泛，擊節歌前溪。

秋夜寄訊王介人山人〔四〕

林棲澹無寐，孤月當前軒。流寒弄清影，露葉風微翻。永懷屬佳人，抱疴臥荒園。知交有見貽，日或沾一湌。貪賤無弱心，沉吟多苦言。矧余失路人，念子百慮繁。秋天不可晨，涼蛩復淒喧。憂來賦離索，聊用存寒喧。

次兒德棻自家鄉來省

別汝三四年，汝來情更熱。風雪良苦寒，足繭塵未歇。灑淚問家事，一一爲我說。祖母近強健，耳目甚明潔。鳴梭理市素，軋軋無暫輟。母亦效苦辛，燈火共騷屑。餘光及幼弟，誦讀隨漏絕。舉族履清吉，鄉里並安貼。茲值連歲登，家給如禮節。糧糗虞旱荒，弓矢備衝斥。盜賊不敢窺，四郊斂蜂蠆。村犬熟高眠，無聲吠秋月。獨是倚閭心，引領日懸切。江南四千里，海徼念乖別。寒夢懷鄉遠，時時破幽咽。余一聞斯言，撫心痛難扶。兒實孤母恩，母指傷屢嚙。所悲非上意，文致遭兩刖。再謫罪逾深，天高聽誰襲。甘旨願未從，臣忠庶能竭。渺渺瞻白雲，肝腸坐成裂。

明月曲

明月秋千里，悠悠照遠思。邊風初起日，妾夢不離時。爲問玉關外，清光能及茲。

夢先宮保

於維我大父，九日三見夢。每夢如平生，詔我惟慎動。想知時好非，直道無所用。小子欲保身，明哲緊足重。旨哉誠嘉務，敢不寐興頌。十年慚貽謀，茲復啓怨恫。緬懷幽明情，恨恨發長慟。

夢先忠烈

意切境遂生，感至理不滅。骨肉懷天親，海徼夢先哲。恍惚若平常，近膝頗怡悦。定省久致疏，負罪五情熱。猛憶當日事，心首疾如裂。温言慰痛哭，幽咽不得洩。殞越靡所從，飲血傷永決。遼水萬里深，天寒況多雪。靈風衝往路，精魂黯怳別。聲響如在傍，惕寐尋未絶。

又夢先忠烈

寒夜修不揚，閒房蕭陰陰。游魂久不歸，屢見傷孤心。剗余去家鄉，五載及于今。關山萬餘里，遠越青楓林。喻我以明義，廣我以憂襟。聖朝必昭著，忠慎豈銷沉。流離感嚴教，彷彿聞虛音。晨雞破幽夢，天闊空江深。

病起柬周太華

我生於西北，稟賦稱剛悍。況仕聖明朝，錯趾得夷坦。尊優習以成，形神久疏懶。詎攖是非場，爲劉鮮左袒。遠謫東海濱，拊心惟自愆。去家三千里，寂寞寄孤館。骨肉既乖違，僮僕復流散。水鄉無菽麥，所飯止秔稬。炎鬱兩相搏，因而注中脘。清濁不分明，日夜苦煩懣。經旬艱櫛沐，攬鏡面皆骭。握蘭憐空香，驚蛇嗟沉痼。已矣移孝心，蠱也誰終幹。一朝還故吾，感君真和緩。

山　夜

微雲起天末，參差月光碎。石苔聞暗泉，獨步領幽邃。露澀松風遲，疏風動清吹。

校勘記

〔一〕“幹”，疑當作“斡”。

〔二〕“秀才”，原無，據目録補。

〔三〕“司馬”，原無，據目録補。

〔四〕“山人”，原無，據目録補。

詩 七言古

彈劍篇

生平好奇殊有癖，匣中雙龍尤秘惜。珊瑚嵌靶錦爲冪，寒鋒射斗光的的。幾回摩娑血欲瀝，圖形麒麟志願適。天啓之元東事劇，時維孟夏念五夕。明星爛爛月色白，牀頭有聲如霹靂。睡酣乍醒心膽摘，呼童燭火竟無覿。彷彿蜿蜒走虛壁，天明乃傳遼城圻。嚴君報國流丹赤，骨肉相對意狼籍。不共之讐將安策，絕裾辭家提三尺。男兒爲親何所惕，願把長纓繫醜逆。盡其皮肉膏斧鉞，此身即死死匪擲。不然兀兀筆硯役，頭童齒禿將何益。

從軍行

朔風吹沙沙色黃，寶刀在手意氣揚。秋深兔肥草枯死，塞外馬嘶胡塵起。鼓聲催軍渡遼水，旌旗捲雲暗營壘。功成獻捷還帝里，直入宮門見天子。

應孫愷陽相國教賦得洗兵魚海
雲迎陣 時塔山閲武值雨也

遼破鼓聲咽不起，强半征夫殉遼死。摧戈折戟走狼烽，千里封疆餘棘枳。虎豹關前胡馬嘶，黃沙裏甲鐵生泥。鶴唳纔聞已奪氣，劍花一斷旋收霓。重來獨有孫夫子，挾策先謀圖國耻。欲洗妖氛先洗兵，不挽天河挽海水。海水蒼茫信有神，濤聲怒吼浪風腥。吹將萬里波澄練，捲起千堆霧展茵。波霧陰屯山嵐惹，錯雜噴雲瀰原野。微茫如黛卷如螺，輕薄飛烟疾奔馬。乘之狂飆四合來，殺氣相連黯不開。海水天河一時落，陡然壁壘驅塵埃。塵埃驅盡天猶拭，貔貅隱隱憑車軾。寧似摧戈折戟時，指顧旌旗梟醜賊。歸來天子勞成功，凌烟閣上無英雄。伯仲之間見伊呂，不須重數裴晉公。噫嘻乎，不須重數裴晉公。

感　遇

我有烏號弓，力強能使垂千鐘。牙弰鐵胎膠七紫，熟手開弦滿如月。大鏃羽箭没及輪，一發輒中人稱神。如今天子不事夷，雖有強弓焉用爲？

賦得閨人怨蕩子

東家有女多嬌澀，顰眉幾度吞聲泣。自憐薄命不逢時，夫嫁長安游俠兒。長安游俠東風早，結束春衫踏春草。平明挾彈城西頭，暮歸走馬章臺道。章臺娼婦善飾妝，盤龍屈膝黛鴉黃。學成妖冶眩人目，蕩子迷留樂未央。朝朝暮暮長如此，謂言同生且同死。只將閒情向他人，那知愁婦深閨裏。妝鏡臺前心暗摧，月明樓上獨徘徊。春風玉顏嗟蕭索，窗外紛紛花又落。

悲　歌

君不見，東風吹花花盡開，落花還是東風催。又不見，北邙艸枯骨如積，狐兔成群白日出。浮生倏忽悲隙駒，百年碌碌人爲愚。眼前但願一尊滿，身名石火誠須臾。西園映花花映席，花下開尊恒會客。昨日紅顏今白頭，誰能相保長如昔。一朝霜雪摧衰顏，過去流光那可還？試看平原珠履者，如今亦在蒿萊間。

縱 歌

已矣乎，已矣乎，古有帝子愁蒼梧。思君泣盡繼以血，湘山萬竹爲之枯。熒熒淚斑不可滅，所恨蛾眉負長別。高臺妝鏡蒙流黃，一片清光暗於鐵。銷魂欲死心骨悲，懷斯情兮將馮誰？九嶷崛兀兮江潺湲，不見采旄桂旗來。其間青蘅白芷杳何許，使我臨流一望摧心顏。心顏摧，怨潦倒，坐看春風忽秋草。秋草颯已黃，春風感無時。人生能幾何？況乃離別之幽懷。對景耿不寐，秋來動我長相思。長相思，竟何益？邇無形，遠無迹。九嶷不語青依然，半落湘江合天碧。

送少司馬呂益軒老師歸田

嘗聞張季鷹，秋風動歸情。寄言思蒪鱸，所志豈在乎？肉食不如藿食得，與其朝廷寧江湖，千秋此意知者孤。碌碌惟聞口腹圖，抽簪脱累訪前模，可憐季鷹真吾徒。噫！聖明在上終喜起，未便投淵遂洗耳，爲霖旦晚望夫子。

羅令浮玉八歲罹回祿幾殆母氏力救得免已成名欲祿養而弗逮也時向人流涕其年友楊給諫含冲哀之余代爲賦此

入火不灼水不溺，嘗聞至人疑其説。去生之死在須臾，將無濡髮與爛額。茫茫世事正多奇，驚人耳目寧問誰？羅君浮玉異骨相，向余道其爲兒時。一夕天宮走霹靂，煽風張焰灰四壁。狼奔鼠竄空室家，烈熾繞身光不息。眼前亦有救焚人，相看徒勞驚咤聲。感天返燒賴阿母，入火携兒兒得生。兒既得生母願止，誰覬文章寵天子。一朝聲價動皇都，寧馨爭説阿家嫗。腰下垂組百里侯，男兒生事亦何求？獨憐欲養母不逮，重憶夙昔增煩憂。增煩憂，摧五衷，痛哭招魂魂不起。歔歔悲哉，夜臺忍見褒封紙。

壽恕軒隱者[一]

茫茫弱水數萬里，中有三山兀突起。瓊樓貝閣相連比，琪樹瑤花長不死。相傳異人久居止，元陽鼓鍊期午子。道成不用飡芝紫，鞭霆御虬輕于駛。天上人間何不爾，梁宋之分忽投趾。三山異人遂在此，綠髮風吹披兩耳。箕踞松根臨澗沚，手注丹書參奧旨。日月光清塵絕視，葳蕤桂葉紛蘭芷。笑看桑田變海水，回首三山未足佟。

往雁門辭家初日馬上口占

從來出門不作苦，今行所觸皆酸楚。白雲縹緲掩山限，黃沙黯淡連汀浦。斷行征雁適相接，嗷嗷哀鳴悲失伍。慘色愁聲消別魂，委轡垂鞭氣無主。骨肉漸遠奴僕親，雖有衷言難爲語。吁嗟煎以膏蘭糞生夭，賦成鸚鵡襧衡斧。此身尚在復何求？天王聖明終當補。

題孫白谷吏部映碧園

雁門南山山巉嶙，滹沱東來如帶綴。屛山紆水佳園闥，顧實而名名映碧。種木千章多麼樾，怪石嶙峋鬼斧擘。蜿蜒爲徑徑迂折，青破蒼苔留鳥迹。徑轉行窮橋可躡，小橋東畔虛亭設。翼亭樓榭隨意列，環以一潏水清澈。綠蒲江蓮相間發，香氣霏微殊酷冽。中央便旋具舟楫，以備遨游不時涉。別有石洞封雲白，復道可捫透天窟。霞舉無煩資六翩，主人瀟灑塵鞅擲。有時圖書供披閱，七步八乂皆下節。長嘯一聲絲竹裂，恣視雄談飄玉屑。揮觴酣後耳根熱，浩歌驚起蛟龍蟄。浮雲停空月注席，千古之間爲一夕。金谷風流徒浪説，蘭亭祓禊亦烟滅。何如此中消歲月，豈知霖雨蒼生遲安石。

美人梳頭歌

押簾繡帶流蘇香，東風吹烟浮花光。洞房輕寒膩朝色，美人旖旎臨象牀。垂鬟解雲曉猶濕，纖羅裊裊春無力。鏡臺初起依空明，生憎半面分柔情。轉鏡低迴復潛黳，鴉膏飛墨光搖曳。蛾眉寫罷意若疑，妝成每自窺清池。池邊流步入花絮，沉檀半落銷魂處。歸迆遙遙桃李蹊，時有游蜂自來去。

定交篇贈汪讓之參謀〔二〕

交之一道絕於今，今人往往推古人。若云古今不相及，今也形骸古精神。抑知古人亦人爾，豈無卑卑不足齒。千萬人中得一人，傳來今日亦止此。今人不自露心肝，偶然利害易面顏。方以古人無所似，因而交情如等閒。鬚眉男子真可伍，管鮑之間即期許。歲寒然後知松柏，謾謂今人不如古。

短歌贈王介人山人〔三〕

白日一何短，浮生任疏懶。江水去復來，山月缺還滿。堯囚鯀殛九年水，倏忽翻成七年旱。前朝事業空談笑，異代豪華逐星散。我身既匪金石堅，焉能保此長少年。燕昭漢武既無驗，金臺桂館餘風烟。歸去來，元氣中，吹笙倒景凌空同。太行山頭飲石髓，期君他日游鴻蒙。

贈方雲生女郎

晴湖日落波含烟，月葩如素揚娟娟。樓船載酒傍鮫室，隔窗照見空明天。平波渺渺迷春目，白芷青蘅氣流馥。小泊時看柳外雲，一片亭亭近華燭。座中少女揚清蛾，飛觴走令仍酣歌。淋漓達旦不辭倦，豪憤感激情何多。繞梁那數錢樹子，能令聽者銷魂死。側身倚月色可餐，轉袖從風香不已。夜何如其歡未央，纖喉急拍翻霓裳。一聲初歇露華白，乘鸞歸去瑤京凉。瑤京茫茫幾千里，練影沉星吹不起。曲終人遠獨懷愁，曉樹光搖半湖水。

游紫陽洞

吳山尾注城隅東，五盤七盤雲數重。月波瀲宕皴石骨，丹泥竈冷芙蓉峰。峰峰緣絡勢不已，青天逗漏光玲瓏。委蛇深谷明碎日，水滴懸崖蘇花濕。青衣泉中烟霧生，尋真路口松蘿密。我來正值春風時，披襟風外雲俱馳。興酣索異忘險澀，飄然欲與塵寰辭。山房火餘石焦面，雜葉吹春雨初徧。坐深日薄還下山，疲策迴看意猶眷。

頌鄭鴻逵太守禱雨有應

祝融炎炎日方渴，長水萍枯淤盡裂。石羊不起勞空鞭，千壟良苗半黃脱。老農彷徨何所計？襮襁高懸桔橰廢。吞聲有淚不敢流，疾首西成痛無地。使君顧此厪深憂，孑遺軫念如我儺。乾乾日夕禱宣室，一飽寧爲口腹謀。以兹格天天輒應，銀河倒翻長秋醒。葉底新光珠競滴，枝頭晚潤雲方剩。江左嘉禾又一時，遶看原隰回華滋。豚蹄斗酒祀田祖，別爲使君呼雨師。逋臣踪迹□帝里，方朔雖饑雅賴此。吳越於今得歲星，大有年書聖代史。

秋夜歌

空牀獨夜欹枕眠，深窗寒雨秋聲懸。長風蕭條起西北，心知此時雲滿天。孤燈搖搖不能寐，燈光隔帳芙蓉翠。晴風吹雨入帳來，額上芙蓉幾枝淚。芙蓉正屬斷腸時，隱見烟紗泣艷姿。響碎空堦凉雨盡，亂蛩相語話秋思。

教 月

月明中天，萬國炳耀。彼愁人兮，若謂多此一照。人自愁，月何與？寧行遲，毋行邃。

挑 燈

挑燈移燈，燈情乃平，四無蔽虧光斯明。光斯明，妾翻驚，悔不留燼使花生。

故宋御教場

凝雲黯霮參烟黑，石骨稜稜冒荒棘。平坡天落向空低，衰草迷茫起寒色。想見當年南渡時，團營擊鼓催六師。顏行旭影射金甲，柳陰風急吹鸞旗。至尊臨御士氣肅，百尺層臺高矗矗。仗外傳呼未罷聲，列炮雷轟應空谷。須臾詔下軍形移，錦衣隊裏飛健兒。角弓入彀滿如月，雕翎爭葉楊枝垂。隨看騎將恃勇決，馬過烟生電光滅。碧蹄蹀躞陣初開，片片金刀落春雪。指揮奮迅捷若神，左旋右轉迴迴新。錬兵借問將何用？豈因二帝蒙胡塵？苟存大計圖國恥，處心積慮應如此。誰知克復方可期，金牌忽召將軍死。嗟吁往事費閒評，帳殿依稀禾黍生。惟有南山高巇嶪，至今遺恨未能平。

田家東鄰

涼秋七月八月時，東家棗向西家垂。大兒六歲次四歲，相呼相看相致詞。偷折長禾置暗處，父母出門共撲之。禾柔力弱止盈掬，兄弟欣欣意已足。既畏父母兼畏人，藏藏反露東家目。不論事體不衷情，曉曉因來嫚罵聲。父母歸來問分曉，兩兒無語但淚零。殷勤往謝東家子，兒也無知乃如此。百金買房千金鄰，人情還望思終始。

寄朱倩生女郎[四]

我昔訪君西湖西，玉壺金椀殷勤携。期君共醉六橋月，武陵杳隔桃花溪。君繼訪我南湖南，想像飛帆興甚酣。我却遲君秦淮水，黯然言歸將何堪。君情我意有如日，我去君來反相失。祥鸞威鳳偏背飛，雲霧茫茫迹空密。邇來雲物當深秋，蕭騷對之應多愁。科頭一病五十日，帶圍誰問寬風流。勉强臨池申哀思，萬千不盡中柔膩。但教開緘得分明，墨痕淚漬皆餘事。江南江北渺無津，何處朱樓夢玉人。莫道相思無盡日，白門還待柳花春。

校勘記

〔一〕"壽恕軒隱者"，原作"壽劉恕軒"，據目録改。

〔二〕"參謀"，原無，據目録補。

〔三〕"山人"，原無，據目録補。

〔四〕"女郎"，原無，據目録補。

澤畔行吟卷五

詩 五言律

賀孫愷陽年伯拜相

國運日方中，何須慮小戎。天心纔啓聖，時天啓元年。人王遂推公。城社消狐鼠，關山絕燧烽。千秋真事業，鐘鼎看銘功。

出使寧遠哀痛先公用孫楚帷孝廉[一]韵寫懷

千古傷心事，誰人可共論。庸夫應骨爐，嚴父亦時屯。不爾扶臣節，幾於失漢尊。故疆今漸復，想已慰忠魂。

渡海往覺華島

夙夕乘槎志，今來渡覺華。中流思擊楫，東望怨鳴笳。雪浪千堆捲，風帆一片斜。天河不用借，挽此淨胡沙。

賦得落絮

小苑柳依依，花殘亂雪飛。輕狂粘燕喙，飄泊點人衣。入水浮還沒，驚風去復歸。獨憐搖落盡，春去覺心違。

幽　居

結屋雲林下，翛然生隱心。水清飛鶴近，人靜落花深。獨往饒餘興，忘機得放吟。已耽蘿薜意，未許易朝簪。

偶　成

自嗟兼懶拙，有癖獨耽書。日午面未洗，春寒頭不梳。苦冷携短策，抱膝向空廬。亂草留雲宿，光風入遲初。

曉發太行次星軺驛〔二〕

曉向星軺道，風多雜馬蹄。荒城圍曙色，孤嶂閉寒溪。岐路東西問，深山遠近躋。家園回首處，惟有白雲迷。

野　望

日暮西山望，川原去漸微。雲橫低鳥度，風急帶沙飛。落葉千林靜，歸人一徑稀。淒然看不極，徙倚獨依依。

送余雲谷山人〔三〕之秦

澤國秋風起，悲君遠別時。兩行知己淚，一與故人辭。客路秦關杳，行舟晉水遲。所嗟從此後，何以慰相思。

閣　夜

涼雨依蕉盡，宵風入竹清。孤光深月影，群響雜秋聲。短髮愁將白，空牀夢不生。乾坤一羈旅，長見古人情。

秋日送尹舜鄰給諫

忽報前旌發，愁人氣轉孤。提携憐手引，去住嘆情殊。禁闥仍前席，秋風獨羨鱸。何時明主夢，夤起佐訏謨。

七　夕

天上雙星渡，人間七夕過。可知機罷織，還見鵲填河。歡逐餘更盡，情催別路多。更憐明夜月，一水奈愁何。

中秋夜宴

獨有相宜夜，清秋對酒時。月明雲掃石，風度鳥驚枝。凉注蟾光滿，天移桂影遲。興酣仍作賦，百罰亦何辭。

雪中往沁水

驅馬來城市，寒風意正威。水深遲馬足，雪重冷征衣。祇爲浮名累，反於始願違。何如袁處士，高卧掩柴扉。

別　墅

幽居塵境外，癖懶性偏宜。新雨添疏溜，山花接短籬。徑荒人不到，林密鳥相知。爽氣朝來早，微吟得自怡。

聞　柝

寒風吹朔漠，擊柝不堪聞。遠近傳秋警，凄清動夜分。烏驚因帶月，雁斷爲兼雲。孤枕聽無寐，挑燈拂劍文。

郊　行

烟暖掛松梢，閒行出近郊。疏星漁火亂，微月寺鐘交。露重寒人袂，風危落鵲巢。蕭蕭沙渚上，何處寄衡茅。

晚出沁州

向晚鞀鞿道，前程事未賒。千山流水處，一徑老僧家。雨歇潮聲緩，雲將雁影斜。行行無限意，馬足印平沙。

代州早秋

邊地秋偏早，愁人正憶家。一聲南臺雁，幾拍北風笳。魏闕縈懷劇，鄉雲入望賒。憂煩無處着，玄鬢忽驚華。

別孫白谷吏部

日暮北風寒，蕭蕭雁影單。斷雲隨去馬，凍雪擁征鞍。客久懷歸切，交深嘆別難。去留情不異，揮淚一相看。

金山寺

石壁懸空閣，危攀思欲飛。江聲天外落，帆影望中微。傍竹僧歸寺，當窗鳥下磯。坐來塵世隔，何處更忘機。

宿甘露寺

爲究無生理，乘昏叩竹林。猿啼山月冷，僧定野雲深。清梵空中落，疏鐘夜半沉。一燈懸丈室，爲我照微心。

夜泊揚子江

舟行纔百里，帆落蓼花濱。夜色清堪挹，秋客澹自親。江空潮入夢，岸迴月窺人。更歷風波險，明朝白髮新。

丹陽道中懷故園知己

倦投村店宿，寥落嘆離群。客淚盈秋雨，鄉魂慘暮雲。啼螿迴枕夢，嘶馬近牀聞。明月猶行役，披襟候曉分。

卜　居

臥穩滄浪上，翛然隔世氛。蒲團宵坐月，石榻曉留雲。羅雀窺廷尉，籠鵝狎右軍。山中宜野服，新試女蘿裙。

雨　霽

林杪雨初霽，病餘情自開。雲光將日落，樹色帶帆來。沙逕新移榻，庭花半是苔。閉門閉窮巷，行止在蒿萊。

聞　鐘

遠寺鐘初動，疏聲天際流。隨風沉野壑，帶雨入江樓。樵子棲雲靜，漁人逗浦幽。不堪孤客聽，腸斷枕邊秋。

秋日同陸芝房司馬王介人山人登烟雨樓

畫舫乘秋色，携雲上水樓。座中烟色潤，衣上雨花浮。對酒持雄論，題詩紀勝游。倚闌凝遠睇，縹緲盡神州。

阮圓海太常以詩見慰用韵寄謝四首

其　一

一身投越徼，於世遠波濤。疑任三成虎，愁誰再賦騷。逢人因落落，顧我得囂囂。惟是羞將母，歸心折大刀。

其　二

尺五天何處，茫茫隔海雲。戇愚容此世，明聖敢忘君。道即抽蕉卷，心留破竹紋。願言齊得失，涇渭忍終分。

其　三

異同往未化，用舍尚衡天。在理應如此，於今殊不然。附權窺左足，攘袂據中堅。徒使憂時者，行吟繼下泉。

其　四

來書多鄭重，期我善謀身。夫豈窺山鬼，然猶伺逐臣。破愁姑肆酌，得暇且垂綸。不識茲生事，能如張翰尊。

塘　上

地盡荒烟積，人歸薄雪殘。孤舟依岸出，遠火隔林看。月氣傳雲白，星光下水寒。長歌羨漁父，瀟灑一綸竿。

同談仲木文學王言遠孝廉山寺晚望

薄暮閒凝眺，寒山遠色生。一溪流水白，幾處落霞明。鳥語依林近，松風入座清。蕭條人境外，隱隱出鐘聲。

送五叔

叔氏行將遠，歌驪古渡頭。離情愁對酒，去路恨逢秋。落葉慘行色，前程傷旅游。可憐分手處，望斷白雲浮。

送王委玉秀才〔四〕

長鋏君無恨，蕭然獨自歸。片帆隨雁沒，一水與雲飛。木落烟光闊，天寒雪色微。離亭惜分手，渺渺見斜暉。

九日病中寄王介人山人〔五〕

嗟予多病骨，別思苦相侵。委頓凋雙鬢，支離敝一衾。無因分寂寞，有恨但呻吟。更屬登高節，懷君在武林。

即　事

行到山窮處，平看別有天。沉雲埋短木，遠水透孤烟。牧笛聞清調，漁燈照穩眠。可知名利者，日月總無閒。

蘭

亦知幽意足，重感別經時。雜珮懷湘浦，孤根寄楚詞。芳馨凝寂寞，寒色起參差。惠愛今來歇，秋風不可思。

竹

參差青不歇，亦負歲寒情。滴露秋聲苦，含風夜引清。心虛知節在，粉飾必春生。誰令淇園上，漪漪獨擅名。

泊新橋二首

其　一

旅泊新橋夜，雲傳月氣偏。秋聲楓樹葉，江火釣魚船。夢接鮫人室，窗歸鶴渚烟。羈愁不可問，來往一相憐。

其　二

泊舟無旅飯，積思問如何？細雨群聲作，高秋雜響多。披風衝往路，彈劍節長歌。夙昔浮家想，悠然憶志和。

懷談仲木秀才[六]

濃雲催片雨，并作渡江陰。草亂階前色，人懷別後心。晚烟深雜樹，春怨起鳴禽。搖落成空感，聊爲楚澤吟。

冬夜懷歸

虛館夜無寐，起來橫斗牛。坐看千里月，聽唱五更籌。裘敝凝寒重，燈孤對客愁。相思烟水隔，何日計歸舟。

早發苕溪

候曉舟初發，衝寒鳥共飛。遠鐘雲外落，斜月樹頭微。岸碧搖苔色，波明隱曙輝。苕山如可望，明日試春衣。

新正懷陸芝房司馬寄訊

離別纔逾月，相思已再年。不知君意向，可似我情專。柳信傷顏色，梅風任管弦。西來還幾日，日日望樓船。

挽　內

遺掛依然在，衙思俗愴神。青燈空炤夕，黃土竟歸人。兒女三年淚，衣裳一篋塵。夜來魂入夢，猶得暫沾巾。

古　塚

青塚悲無主，荒凉不計年。斷碑銷古字，老樹立疏烟。艸蔓纏枯骨，牛羊滿牧田。窮泉今在目，懷感一凄然。

念　母

海外竄孤身，天邊嘆逐臣。眼勞清淚急，心與白雲親。南國蓴絲晚，北堂萱艸春。盈盈數千里，腸斷倚閭人。

秋夜聽雨

秋心容易碎，而況雨聲繁。檐響知風急，燈昏覺夜闌。落黃堦葉滿，生綠石苔寒。枕席微涼入，孤衾漸覺單。

西湖舟宿有感

渺渺平沙外，來尋第幾橋。風聞飛野鶴，烟語聽山樵。今夜舟仍泊，當年感未消。薄衣寒已待，客況正無聊。

聞舍妹病感夢作

間關寄東海，天末傷孤嫠。分明感別夢，言笑如常時。長路不可越，病軀焉在兹。游魂恐徂落，惻惻使心悲。

南塘晚步

初秋秋水净，水樹引繁烟。宛在中流見，虚無別有天。離披明野蓼，消息遞風蟬。不盡南塘路，依然落炤邊。

留別沈何山司寇

雲山成放棄，瀚海歷春秋。北雁孤鄉唳，南心薄旅游。慰勞先輩意，遷謫遠人愁。幾載天涯夢，翻從故國求。

燕子磯江閣

江閣倚江津，江南滯遠人。風湍聞静夜，烟柳暗餘春。天闊山疑浪，雲空水是鄰。依然襟帶隔，北望一沾巾。

初春候家信不至

三年成久別，千里寄離歌。梗泛依長水，魂歸越沁河。梅花天末遠，芳草夢中多。盜賊關山滿，鄉園近若何。

白下贈王月生女郎〔七〕

清潤玉流温，丰姿入眼新。鸚聲洪度曲，檀屑小憐塵。柳暗雙眉暈，花明半笑春。私心渾不語，知是屬誰人。

雨後野步

郊原疏雨後，濃綠自陰陰。野氣初澄日，雲光半入林。行吟催短韵，擇木聽幽禽。暗惜春來草，無媒一徑深。

落　花

點砌悲餘色，沾衣想罷恩。泥香催夜葬，鵑冷喚春魂。別露飄殘淚，辭條委舊根。東風吹未盡，留得到黃昏。

同王介人屠用明秋泛

野色資新雨，餘暉隔樹明。維舟從束楚，遠岸接孤城。水鳥飛多白，寒潭積自清。故人能好我，相與濯塵纓。

秋夜即事

菊影泛輕黃，庭陰起半霜。水明池隱月，楓暗谷藏香。靜念秋初盡，沉吟夜未央。更聞鄰杵急，一為賦無裳。

同沈君庸王介人過束塔謁朱買臣墓

先賢餘古墓，衰草積寒烟。重以經時感，生兹往昔憐。逢人僧解款，傲客犬能眠。陳迹遺碑在，苔書散紫錢。

寄張天如太史

南國傷孤戍，當歌亦奈何？文星婁水近，韶月海門過。半面襟期合，千秋意氣多。頓忘身是客，喜遇碩人薖。

寓大雲寺

卜寓西山寺，悠然少俗情。身閒疏藥性，境寂罷棋枰。緣界看能淡，名韁脱自輕。應知從此後，差可識無生。

檇李移居

浮萍無所托，飄泊任風波。忽忽傷心處，悠悠客子何。十年瞻闕遠，一劍負恩多。獨有還家夢，秋來屢渡河。

游三竺

幽入西峰路，行行自逶迤。雲移杉影薄，風静鳥聲遲。避地誰堪到，忘機我獨宜。幾回憑眺處，惝怳遂經時。

吕司馬老師示慰奉和四首

其　一

病後維夫子，垂憐慰客顏。念貧周匕箸，開抱指湖山。世事窺飄瓦，天心許轉環。愧承無已望，仍慮阻生還。

其　二

澤畔行吟者，秋來悴歡顏。況當逢雨雪，兼復阻關山。力竭迎潘輿，恩虚報雀環。幾回圖度處，翻懼夢魂還。

其　三

湖上非行素，遨游亦厚顏。因之拘尺幅，尚爾失名山。慮我三投抒，嗟人一解環。車輪腸似轉，日夕數迴還。

其　四

傳説邊烽急，吾儕反汗顏。朝廷誰國士，鎖鑰棄燕山。旁午煩飛檄，周流任轍環。干城如有屬，豈令匹騮還。

玉泉寺

何年建化城，雲外啓雕甍。虚廠烟霞合，崢嶸日月横。地將金屑布，水以玉泉名。徙倚諸天近，時聞花雨聲。

校勘記

〔一〕"孝廉"，原作"年兄"，據目録改。

〔二〕"星軺驛"，原無"驛"字，據目録補。

〔三〕"山人"，原無，據目録補。

〔四〕"秀才"，原無，據目録補。

〔五〕"山人"，原無，據目録補。

〔六〕"秀才"，原作"文學"，據目録改。

〔七〕"女郎"，原無，據目録改。

詩　五言排律

送孫愷陽相公榆關視師

聖世匪窮兵，宗臣事遠征。胡沙方盪日，龍劍暫麾旌。慷慨辭丹陛，從容飭漢營。北門增鎖鑰，東海靖鯢鯨。不用前籌借，應知小醜平。燕然重勒石，麟閣首圖名。萬里金湯固，三台鼎鼐榮。遄歸馳露布，明主待調羹。

過侯馬姜女廟

姜女，故秦人也。世傳夫役長城，姜女往授衣，抵侯馬，澮水泛漲，不能渡，哭水傍。一日夜，水退，餘無幾。遂得艱關至役所，而夫已死，骸骨不可得。哭長城下，城崩，死焉。後人哀之，立廟茲水傍云。

姜女何年代，猶存此處祠。荒臺團古木，豐草没殘碑。鳥籍斜侵砌，蘋香冷匝池。風歸陰火滅，靈至暗雲移。澮水今仍活，長城舊已頹。寸心盟白首，孤骨委青支。遺像千秋在，芳名奕世知。吟餘重悵嘆，彷彿儼來斯。

寄別范質公司馬

聖主倚長城，名賢備重兵。忠猷懸素望，節鉞副蒼生。閣待麒麟畫，天當柱石擎。建牙張虎翼，佩劍拔龍精。雷合千乘壯，霜高九伐清。風旗開日月，露刃向鯢鯨。神策先無戰，妖氛底悉平。詞人分夜帳，辯士列晨營。文物江南盡，驊騮冀北傾。十年陪後輩，幾度謁前旌。意氣酬雞黍，嚶鳴仰鹿苹。海隅嗟放逐，白下辱趨迎。客眼青知暖，臣心赤未明。感懷無所似，慷慨賦離情。

觀　海

地脉方輿外，天池瀚海中。潮聲傾貝闕，山勢立鰲宮。目極茫無象，心搖浸若空。垂雲搏鳥翼，浩氣塞鴻蒙。怒擁陽侯激，靈驅水族攻。群光紛欲碎，晨色澹猶籠。歲計魚鹽利，人思造化功。千檣鯨鬣動，萬國島門通。方丈瀛洲外，扶桑日本東。盈虛終混混，今古亦溶溶。八月秋濤壯，三年客路窮。有懷宗愨志，慷慨慕長風。

春日同談仲木李青來秀才王介人山人王言遠孝廉[一]嫣如霞如二女郎游鴛湖

畫鼓移橈急，仙舟出浪輕。觸飛才子會，歌續麗人行。北岸千家遠，南湖一望平。孤烟高別雨，微日澹流晴。島嶼空中見，樓臺水上橫。女墻臨鏡遠，鳩婦隔花鳴。酒泛金罍重，香飄玉袖明。留連忘薄暮，遲月醉餘情。

贈熊汝望開府

鐵騎開潭府，星傜擁上公。纛牙心總憲，瑣闥舊司封。衡士崇文望，興邦荷武功。風高河左右，威示浙西東。柳細鈴樓匝，鷹揚狐穴空。六韜昭戰守，雙劍役雌雄。印鵲搖雲赤，弓驊引月彤。地形看聚米，江色繞方艟。帷畫屏前箸，葵丹著匪躬。專征聯召虎，占夢叶姜熊。夙昔懷青眼，低徊寫素衷。式知金玉重，恩佩瑪琚同。門下慚痴叔，行間愧阿蒙。長歌山有木，不似越人窮。

祝周挹齋相公[二]

明主方垂拱，宗臣暫息肩。深居開綠野，小隱契平泉。林下
存周召，杯中接聖賢。琴聲窗竹靜，星彩筆花懸。丹藥調元鼎，
青芝種石田。玄風承許郭，史學陋談遷。廟算江河奠，膚功日月
纏。金甌藏舊姓，玉燭待新烟。摸席仍虛左，分茅看拜前。椿齡
延八百，桃實度三千。南極昌熙運，東山啓大年。無疆斯世共，
海徼亦忻然。

岳鄂王廟

宋曆衰中葉，胡塵隱八埏。霜轅傷北狩，雪涕痛南遷。草草
朝廷禮，炎炎宰執權。小心聞戰怵，大計主和先。天子勞存愓，
將軍請事邊。丹墀承命出，黃鉞授兵專。柳葉纏雕矢，榴花繡甲
錢。劍光迴赤電，馬迹盡朱仙。野哨傳星飯，荒屯藉草眠。令嚴
培士勇，討逆戒師偏。列闍叢樓櫓，分疑設燧烟。兩河龍血染，
千里鶡旗懸。戈指金人却，鋒摧鐵騎聯。火然逃魏操，鶴唳奪秦
堅。方喜餘冰潰，俄驚內詔宣。敷天悲解體，繞地泣歸鞭。忠戮
身非罪，功高帝不憐。陰持雖假法，國是豈終愆。廟貌湖山奠，
英靈日月旋。波臣多感慨，懷古欲潸然。

校勘記

〔一〕“李青來秀才王介人山人王言遠孝廉”，原作“李青來王介人王言
遠”，據目錄補。

〔二〕“相公”，原作“相國”，據目錄改。

詩 七言律

白　燕

雪羽差池映日輝，乍驚掠水識依稀。過從明月纔知語，影入流雲不辨飛。夜雨梨花同縞夢，春風柳絮失烏衣。故人樓上香塵滿，應帶微霜別院歸。

初晴侍孫相公寧遠閱邊

遠從威儀望大荒，千山初霽色蒼蒼。甲光耀日魚鱗拆，旗影翻風燕翼長。樹合人烟疑是畫，苔侵鳥篆謾成章。重開疆土誰儔侶，韓范旋看伯仲行。

逆璫敗余起自田間過陘[一]陽驛閱壁上舊題感而漫成

可憐投筆當初事，回首無成已七年。壯志頻摧嗟始願，舊題重讀愧長篇。惟思骨鯁能違衆，此處家聲不負先。勉矣寐興還自念，遼陽化鶴未曾旋。

賀苗侍峰大尹六旬有二生子

君年過甲喜懸弧，汗血原難千里駒。試看庭中初集雀，便知夢裏始吞珠。謝家寶樹栽培異，王氏青箱嗣續殊。百不爲多一非少，華筵願繪落帨圖。

送曹旭海侍御

尚方空請譏瞻烏，一出春明正氣孤。幸轉升沉纔聚首，何期去住又分途。邦關君向屏豺虎，京邸余留伴鼠狐。把袂不堪重悵望，指南何以示張蒲。

樊叔魯餉部見召示慰次韵

擊節狂歌興未闌，危樓重眺盡奇觀。樹稍篩月平懸畫，霧影籠山不露寒。河朔謾誇千日醉，鷦鷯且喜一枝安。多君知己非容易，把臂依依欲別難。

秋興次田御宿大參韵四首

其　一

秋老風高塞雁稀，黃沙獵獵捲蓬飛。白雲歸夢關河斷，紫極瞻天雨露微。木落鷹鸇偏任眼，山空薜荔未堪衣。幾回吟罷頻搔首，可惜蓴鱸正自肥。

其　二

爲憶田園賦去來，蘆花飛盡客心哀。休文多病憐長帶，安國何人嘆死灰。夢入書城還伏枕，酒虛錢橐且停杯。愁深莫問天南北，贏得蕭然白髮催。

其　三

畫角吹風霜漏殘，可憐長夜正漫漫。心驚物候悲燕市，氣盡英雄笑楚冠。射斗獨看孤劍冷，避賢相對一尊寒。黃金隨意交情別，咄咄空嗟行路難。

其　四

譴謫頻加豈我遺，戇愚自合棄明時。獨憐久戍形容老，況值深秋景色悲。患難願行尼父素，醉醒敢效楚臣畸。但祈瀌雪終消睍，甘主鷗盟理釣絲。

自　慰

世緣心事久相違，莫嘆於今始願非。鵬賦偶然誰作祟，缶歌徒爾自張機。縱愁把卷聊爲樂，有夢還家亦是歸。況復主恩終浩蕩，未應馬革易斑衣。

秋夜不寐次孫白谷吏部四韻

其　一

耿耿忠誠豈合休，天涯去住鬱沉憂。田嘗客舍論知己，孫楚居停謾枕流。鼓角五更魚鑰夢，烽烟千里雁門游。凌風幾欲乘槎去，渺渺星河不可求。

其　二

陽和不到嘆沉冥，蕭索何堪問户庭。丹闕望遙前路黑，白雲飛斷故山青。静中世態誰曾諳，貧後交情我自惺。更惜愁來無計遣，凄凄鈴柝逼秋聽。

其　三

瀟灑閒居步履恬，漁山樵水亦無嫌。風霜夜永寒初逼，枕席秋多夢未甜。落葉空階聲不次，短檠餘燭影猶兼。荒雞啼盡窗前月，短韻思歸口漫占。

其　四

從教不寐百年偏，亦是宗門小乘禪。結社每淹陶令酒，買山何必道林錢。寧關一息争成敗，虛却三生論後先。銀漢無聲星欲曙，可憐欹枕尚憂天。

再次前韵

其　一

擾擾風塵夜未休，好憑晏息謝閒憂。誰言歸夢疏更斷，偏對空庭片月流。搖落年華驚節序，飄零裘馬憶交游。何時還向南窗卧，一枕羲皇任所求。

其　二

霜寒鴻雁入高冥，獨對寥寥月一庭。心血未攄方寸赤，鬢絲早換昔年青。閱殘炎冷憑時態，歷盡風波只自惺。幽谷誰人吹衍律，好教愁客坐來聽。

其　三

有夢還家客思恬，今來客路夢猶嫌。背芒難負應除刺，脾病多眠合廢甜。蜀洛異同誰見別，惠夷仕隱可容兼。升沉不必關星象，何事皇皇竟夜占。

其　四

落落孤生負氣偏，兀然今日似逃禪。送窮輸却昌黎賦，貰酒難消司業錢。薄命文章憎早達，怯寒蒲柳任凋先。更嗟將母思終夜，千里徒傷兩地天。

再次前韵

其　一

天涯自分得沉休，何用勞勞枕上憂。楊子草玄嗟寂寞，馬卿擁傳想風流。隍問蕉鹿誰終覓，梁上烏衣已罷游。幾度欲尋天姥路，徒憐反側總難求。

其　二

漠漠涼烟近夜冥，孤燈愁冷照虛庭。在天空對三星白，射斗還看一劍青。鬢感二毛愁未遣，賦成九辯恨常惺。誰家羌笛吹殘月，又送離人枕上聽。

其　三

閒居謾說便成恬，入夜何堪尚自嫌。丘也其衰遺我恨，莊乎大夢讓誰甜。無方事業羞時左，不到山林笑隱兼。筊簟虛存徒偃仰，熊羆可是旅人占。

其　四

兀坐中宵月影偏，非關于此悟真禪。十年仕宦嗟三已，八口饔餐負一錢。鼾睡不能容卧側，壯心因折聽雞先。他鄉孰意多同調，方信余生有二天。

虜退感事用孫白谷吏部〔二〕韻

四起風烟白日冥，眈眈豺虎走門庭。借籌雅賴中郎賈，掃穴誰爲司馬青。負乘謾勞人嘖嘖，旁觀焉敢獨惺惺。惟憐荒壘三更月，哽咽新魂不可聽。

雁門留別田御宿大參

世路誰言投分難，何期聲氣辱金蘭。感君日月昭心事，愧我瘡痍借羽翰。渭北雲天瞻北極，江南烟水悵南冠。明朝回首關山遠，千里秋風雁影單。

幽　怨

秋聲蕭瑟到文園，獨夜微霜起凍猿。離夢有魂歸草逕，辭春無路入花源。琴中撫鶴徽音冷，箋上封情淚色溫。幾向玉階探行迹，滿庭落葉閉苔痕。

晚步水濱

大火西流白露天，江干四望意蕭然。霜風吹葉初疑雨，野水屯雲不讓烟。斷岸幾家漁火亂，荒山一帶鳥聲旋。半生苦被塵氛累，今日清吟若夢邊。

謫海上過金山登眺

砥柱中流儼畫圖，振衣絕頂得全吳。西來兩水拖雙練，南下孤帆泛隻鳧。渺渺一方誰在涘，滔滔皆是幾乘桴。更嗟蔽日烟雲甚，未許逋臣見帝都。

甘露寺

甘露孤撐勢莫攀，天開日馭自循環。上游吳楚江分陝，外埒東南海作關。瓜步斷霞隨鳥没，廣陵晴月帶潮還。臨風縱酒舒長嘯，千里烟雲隔故山。

檇李中秋

余謫武原，寓檇李之鴛湖。中秋，闔郡士女游賞，彩艦喧填浦溆。兀坐小樓，旅懷益愴。閉户塞耳，惟恐有聞，因得句如此。

簫鼓喧填隘畫舟，問人此日是中秋。豪門結客稱佳賞，寒士携家亦快游。借興湖光偏潋灧，侑觴鳥語總綢繆。可憐惟我飄蓬者，明月無須照小樓。

登吳山

徑轉峰回得翠岑，憑虛萬里俯層陰。雲歸鷲嶺湖光暝，潮落錢塘海氣沉。飄緲鐘聲浮薄靄，高低帆影逗疏林。誰從越絶誇奇勝，望入鄉關思不禁。

同彭德符孝廉陸芝房司馬彭觀民太守鴛湖夜泛分韵得微字

爲愛湖光擁翠微，泝流擊楫興爭飛。類因方聚寧人比，晦以時遭得我休。問月銜杯賢也聖，徵詩限韵是耶非。勝游一夕堪千載，厭飲從教湛露稀。

萍

垂楊垂柳接烟汀，一夜花飛盡作萍。吹到魚牀圓覆紫，浮來鷗褥碎移青。流中綷漱風匀畫，斷處生天晚帶星。孤客近知踪迹似，江湖滿地嘆飄零。

談仲木留別次答

此身尚在即皇恩，誰復張羅問翟門。入世自矜多傲骨，逢君遂爾快吟魂。山林寂寞書千卷，風雨淒其酒一尊。獨怪別離緣底事，片帆東去失孤村。

冰

一夜風吹水腹堅，江湖千里白茫然。封餘遠近渾無地，映入空明已失天。爭渡不勞先馬足，膠杯且喜礙漁船。相看莫道嚴寒閉，應有陽和在日邊。

元　日

萬里投荒到海濱，冰霜入眼勵波臣。當年玉鑰曾聽夢，此日金微且竄身。椒實兩浮吳地酒，梅花七別帝京春。白雲親舍仍同遠，北望那堪淚滿巾。

客夜醉賦

地接潮聲瀚海連，雨中疏樹萬家烟。客情未擬登樓賦，壯志常懷説劍篇。天外白雲春漠漠，城頭芳草晚芊芊。十年寥落逢蓮勺，未許窮途泣杜鵑。

艷　體

草色青迴似曲塘，美人輕棹泛妍妝。風蘭帶曳雙鸞麗，霧縠衣分一水香。歸去不堪遵漢渚，夢來隨處即瀟湘。深窗夜繞羅浮月，細語梅花別恨長。

口　占

一牀夢破生清秋，落日照我之西樓。欲飛不飛遠雲映，出天沒天寒江流。容容荒烟斷村塢，星星野菊斑籬頭。健腰不爲五斗折，肯與時事相追求。

秋　柳

絲絲黃葉不勝秋，幾樹殘烟拂釣舟。灞岸鶯遷春夢歇，隋堤蟬去夕陽愁。霜寒短笛悲離曲，風落長眉委御溝。弱質近來消瘦盡，漫將舞影數驚鷗。

泛太湖

滄波寒映片帆孤，風駛雲奔壓具區。一棹魚龍橫出沒，中流日月蕩虛無。浮家到處歌長鋏，落魄隨吟擊唾壺。鄉國何須頻北望，聖恩深許覓蓴鱸。

同王介人携嫣如霞如兩女郎[三]虎丘步月

晴烟吹盡湛清光，夜接詞人醉羽觴。玉袖凌風行欲並，銀河搖月去猶長。吳門搗練誰家急，晉國看山幾處蒼。燈火下方歸路近，暮鐘聲裏報微霜。

西湖冶體

空烟如翠隔淒迷，依舊湖光遠接堤。幾處歌中移水榭，誰家妝裏鬭金鎞。波漂荇帶沾雲濕，柳作春陰近日低。多少迴舟一時發，風香吹過六橋西。

飛來峰

片雲崩剥五丁開，峰勢高撐日角迴。仙境偶然留斧鑿，鬼工隨意幻爐錘。懸崖乳滴寒非雨，深谷泉驚響若雷。爲問巨靈緣底事，乘風一夜忽飛來。

寄懷王言遠孝廉

君家江南我江北，魂夢從游路亦難。誰謂朝端寬斧鉞，却令海徼結金蘭。詩書尚論聲相和，風雨聯床意共安。一別猶然稱異地，烟雲望斷恨漫漫。

泛西湖

雨霽光連曉望平，六橋風暖碎新鶯。馬嘶水外群花遠，舟泊烟中一葉輕。西子堪嗟湖竊字，高麗何幸寺留名。佳游爭與遲朝夕，欲盡東南景物情。

湖心亭

湖上孤亭俯荻洲，高甍宛爾在中流。鮫門月涌虛無夕，蜃宇雲生瀲灩秋。堤柳蕭蕭霜影盡，沙鷗歷歷水痕浮。飄零莫問行吟處，眇眇空懷北望愁。

孟冬偶成

風雨蕭蕭蘆荻寒，斷鴻聲裏客心單。恨長賦惜江淹短，帶減腰憐沈約寬。寥落音書空北望，蹉跎歲月尚南冠。故園歸夢雖知路，塊寢還嗟未許安。

孤山吊林逋墓

空山爽氣欲霏微，極目登臨正落暉。高士草縈泉下骨，孤臣淚滿客中衣。風將獨鶴終飛去，水逐閒雲竟不歸。剩有梅花三百樹，吟魂縹緲未相違。

御風送陳丹井户部

天末長風起白苹，片帆開處一毛輕。微茫烟霧憑舒卷，浩蕩波濤失縱橫。擊楫毋容矜祖氏，乘槎直欲擬張卿。因嗟偓蹇泥沙者，何事勞勞負此生。

贈柳如是

章臺楊柳夢餘春，烟外風吹燕語新。墨染蘭痕矜白雪，酒澆桑落醉紅巾。晨妝影笑才知俠，夜蠟分花不焰罋。一別三年猶繫念，何堪今又結芳鄰。

無　題

暖逼鶯聲入畫樓，美人約恨起簾鈎。依違面面神全逗，宛轉心心態欲浮。將謂若耶溪畔住，還疑洛浦月中游。輸情擲眼初無着，莫遣風花作幻愁。

桃　花

園桃一夜領春風，膏粉融脂出嫩紅。醒宿酡顏嬌醋醋，舞閒薄力怯東東。武陵誰許漁舟再，鄴下應教飲興空。珍重深情與蜂蝶，殷勤雨露仗天工。

薛姬入道

綺陣香叢有夙緣，一朝解脱訝胡然。鶯聲宛轉羞呈巧，柳態翩躚厭用圓。色即是空原幻相，動何如靜自真筌。獨嗟棲影燈孤處，未免多情欲可憐。

校勘記

〔一〕"陘"，原作"經"，據目録改。

〔二〕"吏部"，原無，據目録補。

〔三〕"兩女郎"，原無，據目録補。

詩 七言排律

和陸芝房職方[一]觀走馬燈隱括五行
二十八宿十二直神詩

瓊室金燈向夕張，水天一碧映奎光。黏成牛鬼童心建，分破
烟雲月觜芒。宛轉聯珠星錯落，參差列炬壁輝煌。騎箕角鬭誰驕
亢，搖尾盤旋任彷徉。土木形骸除色相，晦明用舍定行藏。降婁
乘旺平侵斗，少女酣春滿爇香。暈借柳絲翻燕翼，皎窺琴軫濯玄
霜。曲房閉火開虛影，露井收風出倩妝。危坐衣冠傾玉屑，狂歌
粉黛執瑤觴。知拚畢夜從啼昴，氐醉無須浣胃湯。

再次陸芝房觀走馬燈隱栝五行二十八宿
十二直神原韵

虛壁張燈星貫珠，光搖奎斗燦金樞。蛇神幻相兼牛鬼，箕服
妖裝佐屢弧。吹角建牙寧亢執，捫參歷井豈危逋。千旗翼昴開黄
道，連軫奔風氐大都。背水漢營成火德，聚房周室定姬圖。檀心
閉女收腰柳，炙觜調笙破唾壺。醉畢謾誇除渴胃，跛婁未許笑傴
巫。平津客滿羞貂尾，土木何勞折柬呼。

上元虞乾陽給諫招同曹愚公侍御陸芝房職方譚梁
生屯田魏道安山人周秀生女郎夜飲次韵

梅凌半雪微銷冷，柳閱初風未破新。湖水入簾光欲注，蟬紗

蒙蠟影低巡。生遷東海懷明主，席忝西園厠上賓。橘社引思遲落子，舞衣開袖拂迴潾。梁塵入曲輕飄屑，濠渚行魚不避綸。酒罕吸虹浮桂淺，筆牀眠兔散花匀。平泉雲月相宜夜，梓澤烟霞別是春。舟御通家寧問李，轄投驚座謾誇陳。兵屯若卸清時責，諫議空閒聖世身。何幸入荆分楚調，亦將屬和及巴人。

校勘記

〔一〕"職方"，原作"司馬"，據目録改。

澤畔行吟卷九

詩五言絕句

静夜思

客館凄其夜，愁多夢不成。可憐窗外月，偏照別離人。

古　意

出門望臨邛，山接臨邛路。臨邛非關情，故人臨邛去。

秋　思

水國秋風寒，雁起蘆洲月。景色凄且清，幽人在林樾。

閨情二首

其　一

春風感柔膩，易作東西吹。君情如春風，妾心當告誰。

其　二

含顰呼侍妾，帶笑出妝臺。莫把珠簾下，看他燕子來。

絕　句

野色超寒雨，依然夕照開。不知人獨自，孤雁復南來。

夜半聞笳

夜半胡笳聲，隨風到愁耳。愁人正愁絶，胡笳吹不已。

夷門監者

尪羸一老生，大隱夷門下。何事信陵君，而枉千金駕。

孫白谷吏部園亭雜咏七首〔一〕

長春洞

既無所爲暑，亦無所爲寒。藹然太和氣，四時在此間。

遠香嶼

風來香隨來，又復隨風去。風去欲尋香，不知香在處。

飛雲洞

雲根起石洞，洞空雲亦深。隨風自來往，落處即成陰。

十畝間

桑者之閒閒，閒以十畝也。十畝我自賒，閒豈獨桑者。

濯月池

涓涓水一瀋，爽氣宜秋冷。明月有時來，於中濯清影。

擬桃源

水面流落花，武陵宛然近。愧我非漁人，誰許逢真隱。

菊 圃

陶潛隱東籬，君亦凌菊圃。寂寞秋花心，相知結千古。

任任之太學〔二〕杞圃

圃中何所樹？所樹者惟杞。可知憂國心，聊焉□□□。

閨 思

辛苦聞歸雁，空閨淚滿巾。不知南驀日，曾否見良人。

湖 歸

日落水雲起，頃失湖上峰。扁舟何所向，歸處但聞鐘。

古艷詞

妾年始十三，感郎深徘徊。意密心不羞，柔情爲君開。

觀 舞

轉步工繇促，迴身變豈同。殷勤弄長袖，妝影落香中。

芙蓉堤

夾岸芙蓉花，灼灼好顏色。誰言在中央，欲采不可得。

咏豐城劍贈王介人

燁燁吐寒光，鋒鍔未曾試。不遇張茂先，誰能識其異。

中 夜

三五天邊月，清光此夜多。憑欄無限意，不敢問嫦娥。

同内人聞桂

中庭木樨香，不知風所起。相視心莫逆，吾無隱乎爾。

有　感

愛以相憐至，情惟孤用深。孤情聯至愛，但問兩心心。

對　菊

袖漬三年淚，人當萬里游。傷心籬下菊，開遍異鄉秋。

蓮

粉墮池中水，香飄鶴外烟。風吹殘月曙，秋影亦生憐。

芙　蓉

水映光相語，風吹影自扶。烟姿秋欲潤，冷意近葭莩。

盆　魚

悠然盆中魚，生意何潑潑。雖無江海寬，羨有升斗活。

感　懷〔三〕

日夕春風來，花草各言媚。松柏懷故心，冷然感榮瘁。

即　事

挑燈不成寐，顧影獨嘆息。軋軋機聲遲，鄰家動寒織。

寄屠用明

空齋經日雨，芳草夜來生。想見幽居者，高眠無俗情。

別　情

斷腸惟春色，桃花零亂時。況當遠別離，何能寬所思。

龍井一片雲石〔四〕

宛爾猶卷石，誰言一片雲。豈因行雨後，零落不成群。

望湖心亭

天遠寒無色，山多晝亦陰。水雲開復聚，何處覓湖心。

問水亭

虛亭依古渡，水色炤亭空。試問南湖路，烟波幾處通。

校勘記

〔一〕“七首”，目錄下原標“十六首”，正文僅有七首，今改。

〔二〕“太學”，原無，據目錄補。

〔三〕“感懷”，原作“有感”，據目錄改。

〔四〕“龍井一片雲石”，原作“一片雲”，據目錄改補。

詩_{七言絕句}

宮怨_{九首}

其　一

寂寞長門夜度年，夢中虛乞片時憐。千金縱買相如賦，不得君心亦枉然。

其　二

一入宮中又幾春，羅衣日見淚痕新。蛾眉縱死非深恨，可惜君恩在別人。

其　三

謾道宮眉寫月新，可憐虛度幾多春。少年不得君王意，枉有紅顏説勝人。

其　四

自惜紅顏玉不如，傷心淚眼未曾舒。好將憔悴教君見，又恐君恩見益疏。

其　五

零落楊花滿御溝，可憐春色付東流。昭陽殿裏如花女，誰解深宮別段愁。

其　六

每恨無繇近至尊，鶯時獨自掩長門。月明不分君恩斷，獨有清光照淚痕。

其　七

君恩已盡欲如何？空有殘香在袖羅。無數烟花宮樹滿，不知雨露是誰多。

其　八

風殘燭淚不知啼，淡月蒙花影亦低。愁裏似聞恩幸意，笑聲却在殿廊西。

其　九

玉樹啼烏夜悄然，孤燈照影自相憐。流蘇繡得渾無用，枉殺雙雙並蒂蓮。

古　意

雁門關上黃雲流，雁門關下胡風秋。征夫此日雁門去，何處閨人不解愁。

月夜張心冶文鐵庵朱滄起三〔一〕太史過飲

參差烟樹影堪圖，小苑飛觴借月呼。痛飲不須愁夜禁，主人原是執金吾。

閨情二首

其一

曉雲如夢怨湘娥，草色凝烟上綺羅。燕子不歸花落盡，暗知春事已無多。

其二

寂寞深閨歲幾更，含情惟許對孤檠。避人履迹堦痕斷，鸚鵡前軒怕喚名。

感遇

豺虎縱橫白日昏，孤臣回首戀都門。投荒縱向沙場死，猶感君王不殺恩。

孟良城

天井關頭日欲西，孟良城外草凄凄。英雄銷歇知何處，古戍無人鳥自啼。

過石嶺關

平原秋草接邊關，風物凄凄愴客顏。搖指故園天外是，白雲如帶束青山。

映碧園夜飲迴文二首

其一

絲絲綠柳垂烟細，灼灼紅蓮映水鮮。宜賞佳期尋我共，池園静夜月娟娟。

其　二

高樓接岸環深樹，怪石屏軒障遠山。消暑微香飄入席，橋前過水趁花閒。

旅　感

極目鄉關萬里餘，經春空自嘆離居。如何多少南來雁，不寄家人一紙書。

夜　坐

寥落孤棲萬里身，閒庭清夜暗傷神。相憐獨有天邊月，縱在他鄉亦照人。

到　家

一別鄉園已四年，重來景物自依然。獨憐籬外黃花色，憔悴西風不似前。

同于伯玉孝廉游白雲寺

飛葛攀援躡紫烟，空花吹雨落諸天。秋風滿袖旋歸去，回首白雲一惘然。

有　懷 二首

其　一

曾見新栽碧玉枝，如今風雨落胭脂。眼前春色能多少，莫道尋芳去更遲。

其　二

渭城唱罷意難留，斜抱箜篌淚暗流。今夜相思君莫問，海棠花下不勝愁。

漳水懷古

魏武銅臺漳水邊，臺傾空見水如天。誰知霸業銷沉盡，烟艸荒深不記年。

汴堤懷古

隋苑烟銷異代時，故宫何處不凄其。傷心最是長堤柳，猶到春來發舊枝。

怨　情

昨夜風多露井寒，柳絲無力小桃殘。秦箏玉柱斜飛雁，侍女移來不忍彈。

落　花

零落空園一夜風，青苔滿地散殷紅。殘鶯似怨春寒重，啼盡香魂細雨中。

憶舊游

想到登山興欲飛，風塵驅迫與心違。何時拄杖尋方外，十二峰頭一振衣。

睡　起

哀草寒雲日半斜，思鄉無語自咨嗟。可憐多少傷心淚，每恨風吹不向家。

聞　砧

野館孤燈獨掩門，思鄉夢斷萬重雲。秋風不解愁人意，徹夜
砧聲送客聞。

蘇　堤二首

其　一

柳外長烟雜細霞，春風旖旎照晴沙。紫騮嘶盡東風莫，滿樹
繁烟過落花。

其　二〔二〕

柳影參差水拍堤，酒家烟隔段橋西。坡仙去後流鶯在，不住
春風盡日啼。

姑蘇柳枝

館娃宮外雨光消，勾引東風入舞腰。爲遣年華惜鶯燕，行人
不忍過楓橋。

即　事

露草寒沙起候蟲，釣絲影落石磯空。漁舟暗逐流螢去，無數
秋明水月中。

乞巧戲題

年年機杼絳河傍，織錦空聞咏七襄。若使天孫真有巧，如何
終日不成章。

戲贈王月生女郎〔三〕

亭亭玉質十三餘，雲雨誰教夢尚虛。欲結同心還借問，西陵松柏近何如。

戲贈李慧生女郎〔四〕

何是當初初不識，而今纔得得人憐。縱然秉燭尋歡事，已失春風十五年。

吳門即事

吳門花月可憐宵，宛轉朱欄映畫橋。怪得彩雲飛不散，玉人新度廣陵簫。

哭亡妾二首

其　一

粉澤烟銷總帳空，漫餘酸淚泣秋風。幾回欲問當時事，何處香魂入夢中。

其　二

挑盡殘燈益愴神，孤幃愁見舊香茵。不知明月緣何事，低故穿窗偏照人。

雨花臺

春草青青出淺沙，江城荒遠絕人家。雲光飛盡長干暮，不似當時初雨花。

越來溪

館娃花草望中迷，夜半宮烏未踏棲。錦帳日高春睡重，不知兵過越來溪。

二十四橋

隋宮灰冷嘆千秋，馬上曾聞清夜游。二十四橋春草遍，烟花空說古揚州。

晚春口號

野日晴開散曉鴉，空隨芳草到天涯。春風不怨無人至，芍藥猶能作晚花。

題　畫

野橋紅樹隔溪寒，幾處霜風落葉乾。極目亂山斜焰裏，一船秋色老江干。

贈柳如是女郎 二首

其　一

輕衫吹轉五銖塵，妝影翩躚倚袖新。應是昭陽飛燕子，春風重見掌中身。

其　二

窗夜彈棋隱碧紗，甲香新鍊鬱金芽。嬌來避客能輸笑，膩粉濃開半靨花。

塞下曲

十年烽火戍陰山，鐵甲生蟣尚未還。邊馬踏霜嘶月影，征人掩淚視刀環。

聞檐馬聲

疏風吹雨正闌珊，隨意清聲入夢間。聽徹五更猶未歇，秋心一夜不曾閒。

閨情四首

其　一

樓上疏簾卷翠微，殘寒猶自薄羅衣。柔心脉脉春如許，花落東風燕子飛。

其　二

偶看鸂鶒過池南，芳樹陰陰月已三。最是關心閒處立，空堦風日長宜男。

其　三

露濕晴花昨夜紅，暖香吹影入簾中。起來無語庭前立，長袖徘徊散麝風。

其　四

玉窗斜倚又黃昏，細雨疏花一閉門。自是離魂飛不去，空教芳草怨王孫。

赤　壁

山川相繆鬱蒼蒼，風景都非舊戰場。指點石頭嗟失守，令人猶自憶周郎。

采蓮女

一片風帆熠影開，花叢掩映錯招來。重看却是漁郎棹，忽地低頭不敢擡。

明妃小像

莫怨丹青悮此身，愁眉終日自含顰。當初不是毛延壽，那許留名到後人。

少年行

幽并年少氣翩翩，腰間寶劍血長鮮。平生不欲空恩怨，白日殺人大道邊。

偶　成

蕭風吹竹正黄昏，獨坐書齋未掩門。薄酒疏燈雙鬢影，不堪情處正消魂。

保叔塔

塔勢高凌日月争，寒雲飛盡碧天横。望夫不見空餘石，保叔何堪更作名。

段　橋

湖水中分一望遥，虹梁飛處影迢迢。宋家陵寢今何在，不忍重過段氏橋。

柳洲亭

柳洲亭前烟水闊，柳洲亭下芙蓉發。殘鴉歸樹寂無人，亭影深深閉秋月。

贈王大含孝廉

戊辰與大含游，十年餘矣。忽晤於周紫髯席所，各詢起居，口占若此。

屈指離群幾歲華，偶然遇合在天涯。明朝君若來相訪，但問湖頭第一家。

宮　怨

無情惱殺是東風，只解吹花滿地紅。何如吹妾憐花意，并入君王春夢中。

校勘記

〔一〕"三"，原無，據目録補。

〔二〕《蘇堤》其二，原在《哭亡妾二首》後，詩題亦作《蘇堤》，今據目録移置於此。

〔三〕"女郎"，原無，據目録補。

〔四〕"女郎"，原無，據目録補。

二編　澤畔行吟續

沁水張道濬子玄父　著

吳橋范景文夢章父　閱

無錫顧宸修遠父　訂

澤畔行吟續卷一

賦

出塞賦有序

　　余家澤潞間，天下勠兵處也。自罹家艱，請纓遼左，身副戎車，用違其志。羽書狎至，乘障是急。封狼胥，禪姑衍，其事概未聞焉。鼎革之際，再起再歸。俄烽火及於甘泉，單騎入覲，逆胡自懾上之威德，躡耳竄伏。其後待罪雁門，虜間一入，罪廢之餘，惟畢命馬革是期，安望揚旌馮軾之事哉？今游於江潭，益歷年所。耳不聞鼙鼓之音，目不睹車徒之盛。念家世食祿，誓不俱生。每見邊吏奔命書，輒自嘆結髮與匈奴戰，未得一當單于。爰濡子墨，冀聞之當事，令河東父老得復漢官之威儀，在此舉矣。賦曰：

　　試橫目萬里，皇靈四訖。稽顙關廷，維侯維尉。么麼東胡，戎索我乞。一朝顛越，抗擲綸綍。楛矢失貢，睥睨天物。煉蜜為糧，蜂氣涌沸。塞草萎黃，胡雲黶黮。獸嗥鬼泣，邊垣詰曲。不聞人聲，寒燐髣髴。悼天誅之久稽，彼自祓之無因。射天之矢弗息，吠堯之犬轉狺。堅城屢墮，深塹多堙。杲日初出，積血若新。輕烟晚暮，暴骨暫泯。士感恩于未報，人抱憤於誰伸？上書請纓，天子逡巡。匪介鱗之足宥，念吏卒之苦辛。賈生表餌，婁敬和親。嗤大漢之屈辱，法成周之至仁。皇赫斯怒，郊廟告禋。於是下尺一之詔，進熊羆之臣；簡五屬之甲，推三尋之輪。吳楚之危纓長劍，甌粵之標弩勃矛。巴蜀翹捷，關隴俠游。六郡良家

之赴難，三河年少之同仇。聞風慕義，如貔如貅。人報其怨，露
皆横眸。旌旗相望，千里不留。榆關東出，遼河北流。崇牙岳
立，支旗林浮。廣寧據其堂奥，海島借其扦掫。列屯守險，惟敵
是求。七校齊發，五軍協謀。雷轟電激，湍怒風飆。矢道同的，
巨礮猝投。聲裂天地，孰知其緣？乘勢翼進，輪蹄踐踩。委骸斷
體，陷胸斬頭。郊原一瞬，赤野丹丘。奔馬駭汗而爭齧，孽胡痛
哭於亡酉。

然後開原住壁，瀋陽來休。金復海蓋，指顧俱收。睹向日之
頹堡，問昔時之故壞。高臺曲池，狐兔交稠。名藩雄鎮，杞棘叢
幽。爲洗碑而披迹，何煩憂之特滋。君父之大恥如此，臣子乎俸
生多時。食無下咽，勝益能持。整軍窮討，輶車飆馳。西自豐
灘，東自高麗。引鋭夾轂，旦夕恐遲。殘虜奔北，勢不能支。烏
合終潰，蟻聚善疑。渾河飛渡，王庭欲移。天兵迅掃，狡穴頓
犁。組老上之頸，屠日逐之屍。奪右賢之旃，空蹛林之祠。愛子
受牧，名王就縲。傾其畜產，厥爲軍資。大珠斗量，健鷹天垂。
擲之縱之，秋毫不私。蓋招攜懷遠，德禮命師。殲魁梟畔，神武
永思。薄伐獫狁，徵在前詩。惟其釁重，根株芟夷。霜稜稽落，
月滿金微。秋風歸玉門之馬，玄水解漢臣之衣。弭節遼左，勒石
醫閭。雲臺麟閣，終古生輝。臣何人斯，欣慨倍茲。幸國仇之已
雪，庶家憤之可揮。尋征夫以稅駕，遂子舍之長依。

亂曰：遼水血，何時清？遼山骨，何時平？徙漢南，報白
登。擒頡利，詛渭盟。於千萬年，猗與盛明。

寶刀賦

有客大俠，名著幽燕。被服仁義，揮霍雲烟。吐氣九天之
上，揚眉千古之前。盜嗤荆聶，奴視慶專。傷睢陽之屬鬼，痛臧
洪之難全。雄辯未訖，解佩周旋。寶刀横席，神光燿然。長虹縮

耀，虛星流輝。蜀江爽烈，首山英堅。孟勞讓其犀利，龍鱗避其輕鎸。吳大帝之百鍊，魏太子之含章。彩似丹霞，鋒如崩霜。青蛇飛騰，赤鵲迴翔。太乙入水，魚鐵開芒。神異種種，此刀獨良。窮理盡妙，繁文波光。雌雄誰定，孤鳴自將。金精之靈，秋聲應商。胡草北萎，塞雁南昂。殺氣遙映，豪憤一方。在匣欲脫，在牀欲戕。隴日慘黯，朔雲微芒。幽魂怨魄，往往啼倀。夜不能昧，起舞空堂。飛飆急電，燁燿奔鏘。輕擊浮截，暗景吐鋩。嗟乎利器，乃鋼僋荒。令螻蟻穴他年之腐肉，更糟糠供今日之糗糧。有身七尺，有刀千金。人生如此，何以爲心？大笑出門，山高水深。雪没馬目，冰枯榆林。拭刀四顧，萬里悲吟。血染日逐，冤伸屠者。搴旗斬將，若薙生薥。戎王徙幕，胡姬入帷。飲酒一石，其醉如泥。枕刀酣卧，蹕林告祠。殘虜倔强，兩軍相持。驚起馳逐，枕刀如之。寤而嘆曰：是何祥也？噫嘻！非寶刀之神也耶？利器善警，今昔同珍。誓不妄試，佩之終身。國仇雖滅，私恨未伸。報冤殉難，瞑目屬斷。或赴韓市，或入吳闈。或馳洛陽之陌，或窺長安之鄰。懸頭洞胸，日暮驚塵。雉肩生割，兔胎濡唇。刀血斑斑，滴色猶新。莫問其故，家亦長貧。頗善名理，尤篤人倫。逡巡退讓，才偉性真。於是藏刀弗出，掩關杜門。公輔之器，待贈其人。少年浮薄，雖得不尊。欽哉百世，永荷國恩。

遥壽慈幃賦

猗君親之並重兮，念古誼之高揭。承嚴譴於海陬兮，聽胥濤之吐月。耿微衷之未諒兮，危惙惙於一髮。依逆旅以長吁兮，隔慈顏於晉越。情脉脉以自傷兮，景悠悠以倏忽。指白雲而在望兮，跂太行而終蹶。信臣罪之當誅兮，感親年於明發。維時遠道千里，海天萬重。閱日閱歲，北堂雍雍。含飴遶膝，舉家盡恭。

彈絲吹竹，列鼎擊鐘。娛桑榆於永日，似喬松之仙容。謂波臣之滯留兮，每一食而三嘆。介使相聞於道路兮，宗黨遞視於海畔。乞衣衣我，乞食食我。戒之戒之，莫或敢惰。凜家訓之昭垂兮，俄介壽之及辰。篤嘉貺之自天兮，喜懸帨之恒新。整雲翟以祗命兮，切珮聲之粼粼。叨華袞於穹階兮，屢皇綸之諄諄。予小子之不造兮，欲叩閽而無因。離伍則爲失職兮，終子舍之何人？馳寸私於關山兮，夢擾擾而未伸。於是青鸞寄其德音兮，黃鵠載而下詢。石碧詰曲以傾靡兮，若木扶疏以競春。下若進觴，嘉禾致粱。江鯉斫膾，越羅製裳。北向再拜，仰祝蒼蒼。天之高矣，何德可忘？母之壽矣，和樂且康。彼長沙之卑濕兮，與夜郎之遐荒。亦今昔之偶同兮，寧忍遠於故鄉。

餘秋讀書賦

維餘秋之索處，兼閒夜之方永。稍燈火之可狎，漸塵雜之初屏。蟲吟碎而起草，梧聲凋而墮井。延南軒之素賞，泛北庭之幽影。推予情之可寄，諒無加於斯景。於是壓素幌，羅陳編；發秘義，搜奇詮。既抽英而抉異，復鏤思而鈎玄。顧精靈之所會，若接膝以交言。稽前墳而正訛，即領要而删繁。辨妍媸於毫末，定去取於筆端。沃波瀾兮靈府，挹霞藻兮奇觀。椎燕石兮御楚璧，焚魚珠兮張木難。出入秦漢，縱橫子史。陋夸士之習，探風人之旨。采菁華於積帙，蕩浮靡於累紙。疏蘭氣而流吻，振金聲以聰耳。學必專而始博，理無隔而乃止。苟有功於斯文，羌何慚於沒齒？

西湖泛月賦有序

嘗薄游錢塘，輒鼓枻湖上。夕景銜山，波光淪閃。少焉，鎔金流珠，輕耀浮動。月入客懷，湖天同色矣。遂致天下以"西湖"名者，在在而有。曰燕，曰穎，曰開，曰松江，曰鄢陵，曰許，曰睢，曰汝寧，曰崇慶，曰富順，曰福，曰漳，曰潮，曰瓊，曰桂林，曰雲南，悉數之凡十有七，而錢塘獨著，抑地以人勝耶？噫！其人往矣，月則猶是也。如此湖，如此月，如此人，始有同稱焉。賦曰：

宋社既屋，湖山清肅。萬春千秋，氣若新沐。桂棹兮蘭槳，鳴絲兮擊筑。樂事倍舉，客懷未卜。苦白日之改瞬，幸明月之見速。列峰匿影，長堤隱陸。暝色侵尋，遙空方靅。俄而雲際隙射，嶺畔露瀑。或璧或規，微波相逐。靜不掩光，動不淪觸。平流千頃，金液融簇。旋渦縈紆，走珠可掬。烏翼斜分，鶴背輕伏。四顧傍皇，明月我獨。鄰舟競其歌舞，烟寺落其梵鐘。妖鬟冶黛，坐焌形容。洛浦初遭，漢濱乍逢。群籟俱寂，出沒魚龍。月輪漸午，湖光欲重。浴翠未已，濯魄時濃。荇藻歷亂，沉沉遠峰。玉盤撓於柔櫓，瑤鏡破於短舳。然後慨疇曩之不復，嘆豪傑之失蹤。南宋駐蹕，胡元來衝。當時宮苑焌耀，臺殿參差。游人如蟻，畫艦如馳。邀歡長夜，樂不可支。曾望舒之促御，徒清輝之後貽。嗟乎！湖上之月，獨今之朔斯望斯，歌斯舞斯也乎哉？

亂曰：湖月如鈎牽我憂，湖月如鏡焌我愁。月兮月兮，謂我何求？

美人賦

有美一人，小字曰娟。燕趙多麗，娟擅其妍。往言風塵，不乏艷質。語秀足餐，擬韵猶失。鴻驚蝶栩，態自翩翩。習俗所移，志趣終淹。謂能置身，雲鶴堪匹，羽毛皛潔，百不得一。絆愁銜恚，糞土埋英。操行塗敗，貞執與旌？萬一獲伸，操行勉豎。誰破坑塹，風揚霞去。念灰炎冷，憾釋新陳。智識弗開，等之沉淪。盡美又善，孰方娟也？庶幾名卉，差可擬者。荆玉讓潤，夜珠失瑩。容冶波俏，嬌媚橫生。西川之棠，鮮色淫淫。宛其弄姿，飄然佯醉。俯仰不勝，動静得意。臨流芙蓉，差方兹致。賦情排艷，斂容就幽。挈態鬭芳，實增之羞。志越等倫，仿佛蘭儔。亭亭獨立，不受澱滓。愛莫加修，妬吴置毀。爲蓮爲人，若相與儷。香不襲衣，華不呈葩。可以曲房，可以水涯。爰像以梅，是耶非耶？彼姝者娟，奇狀非一。群擬芳之，真似猶失。娟不借卉而妍，卉反緣娟而芘。倘有以卉實褻娟，則余未爲娟功臣，先爲卉罪斥矣。千古具眼，請以質之白谷。

詩 _{樂府}

東飛伯勞歌

伯勞東飛，不違其時。一羽之微，夫乃有知。君子于役，寒暑載離。寒暑載離，使我心悲。

櫂歌行

江南春水連三月，江南女兒弄輕楫，歌聲悠悠隔花葉。隔花葉，棹舟來。呼郎渡，一徘徊。

天　馬

雷憑憑，雨施施。天馬下，雲中馳。黃金鞍，白玉彎。電影滅，風力逝。朝扶桑，暮昆侖。嗟八駿，何足云。黃河清，圖再出。天行健，帝有德。

江南曲

江南烟暖多花草，江上家家覺春好。玉樓貪眠呼不醒，懊惱新鶯日初曉。斗帳沉沉掩碧紗，香魂何處訪天涯。可憐夢裏無消息，簾外東風楊柳斜。

走馬引

章臺日没花生烟，長安俠〔一〕邪多少年。樓頭追歡破一笑，東風亂擲黄金錢。春城月高星滿天，吹笙伐鼓張綺筵。玉壺不竭酒如泉，新聲宛轉清入弦。此曲本是龜茲傳，爲君歌出情纏綿。情纏綿，兩無違。流連達曙不知節，明朝走馬花中歸。

雁門太守行

秋城高高入雲次，城上紅旗金織字。古堞燐飛戰血殷，短草芸黄老霜刺。角聲咿唔慘無極，悲風北來動蕭瑟，寒光參差響刀戟。胡兒抱鞍起長嘆，漠漠烟沙落荒雁。

車遥遥篇

車遥遥，聲啞啞，車前鈎衡駕雙馬。草深没輪車行好，馬驕嘶風戀春草。

園　桃

春花爛熳開，春鳥間關啼。一朝坐見物華改，鳥聲啼盡花成泥。園中桃須老，園中樹莫遣。隨風到處飛，飛出園中去。

俠客行

蒼天亦何高，蒼天亦何高。浮雲蔽白日，北風正怒號。四顧絶人聲，猛虎因嘷嘷。當道恣搏噬，殺人如蓬蒿。非無扶風士，平生失所遭。安得與周旋，假彼鞘中刀。異類早驅除，不使流腥膏。

東　海

地缺東維，以處大海。一氣盤礴，稽天渤澥。日月空行，瀾搖其彩。茫茫靈長，神功是宰。曰維忠信，險蹈不駭。幸甚至哉，歌以咏志。

前　溪

羅衣着春風，歌舞春風裏。衣色亦如人，解愛前溪水。

將進酒

朱堂擊鼓聲淵淵，銀紗兩行紅燭燃。烹羊宰牛一張筵，妖姬起舞當君前。當君前，試垂手，風剪輕衣動春柳。輝光搖搖影爲偶，入眼驚看未曾有。迴身斂態始嫣然，玉手殷勤進巵酒。

雙　燕

雙燕復雙燕，飛入昭陽殿。穿簾簾影重，拂柳柳絲冒。梁間巢既深，宮外人誰見？夜夜宿香中，長近春風面。

隴頭流水歌

車遙遙，君入秦，妾獨西望行車塵。天長路遠勞目力，別離那不懷憂辛。君行過隴頭，應聞隴頭水。隴頭之水嗚咽流，賤妾哀啼正相似。但願君心知妾悲，朱顏未故〔二〕君早歸。

緑　竹

緑竹生池邊，廁此池中花。花開美顏色，灼灼明秋霞。池清深見底，形影許相守。那知花有根，私心屬嘉藕。

莫　愁

移家石頭城，出亦看莫愁，入亦看莫愁。莫愁如不解，日日但梳頭。

估客樂

江南估客，江北來歸。日日風波，愁心并吹估客歌。估客有時樂，不見長江邊，夜夜張燈動春酌。

捕　蝗

六月七月傷亢陽，野苗渴死田禾荒。江南江北千里赤，三歲小兒皆捕蝗。蝗飛薨薨天亦蔽，日光高懸不炤地。黎民疾首告苦饑，相向啼乾兩行淚。城中斗米盈千錢，生拚皮肉資烏鳶。鳶烏得飽自飛去，人骨纍纍葬無處。

泛水曲

搖輕瀾，鳴短枻，波平滑兮舟不滯，望美人兮湖之際。湖淼淼，花悠悠，美人不來兮，遲遲我舟。

映水曲

二月三月桃花開，春雲染水蕩舟來。空潭澄澄瀉清泠，游女窺妝落新影。妝影新，那不惜，等色相看畏相失。

白　雪

妾歌白雪詞，君唱幽蘭曲。兩心既相知，貞素同空谷。空谷寂寂，幽蘭離離。不辭冬日寒，寧受春風吹。風吹雪消化爲水，水滋蘭根妾心喜。

太行路

太行路，高極天。絕來雁，深浮烟。路可盡，天可到。嗟人心，不可道。

携手曲

妾有沉水香，薰之使衣覆。歡來携手時，香亦歸歡袖。

苦寒行

青女凌風曉猶泣，淚影縱橫練千尺。朝來黯黮不生光，湖冰皴裂魚鱗坼。饑烏呼凍群飛飛，空邊斷續時一啼。蓬茅捲盡往來迹，柴扉深掩吹烟[三]微。沉陰抑鬱天地塞，萬里迷茫野雲積。寂寥四望絶人聲，衰草寒山嘆行役。

釣竿篇

茫茫晉壤，黄河其波。人之不歸，疢心寔多。手有釣竿，不如斧柯。渡河何爲？使我思歌。漁兮漁兮，汝漁則那。

日出入行

日出入兮，江之南。花色衰兮，使我心慚。

戰城南

城南荆棘秋滿霜，黄沙撲風嘶白楊。雄狐跳梁兔潛立，積骨纏草成崇岡。當時武安壓趙壁，一夜催鋒向降卒。又聞項羽坑秦軍，千秋鬼哭愁荒雲。只今虜騎正南牧，戌士操戈事馳逐。昨夜城南報合圍，全師覆没同魚肉。胡兒憑陵肆凶逆，慘殺生靈野原赤。干羽應知格有苗，自古懷柔慎文德。

三峽流泉

竹林晦深晝，仰見秋旻星。哀琴發泉注幽壑，但覺指下寒泠泠。初如春林飄花語鶗鴂，復若空山獨夜疏鐘落葉啼猩猩。離鴻不能飛，危猿爲之驚。微絲忽絕非無聲，悽弦吹緊風俱鳴。彷彿兮嗚咽，激潺湲之餘清。流泉兮流泉，使三峽之可至兮，吾將寄險阻於浮生。

今何在

莫種玄都桃，桃花易衰敗。爛熳開園中，倏忽飄墻外。辛苦種桃人，借問今何在？

白頭吟 五解

戚戚復戚戚，人心不可必。入門即相親，出門即相失。一解。
雨落不上天，歡心豈能回？自君之出矣，不復視妝臺。二解。
裂歡定情篇，還儂合歡扇。恨歡連喚歡，嫁娶何須怨。三解。
恨歡歡不知，怨歡歡應識。知道阿儂心，祇是爲歡泣。四解。
死灰亦有燃，枯草亦有心。不信歡別來，果忘白頭吟。五解。

白楊行

西風吹白楊，楊葉何瀟灑。荒凉古墓邊，昔日行車馬。

蒲坂行

火雲炎炎天若烘，羲和挾日鞭赤龍。流金爍石山亦熱，木葉無聲乾欲脫。長途茫茫苦牽挽，馬汗車塵愁日晚。惆悵臨岐獨送行，眼望前旌下蒲坂。

夜宴曲

蘭膏輝煌夜如年，撞鐘伐鼓聲駢闐。朱堂座客盈珠履，金刀砍膾張華筵。張華筵，陳黛娥。啓長袖，發浩歌。浩歌繞梁塵飛落，長袖迴風香紛錯。歡情靡定足留連，厭厭莫負當場酌。

蕭史曲

秦臺千餘仞，上接浮雲端。月出珠簾開，華妝映欄杆。簫聲何裊裊，香氣清猗蘭。仙人兩如玉，呼鳳游高寒。

猛虎行三首

其　一

胡爲乎猛虎游於郊，恣其爪牙，殺人如蒿。人苦無訴，讐彼道路。荊棘叢生，維猛虎故。

其　二

猛虎負隅，謂莫予制。謂莫予制，負隅之勢。抑何去其所而肆暴戾？

其　三

猛虎猛虎胡眈眈，造物謂何豈汝堪？

寓　言

種蓮得蓮子，蓮盡復求藕。問取藕中絲，妾在絲中否。

行路難

弱木垂一枝，鷦鷯遂托身。溪流不沒踝，亦可游纖鱗。所願苟弗違，便感化育均。鴻鵠翔廣漠，蛟龍起青旻。卑棲豈爲謀，升斗烏足珍。所以泥塗中，今古嘆沉淪。

自君之出矣

自君之出矣，不復理衣裳。珍重歸笥篋，聊存舊日香。

臨高臺

高臺不可臨，一臨一傷心。浮雲慘無際，悲風四面侵。極目期所望，所望杳難尋。傷神重躊躇，慷慨發長吟。

相逢行

飄風不終日，疾雷不終朝。意氣多中餒，金石難久要。寄謝彼君子，許身何鳴毛^{〔四〕}。白水信可盟，炎炎詎足高。四海正自寬，蟣蟻在吾曹。願言保末路，相逢顧寶刀。

校勘記

〔一〕"俠"，疑當作"狹"。

〔二〕"故"，疑當作"改"。

〔三〕"吹烟"，似當作"炊烟"。

〔四〕"鳴毛"，疑當作"鴻毛"。

澤畔行吟續卷三

詩五言古

昭烈廟

有漢雖末紀，天下統一尊。奸回覆神器，割據曹與孫。一葉起沉冥，經營歷艱屯。當時戮力者，雁行而虎賁。亦有草茅人，盡瘁勞心魂。再造終偏安，版圖阻荊門。於理寧當然，數詘非所論。斯民心不死，千秋貌廟存。

苦　寒

遠水失天色，孤鴻愴旅情。對此發長嘯，許時心不平。丈夫志四方，胡然有所縈。悠悠悵前路，慎勿事宵征。

九日同諸子集陳氏山園分得子字

開林息繁陰，雲閒薄如水。清秋暢高懷，宴樂宜君子。山椒集冠蓋，巖肩散綦履。黃花被尊綠，菊蕊含籬紫。良辰發佳吟，月露連翩起。抽毫委珠玉，璀璨紛莫擬。慚愧巴人詞，濫巾名園裏。

鷗

溪鷗群無次，泊泊弄秋水。演蕩搖空明，痕依瀫文起。毛羽碧在眼，沙石清鑒底。迴玩無常態，飲啄從屢徙。鳴情或相向，多雨亦云喜。紛吾觸物感，躊躕不能已。願言買漁舟，結盟溪光裏。

廣陵贈魯繡林_{近邅}大行魯冰長_鑑學憲昆仲

世人皆君子，惟余莫比數。有生四十年，碌碌無與伍。通顯迫沉淪，恒爲遭逢苦。何期一日中，伯仲得二魯。文采兼風流，機雲推獨步。健翮排青雲，翱翔圖書府。使節歷州九，作人敷教五。斯文統未喪，至治光干羽。蟬聯據清要，有材羨維楚。握手聊贈言，千秋存藝圃。

酬馬巽倩_{權奇}水部兼柬陳章侯_{洪綬}秀才[一]

昔余在京華，耳常熟君名。所嘆遭艱虞，未能叙生平。縱橫十年中，飄泊浮雲輕。偶然涉湖山，傾蓋結深盟。談笑愜襟期，慷慨推丹誠。論文喜同調，憤世非塵情。痛飲真吾師，酒瀝無留舩。長歌赤壁詞，意氣筳前生。追隨方匝月，江舟促歸程。相送無一言，分手出層城。忽見雙鯉魚，貽詩感投瓊。丁丁手掌間，猶作金石聲。南游三千里，屈指慚交朋。文章重當時，一馬越中鳴。翃也雖後來，玄著超群英。章侯亦藉甚，淹迹傷窮經。造化頗有權，天地應無精。栖栖同一隅，進退羞餘評。虛盈終可待，口舌難爲爭。勖哉各努力，願言保嘉貞。

簡書擬陶體

今日無所事，試簡篋中書。析理明句讀，披文辨魯魚。以意逆古人，所志良非虛。賢哉思董子，居恒惜三餘。

經呂梁洪

黄河至呂梁，東注勢若奔。喧豗屬轟雷，齒齒激石根。舟行上下間，櫓楫無所援。但憑風往來，憚險懾心魂。我來適春暮，初雨正瀰淪。逆流爭所趣，片帆疾飛騫。彭城越俄頃，隱感河伯恩。

雲龍山

山勢出雲表，空外走風雷。黃河赴東海，於此獨縈洄。宛然如帶礪，形勝雄天開。處士昔爲亭，放鶴時往來。亭因放鶴名，千秋想曠懷。至今四百年，人去鶴不迴。嘆息往事非，搔首重徘徊。

觀韓次卿昭宣餉部閱武

日出明林表，暄風散餘寒。驅馬臨南陂，飛蓋靡高原。蟬聯兩翼齊，立候當前山。一鼓群氣作，關弓接行班。羽激指力强，正鵠矢如攢。鳴鑣向馳道，列御飛輕鞍。縱橫驚絕塵，勇決如奔瀾。清尊泛絲竹，張帷草野間。酒酣夕烟起，高懷猶未闌。行歌奏新曲，軍中有一韓。

來烟亭

落日蒼烟生，州渚一時失。山頭揭小亭，乘虛四面入。我來覓奇觀，咫尺如霧塞。丈夫曠眼界，胡爲受鬱抑。直欲借天風，加之兩羽翼。上排閶闔門，手推羲輪出。大地耀光明，浩然快獨立。

寄黎博庵學憲元寬

平生重文章，交知盡豪英。多存四海志，以勗千秋情。蹉跎十年來，落落猶晨星。如君寔天匠，傾耳埋令名。中心久竊向，未得窺門庭。何期廣陵游，氣應感同聲。縱橫詩酒間，累月醉復醒。嗟余類孤蓬，飄忽之金陵。秋風送行迹，草木含淒清。回首念所歡，杳然絶嚶鳴。悲時已惻惻，況復別離并。天寒在旅舍，出人空屏營。

武林夜發之吳門同王介人聯句

歲暮遠行役，張。北風正蕭條。蓬茅净沙渚，王。村舍罨溪橋。窮陰萬象閉，張。肌骨嚴霜凋。四野絶人烟，王。古樹鳴寒梟。孤舟指前途，張。日夕催雙橈。羈心慘無際。王。相顧空搖搖。憂來發清嘯。張。慷慨呼濁醪。王。

寄懷韓次卿餉部^{〔二〕}昭宣

搖落天地閉，陰風振高秋。萬里隨一身，慨然懷舊游。實惟我次卿，豁達多奇謀。任俠當少年，孤立而寡儔。列綬爲王臣，嘗銜天子憂。投袂思一奮，請纓效仇讐。爰舉大將旗，鏨凶定戈矛。北登單于臺，西飲月氏頭。高材不得展，欲語羞咽喉。余今處東海，於世成贅旒。釣竿拂珊瑚，詩卷寄蜉蝣。行吟以終日，泛泛結深愁。交情感疇昔，夢寐時相求。

寄懷王元昭溯元秀才因柬王介人翊

元昭今奇士，學古爲文章。汪洋發浩波，筆勢排班楊。談詩識本原，手自開全唐。雄邁絶等倫，獨擅翰墨場。結交委深情，慷慨詎能忘。志屈尚子衿，揣摩向青緗。秋鷹養健翮，風便隨飛揚。落落如吾人，投分君其臧。吳越有逸民，長嘯類顛狂。讀書不爲名，嘔心於錦囊。君才悉與敵，南北稱二王。他時倘相值，四座生輝光。

贈陳雪灘宮詹盟

別離十年餘，形迹各西東。出處不相謀，音問阻郵筒。白下昔人來，知君亦固窮。星言發嘉禾，爰圖披夙衷。入門一握手，有辭不能通。相看俱老大，此日愧遭逢。皇路正清夷，胡爲失所容。感嘆衰謝情，雌守寧知雄。踽踽天地間，何以置微躬。

贈西洋國畢今梁 方濟

吾儒著格物，嘗竊疑其繁。耳目阻見聞，烏乎剖大藩。君來自殊域，穎悟獨能言。數象雖紛頤，均得理所存。方圓明體用，枝流析本源。六合內外間，安在不議論。余也愧迷謬，何幸交賢昆。願安以承教，庶幾開吾惛。

哭二弟濟

仲冬月初盡，纔接二弟書。書中寄平安，得此心差舒。曾未及匝旬，忽爾傳長徂。還思書來日，陰陽途已殊。隔絕萬里情，痛哭傷離居。念我違時好，遠謫東海隅。六載別高堂，甘旨弟所儲。區區爲子情，賴以寬倚閭。詎意搆多難，弟亦去故廬。朝夕望歸旋，骨肉同歡娛。韡韡棠棣花，誰令一枝枯。悠悠者蒼天，疾聲不可呼。

飲黃氏故宅有感

帝里誰家子，豁達起樓臺。棟梁侈梓楠，雕鏤無全材。洒掃幾何時，奄忽蒙塵埃。鵲巢鳩則居，主人安在哉。乃知天地間，巧者拙之媒。

贈戴初士孝廉 國士

我友戴初士，寸心納四海。投袂皆豪英，牛耳居中壘。日月昭所懷，雲霞散其彩。意氣足千秋，橫發慷且慨。利見遲前期，風塵羅物采。余也漫遨游，追隨幾半載。生平有熱腸，況遇士之隗。斗酒獨與論，素絲終莫改。頸血倘可濺，一朝爲君洒。

嘉興簿徐石麟五十

南州徐孺子，重名在空谷。德以嗇遇豐，千載齒猶馥。生面不再開，芳規且疑獨。世宙正自寬，烏乎鮮後淑。祖武而孫繩，海虞羨貽穀。家聲寵八旬，文章吐二陸。時格尚拘攣，神龍亦泥縮。烏乎繼范縝，於時遂令僕。蹉跎五十年，逸足仍跼跼。知命述仲尼，知非訟伯玉。因之準古人，尺寸未逾幅。彼哉高達夫，學詩徒堪恧。

校勘記

〔一〕“秀才”，原作“茂才”，據目録改。

〔二〕“餉部”，原作“户部”，據目録改。

澤畔行吟續卷四

詩 七言古

望湖亭

堤虹遠飲中迴阻，何人雄建追前古。夾渡層城倚作屏，孤山餘石仍歸礎。虛亭弘廠垺雲樞，威鳳接翼雕甍扶。鱗鱗碧瓦露華曉，丹霞燦射明于珠。長烟濯濯冰壺冷，神光出没魚龍影。崗巒負勢爭滄浪，晴嵐倒落無時醒。呀然萬頃沉坤軸，冲融一片搖空綠。水底樓臺不在天，波心舟楫誰非屋。須臾日暮聞初鐘，寂寥四顧無人踪。微茫得望不可極，漁燈幾處沙邊紅。我從南遷亦不惡，斗酒狂吟且行樂。月出還停東岸橈，臨流夜聽西家鶴。

廣陵嘉宴詩 有引

辛巳秋仲，薄游廣陵，謀月於二十四橋之次。維時四方縉紳至者軫接，迭主迭賓，用慰佳夕。西吳則戴初士國士孝廉、黎博庵元寬學憲、龔孟男震英太守；楚則魯繡林近暹大行、魯冰長鑄學憲、劉宜綏延禧進士、胡雉餘爲臣大尹、王爾建日極茂才；越則查伊璜繼佐、姚仲熙宇昌兩孝廉，朱子莊茂暎大尹；魯則趙韞退進美、姜如須垓兩進士；東吳則楊克孝光先布衣、鄭超宗元勛、姜開先承宗、梁飲光于湀諸孝廉、蔣午候陽茂才、周穎侯世臣進士；余以晋人厠其中。十七夜，宴穎侯所，謬以地序，遂先齒列，咸謂天涯聚首，良會稽難，潁侯因屬余倡之，以紀厥勝。嗚呼！郎官湖頭，滕王閣上，其流風遺韵，千古儼然，視昔在今，寧無後感？披情抽思，各具體裁。

天涯冠蓋如雲集，萍水歡逢廣陵客。不知今夕是何時，掩映華裾桂香陌。吳天入夜星寥寥，燭花燃蠟舒烟霄。談風瀟洒清興發，金尊乳滴紅葡萄。須臾高城散秋月，水鏡橫空貯冰雪。誰令倒海索明珠，雲枝蝕兔唇微缺。我從遷謫離神京，獨居江潯難爲情。十年對影空嘆息，何期得與諸公并。凉輝婉轉能相炤，四顧超然感同調，露氣吹寒且進衣，呼酒南樓坐長嘯。

范質公景文司馬池生並蒂蓮遂有蘭夢雙徵因美之

池紋壓日繁波動，芙蓉嫋嫋烟姿重。輕風搖露香氤氳，艷奪奇葩結鴛夢。流雲欲渡羅襪春，潘妃行處無纖塵。浮萍綠斷研光軟，掩映金塘嬌麗人。冰壺朗炤連枝語，接葉低陰散餘暑。湘靈嘯侶初不言，霞袂仙仙並秋舉。桂聞有子蘭有孫，此花一出何足云。鶼鶼交綰同心縷，宛轉中通碧玉根。嫣然相向空明裏，影落紅衣兩層綺。太液遲飄五夜霜，綠房雙報新蓮子。

壽韓聚之郡二守奎

聚之年伯自登司理，擢凉二守，道出彭城，正值五旬初度。東來紫氣，西望瑶池。昔人若先咏之，因廣以爲壽。

東之渤澥西昆侖，蓬萊瑶池通天門。偶然仙謫承至尊，口銜泥書出重閽。高張羽蓋建朱旛，大千遍歷省元元。乘風餐霞不憚煩，還於素藉無或諼。時馬來往停飛軒，憫茲塵劫多沉冤。金丹一匕手垂援，陽和所及誰幽屯。草木生沾雨露恩，功行巍峨莫與論。猶願千年始騰擗，一日仍虛未許言。只今五十如初暾，天地不毀此身存，海山紫氣恒絪縕。

贈劉明輔總戎良佐

君不見，太行之山高巉嶪，石貌撐天天亦裂。巒峰一一俱不同，勢入浮雲迥奇絕。千秋間氣開人英，將軍傑出鍾其靈。身經百戰狼烟息，手提一劍秋風鳴。我從南來日已久，未識君顏意先有。當時勇略更何人，麟閣功名在君手。只今幕府臨青徐，坐分虎竹宣兵威。匈奴知名不敢入，柳花空向旗門飛。雅歌投壺對披寫，百斛胸襟自蕭洒。吾其眼見黃河清，他日爲歌洗兵馬。

湖上別陸芝房司馬澄原

江南二三月，花草新成叢。流光及佳節，葉葉矜春風。春風吹入怨岐路，晚色依微日將暮。都君意氣生激昂，憐我星星鬢非故。開尊一破萬古愁，燭光啓夜湖烟收。方舟壓水碧天闊，擧杯招月空中樓。余從浮家至南國，屈指已歷七春秋。白雲漫漫不可望，聊以慷慨忘其憂。西湖之西千里道，我欲辭君理歸棹。感君惜別更苦留，還坐催觴重歡笑。晨星欲沒曉漏稀，城烏啞啞城頭飛。明朝酒醒念分手，淚痕留驗今宵衣。

同王介人月夜訪徐弱雲女郎

脂痕浣笑腮蘭濕，鬒影低蟬掠輕翼。裊裊纖腰一束多，飛入行雲夢無力。澹花寒膩嬌吳音，條脫腕溜雙南金。殘妝懶解紅酥手，暗擘瑤釵倚鏡深。別有流蘇垂斗帳，爐氣氤氳枕相向。醉中呼起渾不知，珍珠半落檀牀上。星彩沉沉夜欲闌，煤枝剪蠟袖初寒。朱樓酒散留春坐，長許詞人月下看。

題戲馬臺豪飲圖

彭城在昔稱名勝，何代無人銜一命。唐有張侯宋有蘇，碌碌其餘烏足問。或爲保障或繭絲，薄書軍旅事參差。風流文采雖庶幾，潁水星占尚未知。河東我友韓仲子，當世所願執鞭弭。一朝簡命渡黃河，戲馬臺前瞻氣紫。慷慨豪華邁等倫，青眼不許見俗人。退公之暇集佳士，日夕徵對氣橫陳。堂中有酒百餘斛，負者罰數逾金谷。興來勿惜四座驚，醉裏何妨汝頭禿。七賢之後有八仙，西園還復繪龍眠。欲將昔日較今日，肯使今人少讓焉。燕樓黃樓徒故趾，往事誰傷失良史。羨君紀者有元昭，千秋風雅當獨爾。

詩 五言律

石　屋

何年鑿巨靈，終古一岩扃。重疊雲爲障，幽深石作屏。隔天非永夜，懸壁是虛庭。獨嘆莓苔色，無人亦自青。

同陳章侯 洪綬 茂才王介人 翃 布衣
蔣聞笙女郎 〔一〕 游烟霞

峰心尋古寺，一徑入烟霞。深淺分霜葉，高低散午鴉。飄栝空外色，小雨日邊花。紅袖携來好，僧寮漫睹茶。

雨中望棲霞

積雨凝空翠，微茫江上山。鳥聲霄漢外，樵徑有無間。斷樹同皴墨，歸雲若綴鬟。探奇吾有癖，行矣願躋攀。

金山寺妙高臺

空秋宜曠目，因上妙高臺。一水聲孤注，千山勢盡開。座中雲忽起，天外鳥時來。擊楫今誰是，臨風感壯懷。

逆風發吳江

前路正無極，來風復石尤。潺湲迴水勢，堂答聽船頭。御冷 〔二〕 空言列，回春漫許鄒。行行嗟所適，沙渚羨眠鷗。

曉泊宿遷

地闊星無次，山空雲亂生。落帆風意盡，命酌客愁輕。野色凝烟淡，長波入望平。孤舟成晚泊，前路尚盈盈。

彭城大佛寺眺望

鳥去一雲還，中流日氣偏。松枝低梵閣，柳影帶漁船。水外聞花落，沙頭白鷺眠。茫茫看不見，極目盡浮烟。

哭韓長卿歷城尹承宣

忠孝尋常事，生平見若難。非君明大義，於彼笑南冠。日月綱常獨，山河帶礪看。千秋臣子誼，青史炤餘丹。

贈賈月生女郎

窈窕誰家子，盈盈十五餘。情憨憐壻倚，香軟借風梳。翩若鴻猶失，胡然天未如。上宮有館客，擬賦豈應虛。

冬夜陳章侯王介人泛月用介人韵

醉餘閑趁月，霜重不知寒。過雁依星落，飄風聽木乾。扣舷臨渚曲，燒燭待更闌。賡唱情方浹，誰言行路難。

山　居

村墟千嶂抱，門徑對溪斜。書滿楊雄宅，蓬深仲蔚家。數竿交户竹，幾樹避秦花。明月稱知己，閒來伴種瓜。

懷友人在茗

青苔烟水白，輕舟浩無邊。秋風一帆滿，夕照群山偏。中夜夢不隔，及晨心猶懸。相思屬之子，行當復來旋。

晚　步

郊原開晚炤，游目亦無心。野雨生新草，幽禽自擇林。病驅
兼日暇，衰鬢逐年侵。所嘆春華歇，沉吟獨至今。

同韓青城王介人雨集陸芝房司馬鬱林別業

偶逐寒風至，能留過北軒。圖書收石几，琴酒接清言。剪燭
初更啓，譚詩細雨繁。遲明應別去，翻憶醉文園。

雨中柬吳今生太學右

疏烟生雨色，風細入林輕。芳樹當檐暗，黃鸝隔葉鳴。草寒
浮濕遠，天迴帶雲平。爲想幽人意，琴書一室清。

偶　見

生小不知愁，依依獨倚樓。畫眉欺燕掠，低語學鶯偷。一半
時呈面，雙回偶見眸。以兹嬌慣性，何必與心謀。

投謝韓次卿户部昭宣

南國嗟淪落，所如牛馬風。芝蘭誰味合，孔李許家通。慷慨
韓夫子，從容張長公。乃知聲氣外，不與世情同。

柬周紫髯總戎文郁

昨承君往顧，報謝擬朝偘。詎謂風波惡，猶虛主客歡。區區
全未達，慣慣復多端。搦管裁蕪句，中心許暫寬。

贈孫稚君秀才_竹

江左推才士，宣城有二孫。向來知玉季，今也識金昆。狎世琴三尺，論文酒一尊。顧余猶放棄，意氣愧空存。

用韵酬周紫髯總戎

四方靡所騁，海徼詎爲安。陟岵嗟行役，在原痛急難。羞陳柏葉酒，獨對五辛盤。深荷友生慰，有懷仍未寬。

懷徐太玉太史_{時泰}

遥看雲起處，因憶美人居。免俗能栽竹，臨流不羨魚。非關書卷癖，全與世情疏。出處慚余拙，求鄰恐未如。

吳今生_右太學招同孫九一_龍王介人_翃兩布衣蔣聞笙李内郎兩女郎泛湖得十二文

十里湖光迥，回舟日正曛。荷香侵岸薄，水影入窗分。遠樹晚多麗，嬌歌風小聞。拈題一相笑，得句問同群。

昨　夢

昨夜三更夢，分明到故鄉。酸辛陳往事，色笑慰高堂。不記身爲客，寧知蝶是莊。覺來思去路，無處得津梁。

寄陸芝房職方〔三〕澄原

淪落無憐者，惟君憶故侯。自從辭醉李，遂爾滯瓜洲。明月長天滿，兼葭一水幽。別懷殊未已，書此寄同游。

期王言遠孝廉不至_庭

前日君辭去，相期信宿來。如何臨夜月，消息竟寒灰。短壁孤琴冷，遙天一雁哀。愁顏恐無賴，暫許酒杯開。

夜抵江口

咄嗟行役苦，入夜滯江濱。問渡迷舟子，投棲失主人。月明空皎皎，魚朡漫鱗鱗。擊楫平生志，於時惜未申。

醉後別陳章侯秀才_{洪綬}

聚散尋常事，於茲悵別難。一天風色黯，三尺劍光寒。慷慨情誰浹，低徊興未闌。倚舷無可語，呼酒自頻乾。

贈袁蕙如女郎

玉質媚韶年，明妝學小憐。鍊香勞飲甲，弄墨喜盈箋。月淺分眉薄，風多畏鬢偏。更知傾國意，流眄欲生妍。

江　行

柔櫓春江外，江春望不分。萍開水底日，柳拂渡頭雲。野闊遙山盡，風微小浪聞。羨他飄泊裹，鷗鳥亦成群。

病中同澤法兩弟發清江寄懷王元昭韓次卿

愁極不成寐，況當多病時。君恩丹闕遠，親舍白雲遲。伏枕春千里，懷人日三思。蓬窗念搖落，且賦鶺令詩。

寄賀王渭橋_{廷璽}明經令子秋第

放棄成千里，暌違共百年。夢來懸白社，書去問青氈。一鶚雲霄便，三槐雨澤偏。長鳴思老驥，寧後祖生鞭。

寄賀門人王式金度秋捷

夙望空群驥，今欣擅一經。風占鵬翮健，夢接筆花靈。秋月酥方惹，春雷角再聽。遙看參觜下，千里見文星。

寄賀門人張山庭光秋捷

英才能簡拔，猶恚屈常倫。既作隨群者，誰當第一人。客慚青鬢雪，門喜絳紗春。帝里花期近，看君始絕塵。

客　舍

客舍日愁寂，雨中春草多。浮雲感飄忽，游子意如何。花暖風無賴，衾秋夢不過。并州歸未得，南淚托遙波。

同王介人自維揚至荊溪別後將復游江北

同是天涯客，誰堪復送君。不將歸棹雨，還作渡江雲。落落山初隔，悠悠水自分。徒傷今夜夢，兩地憶離尋。

同王介人游制平寺

爲有登山癖，相携到制平。雲寒僧入定，風急鳥收聲。遠眺空朝景，幽尋淡世情。蕭然天地外，於此證無生。

送李毓白開先通侯因柬韓次卿昭宣户部

前路十餘日，當逢韓次卿。此君多意氣，如爾定班荆。一劍無勞贈，千秋可締盟。嚶鳴知有賦，還寄待余賡。

答王介人寄慰

久矣違王子，緘書忽見遺。低徊人異地，惆悵別經時。字帶丹楓淚，愁深白鷺思。我懷正若此，三復感來詩。

蔣魚從福昌太學〔四〕歸自武昌柬戲之

辛苦西風裏，聞君一棹回。期年誰北道，此日始東來。薦福碑何似，魚從以薦書游楚。悲秋賦可裁。武昌魚莫食，帝里有金臺。

送張華柬總憲延登二首

其　一

遽有三秋別，愁爲萬里吟。萍漂誰暖眼，淚飲獨寒心。迢遞金陵遠，氤氳紫極深。九重方聽履，宮燭待華簪。

其　二

單車歸北闕，忠簡帝心知。前席將資政，爲霖且救時。熙朝三重寄，元老百寮師。更識揚言日，推賢不內私。

贈劉佑生進士延禩

天禄分藜後，文心世不慚。楚材君藉甚，晋問我何堪。杯酒成傾蓋，交情定立談。廣陵今夜月，千載見朋簪。

贈趙輼退進士進美

平生懷世好，濟美獨君家。玉葉遺天水，人龍産渥洼。秋明淮浦月，夜醉廣陵花。相顧聊相贈，臨風賦木瓜。

爲胡雉餘大尹爲臣寵姬韵如作

幽姿寧自好，鑒水亦生妍。寫黛新眉月，飄梅別鏡鈿。寒窗
吟絮落，春雨筆花懸。何用嬌夫壻，含情定可憐。

維揚別龔孟男太守震英

世路誰知己，惟君可與偕。獨憐繞几席，何以復天涯。他日
雖相見，此時難置懷。離魂無所寄，空闊掩蕭齋。

同王介人石頭城晚眺

秋色净如拭，長空一望平。紅於楓葉重，白以荻花輕。過雁
雲爭駛，歸風樹共鳴。逌然靡不適，對此欲忘情。

贈張舒容女郎

生小自邯鄲，妝成只獨看。弄弦初若易，寫黛不知難。覆局
棋猶暖，飄風袖欲寒。回眸多巧笑，能使客心寬。小字寬心，故
末句及之。

徐州道中

北地烟花晚，猶驚老眼新。鶯聲催過客，馬尾附行塵。野霧
迷迷夕，平沙漠漠春。飄零今日事，來往一悲辛。

侍　宴

萬國衣冠集，千門日月新。旌旗迴羽獵，車馬蔽行塵。龍漏
聲遲晝，禽羹味得春。長揚〔五〕王氣滿，御酒應時巡。

校勘記

〔一〕“蔣聞笙女郎”，原作“挾妓”，據目録改。

〔二〕“冷”，此用列禦寇事，當作“泠”。

〔三〕“職方”，原作“司馬”，據目録改。

〔四〕“太學”，原作“茂才”，據目録改。

〔五〕“揚”，按長楊漢宮名，當作“楊”。

詩 七言律

塞 下 二首

其 一

天開落日炤危旌，胡騎蒙茸獵火明。鐵嶺風塵埋戰骨，橫河鼓角動邊城。霜凝兔魄花生劍，烟濕龍旗柳拂營。安得中山劉刺史，登樓清嘯塞垣平。

其 二

陣餘落日報回軍，鼓角風多處處聞。鹿塞春星高太白，龍庭戰血濺黄雲。驚沙亂颭旌旗色，大海遥明組練文。莫問歌中橫吹曲，十年烽火尚紛紛。

同馬巽倩權奇水部陳章侯洪綬茂才王介人翃布衣蔣聞笙文較書段橋醉月分得三江

風力吹寒醉力降，月華浮練入船窗。平沙燈火遲歸渡，隔岸人家遠吠尨。鶯嘴鬭青催蟹眼，雀鬟拈紫擘螺江。迴橈漫惜留行處，淺印香塵碧繢雙。

己卯冬仲送丁君鄰千秋户侯還朝

長安別後嘆交游，誰識東鄰有故侯。官閣忽投千里刺，客居

已感十年流。驪駒北去冰霜晚，雨露南遲草木秋。寄語中朝端笏
者，逐臣憔悴復何求。

孤山看梅

石林殘路凍無塵，一帶依然近水濱。鶴外餘香飄薄暮，山中
疏影逗初春。風知花笑頻吹袖，雪壓枝橫不避人。薊北那堪回首
望，天涯重負歲華新。

新　柳

湖頭楊柳映平津，樹樹猶憐拂水頻。遲日未教殘雪盡，韶年
初改舊烟新。寒餘眼色纔窺臘，暖逼鶯聲乍語春。消得東風二三
月，舞腰當遣一時伸。

客　夜

涼蟾如曙薄初明，孤感空園客夜清。密竹倩風翻浪影，群松
響月瀉濤聲。烏驚未定棲林意，苔冷恒多眷壁情。殘漏不聞知欲
斷，星星何處遠鐘鳴。

上元前一日立春大雪

六出飛花四望迷，千街燈火一時低。寧緣缺月先睽色，想厭
傳柑更借題。剪綵誰人皆素練，踏歌幾處是銀泥。遨游已失通宵
興，晴冀明朝數問雞。

北固登眺

登臨何處覓奇蹤，北固山頭一杖節。落日大江明組練，長風
萬艇走蛇龍。川原繚繞紆分野，島嶼微茫綴外封。西望陪京纔咫
尺，千秋於此辨朝宗。

贈袁臨侯少參繼咸

千載論交一日新，相逢天末感無津。聊將詩酒三秋夢，暫慰罇鑪萬里身。自惜登龍誰是客，當時倚馬更何人。多君意氣勞青眼，慷慨猶能及隱淪。

送黃跨千鳴俊大參入觀

秋風湖上擁文旌，千里輝光驛路生。班馬北嘶應不顧，故人南望獨含情。星河夜轉千門啓，帝闕花深萬樹明。想見晨趨丹陛日，無須覽表得君名。

庚辰正月大雪泊平望

江南雪重嘆春遲，搖落關河夜泊時。客淚兩行風外雁，鄉心千里鬢邊絲。星瞻北極身猶遠，月暗西湖夢不知。翹首天涯何處是，白雲渺渺繫離思。

吳 門

水國遙連一望春，天邊花柳怨征人。心依日月蒼龍闕，身在江湖白鷺巾。茂苑曉陰烟際重，姑蘇草色雨中新。悠悠客路誰相識，漫向風塵泣隱淪。

舟次滸墅有懷

烟清雪盡水澄澄，長路迢遙念夙興。短棹夜來過震澤，輕帆宿許到毗陵。書傳洛下人千里，春入江干樹幾層。身惜飄流殊未已，何時同醉酒如澠。

毗陵聞笛

毗陵北去首重回，庾信江南正賦哀。作客漸驚雙鬢改，離家已近十年來。鴻歸壠雪春應見，舟觸湖冰凍未開。羌笛無心自嗚咽，不知人淚感殘梅。

贈張赤涵少宰_捷

論交謾許古人同，今昔吾宗獨始終。意氣十年推冀北，文章一代擅江東。星占斗象丹陽近，槎到天潢赤岸通。相見無勞重慰問，聖明虛席待山公。

京　口

形勢曾誇鐵甕城，依然鎖鑰局陪京。漫言天險分南北，自是人和得重輕。霸氣潮來空有恨，詩才山在尚餘名。登臨不用興亡感，四海於今正太平。

寄王峨雲司馬_{業浩}

念別名園半及秋，故人無日不悠悠。空江潮落滄波闊，遠樹霜多赤葉流。雪滿山陰初入夢，書迴剡水定緘愁。遙知聽履虛前席，司馬寧容着屐游。

發京口遲陸芝房司馬_{澄原}

扁舟何事獨逡巡，路次雲陽失問津。高岸折流疑水斷，橫林轉背見烟新。燈明古塔通春遠，犬護荒村吠月頻。入夜北來帆已盡，知君猶自滯江濱。

寄楊沁湄掌科時化

屈指離群近十年，故園長望欲潸然。張衡作賦傷歸計，楊子懷經守太玄。裘馬帝京何日到，風塵客眼幾人憐。相思漫寄南歸雁，歲暮題詩瀚海邊。

有　懷

重湖霜落夜初分，蠟淚銷風酒未醺。香影漫驚烟外盡，笙聲隱向月中聞。湘江秋去蘭爲佩，洛浦人歸水作裙。徙倚不堪清漏永，夢餘猶自憶行雲。

再次孫白谷傳庭吏部秋夜不寐韵四首〔一〕

其　一

倦來一枕可安休，無奈蛩聲翻百憂。幻相無端憐水泡，虛明還爾羨螢流。離愁不減張平子，落魄爭誇馬少游。好夢未成殘漏斷，茫茫歸路不堪求。

其　二

不問居諸曉與冥，凄其景色積門庭。家鄉何處飛雲白，禮法誰人見眼青。失路少宜寧瞶瞶，瞻天如夢敢惺惺。城頭鼓角連砧杵，總是愁聲可奈聽。

其　三

風塵無計覓安恬，況復蹉跎人易嫌。世閱窮通偏得拙，性成薑桂豈隨甜。明良未許君臣合，忠孝難容父子兼。回首故交零落盡，五星奎壁枉勞占。

其 四

戒寢嘗嗤佛氏偏，如何今日墮枯禪。消愁争得三年酒，賣賦誰予十萬錢。只合曲肱尼父獨，未應寤宿碩人先。夜深北極遥瞻處，惟有明河挂遠天。

寄徐澹寧太傅本高

憶自分携已十年，多君慷慨尚周旋。綈袍幸不忘孤客，暖眼尤慚庇二天。江淼春波迷遠樹，樓横朝雨帶新烟。南湖未賦思歸引，北望長吟寶劍篇。

吊王耕玄侍御肇坤

白日無光氣不蘇，孤臣持節死邊隅。魂依華表空歸鶴，星殞霜臺竟失烏。力盡睢陽期作厲，兵環畫邑感同符。至今聞説昌平裏，風滿靈旗晝夜呼。

贈田康宇戚畹弘遇

帝里春光別有鄉，暫移棨戟過錢塘。方舟魚滕三江水，載道風疏百和香。絲絡御厨仍玉饌，衣裁宮錦自椒房。清朝應許君行樂，慚愧波臣鬢獨蒼。

贈譚梁生水部貞默

天涯千里別交游，汗漫頻驚歲月流。客裏只今存舊雨，帳中當日借前籌。尊鱸且作江南夢，風鶴曾聞冀北秋。聲業如君猶偃蹇，九重側席更何求。

徐州酬別張天放山人〔二〕縱

空谷從來羨足音，風塵那許便言心。何期一日遭逢偶，遂爾千秋意氣深。結髮殿庭非敢負，締盟雞黍可重尋。多君慷慨投佳句，遷客携將澤畔吟。

贈張修其懋爵淮揚代巡兼攝學政鹽務

千秋風紀舊埋輪，柱下今誰第一人。萬里吟鞭驄路雪，九天化雨北臺春。前籌先試鹽梅寄，菭泮初看藻□□。□□□□□□□，□□□□□□□。

贈張二酉二守爾葆

野麥青青化日舒，使君春雨逐行車。兩京賦筆新垂露，二酉山房舊貯書。草滿訟庭時育雉，蓮開幕府獨懸魚。相逢詎意天涯近，悔向江潭擬卜居。

瓜洲大觀樓

空江幾折遶孤城，練影微茫一片明。沙鳥北來知羽健，風帆東渡覺潮輕。懷才獨擅千秋意，去國時懸萬里情。日暮憑欄回首處，徒憐慷慨是平生。

贈藺坦生給事剛中

飄零誰問客中身，忽接芝眉意倍真。趨陛君依青瑣闥，謫居我戴白綸巾。愁深平子空題賦，壁羨相如恰比鄰。朝夕篇章喜酬對，天涯得此不爲貧。

壽鄭母徐孺人

星彩高騰嫠女光，雲香深護一萱芳。琴絲曲斷懷徐淑，書帶青多屬鄭康。十月開筵春正小，五花成甲日猶長。願將西域葡桃汁，群玉山頭漫舉觴。

別王介人（缺頁無詩）

輓呂益軒司馬二首（缺頁無詩）

謝景金濤莒州守（缺頁無詩）

賣妾四首

慨自市虎成三，臺瓜摘再。雲封北闕，更無夢遠鵷班；日暮西山，徒有魂依萊舍。每看〔三〕春燕，發浩嘆於王孫；載對江楓，慘離居於楚客。河清難俟，方興淪胥之悲。我生不辰，孰覯婉孌之好？乃承同志，爰惠雙鬟。月質懷明，烟姿飾暈。側三春之舌，嬌失其鶯；御五銖之衣，輕忘於燕。抑且紅牙按拍，韵叶宮商；銀甲調絲，響偕金石。半迴翠袖，翩躚裙倩人持；三弄梅花，縹緲香依風落。使邂逅溢浦，將始覺遷謫者，毋用沾襟；若追隨湖山，即不合時宜者，亦堪捧腹矣。顧余作客十年，一身多病；家徒〔四〕四壁，雙口嫌貧。無計以遏腸雷，色餐奚補？聊樂止堪衣縞，屣棄庶幾。因而破城開情，填海窒欲。簫闌鳳曲，人別陽臺。玉鏡晨虛，落粉起行雲之夢；花期夜歇，寒幃鎖經月之香。悲團扇之不秋，誰云怨斥？念空閨之屢日，實負人佳。從教薄倖，一任紅綃。縱使多情，漫勞碧玉。去也終須去，所嗟早見去時；山上又安山，那可再逢山下？不能無感，遂以成詩。

其　一

誰倩明珠十斛收，烟波渺渺剩離憂。桂炊玉粒愁將日，花落金瓶夢入秋。朱鳥窗前慚薄倖，白雲鄉裏憶溫柔。天涯到處窮途嘆，淪落東陵有故侯。

其　二

旅舍春深半隱蒿，鳴蛙亦似泣錢刀。徒傷換馬人誰問？暗想驚鴛首自搔。錦帶漫拋金翡翠，青衣私惜鄭櫻桃。長歌欲擬香山賦，客淚新沾舊縕袍。

其　三

江海飄零旅食貧，又啼紅粉怨羅巾。一春湖上看金雀，幾夜香中擁玉人。臥處暖餘猶是麝，梁間曲盡已無塵。朝來柳色含清露，應爲相思帶淺顰。

其　四

絳臂紗封恰賦勾，宵征蕭蕭侍衾裯。一錢忽報空囊澀，尺璧寧容待價留。湖影虛搖西子鏡，笛聲新斷綠珠樓。不知別抱琵琶夜，尚向橫塘念舊游。

王蓋軒故金裔世藩北關爲奴酋所覆六歲子身來歸累官大將軍榆關相從十五年矣再晤白門因贈之

遼水烽烟一望賒，西風吹淚入京華。龍庭血掩胡塵碧，鳳詔恩宣漢闕麻。萬里來歸今有主，百年羈旅已無家。仇讎未報心猶痛，憤結寒霜蝕劍花。

贈王素文女郎

紺痕新襞藕絲衣，小語吹蘭落唾威。妝影壓鬟雲自薄，眉烟分鏡月初肥。波迴半眼知情密，舞散餘花拂面飛。欲問巫山多少路，春魂應向雨邊歸。

校勘記

〔一〕“韵四首”，原作“四韵”，據目録改。

〔二〕“山人”，原無，據目録補。

〔三〕“慨自市虎成”至“每看”三十二字，因缺頁無文，據《奚囊剩艸》卷二《賣妾詩引》補。

〔四〕“家徒”，原作“徒家”，據《奚囊剩艸》卷二《賣妾詩引》改。

詩五言排律

早　朝

丹闕鳴珂入，彤庭映月開。烏聲將散去，雉影欲飛來。燭亂春宮火，鞭鳴曉殿雷。風邊飄密柳，仗外落疏梅。禮樂崇熙統，衣冠濟美才。天威臨百辟，御座繞三台。星淡招搖轉，雲清旭日迴。小臣叨簡在，拜舞後趨陪。

謁　陵

緹騎出天中，盤迴接半空。重崖屯虎豹，飛瀑注蚖虹。灌木攢幽殿，叢篁閟梓宮。祥光紛杳靄，佳氣鬱蘢蔥。經始追前畫，營初樂庶攻。不難空若叩，畢日勢成崇。石立威儀肅，神游想像通。鯢膏寒作焰，犀樹夜吟風。典祀隆周禮，甄陶陋漢封。鼎湖龍骨冷，千載泣遺弓。

候張華東總憲延登

軒冕推前輩，勛名屬大賢。紀綱新執法，喉舌舊司天。駿以燕臺發，經于魯壁傳。夜垣懸水鏡，曉履歷星躔。望重絲綸數，風清獬豸專。道心仁是用，儒術政爲先。往者陪驂日，曾沾世誼虔。青眚勞眼借，丹夙許衷鐫。忽嘆豺當路，翻驚鶴避烟。孤忠方卓爾，群小乃乘焉。主聖多餘澤，臣愚示薄愆。停雲傷北思，負羽遂南遷。海外波濤惡，天涯氣候偏。人情宜不厚，王道亦無平。馬懶懷應切，蓴香夢屢牽。萊衣純拭淚，槃賦欲連篇。杖几瞻千里，睽離感十年。書紳存教誨，累葉荷陶甄。在涸呼加疾，居高見必憐。張華稱博物，應自識龍泉。

候張藐姑少司空慎言

不遣長沙地，南來到海隅。逢人多晋問，觀樂盡吳歈。水國游輕楫，魚腥接具區。文章矜意氣，盜賊足憂虞。風俗澆漓等，川原旱潦殊。屢經薪若桂，復見粒如珠。放迹仍浮梗，投荒效守株。飄零同草木，甘旨缺桑榆。夢後思千里，天涯老一軀。妻孥成闊絕，親友念勤劬。父執慚猶子，家山阻藐姑。題詩聊寄候，爲報在窮途。

贈朱未孩大典漕撫以上方督師

國事日縱橫，安危仗老成。丹書初錫命，彤矢得專征。舊績銘鐘鼎，新猷仰斾旌。魏公應諭撫，裴相且論兵。天討將無戰，王師自有名。武威嚴宿將，文伐重書生。單騎移時出，群羊不日平。烽烟消幕府，鐃吹息邊聲。夜雪干戈定，秋風草木鳴。波臣榮有予，拭目頌河清。

哭孫愷陽相國承宗

相國入相出將，前後十年，功在宗社，名成身黜，識者悲之。戊寅奴禍，竟以家殉。嗚呼！天下事更忍言耶？昔余以父讐請纓，幕隨者逾歲，後攖瑠焰，一時罷去，回念往事，不知涕何從也。因哭之以詩。

夙夕依元老，登壇共總戎。懸茅行塞下，陪乘略遼東。借箸分張畫，平淮贊李功。雁行驅虎豹，馬上割螵蛸。士卒方加額，朝廷正恃公。大勳猶未集，小語忽交訌。業謝歸來賦，簪投遁世翁。草堂延野綠，藥院長新紅。迹隱私仍惴，時違事不終。群工圖苟且，列闌習彌縫。再警嗟何及，孤城勢已窮。區區勞拮据，歷歷起疲癃。近漠笳聲滿，臨關殺氣充。腥流羊犬入，沙暗鼓鼙通。天地援兵絕，山河戰血蒙。鵲傷弓斷鐵，虹捲劍摧銅。北闕呼明主，南陽瘁鞠躬。一朝攖白刃，舉族洒丹衷。鼎盛藩籬缺，時艱將相空。聖心昭節苦，國典示恩崇。始惜悲餘簀，重危殞厥忠。死生今日異，憂患往年同。義重君臣際，光憐竹帛中。遙將遷客淚，海外哭秋風。

賦得水中芙蓉影

池寒初漾綠，花冷不流紅。宛見烟枝重，虛含露葉叢。依然明縐縠，翩若動微風。倒影疑天近，分嬌倚鏡同。才矜姿並媚，復訝色俱空。消息知何處，非非現想中。

贈宋先之憲副<small>繼登</small>

藻鑑衡千古，參華映一時。越中分憲節，魯國人重師。勛望開泰甸，文章述楚辭。宦成臣績著，忠簡帝心知。世業眉山並，高風潁水期。鄭莊能好客，王粲正懷思。鼓枻尋鴛渚，投荒任海湄。二天欣有托，三匝豈無枝。在宇蠻初切，瞻旌鵠未移。故鄉雖久別，寧暇嘆歸遲。

贈別荊二鉉明府<small>廷鈺</small>

相逢憐逆旅，意氣識荊卿。重借千金諾，聊舒萬里情。登樓商短賦，刻燭聽疏更。捧袂留雞黍，吹笙咏鹿苹。懷深雙劍合，居近一牛鳴。盤錯同斯礪，飄零共此生。悠悠天壤闊，渺渺水雲平。見雁思歸計，看山欲遠行。虎林移紫氣，鴛渚結丹誠。早晚春風動，還遲過葹旌。

詩 五言絕句

澤　畔

不知身是寄，若或世爲樊。澤畔行吟處，千秋想屈原。

得五弟澄平安信

此日正悲秋，家書寄隴頭。持函猶未啓，喜極淚雙流。

淮安至自嘉興

去日一千里，歸時路亦同。程期無定限，但信往來風。

縱　鷹

蕩蕩平原空，烟霜變草莽。高鷹別羈縲，盤秋氣森爽。

命奚奴磨刀

解帶脱寶刀，兕象立可剖。汝曹警利器，慎淬毋傷手。

月　夜

月明炤空堦，夜久清于水。獨處悄無言，蕭蕭竹風起。

瓜洲城頭

昨日來城頭，今日來城頭。城頭看江水，日日但東流。

紙 鳶

每見扶搖上，天知有路通。不因人藉手，漫說仗春風。

大雲寺凭欄

天外凭欄處，山河指顧收。乃知開眼界，不必在層樓。

夜 夢

每夜夢還家，說盡相思事。不信此中情，獨有流人自。

雨中花

離披花色衰，風兼重無力。墙角漫垂垂，如聞美人泣。

秋 陰

江城積秋陰，烟色空中聚。莽莽林樹間，鳩聲喚寒雨。

蟋 蟀

虛房臥秋燈，蕭蕭凉氣入。蟋蟀不爲愁，如何怨通夕。

鴛 鴦

爲嘆鴛鴦鳥，雙雙戲淺沙。偶因驚打鴨，飛過白蘋花。

梳 頭

秋蓬驚客心，春華那不惜。今朝青鏡中，忽見數莖白。

喜王介人南來

遠火明烟夕，空江落雁哀。瓜洲今夜月，一棹子猶來。

金山浮圖

江奔觸迴湍，金山特雄最。塔勢凌晴空，影落魚龍外。

鸚鵡

羽毛含慧性，珍養得人情。似覺聰明入，能呼侍女名。

索小婦宛玉彈琴

愛爾有新音，請彈綠綺琴。泠泠十指上，一一得微心。

答

非是重新音，不爲君一彈。新音多苦思，恐失向來歡。

雨中望金山

高雲澹雨重，山色暗秋陰。極目空江上，蕭條是客心。

內人畫眉

浮烟摩淺黛，却月潤輕黃。借問今朝曲，何如昨日長。

懷鄉

歸計苦未得，登高聊慰愁。如何望鄉處，西北是并州。

聞雁

寥廓雲天外，飛來一雁聲。愁人正無賴，不忍聽孤鳴。

相思鳥

云何一小鳥，乃亦解相思。況是多情者，能無繫別離。

内苑白兔

種自暹羅國，來爲内苑珍。物離鄉則貴，不是政荒禽。

硯

既須形質堅，仍欲膚理澤。試取雀臺磚，何似竈磯石。

傷　春

鶯啼垂楊枝，燕剪垂楊葉。同在春風中，飄然不相接。

裁　衣

欲作寒衣寄，持刀意轉多。不知從別後，腰帶近如何。

瓶　花

偶愛一枝好，和香摘曉林。瞻瓶聊注水，幾日感同心。

贈韓青城秀才紹忠

相逢問起居，踪迹混樵漁。漫道悠悠者，青囊有秘書。

吳今生右上舍西爽堂

西山寧朝來，歲時有餘爽。支頤者誰人，於兹得玄賞。

夜　坐

相思正長夜，惆悵問銀缸。何故堂前燕，明明炤他雙。

即　事

月出半溪新，花開一樹春。孤舟聞泊處，漁火映烟津。

小婦[一]烟鬟彈琴

手影最分明，低徊自有情。可憐弦指外，半是落花聲。

桃葉渡

桃葉舊知名，盈盈一渡橫。空臨今日水，非復昔時情。

曉發瓜洲柬張二酉二守爾葆

江畔纔分手，移時已半程。不知離恨重，祇覺去帆輕。

秋　嘆

楓樹生秋江，秋來落楓葉。不嘆飄泊多，所悲本根別。

校勘記

〔一〕"小婦"，原無，據目錄補。

詩 七言絕句

塞上曲 五首

其 一

膂力能開八石弓，疆場百戰獨稱雄。漢家麟閣應猶在，今日誰當第一功。

其 二

駿馬行嘶歷九邊，朔雲千里沒胡天。夜來更合城南戰，一嘯秋風滅左賢。

其 三

冰合交河水不流，邊城此日正防秋。營門夜望單于月，幾處笳聲起戍樓。

其 四

寒沙漠漠磧雲空，陷陣身經入虜中。多少夷歌聽不盡，龍城西畔起秋風。

其 五

將軍意氣舊橫戈，手勒燕然迹未磨。塞草接天邊色遠，只今胡馬已無多。

有所思

巫山何處覓津梁，爲雨爲雲事渺茫。莫漫相期魂夢裏，恐應無路向高唐。

春雪即事

野雪無邊積野田，誰云三尺兆豐年。憑欄聞得西鄰哭，正爲連朝絕爨烟。

新正病中

入春十日九科頭，伏枕經時感未休。獨悵湖天風雪夜，誰教歌管度重樓。

湖頭送客

客裏那堪還送客，一杯酒盡便東西。傷心莫問分携者，試聽枝頭鳥亦啼。

元日用五弟澄韵

家園一別六經春，每到春時倍愴神。今日相逢雖有弟，那堪亦是異鄉人。

次維揚

搖落南來嘆式微，他鄉夢許十年歸。春風二月維揚路，幾處鶯聲淚客衣。

泊高郵

放浪何年更到家，一生多半在天涯。孤舟更泊秦郵夜，雨響春山聞落花。

黃　河

風挾黃河九折流，長安回首見高秋。白雲蕩蕩空中影，吹去人間一片愁。

戲馬臺

巀嶪南山一障開，奔湍西遶大河來。當時霸氣今何在，千古空傳戲馬臺。

別韓次卿户部昭宣

平生未識古人情，何幸論交有次卿。今日談心明日別，可堪回首望彭城。

別王晉侯秀才溯元

此身何事在徐州，又向徐州別晉侯。最是殘鶯啼不住，似憐今日放扁舟。

偶　題

買得紅絲與綠絲，織將雜錦寄相思。誰言費盡深閨力，花樣成來不合時。

泊新豐有感

朝辭采石暮新豐，三日程歸一日中。因信順流偏得意，不須破浪駕長風。

二十四橋

野水兼天夜氣清，廣陵秋色滿孤城。玉人已去簫聲斷，橋畔空餘舊月明。

楓橋夜泊

寒山山下泊孤舟，月色霜華結暗愁。今夜客心爭萬里，天涯何處望夫樓。

即 事

庭影初昏月未多，鄉心千里望星河。風香忽墮珠樓曲，爭似簾前寵姐歌。

別李稽箭進士冲

天涯重識李王孫，慷慨多君意氣存。豈謂相逢又相失，語兒亭畔欲消魂。

東陵夢劇

裊裊亭亭一尺腰，孤舟虛度可憐宵。蘇家堤上鶯聲好，不盡春風第五橋。

寄朱倩生女郎

江水初生綠漲時，木蘭舟楫嘆來遲。無端想入銀箏曲，寄與游魂百尺絲。

清江浦阻賊寄王元昭_{溯元}茂才韓次卿_{昭宣}戶部

盜賊傳來正縱橫，那堪咫尺阻彭城。天涯萬里傷流落，客路相看有弟兄。

漂母祠

臨淮古迹尚巋然，漂母爭傳一飯賢。獨怪王孫初未遇，不知何事受人憐。

聞杜鵑

誰謂辭家已七年，爭教觸景不凄然。鄉心久碎風前雁，更莫枝頭叫杜鵑。

飲顧修遠孝廉_宸

俠骨舓來七尺知，風塵今日見男兒。人生何必曾相識，斗酒論交正此時。

宮　詞_{二首}

其　一

朱鳥窗深錦作窩，日高初起擘青螺。從教東苑春光好，不及西宮夜月多。

其　二

紫禁烟花作燕塵，東風又碎一年春。可憐媚寢懸明月，昨夜香中有玉人。

經友人故居

爲問邢三事已非，荒堦草色映斜暉。別來幾許人何在，賸有傷心淚謾揮。

贈陸芝房澄原司馬歌姬五首

其　一

錦卧兜羅夢未迴，纓纏寶絡趁身裁。亭亭自倚春風力，笑拂空香欲下來。佛英。

其　二

春樓幾日鬪新妝，手剪鬢鴉遶鏡牀。想到夜闌吹燭後，芙蓉深處亦籠香。流蘇。

其　三

膩粉初含葉葉春，好花如面柳如顰。試將黛色憐青鏡，月影朝光半額新。翠羽。

其　四

輕衣剪剪疊蟬紗，十二樓臺燕子家。長袖每驚飛欲去，秋江無月夢蘆花。驚鴻。

其　五

香語霏微薄霧開，龍娃初逐雨工迴。春衣暗有靈犀佩，帶影風移水色來。犀株。

聽李嫣如彈琵琶

一曲琵琶意未平，青衫處處淚縱橫。逐臣十載同鄉思，豈是無端兒女情。

次胡雉餘竹枝詞韵 十首〔一〕

胡雉餘携如花美人，一葉扁舟，探奇選勝。迹之所到，韵語聯翩。《竹枝》十首，其一班也。第向平五嶽，范蠡五湖，在功名成退之後，雉餘方在嚮用，詎作是緣？昔張敞爲京兆而畫婦眉，猶云："夫婦之私，有甚於此。"雉餘鍾情或亦若是乎？余從晋來越，經目頗多。然自西施去後，南國久空。雉餘美人，才色雙艷，名儷苕華。維楚有材，余不得不心醉矣。因次元韵。

其 一

來往秦淮只一船，風流不在酒旗邊。篷窗携得如花女，惟愛鴛鴦被底眠。

其 二

玲瓏條脱玉琅玕，嬌倚春風曲曲欄。宛轉呈身生不慣，呼郎幾度出聲難。

其 三

夢回怯怯倚妆時，花色輕盈映一枝。自是情慵無力氣，不關楊柳妒腰肢。

其　四

江水蒼蒼江露清，江干吹笛半秋聲。西風誰唱迎郎曲，落葉荒烟慘夜情。

其　五

氣若吹蘭語轉簧，嚶嚶入耳逗歡腸。簫中莫道無雙鳳，琴裏應知有一凰。

其　六

斜倚薰籠問玉郎，幾時隨雁到瀟湘。低回剔燭嫌煤暗，簾隙風殘淚數行。

其　七

新歌一曲大堤行，不是尋常絲竹聲。碧海深深誰得似，飛瓊今日再吹笙。

其　八

文采風流屬大家，不同兒女競塗鴉。朝來偶見芙蓉好，便漬臙脂點作花。

其　九

莫嘆楊花委渡頭，為萍猶得襯郎舟。飄零亦有相憐意，豈是無情逐浪流。

其　十

秋雲如水遠無天，一滯秦淮又隔年。自是薄游人不識，誰言長在五湖船。

有　懷 四首

其　一

烟霏吹夜水風微，柳暗橫塘夢不飛。憶得伊人當此際，月涼初入藕絲衣。

其　二

露冷塵幽草色遥，泥痕未許月痕銷。明朝試覓伊人處，春在西泠第一橋。

其　三

天邊何處夢飛瓊，彷彿花香水外生。今夜月明人不見，碧雲飄落醉聞笙。

其　四

夾岸沙明夜泊舟，伊人端是罷箜篌。寄言湖上三更月，一炤城南十二樓。

飲王元明茂才 鼎祚 四首

其　一

天涯飄泊遠無鄰，此日論交意倍親。薄酒莫辭清夜醉，知君亦是異鄉人。

其　二

雙鬢星霜感歲華，江南風物勝長沙。寧知賈誼功名薄，文帝恩深到處家。

其　三

褉期初向客中開，潦倒相看一舉杯。自是北人歸未得，那堪君復渡江來。

其　四

魯國才人舊有名，風雲終不負諸生。他年倘憶相逢處，今日毋忘檇李城。

黃天蕩吊古

往事空傳宋社灰，至今枹鼓尚餘哀。潺湲江水無窮恨，日暮乘風萬里來。

同王介人發儀真余舟阻宣華港望燕子磯咫尺不至因賦

風力先催一棹輕，同行因失半時程。蒹葭滿目人何處，江北江南共此情。

景陽宮

禾黍離離故苑空，不知何處景陽宮。一從蔓草荒南國，誰聽鐘聲立曉風。

臨春閣

翠華影盡草成茵，往事還傳愛一矕。明月漫勞清夜炤，臨春閣上已無人。

烏衣巷

消沉往事總堪嗟，王謝風流夢已賒。燕子自來人自去，謾言今日屬誰家。

邀笛步

笛聲三弄感相知，橫據胡牀意足奇。遺韵漫隨淮水去，風流爭不羨桓伊。

桃葉渡

秋烟流盡縠紋生，蕩漾明霞弄晚晴。千載多情餘古渡，至今猶喚美人名。

勞勞亭

邇來別恨不堪論，又掛孤帆過白門。遙望并州傷遠思，勞勞亭畔一消魂。

莫愁湖

霜入蒹葭一望秋，寒烟漠漠水悠悠。湖光不惹行雲夢，千古誰教字莫愁。

孫楚酒樓

孫楚當年舊酒樓，可憐人去只名留。西風落日牛羊下，醉骨誰加土一抔。

穆陵關

山外長江江外山，山邊江際穆陵關。關形不改當年險，可惜
江山視等閒。

燕子磯

幾載辭家到海濱，今朝歸夢渡江津。獨憐燕子磯頭水，解識
春來送逐臣。

從柳奕蕃^{祚昌}安遠侯^{〔二〕}索菊

積雪封霜性不移，只堪冷落寄東籬。君侯素重陶元亮，寧靳
清姿與故知。

偶　訪

自謫塵寰類轉蓬，何期重到蕊珠宮。胡麻一飯仙緣在，誰羨
桃源有路通。

有覓砂挼者戲賦

翠華春盡不曾過，空憶昭陽雨露多。一閉深宮憔悴甚，枉教
到處覓砂挼。

午夜詞爲陳閒子女郎^{〔三〕}賦四首

其　一

回波初見色橫陳，媚倚韶姿鑒月新。一曲風邊欹束素，漢宮
誰是掌中人。

其 二

蕙性蘭心别自芳，温柔并在白雲鄉。尋常花草看妝面，縱似芙蓉讓國香。

其 三

酒影雙蛾緑漫侵，紅潮微暈入杯深。蠟花落盡爐温歇，解識更闌暗裏心。

其 四

簾影朧朧月上遲，風香吹墮鬱金枝。蝶衣粉濕驚新褪，驗取明朝對鏡時。

途次徐州

七年東海敝貂裘，邊地鶯花感别愁。鞍馬尚多鄉國夢，不知歸路入徐州。

再渡黄河

白雲千里赴黄河，歸棹重尋九曲波。日暮江南回首處，鄉心反在望中多。

早 朝

清禁疏鐘月未斜，熒熒庭火焰宫花。遥瞻御座圍丹扆，簾底風香出内家。

宫 宴

猩淚珠盛玉唾壺，朱衣警蹕净椒塗。口含雞舌傳天語，嵩字無勞帶月呼。

校勘記

〔一〕"次胡雄餘竹枝詞韵十首"，原作"竹枝詞有引"，據目録改。

〔二〕"侯"，原無，據目録補。

〔三〕"女郎"，原無，據目録補。

三編　澤畔行吟再續

沁水張道濬子玄父　著

陽城楊時化季雨父　閱

富平周來鳳瑞文父　訂

賦

世忠堂賦

溯予系之遠紹兮，玄冑肇於孝友。值遺徽之未墜兮，歷盛世之簪綬。導河源於昆侖兮，積嵩岱於培塿。暨神廟之蓁隆兮，遞起家於前後。緬宮保之介慎兮，時處錞而拙守。河南北暨山西東兮，未陰雨而綢戶牖。民社賴以乂安兮，奠國祚於悠久。迨忠烈之侃侃兮，亦避炎以遠莽。方朝議之沸蜩兮，別黑白而獨剖。致時賢之移目兮，敢君親之我負。烽火通於甘泉兮，胡馬牧於千畝。驅華驄以東指兮，痛封疆之開誘。羌虜起於肘腋兮，胡越伏于戎右。洒熱血以無地兮，恨睢陽之不朽。生氣凜於嚴霜兮，義問仰於北斗。於是信家學之淵源兮，錫予堂以嘉名。嗟肯搆之孔艱兮，惝顥顥而未寧。枉迳則有愧於先人兮，直己則取忤於時英。緘默則抱愧於寒蟬兮，抗論則裂眥於華纓。念進退之維谷兮，將何途以適迎。召巫咸而假筮兮，鮮詹尹之屈平。入金門而逃世兮，儕優笑之失經。予逡巡以深維兮，有前修之式程。詎瞀惑以敗簡兮，致蒙面於畢生。昔□□之砥節兮，猶自慚其非清。維貞觀之磅礴兮，杞惙惙而憂傾。雖鄙人之小諒兮，將繼質於九京。繚純朴之修欄兮，抗仁義之高甍。閱茲堂之卜世兮，永昭鑒於典型。

遠望可以當歸賦

試延睇天末，極目廣輿。雲橫萬里，風襲四隅。覺覆載之寥廓，何皇路之清夷。辨吳門之立馬，指泰岱之金泥。蟻旋磨轉，鳥飛獸馳。莫不形容得于毫影，規制現於斯須。有山若垤，有水若池。人不辨貌，樹不識枝。茫茫眇眇，傾洞亡私。少焉斜陽搖麾，暮色淒其。雖長安之杳隔，庶故鄉之依稀。不覺望風引領，泫然沾襟曰：嗟乎！此非太行山北，吾親在其下乎哉？自我不見，於今數年。日月云邁，屢徂屢遷。莫云路阻，猶此山川。莫云歲惡，猶此原田。種豆南山，宛如尺咫。植苗東皋，儼若目前。是耶非耶，孰知其然？念行役之良久，愴征途之難平。跼天蹐地，徒傷生全。俛仰今昔，疇瑕疇堅。或斗室以自保，或竄逐以高搴。或歡適而中折，或侘傺而誰憐。人生其間，七尺眇焉。今舉目之旁及，恍梓里之我旋。楊柳依依，向所折矣。禾黍離離，等可飽矣。征雁嗷嗷，音耗聞矣。室廬鼎鼎，炊汲便矣。歸焉歸焉，忘其作客。方萬象之備供，遂五內之舒厄。雖纏綿于遠道，若徘徊之有得。

中流擊楫賦

大江鏡如，輕舟疾渡。矢不及馳，霆不及怒。俄風生蘋末，濤橫瓜步。饞蛟出沒，土龍突拎。舉舟失色，駭汗四顧。予方欹肩飲酒，羽觴縱歌。舟人以告，中流若何？遂慨然閔中原之多故，矢寸志之亡他。感憤踔厲，擊楫而聲之曰：此往者祖豫州之已事也，今豈其時哉？櫜筆之臣，頌淮清矣。墨卿之子，賦海晏矣。屈原不豢肉於汨羅，蘇子不投荒於儋耳。凡揚帆南北，鼓枻東西者，俱峨舸大舳，揚揚明得意，津要有大力人也。胡不北歸虜，內靖寇，紓天子之隱憂，釋斯民之狂鬪？噫！若輩碌碌，非其人也。馳辨如波濤，任事如疢疾。縻禄避難，至於莫救。今試盟大江而誓之，諛臣黷吏，毋輕我涉。逋將敗兵，毋辱我艦。恢我王略，心乃帝室。神斯祐之，安流迪吉。否則鯨齒萬數，虯宮千尺。盡傾其盜齋，并葬於蜃蛭。擊楫方已，狂颶頓息。嘆聖朝之清明，故江神之受職。

樂饑園賦

《詩》："泌之洋洋，可以樂饑。"有蒙師者，訓泌以沁。若生於沁，蓋不知有泌爾。余有園濱沁，退而休焉。憶彼蒙言，不覺輾然曰："是真所謂泌之洋洋，可以樂饑矣。"因顏而賦之。賦曰：

碩人考槃，欣欣自寬。餐藜茹藿，不羨肥甘。予亦何有，鍵户鑿垣。斥地數畝，編棘爲藩。雜蒔佳卉，薄言采蘩。抱甕灌汲，時蔬駢蕃。春韭秋菘，擷葵樹萱。坐廡竟日，雅笑忘言。鶴書斷壟，燕臺反轅。間有懿密，爰叩我門。造膝道舊，浩嘆稱冤。子大夫常登玉陛，列紫幕，賜禁臠，沾帝澤。今退伏於丘壑，寄飽於橡栗。嗟嗟疇曩，萬事堪惜。潯陽之斗酒，少陵之牛炙。麟士之織簾，志和之泛宅。此皆不遇於明時，固隱約而不移。子大夫豈其伍與？何志之廣而迹之拘，才之宏而用之儉也？予俛首欲對，饑未能起。將采杞菊以爲糧，嗅芝术以爲餌。衡門泌水，樂得其里。

檤山三松賦

繄太行之支巘兮，曰檤山之静莫。通呼吸于帝座兮，鬱幽靈而上愬。云天關之虎豹兮，礫鴻濛於今昔。挺危嶺之高標兮，美厥松而安宅。拂太階之三台兮，干重霄而仰格。伊手植之何人兮，將前休之已隔。沐沆瀣於千秋兮，吐雲霞而奪魄。風稷稷以徐引兮，聲搖曳而欲積。想靈稟之特鍾兮，當傳馨於簡册。奈僻阻之罕迹兮，遂獨壽於窮堆。嗟徂徠之入咏兮，經宣尼之弋獲。雖岱宗之攸封兮，污祖龍之未釋。惟法物之見珍兮，貴神理之自適。苟塞值之非時兮，亦何異于零夕。今上有千尺之兔絲兮，下閟芝苓於伏液。抱古德以甘晦兮，避群囂之彈射。庶予懷之幸同兮，曾傲吏之遷謫。凌玉清而遡紫虛兮，非下里之所惜。問歷年之孔邈兮，尚姬嬴之遺澤。閔斯世之促御兮，幸我松之良隽。短不可以絜長兮，隘何能以謀碩。羌至人之極眘兮，歷九州而同頤。表故里之異植兮，托貞心以共白。

詩 樂府

久別離

人心本不隔，地遠乖前期。別來何處天之涯，日復一日離愁離。古人有云，春非我春，夏非我夏，秋非我秋，冬非我冬，四時成歲傷推移。思青鬢不可以復得，對明鏡而不自知其爲誰。既日月之遲暮，恐相見而彼此不免懷驚疑。久別離，中情悲。

青樓曲

種花青樓下，桃李各雙雙。春風一夕吹，花開正當窗。

對　酒

今日大樂，控弦高歌。招春不來，春將如何？筵開朱堂日初謝，華燭青烟燦良夜。千金破產誰惜貧，優游但取娛其身。東家美人爲擊缶，西家美人爲酌酒。天涯一寄牢騷情，笑眼仍呼爾何有。

長門怨

夜深見明月，獨影炤長門。長門怨，妾抱清瑟，玉指聲繁初斷魂。羅帷寒生不爲下，掩抑孤輝弄長夜。離情未半忽無音，不知暗結愁人心。微風吹轉若相喚，夢裏君恩妬妝面。明朝宮樹泣殘鶯，苔冷飄花滿宮殿。

相逢行

夾道朱樓雜柳花，少年白馬踏春沙。銀鞭笑換當爐酒，日暮逢人醉狹邪。

登高丘而望遠海

登高丘，大海在其南。引領以望之，蜃氣結爲十二樓。白雲出樓顛，仙人騎飛一來游。日色如曝，晶光蕩浮，渺不到天，我將何求？

采蓮曲

相約采蓮舟，共入荷花裏。及早惜紅衣，莫待秋風起。

野田黃雀行

嗟爾雀，爾雀何其愚？貿貿謀食，投此網罝。雖果爾腹，乃殺爾軀。胡爲乎不置〔一〕身霄漢，以免鼎俎，是將於人乎何誅。

日出入行

日出入，終不息。

鴛鴦

中池有鳥，容儀斐斐。其翼如比，其音如妮。亦既敬止，抑又閑止。翔集于水，心則爾喜。

隴頭流水歌

隴頭流水何潺湲，隴頭戰士何艱難。十年征戍身不還，風沙日日凋朱顏。歲聿云暮無安閒，天寒道遠阻關山。憂從中來不能彈，長歌嗚咽淚闌干。

青溪小姑曲

水落青溪，月色將低。深夜無人，栖烏自啼。歌青溪，溪流下黃葉。愁殺夢中心，箜篌音未歇。

朝雲曲

天欲曙，雨初稀。雲輕不入夢，自繞空中飛。楊花睡暖□風帳，相約同於枕上歸。

櫂歌行

新斲木蘭棹，撥水春柔柔。郎能知妾意，未忍即迴舟。

遠如期

蕩子一爲客，征帆行不返。可憐閨中人，春草容易晚。雙鬟掩鏡心欲結，囊積流塵暗明月。朝看楊柳才作花，薄暮看花已成雪。今年秋盡仍未歸，胡不學雁遠如期。

女兒子

短髮初束不成鬟，花羞欲澀朱微顏，背人手弄雙金鬟。

蛺蝶行

花葉復花葉，上有雙蛺蝶。小扇撲教飛，飛來飛去不相離。輕衣零亂春園裏，日暮香魂何處歸？

江　南

江南柳樹依依綠，江上行人去程速。征帆千里控烟波，一路春風鷓鴣曲。山連野水春悠悠，鷓鴣啼處令人愁。相思夜夜樓中獨，當念歸期及早秋。

讀曲歌二首

其　一

明明臺前燭，燦燦生輝光。慎勿教吹滅，妾未解衣裳。

其　二

昨日來花裏，今日來花裏。春風一夜吹，花落空成子。

桃葉歌

人傳桃葉名，因來桃葉渡。桃葉何蕭蕭，風吹下枯樹。

黄鵠曲

黄鵠鳥，何翩翩？傷君西飛不可還，邊風吹老如花顏。芙蓉憔悴烟沙間，漢塵漸失悲關山。彼鵠有翼不能攀，人兮人兮淚潺湲。

寄衣曲

君本江南人，乃爲塞北客。南北異寒暑，天以限胡越。江南雨露，塞北霜雪。江南少寒，塞北無熱。毳裘氊裳，伏臘不易。昔君往矣，身猶單袷。秋以爲期，詎遲歲月？君胡安之，不苦風冽。思君不思君之饑，思君獨思君之衣。衣成欲寄還重省，猶恐既暖益忘歸。

王明君

我酌一尊酒，君唱琵琶行。請君勿彈出塞聲，胡人豈獨非人情。氊圍芳草踏春平，一旋風舞桃花輕。請君勿彈入塞聲，嗚嗚黃鵠愁還生。明君插弦不敢怨，此身於漢爲長城。

捕魚歌

爲農莫種田，稻荒無力輸官錢。爲農莫種桑，蠶荒終歲無衣裳。不如學捕魚，年年網罟舟中居。得魚換酒且一醉，日晚高眠常晏如。

歸　鴻二首

其　一

鴻雁影，當斜暉。暮春北向秋南飛，飄颻萬里情相依。繒繳滿目多殺機，請君勿貪稻粱肥。彼欲可縱，汝心莫違。式微式微，胡不歸？

其　二

我有古瑟詞，淒清名歸鴻。弦外多苦音，響落飄雲中。來時尚記當秋節，衝破衡陽幾峰雪。江南天暖聊堪依，夜宿蘆牀夢沙月。即今花草初芳菲，搖漾湖中刷羽衣。一行嘹嚦向空起，相約春風何處歸？

關山月

關山月，夜來流影入空閨。孤燈吹黑鼠喞喞，清輝婉轉窺人啼。離魂欲絕飛不去，夢裏金微在何處？淚痕落盡寒更長，窗隙沉沉幾時曙？

擣　衣

秋欲半，涼微生，鄰家少婦夢初驚。幽離自嘆感行役，腸斷誰聞第一聲。擣衣不擣砧上月，月炤閨人心若雪。擣衣不擣砧上霜，霜寒流影入遼陽。寧知今夜多愁絕，響逐西風伴淚長。

校勘記

〔一〕“置”，底本原作“罝”，據文意酌改。

詩 五言古

讀青山記有感

太白謫仙人，懷才縱高潔。游戲世場中，聊與斯人接。一朝返元始，烏乎問生滅。何取耳食徒，騎鯨傳一瞥。青山土半丘，將復爲誰蛻？真僞總難憑，要無關脣舌。但使存令名，千秋日月揭。

北新關對月

扁舟來何處？乃宿此關下。明月如有期，流影入簾罅。披襟一開對，水際涼初瀉。嗟我昧前途，光輝勞相借。呼童速具觴，與君話長夜。

秋夜遣懷

餘秋駕言邁，木葉向枯槁。冥鴻漸于陸，坐嘆物華老。霜風薄夜半，淒其苦寒早。空林照深月，蟲聲滿衰草。惆悵情不舒，悲歌慘懷抱。

辛巳冬杪送王介人返長水

首夏游廣陵，君歸我遂止。避迹大江湄，抑鬱情何已。遙憶美人居，天末看檇李。遠道不可從，夙夕徒徙倚。相思感一心，扁舟來剡水。秋風吹入門，不覺成倒屣。他鄉再相對，喜極忘坐起。浹旬指白下，盤桓擬惟始。登臨盡大觀，披覽抉微旨。肆志期淹留，君意亦復爾。誰言饑盜憂，四方皆若此。少婦處深閨，胡能謀箸匕。言念足愁予，促裝返故里。余方在窮途，一身正多累。說項漫逢人，譽之有同毀。歲暮還送君，慚愧五衷死。

壬　午

去國十年餘，落落棲海徼。以衣不問暖，以食無求飽。頻爲霜雪侵，遂爾成衰老。踽踽天地間，有如宇宙小。一旦開休明，萬里風行草。君子乘清時，濟濟足師保。衆長若雲集，餘緒亦可了。夷寇雖交訌，指顧欃槍掃。蒼生歌太平，升沉俱安好。天子壽萬年，吾儕樂終稿。

春杪訪栩園

共道桑麻長，隨春涉晚林。路花蜂尚食，山樹雨微侵。水曲知源遠，池清映峽深。以幽聊展步，乘暇欲投簪。園果方輪氣，鳴禽忽變音。笋開新竹粉，苔上古墙陰。景物凝青眼，郊原愜素心。韶華感搖落，搔首一長吟。

感　懷

我爲別離情，不在別離間。譬彼形與影，相從不相關。胡爲必分手，方悲行路難。酸辛忽中來，惟以發永嘆。

何大瀛太常園中桐樹應瑞

君家西園樹，長日何森森。繁陰洗新露，色貯空齋深。風翻奏幽吹，雨滴聞涼音。我來驚早秋，一葉颯已侵。蕭然委堦砌，幽答窗中琴。客情感搖落，聊賦孤桐吟。

寄鄒臣虎水部之麟

夫人何所見，而獨成一是。不逐水也波，不隨風也靡。嶽嶽持其身，以爲世之砥。邪正途殊歸，仲尼叔孫毀。咄嗟三十年，遭讒猶如始。天心未悔禍，時情那不爾。我亦遷謫人，顛危頗相似。倔强老何用，忠貞固能矢。諒兹松柏懷，歲寒念同耳。

范質公司馬移居景文

余自播遷來，居處嗟非一。長水既隘湫，西湖復曠軼。瓜步尋白沙，倏忽如飄飄。八年而九遷，來去同郵驛。一枝鮮鷦棲，黔突未嘗墨。烏乎席暇暖，審安足容膝。堂搆有輝光，綢繆稱膠膝。渠渠獨羨公，柱右新斯日。

哭陸芝房職方澄原

嚴冬十二月，凝陰黯無陽。千里驚訃音，慘劈波臣腸。昔我入都門，立志維乾綱。孤忠遡先哲，所履皆冰霜。宵人不能容，削籍歸故鄉。謳歌啓聖明，日月昭倫常。君時官繕部，首疏摧逆璫。烈烈古丈夫，直聲振岩廊。天心正虛仁，足以資匡襄。我亦蒙賜環，重復列班行。相見即傾蓋，結交多慨慷。披肝秉一德，臣道焉敢忘。鞠躬期不負，任重同趨蹌。群奸恣陰謀，荆棘生中堂。斧鑕將我膏，口肳方鴟張。皇恩初薄竄，再徙來南方。君時已抽簪，嘆息存杯觴。楓林感放逐，晤對俱惻傷。昨歲君北游，迴舟鴛水傍。過我于逆旅，雨雪寒其滂。顧君實憔悴，顏色怪衰黃。中春來別君，時病猶在牀。殷情兩彌眷，執手一端相。我今住白門，就食避饑荒。暌離未逾年，一旦感滄桑。慟哭抱深痛，沾襟淚悢悢。嗚呼彼蒼天，殲此國之良。君年始五旬，我齒相頡頑。自謂雖廢斥，前途尚修長。孰意忽見奪，短運中悲涼。無兒魂渺渺，有恨天茫茫。蓋棺事則已，未了將何望。

坐陳襄範給諫曠閣爾翼

閣以曠爲名，名者云何義？卑卑止一椽，風雨猶非計。雖居水之涯，仍嫌樹所翳。以是曠名之，毋乃失規制。我來偶登臨，乃知不附麗。四山勢崢嶸，若爲閣也礙。日色挾湖光，千頃洞搖曳。虛窗寫烟雲，朝夕惹衣袂。天外一鴻飛，於斯盡其際。

武林訪吳今生太學_右

別君下瓜步，微心隔烟水。金陵再卜居，益復成轉徙。瞻雲但遠天，無緣問居起。兼葭感霜露，遡流來千里。遙知爾我情，相見失驚喜。

贈曹介皇孝廉_{元方}

子建八斗才，在昔稱獨步。妍詞麗日月，妙筆吐烟霧。寥寥宇宙間，絶迹希景慕。廣陵始相識，論交豁平素。奔流舌懸河，胸壑如水赴。顧瞻千載下，惟君有其具。文章氣所鍾，天亦不妄付。苟非遺風存，庶姓焉得遇。健翮矜孤騫，當秋雄一怒。拭目多故人，勗哉邁前路。

贈朱近修孝廉_{一是}

前賢既投合，擊節得佳士。我昔初見君，其情有如此。長水傾蓋間，便爾知所止。健翮橫霜空，拭目搏風起。今來果當秋，一息九萬里。前途正修長，言邁從兹始。以視古人情，於我心獨喜。

送劉蓼生中丞_{漢儒}

昔我往丹陽，君尚問所臻。今我丹陽還，君去已及旬。言念夙相從，始疏終見親。出處雖不同，有如雷與陳。一朝晤南國，握手重酸辛。慷慨話疇昔，天涯真北[一]鄰。所嗟泥塗中，骨肉感受均。倐忽兩分散，黯然欲傷神。朝廷方多事，旦晚念舊臣。宣室前席虛，霖雨借經綸。從此阻追隨，何以慰沉淪。

感　懷

潛也窮途人，世好鮮所投。況於值當路，烏乎與之儔。俯仰各爲態，言笑不中謀。因感公超市，兼懷仲宣樓。氣色齊槐柳，慘淡盈沙洲。蟻場祇自羶，雀羅安足羞。丘壑有真適，如何事交游。

夜　步

落日平原高，長天遠凝碧。露氣未薄秋，圓暉照星白。前村釣人歸，夜火移草澤。歌聲過空翠，曠望雲水夕。

青樓夜

華燭炤良夜，佳人晏青樓。依依簾前月，側掛珊瑚鈎。風香散長袖，篆火靄輕裯。千金買一笑，漏盡聞清謳。安知百年内，瞬息歸山丘。

唁賈澤寰參軍

我友袁臨侯[二]，自卧百尺樓。卑視天下人，無一可爲儔。獨有賈參軍，相逢針芥投。余也昔少年，聲氣亦曾求。以質臨侯情，若或相與謀。昨歲晤廣陵，斗酒論交游。屈指上下間，絳灌真堪羞。共擬謝世網，相將謀鷺鷗。何期一日間，析山紫氣收。回首念生平，精神隔重幽。痛哭寫哀些，封淚寄江州。

十贈詩 十首

香奩《十索詩》，寫婦人女子纏綿嬌致，千古之下想見其情。或以有其索之，無所以應，衡物於情，懼乖而好，强余代解，因爲十贈。鄙物匪珍，深情可鑒。天長海闊，相好庶幾，不必有其事，不必無其人。後之攬者，亦將有感於斯文。

其　一

如雲髮絲絲，鬟鬌盤三六。蟬翼輕垂烏，蠆尾小卷緑。何以依光容，願言贈膏沐。

其　二

卓女畫遠山，效顰滿時代。京兆亦云云，鍾情在我輩。何以揚修蛾，願言贈螺黛。

其　三

灼灼好容顏，尋常誰堪競。相憐目許成，佯羞如見屏。可以窺深情，願言贈明鏡。

其　四

偶然承馨欬，啓吻如蘭吹。覿面笑庚倩，逆風香轉隨。何以發朱唇，願言贈口脂。

其　五

人情不耐長，欣厭分新舊。終始致拳拳，閒情在防寶。何以護芳心，願言贈衣釦。

其　六

亭亭一尺軀，生小嬌無賴。楊柳擬小蠻，等閒笑狼狽。何以着細腰，願言贈裙帶。

其　七

簾纖月一鈎，香氣乘風滑。體輕聲小聞，步軟塵微没。何以隨周旋，願言贈羅韈。

其　八

幽懷無所將，聊托弦上音。泠泠十指間，一一出微心。何以呈纖手，願言贈素琴。

其　九

千里慰懷思，神魂通夢寢。不化蝴蝶飛，負却鴛蕎錦。何以惹行雲，願言贈珊枕。

其　十

間闊意重重，無繇知冷暖。鱗鴻偶可逢，一幅鸞箋短。何以寄相思，願言贈斑管。

校勘記

〔一〕“北”，疑當作“比”。

〔二〕“袁臨侯”，原作“表臨侯”。按袁繼咸，號臨侯，《明史》有傳，因改。

詩 七言古

鍾山石獅子歌

鍾山積氣凝昏曉，剩有狻猊對秋草。狰獰伏暴如有神，欹側無聲在烟表。何年匠石初琢成，毛稜欲豎寒威生。巍然久奪百獸魄，火眼相射移空精。自從伏臘荒蕪後，雨打風披骨應朽。霜皮崩剝土花銷，苔蘚蒙茸綠其首。紅肢凍裂誰復顧，巨口高張勢猶怒。前朝陵寢渺難求，野樹茫茫隱生霧。

聞 笛

西泠橋畔生秋月，楓樹離離下黃葉。迴舟何處笛聲飄，怨入空山暗泉咽。楊柳堤邊弄晚風，烏烏一闋水雲中。蕭條物候有如此，湖南長望烟無窮。

湖上胡彥遠 介 同江道暗 浩 兩文學過訪賦贈

昔從南游作遷客，老眼塵中漫相識。飄然浪賦無家吟，獨與河山數晨夕。偶來湖上一見君，英姿粲粲蓋有神。腹中萬卷常隨身，幾年風雅曾相親。鹽車服駿嗟未發，長鳴待馭今何人。高材捷[一]足終難抑，寄語霜鷹養雲翮。別有西溪千樹花，乘春夢落江郎筆。掩映瓊林雙玉枝，披襟晤對秋風時。逢人自顧舌猶在，到處吾將説項斯。

渡錢塘江

孤舟破輕浪，潮落寒江平。微茫日色轉晴午，空中影泝天俱明。烔光碎掬繁烟罳，魚龍倒臥滄波腥。吳山一息過黃葉，越黛千疊連青冥。縱觀兩岸目未厭，掛席但覺秋風生。興來搔首還擊楫，淼淼錢塘我初涉。重嗟汗漫不可期，亦與流人炤華髮。時既暮，歌嗚嗚。祖生慷慨今何在？搖落空憐泣唾壺。

燕子磯同王介人聯句

壬午仲春望後三日，余同王子翮白下放舟，將游廣陵，阻風燕子磯。時夙雨新霽，江烟濯光，山影半出，顧而樂之。取酒命酌，因聯句記事。

悠悠野水連江澨，舟臥平沙午風阻。張。磯勢浮空燕翼斜，半屐春泥踏新雨。磴道層開萬里天，王。帆檣遠帶千尋浦。敧松倔强老不仆，張。崩石谽谺觸斯怒。王。孤亭特出飛鳥邊，張。槤楠崢嶸莫之伍。霞色晴看落鶩低，王。月明夜炤潛蛟舞。練影寒披澤國深，張。秀入涳濛鬭春嫵。夾岸山屏拱作憐，王。朝夕烟嵐互吞吐。登臨何用泣波臣，張。慷慨逢君稱地主。壚頭取酒傾客囊，王。蕭颯鬢眉醉堪數。不是高吟擊唾壺，張。六朝草樹誰今古。王。

再見方雲生女郎

江雲漠漠浮空白，江葉鱗鱗掩霜赤。湖頭重訪美人家，一棹西風北來客。北來客昔於此游，幾回呼月湖邊樓。紅絲倚袖拂烟鬢，香光半靄芙蓉秋。驚魂搖搖未能已，斂態低人嬌不起。別後誰爲遣四愁，清歌再聽張平子。歌欲竟，情彌多，棲烏側側飛殘夜，醉擘釵金奈爾何？

重訪蔣聞笙女郎

我昔倦游將北旋，與君話別湖之邊。獨悲後會渺無定，執手俱看魂黯然。乘流每嘆坎還止，秋風作客長千里。思君時復一夢君，遙遙武林隔烟水。倏忽三年遂有餘，鱗鴻久絶往來書。纏綿遺恨與誰共？因訪枇杷花下居。開門既接芙蓉面，驚喜難言情各半。始信相思徒爾爲，何如此日重相見？梧桐枝上月初明，依依炤人殊有情。當年張緒風流在，消得箜篌西夜聲。

楊妃梅

庭梅作花花作叢，幽魂照雪飄微穠。玉妃醉後粉痕薄，至今猶帶胭脂紅。疏枝依依冷瑤室，檀心改綻含桃質。孤標入夢矜早春，何是東風破消息。

贈王享斯奕士_{來享}

十年作客頗遠游，萍踪汗漫隨波流。江南風物消羈愁，蝶色期夢迷莊周。興來因買西湖舟，偶逢王子憐清修。楸枰開處飛戈矛，朱堂座客談鋒收。春星歷亂勞前籌，縱橫玉局多遲留。凝神歛思心爲抽，悠然腕下施權謀。技絶先賢有奕秋，百戰不負當場羞，吁嗟千古君其儔。

秋　征

荒雞咿喔啼行色，銅壺滴罷更初急。喧驚童僕催曉□，野店無眠嘆孤客。出門殘月猶在天，郊原四塞生□烟。輕衣寒薄風淅瀝，入骨如刺心悽然。長途終歲傷游子，落葉聲中暗蟲死。羈魂欲斷徒勞勞，鬚白慚余未能止。

丹坪行贈周瑞文_{來鳳}司理

丈夫意氣自千秋，獨憐所遇無或儔。時違事陳誰適謀，歸去來兮老一丘。丹坪之山得深幽，草木蒙芽虎豹稠。風生雲從在其揪，卑視太行如嶀嶁，石梁桃源阻且修。斯人之徒等牛馬，何知有晉爾公侯。一朝城市挹風流，前無唐鄴與漢留。千秋意氣針芥投，痛飲百斗談鋒抽，相視莫逆雙豁眸。烏乎四海難好述，他日功成赤松游，我先遲於丹山頭。

校勘記

　〔一〕"捷"，疑當作"健"。

詩 五言律

幽　居

以幽成小築，因與世情疏。擁褐時捫虱，垂綸偶釣魚。常其一頃荳，任蠹半牀書。門外多風雨，閒愁幸免余。

過俞[一]光禄山園彦

言尋荒僻處，白日照無人。竹暗泉聲咽，山幽鳥語勻。石屏空翠晚，樵路野花春。不識桃源裏，停車一問津。

送霍耀予舅氏還里

離魂驚鶴去，千里客途難。南國夢中遠，北風江上寒。羇棲殘歲盡，酸楚故情闌。蠟炬如嗔別，相看淚不乾。

白下客夜

中夜不能寐，且還披我衣。開軒燭影滅，獨立人聲稀。明月自來炤，暗螢相續飛。高懷寄清賞，鄉夢暫遲歸。

寓王峨雲司馬剩園

一徑開山郭，幽尋遂偶然。風歸花氣遠，人靜鳥聲綿。夫豈從吾好，當因以境偏。於兹便可隱，毋用羨平泉。

對 雪二首

其 一

江城連積雪，幾日客居寒。空際隨風白，階前落絮乾。林光迷遠望，山色改初觀。莫唱陽春曲，於今歲未闌。

其 二

風定輕猶下，垂垂積漸深。烹茶催掃徑，呼酒發微吟。旅邸驚新臘，天涯負冷心。高懷信孤潔，相對此庭陰。

白下看春

春色來何許，相逢說看春。在人稱樂事，到我欲傷神。草木經年異，風雲幾度新。羞同游冶子，一踏帝京塵。

贈蘭雨和尚

斂性棲方丈，能持不染心。燈傳衣鉢古，臘與竹松深。水月清禪影，天花落梵音。自多行役累，緇錫謝招尋。

雁

避寒辭塞北，乘雪下江南。秋至仍隨九，春歸必度三。稻粱叨旅食，矰繳屬機貪。所願從生死，孤飛意豈堪。

贈顧山臣布衣卜

薜蘿依逕入，一水接幽源。想見君棲處，雲深獨閉門。庭虛羅鳥雀，歲暮罷田園。曳杖琴書暇，苔花過雨痕。

經湖頭故居

一水當門闢，樓臺此舊居。竹枯游處句，苔隱壁間書。草徑臨秋合，紗窗入夢虛。不知經手種，花專近何如。

沿蘇堤入西泠望兩山楓樹

游趣緩舟楫，逶迤忘所歸。日斜仍掩映，春遠亦芳菲。兩水碧雙炤，亂山紅四圍。可憐霜葉好，索索向人飛。

尋白沙泉

伐木空山響，山空不見樵。秋臨黃葉老，泉取白沙遙。歲月行吟盡，烟波入望消。盤迴殊未已，落日下林椒。

湖上晚步

山高孤塔迴，水影斷橋深。白髮生何日，秋風嘆此心。烟光初歷亂，物候正蕭森。惆悵歸來晚，昏鴉欲滿林。

金陵遇王舍宇廷瓚大行送賀相國歸楚

八月星河迴，君乘使者槎。宗臣榮晝錦，官路擁皇華。旅舍爲歡暫，鄉情念別賒。黃州看菊好，新落幾枝花。

西陵別楊屋山會稽尹鵬翼

握手此爲別，滄江楓落時。雲孤秋不定，水遠夕何之。故國我歸去，他鄉君在茲。征帆分背處，望望各相思。

同袁槐眉侍御王介人布衣張月使文學湖上有訪不遇

芙蓉臨古渡，一水寄青樓。落日山銜夕，移橈岸泊秋。紅衣空惜別，白鳥亦知愁。極目重浮遠，長安到處浮。

喜孫白谷傳庭司馬出獄督師

陽和散幽谷，雨露出新恩。方喜千秋會，欣當百隊尊。先聲機已得，將略世猶存。聞說旗門外，人懷挾纊溫。

同王介人訪方雲生聯句

空盡欲無天，張。湖南半是烟。王。蘋香流扇低，山色滿秋邊。張。坐水閒分鏡，看花懶撥船。白鷗眠不起，王。蕭散得人憐。張。

念　母

天邊成久戍，意氣欲消沉。萬里無家夢，三秋陟屺心。北堂蔲自遠，南國草空深。嘆息瞻雲者，徒傷游子吟。

螢

流螢初出草，隱約半身明。帶火來深院，隨風焰斷更。光依簾外小，笑撲扇前輕。熠熠高秋夜，長沾露氣清。

芙蓉園

名園依古塔，峰影落芙蓉。石壁藤蘿附，烟霞草樹封。鳥游春寂寂，人遠水淙淙。斜日南屏近，風來帶晚鐘。

訪葛屺瞻太常寅亮

斜日蒼波森，輕舠訪舊游。楓香吹白露，花氣作清秋。一逕稀人迹，孤村聞風流。葛陂原自好，君住益深幽。

送談仲木文學南還

江南千里地，君已問歸程。作客貧如我，爲儒怨不鳴。行裝隨落魄，秋色伴淒清。相送誰堪別，悠然共此情。

同王介人秋江訪溜

短棹懸飛溜，空江問旅程。風烟含小月，鐘皷別嚴更。王粲登樓思，張翰去國情。何爲感行役，相對惜生平。

舟　病

中夜憂難寐，他鄉病易侵。秋來頻伏枕，事至每經心。久客諳吳語，無家但越吟。吾生任舟楫，千里托浮沉。

有　懷

遂有秋風隔，寧忘夜月思。三年人別後，千里雁來時。鏡惜雙鸞舊，香憐半枕私。玉笙吹已歇，腸斷更誰知。

南　客

十載爲南客，真成汗漫游。屢驚蝴蝶夢，已換鸕鶿裘。老至吟雙鬢，新來買一舟。無營且來往，聊自慰羈愁。

聞朱仙鎮失利

束手中原斃，誰聞赤子哀。治兵寧有紀，繕國豈無才。不滅遺螢火，沉憂釀禍胎。怡然同燕雀，嘆息且銜杯。

馬瑤草_{士英}治兵鳳陽

廟略總元戎，身當百戰功。兵權中不制，事會變能通。烟滅江淮水，威生草木風。高秋鳴劍在，仁見此隅空。

送杜韜武大將軍出鎮廬州

塞北分符舊，江東建節新。樓船雄五嶺，驃騎出三秦。王者稱無敵，蒼生賴有身。天心久虛仁，行矣盡麒麟。

別袁槐眉侍御

白簡憐初合，清秋惜遽違。似君能卓犖，愧我不脂韋。遂有班荊恨，行將賦菊歸。莫言乖出處，應念老萊衣。

哭沈君庸太學

不意因南戍，登堂哭故人。何須頻血下，別未有情親。白日淹已沒，黃泉無復春。煢煢惜遺胤，顧此倍傷神。

送恒一和尚之江陵

吾師適真性，飛錫遍禪林。雲水無常榻，交游多素心。夕風蘆雁落，秋雨秫田深。想見浮杯處，湘江浩遠陰。

登　樓

天影逼鴻蒙，樓臺映若空。湖瀰春岸闊，井邑曙烟通。掛目孤雲上，飛心一望中。所嗟書劍悮，相對悔窮工。

即　事

花滿天台路，濃春見一枝。纖衣嬌蕙質，香鬢奪雲絲。眉際迷京兆，箏邊倚鏡兒。閒來妝閣裏，聽咏鄭康詩。

寄范質公大司寇

此日風雲會，乘時起壯圖。清朝新玉燭，藻鑑舊冰壺。魯治傳三月，鴻猷樹兩都。向來雞黍意，還否慰窮途。

立秋日樓集

溽暑解餘蒸，危樓散髮登。桐陰秋欲薦，欄曲晚虛憑。薄露風絲落，奇雲火岫崩。漸看涼月上，映席不須燈。

偶　成

閒心感時序，短策聊相依。花飛一春盡，樹暝群烟歸。身世滅聞見，耕鑿忘是非。桑麻事朝夕，以免寒與饑。

步　秋

出門無他事，坦步聊相尋。新涼召雲物，緬焉赴蕭森。閒來伴鷗息，行處聞蚤吟。渺渺烟波隔，南塘秋水深。

贈李曙生

酒語多憐惜，渾忘燭淚長。裁雲爲楚林，薰麝作衣香。夜樹花傳嘆，晨眉柳入妝。珊珊聞雜珮，行處有清光。

秋夜題寄

寥寥不得志，慷慨任無依。貧病憐身在，風波笑鬢稀。月涼蚤語碎，暑冷行光歸。賦就想思字，庭梧葉未飛。

別阮圓海光祿大鋮

自與君相見，多才世所稀。塞門今不仕，却掃遂初衣。僻有文章共，倩將笑語違。傷心知莫忍，淚向別前揮。

校勘記

〔一〕"俞"，原作"余"，據目録改。

詩七言律

題弘濟寺山閣用喬白嵓太宰韵

危樓橫俯大江深，虎豹屯崖立萬尋。雨歇空青流遠眺，瀾搖澄碧敞高吟。苔花繡石摹蟲籀，貝葉翻風落梵音。幾度經過虛勝賞，扶筇〔一〕今日快初臨。

感　題

蕭蕭天地久無家，獨向西風笑暮鴉。我已卜居鄰水石，若爲辟穀問烟霞。青牛自信無真氣，丹訣何曾駐歲華。秋浦孤雲搖片白，漁歌流響入蘆花。

雪後野望

雪餘雲意尚垂垂，空際迷茫一望宜。漫指梅花冰作乘，還疑鴛瓦玉爲脾。樵封幾徑饑寒迹，樹噎千林鳥雀悲。三尺不知真否瑞，窮年誰擬壞歌詞。

答張天如太史溥

波臣搖落滯江南，鬢色驚看影亦慚。在昔投杼誰白苦，即今啖蔗已知甘。蒼顏獨嘆成何用，青玉新遺竊未堪。一自行吟憔悴盡，十年無復夢華簪。

酬謝阮圓海大鋮

燕樓春暖不聞鐘，麝氣風搖篆且重。鬟裊雲光迴翡翠，衣明水影麗芙蓉。星槎天上歸非遠，仙阮花中思亦濃。南客從誇三婦艷，得君投句慰萍踪。

寄賀徐文煥州守芳

春風鳴筆屬華年，徐孺南州望赫然。月滿西江呈冰鑑，花明上黨焰蒲鞭。行車載雨通三晉，舉族瞻雲仰二天。聞道桑麻連故國，使君五馬正翩翩。

談仲木還武原以詩留別用韻附餞之

追隨客路嘆艱關，況復蕭條返故山。旅舍漫言羅五鼎，別情爭似解連環。十年誼重形骸外，一日愁深烟水間。戴笠乘車都莫問，相期惟取意間閒。

張藐山慎言司農以詩投贈附謝

梓里論交累葉長，殷殷重復見他鄉。金陵醉客吟江月，夔府依人結草堂。句每佳稱寧漫好，青偏眼借豈因狂。不須更作登樓賦，獨幸遭逢感七襄。

張坦之履旋茂才來自故鄉喜得家信賦贈

秋萍飄泊嘆無津，久戍空憐萬里身。一札乍逢南國雁，十年幾見故鄉人。家山夢裏知何處，兄弟天邊得比鄰。尊酒依依忘子夜，挑燈相對不嫌頻。

贈張彦清都閫宗翰

白門冬盡未知春，逆旅相看益自親。漫道寸心能任俠，誰堪華髮對沾巾。傷君已作無家別，念我同悲失路人。剩有防身長劍在，清時應不負沉淪。

贈劉蓼生中丞漢儒

相逢情事盡堪悲，獨對君家足繹思。兄弟天涯成骨肉，君臣草野係安危。丈夫任進公孫衍，長者終歸直不疑。風雨幾番嗟既見，詎求於此合時宜。

答杜韜武將軍文煥

武緯文經自大家，一時人望想聲華。金城方略推充國，易水前籌頌左軍〔二〕。出處漫言同斷梗，江湖且幸共乘槎。嗟君累日投佳句，屬和還羞下里巴。

廣陵贈劉遠予龍溪令鴻嘉

東風小泊廣陵舟，邂逅同君笑浪游。去國十年仍似賈，論交一日幸依劉。平山雨霽春開草，邗水潮生月滿溝。獨恨相逢即相失，翻憐此地共綢繆。

廣陵寓顧所符爽閣買婢

偶尋花事過邗溝，因到蓬萊最上頭。據地既偏心自遠，聽聲不厭鳥相求。絪縕絕巘歸雲雨，宛轉虛窗閉斗牛。謾說吹簫曾引鳳，憑欄遮莫羨秦樓。

白下送張坦之還里

雁來正是君來日，君去還當雁去時。離合十年才百日，有無後會可前期。事岐常變經權廢，義重君臣父子私。爾我傷心言不盡，含辛強寫贈行詩。

李稽箭冲縣令邀過丹陽感贈

落落萍踪久水濱，相逢皆喜論交新。依劉漫誚登樓賦，投轄空懷置驛人。員谷三生誰再合，龍門十載許重親。可憐海內多知己，今日惟君念隱淪。

丹陽遇趙孟遷以烟花三月別揚州詩索和

烟花三月別揚州，漫說同琨老一丘。四海志多寧燕雀，三生遇在且春秋。文章久已輕長吉，裘馬何須壯少游。慚愧萍踪還復合，得君投句可無酬。

別張蓼山大司農

瀚海風烟老逐臣，十年搖落北歸人。今朝即忍他鄉別，去路仍傷故國身。愁以晚來還似重，夢於天畔更相親。悠悠泌水衡門下，此日先爲具釣綸。

訪王介人言別

慚愧相從十載餘，式廬有願幾回虛。何當庭下高人榻，敢謂門臨長者車。顧我張羅雖得鷃，嗟君彈鋏尚無魚。向今又惜分携去，寂寞誰憐楊子居。

西興望海樓晚眺

危樓百尺俯蒼蒼，極目江干盡八荒。雖喜排空同翥鳥，誰容坐嘯且飛觴。秋風入樹兼風苦，野色侵沙帶日黄。不禁哀時頻北望，十年戎馬憶疆場。

贈何一公户部品崇

在昔惟傳楚有材，於君槐廕識栽培。漫言閥閲承交戟，還喜文章接上台。夜月客船看聚火，春風官閣待吟梅。關門多少經過者，盡道司農美且才。

賀齊价人孝廉維藩

雄才何事後常倫，衆裏誰當第一人。國事漫酬青眼舊，波臣初定白頭新。筆牀春滿飄花夢，墨海秋飛破浪鱗。千里東風二三月，馬蹄烟暖曲江塵。

霜　夜

危樓入夜寒霜平，孤燈慘目青熒熒。幾莖白髮不復變，一生幽憤難爲情。風傳落葉響庭樹，烟驅野火飛荒城。不知秋色此時盡，獨立但覺天凄清。

寄張二嶽大尹士楚

關河縹緲阻風烟，回首鴛湖遂一年。天上有槎慚共泛，江東無鱠思孤懸。羈愁自信仍萍梗，别夢猶聞舊管弦。遥憶故人何處是，滿城花雨繞吟鞭。

贈曹文姬内家

彤管清芳映此時，飛花夢近筆牀吹。當年綺思留餘繡，今日
春風屬掃眉。共道曹昭分史職，寧教蔡琰獨文姬。可知遜抗機雲
後，千載論才未有誰。

入　里

沉淪十載等湘沅，今日誰教入故園。鄉俗問來非往事，草茅
披盡見孤村。悲歡骨肉驚離別，風雨關河斷夢魂。定省漫言酬夙
願，涓埃仍負聖明恩。

次孔釣雪_{文綸}茂才投韵

澤畔誰言只暫遲，鷦鷯反咤占先枝。夢還幸醒三年酒，柯爛
空輸一局棋。北海北山君較勝，西川西域我堪憶。相逢慚愧形容
槁，消得風流説舊時。

校勘記

　〔一〕“筑”，疑當作“筯”。

　〔二〕“軍”，疑當作“車”。

詩 五言絶

古　意

開郎昨日書，知郎明日歸。不恨前日遠，反嫌今日遲。

閨　愁

一夕夢君旋，待君君杳然。君行知遠近，幾日不成眠。

夜　雨

雨滴空堦秋，一滴一聲死。不管愁人心，偏入愁人耳。

怨　情

采花莫采蓮，生怕見蓮子。蓮子有苦心，妾心亦如此。

傷　秋

一夜湖頭霜，芙蓉幾枝死。看花誰無心，淚落如流水。

見訪趙芬者因念顧山臣

何來游冶子，袪服問娼家。比屋藏佳士，誰停長者車。

江南有感

江北草已黄，江南柳猶緑。豈不共風霜，天心多委曲。

所　見

越如能棹船，吳兒能浮水。出入俱乘潮，長年每如此。

五人之墓

賊臣固可誅，國法亦當顧。荒原一片石，誰題五人墓。

白　髮 二首

其　一

沉憂不可遏，令我白髮生。強呼酒爲遣，非復當時情。

其　二

對鏡仍自嘆，浮生苦蹉跎。昨來鑷已盡，不知今更多。

述　言

秔稻累累熟，經行處處然。昨夜田家宿，農人告有年。

寒　蟬

善爾秋風意，疏聞幾處聲。依然高柳上，蕭洒見餘情。

偶　書

飄零慚屈子，澤畔一行吟。昨夜秋風起，堦前落葉深。

聞　蛩

寒燈吹夜半，抱影長太息。四壁空蕭條，居然吟蟋蟀。

即　事

南風有餘力，吹我征帆速。何事雙白鷳，衝波似相逐。

畫　眉

朝鏡斂蛾眉，握筆開初媚。眷此風流情，故是吾家事。

怨　情

澹澹湖中水，炤彼芙蓉花。花開感遲暮，獨向秋風嗟。

枯　楊

當年繫馬時，烟滿垂楊樹。今日秋風生，青青在何處。

夜　望

兼葭夜蒼蒼，露白秋烟裏。蓬窗此時情，曠望空流水。

語水道中

野草蕭蕭白，林烟漠漠青。日斜飛鳥外，無復語兒亭。

放鶴洲

野鶴高飛去，猶餘舊日洲。重來迴棹處，空見十年秋。

維舟白苧

城西尋白苧，日暮一維舟。借問黃花意，新來可耐秋。

京口泊舟懷王介人

今夜江邊月，孤舟絕四鄰。寒山移遠火，愁殺輞川人。

楓江雨宿

辛苦吳江水，蕭然落晚風。可憐今夜泊，秋入雨聲中。

聞　雁

一雁聲何慘，寥寥夜半鳴。月明秋水際，想見此時情。

鶴窺魚

爾鶴來何處，於此獨窺魚。群處多鷗鷺，機先恐未如。

鴛　鴦

愛爾兩鴛鴦，游戲當前窗。雖然驚打鴨，飛起亦雙雙。

江　夜

群雁鳴北風，寒潮下明月。小泊就孤舟，兩岸蘆花雪。

瓜洲晚望

孤城臨斷岸，日暮無人渡。極目生寒烟，不見江南路。

聞家園有年

秋風江上路，故國此時歸。見說空倉雀，新來不苦饑。

雨　後

秋風吹幽涼，深夜流螢度。雨上〔一〕月微明，朧朧幾枝樹。

雨　中

零雨催寒草，離蛩泣晚風。秋聲聽不盡，併在寂寥中。

嘲　鏡

以爾知邪正，借之鑒我形。如何不終焀，轉背失分明。

遠將歸

故國十年別，寸心幾度傷。持將衰颯態，何以慰高堂。

夜　歸

日落長林遠，寥天一水虛。歸來三逕晚，秋滿子雲居。

題　畫

江閣臨空水，伊人竟日閒。荒烟稍息處，極目盡寒山。

校勘記

〔一〕"上"，疑當作"止"。

澤畔行吟再續卷八

詩 七言絕

絕　句

淚別誰傷獨至今，烟波不斷與愁深。請君看取長江水，日夜東流是妾心。

即　事

紅藕花開六月時，吳姬蕩舟歌竹枝。晚來風緊郎先去，落盡蓮心空自知。

寄呂君發茂才 啓元

兄弟相逢感鶺鴒，誰言一別又晨星。相思時有吳淞夢，夜夜隨風過洞庭。

偶來段橋

段橋橋畔柳如絲，偶爾行來折一枝。忽憶十年離別處，不知還否似當時。

湖樓早望

清霜一夜老芙蓉，烟隔澄湖水萬重。起視月斜人不見，幾船漁火五更鐘。

再過芙蓉亭

誰謂孤踪去復迴，傷心今昔不縈懷。那堪更有淒其處，重到芙蓉亭下來。

重泊北新關

烟明流水樹明山，維□夜生月一灣。孤雁不隨沙岸宿，秋風還落北新關。

生子口號

生作浮萍到是家，每於天畔措年華。堦前喜見宜男草，開入秋風七月花。

同顧山臣卜陸嗣哲瀋源呂君發啓元李玄洲彭年徐州來延吳諸文學秦淮夜泛

月白秦淮夜似秋，綠荷香泛木蘭舟。相逢莫厭金尊醉，千里難同秉燭游。

訪陳閒子不遇

浯水秋風落葉深，哀猿啼碎夢中心。可憐今夜沙洲雁，踏盡寒蘆不擇音。

蕩　舟

夾岸柳條初掛絲，湖頭女兒歌竹枝。落花無事且流去，想見小舟迴棹時。

贈馮本卿歌姬 四首

其 一

等閒花月可憐宵，掩映亭亭大小喬。更羨春風無管束，蘭堂深處逗瓊簫。

其 二

虛窗面面出精神，幾處偷窺未得真。含態含情誰許似，不知何處可憐人。

其 三

新貼梅鈿香未消，掌中今日更誰嬌。相憐最是尋花蝶，宛轉飛來傍翠翹。

其 四

漫言流韵繞空梁，便使愁人愁斷腸。何事彩雲飛不散，無端鶯囀出修篁。

湖上書感

湖上重來又幾年，蕭條風物倍堪憐。長堤烟樹西泠月，無復當時舊管弦。

渡錢塘

西湖西北阻家鄉，一自離居遂十霜。歸夢生愁前路水，誰教今又渡錢塘。

宿西陵驛

孤舟一葉入江城，落盡寒潮水鏡平。今夜客魂依短燭，蕭蕭殘影對初更。

西陵道中

千里空江一望開，孤帆半與夕陽來。西陵古渡人烟闊，風末遙聞北雁來。

經若耶溪

若耶溪水水粼粼，偶爾停車一愴神。借問今來溪畔女，不知誰是浣紗人。

别楊匏齋侍御四首

故鄉人在天涯别，翻怪天涯是故鄉。今日悲歌衝往路，不堪愁恨塞離腸。

别徐州來茂才延吴

路繞西風去不辭，清霜初落柳無絲。匆匆勿惜今朝别，他日毋忘下榻時。

别王言遠孝廉庭

天涯萬里泣陽關，細雨蕭蕭慘客顏。想到望中人立□，不堪回首見青山。

閨　情

疏烟滿院晝沉沉，妝罷無聊倚玉琴。鏡色可憐清似水，不隨長路照君心。

當壚女

弱笑柔情總未真，盈盈眉黛可憐春。玉缸自愛初鬟影，每炤低頭却避人。

聽方雲生度曲

清喉沉極一絲揚，消得簾前白日長。自顧新詞渾唱盡，春風何處識周郎。

四編　奏草焚餘

沁水張道濬子玄父　著

鹿城李靜修龍靜父　訂

大都督張公奏議序[一]

　　昭代封事充棟，主聖臣直，遠出秦漢上。而氣象陳朽，求其慷慨震動、落紙爲淚、濡筆爲血，絶不多見。其事最鉅大，其人最奇快，非世所恒有[二]，則景皇帝時千户龔遂榮，上書議迎復禮；毅皇帝時金吾指揮張英諫南巡，囊土刎頸北闕下。當時左列安在，舉朝愧色，此義憤悲壯第一事也。近沁水大都督公[三]，故晉之軼才，懷中垂棘可當十五城。遭時不幸，茹肝涉血之仇，義不反顧，大聲疾呼，願效行間，枕戈待旦，志梟逆虜，而僅委之治礛石。金堅工良，費減器倍。寧遠之創虜，誰實爲之？左璫在事，公不能身安，固其所也。乃藤縣序績，竟不及公。時無茂陵，徐福徒可浩嘆。日月開滌，明天子作睹，出而酬知，入而視膳。己巳之徼，烽火通於甘泉，公方朝夕子舍。恤緯之命，酒未及濡唇，馬未及就勒，手劍出門，廝養卒纔二十騎相屬，孑孓矻矻，千里赴義。莫抵涿鹿[四]，關吏不納，徘徊孤城之下。胡笳雷沸，萬馬嘶栗，嗟乎，此時詎有生望哉！丈夫死節官下，結髮幸一當匈奴，雖未繫老上之頸，其氣固已吞之。

　　天子自嚴重，公奈何食容容之福？牛李之嫌，洛朔[五]之私，既以身爲市矣，而抹搬孤恥，務快其所忌於大譴大呵之地，不亦羞朝廷而辱當世之士哉！公指辨堅白，掊切貴近，執條侯之正議，引次公之危詞，嘗一奉中旨，立條奏其事。丞相上印綬，給事中臨，飭左右在後，叩頭謝公，何以得此於明天子哉！執金吾幸得典宿衛，出入禁闥，言之侃侃不少諱，誠不忍以秦越視。

　　先忠烈官柱下，公官司隸，在古俱言地也。柱下不妄爲異同，忠孝固出一門耶。德陵方中之事起，借公護視。山陵事重，客土盈丈，每儼直可四十緡。公以旁近阜，法不宜省〔六〕，請徙築之，衆咋舌相顧。既奏上，遣日官度地，果得請，計省縣官費數十萬金〔七〕。公敢任勞怨，天子令十日一奏事。在陵言陵，方舉其職，俄輩語入，而山陵告成，亡一語叙公，猶之寧遠也。

公持議勁爽，痿得之痦，醒得之醒。本欲削艸，鄒志完以失原奏致禍〔八〕，百祀而後，有〔九〕欲見公生氣，恐不得以溫樹秘之。國家諡忠烈六人，其三爲元侯亡論，其一爲孫餘姚，其一爲楊應山。餘姚有子堪，都督僉事，善藝文〔一〇〕，以孝著。若兼有直聲，志節雄駿，獨公耳。環列之尹，義憤悲壯，世亦代有其人哉？

　　廣平後學談遷拜手撰〔一一〕

校勘記

〔一〕此文又見（清）談遷《談遷詩文集》卷二，題作《張都督奏議序》。

〔二〕“非世所恒有”，原無此五字，據《談遷詩文集》補。

〔三〕“近沁水大都督公”，《談遷詩文集》作“頃者沁水都督張公”。

〔四〕“莫抵涿鹿”，《談遷詩文集》作“暮抵良鄉”。

〔五〕“洛朔”，《談遷詩文集》作“洛蜀”。

〔六〕“省”，原作“有”，據《談遷詩文集》改。

〔七〕“計省縣官費數十萬金”，《談遷詩文集》作“計省費十四萬”。

〔八〕“本欲削艸鄒志完以失原奏致禍”，《談遷詩文集》無此十三字。

〔九〕“有”，《談遷詩文集》無。

〔一〇〕“善藝文”，《談遷詩文集》無此三字。

〔一一〕“廣平後學談遷拜手撰”，《談遷詩文集》無此九字。

疏

初請復讐疏

奏爲親志未酬，君恩未報，願備戎行，以雪國憤，以復父讐事。

竊惟人倫有五，惟君父爲最重。故捐軀殉義，臣之所以報君也；委身滅寇，子之所以報父也。臣父巡按遼東監察御史臣張銓，原以草茅，荷蒙皇祖拔置西臺，貞誠許國，矢志陳謨，未嘗一日不欲效忠於朝廷也。嚮者，奴酋發難，撫順失守，臣父時在江右，慷慨上疏，謂宜鎮靜，徐相機宜，不宜妄動，速圖僥倖。且參楊鎬非禦侮之才，薦熊廷弼有干城之略。厥後，楊鎬以輕出喪師，熊廷弼以堅守寧宇，在廷諸臣始謂臣父有先見，且悔其言之不用也。於是，以十年資深，兩差告竣之御史，復使按遼。蓋謂遼事非臣父不能辦，而臣父亦謂遼事無難辦者。嗚呼！使當時有同心之臣，與之共濟，又何有今日之慘禍乎？

初，臣父行至山海，聞經略袁應泰有招降之舉，投箸大駭。迫入遼陽，力與之爭，而應泰堅不可易。與臣祖見任山東右布政使臣張五典書，云："袁經略暗愎無識，必敗遼事。兒欲具疏糾參，又恐激變降夷，其可奈何？"既而，巡行瀋陽，見賀世賢怏怏，察其有異志，復指授方略於別將。詎知世賢逆謀已久，瀋遼繼陷，皆反噬內應，爲之祟也。人謀不臧，抑至於此。非奴酋能滅遼，遼自滅耳。嗟乎！臣父之始謀不用，而三路覆師；繼謀不用，而兩鎮喪地。一腔赤血，徒傾碧草黄沙；萬里忠魂，祇寄悲風夜月。

臣一聞臣父罵賊盡節，長號徒跣，將赴遼陽，訪求遺骸，而不知奴酋尚爾盤據也。道經濟南，臣祖謂臣："此舉徒死無益，當詣闕上書，請兵一旅，效力行間，徐圖報復。"臣灑泣拜別。甫入都門，聞皇上憫念死事之臣，特加欽恤臣父銓，賜爵賜謚，廕子立祀，兼予葬祭，一時恩典備極寵榮。臣係長男，例應受廕。顧臣不共戴天之讐，無能報復，豈敢冒膺寵澤，自甘不孝之罪？

臣沿途至京，見招募之舉，紛紛四出。使臣若得勇士數百千人，自爲一軍，如漢羽林孤兒故事，得從諸將出關，仰仗皇上之威靈，一戰滅奴，臣得食其肉而寢其皮，則臣父得爲忠臣，臣亦不失爲孝子。然念臣雖懷飲血之心，未有同仇之侶，而家世清白，又不能散金以酬死士，此不得不聽皇上裁處者也。

伏乞敕下該部覆議。倘臣言可行，容臣招募兵卒，設給糧餉。臣願手刃父讐，以報皇上之隆恩。庶烏鳥私衷，犬馬微忱，可以少抒萬一矣。臣無任泣血待命之至。

天啓元年五月□□日奉聖旨："該部知道。"

請加恤疏 附禮科抄參

奏爲比例陳情，懇乞天恩，俯賜加恤，以慰忠魂，以光聖典，以勵世風事。

臣伏念：人臣有報主之忠，即七尺之軀，無敢苟全者，義之所不可逭也。人子有顯親之念，即一命之加，亦可徵榮者，情之所不容已也。

臣父原任巡按遼東監察御史張銓，于天啓元年，奴酋攻陷遼陽，罵賊死難。荷蒙皇上憫念褒嘉，贈大理寺卿，賜謚"忠烈"，予祭，予葬，予祠，廕臣今官。臣感激鴻恩，匪知報稱，豈敢復有奢望？唯是國有彝章，例當比論。寧藩之變，江西副使許逵死難，初贈副都御史，隨加贈禮部尚書，仍給三代誥命，立祠郡邑，視臣父之恤典，特爲優隆。先是，御史張慎言、李日宣，特采公論，比例許逵，具疏陳情。奉旨下部，至今未覆。豈銓曹慎重名器，不輕予人乎？抑以許逵副使四品，臣父御史七品，不得比例乎？夫人臣以死報國，顧其節烈何如耳，原不以官之大小爲贈之崇卑也。許逵與副都御史孫燧同死，俱贈尚書，曾無高下之別。又如死遼事者何廷魁、高邦佐，皆副使也，何爲止贈光禄寺卿，反在臣父之下乎？又如四川興文知縣張振德，亦贈光禄寺卿，得與副使同贈乎？況臣父雖御史也，然資十年矣，俸六年矣，若不按遼，内轉當卿寺，外轉當參政，而猶且不得比于副使乎？至于臣父之死，其節烈與逵同，而其所以處死者，更與逵異。逆濠發難，倉卒被執，逵固有不得不死者。而臣父則不然。方奴酋稱亂，撫清初失，臣父巡方江右，職可無言，即默默自容，誰其尤之？而臣父不爲也，慷慨矢謀，指陳利害，前後六疏，較若指掌，此其畫計之哲也。兩差之後，例不中差，遼東之役可以辭免，而臣父不爲也，一力擔承，了無難色，此其任事之勇也。三載豫章，甫歸子舍，使其盤桓鄉里，稍延月餘，亦可無及于難，而臣父不爲也，叱馭遄征，兼程進趨，此其急公之義也。既抵榆關，一聞收降，已知遼不可爲，暫駐廣寧，徐觀其變，亦無不可，而臣父不爲也，擊楫渡河，趨赴遼陽，期於共守，此其擔當之果也。忠謀不用，將士離心，瀋陽既陷，遼鎮垂危，此時巡方海、蓋，可以遠禍，而臣父不爲也，再疏馳報，誓與城存，此其效死之節也。城既陷矣，當急遽存亡之際，猶若從容平居之時。正色危坐，屈逆芳之膝；矢口詈罵，寒奴酋之膽；引頸受刃，縮賊孽之手。却輿馬而歸署，辭君親而就經。青衿號泣而殯殯，遼人廟祀而尸祝。經撫奏報，猶云傳聞；佟養真口招，實爲目睹。此臣父之所處者，皆可生不必死之間；而臣父之所以處死者，皆必死無求生之意，其視許遠爲何如？而尚不得與之並論耶？雖然，臣父死矣，身且不顧，豈圖身後之榮名？而臣之所以區區懇祈者，蓋念臣父有持危之志，而時不及圖；有濟變之略，而俎不可越。徒使骸骨哀于異方，孤魂飄于萬里。臣劬勞莫報，蓼莪徒悲，庶幾得一虛銜，以爲泉壤之光。既不妨賢路，亦不糜大官。而皇上勵世磨鈍之微權，亦因此而寓。

伏乞皇上，仰法世宗之懿典，俯念臣父之忠貞，敕下該部，再加查議。如臣言不謬，將臣父贈官比炤許遠，給與應得誥命，立祠臣鄉。臣世世感戴天恩，敢不竭犬馬之力，以報萬一也？臣無任懇乞待命之至。

天啓二年七月□□日，奉聖旨：“該部查例具覆。”

附：抄參

禮科參看得：人臣能以身殉國，皆可謂不負國家，有光青史。即不得而赴義，猶足愧觀望完軀者萬萬，況從容若侍御者哉？即令氣足死天下事，才不足成天下事，猶將悲其志，惜其識，況其才、其識、其氣，毫無遺憾，如侍御者哉？自白狼發難，一時死事諸臣，必以侍御爲第一人。即一時論事諸臣，亦必以江右六疏爲第一疏。嗟嗟！石畫至計，洞若觀火，不但安遼，且安天下。向令蚤用其說，遼事必不敗；即敗，不至海內虛耗，遂難復振。觀其馳赴孤城，立斬降虜六人於轅門，何策之明也？蹈難之際，英勃意氣，猶能令逆臣膝屈，何難吞胡？向令抵遼稍展期月，亦且不敗。然則諸臣之死，能令生者愧；侍御之死，且令生者服。三服諸疏，誰不霑襟？不有贈祀，曷答忠魂？抄出覆之。

辭官養母疏

奏爲君恩當報，子職當全，謹瀝血陳情，懇乞聖慈俯容，休致養母，以安愚分，以光孝治事。

臣章縫末品，草芥庸流。幼讀父書，竊不自景，妄意雲霄，謂祖父叨列科第，世受國恩，勉繼前修，以承家而報國。即不然，而垂翅伏櫪，甘守青衿，得侍臣父銓之仰佐聖明，助勷大業也，且有餘榮。不意臣父以御史而殉遼難，其罵賊不屈之節，視死如歸之義，于臣疏乞恩，與經撫、省臺交章，亦既詳且盡，不敢復贅，以瀆天聽。荷蒙皇上天高地厚之恩，予祭葬，贈謚外，廕臣今官。臣夙夜恪共，少竭犬馬，此臣報皇上當然之分，而亦代臣父未竟之忠也。顧臣捫心自思，臣官自何來？是臣父身死而廕者也，是皇上憐臣父之死而厚恤其子者也。臣今纍纍若若，侍殿陛之下，列班行之中，於臣榮矣。回想臣父委命黃沙，膏骨青野。堂堂七尺，暴露於犬羊豺虎之叢；烈烈一腔，催殘于螻蟻烏鳶之吻。臣即肝腦塗地，頂踵捐摩，不足伸不共戴天之恨，而乃靦顏人世，衣冠長安，臣即庸陋，無所比數，而能若是忝耶？

昔年臣曾具疏，請招募以復父讎。蓋欲仗皇上威靈，恢復疆土，覓臣父遺骸，以歸丘壠。今虜騎蹂躪，忽又年餘，臣已無望臣父之櫬得正首丘矣。每一念及，五內如焚，寸腸俱裂。臣處世一日，臣心一日不安，子職一日不盡。況臣母自聞臣父之歿，哀毀逾節，時臥床褥。臣弟妹俱幼，臣復遠離，既不能返父之軀，又不能侍母之養。臣亦人子，奈何甘以不孝自處也？臣父當日嘗教臣曰：「但當爲好人，不在作好官。」言猶在耳，臣顧忘耶？昨臣感主恩深重，入都恭謝，兼有無厭之懇，所以兩月來，不得已飲痛供職。今幸蒙俞允，加贈臣父兵部尚書，仍給三代誥命。皇上之恩至隆至渥，臣爲子之念，已無不慰。使臣仍衣錦優游，人必指之曰：「不孝子，果安是已。」大德既虧，終身何贖？此臣之至情所發，而亦臣之人品所關。

伏乞皇上鑒臣愚忱，容臣休致。臣得終讀父書，敬奉母養。

山林之下，歌祝天恩。臣雖不能爲皇上忠臣，猶不失爲臣父孝子也。臣不勝涕泣迫切惶悚待命之至。

天啓二年九月十九日奉聖旨：“張道濬孝誠可嘉，准暫回籍養母，仍來供職。該部知道。”

清查宿衛疏

奏爲宿衛關係匪輕，日久廢弛太甚，謹據實奏聞，懇乞聖明，嚴敕查核，以清冒濫，以責職守事。

竊惟臣衛之設，原繫拱護宸居，是以更番宿衛，以備非常。祖宗創制，至詳且備。臣等恪守成規，二百餘年，不敢少懈。但事久弊生，法弛情玩，遂視禁闥爲可以優容之地，宿衛爲無所關切之事，洩洩沓沓，如今日者。臣幸身當其任，而敢隱忍不言？恐臣今日不言，後有不勝其言者；臣今日得言而不盡，後即有欲言而不可者。敢循職守，爲皇上陳之。

宿衛原額：旗衛共五百名，直宿禁中，各派執事，分守信地，以聽不時差委。五所挨輪，每三日一更，以臣堂上僉書官統之。邇以堂官或假出都而未銷，或病解任而未補，堂官寥落，該臣司官承其乏而視事。臣自入都，凡三入直矣。該直入役數，不減于原額也；而臣目中所見，僅可過半。臣欲逐一點查，而該役欺臣代直，以饗未點查爲對。臣初不知舊規，又虞冒多事之嫌，惟於每直宿之晚嚴諭隄防，臣未敢安然就枕而已。

及今月初五日，復輪該臣直宿，一應人役俱係右所掌印千户李繼芳派撥。臣見其尫憊懶散，猶之前日，而數僅可十分之二。臣再四思之，內地雖稱嚴密，但自有東事以來，到處嚴緝奸細，萬有叵測之徒，潛伏肘腋，窺伺動靜，誰實司夜，而疏漏乃爾。臣遂冒嫌逐一點查，而到者果止八十九名，不到反至四百一十一名；至羸病有性命之憂者，又不一而足。臣不覺長太息曰：朝廷歲費數萬金錢，以養若輩，止三日暫役，亦苟且塞責。禁中若此，他可知已。即該所因循舊弊，欺臣堂官耳目所不到，然此何等地？此何等事？而若同兒戲。即不到者四百一十一名，未必盡爲影射，而到者八十九名，且恐不無顧借，如昔年之張道安可鑒矣。若不重行罰治，脫有緩急，臣等死有餘辜。若輩之肉，果足污釁斧否乎？

伏乞敕下，將該所慢事員役依律治罪。仍嚴諭查核，庶冒濫可清，職守可責。營私罔上之流，不至獨厚身家；而民窮財盡之時，亦可少省萬一矣。臣不勝悚息待命之至。

天啓三年八月初六日奉聖旨：「禁地宿衞宜嚴，豈得因循廢弛？該所官着查明究治。旗衞額設名數，嚴查虛冒，不得仍前延玩。該部知道。」

請勘朝鮮疏

奏爲屬國簒逆當問，天朝法令宜張，願仗節渡海往勘情形，以宣天威，以報天恩事。

臣一介草茅，猥蒙皇上俯念先臣遼左殉難，賜臣今官。臣夙夜捫心，皇上高天厚地之恩，於臣家獨渥，雖臣與臣父同泥首疆場，何足報稱？思所以少可酬答涓涘者，計惟赴湯蹈火，皮毛髮膚，臣不敢自愛焉，庶少有裨爾。

邇者，朝鮮悖逆，蔑棄王章，擅行廢正，即借口李暉通奴，仍未敢矯行一意。然而偏安東隅，內外異限，其間向背之情，是非之公，我通未得其實。今且聞彼中奉表請封，或其王妃涕泣之章，或爲李倧遮遁之辭，俱未可知。臣料倧即不臣，以百年翊戴之天朝，必不敢輕背；數傳城守之坂宇，亦必不忍輕擲。此來定卑辭甘語，以欺皇上，且窺我之動靜，以定從違。若我不信而予之，彼遂急而走險，其情固叵測也。但暉之廢，倧之立，我天朝何嘗與聞？一旦請封，即暉之失道寡助，倧之應天順人，廢立出其王妃之意，臣民之公，誰則信之？我不可便貸宥其罪，謾受其欺，明矣。或者遂謂當申罪致討，以張撻伐。不知李倧縱奸天憲，于其國人無與也，兵戈入境，保無虔劉荼毒之苦；且也道里遼闊，勞師動衆，非經年未易言功。反恐倧勢逼，明與奴合。毛文龍孤懸海外，猝有他故，我能急濟之否？況稽考本朝，屢破建酋董山、王杲等，皆朝鮮協力，阻截其後，而得成功。脱驪之合也，奴酋無反顧之憂，一意西向，榆關一綫斷不能安枕者。討之説，理便而勢不便也。然則遂封之乎？尤非也。神宗時，倭寇破朝鮮，賴我兵力，其昭敬王得復故位，未嘗一日敢忘職貢。傳之于暉，五十年恭順如故，上下之分忽焉倒置，大義安在？赫赫天朝，而容忍亂賊耶？如之何其封之？討與封，俱未可輕議，則聽之乎？其使臣臨邁，將如何布算？臣爲今之計，莫妙于因其廢暉之辭，速遣使往詰，果否暉之通奴？暉且廢矣。果否倧之助順，誠如其王妃之教指也？俟明白回奏，然後暫恕其專擅之罪，姑容定號，責以犄奴自贖。彼既畏我之威，復懷我之德。皇上不勞一卒，不煩一矢，而威行，亦滅奴之一機矣。

臣才識庸暗，原未嘗知天下事。但身許皇上，忠愛豈敢後人？倘不以臣不肖，臣願備員而往，履危蹈險，臣期不辱君命，以畢臣報君之心，繼臣父之志。不然，碌碌以玷朝班，素餐之恥，臣受教于先師矣。臣不勝激切待命之至。

天啓三年七月□□日，奉聖旨："該部看了來説。"

督冶請關防疏

奏爲微臣叨蒙委任，錢糧經手要明，謹先剖血忱，以便從事事。

臣以一介草茅，冒席恩寵，碌碌温飽，儘可拙藏，何敢知天下事？又何敢與天下事？顧臣痛念君父之讐，愧不能手刃逆奴，以報高厚。然思稍可以效一臂，佐一籌者，寐寤亦何敢忘？

昨歲暮時，偶閱關門急需軍器，兼睹嚮來虛冒諸弊，爰次最省且便十款，具揭樞部。蓋止攄臣之忠，非見臣之長，是以未敢入告皇上。不意以臣言有當，遂題請責臣視事，且奉有明旨矣。夫臣既言之而不任則欺，若臣任之而不效則亦欺，固義所不敢出。但天下事，善始不如善終，信人必先自信。今俾臣金錢萬計，令臣自支自放，即臣念可對天，死無愧父，瓜李嫌疑，誰肯於形迹外鑒亮？萬一書役以白頭文冊改竄其間，臣又何從磨勘？此不容不計之早也。臣擬以臣所領錢糧，寄貯臣駐札州庫，請給臣督造軍器關防。凡遇支放日期，一絲一毫，臣即登記文冊，關防鈐蓋及一切齎解文移，循環簿籍，無關防者，即係詐偽，不准查算。事完之日，隨行奏繳。庶臣便於從事，而不得生他弊端矣。至臣事竣報命，稍涉不公不法，輕褫臣職，重治臣罪，以爲人臣說謊欺君，奉職不忠者之戒。即一二委官，亦有所觀法，而莫敢罔上也。樞部限迫，臣當卜日就道。伏乞敕下該部，速行鑄給。臣無任激切待命之至。

天啓四年二月初七日，奉聖旨：“是，該部即與題覆。”

再請復讐疏

奏爲微臣報國心長，圖讐志切，敢再申未竟之大義，懇乞聖鑒，以盡職分事。

臣自臣父張銓殉難遼陽，臣以書生投筆，請兵復讐。隨經兵部題覆，裨臣以衣冠禮葬臣父畢，領兵出關，俱蒙皇上許可。未幾廣寧不守，將吏奔潰。臣欲隻身前往，知已無兵可用，不得已就列班行。兩月而家報至，臣母因痛悼臣父，遂攖眩症，動輒數日不起。臣一聞之，五內摧裂。臣思既不能返父之柩，又不能慰母之疾，爲情爲義，兩不得安。即陳情皇上，願棄職侍養，乃以小臣而叨承温語，謂臣孝誠可嘉，然止令臣暫省供職。及臣歸而迎醫勸慰，臣母前恙漸愈，獨其望臣之圖賊以覓父骸也，時不忘口。臣之欲賊速滅，奉臣父遺骸返里，報君父之恩，兼盡臣子之職分也，亦時不忘心。已聞朝鮮廢我國法，皇上赫怒，計定有持檄以規利害之使。臣正可借此航海，探奴情虚實。因亟辭家入都，以是俱請，當事者慎重，恐臣屑越辱君命，故止以儲辦賊之計，爲督師輔臣言。輔臣知臣之意而憐之，即請臣任事。臣業已告竣，交算軍器，迤至右屯矣。去遼陽臣父被難之處，近在咫尺，每一東望，悲憤填膺。繼來所切齒而圖者，恨不即噉其血肉，枕戈卧甲，以俟機會，又何敢望逍遥長安，優游梓里，爲天下萬世人笑且唾耶？顧臣之出也，受命督造。臣之哀情，未敢即告。今臣事竣，俟交完之日即當奏繳，夫又豈敢擅留？第臣始終志念，無非欲報君親，以盡此生之職分。皇上孝治天下，如臣孤苦，定蒙鑒憐，敢匍匐再陳，懇乞允從，使仰仗皇上威靈，輔臣計日滅奴，臣即馬革裹尸，隨臣父輿櫬入關，臣生死有餘榮矣。臣無任激切待命之至。

天啓五年八月十五日奉聖旨："張道濬心懷痛父，志切忠君。軍器既已造完，另當擢用，以需後效。該部知道。"

督冶復命疏附閣部疏

奏爲微臣冶事告竣，臣職未盡，敬具實上聞，并繳關防，仰祈聖鑒事。

該臣于天啓四年二月内，督師督臣以榆關軍器缺乏，疏請臣就臣鄉鑄炭近便，開局打造，蒙皇上賜臣關防視事。臣惟醜酋鴟伏，我中國將士枕戈卧甲，日夕不敢即安。長技實在火炮，關門練十二車營，而搜括見在，數既不敷用，未具利。臣義兼君親，幸辱委任，敢不夙夕圖之？時日必速，器械必精，破冒必杜，勉期無負任使，幸告竣事。節次領過戶部新餉銀一萬兩，兌支山西布政司新餉銀二萬兩，又解官陸續領到關庫銀六千九百一十三兩六錢五分。除買騾二百七十二頭便馱軍器，減省腳價，用銀四千五百七十五兩四錢零三厘於關門買騾項下開銷外，實領過打造銀共三萬二千三百三十兩零三錢九分七厘。共造過大佛朗機炮二千零三十三位，追鋒炮一十六位，子炮一萬零二百四十五位，百子炮一百八十二位，三眼鎗一萬零二百一十四桿，腰刀七千五百一十一口，滅虜炮二位，買過黑鉛一萬七千斤，鑄過鉛子二十一萬七千斤，并一切爐房局仗、官役廩糧、水旱腳價，通共用過餉銀二萬八千九百二十三兩九錢一分三厘七毫，剩餘熟鉛一十萬八千一百一十五斤，作銀二千一百九十四兩七錢三分四厘五毫，剩餘銀一千二百一十一兩七錢四分八厘八毫。二項共計作見在銀三千四百零六兩四錢八分三厘三毫，共交納關門局庫，取有收炤訖。臣總細款開送輔臣，轉行關內道銷算明白，比炤關門他造，實省一萬四千餘兩。而堅利適用，又非若他造之朽惡堆貯，可按而查，業經撫臣具疏入告，臣何敢瑣贅，以煩聖覽？所有原領關防，理合繳還。伏乞敕下該部驗收，并望皇上鑒臣犬馬圖報之忱，則臣有厚幸矣。

然先是臣以交算軍器住候右屯，感激天恩，痛恨親難，願即列戎行，以圖讐虜。遂於八月內冒昧仰請，荷蒙皇上憐而下部。臣守候三月，未見部覆。況且治事既竣，又豈敢以局外之身，稽延取戾？謹匍匐入都，恭祝萬壽，仍仰聽慈察，以修職業。若臣不能爲滅賊之計，僅僅爲辦賊之具，臣尚未足多也。臣不勝惶悚待命之至。

天啓五年十一月□□日奉聖旨：“張銓仗節死難，朝廷自有公評。張道濬領銀造器，銷算不清，部覆久稽，必已灼見情弊，如何輒生怨望？著革任回籍。該部知道。"

附：樞輔銷算疏

少師兼太子太師兵部尚書建極殿大學士孫承宗謹題，爲恭報衛臣督造事竣，懇乞查叙，以昭節省事。

該臣于天啓四年正月具題，以錦衣衛指揮同知張道濬領工料銀兩，于本籍地方就鐵就煤，造辦軍器。業經領過戶部餉銀一萬兩，兩次兌支山西布政司餉銀二萬兩，內一萬兩抵作關門新餉司補還借支夯金項下銷算，又陸續領過關庫銀六千九百一十三兩六錢五分。除買過駄騾二百七十二頭，用銀四千五百七十五兩四錢零三厘于關門買騾項下開銷外，實領過打造銀共三萬二千三百三十兩零三錢九分七厘。共造過大佛郎機二千零三十三位，追鋒一十六位，子炮一萬零二百四十五位，百子炮一百八十二位，三眼鎗一萬零二百一十四桿，腰刀七千五百一十一口，滅虜炮二位，買過黑鉛一萬七千斤，鑄過鐵子二十一萬七千斤，并一切官役廩糧、爐房局仗、水旱腳價，通共用過銀一萬[一]八千九百廿三兩九錢一分三厘七毫，剩餘熟鋧一十萬八千一百一十五斤，作銀二千二百九十四兩七錢三分四厘五毫，剩餘銀一千二百一十一兩七錢四分八厘八毫。二項共計作見在銀三千四百零六兩四錢八分三厘三毫，俱經關內道兵備副使劉詔查覈收貯關門局庫訖。

先是，車營缺少軍器，造辦惟艱，該衛臣力爲肩承，應手造辦，業已報竣。據道臣備覈，其運交各器料充工到，種種精堅，且比部造、關造之例節省金錢奚啻萬計？彰彰明效，屬人耳目。總緣該衛臣原係忠烈御史長男，其痛深家難，憤切國讐，以少年蒿目時艱，藉小物勤心遠計。敦詩說禮，滿腔節義文章；學劍論文，三世公忠猷略。蓋矢志尋嘗之外，提身冰玉之中，故支數不滿三萬，而纍纍成器，節省不貲。惟知留不盡之餘財，少救時事之匱也。

伏乞敕下該部查錦衣衛指揮同知張道濬督造勤勞，節省明效，就其家世，程其品才，從本衛衛門，破格優叙升擢。庶人心知勸，而急公更切矣。臣不勝激切待命之至。

天啓五年十月□□日，留中。

賜環糾瑠孽疏

奏爲大憝既除，餘孽當净，乞嚴汰群黨，以清侍衛事。

臣以臣父張銓死事襲職，既念國恩，兼痛親難。生平盟心，惟有"忠孝"兩字。嚮爲權瑠嫉陷，自分不得于君，可得于親，即老死丘壑，亦有餘榮。屬者，我皇上雷霆一震，狐鼠盡藏。臣伏蒙天恩，起自田間，感激圖報。行且入都，忽接邸報，見臺臣張鑛疏清臣衛，隨奉有嚴旨矣。第此中冒濫，實繁有徒，爲大憝餘孽者，猶不一而足。臺臣言其概，尚未悉其人。臣三年家食，亦不能盡知。然明明黨惡，尚漏網優游，臣實羞與爲伍，敢一一先陳之：則客氏之家奴，勢壓鑽升者，羅光裕也；崔應元之死友，援引冒進者，沈嘉慶也。之兩人者，惡迹昭彰，即彈糾未及，皇上尚寬一面之網，而頭面頓換，兩人遂逭三褫之法，非清平之世所宜有者。他如劉詔已提問，其冒濫之廕襲豈得依然？耿如杞已賜環，其凌辱之緹騎可令無恙？至趙率教本一裨將，臣父實與共事，彼瀋陽逃，遼陽再逃，廣寧又逃，微幸朝廷待以不死，令其立功贖罪。而派守前屯，一步不敢前，雖三年屯種關門，又不得其一粒之用。寧遠之役，率教觀望倖功，推客氏爲恩娘，結魏良卿爲契弟，遂驟進宮保，濫廕禁員。脱彼時寧遠萬一不守，臣恐率教必棄前屯而入關，又將效三逃之故轍矣。特耳食者，不知率教本末，止憑冒濫之叙，遂推爲能將。臣無言責，不敢數其罪，而臣衛世爵，彼何人斯？既無毫髮之功，又愧死事之節，乃膺恩賞如是，又何以訓邊吏乎？此外推戴權奸，尚不乏人，臣知之未詳，尚容補陳，謹先臚列其大者。伏乞皇上大奮乾斷，即行褫斥。庶黨惡知懲于清查，明旨得佐萬一，臣本來面目亦借此少揚矣。臣不勝悚慄待命之至。

崇禎元年三月□□日，奉聖旨："這所參羅光裕、沈嘉慶，著該部議處。趙率教堅守錦州，頗有功績，該部併將前後事情，酌議具奏。"

駁瑺孽疏

奏爲天欲誅逆，簸弄潑噬，再述奸惡本末，仰乞聖明，速加斧鉞，以净餘孽事。

臣以世受國恩，莫可仰報，起官赴闕，思無所負。痛恨年來逆瑺爲虐，群奸附和，遂至正人一空；元凶雖燼，餘孽仍存，又改頭換面，以希非望。因聖上搜剔窟穴，首先臣衛，一二漏網奸惡，臣恐復彌縫苟免，特先糾之，以備汰治。首及惡黨羅光裕、沈嘉慶，業奉旨該部議處，是聖明亦鑒其惡矣。乃光裕不思惡罪貫盈，臣之指摘，未及一二，自家掀簸，辯非客氏家奴。夫光裕初爲税監丘雲程家奴，再爲內監徐貴家奴，鑽身東廠，納粟升官，遂供役奶子府，又投爲客氏家奴。光裕之爲人奴不一，謂臣所指僅爲奴一節，而光裕不心然耶？又藉口魏忠賢之抑。夫忠賢爲丘、徐故交，客氏盟主，光裕得以白丁而躐升者，正忠賢之庇。落後殿工不叙，爲忠賢義子義孫，效死力而鋤善類，如曹欽程等，尚削奪其官，又何有光裕？光裕鷹犬楊寰捉風捕影，羅殺多命，彼時必有指稱騙嚇之事，爲忠賢知覺，而姑以示警。光裕受恩反噬，即係逆類，亦爲忘本。且以辱士自況，夫一人奴稱士，士何賤如此乎？矧臣衛之官有四：曰世官，則文武大臣有勳節而廕者是；曰土官，則二祖隨從軍士廕者是；曰傳官，則内監服勞恩廕者是；曰流官，則戚畹帶俸者是，此外有功升係旗較類奏者是。然祖制亦不得濫厠司堂也，試問光裕于數官何居？奉許顯純頤指，轉達忠賢，陷害副刑之吳孟明，致孟明賣妾還家。受張元慶囑托，過送田爾耕，逮繫掌印之周治，致治破家下獄。今逆璫雖除，兩人猶纍纍若喪家之狗，有口可問，有事可指，非光裕爲之耶？是以厮役帶牌，節濫腰玉，誰實推舉？倏而南司，倏而大堂，尚敢曰"歷官二十載，無事不可告人，無轉不依資格"，將誰欺乎？其謂與臣不知結怨之因，夫臣于光裕無私怨，而實有公怨。一忠賢蓄逆，群奸煽焰，天怨，地怨，神鬼怨，二祖列宗怨，大夫士庶怨。雖首惡伏法，其流竄者，臣猶以爲輕怨。光裕等尚衣錦橫玉，欲逃斧鉞，臣怨不即誅戮以清妖孽，怨之以此。而又謂臣因以要名希榮，豈光裕自知大奸巨惡，人莫敢攖，臣獨不知避忌，特裼其魄，予臣以鋤奸之名，黨孽除而侍衞清，臣無班行之羞而榮哉？至曰臣妄負忠孝，污巇伊以欺君父。臣以書生投筆，請兵復父仇，請使屬國規利害，請查宿衞，請督造軍器，前後蒙温旨褒加，其曰"孝誠可嘉"者一，其曰"心懷痛父，志切忠君"者二，其曰"不愧家傳"者三。是臣自有生平，惟未手辦讐賊，返父遺骸，碌碌班行，深爲自耻。光裕若持此責臣，臣實無辭。乃以臣糾一奸逆之光裕，謂臣"有損忠孝"，光裕以"忠孝"爲何物？將假虎張威、借叢作祟爲"忠"，奴隷褓母、依阿假父爲"孝"乎？總因光裕黨邪害正，獲罪于天，不令倖免，故默使自供，以聽臣發揚，昭其罪狀。

　臣已至都，緣阻朝見之期，杜門私寓，忽聞光裕置辨，故敢冒昧再陳。伏乞皇上大奮乾斷，將羅光裕先行褫斥，并敕清查科道勘問，光裕以何功、何廕冒濫腰玉，是否家奴，是否惡黨？爰定罪案，庶奸逆不敢藉口，而清朝之世再無淆亂矣。臣不勝悚慄待命之至。

崇禎元年三月□□日，奉聖旨："着一併勘議衙門知道。"

再駁瑠孽疏

奏爲惡黨昧心欺世，微臣饒舌報君，特反覆破奸，以伸祖制，以清朝政事。

臣考祖制，凡臣衛旗尉升官至千户而止，例至嚴也。自逆瑠用事，援引匪人，臣衛堂司，自田爾耕世廕而外，則許顯純以逮沈嘉慶等凡八人，或冒籍，或冒官，納賄招權，殺人行媚，明見者莫不欲食其肉而寢其皮。經聖明電炤，皆先後提問斥逐，仍餘羅光裕、沈嘉慶兩孽，斧鉞未及。臣特糾拾，以清班行。不意兩惡逞箝害故智，橫口潑噬。臣初止得光裕辨疏，再述本末，以入告矣。未幾，接嘉慶之揭，其顛狂更甚。據嘉慶展轉辨白，終之曰："惡必有迹可據，惡迹昭彰，必衆目難掩。"其滿篇欺君，得力處全在此兩言。臣若不就嘉慶兩言以數其罪，嘉慶仍不服也。

查嘉慶生父，係王府書辦科掌案，投認錦衣衛沈百户名下官舍，其詐冒禁軍之罪一；賄竄侍衛，光廟御極，授署所鎮撫，故渺條例，節濫金紫，其違悖祖制之罪二；仗死友崔應元，過送田爾耕銀五百兩，外三公子及黃管家駿馬二匹、綵段八端，遂躐躋南司，其貪緣買官之罪三；御史李應昇，奉旨逮繫，嘉慶向應昇索銀三百兩，許關説應元全生送部，不能如願，遂斃之杖下，其鷹犬奸逆之罪四。即此四罪，衆實有目，昭彰莫昭彰于此，而猶敢曰"淹滯"，曰"未躋榮顯"。試問嘉慶，臣衛世官、上官，以及功升等官數百餘員，嘉慶忽於中驟入推升啓事，論資俸耶？論才品耶？非仗死友，誰爲之地耶？且以臣爲"含沙"，臣明明白白，特犯凶鋒，"含沙"之義，嘉慶莫詳，不足與辨。又以臣爲"嗾使"，臣自立脚跟，無所依傍，誰實能嗾？誰實得使？豈嘉賓市井之徒，婢膝奴顔，聽人頤指者比？至謂"臣工排擠之習套，拾羅織之唾餘"，臣獲罪逆璫，中旨斥逐，幸蒙昭雪，而臣衛凡削奪者九人，皆還原官，獨改臣掌印而僉書。昨堂上缺出，臣衛以資俸最深，送臣過部，選司則推未與咨者，臣之自守可知。步步爲人排擠，而謂臣"習其套"？矧聖上臨御以來，糾參逆璫者，臺省諸臣不下數十員，誰爲羅織？請敕嘉慶指其名。而謂臣"拾其餘"，嘉慶於清明世界，仍欲護法到底，目中無人，可知已。蓋緣臣衛薰蕕不分，魚珠共混，一味柔媚，便可掩袂苟完。臣忽發其奸，計必不能免脱，故恨臣而狂噬。雖然，何損於臣？但堯舜在上，四凶猶存，恐無是理也。

伏乞聖明鑒其欺罔，敕清查科道，同光裕一併勘治。世道幸甚！臣愚幸甚！臣不勝惶悚待命之至。

崇禎元年三月□□日，奉聖旨："着與沈嘉慶辨疏一併勘議來説。該衙門知道。"

理擊奸首功疏

奏爲擊奸之首功被摧，人情鼎沸，微臣義關安危，涕泣冒請，懇乞聖明，鑒督欺罔，以安宗社事。

蓋自先皇念臣父張銓忠死，予以世廕，俾世念無失，臣身死生遂聽之君父，臣家存亡遂繫之朝廷。共休共戚，兼義兼情。鄉以魏忠賢、崔呈秀表裏爲奸，幾危宗社，其不揭竿而起者，僅僅一綫。臣身家之憂，無以異是。幸賴我皇上天縱之聖，獨斷而兼集衆議，遂使元凶火燼，餘孽冰消。臣時觸逆被放，伏在山林，聞之狂喜，繼母子相對而泣，以爲幸遇不世出之聖主，兼得不顧性命之諸臣，如賈繼春、楊所修、楊維垣等，特犯凶鋒，恰投聖意，虎彪共剪，城社兼安，臣之身家，其有瘳乎？已臣果獲昭雪，且起臣田間，與管衛事。臣以爲天日開朗，再無陰晦之時；豺虎掃除，可斷狐鼠之迹。國祚靈長，家門清泰。未幾，維垣以偏執被論，所修以請告取厭，而且及于孤耿之繼春矣。在維垣隅見自封，臣亦嫌其過隘。人言叠來，是其自取。至所修，當薰天炙手之日，而犯探珠履尾之戒，即有瑕瑜，終難泯没。若繼春，則前不顧性命而以孝成先帝，後不顧性命而以忠報吾皇。總仗聖明，特清妖孽，不然而繼春等皆不知死所矣。是其心，天地、祖宗實式鑒之，大夫士庶實嘉賴焉。即其先有不同之品，而兹事實有可鑒之心，縱于時有不投之好，而在國實竪不朽之功。顧忽被糾彈，旋行斥逐，無論縉紳氣阻，即兒童走卒，莫不驚駭，以爲魏、崔餘焰猶能使人代爲釋憾。書之史册，不將曰："某年誅逆賊某某，其首擊逆賊某某者，隨即棄擲。"我皇上御極以來，第一美政，不幾掩蔽無餘？臣恐言官以言爲責，不碍風聞，誰實票擬，而開天下憂危之端乎？審如是，何如皇上通無此舉動，諸臣通無此擔當，世界且不必清明，叛逆且不必撲滅。仍起崔呈秀于九原，而奉爲盟主；尊魏忠賢爲千歲，而寧爲義孫。不分淑慝，一類殺戮，以快己私。乃纔見天心，翻遭風殄；方喜鳥盡，遂令弓藏。奈何敢欺蔑聖明，枉誣忠直，竟至是耶？

伏願皇上留心切諭，先是逆焰方張，何以繼春等首犯其鋒？今日餘氣既净，何以繼春等首褫其職？功罪一明，肺腸自换，庶從此遵屢次蕩平之旨，再無敢有懷抱私，復功名之臣子矣。夫臣無言責，況屬逆害殘息，儘可緘默自容，然臣不言之，宗社安危，臣身家所係，故敢不愛性命以爭如此。倘當事不受臣言，一如逆璫嫉陷，臣父以忠死邊，臣以忠死言，亦無不可。第毋使清白之朝，而是非仍有不明，則臣幸甚！臣不勝激切待命之至。

崇禎元年五月□□日，奉聖旨："賈繼春等功過各不相掩，既經處分。張道濬出位妄言，着罰俸一年。該部知道。"

應詔陳言疏

奏爲應詔陳言，乞皇上申祖宗之法，以飭頑鈍世界，以仰回天變事。

竊惟灾異迭見，說者動曰：“天心仁愛人君，示警戒也。”夫自我皇上御極來，求治日無暇晷，即古聖明帝王所爲寢食不遑者，不過如是，天復何所示警？臣以爲此警，警臣下也。何言之？灾異之來，繇于陰陽不和。不和之象，有大于上呼而下不應者乎？上呼而下不應，是爲陽孤而陰不受制。陰陽失度，灾異始生。譬之驕子悍僕，不聽賢父翁約束，其家必蠱。豈有國無紀綱而可爲國者乎？夫所爲紀綱，不過“法”之一字而已。法，非嚴于遠臣而寬于近臣，亦非嚴于小臣而寬于大臣。故曰：“法行自近始。”又曰：“大臣法，則小臣廉。”臣敢請行之，先輔臣，而次六曹，而次百執事。不必苛以張刻覈之名，亦毋弛以養頑鈍之習；不必概示厭薄以傷體，亦毋盡隆禮遇以長驕。惟以職掌之重輕，課績效之先後。凡不稱職，便以應得之罪罪之。將人相觀傚，又誰敢以官爲傳舍者？且傳云：“陳力就列，不能者止。”使諸臣自揣，果能洗心滌慮，仰答聖明，即宜股肱心膂爲倚。脫或未然，正當蚤自引決，毋煩皇上焦勞而漠不應，以失人臣禮。如是，則情面自破，肺腸自換。不數年而不太平者，臣未之信。所謂“王道約而易操”者，此之謂也。臣記臣父原任御史今死事臣張銓，向曾有《奏乞嚴法令》，內云：“今時之弊在推諉。縮朒之風成，而擔當任事之人少；顧惜體面之意勝，而急公忘私之誼微；拘文牽俗之議多，而破調更弦之力怯。大臣優游循默，以鎮靜之名蓋其規避之實；小臣流連徵逐，以養交之念奪其憂國之心。”臣不謂值茲不韙之朝，尚復蹈此。即臣衛奉旨清汰，一年而未結局，其他可知已。臣不忍見有堯舜之主，而無其臣。故不知避忌，因皇上下采芻蕘，守父之義，入告乃爾。

伏乞皇上嚴諭，以後大小諸臣，有一毫欺罔、不修職業者，按以祖宗之法。則天變可弭，不必別爲修省計矣。臣無任激切待命之至。

崇禎元年十月□□日，奉聖旨："是。諸臣各修職業，盡袪曩來積習，自足致理，何變不弭？清汰限月内回奏，已有旨了。該部知道。"

申飭清汰疏

奏爲聖明加意振刷，奉行漸有實效，謹循職掌，再進澄源之說，仰乞睿鑒，以完清汰之局事。

臣衛官尉奉旨清汰，皆報竣事矣。清汰諸臣，憑册去留，可稱無遺憾矣。而被革員役，仍嚷訏未休。在臣于兹事，向不與聞，亦何緣悉其底裏？但若輩既借有口實，不一釐正，無以服其觖望之心。矧頃再奉嚴旨，徹底查核。臣此時若隱忍不言，無論仰負聖明振刷至意，萬一嚴旨詰責，臣即喙長三尺，罪奚以辭？敢直述其詞以告。在官爲倖免者則曰侍衛同，而有姚景龍等；將軍同，而有吕尚才等；納級同，而有張勛等；力士同，而有楊時茂等；逆黨之私官同，而有丘濂、羅光裕等。在尉爲倖免者則曰司房同，而有顔師孔等；辦事同，而有盛槐等；懸牌同，而有郝孟夏等；力軍同，而有龔國禎等；逆黨之私人同，而有陳廷試、崔策等。凡此流布，是真是僞，似應確查嚴處。不則，漏網羅羅，不平之鳴，將相尋無已，非所以謝物議也。雖然，臣以爲此汰而猶非清也。汰者，其流；清者，其源。源之不塞，流終未已。臣因是而有"澄源"之說，在官在尉，大弊有七：

一曰廕叙。祖制，臣衛世官不係大勛勞、大節烈者，未嘗濫與。邇皇上亦有"以後非開天拓地之功，不得輕廕"之語，是皇上慎重名器，吻合祖制矣。然邇年無名廩敘，動至數十。今所汰者，止及見任，其未就列者，倘時久事殊，後冒昧而來，誰復覺察？若不取其原奉疏旨，細加參酌，應留應汰，分別定奪，其廩敘之源不清。

一類奏。祖制，臣衛緝捕有獲，法司審的，其員役有功者，給付一票，按以類題，因無差錯。邇年則緝捕升賞，趙甲錢乙，竟不相蒙。若不于給票日，即注簿印鈐，以憑炤驗，其類奏之源不清。

一軍政。祖制，臣衛軍政處分，即有使過之例，如吳有孚等，止外遷將領，以收一長。邇年則借題辨復，有屢經軍政者，仍玷班行。若不詳核事迹，使僥倖而進，何所勸懲？其軍政之源不清。

一冒籍。祖制，臣衛文廩中武科者，無論矣。即土官中式，亦止得管事，其旗尉人等，則徑炤科制外推。邇年自崔應元濫升，許顯純賄入，遂偽借日多，魚珠幾無所辨。若不嚴飭以後非真正衛籍假冒科考者，重繩之罪，其冒籍之源不清。

一更替。凡較力無故，其子孫頂承，先于兵部告准，臣衛查明給帖，始驗糧收伍。邇年則不問是非，止憑苞苴，是以濫冒過當。若不按其籍貫究其支派，其更替之源不清。

一影射。凡較力着役後，一遇變故，先報時日，隨扣糧石。邇年旗頭作弊，竟不開扣，不隱冒獨肥，則拴通瓜食，以故常有百年不替之人。若不就其面貌，細稽年月，其影射之源不清。

一力役。凡所司應差，炤事均派，不分輕重也。邇年替襲參差，遂數分多寡。多者更番執事，寡者獨力擔承。所以逸者益逸，而困者益困。若不截長補短，均攤定額，僉報頂補，無或逾限，其力役之源不清。

誠如是，兜底詳酌，刊定書冊，既净已往之濫觴，又阻將來之倖寶。掃除窟穴，節省金錢，於清汰之局方得完結。倘有以此訾臣多言者，臣知有皇上，不知有他，願以身爲射的而不辭矣。伏乞聖明俯鑒臣言，切責施行。臣無任激切待命之至。

崇禎元年十二月十九日，奉聖旨："覽奏，被革員役嚷訐有詞，顯是存汰未當。其姚景龍等，著該部確查具奏。澄源七款，通申飭行。該部知道。"

自劾疏

奏爲微臣請纓初志，隱於素餐，仰念君親，深懼終負，謹自劾投閑，仰乞聖鑒事。

竊惟人生臣子而外，別無大節；臣子忠孝而外，總皆餘事。則夫不忠必不可爲臣，不孝必不可爲子。爲不忠不孝之臣子，必不可爲人。此職因返面拊心，有愈思愈懼者。念臣幼讀父書，箕裘未紹，忽遭親難，投筆圖讐，妄冀手刃賊奴，以申不共。脫不幸馬革裹屍，子職亦可無愧，故請兵，請使屬國。復承乏冶造，再請從戎。臣何有多才能？總念爲子之道應如是爾。

乃逆璫驅逐異己，矯旨逐臣。彼時雖踉蹌去國，實遂將母之願，迨聖明録廢臣，謬叨環恩，昭雪辭家，又惟思圖得當以報君父，至母子苦情，正有難言，非忍絕裾也。顧不幸爲門第不爲科甲，爲書生不爲將種。袞文量武，兩誤皮肉，緣是一腔熱血揮灑無地。所仗封疆諸臣着實振作，東奴西虜不日殄滅，臣得讐人而甘心焉。即碌碌因成，猶有父骸首丘之望。而年來聞見，殊有不然。或機畫于相時，或備疏于待款，或防遠而若遺近，或略罪而反録功，或昧審勢而欲借盜糧，或憚圖終而陰持和議，或仰屋無術不免大聲疾呼，或曠日先成若爲百無一有。凡此情形，種種露短，臣何敢明列章奏，借口實于傍撓？然以聖明在上，如是作用，臣欲望雪恥復讐之時乎？臣所爲念爲子而懼無當者，此也。

或臣備員禁衛，守成規而剔大蠹，不蒙讒負乘，猶可强顏就列，乃如坐廢，載在《會典》。偶以委役不良，致議更革，于人乎何尤？但臣衛官同處食糧，祖宗優世臣，恤駕役，原稍異於他也。顧使美意廢于一朝，臣衛所世守之祖制謂何？旗尉既清，悖旨再收四百五十一名者，某所某官某月某日，可按而查。一奸書張文烜前後騙詐銀一千三十餘兩，遂傍若無人，朦朧回部。一年來冒糧五千餘石，脫然免罪。倘過口發覺，豈臣今日不言，便可免罹耶？興言及此，臣即欲致身，而亦恐終負矣。請纓不遂，既悔徙業之差；逐隊無能，又抱素餐之恥。言公而私者忌，守拙而巧者先，無補君親，實羞家世，臣復何言也哉？

伏乞皇上許臣歸田，庶臣不得事君，尚可事親；不能報父，猶可報母，以完人臣之半。臣甘廢棄，而仍不虛此生也。統惟聖明鑒督施行，臣不勝激切待命之至。

崇禎二年三月□□日，奉聖旨："這奏內所列該衛旗尉，既經清汰，緣何再收？并張文烜騙詐事情，著于日昇查明具奏。該部知道。"

再自劾疏

奏爲微臣積懼成病，再懇天恩，乞賜歸田事。

昨臣以仰負君親，自劾投閒，未蒙許可。然內及奸書，奉旨查詰。臣是以靜聽回覆，未敢再陳。今業得違悖之罪，微臣言匪妄矣。但臣以官役無辜波汰，及有議幸留者，嗷嗷怨望，臣分有職掌，懼發覺獲罪，不得不聞。而嚴旨責及同寅，若臣邀名沽直，爲懼滋深。況臣昨奏，乃臣返面自顧，以摧折餘生，荷皇上賜環之恩，心迹行事，既已昭白，雖赴火蹈湯，臣所不辭。而徒碌碌素餐，坐虛歲月，不忠不孝，無益聖朝，爲思蚤自引退，猶可少逭罪罹爾。至臣拙慧，前以臣衛清汰未當，纔一指及，議者目爲多言，其被發逆孽，下石中臣，業有明驗。狡兔獲窟，且眈眈未已。今奸書再破，若復有以是多臣者，孤子一身，必爲衆所魚肉矣。父讐未雪，子道既虧；君恩難酬，臣職終忝。憂懼所積，病成怔忡。

伏乞皇上准臣歸田，臣即自棄于聖明，而山林之下，尚可少遂養母之忱。倘果滅奴有期，或危險艱鉅，人所退避，臣彼時不敢愛性命，以圖報萬一也。臣無任激切待命之至。

崇禎二年四月□□日，奉聖旨：“張道濬再疏懇請，准回籍養親。該部知道。”

聞警入衛疏

奏爲微臣驚聞虜患，憤切同讐，涕泣辭家，單騎赴闕，謹馳疏奏聞，仰乞聖鑒事。

今歲四月，臣以隨行逐隊，無所短長，懇恩歸省。入里以來，雖身依子舍，而夢繞君門。忽于十一月二十九日，陡傳奴虜突逼薊城。臣一聞之，魂魄如失。輦轂震驚，聖主焦勞，豈臣子安枕之日？先是，臣疏末即云：“容臣歸養，如有危險艱鉅，人所退避者，臣不惜性命，以報萬一。”今日其時也。況父讐國恥，義兼君親，臣此身與他人不同，擊楫無其才，而有其志；絕裾非所願，而丁其時。業灑淚別母，單騎赴闕，矢效馳驅，以圖報稱。謹先馳短疏，仰慰聖懷。臣不勝惶悚激切之至。

崇禎二年十一月二十五日。

備陳途中見聞疏

奏爲微臣聞警入衛，謹述途中見聞，仰候聖明采擇，以佐廟謨善後事。

臣出依子舍，突聞虜變。念國辭家，倉皇馳赴。行至涿州，城守者拒不納，欲依援兵不得。賊適盤據良鄉，道路阻絕，前進又不能。先出門時，遣奏兩僮，消息亦不知。進止彷徨，棲遲於破屋頹垣中者旬餘日，而始達都門。查知前奏至御前纔數日耳。臣既愧身在二千里外，聞變之後，入衛之晚。迨今既至，而又值歲節例阻陛見之期，咫尺天顏，有懷耿耿。所有道路間耳聞目見，遠近驚惶慘怛之狀，敢先述以聞。

臣家中，十一月二十五日聞賊虜逼薊，臣母即促臣云："主憂臣辱，當星夜往赴。"臣涕泣遵奉，急募健丁，止得二十餘騎，隨別臣母，長發。

於十二月初九日至臨洺關。則家人追報，臣縣猶賊乘機蜂至，而臣不返顧也。

十一日，至欒城，有逃兵二百餘騎，刦掠而西。

十三日，至新樂，見逃竄男婦負老携幼，充塞道路。

十五日，自慶都冒雪至保定，則通無一人北上者。

十六日，至定興城，內外士民已空。城門四開，勢已不守，幸賊未即入耳。

十七日，至涿州，沿途村堡空無居人，關廂室廬，幾于盡毀。蓋賊四散剽掠，南至新城，西南至定興之八里屯，環州縣村落殘破已遍也。及訊，援兵入涿州纔兩日。

二十二日，援兵前進州北琉璃橋。

二十三日，援兵與賊遇，迎戰，退走，逃竄難民隨而探家者，皆復南奔。

二十六日，賊北去，援兵始前。

臣前遣奏人三十日始回報，臣隨即行至良鄉之長店。是店晚無一人，忽有群盜搜搶遺留，幸未及臣。止五鼓，西去。天明詢之，知爲窰戶聚衆行刦。自虜到，日爲害，迄今未息也。

初一日，過盧溝橋等處，尸骸遍路，慘不可言。

於初二日放門，臣始報名而入。

此臣道路間耳聞目見，光景如此。若夫搖惑訛言，移步便異，人心驚駭，片刻不寧。洶涌潰兵，不能殺賊而自殺；逗遛懦帥，不先謀國而謀身。守土者緣城而逃，百姓誰爲保聚？搶掠者閉門不問，賊勢益用披猖。沿途情狀，遠邇略同，而大率兩言以蔽之，曰：人心之不固，國法之不伸而已。

兹者賊氛暫退，大創未聞，策恢復，議邀堵，廟謀善後，必出萬全，臣且未敢輕有借箸，而止就道路聞見言之。此時此際，竊願我皇上下優恤之詔以吊死喪，沛蠲賑之恩以撫流竄，是固人心一急着也；正軍前之法以警逃潰，嚴後至之誅以作勇敢，是伸國法一急着也。況蹂躪深于內地，徵調遍于九州，焉知無草莽伏戎乘釁而起，如臣鄉㺚賊之報？而地方綰綬援桴之輩優游玩愒，又焉知無聞變倉猝，甘爲民望，如近畿諸邑？又焉知無被橄驛騷，反爲民殃，如目前入援諸潰兵者？則夫固人心、伸國法二事，烏可不渙頒詔旨，昭示中外，以潛消反側，廣布恩威，善後急着，孰有先於此者？此臣所爲日夜不遑備述上聞者也。抑臣仍有說焉。語云："殷憂啓聖。"以我皇上天縱聖明，自臨御來，事事皆堯舜舉動，即近日去奸憝，行特簡，俱非常作用。小醜逆天自滅，不卜可知。但內外諸臣，久徇情面，以致悮國若此。我皇上已徹底看破，諸臣豈可依舊爭持？仍乞嚴諭，從此大家打起精神，籌軍國，報君父，毋徒尋廟堂之戰，而養疆場之寇。中興事業，正在此矣。

統乞俯鑒施行，臣不勝激切感泣待命之至。

崇禎三年正月初六日奉。

直糾不忠疏

奏爲直糾不忠之臣，懇乞聖明立賜斧鉞，以懲偷倖，以維分誼事。

臣新歲入都陛見，具"聞警入衛"一疏，備述途中情形，仰塵聖覽。而仍有貪位而來，倖生而去，爲臣所目擊者兩人，尚謂其聞變觀望，不久旋來，乃今時越五旬，而杳無消息也。臣焉能默默隱情，終不入告乎？

臣前行至柏鄉，遇吏部郎中龔世法南回。行至真定，遇御史劉芳西回。臣之初遇此兩臣也，見其前呵後擁，車騎如雲，謂必緊急公務，奉欽命出都城者。急欲叩聖躬萬福，少慰蟻悃，遂策馬迎而詢之，乃知爲挈家北上，聞警回車者也。嗟乎！平時則昂首鴟張，多事則抱頭鼠竄，有臣如此，朝廷竟奚賴哉？且也驛遞以裁省之後，昨臣見援兵之來，所過應付不敷，火藥、軍器、諸車輛，皆拘拉鄉民，越境裝運，其艱苦不啻萬狀。而此兩臣者，顧乃揚揚乘傳，恣意騷擾，來猶有謂，返則何名？是裁省驛遞，徒悮軍國之大事，俵權要之送迎而已。乃臣入都而所聞世法不來之故，更有異者。伊親貪惡御史毛羽健，攬權持局，以已推京堂之人，必欲推入選司，爲引進私人納賄説事之計。世法畏而避之，故裹足不前耳。何物羽健，敢于把持撓亂若此？蓋緣恃其師奸輔錢龍錫，表裏通同，聲勢相倚，如匿名舉薦，巧取明旨，則同鄉計處之戴君恩，立還故物。皇上之前，尚肆無忌憚如此，況銓司乎？且其力庇罪督，潛殺島帥，尤爲龍錫謀主。"五問"一疏，極言"奴必不可滅，遼必不可復。即已滅已復，而遼仍斷斷不可守"。羽健疏上，而東江斬帥之報旋聞，中外綫索，路人知之。羽健之敢于欺君罔上如此，又何有銓政，而不肆行撓亂哉？若世法者，幸其未入都門，而必不可令入都門者也。

伏乞皇上大奮乾斷，將三臣即行褫斥，以爲人臣不忠者之戒。庶中外臣子凜凜天威，而偷倖欺罔之輩懲一警百，端在此舉矣。臣曷勝激切惶悚待命之至。

崇禎三年二月□□日，奉聖旨："龔世法、劉芳聞警避難，且騷擾驛傳，臣子體國之義安在？便着革了職，該撫按官提解來京究問。驛遞徇私應付，該部查明參來。毛羽健着據疏内所指事情，明白具奏。該部知道。"

再糾疏

奏爲遵旨再行具奏，懇乞乾斷，立賜處分，以除異常貪惡事。

臣於本月十三日，具"直糾不忠"一疏，指龔世法、劉芳聞難規避，并及毛羽健把持撓亂之奸。世法與芳奉革職提問之旨，赫赫天威，不少假貸，從此偷生倖免之徒知有三尺矣。而獨于羽健，令據臣疏内所指事情，明白具奏。羽健奸黠萬狀，一奉嚴旨，必説謊支吾，無所不至，肯遂明白供吐耶？臣前疏恐逾字限，未得暢言，謹補牘再糾，而丐聖明斧鉞焉。

世法循銓部資俸，陪推京堂，此崇禎二年冬事也。再補曹郎，從無此例。而羽健焘然叱咤，謂除世法則楚中無可掌銓者。選司徐大相既謂羽健之逞凶，又碍堂官之持正，乃乘王永光引病乞休，朦朧啓事。迨世法用，而羽健門遂如市，到處招搖，逢人包攬，只待世法一到，即可千萬纏腰。此長安之所哄傳，而亦永光之所洞悉，羽健能抵賴乎？戴君恩貪鄙素著，當逆璫薰灼時，夤緣稱頌，遂以藩臬而帶囧銜。紅本媚璫自君恩始，加銜亂制自君恩始，得漏逆案焉幸矣。大計降級，赴京聽補，羽健受其賄賂而力薦之，乃其取旨又最巧也。先于"海内兵食疏"中隱語點綴，商同座師錢龍錫票指名奏來之旨，繼乃以川功俘獻滿紙鋪張，龍錫又票原官推用之旨，而君恩遂以大參補東省參矣。罔上營私，公行無忌，羽健尚有人臣禮哉？

至其"五問"一疏，尤可異焉。蓋龍錫與罪督袁崇煥陰謀主款，臣蚤已覷破。去年三月十一日，臣《自劾投閒疏》內即事事拈出，及臣去後而持議益堅。羽健奉其意指，發爲"問難"硃語，明謂恢復無期，着數宜定：一問進取，而往擊邀來皆不可；二問兵制，而見在徵調皆不可；三問糧運，而本色折色皆不可；四問勢局，而用島帥與款西虜皆不可；至五問則直言以十二萬兵守關而有餘者，以三十萬兵戍遼而不足；四十萬餉養守關兵而尚不足者，以四千萬餉養戍遼兵而益無餘。如羽健言，是遼必不可復，斷不當復，唯有一款結局耳。此非與龍錫、崇煥機關呼應，而故爲此發難與？其原疏現在御前，羽健即説謊支吾，斷不能逃聖明之洞燭矣。羽健窮凶極惡，植黨招權，罪狀不可枚舉。而臣亦未暇臚列，止將前疏所指事情，補牘再糾如此。

伏乞皇上大奮乾斷，立賜處分，世道幸甚！封疆幸甚！若臣特犯凶鋒，臣聞警辭家，一副頭顱久已拚爲報國之用，羽健即置刃臣頸不避也。臣曷勝激切懇祈待命之至。

崇禎三年二月□□日奉聖旨。

虜平請告疏

奏爲虜警既平，臣誼當去，謹瀝微情，仰乞聖鑒俯准歸養，以安愚分事。

臣昔年以碌碌負國，懇恩侍養，雖自棄聖朝，而母子相依，頗愜至願。忽聞虜警，臣君親難於兩顧，不得不權安危之數，緩急之情，遂辭家赴闕，星夜馳驅。當賊虜充斥之時，率二十騎，行無人境，萬死一生，得入都門，而多臣者反若罪臣此來，然臣自反，實無愧也。唯是報讐雪恥，雖切素心，出警入蹕，僅循末職。耳聽禁中之鑰，心懸闥外之聲。茲者仗我皇上威靈，奴氛洗滌，將士生添死膽，河山新闢舊封，雖尚費許多收拾，而廟堂帷偓諸臣出其緒餘，有餘算焉。臣菲劣一身，旅進旅退，片鳧渤澥，曷足有無？回顧此來，乃始自愧。臣母倚閭，缺焉侍奉，子職滋曠，臣心滋苦，能無望聖慈而仰籲乎？且臣入衞之初，感憤時情，偶述聞見，而規避者以發其私恨臣，參駁者以形其短恨臣。至于倚籍奸輔，庇督、戎帥之首惡，臣拚身發覺，未奉處分，尤眈眈側目，伺臣而殺臣。今日悮國諸奸，情罪敗露，皇上必有一番乾斷。勢急妄噬，已見其端，臣不早自引去，攢謀魚肉，臣將不知所終也。

伏乞皇上鑒臣至情，容臣歸養，庶微臣一來一去，明明白白。初心既遂，愚分可安，將母子融融，共效萬年之祝矣。臣曷勝激切待命之至。

崇禎三年五月□□日，奉聖旨：“張道濬聞警入衞，大義自明，不必求去。該部知道。”

辭冶造疏

奏爲欽奉聖旨，備陳造始末，仰祈聖鑒，以毋悮軍需事。

臣自新正陛見後，碌碌隨班，愧無報效。於五月內，該臣衞以督理德陵工程，題臣承乏，臣遵奉欽委，方在竭蹷，務效胼胝之勞，稍進涓埃之報。忽於本月初九日，兵部題爲邊務事，奉聖旨：“遼鎮查銀買馬，前已有旨，速行回奏。張道濬製器既有成效，着選委能幹家丁，前往山西督造。驗果價省器精，并叙該衙門知道。欽此。”

伏臣孤子一身，馳驅鞭策，惟上所命，臣敢不仰遵新諭，圖續前勞？乃臣再四思維，有不得不明告於皇上者。軍需關係何等重大！臣先年以樞輔請委，冶造節省，效有微績，實緣臣耳目手足，身親督閱其間，然猶惴惴懼弗效也。竊觀近日兩廠成造，堂官總核于上，司官分任于下，而委官，而匠頭，遞監遞督，且有炸裂之弊，此豈家丁所能徑承重委，勝其任而愉快乎？且臣先年之所以節省者，非有奇能異巧，惟是兢兢愍慎，不敢冒破耳。使人人凜冒破之戒，則人人可以如臣矣。至於近日軍需緊急，該部委造絡繹。臣鄉銅鐵料價，計必較前踊貴，是即令臣今日躬往，其節省恐未能盡如先年，而況可以朝廷金錢，委之奴隸耶？臣執役陵工，拮据伊始，陡聞選委督造之命，惶懼逡巡，不知所適。與其貽悮于事後，不若明告于事前。伏乞皇上俯念，軍需係重，萬難輕委，敕下該部另行定議。至于先年區區節省，自是臣子奉公循職之常，叙録恩典，雖有成命，臣亦不敢冒昧以邀也。并祈聖明鑒察施行，臣曷勝激切懇祈待命之至。

崇禎三年七月十四日，奉聖旨：“軍需重務，張道濬見管陵工，委任家丁既説不便，著該部酌妥具奏。”

糾欺罔邪黨疏

奏爲恭繹聖諭，敬竭愚忠，乞責成言路，以破欺罔之習事。

本月十六日，臣隨諸臣後，待召平臺。我皇上出賊臣袁崇煥招詞，歷數其逆狀，赫赫王言，直褫奸邪之魄。而又曲垂法外之仁，賊臣有知地下，當亦戴聖恩無已也。惟是詰責諸臣，以爲二年來，人皆欺罔，通無有直指其罪者，臣不勝錯愕。即擬面陳，又懼出位，遂未敢一披血悃。及歸寓，再四思維，凡三晝夜，畢竟不釋。敢冒昧爲皇上陳之。

蓋自崇煥以五年滅奴，面欺皇上，自知其言難踐，即結連奸輔錢龍錫，搆成勾奴通虜之局。幸天地鬼神、祖宗社稷默奪其奸，聖明神武，不動聲色，得以驅逐，不至爲城下之盟。崇煥自招云：“散遣援兵，以爲京城內潰，不意尚守得定。”即是言而寸斬有餘矣。至如諸臣欺罔，誠如聖諭，蓋崇煥鴟張于外，龍錫虺伏于中，言路諸臣，半爲箝制，獨臣釁知其奸。去年三月十一日，具疏自劾，其緊要八語：斬島帥，庇私人，借盜糧，持和議，俱一一指明。紅本見在御前，可按而查。彼時，臣以危疑之身，出口惟恐罹禍，先略節言之意。我皇上必細加詰責，臣始敢條對以悉爾。孰意正觸奸輔之怒，一概抹除，通未拈出。臣既乞身而歸，諸臣益相蒙蔽，爲所欲爲，言路方奉頤指不遑，又誰與爲梗者？此臣回思往事，而深惜臣言不早見用于皇上也。方今離炤當空，群邪退聽。臣以爲洗心滌慮，當必自言路始。而延頸望之，繼夜以日。寒蟬仗馬，笑破長安。即崇煥、龍錫輩，結交悞國，皇上業已明鑒，而尚有敢在皇上前稱之爲君子者，無禮欺天，罪莫大焉！爲言官者，鷹鸇之逐，當必首及，不言者何故？罪輔未去，或思擁戴也，既去而冰山渙矣，不言者何故？賊臣未逮，或思出脱也，既逮而鉄案著矣，不言者何故？至首輔者，皇上所倚，以平章重務也。乃兩番引避推委，正在群疑未定之時，或者龍錫、崇煥肺腑交深，未免興悲狐兔，故閉門高坐，巧爲卸擔耶？自非聖明獨斷，終爲游移不定之案矣。聲賣君怙友之罪者，莫此爲甚，不言者又何故？至公者惟皇上，而言官以私應；至明者惟皇上，而言官以暗投；力求實效者惟皇上，而言官一味虛文，但知望氣占風，翻雲覆雨。更有墮霾霧之内，不辨東西；又有爲身家之圖，姑捱旦夕；甚有與罪臣呼吸相應，今反侈爲先見，以文其閃爍之奸。如是之流，正自不少。使誠爲國家起見，擇今日之事，昔時盍有入告者矣。即昔日不告，而今日亦有入告者矣。臣見數年以來，發大奸大弊，反未必盡繇言路，其間公私忠佞，聖明無不洞矚。臣願此後身爲言官者，固當精白乃心，有聞必告，以無負皇上責成實意。而他日考選言官，尤當先問以國家大利大害何在，大賢大奸何人？其含糊不吐者，必識見不真，決不可以虛聲濫收。其他非係言路，間有敷陳，亦當廣爲茹納，不論其官而論其言。言無當者，即以妄言之罪罪之。脱或可采，正宜旌收葑菲，以佐言路之缺。庶乎欺罔可破，凡遇國家大事，不敢袖手傍觀，輕付一擲矣。

伏望聖明采擇施行，臣不勝激切待命之至。

崇禎三年□月二十二日，奉聖旨："賢奸宜辨，欺罔宜懲，朕諭已明，何乃方行補牘？首輔虛公任事，朕所鑒知，前偶疾請假，原無別情，如何輒生疑揣？奏內"去年三月"，何以預知"斬帥"、"盜糧"之事？并"稱爲君子"、"侈爲先見"等語，俱何所指？著明白奏來。該部知道。"

遵旨再糾疏

奏爲遵旨具奏，懇乞聖明大奮乾斷，以清奸逆事。

該臣于本月二十二日，具有"恭繹聖諭"等事一疏，奉聖旨：賢奸宜辨，欺罔宜懲，朕諭已明，何乃方行補牘？首輔虛公任事，朕所鑒知，前偶疾請假，原無別情，如何輒生疑揣？奏內"去年三月"，何以預知"斬帥"、"盜糧"之事？并"稱爲君子"、"侈爲先見"等語，俱何所指？着明白奏來。該部知道。欽此。

臣仰見皇上日月炤臨，護鉢者或姑容之以全體，伏莽者必顯暴之以示懲也，臣敢不齋慄以對？除輔臣成基命，恭聽聖裁，無容再贅外，伏蒙聖旨，詰臣"'去年三月'間，何以預知'斬帥'、'盜糧'之事"，則臣有自劾紅本，見在御前，可覆按也。臣痛念臣父罵賊捐軀，國恥未湔，即親讐未報。崇煥身任滅奴，意必有犁庭掃穴之謀，暢皇陵，張撻伐。微臣爲父亦因可以覓骸骨，慰終天。以故大舉恢遼消息，臣時時偵探，節節參詳。而崇煥向來舉動，乃有大可詫異者。

臣初不知崇煥初入都門，即有奸輔錢龍錫爲之主議，亦不知龍錫又有伊門生御史毛羽健爲之合謀。唯見關寧情狀，日異月新，如高臺堡囤糶米豆，及銀、段等物，通好束酋；如錦州開市，明爲西虜，實則逆奴半雜其間。又如王喇嘛、李喇嘛，數四往返，修書答幣。以上諸事，形迹彰彰，有人言之，而崇煥曲辯御前者；有人不言之，而崇煥公行無忌，終不一白御前者。至其大聲疾呼，以塗耳目，捱時日，則惟是索糧餉，索馬匹，索衣甲、器械諸件而已。臣於是一眼覰破奸局已成，即欲明目張膽拚死一鳴，終恐在傍輕言，反來藉口。躊蹰再四，痛悶填膺，乃於"自效疏"内一點綴之。崇煥五年滅奴，侈口期限，而實則別有成諾，故臣疏曰"機畫於相時"也。奴賊過河有報，絶不加防，而反曰"借束爲用"，故臣疏曰"備疏於待款"也。奴束交通，遵、薊之外蔽已撤，而尚擁重兵於關門，故臣疏曰"防遠而遺近"也。毛文龍牽制海外，反禁海運以窘之，而文龍所最讐，如奉旨處斬之徐敷奏、劫軍劫商之張斌良，皆破格委任，知其必圖文龍，故臣疏曰"録罪而反略功〔二〕"也。若夫"借盜糧"、"持和議"，曠日鮮成，百無一有，則已明明指其餽束通奴，疾呼奏討諸狀，故臣疏總之曰："如此情形，種種露短，臣何敢明列章奏，藉口旁撓？"

第以聖明在上，如是作爲，欲望報讐雪恥，得乎？臣疏語雖自劾，意實規時，妄冀當局同舟，憬思幡改，豈意疏入而愈觸龍錫之怒，票擬時將臣要語一概抹殺，且授意牙爪，將得臣而甘心焉。臣痛計徒死無益，不能報父，又重母憂，遂惴惴引身而去。是臣非不言也，一腔熱血揮灑無處，且奈之何？至於惈國欺君，種種逆狀，總緣龍錫等極力主張於内，以故崇煥恣意勾連於外。神人共憤，罪狀通天，邇日長安厮監無不快食崇煥之肉，而尚謂未懸龍錫等之頭，輿情尤怏怏焉。乃仍香火糾纏，雨雲翻覆，乘爰書未定之日，公然爲之保舉，爲之脱卸，謂天下有無才誤事之君子者，則日講詞臣文震孟是也。試問震孟，邇日所惧之事的係何事？惧事之人的係何人？曾有破封疆，危社稷，憂至尊，而可爲君子者乎？使如震孟言，仍用此一輩人物，國家大事尚有幸否？此其誣罔奸欺，豈在龍錫、崇煥下？乃舉朝恨其言，而卒無一人聲其罪，則尤臣之所未解也。

至若“自侈先見”，則臣初入都門時，糾辯羽健兩疏已明言之。羽健不受臣言，以伊“五問”爲先見，而又揚揚對人，謂臣前此何無一語。臣願皇上簡臣前後諸疏，與羽健前後諸疏相提對按，便自了然，不待臣言之畢矣。羽健共爲奸謀，固應“先見”也，無怪若微臣“自劾”原疏乃與羽健“先見”正相反耳。

臣本無言責，不宜輕言，而親聆天語切責，孤忠所激，不得不冒昧一言。恭奉聖諭，據實回奏。天威震叠之下，臣不敢一字虛飾也。除首輔基命，蒙恩鑒宥，奸輔龍錫現在擬罪，其文震孟、毛羽健應否處分，統祈聖明斧斷施行，臣無任激切惶悚待命之至。

崇禎三年□月二十七日，奉聖旨：“張道濬奏內事情，知道了。朋比欺罔的朕自裁處，文震孟不必苛求。該部知道。”

再請告疏

奏爲微臣報國有心，思親成病，仰懇天恩，俯容休致，以安愚分事。

臣于前月二十三日，偶接家報，云臣鄉流賊於元旦焚劫洪洞關廂，遂東南而趨岳陽、浮山一帶地方，去臣家止百餘里。復詢臣母近日起居，則云憂煩食少，臣一聞之，心膽俱裂，連日五內如焚，坐起莫適。因念臣昔也歸省，烏願未終，以虜薄都城，拚軀闖入，無裨臣職，而反冒絶裾之譏。碌碌一年，雖蒙聖鑒，而任事過真，招尤更衆，端開下石，究可投淵。臣身久已當去，又值此警報，臣昔爲國而出，今不爲母而歸，臣子之職，終屬偏廢。抑且焦思成病，萬一葵藿之忱未竭，狗馬之軀先殞。臣即欲如昔者，求死于虜，以答我皇上高厚隆恩，不可得已。況德陵開工在即，臣病一日不瘳，慢視王事，臣不敢也。

伏望皇上鑒臣微忱，俯允休致。倘臣生入里門，母子相依，或可苟延性命。則臣今昔之間，稍逭俯仰之愧，子子孫孫，祝頌天恩，無已時也。臣不勝悚息待命之至。

崇禎四年二月□□日，奉聖旨："張道濬見督陵工，夙稱勤練，着用心供職，不必以思親爲請。該部知道。"

表

進呈《春秋集傳》表

奏爲恭進先臣纂輯《春秋集傳》，以祈聖裁事。

臣竊聞之，先正曰："爲人臣者，不可不知《春秋》；爲人子者，不可不知《春秋》。"蓋《春秋》一書，萬世臣子之極也。今以聖明在上，勵精圖治，振紀刷綱，而在庭鮮一德之臣，四郊有多壘之恥。裂衣冠而事敵，既遺辱於中華；率妻子而潰逃，亦取笑於戎狄。無他，此皆不明於《春秋》之義也。

臣祖贈太子太保、兵部尚書先臣張五典，明大義以事君，守微言而博子。臣父贈兵部尚書、謚"忠烈"先臣張銓，幼承庭訓，心心求筆削予奪之繇；壯列班行，事事嚴夷夏君臣之辨。既師賢而且師聖，不信傳而直信經。以孔子彰順癉逆，業臚列攸著；逮左氏分條析縷，更產發無遺。雖及門不能贊一詞，豈奕世所得斷諸臆？何宋儒矯漢唐之過，甚略迹而匠心；至胡傳續《公》《穀》之餘，且泥今而反古。愈多穿鑿，亦覺離岐。故先臣哀集群言，折衷合傳。當胡塵之方撲，莽莽黃沙；乃忠骨之獨捐，飛飛赤燐。雖犬羊亦爲下拜，即讐敵孰不搖魂？知中國之有人，故且進且退者十載；窺中國之有間，始再驅再馳於昨年。臣義不後君，情寧辭母。出入於虜氛之内，幸叩天閽；趑趄於去住之間，獨蒙聖鑒。蓋臣父以《春秋》之學事吾君，已無慚於一死；臣敢廢《春秋》之學負吾父，致有愧於餘生？

謹繕寫臣父遺書《春秋集傳》，計十五卷，實封進呈。乞垂乙夜之餘輝，知教忠之有自。倘蒙甲觀之普播，庶正學之無湮。頗有關於立懦廉頑，或兼裨於封疆社稷。臣無任戰慄待命之至。

崇禎四年正月□□日，奉聖旨："張銓忠節著稱，這纂輯《春秋集傳》，有裨大義，已留覽了。該部知道。"

校勘記

〔一〕"一萬"，據前當作"二萬"。

〔二〕"録罪而反略功"，《自劾疏》作"略罪而反録功"。

五編　古測

沁水張道濬子玄父　著

蒲州韓昭宣玉鉉父　閱

　　王溯元元昭父　較

《古測》題辭

　　古人往矣，其有憤欲訴，有情欲語，躍躍史傳間。讀者憒憒，或見欺古人，或受史傳掩抑，于覽古亡當也。慧性人別有領略，千秋未竟之案，浮動于楮墨者，於密處得疏，於炎處得冷。于是字覺有血，聲覺有淚，嗟嗟此道，誰其知之？吾鄉深之先生屏居讀古，遇興會所寄，古人失得成敗，俱供我聽讞。有隱必剖，自此論定。南山之木俱作竹刑，鐵案尚有訴冤藝府者乎？噫！史稱墨兵，一曰刑書。先生長環衛，屢事塞垣，故今以射馬擒王之法用之紙上，然其心甚平，持論甚正，趙張治獄所不如矣。

　　同邑眷弟王廷瓚拜題

古　測

論

正統論

總一天下之謂統。統之所歸，雖僭偽不必斥；統之所去，雖世服不必專。非予僭偽而奪世服也，義無所繫也。史氏以日繫月，以月繫年。大統之世，史權出於一。大統、瓜分，國各有史。紀年之法，勢不能各月其月，各日其日，歸於一尊，而旁見互出焉，此定例也。

正統之説，始於歐陽子。元人祖之，而宋、遼、金分爲史，正統不歸於宋，此元人之私也。然即《宋史》，而遼、金事略，見元人絕宋人之統，去其名終不能去其實也。

噫！孔子之作《春秋》，魯史耳，首曰“春王正月”，明正統也。假晉之《乘》，楚之《檮杌》，其書不經聖裁，吾知以正統予周焉必也。舍周，則晉、楚不能獨見也。

唐虞、夏、商、周，其統甚明。至嬴秦，或曰六國未亡，而秦先亡，以吕不韋事疑之。夫異人得吕氏姬，大期而生子政。蓋姬故佚，故詳其月，言政之爲莊襄子也。史慎重如此，今反誣之。世安有大期生子，而尚屬他姓乎哉？秦之得統於周，孔子蓋逆知之。《尚書》終《秦誓》，今何概詆之也？漢統較正，而中有新莽，猶唐之爲周武曌也，俱僭統，亦不能廢。蓋漢、唐時無一人焉，譬指夜爲晝，人無有以信天者。

遷、固書“沛公至灞上”之年，曰“漢元年”。時方逐鹿，奈何遽歸之？

丙申之歲，呂東萊《大事記》並書“漢高皇帝二年、西楚霸王二年”，至“四年”戊戌終。明年己亥十月，始書“漢太祖高皇帝五年”是年十二月，項羽滅也，義例尤有據。

昭烈繼漢世系無疑，司馬君實奪之，以晉承魏統，若予漢，則晉無所因。不知周自威烈來，朝聘不行於列國，勢屠微在蜀漢下，未聞貶統，宜朱子之正之也。

李延壽《南北史》，猶元脫脫《宋》、《遼》、《金》三史之意。然江南正朔相承，若宋、若齊、若梁、若陳，安能外之？此霸統也。隋始混一，此閏統也。前乎蜀漢，不得言霸統，以傳宗也；前乎嬴秦，不得言閏統，以傳世也。自唐以後，朱、梁篡立。時李克用鼎立太原，尚稱昭宗之年，宜歸統太原，如東萊書“楚漢丙申”之例，附朱、梁其下。至後朱氏滅，直歸後唐，然亦霸統云爾。若晉、若漢、若周皆然。蓋天下未一，并不得爲閏也。宋之統正，元代有之，雖夷也，曆數攸屬，猶隋之閏統也。隋，初亦夷也。隋不以斥，乃斥元哉？求正統而不得，不妨予霸，得正統而不純乎正，以閏名焉。惟其重統，所以人君大居正也。

正統之說，始歐陽而暢于蘇子，可謂詳盡。此又自見一斑，有前人未到處。

梁武帝論

蕭衍即位後，捨道歸佛，其意何也？身起兵篡齊，誅僇太甚。歷見江左以來，稱兵首事，鮮收後福。思銷怨報，遂酷信左道，不顧帝王之正義，乃奸雄計無復之，妄冀倖免耳。代牲薦蔬，詔示天下，正欲明表素尚，見非盜竊。王莽文飾《六藝》，同此術也。若果切慈念，閔度眾生，則受侯景十三州之降，犯貪戒矣；大舉北侵，犯殺戒矣。豈真爲崇佛者乎？淮河作堰，以灌魏之壽陽，至潰溺二十萬家，孰可忍也？猶不自悛，敕貞陽侯淵明曰：“塞山築堰，引清水以灌彭城。大水一沉，孤城自殄。”據帝所言，殺機盡露。大悲救苦，此旨云何？臺城幽逼，後裔顛滅。如準冥道，良有足徵。盜賊篡弒，機智各懸。如曹孟德之分香賣履，死欺後世，尤賢於蕭衍之多詐也。

陳後主論

亡國之主不一，其薄以文著，江南陳叔寶、隋陽[一]廣、南唐李煜，俱擅時藻。其亡也，忽焉；荒淫之戒，烈矣。

陳氏叔寶，當江南將衰之運，僅保一隅。隋據天下十之七，眈眈虎視，不啑不已，而方修雕蟲之技，競響詞林。麗人盈席，狎客滿朝。施文慶、沈客卿之徒，專掌軍國，啓侮強鄰，亡可立待。假時值承平，戎馬不生於郊，弘獎風流，彷彿鄴下。第命詞浮薄，君臣之間，染翰落紙，務極形容，無關至極耳。魏文之《典論》風流，未從覆亡也。若生不爲人主，或關藩邸，河間之好文，陳思之逸才，竟當無讓。或在人臣，石衛尉、謝康樂，必居一焉。蓋其艷佚之性，處於藝苑則見長，責之爲君則見短，固其所也。遭時之衰，卒以速敗。悲夫！

南唐李煜亦然。李工小詞，又《玉樹後庭》之變調也。兩人敗降令終，極相類。彼楊廣黷虐，無論矣。

侯嬴論

信陵君竊符救趙，其計出於侯生。彼夷門抱關有年矣，少壯時不少自見。又秦兵數攻魏，前何默默也？抑非其人，不可圖事耶？邯鄲之圍，秦勢必舉，趙公子徒與客俱，求赴其急，淺之乎爲計也。自生請爲如姬報仇，得竊符，矯奪八萬人以行，然生固權譎之士，其報仇果否？未敢即信也。

如姬父見殺，姬求報之，三年，莫能得。使其殺人者而爲庸奴，早足死，寧遲三年哉？不然，亦當時俠士流也。其能匿迹遠患，既非一日矣。且姬所謂仇人，向未聞主名也。其狀貌、修短、肥瘠乎？有戚故識熟乎？誰辦之？至於殲首，不過函墓告哀故事已耳，姬處深宮，何能爲？姬誤爲公子用，魏人將必有知其事者。公子行，而魏王窮其事，則生必死。或晋鄙之父兄子弟悉其事，生亦必死。故生送公子，度其至晋鄙軍，遂自到也。若生之不遠從公子，又自有説。虎狼之秦，兵鋒所及，靡不挫衄。廉頗嘖嗟宿將，尚不能支。公子即往，亦未有必勝之策也。以報仇愚姬，以自頸愚公子，故曰"權譎之士"不虚矣。

樊於期論

樊將軍，滅族於秦，獨其身奔燕，此偷活旦夕，非真能切齒腐心思報其怨也。果思報其怨，而才足以用之，不有子胥入郢之謀，胥臣教吳之計哉？將軍在燕，一無所稱，則亦庸人耳。夫庸人而秦購其首金千斤、邑萬家，何也？秦深惡逋臣，故重購以絶之。諸侯積爲所欺，十五城未嘗以償趙璧，金千斤、邑萬家，寧以易庸人首乎？此固不必論。獨將軍自爲計，當知燕之不支秦明矣。苟埋名退耕，令物色者無及，可終天年。乃優游都市，坐豢太子，令朝士游客盡知將軍之名，是豈所利哉？燕迫於秦兵，勢不得不借首於將軍。荆卿一見，將軍退即自刎。吾度庸人如將軍，未必慷慨引決如此。蓋窮人無歸，秦購方急，不自刎，燕其全我乎？計無復之，勉强就死，雖謂之殺將軍者荆卿可也。更有可議者，或將軍不自裁，闃居孤迹，一劍竊發，誰能明之？荆卿姑托於自殺，以就其名，亦未可知。嗟乎！將軍之冤，終古不白，得非庸人自致之耶？

韓信論

淮陰侯襲魏破趙，下齊敗楚，其用兵也，前無衡陣。嘗自言曰：「驅市人而戰。」此其方略不經見，然淮陰侯之時固所優爲也。關東諸侯初起兵，誅無道秦，斬木揭竿，幾於盡室皆兵。侯善用之，攻城略地，不待濟師請餉，而行伍日以充，蓋民間之悍少年可甲，而民間之芻粟可餉也。漢高帝則不能，其調兵轉饋事，必須蕭相國。滎陽之役，發關中老弱未傳者悉詣軍，向非據敖倉之粟，奪河北之兵，則成皋之間，兵少食盡，亦與楚軍等困耳。

今觀《淮陰侯傳》，自引兵以東，未聞請及兵粟，則所謂「驅市人而戰」，一言盡之矣。然其法可用於大亂之後，不可用於承平之時。蓋大亂之後，驅民於戰，不甚見殘；承平之時而驅之，民且狂駭，相挺而起矣。後此如曹、劉分鼎，法同於侯，而操縱不能及；宋名將張、韓、劉、岳輩，操縱相並，而功遜之。此侯之所以獨勝千古也。

李廣論

李廣不侯，其語王朔自咎殺降固也，然陰譴不止此。廣廢居野飲，霸陵尉夜呵止之，法也，非罪也。及起守右北平，請尉與俱，至軍而斬之。夫尉在軍不任兵，或過誤，可斬。然長平侯猶不專僇蘇建，而太守甫聞命，遽甘心於所憾，人臣義當如是耶？令上以是見討，將軍危矣。上書陳謝，幸不問，此直遇武帝耳，若遇宣帝，韓丞相夫人殺婢子，丞相不得免，況殺尉乎？總之，漢將矜氣任臆，往往軼於斤削之外。廣知悔殺降，不知悔殺尉，謂一人之命，輕於八百人耳，其爲陰譴一也，所報豈止不侯已哉？冠軍侯私殺李敢，諱云：「鹿觸殺之。」事類於殺尉。而五千人敗陷之李陵，視八百人倍焉。廣死而有知，可忘自到之恨也。

王陽貢禹論

交情之難不難於始，而難於終；不難於貴，而難於賤；不難於緩急，而難於氣誼。古人情至能反其所難而易之，漢人尚氣節，大都名貴，在所薄矣。如王、貢之賢，居恒劇切，雖不可考，要無去此者。乃王陽當道，而彈冠之友遂欣欣色動，豈裘馬輕肥，長安捷徑，足勤夢想乎？已而果陽薦之，將世之呼朋引類，燈傳缽授，王、貢猶不免也。假陽齟齬不果薦，即薦不我用，以田間終其交，當何如？幸兩人筮仕無大失行，故得免於議。若以是律交，賢傑之用世者多矣，其交必無布衣耶？

馬謖論

先主謂："馬謖言過其實，不可大用。"及從丞相北伐，致敗街亭，丞相流涕而斬之。嗟乎！丞相知人善任，庸失於參軍耶？令參軍聽受節制，張郃見攻，登山據險，亦幸可善敗。其違命妄動，出於不料。先主所戒，特兩府、三臺非其地望，若偏師制敵，支旗抗鋒，安在鉛刀不效一割也？建興三年，丞相南征，攻心之說，嘗三嘆佩服之，用有七擒之功。豈誠其言是，其人則非者耶？而說者疑秦用孟明，宥其再敗，卒以取霸。設正罪於殽函之初，於法誰曰不然？然後效已無復矣。丞相之愛謖，寧無所用其未足者？而卒罪之無少貸，蓋知其人之非彼倫耳。吳大帝語蜀使曰："魏延、楊儀不可一日無丞相。"其後郭塢星隕，丞相遺教，兩人不良死。脫謖不罪廖，即丞相末命，後事豈相付哉？廖立垂涕，李平感没，彼罪廢之餘，猶覬勤追前闕，況謖之拮据王事，遽懲饐廢食，豈非過乎？

石崇論

石衛尉死於孫秀，以斬一綠珠。設當時從其請，即宴然以身免乎？噫！吾知其萬萬不免也。京輦搆兵，奸徒嗜利，高門溫室，所在傾橐，衛尉不死何待？衛尉自以財死，得綠珠分怨，覺齊奴一段頸血，作千古麗情榜樸，不作銅臭氣也。當時不與綠珠，頗有豪骨。然孫秀特鼠輩助逆之雄，峻拒不難。或趙王倫見奪，如樂府羅敷故事，衛尉能正色相拒，則真情種也。噫！晉溺於貨，魯褒有《錢神》之刺，以觀衛尉，其神不靈而崇矣。夫丈夫不能砥行立名，徒矜一豪富，致使幃箔之秘爲人脅求，大可醜也。令時彥如傅毅、索靖輩，有此佳艷，奸徒敢橫置一語耶？然則衛尉又累綠珠，宜以死償，不足惜矣。

岳飛論

武穆進軍中原，得金牌之召，遂爾旋師。後人惜其功垂成而止，獨不聞"將在軍，君命有所不受"耶？況"恢復之事，一以付卿"，宋高宗嘗有是言，武穆直便宜專決耳。嗚呼！不知其勢，固有所不可也。虜梦甚惡，帝初以康王奉使，其鐵騎重甲，氣焰欲生噉人，帝固目懾。及踐祚後，自北而南，奔播不遑。帝于中原，口雖不忍棄置，心早已不問矣。檜揣帝之餒，脅強虜求成，勢必浸灌蠹蝕，借叢之神，探驪之珠，玩弄帝于股掌之上。

假武穆擅兵日進，檜未即罪罷，徐遣一他將來，如劉光世、張俊輩，分其軍而節制之，武穆安能宴然已乎？且兀术最善兵，知武穆能戰，馮城不出，檄諸路堅壁清野，武穆亦未即得志。今謂孤軍立可克復，一時望聲之論，非完計也。武穆深慮遠識，故奉命退軍，于時事籌之審矣。鄧艾平蜀，身死人手。武穆即中原可復，亦未免卒禍。然老奸如檜，度武穆必還。設不還，必生他計，諒武穆不能自解也。

西施論

越進西施而吳亡，遂以亡吳爲西施罪。夫西施何能亡吳哉？齊桓公多内寵，任管仲而霸，任竪刁而亂。使亂繇婦人，則當其霸也，抑獨何與？夫差敗勾踐于會稽，時吳宮非無美人也。惟黄池貪盟，屬鏤輕賜，勾踐始乘釁得志，而吳其沼矣。倘夫差止戈自戢，伍嚭不行其説，忠胥不罹其冤，越雖日强，安敢狡焉啓疆，窺我尺寸？即西施十輩，娛侍下陳，夫差且與齊桓競烈，奚至土崩魚爛，喪敗若此？故知吳之自亡，非越亡之。即越能亡吳，亦非施亡之。論者云：勾踐破吳，沉西施于江，以報子胥。是明以賜劍事爲伍嚭分罪矣。或又謂：范蠡載之而逃。《吳越春秋》記西施在吳宮二十一年，蠡既欲避禍，方且去之惟恐不速，亦安取此俘嫗爲？昔吊之者云："一破夫差國，千秋竟不還。"則五湖從蠡之不根可證。總之，夫差既亡，亦不必問所在矣。嗟乎！西施非有褒姒之亂紀，夏姬之宣淫。吳自亡而蒙罪于苧蘿，亦何不幸之甚哉？

瀨女論

子胥渡江，乞道於擊絮女子。恐追詰，女子自沉於瀨。後仕吳，投金瀨中志報。嗟乎！女子之義，非世所恒有，然不能無疑。當子胥亡命時，乞食吹篪，去吳市之景狀，當不遠耳。女子何自知其奇，而遽以身殉之？即女子能知子胥，彼得徑而去，追踪見詰，一詭詞紿之，夫何難？不然，貧鬟孤影，投身家室，直轉睫矣。審是，俱不宜得死。

然則女子之死也，非女子也，子胥爲之也。子胥謀勇自喜，忍小就大。奔竄之頃，惟恐身與禍隨，急殺女子滅口。曹孟德亡命，而夜殺逆旅主人，其心同也。英雄急難之中，其心憤與迫并，於事則不及瞬，於人則鮮有顧惜者，何計一女子哉？迨報楚功成，追迹往事，未免釋其冤而張其伐，遂歸烈於女子，則子胥善爲身立名也。

天下後世舉爲子胥所欺久矣。漢淮陰侯亡自漢中，失道，問樵父，懼迹殺之。令侯功成悔禍，投千金於樵父之岩，天下後世不將慕樵父之義如女子哉？侯偶不爲耳。或曰：子胥渡江，漁人辭百金之劍以濟之，卒自覆其舟，豈漁人亦子胥殺之耶？是又不然。古異人多隱草澤間，漁人閔子胥之家難，死以勵之。今因漁人，遂以信女子，何子胥所遇後先一律也？

朋黨論

世之樹黨，而不知用黨。故黨之勢不遂散也，而終以悞國，此最古今之大戒也。

周公爲冢宰，吐握之勤，一朝而見十九人。若在季世，鮮不疑其黨矣。千古而下，萬無一疑之者，能用人也。大匠用木，良枯修短，惟所命之。其操斤出入，人不疑其盜。東陵之子携隻椽以歸，人以盜指之，則所求非所用也。

朋黨之名，始於東漢。蓋舉一世才隽之士，擯棄於不用之地，則物情抑挹，故各矜其長以求勝。假其時，陳蕃、竇武終秉國鈞，而李固、杜喬不至中折，將濟濟多士，莫非國楨，黨於何有？時不能用，有胡廣之中庸，遂有顧厨俊及之標榜。天下事非庸相所辦也，然而才相亦不能辦者。牛李之爭，入奇章之幕則攻衛公，入衛公之幕則攻奇章。各樹其敵，既不能合，又不能易而亂之，使更相用。故黨之勢判，而其禍始棘。夫黨人亦何定之？有八關十六子，乃有劉棲楚之直諫。而河南程氏之門，乃有楊畏之諂附，人安可概論乎哉？緩急在於所用，忠賢用之易耳。奸人不可用，而亦有可用，使得容身之地，未必遽操戈以向也。蔡京之奸，愈於少正卯，其爲開封尹，奉司馬君實之命，即罷新法，使司馬公長在位，京特一庸流，何至釀靖康之亂乎？此惟名相能知之。《易》稱"渙群"，《書》稱"休休"，是之謂也。若有鑒於黨，而別白之太過，同己則善之，異己則排之，始齮於意見，繼而議論離奇，事權旁午，爲黨所用而不知用黨，家國之禍可勝道哉？噫！用黨，所以散之也；嚴黨，所以激之也。漢唐以來，孰散孰激，當宁諒詧之久矣。

恩怨論

　　任恩易，任怨難；忘恩易，忘怨難。蓋怨所自來，未盡出於怨也。或從恩而始，望恩過重，少有不給則怨生。或受恩重，而貪人倖夫反不以爲恩，因事觸忤則怨生。然此皆恒品猥流。其恩也，不過解推之德；其怨也，亦不過觸望銜切，借端媒糵，求快其一己之私耳。豪傑之士所羞稱而恥與接席者，何足言恩怨哉？

　　古人揮千金如塵土，慎一言如珙璧，不敢輕於用恩。而聖明爲罪僇，圄圇爲福堂，亦不敢輕於用怨。輕於用恩，必至輕於用怨，勢相因也。漢高未即帝位，而韓信已王齊，後遂有雲夢之事，豈非輕之之明驗哉？舜之誅鯀，嚴譴也；舜之禪禹，異擢也。恩怨並加，使禹以爲恩，則忘其父；使禹以爲怨，則忘其君。君父之間，豈恩怨之地哉？今人惟不明於此，見翳桑之餓夫，美其報也；見江介之逐臣，悼其憤也。拘隅逐曲，有恩怨之名，違其重矣。何以言之？豪傑生世，恥於受恩，故不易置於怨，而誼辟喆輔，英寮畏友，尤慎重名器，珍惜知薦，未嘗濫恩，又何至濫怨乎？歷觀載籍，非無奇行軼倫之事。要離湛族，荆軻殉身，語於俠烈則可，語於恩怨則毫無與也。故恩怨之權，卑之惧於一飯杯羹，高之惧於韓市吳門。流禍無窮，展轉可嘆。

嗟乎！人生七尺軀，決不肯頹然自廢，甘老牖于世，一無短長緩急之效。若置恩怨不言，將桃梗土偶之不如，非情也。世之販國仇君，以名利權寵，自愢愢人者，正未知恩怨耳。即所謂恩，猶王安石之私惠卿；即所謂怨，猶三長史之陷張湯。俱私也，非公也。苟其公之，必爲家國起見，則不詭；必爲名義道德，終始曲全，則不激。不詭不激，又何恩怨之諱也哉？太上忘情，其次不及情。忘恩忘怨，既不能追上古之淳穆，弊且爲五代之馮道將自此始，則能忘不如其能辨也。辨恩怨之人，其胸臆尚有定見，能辨之而不虛所恩怨，其於事堅持密畫，尚有所濟。今之置恩怨不言，非奸雄之欺世，即偽學坐視利害而莫之救者，尤豪傑之士所羞稱也。

小人不可作緣論

世醜小人之目久矣。及觀諸正人端士，往往有受其累者，何夥也？稍知繩矩，曰非類所峻絶；偶事會之臨，而小人投機伺旨，輒委順隨之，曰緣耳。緣令人合，亦令人離；緣令人慈，亦令人忍。合離、慈忍之間，小人不足論，而吾之心迹，嘗不能自白於天下，於是致怨小人，恨向絶之不早。然作緣，小人也；受其作緣，非小人也。初之嘗試倖往，亦謂薰蕕無相混，乘流任運，何投而不可？景監可與先容，竇憲可與勒銘，鄭注可與謀國，弛銜解勒，不復置懷，遂爲小人所用。愢寇準者，丁謂也；愢安石者，惠卿也。後世不咎小人，而歸獄於作緣者。噫！正人端士亦何爲而墮其計乎？然裂檢之事雖同，濡情之道自殊。遡厥源流，略可縷述。

輕肥割其獨榮，煦沫分其斗水。解推之德，冰霜生溫；脂膏之流，松筠改性。是曰“利緣”。菀枯繫其齒牙，津要憑其心膂。因鬼見帝，欣桃李之在門；臨深爲高，指公輔之相望。是曰

"勢緣"。身先白屋之求，早奉丹霄之譽。簸揉不棄羔雁，闞康成之家；羽翼是資車馬，立公超之市。是曰"名緣"。更有緩急旁借，危難偶扶。秦關倖於雞鳴，漢網幾於兔脱。方七尺之暫免，遂九鼎之可輕。是曰"事緣"。小人萬態，俱不越此，而一入其穽，則百鍊之鋼化爲繞指，豈不哀哉？雖然，物必自腐而後蟲生，諸如名利之緣，非道德之躬所宜受，蓋正人端士有先示之隙者矣，吾所以思無欲之剛也。

校勘記

〔一〕"陽"，當作"楊"。

六編　杞謀

沁水張道濬子玄父　著

門人王度式金父　較

劉溥旣長父　較

《杞謀》題辭

今天下脊脊多事矣，蒿目之憂，時切當宁，然嫠猶恤緯，杞亦悲天，況忝食祿之後，而曾不以置懷，非夫也。深之先生故讜直自遂，在官言官，此一時也。放廢之餘，既不敢混于樵吟牧唱，益重其罪也，又不得上書請事，發明其志。于是，托爲蒭蕘之言，憂時策事，庶有合焉，可以佐當宁之畫，又一時也。嗟嗟南山種豆之歌，非大臣正誼，以觀于先生，眷懷民社，意深遠矣。

會稽陳洪綬拜題

杞 謀

議

三途並用議

國家賢路，曰科目，曰明經，曰掾史，其才無所不羅。後泥於成格，科目拘甲乙之榜，明經分選歲之薦，至於掾史直簿尉之需耳。名爲三途並用，究歸重於南宮。先正每議及之，因緣日久，終未能變。隆慶時，嚴文靖秉銓，劉侍御陽，乙榜也，超光祿少卿；張通判澤，歲薦也，超雲南僉事；薛典史侃，功曹也，超守隴州，號爲破例用人。懷才抱德者，庶幾被濯得自表見。裔是以降，成格彌堅。

今明主在上，立賢無方，加以保薦，頓復高皇帝之舊，其創舉也。生當此時，不能稍見尺寸，發蔀徹覆，觀羔雁於彤階，下龍光於白屋，直士之自負槁項岩穴，良足羞也。第登進太驟，則人希速化；遷轉不久，則事鮮責成。守令最爲親民，仁漸義磨，需以歲月。國初雖限九年，往往吏民相宜，輒一二十年；後限六年，吏民交便。近者，邑令多未浹歲，或僅數月，遽得量移。雖扶進循治之盛心，而坐席未暖，化牟卓魯，是子產之輿誦不待閲成，宣聖之麛裘拙於三月也。不特此也，薦辟初行，人驚莘渭，謂必有殊行軼能，特應弓旌，而諸人在事，磊磊若若，亦既有日。倘治效未副，虛聲見讒，令天下之人轉重科目，則保薦之路永塞矣。故舉主之課，當嚴也。伏櫪之才，佩觿之彦，何所不有？而非親非故，難入崔群之薦剡。於是齒牙不先於素室，頭角多展於錢神，彼應詔塞責者，得毋先負明旨乎？又不特此也。天鏡高揭，中外臣工凜凜奉命，而一事詿誤，動涉數人；一語株連，輒遘重譴。漢輦未臨於郎署，唐鵲虛望於獄巢，則解網之德視闔門之典宜交相成也。又不特此也。宗人開四民之業，賢俊之士幸上公車，往明旨欲改秩，升轉如嘗法，以宗伯抗言，迄未能行，而麟趾龍種，鱗鱗藉藉，偶限帖括，遂鬱宏才，終非祖訓裕後之意。國初，靖江王尚知東平州，今將軍中尉不下數萬人，其中膚敏特達，俱伏老於兔園雁渚間，不大可惜哉？三途並用，兼得以宗選平進，亦未爲不可，但徼倖之竇當嚴爾。

復藩議

日者，濟南失守，禍及青社，亡人播越，辱在穹廬。主上閔先世之桐封，推亡固存，不失主鬯，親親之隆舉也。第亡人寄命旃裘，號風泣月，代馬朔雁之思，日甚一日，亦嘗陳情叫閽，遠隔天聽，豈無所以置之？聖朝全盛，尉侯萬里，漢之金繒，宋之銀幣，曾何足云？第親藩淪陷，非細辱也。立其子而忘其父，非恒理也。千乘之君，餐腥宿毳，塞北苦寒，能損歡樂之性。一旦河清難俟，哀感交促，下葉山高，栗末河廣，異域游魂，不能渡越，遂成人間一嘆詫，見聞共悼，是亦所當私憂而過計者也。或者疑藩封雖貴，誼在人臣，封疆淪破，社稷丘墟，城亡身陷，當無所逃罪。且也金枝玉葉，下屈腥膻，宜慷慨自裁，何至苟且其身以貽辱？是不然。漢七國之變，梁王抗其鋒，可以言功；唐天寶之亂，永王倡其義事，遂至于不測。祖宗之法訓至嚴也，諸藩之不能有爲，雖坐鎮名邦，其事權非撫按比也。方圍城之中，諸分符挽綬而嘆掣肘者有矣，況王者責臣工以義，隆貴戚以恩。向使濟南雖破，而夭驕既遁之餘，亡人或在民間，或流異地，推聖明今日繼絕之意，必當求而得之，使復其爵位，不失南面之榮審矣，其何罪之有？至于捐生引義，激烈之所爲。人各有能，有不能，非所以重責懿親也。竊嘗借箸，以堂堂天朝，而欲下尺一之書，馳四牡之使，往代覆事，勢所不可。而父子天性，今儼然嗣服者，非亡人之子也耶？周宇文護之母歸自高齊，正可爲德藩之例。誠遣一辨士，名受書於嗣君，偵指東胡，如其惠臨，社稷之幸。倘有所邀説，令嗣君以國賦之入自致金幣，朝廷間佐之，祈請一而再，再而三，庶幾克還無害。是在嗣君有孝名，而於國家大體毫無失也。即東胡亦必曰：天朝有禮如此，人子不忘其親如此，天朝嚴重而介藩效順如此，寧敢以弱宋相視哉？九廟之鐘鼓實式靈之，毋曰蒭菲置之，俾終囚服犬羊，傳之奕世，其誰予我？

恤録議

國家追慰貞魂，風勸來哲，莫大於恤録之典，以道極一時，義激天下。長霄傅説之星，高瞻箕尾；入地萇弘之血，永著丹青。扶世教忠，於焉攸藉。而概論一死，不問所繇，則長平之骨俱可登於首陽；先軫之亡尚何慚於弘演。嗟乎！事揆緩急，品列清污。同難而家國之情分，同事而幸不幸之數寓，論者不可不務審矣。昔者紀信之鬼，孤於漢代；近如王禕之死，抑於國初。雖慎重之稍過，亦斟酌之微權。漢帝以馬上得天下，重在武功；我聖祖以艱難定天下，俟其詳確。所不輕於大節如此，他可知耳。今天宇昭朗，偶屬多事，内訌外警。流寇之所蹂躪，逆虜之所虔劉。士女氓庶，致命隕首者，野史幾不勝書。惟是在事之臣，錫圭儋爵，往往雉經梟懸，或全家同覆。今叫閽之章，滿於公車，如並以龍光，章其茂節，將河北二十四郡，盡可爲顔常山，而數年之間，遽得巡、遠百十輩也。宣尼之論狂狷，言其定質，勇如由，介如憲，冰湯席鑊，諒所不辭。假貪如陽虎，聚斂如冉求，一旦馮城不保，臨敵見執，恐未必厲聲罵賊，引頸迎刃也。即鬼禍侵人，白日易匿，而欲慟徹人群，情感金石，悠悠之口，似所難期。人臣不幸遇難殉身，質諸士民之共德，信諸聞見之同詞，或豪憤斷舌，或長吟就刑，或拜訣於宮城，或赴鬭於郊巷，其時慷慨踊躍，當耳目驚悼，即虎狼亦自嗟閔，爲之欽嘆。若夫雜身微服，未辨冠裳，叩頭丐生，卒罹仇刃。更有逡巡再日，懼罪投繯，隱忍潛踪，窮途自絕，以視矢天泣日者，未可並日語矣。至於薦紳家居，情尤各異。辟之睢陽矢[一]守，豈無被害之懸車？太原云亡，自多蒙難之慘宦。今必欲等而進之，表墓湯陰，加秩卞壼，彼填城之屍，赤地之血，萬骨同枯，不無飲恨。然或傾家貲以享士，倡子弟以登城，事既確著，用達宸聰，庸可湮没也者？死財死仇，曷足道乎？總之，末俗日澆，借端覬幸，旌綸少濫，不惟無以示勸，且爲貪人敗類剝面於泉臺之下，可不慎重之哉？

屯田議

　　高皇帝曰：“養兵百萬，不費民一粟。”蓋廣屯利也。今空籍多不可問，猝有軍兵，輒請增賦。然水旱、盜賊之災，竭民膏髓，而催科如故也。司農蒿目，患無策以處此。愚謂利害相因，塞上歲挂虜，一害也。戶口流散，曠土彌望，遂可募佃課屯，未始非一利也。遼永之間，虜嘗大入，白骨盈野，試簡諸軍老弱不任戰者，給牛種，計戶授田，三年而告成，軍實足少資矣。邊氓夙苦虜，加之屯戍侵暴，勢所不無。是惟責成于良將帥，嚴爲令而時察之，斯雜耕可無害。孔明渭濱足師也。至勸農墾荒，必明著之令，凡力畜所得，即爲世業，永不相奪。其人能以百夫耕，俟其成，予之空銜爲百夫長；以千夫耕，俟其成，予之空銜爲千夫長。三年授冠服，十年得半禄。如此，則阡陌可盡開也。神祖初，西北嘗行水田，未幾中止。熹廟時，遣都御史董應舉屯田，亦尋輟。蓋以一人之言而行，以一人之言而止，成敗關于筆舌，最當事之炯鑒也。事圖永利，必不靳小費，不計小效。今初議課屯，畫井授餐，析廬市犢，小費也；穰穰滿篝，小效也。或澇或燥，而怨謗叢起，能無廢乎？聞往日梅衡湘爲赤縣令，課民開荒，其租一石。梅去，令遂廢。蓋租重則民勞，其道不可以久也。今莫若薄賦開其樂生之路，則軍民願屯，可無煩戶説也。內地中大盜，灌莽極目，生齒蕭條，急宜勸農而募民墾荒。設奸人伺其將成，輒追爲前産，非惟失勸農之意，且召釁啓爭。則自今凡荒蕪者，任墾爲業，勿追訟也。邊屯則軍民並利，內地專課民，及今力行，因害得利，雖復國初之舊可也。

募兵議

今寇虜交訌，徵發徧于內地，粵、蜀、吳、楚，俱受調遣。往年己巳，戎馬及于國門，諸道勤王，數千里赴難，途遥日久。選士甫得頓甲，虜已飽馳塞外。徒勞苦，亡尺寸功。然縣道所費不貲，甚約束不嚴，淫掠之慘，行人影絶。噫！兵猶火也，尚忍輕言之哉！故丙子部議罷諸遠道兵，令權金自募，此亦救時達變之微權也。近流寇四潰，需兵益急，顧招集亡命，鮮衣美食，技擊進退，動不如法，是以卒予敵耳。又獝徒冒餉，主帥相率乾沒；權貴子弟詭名籍中，曾不識行間，而瓊弁玉纓取之如寄。今能痛裁之乎？若上下相蒙，以尺一伍符爲要人富貴地，則智勇之士誰窺左足而應者？噫！欲收募兵之利，先戒其害。往徵師于蜀，而安奢之難作，流血數年，事可爲鑒。故遣使欲審其人，懼激擾也；閲試欲嚴其選，懼冗濫也；符檄欲信其期，懼怨黷也；芻廩欲豐其給求，懼緩急也。蓋朝廷需兵，悍民曰：“我能往。”愚民曰：“我亦能往。”覬幸萬一，博金錢，驕市里，非真走死地如鷙也。風聲鶴唳，預作不可知之計。募額千人，輒麏集麏至，不下數千人，稍優容不決，未免坐耗膏脂；汰之稍失當，或相挺而起。故核兵于已募之後，不若核兵于未募之初也。溪峒蠻夷之兵，雖性戀寡營，然難受約束，又技巧不足當虜，已事班班可攷也。此以捕寇近地，庶爲得之，爭勝于黃沙塞草之間，非其用矣。浙卒驍捷，步卒之勃。若浴鐵之騎，固非北人不可。總之，客兵費煩而難練，土著費約而易集。山川險隘，客兵不諳也；風雨寒暑，客兵不習也；飲食還往，客兵不協也。自古計臣謀士重土著，矧屢經創夷，邊氓習見虜，思一寢處之。內地人各念其家，肯相逐潢池中耶？募兵莫土著若矣。或曰：「今鄉兵亦土著之意也。」夫募土著，使人自受甲，應否惟命；而鄉兵未免責成于里役，驛騷善民，肥胥吏之橐，豈天子惠養元元之盛心哉？

馭虜議

虜自陷遼之後，丙寅、丁卯間，專瞰遼西；至己巳、庚午，兼瞰薊、永；其後遂瞰宣、大，而於遼若釋然者，果愛遼而不忍重殘之與？抑畏遼而有所不敢肆也？噫！此虜之狡也。虜密邇於遼，遼人飽其鋒刃，幾無完室，即虜肉視遼，詎不欲盡舉而糜之？而見我積甲守隘，非復向之疏虞，遂橫鷙於西，宣、大、薊、永之間，邊長而戍分，鳴鏑所至，屠掠之利，百倍於今日之遼。部落屬厭，故屢肆西犯，小入則小利，大入則大利。往猶睥睨都門之外，今且深犯齊、晉，俱出往日所不料。則後此舉事，聲東擊西，固其恒智。遼西可虞，恐尤甚於薊、永、宣、大也。蓋數年來不被兵，一被兵則奸民之闌出，與夫掠地攻城之計，必有驟發分擾而不及應者，能無慮乎？往虜深入，我奸民爲嚮導甚衆，板升諸黨實繁有徒，是在閫臣平時廣布間諜，鈎致携貳，使虜所寄腹者漸不爲用。虜一疑漢人，將亦疑部人，然後我之膏肓去矣。

昔漢捐四萬金，而楚將如亞父、鍾離昧等皆猜沮。今費餉歲數百萬金，不救敗亡。若捐十萬金行間，此不過一障之費。聽出入不問，虜之耳目可奪也。虜便騎射，我恃銃炮，彼聞聲匿免，久不收效。今約虜初至，勿遽用火器，待其力攻酣戰，出試之，鮮不潰耳。虜屢得志，嘗有輕敵心。勃風甚雨之夕可劫，深谷曲塹之處可乘，諸將患不力焉，不患虜强也。虜自併部西虜，其勢合而益雄，然胡人戀主，又尚貴種。誠募死士數十輩，間行胡中。朵顏之三十六家，順義之東西部，説以舊業之可興，無屈爲人下，倘有一二携志者，奮臂一倡，餘黨必相繼煽動。因而加秩優賚，即不爲我用，亦足以弱其勢，虜安能制西虜之命哉？大都虜類陰而我以陽用之，虜性狡而我以正禦之，適足見嗤，徒自取敗。我借其陰狡之術，虜無不入我彀中也。

楚寇議

今樞相南征，楚氛未掃。億萬之衆，久屯而不解。雖天戈所指，命在漏刻。第寇方陸梁，遐覽逖聽，不無可慮也。寇自發難以來，方鎮仗鉞之臣，屢蹶屢易，雍、揚、并、豫間，肝腦塗地者非一日，併力於楚，遂號百萬，特虛聲耳。其觥武習戰者，度數萬人，餘皆烏合蟻衆也。

漢之赤眉、黃巾，北魏之葛榮，俱號百萬，終被破滅者，未嘗舉滔天之兵，用傾國之衆也，在得其機要而制之。寇之或分或合，必不繇於寇，而繇於我，則機要也。

昔者曹氏征韓遂、馬超，聞其衆日至，喜其易平。今流寇不分裂四出，而大聚於楚，正孟德所心幸而色懌者。然樞相南征，業已改歲，捷書時上，求如黃蓋之一炬，岳飛之八日，尚有待者，何也？自昔連師數十萬，對壘決勝，近不逾旬朔，遠不越再期。蓋大衆日久，節制進退，首尾不相應，戰士罷鈍，有暮氣而無朝氣，危道也。矧楚地寥闊，步兵利險阻，騎兵利平原，寇且得地，步騎兼利，中原之長技，與我共之。浪戰則損威，堅守則養敵。故爲今日慮，非可以雍、揚、并、豫之已事，嘗試而予敵也。

愚謂寇有"二瑕"，有"三間"。寇起自秦、晋，便弓馬，今在楚爭舟楫之用，此賊操見敗於赤壁。一瑕也。寇資掠食，今密邇大軍，攘竊有限，人衆食匱，此項羽終困於京索。二瑕也。若夫楚地卑濕，贅聚蒸鬱，疾疫易生，是曰天間。包原隰險阻而爲營者，兵法所忌，寇無遠識，連營彌亘，或焚或劫，破其一營，則諸營俱潰，是曰地間。群盜稠雜，其心不一。有如楊么之黄佐，我且以賊攻賊，是曰人間。然此寇自爲瑕也，寇自爲間也，機要不存焉。

練兵儲餉，繕械飭備，軍之經也。至翕張操縱，秘裁密畫，人主不内制，同事不預聞者，貴善持其勝於人意之外。小勝不爲恃，小敗不爲餒。狄青之破儂智高也，將京營鐵騎千人，朝廷疑之。夫邕、桂非用騎之所，而卒以成功者，出其不意也。今寇自瑕自間，我能出其不意，是則機要也。楚之南銅鼓諸蠻毒弩勁矛，寇之弓劍弗與也，當得其用。加以中原之長技，翼而出之，因勢利便，度可盡滅，則役不再舉。度未可盡滅，又能使散而擊之。寇之分合盡繇於我，而寇不預焉，庶乎可卜終事。若坐俟其斃，甲胄生蟣虱，壘壁生苔，而保無意外之變，非愚之所知也。

饑盜議

庚辰冬，饑民嘯聚於澤州。旬日間，衆至二三萬。時切桑梓之憂，僭爲議曰：饑盜與流盜異，禦之亦異。流盜輕去其鄉，利在剽掠，勢如狂飆迅霆，不可驟遏，宜靜鎮確鬭，伺怠挫滅，乃爲得策。若饑民嘯聚，此不過枵腹亡命，偷活旦夕間，其田舍婦孺自若也，其宗黨鄰戚自若也，凍餒切身，一夫攘臂奮呼，群而趨之，斬木揭竿，志圖一食，初未嘗有金帛子女之覬，攻城據邑之謀也。急散其黨，緩則將合；急蕩其巢，緩則將劇。是在才有司者，倉卒出奇，足以制之，不必專恃兵也。

　　蓋晉比失歲，二穀不登。棗柿之屬，凡可寄命者，十耗其八九。愚民無知，刃在其頸猶且不顧，其不能守士君子之節，立槁於溝瘠間，勢也。其爲亂民也，其去良民也，時與地俱無幾何耳。爲今之計，必特明示德音，蠲征開廩，聽其自歸貰罪，概無所問。若能擒斬賊首，并加賞賚，誠如虞詡朝歌事。間遣機智者，入巢開諭，攜間其黨，勢必望風而解。然後乘隙進擊，一舉可盡。如遷延時月，益長其桀驁之性，滋蔓日深，非晉之利也。語曰：“得一賢令，勝得勝兵三千人；得一賢守，勝得勝兵三萬人。”言守令捍患勤事之力也。嘉靖時，青羊山盜陳卿，跳梁四載，而後平之。非陳卿之雄，上官禦之失其道也。弭盜之術，先審盜所自起。有妖盜，如漢張角是也；有忿盜，如唐黃巢是也；有黠盜，如隋翟讓、宋方臘是也。饑盜爲最下。倘不急圖其事，欲泄泄然請兵調餉，余方蒿目而憂未已也。

校勘記

　〔一〕“矢”，當作“失”。

七編　奚囊剩艸

沁水張道濬子玄父　著

陽城張履旋坦之父　較

《奚囊剩艸》序

　　余讀張先生《奚囊剩艸》，而深有感乎"剩"之一字也。《記》曰："君子不盡人之歡，不竭人之忠。"剩也。《書》曰："爾無忿疾於頑。"剩也。《語》曰："無求備於一人。"剩也。《孟子》曰："仲尼不爲已甚。"剩也。其他若衛叔寶非意可遣，王子淵己能不責，張安世人過必掩，皆剩也。

　　設今日風雨利名之場，人人解得"剩"字之義，弗率過行，厚以載物，恕以㧑躬，每事剩有餘地，太尉之袒不左不右，武侯之秤不重不輕。殿之上，安得而有爭虎？野之中，安得而有戰龍？天下可以望太平矣。惟是"恩仇嗔喜"四字，今人不能認爲飄風爲散烟，而返認爲銅墻爲鐵壁。經營太深，較量太過，酬報太刻，真有如朱敬則所謂：萋菲之角牙日哄一日，不肯剩一分安靜；凶殘之芒刃日慘一日，不肯剩一分含藏；羅織之妄源日密一日，不肯剩一分疏闊。毀譽盡因愛憎，向背俱隨枯菀，釀成一片牛李、蜀雒之世界，不資達人之嗢噱乎？且余聞諸竭澤而漁者快漁之心，不過盡鱗之族止矣，而決不能盡鱗族中之神龍。則神龍者，又豈非漁者之所剩乎？焚林而獵者快獵之心，不過盡毛之族止矣，而決不能盡毛族中之祥麟。則祥麟者，又豈非獵者之所剩乎？更有甚於此者，昔秦丞相斯下令焚《詩》《書》，盡天下之《詩》《書》、百家語悉詣諸守尉焚燒，敢有藏《詩》《書》、百家語者棄市。其一時之虐焰，又不止於竭澤漁、焚林獵矣。而六經、孔孟諸書，萬古且與日月光爭晰峙，則六經、孔孟諸書，又豈非秦王刦火之所剩？剩之中，不惟有鬼神爲之呵護，抑且有陰陽爲之摶埏，彼哉深文密詆之徒，得以刺骨吹毛，憑胸而起滅否耶？

　　張先生才當八面，識透千古，學富五車，辨折萬夫，目營四大天下。其胸中有古今來之王局、霸局、治局、亂局、相局、將局，偶有感觸，發爲文章，方且魯陽之日可揮，方且錢鏐之潮可射，方且河神之山可劈，方且女媧之天可補，方且安公之龍可鞭，方且李廣之虎可枕，而僅僅題其集曰《剩艸》。嗟乎！張先生無限憂世之深心，無限救世之大力，俱已隱隱隆隆一“剩”中矣。若非以忠孝爲根，以英雄爲幹，以聖賢爲果者，而得以逗“剩”之微也哉？若非以慧日爲心，以智月爲眼，以法雷爲耳者，而得以參“剩”之微也哉？此余深有感於“剩”之一字，而亟急欲振天下以太原之木鐸。

　　鹿城李静修龍静父頓首稽首書

奚囊剩艸卷一

序

《沁水縣志》序 [一]

史記趙、韓、魏三家分晉，封晉君之子于端氏，今縣東偏也，仍其名。不腆下邑，邀惠史氏之寵靈，實始於此。漢名縣沁水，東京時爲公主食邑，今縣名猶漢也。土雖磽瘠，桑、麥、棗、柿之利，生民仰給，原小則鮮，下邑賴焉。邑多山，故磊拔奇偉之氣，鍾于紳弁，類開敏勁博，迄今光焰簡乘。第昔時鳴珂之里俱西境，今悉萃于東，或曰河有遷德，故濱河之閥鼎鼎也。

邑舊有志，修于先宮保。越三十年，予又重輯。崇禎癸酉，邑不戒于流寇，延爲水灾。嗟呼！徵文考獻，後將何觀？且墮宮保之成烈，庸何佚乎哉！復搜訪故實，録既成，感念疇昔，序之曰：

美哉山河之固，守在四境，晉文公頓甲所不能下，秦白起、王離東鄉百戰之孔道也。今掠道鼠狗之雄屢至，失守封疆之謂何？辨方表勝，保障我土，爲志《輿地》。黎民繁殖，庶士作乂，河伯不仁，澹灾時告。兵燹以來，户日耗，賦日迫，莨楚之歌恫焉，爲志《賦役》。我有田疇，翳誰殖之？我有子弟，翳誰教之？厥有司，存軌度，以次爲志《官師》。河山降神，厥稱靈禀，歷代攸萃，所不勝紀。國初草昧，徵辟至十八人，駸駸乎掄材之鄧林，搜奇之瑤圃也。今幾何時，百世一士，匪人則湮，爲志《人物》。樓臺萬家，崇墉言言，邸署棊置，《魯頌》泮宮，壇壝孔秩，宮室繁興，異端曼衍。今顧瞻城署，四望列堞，誰爲重新者乎？爲志《營建》。往哲流徵，遺藻相屬，貞珉未刊，輪蹄周道，使客至止，登高攬勝之所艨著也，爲志《藝文》。時殊事異，耳目轉信，間有隱佚，齊諧志怪，閱覽博物，能毋采乎？即韓王古墓，父老失傳，而北山石爲槨，陳夏絮漆錯其間，豈可動哉？爲志《軼事》。

噫！志備矣，廢興得失之感係焉。邑大夫在上，先宮保在前，曾未數十年，予涉筆者再。倘後之視今，引而弗替，則邦家之光，下邑且與曲逆競壯矣。

《續國史紀聞》序

先忠烈昔候臺命，作《國史紀聞》，蓋自開國訖武廟止矣。其永陵以來，覯揚之概業屬帥，以殉遼難失去。余念鴻業之代興，傷遺緒之中佚。於是搜廣牒，翻邸報，合五朝凡百有六年，以續其後。

時予南遷久矣，路鬼揶揄，波臣瀀落，嘗有君門萬里之感，及濡削數次，更竊有嘆也。一時之裁，一時之臆，得則未足爲董狐，失且爲陳壽之忿、魏收之穢。況事在百年內，家有睹記，人有心口，若非曠代秘迹，語嬴秦於太康之漁人，問楚漢於亡隋之毛女也。國家重熙累洽，亙古未有。乃艨今觀之，謀王定國，如昔之蹇、夏、三楊，今或才遇可匹，不必協衷共濟。于忠肅、李文達若而人，成功在呼吸間。今何時也？扶危定變，疑不在值，至於爪牙虎臣，北捍虜，南捍倭，僅支目前。視昔之三黎入漠，西征交南者，尤若徑庭。惟是循吏勞臣，文苑獨行，直言殉義之士代不絕書，是則二祖、列聖培植之餘澤，以光於五朝，傳諸信史者也。

先忠烈初命筆，寧簡毋贅，寧覈毋誑，余守此義，不敢廢焉。或曰：子環列之尹，越局于蘭臺石室間，有往事乎？曰：有之。《周官》虎賁贅御俱擇正人，進正言，矧余有先忠烈之成言在，又何敢違？見於忠烈前有薛憲副之《憲章録》，見於予前有薛學正之《續録》，俱史也，俱父子也。第予弗克折薪，有血指退矣。

《奇門秘旨》序

奇門家洩造化之秘，參曆元之微，其爲書也，難言也。《陰符》略及之，而不竟其旨。烟波釣叟雖被之聲歌，隱而不發，亦惟聽賢智者之自領。迨池本理妄以己見，置閏于二至之前，准以九日，往過來續，分數差謬，遂至毫厘千里。夫使無本理之説，學者不得于心，而求理之所安，數之所歸，或望有悟，乃失其正傳。盲以導盲，所趨愈迷。占驗不靈，歸咎作者，惡乎其可？余向來得三式諸書，彼此參錯，竊疑而尋其原，乃知要妙專在超接、折補之間。亦嘗恍然有得，而喉中咯咯欲出，尚未能也。

吾鄉韓豫侯氏，居山中三十年，究心理數，徑窺其奥，辨疑剖隱，删繁補缺，直可上接風后之統，下開萬世之宗。余之恍然，更非昔比矣。

嗟乎！啓余者豫侯也。小而日用，大而軍國，吉凶悔吝，均于是乎賴之。乃猶不亟以示人，令昧所從違也耶？

高陽孫愷陽少師文集序

竊觀古名將相，身兼數器，負三立之望，尹、旦以下，概未多見。蓋步武臺座，玉鉉金衡。朝廷資其調燮，疆場藉其金湯。或時不並奏，或才本獨長。勒之旂常竹帛，將蕭、曹讓烈，房、杜競休。至於雞林之價，摩空之聲，往往紳韋多而鼎軸少，雖名世大賢，不視此爲輕重。而清廟明堂，黄鐘大吕，所以黼黻龍光，經緯天地，古名將相，要不越此。明興，劉誠意倡一代之業，而未正揆席；楊文敏、楊文襄、翟文懿正揆席，著武功矣，而稍未嫻于文。甚哉！兼才之難也。《天官書》、《泰階六符》，左次文昌，而右上將。大臣謀國，既罄其血忠，可使奎璧黯黮耶？

高陽少師孫公，少受神祖特達之知，拔置鼎臚；承明著作之庭，踐陟黃扉。閔國家多故，身請行邊，再以上方劍出關督師。攷之先朝楊文敏使寧夏、甘肅、西寧者三，楊文襄總督陝西，翟文懿敕視九塞者各一，此皆熙朝僅事也。韓、范在邊，而夏人爲之弭耳懾息，公亦類之。至夫博極群籍，雅善文事，草麻應制之外，搜弋見聞，酬應朝野。劉穆之之百函並發，張燕公之大手天成。古聞其事，實于公見之。

嗟乎！今往騎箕驂星，不免以身殉牧圉，於公將相之業亡傷也。海水群飛，昆岡概焚。神理極其荼毒，獨鴻裁傑製，百靈呵護。故河東之篋未亡，金絲之音如在，亦治世一徵也。先忠烈附公榜，素嘆服其奇偉。潛幼奉顏色，勉以丹霄之譽，愧未一酬。甲子獲事公榆關，祗命逭責。今手公集，徒使西州頌策，謝太傅之風流已墜；南崖墮淚，李衛公之生采不還。嗟何及矣！存則人，亡則書。古名將相之身係安危，一旦游于九原，天下後世必奉其言爲蓍蔡金石，非公之謂耶？

大司農張藐山先生《泊水齋詩》[二]序

詩至三百篇，尚矣。超而前之，疇爲倡者。陶唐《擊壤》之謠，有虞《卿雲》之什，昌明龐奧，肇隆千古。吾晉非《風》《雅》之正始乎哉？今列在三百篇，動曰思深慮遠，猶有唐虞之遺風。蓋仲尼氏麾陳俗之精思，委也，非源也。今天下無人不詩，無詩不三唐六代。然古調久矣不振，洋洋纚纚，見謂日新，而意語並盡。神景易離，不過優孟之轉經，季札將何觀焉？

吾父執藐山先生，少有起衰之志，嘗與先忠烈彼此稱詩，句權而字衡之。及揚歷中外，三事在望，雕蟲刻葉，因鄙爲薄技。然而性靈融曠，胸懷坦粹。春秋時，卿大夫講信達情，固不廢詩，矧在先生明良喜起之隆乎？故其觸時搆象，感事寫情，深麗而有清蕭之氣，高渾而有幽細之思。句多餘致，篇亡剩法。求之三唐六代，將避席不遑，寧論今日哉？昔權璫煽禍，嘗西行金城，其與李供奉之夜郎、杜工部之夔州何異？而患難不忘君父，藹然言表。古大臣肫誠藎誼，先生有焉，又不得獨以詞人迹之也。《書》曰："詩言志。"《擊壤》之謠，《卿雲》之什，視後世之《房中》《柏梁》，其志爲何如？千古已事，幸在吾晉。仲尼氏正其委，先生遡其源，兩得之矣。予不敏，奉大君子之教，行吟澤畔，辭旨憂鬱，有類江潭大夫，以質先生金城時離矣。今獲睹典型，感念古昔，樂操其土風，不忘本也。

陸嗣端司馬《日紀》序

司馬陸嗣端，既罷官還里，人謂其咄咄書空也，嗣端獨否，仍觴咏自如；人謂其捫舌刺血也，嗣端亦否，仍慷慨論天下事；人謂其南山種荳，拊缶嗚嗚足樂也，嗣端又否，仍眷顧君國，夢寐廊廟之上。其生平稟性，高視一世，慕嵇、阮之達而醜其放，工晁、賈之策而病其忿。故在事之日，章滿公車，天子讀之，改容動色。一旦武闈株累，尋中考功法。江南花鳥，待嗣端增價，不知憂盛危明之藎思，屬車豹尾之追念，吐之不可，茹之不能。或曰：以子之才，掞顏、謝之孤高，雜徐、庾之流麗，僅詞人事耳。古人臣之廢，杜門省愆。趙清獻之焚香告天，正其時也。嗣端大善之，亟濡墨伸毫，凡日所動定，莫不臚紀之。於是高賢大良之聲迹，幽人騷客之笑履，接于目而傾于耳者，俱躍躍有靈氣。下至柔鬟慧黛，冶情妖怨，落其筆楮，更不羡歌子夜，而怨莫愁也。間有英議借發，豪憤旁擄，或朝或野，或正或諷，或稗或史，以參於劉義慶之《世説》、何元朗之《語林》，即雁行進之尤先也。

嗟乎！嗣端家世華臚，年少通籍，出入金華殿中；攖鱗請劍，固側犖朝之目。迥[三]投身江湖，航則一葦，杖則一節。與人無怨，與世無爭也。疇忌而禁之，乃奪予司命之算，夸父不能追矣。嗟乎！讀嗣端之彈文，恨其易盡；讀嗣端之《日紀》，恨其未竟。此予輩所爲呼天號籲，嘆九原之不作也。嗣端最善予，燕市酒人，不減荆、高之誼。及予南遷，正嗣端從事日記時，燈魂酒態，淋漓盡致，孰謂其綠樽翠蛾外，尚有子墨客卿供其朝夕也？陸氏之先，宣公罷相，徙忠州，廢書不著，止輯醫方如干首。嗣端豈亦其意乎？忠孝性成，予復何云？夜臺之間，顏回爲修文郎，顏真卿爲北極驅邪院判官，李白爲蓬萊都水監，石曼卿爲芙蓉城主，則嗣端于氣節文酒，俱極得意，亦復著筆否？嗟乎！車過腹痛，念此能無一字一淚耶？

《施氏臆説》序

吳興施中黃，命世才也。窺天人之奧，志在德功。既不售于時，一日從長安走筆成書十有六篇，俱研極性命，根抵造化，衡量才品，評隲藝文，至於出政制治之宜，詳哉其言之也。下及方技小道，間有一涉焉。其説得荀、楊之醇而去其疵；得淮南、稚川之博而去其瑣，故足傳也。

其曰二教，則昌黎之《原道》覺拘；曰神道設教，則叔夜之《無鬼論》頓狹；曰情性喜惡，曰陰陽五行，則宋儒之羽翼；曰剛勇，曰夜氣，則先聖之功臣；曰君子小人，曰鄉願狂狷，則劉劭《人物志》尚少其辨；曰諸史異同，曰諸子馴駁，則倪思、高似孫之書未見其暢；曰文章原委，曰詩賦末流，則上下三千年，縱橫一萬里，喆匠鉅公，俱俯首受裁；曰經權法術，曰張弛寬猛，則皇王帝霸、神明獨會，而不膠於故嘗；曰兵曰醫，則司馬穰苴之支旟，而《靈樞》、《素問》之奧突也。

昔人以《鴻烈解》二十篇，字挾風霜，緜今觀之，亦其亞也。文之以"説"名者，文中子之《中説》最著，蓋自比《魯論》，或不理于人口，若以《臆説》匹《中説》，復何疑乎？

今中黃往矣，諸説已流布人間，余復何所置喙？第恨其在時不我值，余且有一得效于中黃。如融貫釋氏，姚江之末流亦有之，他人隱而中黃氏顯焉。恐後之持論，益茅靡瀾倒。其謂今之天下，不惟無中行，無狂狷，且并無鄉願也。即憂深慮遠，然鄉願自終有的傳。文意詩賦，詳于古，略于今。假卧君百尺樓上，旁進規瑱，得毋爲後人所彈射耶？雖然，書成一家言，奪席漢儒，驅駕時彦，一二宋大儒據前座而標其理，要不能爲中黃氏難也。世有知者，詎增中郎之帳秘而已哉？

沈氏《家塾私訓》序

嘗觀名閥世裔，弓冶相繼，非天之所奉，獨享晰鐘膏腴之運，亦其貽謀良遠，有身教焉。姬公之撻伯禽，宣尼之命伯魚，家訓之祖也。萬石君家以孝謹顯于漢，陳太丘德重汝、潁間，倘亦不言躬行之意乎？今世所知顏氏、柳氏《家訓》，戒諭嚴切，詞旨華貫，衣冠之族，宜人人尸而祝之。乃門祚如王、謝，不免以塵尾貽譏；馬扶風畫虎刻鵠之書，其念最醇篤，而身反遭謗。則學士大夫推本家法，豈曰芝蘭玉樹，任其生長階前耶？彼子將月旦之口，嗣宗青白之眼，季野陽秋之腹，子若孫有一于此，咎徵也，非休徵也。薄俗不察，恬守其習，未幾而滄桑遞變，列鼎轉而負薪，何曾之侈，曹翰之殘，頓成譚柄。或不至淪敗，尚有公慚卿，卿慚長之論。嗟乎！是遵何訓哉？其始不可不慎也。

松陵沈韞所先生，故有名德，家世昕昕，高而能下，豐而能抑，著《家塾私訓》十篇。凡立學禔躬之要，起家善世之道，非徒言之，實允蹈之。諸弟服膺，俱有聲仕路。後人繼繼繩繩，質行比于長者。予讀其訓，作而嘆曰：“此不獨爲沈氏訓也，以式天下可也。”國家世德作求，恒慮其汝。高皇帝初設君子舍二人衛，以世禄之家鮮克有禮，諄諄然申命不倦。有如先生之訓，金、張、許史盡進而爲伊陟、丁公；江左裙裾子弟，盡陶于鄒、魯間。家有德星，人有導師，扶翊世風，仰承天子之德教，於是訓端有藉焉。常璩之志《華陽》，韓氏之記《桐陰》，排續世德，後之視今，知不能加于沈氏矣。

新建[四]戴初士文集序

文人靈根，首培于豫章，盤礴千里，芒耀萬丈，而莫知所止。秦漢以下，分其腴色清音，良幹堅理，俱可卓聞於世，陶徵士之於柴桑，李供奉之于匡廬是也。他指不勝數，至明尤極盛矣。天加闢，地加釀，故人亦加俊。今語及戴初士姓氏，莫不列其目於耳右，注其腹於舌上。予雖生不同地，嘗有尹邢、瑜亮之感。近自邗溝傾蓋，秣陵投轄。自幸生平，得一當初士。遂盡讀戴氏書，益非凡所見也。茂先十乘，鄴侯萬卷。瀝其芳澤，橫空獨出。畦徑既絕，變化以生。時而游覽，時而冥寄，時而强藻綺思，筆采欲雲，墨光如海，當世文士，咸欲退舍。嗟乎初士，何才之宏博無已耶？地靈人傑，嘗恨其語積腐。以今觀之，非此文不能名此人，非此人不能名此地，謂地以初士重可也。

余家於晋，梗楠杞梓，則楚地往焉。出君之下材，以拜君賜，猶復不克自振，敢與豫章絜長較大乎哉？余兹愧矣。

長水王介人文集序

余友介人，開敏邁往之士也。生長梅溪，地接白苧、前溪之響；係籍太原，時傳東皋、摩詰之書。席門窮巷，不預人事。株守毫翰，凝思朝夕。闤闠相習，非計然之籌，則桓東少年場也。見其孤情枯嗜，動目迂狂；而雕蟲之好，宿業既深。掞顏、謝之孤高，雜徐、庾之流麗。中懷獨賞，嘗高自標許。睫不受人，耳目共駭，幾若君家癡叔。遂理椶吳、越，弭節淮、徐。名山勝水之所開滌，異見軼聞之所激宕。欣感殊多，符采愈厚。予初交臂得之，尋下其榻。東西南北，亡所不至。王、裴之于輞川，嚴、杜之于劍南，庶幾似之。嗟乎！謝茂秦死，而北道云亡；吳少君沒，而南風不競。布衣之雄，其難百倍于紳珮。蓋彼有藉，此亡藉也。自非拔山之力，求一語之幾乎道，其可得哉？若夫羌雁當世，游大人以成名，介人骯髒不屑也。故食貧寡合，獨眤予不置。嘗醉後頹唐，傑論橫溢，政桃源人不知自漢以下。今集具在，識者當爲長價。袁中郎入越得徐文長，鍾伯敬入金陵得陳白雲，稱異世知己。余入吳得介人，定交杵臼之間，視公安、竟陵，倍爲厚幸矣。

王元昭《好書》序

昔廬陵云：「一願識盡世間好人，二願讀盡世間好書，三願看盡世間好山水。」余以爲此三願，何易言也？九州游八，五經涉四，亦不過領略大凡，那得云盡？至于斯人之徒蜂群蟻族，從何處辨其真僞？而乃云好人盡識，識果可盡？是亦淺乎窺人，人以好名，亦未必誠然矣。余少也，志浮氣莽，手眼茫昧。間嘗寶惜圖書，惟錦軸牙籤便以爲好，正如蠹魚出入卷中，止知溫飽。邇年見棄聖朝，北鄙南服，經歷遼闊，反邀天幸予山水緣。雖足迹未遍天下，而于名山大川頗有遇合，貧而乍富，遂飽眼界。然茫茫世宙，正自寬廣，亦烏乎云盡？若夫半生知交，炎冷改換，不爲反噬之狼，即爲含沙之蜮，其間終始不渝，大聖賢，真豪傑，指不數屈外，是於沉淪時得一翹企足矣，敢曰："某人好，我願識之。"識且未可，況于盡乎？此余所日夜拊心，咄咄難言者。

庚辰春仲，以迎養過彭城，纔得識韓次卿。千古所幾望荆州，惟恐不相當者，獨許余以孔李通。接見以還，神爲飛越。余謂好人其在是矣。乃于次卿所，又得識王元昭。老杜所云"渭樹江雲"，元昭有之，且更出篋中珠玉，以質賈胡。余時正與次卿把臂論天下事，都無他顧。忽披閱一再，不覺結舌。迨至終卷，蓋不忍釋手矣。有是哉？好人、好書一日遇之，舍是羊質虎皮，烏足有無？雖謂之盡亦可。識好人，讀好書，願云盡矣！龍山嵯峨，黃河沔溁，即謂之好山水，亦盡于此，又何不可耶？因慫恿公之于世，使世有具是願者，亦得以識元昭。余即題其卷曰《好書》云。

綏寧吳能尚詩序

詩莫盛于唐，而閩人能詩獨歐陽詹，非顧靳之，天道後起者盛，將用其所未足也。

明興，同文之治，摛藻如林。其首建旗鼓，狎主齊盟，實閩人倡之。林膳部子羽，高典籍廷禮，其最著也。汲引英流，究極華賁。其後鄭吏部善夫、顏長史廷榘、余明府翔。他如高澂、傅汝舟、黃克晦輩，俱經緯相宣，宮商互應。閩人于詩，真海賈求珠，而蜀賈求木也。雖然，詩道沿習久矣。先民遺響，體製不一，或沿元季靡縟之遺，或襲少陵愁嘆之旨。雖有依經之儒，而亡擅場之作。是以登壇競美，而後進間有餘議。語曰："同長不如獨勝。"今能尚覃精風雅，思拔羽而登，貫珠駢玉，河涌川流，閩人莫先焉。往詰[五]以閩重者，固比比而是。其異量加等，不能不望吾能尚氏也。

《選唐詩》序

夫詩起于三百篇，至漢、魏一變，宋、齊、梁再變，陳、隋淫靡特甚，然亦宋、齊、梁之弩末也，不可言變。惟至于唐，而聲響一振。其體裁則仍承陳、隋而來，歷初、盛、中、晚，乃稱具備。詩遂莫盛于唐，然亦莫濫觴于唐矣。要之，皆古人精神所出，各極其致。雖瑜不掩瑕，然千百世來，所傳不幾人，人不幾詩，存之猶恨見少，何忍刪削以彰得失，掩沒古人本來面目哉？昭代選詩，自高廷禮始，李于鱗繼之，簡閱之餘，偶有好惡，因有去留。夫亦不謀于人，自成其是。高之後，李未嘗以爲非也。迨鍾伯敬、譚友夏出，遂盡黜李選，輕薄嫚罵，時露筆端。夫李之疏則誠有之，而鍾、譚所收，偏于可解不可解者特加獎詡。其間粗惡迨過於李，豈責人則明，恕己則昏耶？余以爲，既選之矣，必當兼收，氣骨勝者收其氣骨，韵致佳者收其韵致，要使古人精神生活眼前，不在以己好爲去取，何必高、李、鍾、譚迭爲爭長？以文墨之場，作市井之態，良可吁已。余因彙四家之合，及世所公是者而褒之，棄其所私，庶乎人無尤焉爾。

《張氏文獻錄》序

余家大河之濱，春夏水至，兩涯輒不辨牛馬。蓋源遠流長，非他水可並也。飲穰縣之澗多壽，汲綠珠之井多妍。學士大夫生長河上，不以文自見，是勺蠡而忘其源也，徒有"逝川"之嘆，將來"伐檀"之譏。

嗟乎！亦有當時則榮，歿則已焉，烏在繼繼繩繩，聲施後世？是乃自絕其原，而未嫺于大道乎？先世幸煦植不淺，宮保公發祥以來，不獨仕版相踵，且代擅紬素之業。分鑣競騖，至殘膏賸馥，遺瀋餘波，予亦飲河而盈其腹矣。王氏青箱、蕭氏世翰，最著江左。若夫扶風之班，見于父子；雲間之陸，見于弟兄；眉山之蘇，見于父子兄弟，僅僅此耳。予獨何幸得于天之奢也！謹彙次家刻，合而行之。先宮保其昆侖也，得河之源；忠烈公其鹽澤積石也，得河之隆；伏宇章諸父其龍門砥柱也，得河之奔迅。其于溟渤尾閭，杳乎未有窮也。益信源遠流長，所謂文人得山水之助，非耶？

《復古道林》序

昔之爲教者三，今而四矣。吾儒而外，有佛與老焉，加之天主之日熾也。同原分流，詳其要歸，各有至極。自非通人，或以理而相格矣。余嘗論厥涯略，竊以禪得其體，三者得其用。儒者，本仁義中正，達之彝倫；天主，博學多聞，詳於算數，以極之經緯天地，裁制器物，是皆用以經世者也；而道家，則用之以出世焉。

嗚呼！世有能使病者起，老者壯，死者生，無有矣。以其用歸之造化，造化而生身，非金丹之旨，吾又誰與歸乎？余嘗覽《悟真》一篇，暨乎三注，大要性悟命傳，功存清净，鼎藥多端，黃絹之喻也。其痛言爐火之誤，不啻三致意焉。乃《參同》一書，雖指本規中，而作丹之法，俱在引發之際。相傳伯陽入山，丹成斃犬，以試諸弟子，豈非服食之可據乎？古德有言：清静之後而有服食，服食之後而有符咒，符咒之後而有章奏。服食者，非爐火不爲功耶？管窺多怪，譏爲異道，等之三峰，冤矣。世鮮聞道之流，黃金不成，喪好利之氣，而白髮隨之，卑卑導引之術，却病之不足養氣存神。言非不傳也，而執之無本，施之鮮次。第龍肉而療饑，則又何補焉？余曾遇至人于燕、趙，兼授内外諸法，余亦已得之而爲，爲之而驗矣。其未敢云有成者，身居憂辱之中，事雜風塵之半，兼以聲色娱情，詩文費日。是所踏于知之非難，而行是艱也。王勃有言："清識滯于煩城，仙骨摧于俗境。"平居忽忽，撫此三嘆。然而見同志之士，每與伸引微言，攷訂同異，輒[六]欣然忘疲。

余之幸遇俞俞子也。俞俞子，斯道之傳人，其恒以是印證余也。如古之目擊而道存，或猶未能，然于河漢之譏，我知免矣。錢塘葛屺瞻先生聞風悦之，捨南山爲道場。白鶴高飛，昭靈響于梁帝；青山羨買，營隱具于郗公。葛家丹井猶存，丁仙遺蜕如睹。臨安勝事，寧不再見于今乎？余苟得謝塵務，杖策往還，摩蒼穹，弄白日，終有期也。同是願者，曷共成之？

《春秋集傳》後序

自漢武帝置五經博士，而《春秋》始重。其後遞置《公羊》、《穀梁》博士，而《傳》始重。《左氏》初不隸學宫，劉歆力爭之，始與二《傳》等。漢晉以來，經學亡慮數十家，向背興替，以時爲政。宋王介甫自負大儒，獨訾《春秋》曰"斷爛朝報"。南渡時，胡康侯專治《春秋》，思陵召至講幄，其説遂大行於世。今之宗胡氏，猶前之宗左氏也。顧一人之臆，一時之議，或感憤而未裁，或規切而少激。昔人云："天下有粹白之裘，而亡粹白之狐。"顓之不始彙之也。

先忠烈歷官柱下，固古者史職。雖繇説《詩》起家，筮仕後，念爲臣者不可不知《春秋》，間采諸傳，務持其平，不膠積例，務存其確。不開鑿徑，素王之直道公衷，嚴情□貌，具隨事拈出。蓋劌心涉筆者數年，始克成帙。弘演納肝之義，先軫委命之節，志在《春秋》，先忠烈竟身殉之也。不肖兄弟，向嘗録上天子，備乙夜之覽。蒙付史館，諸人士咸以一見爲快。

辛巳，客白下，父執貌山先生始慫恿登木，以公同好。

嗟乎！諸務棼如，此爲墨，彼又爲輸，今弄丸而解諸家之難。先忠烈功于《春秋》匪淺，第不肖徒讀父書，幸棗梨具在，手澤如新也。

不肖男道濬抆淚謹跋

輯先忠烈公《文集》後序

先公遺集若干卷，今始授梓，非敢後也，蓋有待云。先公少壯登朝，性喜著述。即持斧遼左，軍旅暇，猶擬觚翰從事。其《周易解》、《四書正訛》、《性學日得》、《〈左〉〈國〉箋注》、《慕古録》等書，皆失之殉難之日。今存止《春秋集傳》，得録以進御；已行世之《國史紀聞》，然亦自武廟止，嘉、隆來纂述未竟也。奏議止庚申前，得十之六；詩稿止游覽，得十之四，其散佚尚多。

不肖濬前請纓從軍，思恢復故疆，于殘壁遺燼中，或收手澤，完先公素業。既奉冶造之役，事竣，中璫禍。尋先大父宮保公捐館舍，伏苫塊間，甫闋，荷環召，數言事，予告。會虜薄京師，奮身馳入。復數言事，蒙譴謫，自雁門再徙海上。蓋十年來出入無寧日，幸久在海上，得肆力搜訂。而朝夕不謀，未獲展願，藉手友執，始克付剞劂，不肖濬因是而痛無已也。先公博極群籍，復闡理奥，初志不僅以文顯。嘗憶西巡時，修漢中諸葛武侯廟，不及記。既還里，夢武侯求麗牲之石，先公著筆今不存，豈非遺憾耶？昔宋陸放翁志復中原，臨終詩：“王師若復中原日，莫忘靈前告乃翁。”今遼土恢復不遠矣，不肖濬彙刻先公集待之。倘天不愛道，得復見向所佚稿，庶少釋其痛，爲子之責或可逭乎？嗟乎！濬安能一日忘諸懷也。

校勘記

〔一〕此文又見（清）光緒《沁水縣志》卷十一《舊序》。

〔二〕"泊水齋詩"，原作"詩集"，據目録改。

〔三〕"迉"，疑當作"迫"。

〔四〕"新建"，目録作"新城"。

〔五〕"詰"，似當作"喆"。

〔六〕"轍"，當作"輒"。

奚囊剩艸卷二

引

《投筆草》引

噫！余何能文？余髮覆額，受知王茂槐老師，遂以千里相期許，余亦自謂當不爲轅下駒。而伏鹽車十年餘矣，竟未獲伯樂一顧。今且易故步也，又何必向人悲嘶？然而御人執轡，勢匪自繇。故兹一副皮骨，猶欲燕王見憐爾。有人曰：“何不向杏花紅處展其逸足，槽櫪間呈伎倆乎？”則余垂首矣，余何能文？

《督冶》引

不佞濆仰戴聖恩，痛心親難。先是蛙怒，欲踵南涪州後塵，以雪不共。當事者慎重鼙鼓，思不輕以書生長百夫。繼投筆擁警踵，屬國廢朝命，又欲效吾家博望，航海規利害。當事者庚慎重節旄，恐孺子屑越，辱簡書而羞中國。已念正部曲，嚴刁斗，胡兒戒莫敢犯，正不值一錢人。使絕域，三十六騎傳檄定西南夷，正門下備書奴。是人未可皮相者，皮相人徒自數奇爾。雖然，大義所在，修我戈矛，爰備同仇，或者當一，樞輔果不以襪材棄也，遂請濬開冶里門，瓜期告竣事。其間辭尊居卑，舍逸就勞，姑不置齒。而監守出入，弊杜漏卮，霜鋒犀器，不敢如象人瓦犬。幸善始終，莫辱任使，於兩豪傑仰止之意，亦少不愧。但涪州服忠思孝，無替負荷；博望西域十年，馳威紫塞。不佞濆瞠乎後矣，知我謂何？

《越吟》引

先宮保見背時，季父任家督。幼叔三：一纔就外傅，兩尚襁褓。治命輔翼，余雖奔走風塵，未敢寐興懈也。逮余南放，六載睽隔，惟恐隕墜，遺愴地下。丙子，叔銛以一經魁省闈，叔銚補博士弟子高等，叔鐘髮雖覆額，亦能讀遺書。余聞之，如釋重負。己卯仲夏，皆隨季父視余放所，湖山之間，感慨繫之，一唱一和，因而成帙。昔工部夔州，供奉夜郎，恐未必有家藻若此。即子瞻惠州，喜兒過文日進，寓書乃弟。今豚犬即未能效柳氏家雞，而得之叔氏，不猶多乎？持以寄弟，當亦爲天涯遷謫慰也。

《題孫白谷吏部映碧園詩》引

余生平有摩詰癖，嘗以不逮輞川爲恨。擬濱沁河，於牛山麓購小墅，種花植木，馴鳥畜魚，脫簪綬，謝塵俗。客曰：「游憩其中，不問家人生產事，科頭跣足，披墨攤書，小童間授簡，寫胸懷一兩行。興來拉二三貧賤交，敲棋浮白，以遲月色。人去我倦，羲皇一枕。寤焉嘯歌數聲。如斯終老，雖摩詰未許分席，稱愜適也。」

忽爾放逐雁門，盡違始願。竊意沙塞胡天，黃雲白卝，著眼無非增凄感者。乃余友孫白谷以山公歸沐，其負郭別業，實先獲我心。屏山帶河，園扉雙啟，綠蕪漲岸，蒼倩欲流，因以「映碧」名之。次前則築柳堤，穿長春洞，建玄滌樓，架宛在橋，立愛蓮亭，濬縱一葦渠，構涵虛閣，開遠香嶼，列笑塵軒，揭清暑榭，砌三山徑，疊飛雲洞，通十畝間，鑿濯月池，闢擬桃源路，設菊圃，景備四時，無不各極其致。若夫雲從棟生，塵緣境斷，好鳥喧檐，游魚吹浪。人忽來忽去，香若有若無，則又當朝暾初上，夕舂未下時，益益之妍矣。於斯焉，嘲風弄月，且咏且觴，無量佳情，收拾略盡。輞川之勝，余雖未逮，遐想之不過如是觀。摩詰、白谷，是一是二，余千里作緣，得日夕偕焉，又安知非後身之裴十耶？庶幾可了勾吳癖，不必問孰王孰孫，孰裴孰張矣。天地自大，四海爲家。放逐得此，以消永年，即終老雁門、沁河濱牛山麓有異乎哉？因賦詩得一長篇十六絕句，昭示來兹，以當輞川一幅。

《賣妾詩》引

慨自市虎成三，臺瓜摘再。雲封北闕，更無夢遶鵷班；日暮西山，徒有魂依萊舍。每看春蕪，發浩嘆於王孫；載對江楓，慘索居於楚客。河清難俟，方興淪胥之悲；我生不辰，孰覯婉孌之好？乃承同志，爰惠雙鬟。月質懷明，烟姿飾暈。側三春之舌，嬌失其鶯；御五銖之衣，輕忘於燕。抑且紅牙按拍，韵叶宮商；銀甲調絲，響諧金石。半迴翠袖，翩躚居倩人持；三弄梅花，縹緲香依風落。使邂逅溢浦，將始覺遷謫者，毋用沾襟；若追隨湖山，即不合時宜者，亦堪捧腹矣。顧余作客十年，一身多病；家徒四壁，雙口嫌貧。無計以遏腸雷，色餐奚補？聊樂止堪衣縞，屣棄庶幾。因而破城開情，填海窒欲。簫闌鳳曲，人別陽臺。玉鏡晨虛，落粉起行雲之夢；花期夜歇，寒幃鎖經月之香。悲團扇之不秋，誰云怨斥？念空閨之屢日，實負人佳。從教薄倖，一任紅綃。縱使多情，漫勞碧玉。去也終須去，所嗟早見去時；山上又安山，那可再逢山下？不能無感，遂以成詩。

記

臨潮閣月夜記

崇禎戊寅，余期友白沙城，市喧雜不可居。居江湄一園，園小而不逼，不僻而幽。朝夕潮至其下，有閣臨之。時季春十六夜，月明如晝，余啟閣憑視，水天接光，萬頃一碧，山嵐漁火，蔽虧蘆洲，兼之弱櫓揉風，驚魚排浪，生活景色，洞搖神情。寧只借象積水，水中荇藻交橫而已哉！惟是相與起步，無所爲張懷民者，因憶王介人，愴然興懷，徙倚成歌，聊攄衷感。歌曰：一水盈盈，百感縱橫。四顧寂寥，中天月明。

萬卷樓藏書記

古人作廉白吏以貽子孫，獨不廢圖籍，謂開滌耳目，扶進德功，皇王帝霸之鴻猷，忠孝道義之淵博，莫不是究是圖，端有藉于此。故擁書萬卷，何假南面百城？人間至樂，無可差等。劉向之樂，張華之乘，阮孝緒之録，李鄴侯之籤，往哲什襲而珍之。充其積念，恨不以身代楮，以血代墨。爲子若孫千萬禩之重，西域賈胡剖腹藏珠，藏書家初計，何論身家哉？趙子固身可溺，終不捨褉帖。蓋此皆嫏嬛之秘牒，宛委之奇珍，有值之一時，失之千古。恒言藏書八厄：水一也，火二也，鼠三也，蠧四也，收貯失宜五也，塗抹亡忌六也，庸妄人改竄七也，不肖子鬻賣八也。嗟乎！漢之石渠閣，隋之嘉則殿，今有能按其成目，一一如故乎？甚矣，書之難於藏矣。

予家世咕嗶，先宮保及忠烈俱嗜書，宦游四方，羅致頗廣，度之萬卷樓中，臚次充棟，願後之人毋作故紙視之。在歸橐即鬱林之石，在貽謀即恒山之符，在報國即教忠之本，在資身即饋貧之糧。若曰覆瓿供爨，其厄視梁之元帝、南唐之黃保儀，焚毀爲何如哉？至積不能閱，貯不能護，日復一日，終爲村姑竈媼所辱，非藏書之初計也。吾欲推置萬卷樓于酉陽、羽陵之上，招玄夷使者、靈威丈人左右夾持，奕世而下其能傲我以所不知之人乎？陶貞白《上梁武帝書》云："昔患無書可看，乃願作主書史。"余仙福不逮貞白，愛好墳素有同心焉。遂記之，以備法戒。

游丹坪山記 [一]

丹坪者，蓋萬山之特也。左右闔峙，水下繞廣十余武。相傳宋岳忠武進次朱仙鎮，河北所結義寨三十有七之一，今廢城尚在。或曰古仙人煉丹處，故砂鉛汞青，在在而有，山所繇名也。山下曰丹溝，去余家百里許，時心慕之，未克游。

崇禎壬申六月，余自翼城西來，始迂道焉。初五日方午，自白華取徑於河，五里爲箭河，云矢石所及也。循河而左，壽藤雜蘿，幂蔓綴屬，令人忘暑，蒙陰漏日，微見其隙。又二里，得小石橋。據橋延睇，水石清露，纖鱗游泳，宛入鏡中，了無少碍。紆稍前行，即丹溝也。居人數家，築茅炊汲，驚見游客，競駢首駭咤，此何異桃源人驚見漁父耶？第居人樸處，不解問戶外事。予即詢山中故實，無爲應者。少頃拾級而升，曰下叠，其山壁立如城，層置如臺，予强以名下叠。土石參半，路夷不苦騎，登中叠較險矣，下馬捫蘿扳葛而行。幽邃極目，獐鹿雉兔交迹林間，俱有傲睨之色，不我避。尋登上叠，石鑱削，可五六丈，有岩洞三，俱可容百餘人。勢獰甚，欲生噉人，令不寒而慄。再尋徑上之，僅受趾，不能並武。巔之缺如玦，泉瑩如也。疏之注下即瀑布，瀦之即池。假漢陰丈人遇之，何煩抱甕哉？再上，得地，坦而可耕者三千畝。不時有阜，阜即有林，花木掩映。想昔人避世於此，枕漱末耜之樂，亦山中萬户侯也。西來山峻，而若斷，蜂絲蜒步可數里，突起似子似附，此坪之所爲奇也。東南下瞰，人如蟻。俄雲霧瀜茫，舉山麓失之。仰視赫曦，略不少改。稍頃，山下人至，衣履皆濡，則雨師移其德於山下，而予尚窮登眺之勝，得寬政焉。設初時及山之麓，予又安能以笠代笫也？自是觀止矣。還宿山下，因嘆山居之難，坦失之曠，奧失之阻，今耕于白雲之上，飲于群峰之中，又重關絶巘以鍵之，真仙靈幽宅也。河北忠義寨或一時戍守，豈足久混神區哉？然去予家百里，今始克游，不可以無記。

人日游雨花臺記

濩澤張坦之、古吳張彦清、鹽官談稺木及余弟道法，以留都迎春于南郊。

壬午人日，適其候也，並策駿出聚寶門。肩摩轂擊，鄭之溱洧，齊之臨淄，不加于此。少憩報恩寺，循堦而登，刮灰如故。浮屠層拔，金碧晃耀，稱恒河沙第一。殿左曰“莊嚴法界”，余鄉王覺斯宗伯書。見書如見故人，徘徊良久。出覓雨花臺，轉瞬陟其巔。土山坦露，旁阜相屬，蘼蕪未苗，榛苓尚枯。衆人皆縱步極目，城闕之巋麗，輪蹄之駢集，樂哉斯臺，千秋萬歲，未可忘也。然雲光法師之奧義微言，不傳久矣。欲問山中頑石，當有響而應者，第自曹武惠屯長干，兀朮屯雨花臺，六季風流，恐與折戟沉沙共盡耳。嗟乎！臺之東，方正學之所瘞碧也。神僧雨花，貞臣不又當雨血耶？或以雨花事近誕。余曰：“否，否。”元至順初，修長干塔完日，天花如雨，祥光如練。明文皇帝建齋靈谷寺，天花雨虚，悠揚交舞，大者如杯，小者如錢，見之御製。若然，謂留都有三雨花臺，可也。尋還聚寶門，飲于市樓。京兆盛威儀，迎勾芒而入，方相氏道設戲劇，例不禁。一日之蜡，百世之澤，良有謂哉！坦之主觴，浮白亡算。時稺木怯騎，先憩市樓，不能從臺，諸君揶揄之。若以鞭弭徇金谷故事，則稺木宜酒泉太守矣，各大笑而別。

校勘記

〔一〕此文又見（清）光緒《沁水縣志》卷十一《藝文》。

碑　記

漢壽亭侯碑記

今夫尚論之士，讀前代史，凡遇奸回蕫，悮國壞節，遺穢萬年者，莫不生嫉惡心，嫉惡而省圖之，便可前無古人。見名世諸公，匡時致主，流芳奕世者，莫不生艷羨心，艷羨而效法之，亦可前無古人。然而直道在民，嫉惡奸回略談及便皆切齒，特患轉頭易面，不能省圖，而反至效法。此心死之人，固無足道。若夫修德累業，賦茲性氣，便有係屬。夫人而具四大，碌碌庸庸，無所表見，生與飛走同血肉，死與草木同腐朽，何取天光日影之下，而稱爲丈夫？即令矢口建豎，猶恐效法上而僅得中，猥以一艷羨便可了結志願。此不但自處不可，後人之望之正恐不先。惟至于“忠”之一字，可盟心而不可出口。值時平主聖，正修德累業之辰，豈必作不祥語曉曉自許？然當前代忠臣授命事，一開卷，其生氣必劃人心而入之。即彼奸回者之心，惡其異己，必且曰：何取斧躓自蹈，棄身家如遺？不則，借口向人曰：丈夫不能自立，姑以一死結局復何補？所爲己不能而妬人，與敢于嫉惡者無間。若使人遐想情事，當必泣其志，而悲其時。又不止于艷羨，自生人敬畏。艷羨者，親愛；敬畏者，神明。神明在人心，人心一日不死，神明千古如生矣。

余歷攷往忠，代不乏人。其昭著者，握拳透爪，有顏常山；嚼齒穿齦，有張睢陽；正笏延頸，有文信國；邇者詈賊却刃，又有先忠烈。堂堂烈烈，人豈不敬畏之？第三公者，氣可貫虹，精可掩日，悲憤可泣鬼神，特死後無所爲乘尾騎箕之異。故昭著于史册，而不傳播于方書。傳播有限，敬畏遂有限。

先忠烈又爲時未久，惟殉難後之五月，黑霧出署中，稍焉壓城，冰雹大作，屋瓦碎裂，殺虜人畜無算，虜因徙遼陽去。然此事邊吏咸知之，朝紳間知之，海内之士若民尚弗週知也。知有限，敬畏亦有限。則求所爲上而朝廷，下而士大夫，以及匹夫匹婦，咸知敬畏之者，莫如余鄉漢壽亭侯。侯之殉難亦執于賊，其斷脰決服，臨難不屈之狀，都無差異。惟至世代更革，侯不磨之氣磅礴寰宇。時著靈異，隱而夢寐，顯而風雨。小而禍淫福善，彰其報應；大而更姓改物，佐以威靈，登正使〔一〕者無論矣，即傳在稗家野説，不啻牛毛之夥。以故人知侯者，獨衆；敬畏侯者，亦獨衆。衆之廟祀遍寰海，侯之神明亦遍寰海矣。然侯之神明，以人敬畏之心而在，使人謂侯無神明，必其心已死。使因心死之人，而便謂侯無神明，彼一言及侯，即奸回輩無意中亦忽色變者，又何心耶？則聞侯事而色變，睹侯廟而心變，敬畏神明，當無異人。此余鄉人具是心者，遂合謀而祀之也。至常山、睢陽、信國媲美于侯，以不廣聽聞，遂不專敬畏。余願人生敬畏心亦如敬畏侯，以維忠義之脉。幸而不逢其時，猶存完心。毋如奸回者以異己之故，而敢爲借口；亦毋博艷羨德業之名，而效法不前。懦失其品，假並失其心，爲天下萬世人笑。若先忠烈生平固敬畏侯者，今幸無愧侯矣。後之視今，猶今視昔。異時或有敬畏之者，余何能知？敬因廟成，而爲是敬畏之言，以開人心。

河伯祠碑記

余鄉僻萬山中，石田不可耕，生齒繁夥，計艱糊口。故茲鄉人什九賈于外，覓錐末蠅頭以謀生。然雖散之四方，其游梁宋間者，則什之八。蓋借逆旅爲居停，東而齊魯，西而蜀隴，南而吳楚、閩越，四走以鬻販方物。陸行輦載，晴也塵灰，雨也泥淖，恒苦艱鈍。爲晴雨無耽延便莫便于舟行，雖不皆從流往返，而黃河實帶太行，一下山麓，遂當巨浸。每歲夏杪秋初，風腥浪吼，怒發無常期。行李不能久阻，勢必命楫。即此波濤洶涌之中，安危遂不可測。況于朝夕水面，一葉扁舸，輕生乘險。內而父母妻子倚門縈望，脫或失所，魚腹合冤；上摧白髮之年，中薄紅顏之命，下斷斑衣之想。世不乏茲，徒見其呼天搶地，進退無門，甚而爲人傭者，闔室生死係此一身，則非有神聖庇覆，詎能自保耶？

顧余自始生，今犬馬齒三十有四。凡鄉人出，皆獲聞見，未或傳馮夷之害者，問其所借庇，咸曰：吾儕賈，奉金龍四大王香火唯謹。余素悉王神靈，而不悉王履歷，請畢其説。則王行四世，居金龍山之麓。我國朝封爲王爵，因而稱。攷王之行，當宋末不造，隱處不仕，恥胡元腥我坆宇。一旦山崩水沸，王遂抱憤躍没于波浪間。其一段忠憤之氣，不隨波俱逝，裂眥指髮，挺立水面。望而見者，咸畏憚之，具有血性。憫王之没，恨國祚益微，乃相與謀建祠祀焉。而王一段忠憤之氣，益不隨國俱湮。故當元之代，王神獨著。想其時覆舟禍惡，必有大彰靈異者，然史無紀而不可攷矣。

我太祖一掃腥穢，王則于呂梁洪翼我樓船。虜薄徐州，我兵與戰捷，虜衆潰，死溺無算，實維王之呵護。蓋王先期示夢，至時果應之也。迨後成祖以海運之險，議改而漕，迨今三百餘年，檣楫往來，咸賴王隱佑。故受王庇者，濱河香火不絕。余鄉賈既四走鬻販方物矣，其受王之庇，亦不知幾億萬人，不知且幾億萬歲。雖居不濱河，而往來利賴，是匪鮮淺。即不能矢所報稱，而瞻仰跽拜，豈敢惜拳曲之勞？王不享非祭，而寧不鑒人之心耶？

余鄉賈皆曰："謹如教，嚮心祝之，今且祠祝之矣。"遂釀金立王廟于秋岡集，瞻仰跽拜，亦如濱河者之朝夕匪怠。王神鑒之，當不吐棄。

謹記建廟之日月，並首事之姓名，及貲費基宇列于碑陰，以示來茲。

宓子墓碑記

今夫有識之士，行郊野間，見有斷塚殘碑，苔蘚浸蝕，莫不欲磨洗而認其姓字。甚者，嗥狐走兔，烏雀音稀，又莫不憐魂魄之無主，而恨其子孫。無他，不忍之念，親親所及，情理應然。則夫朝代未更，衣冠巨姓，而令先氏丘壟封樹蕩然，爲子孫者，豈若是恝乎？

余先世塋在陽城。勝國以前，邈無可攷。人憐人恨，亦不暇計矣。其在竇莊者，一爲王家塝，昭穆隸然，本支遵譜牒而祀事，頗無遺憾。惟茲宓子墓，以歲月之先，木本水源，承接罔識，一二傖豎且利其青蘇，旦旦加之，幾同荒壠。來日正多，恐將有不可問者。因僉謀防域，以謝樵牧。非敢附追遠之孝，期免後世有識者揶揄云耳。

大雲寺禪堂碑記

邑之最勝曰樠山，山之最勝曰大雲寺，蓋靈鷲之遙觀，旃檀之秘藏也。九天風雨，夜高秦帝之松；滿壁龍蛇，時走常倫之墨。禪關晝歇，香界春芳。自昔高行，是用游寫。雖我一隅之地，一椽之依，而景慕宗風，信心不退。白足之侶，紫塵之徒。晨鐘夕梵，遠至如歸。莫不把貝葉之清芬，聽迦陵之隱義。道安之遇澄上人，便稱北面；惠永之逢遠上首，即創東林。今名淄不乏，精舍有加。登斯堂者尚精持本義，研究大事。馬鳴龍樹，古德雖絕；曹溪趙州，法乳未斷。居茲勝地，不有勝人，即法堂前艸深一丈矣。

余深幸此堂之建立，且懼其習于偷也，爲進而語之：予快悮嬰世網，猶皈依净土。思乞食投老于此，如白香山、蘇玉局故事。諸上人不勉思精進，弘荷佛法。將來山中白松，得無上菩提，若輩墮落，化爲千歲土苓，不復見大雲寺天日，然後爲彌勒佛下生耶？記之，當必有過而問者。其創立歲月，及諸檀那，法得備書于左。

校勘記

〔一〕"使"，疑當作"史"。

檄

禁樢山伐松檄〔一〕

檄諭樢山大雲寺住持等：兹山松栝，列冠巖阿，佳氣鬱蔥，黛顏蒸蔚。風來謖謖，陶居士午夢初回；月表亭亭，杜少陵朽骨未死。虹形自古，龍質宜蕃。中室群峰，隔高嵩而不見；石梁一徑，問天姥之誰多？加以影翳真曇，濤清別梵。湢飄花而散雨，象外成林；吹野雪以粘雲，空中無日。誠靈區之異睹，禪宇之奇蹤也。故劉莊靖止爾樵蘇，我先宮保嚴其斬柝〔二〕。屬者〔三〕寇禍浸淫，山門灰燼，化城議建，柯斧因加，一時計出權宜，大衆緣爲侵盜。方怦怦如也，既失禁于厥初；乃旦旦伐之，亦何難於坐盡？在佛已干貪戒，于山頓減壯觀。今約方袍員頂之流，務蠖蜕骨皴鱗之色。茶鐺煮月，但許掃葉階前；墨竈飄烟，豈得然脂爨下？天長地久，蒼髯翁任化雙童；日升月恒，支離叟便同千佛。誰彰木德？免犯竹刑。檄到各宜知悉〔四〕。

創世勛祠檄

我輩名籍金閨，俱緣先德。顧一涉仕路，遂離墳墓。松楸在望，雲樹長違。雖王事靡盬，而私情未報。抱木裂腸，望弓引頸。我生恩重，何日忘之？履霜而涕，聽雷則號。是匪異人，尤倍今日，奈何不重圖之也？況乎人聚四方，誼聯世講。幸締良緣，用敦夙好。仰先烈而振來模，展孝思以起忠悃。是何所惜，乃容忽諸。謹集衆議，擬建世祠。庶以享以祀，追遠之念少酬；
罔怨罔恫，在天之靈可慰。長安極目，不須致嘆于白雲；宰木關
心，稍得伸情于烏鳥。凡我兄弟，諒有同懷。

三晉徵詩檄

　　《薰風》、《卿雲》之詩，倡自有虞氏，則吾晉固《風》
《雅》之鼻祖也。今曰太行以北，風氣峭拔，異於他方，獨不究
其始之和平深厚乎？且以峭拔救當世之靡靡，正今日急着。國家
全盛，先輩嘗操正始之音。況今日纓纚相望，操染雲從，靡不思
凌顏鑠謝，並李追庾，而散在吾黨，未之或一。昔人《英靈》
之集，《間氣》之選謂何？敬告同志，各賜以穆如之風，二
《南》三《頌》，即藉手以奏成事。

校勘記

　　〔一〕此文又見（清）光緒《沁水縣志》卷十一《藝文》。

　　〔二〕“斬柝”，《沁水縣志》作“斬伐”。

　　〔三〕“屬者”，《沁水縣志》作“昔者”。

　　〔四〕“檄到各宜知悉”，《沁水縣志》作“謹諭”。

説

棄履説

予履且敝，欲棄之。見荷蕢者三人，其履敝甚，問其棄否，曰："着且無，敢棄耶？"噫嘻！予過也。夫享天物，席先廥，而不知惜也。食肥甘矣，衣紈綺矣，華屋而居矣，乃有侈心。彼藜藿不充，布葛不備，蓬蓽不完者，視敝履不十百耶？而且食也，衣且居也，何也？窮于遇，廉于福，涼子德也。然則予幸有遇，而德之不修，福之不惜，其何堪？人亦有言："知足不辱，知止不殆。"又曰："儉，德之共也；侈，惡之大也。"予敢不三復此言？今而後以棄履爲戒。

世系圖説

余祖宮保公之以王命埋玉斯也。礦〔一〕有誌，碣有表，其稱述德業無遺矣。即源本支系，亦載之詳。後人過兹者，鬣封華識，千古如新，亦無庸向樵夫牧豎詢所爲誰氏壙者。第支分派別，敢曰骨肉無猜。且世遠代湮，或至丘陵有異，飛鴻伏蠖苟不同時，零露流霜懼或忘自。因而間親加大，吐剛茹柔，操入室之戈，角鬩墻之釁，勢或有之。親親之道，遂成廢棄。此古士大夫家譜系所以圖也。

余先世遠不可攷，以故宗枝繁夥而分不可臨，誼不可屬。情本瓜葛，幾斷蔓藤。居比室廬，半成胡越。宮保懲先毖後，於九世祖下詳列昭穆，訂譜柝[二]系，遂班班不紊。藏之于家，分之于族。尊卑罔忿，可無遺憾。而兹墓始于宫保，則爲宫保本支者，懲先毖後，不必于譜外增之，亦何可不于譜餘續之耶？爰圖系于碑之陰，以示無斁。因體宫保之意而勖之曰：春秋匪懈，享祀不忒。無念爾祖，聿修厥德。

讀小史説

今夫稱人曰“才子”，則頷之；曰“情人”，必拂然不受也。抑知“才”與“情”，政非可二之耶？情非才而不傳，才緣情而更露。無才之情，多情總癡；有情而才，是才盡致矣。

稽古才情兼者，惟宋大夫玉、司馬中郎相如，是兩人皆賦不世之才，不世之情，因見稱于當時。即女子中季清吳、卓文君，一挑一奔，其宛曲昵比之態，奕世如覿。偶一披卷，雙眸倍霍，間或述叙，齒頰盡芬，兩人蓋千古不朽矣。獨是東鄰三年之窺，徒成畫餅；《求皇》一曲，遂縮紅繩。遇不遇之間，不無遺恨。説者且謂，玉過可謝，文君醜不可掩。

嗚呼！玉不得清吳，玉固自若。使文君不得相如，誰知所爲文君耶？相如得文君，相如才情益顯。使清吳得玉，寧不爲清吳羨，而爲清吳咎？今又誰不惜清吳，而反幸清吳也耶？量其時，度其勢，摹其事，想其人，真千古不朽矣。則夫世有才情如兩人，得遂文君之奔，不徒爲清吳之挑，再揭相如之生面，續成玉未了之夙緣，豈不大快事？而寧呫呫議之哉？説者之鄙，是當與登徒子之妬色，卓王孫之肉眼，同日而共嗤之矣。

贈嗣紅説

昔紅拂之從李藥師也，已稱具眼，乃再於逆旅識虬髯，千古而下艷之，今不僅見矣。議者爲世乏藥師，則紅拂隱。殊不知世即有紅拂、藥師其人，無虬髯之識，亦烏足多哉？

余謫後，久不相天下士，況于婦人、女子，詎一着眼？忽當虜退時平，更生可慶，二三友朋載酒徵歌，中一人獨木木然。余私心曰：“是自審而處後，不則使君在側，不學野鴛鴦者？”及酒數行，間一飛屑，頗有致，則余稍耳就之，猶未屬也。已將酣矣，嘈嘈者且厭，忽拓視張鶚，三寸風生。余偶嘲以微辭，突反之曰：“是殆皮肉我也。昔紅拂從藥師，逆旅中識虬髯。古人不作，舍我其誰耶？”余駭謝之，因字之曰“嗣紅”。附之句曰：“佳人而俠骨，千古推紅拂。後來者爲誰？乃得此尤物。”

戒佛慧和尚説

大千一空，誰非土苴？不爭有無，云何多寡？文字既繁，色相俱假。機縱珠圓，理同狐野。路岐泣羊，窗隙擲瓦。一隅猶存，三世未捨。面壁人還，誰後來者？直探本根，得之慧也。啓鑰投匙，範金就冶。毋跳爾猿，爾馳爾馬。黜聰若聾，塞兑如啞。花影鏡虛，月明水瀉。點火非燈，掘權寧把。不即不離，一喝一打。

校勘記

〔一〕“礦”，疑當作“壙”。

〔二〕“柝”，疑當作“析”。

辭

先忠烈招魂辭

　　嗟乎！瀋尚忍言乎哉？遼陽之難，先君子奮不顧身，下殉神祖。九原之目，惟遼土之克復是望，今猶未瞑也。城存與存，城亡與亡。先君子殉遼陽，魂魄當依遼陽。獨惟是犬羊易性，膻酪匪馨，雖河東三百年之舊疆，謂此甌脱何？瀋知先君子之不遑寧居也。然則歸於故鄉乎？曰枌榆有社。歸于帝所乎？曰箕尾有纏。歸於神祖，以拱護河山，呵禁不祥乎？曰御風鞭霆，如或見之。嗟乎！"邾婁復之以矢，蓋自戰於井〔一〕陘始也"，先君子何幸至此？迹名德之未湮，體宿志之猶在。謹飲血雪涕，爲詞以招之曰：

　　魂兮歸來，毋遠招些。揚車凥輪，曷其有極些。大行白雲，亘里門些。宦轍周流，碑去思些。長安天上，去尺五些。謁帝承明，蕰輦轂些。屬車至止，日有聞些。繡衣孔揚，珮葱珩些。有節斯煌，馳四牡些。隴坂極天，紆鬱折些。駃牝三千，馬斯臧些。西江瀰瀰，橫中流些。豫章梗楠，材翹楚些。白簡諤諤，霜凌歷兮。虎豹九關，頓清燄些。海波拂揚，肉遼人些。積屍爲陵，血沉沉些。盤根錯節，辨利器些。驄馬東行，若流星些。搜乘儲峙，劌心腎些。飛虎螣蛇，繁其類些。張吻摩牙，漢兵靡些。左抨右批，戈戟鏗些。髮指目瞋，聲雷霆些。生未忠良，歿明神些。婦女巾幗，愧遺臣些。上訴高皇，報先帝些。氣吞逆虜，志耿耿些。魂兮歸來，北方之人，不可與居些。猲犬猙獰，雜豺狼些。木皮三寸，冰三尺些。積雪層陰，天日晦些。魂兮來歸，西方之人，不可與居些。太白嶔嶪，聯鬼方些。葱嶺于闐，地沙磧些。獸嗥狐祥，塞道路些。魂兮歸來，南方之人，不可與居些。木魅水靈，霾霧冥些。涎沫腥穢，苦卑濕些。蛋人猺獞，手摽弩些。魂兮歸來，東方之人，不可與居些。天吳九首，鯨千里些。蜃樓鮫室，立簸盪些。滄溟鯤鼇，灌惡燋些。魂兮歸來，不越故鄉些。里黨懿密，儼如故些。檇山白松，大十圍些。下有芝房，炳明靈些。沁河之西，立新城些。崇墉翼翼，賴保障些。飛蝗蔽日，延饑喘些。流寇蕩軼，惕聲息些。魂兮歸來，言念邦家些。

茅止生哀辭

嗟乎！深山大澤，生龍蛇只。天目貝區〔二〕，晶英不磨只。世閥華胄，卓爲人望只。文心熒熒，俠骨骯髒只。神彩陸離，發爲雄藻只。風霜雷霆，颯颯轟轟只。綺語驚人，群目睭眩只。遨游兩都，班張再生只。擊筑談劍，傾燕市只。鳴鏑吹笳，氣吞驕虜只。榆關巉嶪，借箸丸泥只。豺虎猙獰，磨牙吮血只。杜郵吳門，獄吏深文只。條侯浩憤，李廣數奇只。閩海沉沉，羅珍錯只。荔盤蔗漿，食指動只。鯨波千里，長風駕浪只。帆檣浴天，烟消雲平只。匈奴再入，義旅勤王只。挺劍逐虜，幕南空只。天門九閽，仰鑰閶闔只。蒼蒼蕩蕩，帝德難名只。廊廟江湖，任運遷流只。浣腸伐髓，五色雲霞只。沙石篆榴，其文蔚只。緬維同調，日周旋只。斗酒刻燭，唾視今昔只。長安敝貂，霜月傾倒只。遼左分鑣，塞草獵獵只。楊〔三〕榷藝文，甲乙上下只。大江之南，音徽載挹只。逐臣遷客，天日互信只。清苕漣漣，人咫尺只。高談雄辨，拜下風只。隙駒如馳，歲月徂只。見忌造物，司

命催奪只。豪憤未散，長虹燭天只。彩毫幽空，星斗霍煜只。生
芻一束，奠椒漿只。南北異地，隔幽明只。有淚潸潸，文人不
禄只。

校勘記

〔一〕“井”，據《禮記·檀弓上》當作“升”。

〔二〕“貝”，疑當作“具”。

〔三〕“楊”，據文意當作“揚”。

奚囊剩艸卷八

贊

廣寧伯劉擎石像贊

其心休如，其神怡若。申申夭夭，磊磊落落。胸裕黃石，而秘之腹笥。才利青萍，欲電掣而藏鍔。未識漢家麒麟將，恐是當年之衛霍。噫！分明通侯劉擎石，奈何問借前籌而不輕諾？

畫雞贊

峨冠綵衣，華而不文。氣前勢却，勇而不武。開口欲鳴，而人不聞其聲。獨立孤踪，行何踽踽？嗚呼噫嘻！止食粟也歟？

吕司馬《風竹圖》贊

虛乃心，勁乃節。直立亭亭，凌霜傲雪。又何有風霾而能摧折？君子哉，宜乎友大夫丈人而稱歲寒之三傑！

竹蘭贊

其心何虛耶，而不容涅。其骨何勁耶，而不可折。惟兹丰采冷冷然，求所爲臭味之投者。獨有寧馨，始堪俯而相接。

水仙贊

玉耶，冰耶，雪耶？態耶，神耶，韵耶？花耶，人耶？是耶，非耶？

張九峰像贊

其神恬以飭也，其情閒以謐也。相視而笑，莫逆於心。儼然九峰，何可望而不可即也！

東寧伯焦毅山像贊

月之白耶，風之清耶，毅山之神與情耶？獨安得吾與周旋，聆高談雄辨而四筵驚耶？

跋

懷素手迹跋

狂素手迹，予不多見。偶元明見示，雨窗展卷，豈青蓮所云"飄風驟雨驚颯颯"，適有合耶？爲之一粲。

《三世馬圖》跋

趙榮禄以天水龍種，致身幽燕，今作馬若局促轅下駒，豈追風逐電未展其用耶？瀛國公往來上都時，風塵匹馬，榮禄當日，亦曾着眼否也？子若孫世其筆法，不失舊規。今先宮保司閽事，先忠烈巡牧政，予官禁衛導駕，俱若與馬作緣，此圖自應相屬，飛卿廉訪不能争于我前也。戲書此，恐落米顛狡獪耳。

張坦之《人日游雨花臺》跋

人日偕坦之游雨花臺。是日也，風和氣清，士女駢集。賞心樂事，游者歡焉。坦之摛詞挾藻，以紀厥勝。金陵繁麗，增一佳話。後之攬者，寧不與右軍山陰被禊同一感耶？第薛道衡云："入春纔七日，離家已二年。"遂有悵然舉目山川之異。余九載江南，兩以春事至兹臺。忽忽悠悠，莫知所屆。坦之是詩，先愴予懷矣。

疏

募建大雲禪院疏

余夜苦不寐，閑想天地間，一切浮生皆沉苦海。翼飛蹄走、穴居水處之物，生死墮落，可惜可憐。而人非若倫，宜脫火坑，尋彼岸，惟人之能。乃認血肉爲真身，悲歡爲真象，得失爲真境。日于此中，纏脫不釋手。一旦數盡，三尺黃土，儘可受用。兔走狐嘷之所，白楊衰草之間，夜月猿啼，陰風鬼哭，誰則憐念？惟是回頭猛省，剟情破愛，踏一塊清涼地，以木患子消灾障，差可度脫，惜哉衆生方醉夢何？以天明聞扣門聲，亟披衣出視，則兩僧問訊，函金剛科令余閱。閱畢，如身墮冷水中，毛髮皆竦。而兩僧復向余曰："衆生六根未净，三業莫逃。欲從腦後一掌，叫醒痴人。而人方痴也，急難叫醒。意欲假色寄空，假形寄性，爲布金地以象佛，令人見佛見心，了然幻物。"余因恍然于夜來閑想，敢告諸什方。想前世緣作來世果者，幸勿吝一湌之費。

妓李慧入道疏

銅雀臺上，幾多秋艸連天？枇杷花裏，畢竟荒烟匝地，兔烏易逝，金粉難銷。故江州白傅，淚漬琵琶；北里孫樵，心傷花月。誰其歸途黃老，脫屣鉛華？洛烟松月，蕭鍊師久出內宮；鳳吹霓裳，謝自然遂泛蓬海。求于今日，如我李慧，不多見也。本騰空之後身，亦玉真之同籍。悞嬰世網，遂占時名。西陵油壁之車，善和繡鞍之馬。莫不流霞滿席，迴雪凝杯。墮珥落釵，時悞周郎之曲；桃鬟拂黛，朝行楚館之雲。輕度香塵，笑石家之金谷；雙栖海燕，藏盧氏之玳梁。新歌自作，舊瑟不調。西北樓高，人傳樂府；東南日出，家羨風流。於是野曠舞衣，江清歌扇。泣翡翠之裙，恨鴛鴦之繡。嘗思築愁城于巫峽，開情欲于陽臺。令萱艸止爭，石榴失妬。乃秋光未短，春風正濃。斥去金縷畫羅，捐來綠珠絳樹。讀青苔之篇，餐金鵝之蕊；慕山姑之雪，求瑤池之蓮。風箎共其八音，露艸樂其五□。吹笙延雀，黎園忘譜于柘枝；敲磬引龍，葛陂息心于邛杖。瑤房獨宿，瀟湘之月水如；丹竈九還，太乙之舟葉若。東山李白，聞嵩山之神人；丹陽許渾，見洞青之仙客。靡不稱嘆，曲爲播揚。嗟真娘之蕪墓，傷張昐之空樓。何不早步玉壇，仰依雲幄？西王母傳之青鳥，東方朔絕其冰桃。此一時也，容可繼乎？青溪小姑，尚悦趙生烏飛之曲；蘭香神女，猶降張傳薯豫之情。倘杜牧重睹于洛中，宋玉再窺于鄴左。徘徊欲絕，卿如之何？曰：天上司書之仙，玉皇香案之吏。雖宿緣相近，實至道無關。莫言錦字之機，惟侍玉清之殿。謹疏。

奚囊剩艸卷十一

札　記

先忠烈生平異迹（原書闕頁無文，存目）

先忠烈殉難遺事（原書闕頁無文，存目）

八編　雪广筆役

沁水張道濬子玄父　著

綏安吳秉志能尚父　較

《雪广筆役》序

　　天下群擠其人，其人可知也；天下群推其人，其人亦可知也。筆墨之靈，邀於天厚，則於人間世，嘗衆向獨背，衆排獨趨，若有物焉以役之，群情不預焉。深之先生鐵骨冰心，不受役權黨，而不能不役於毛穎、陶泓。蓋忠孝性成，遇一切可悲可喜，知戚懿密，坦然應之。蘇子瞻萬斛之泉，隨地而出，固其所也。今其文具在，群擠之，群推之。先生正不介介於此，但臥雪广，了袁安故事而已。

　　門人王度沐手撰

慶賀文

餞董仁庵邑侯擢刺晉州序

余鄉濱於沁。先是，三年時稍旱，雲霧輒蒸蒸起，不逾時，四合甘雨如汪。以故數有年，農夫之慶有年也，莫不謂天實爲之。一日，雷大震，野火燒空。須臾，五龍飛去，嗣後風雨遂多不時，間罹灾眚[一]。二三父老咨嗟嘆息曰："向者有年，龍之故也，龍去而沴戾。我輩安得常獲龍庇也耶？"其辭若悲若憤。余聞而笑之曰："若何不自揣甚。龍神也，時而見，時而隱；時而須彌，時而芥子；時而九天之上，時而九地之下。巨細幽明，短長存亡，倏忽變化，莫可方物。即山溪澗谷，偶然而在。變也，非常也；暫也，非久也。不然，而青氣之中、天外之野，誰哉爲霖爲雨，而必曰寄迹之地，遂使久於偃仰，則亦易視龍矣。若輩又何歆歔若是？從此而流膏灑液，以潤六合之蒼赤，利孰大於是？區區以一時沴戾，遂悲憤龍之升去也，抑何見之卑耶？"二三父老始唯唯退。

越今年，邑董侯治成，擢五馬大夫，行將去沁。二三父老亦咨嗟嘆息，謂："不常獲龍庇，且不常獲侯庇也。"猶然向時之悲憤，不知董侯正猶龍也。以尺五去天之身，而屈爲魚服，令人愛而忘畏，是螻蛄池中探頷下珠而不驚者。等若雨澤，濟以風霜，恩深挾纊，而法令行冰，則合爲體而散成章矣。至於曉星田唱，夜月春歌，先勞併忘，聲色俱泯，又誰不謂其變化無形也耶？向在邑也，正如其伏。今去邑也，正如其飛。以尺蠖蹄涔，而聊焉泥蟠，吐雲噴霧，澤人而人莫知。一旦乘風雷上天，瞬息且萬里也，乃始咨嗟嘆息，謂雨暘行且旱魃，欲顧天而暫羈鬐鬣晚矣。惟是仰而祝曰：飛龍在天，幸普六合而賜之霖雨，則吾儕不幸之幸。若猶悲且憤之，欲私其庇也，惡可得與，惡可得與？

賀韓次卿户部員外轉正郎序

余與次卿忝兄弟行，蓋榮辱關切者也。歲辛巳初夏，次卿以户部員外轉正郎，人皆爲次卿榮，因爲余榮且賀余。余以次卿受人賀，焉得不更賀次卿也？第次卿奉命督徐餉也，亦惟曰："會計當而矣。"次卿則不止會計當而已矣。徐頻年荒旱，次卿開門賑恤，賴存活者百數萬。每一出，環輿之歡聲相應如雷。流寇發難，所至糜爛，徐兵使悾怯不振，塞門觀變。次卿署故在城外，獨不爲動。惟散金募士，懸重賞，購首賊，賊相戒莫敢犯。軍中有一韓，次卿遂二之。三年，能聲上徹宸聽，不次之擢，旦暮行及，乃僅循資，遷以正郎。聖主方破格用材，材有如次卿者哉？操觚則灑灑萬言，珠璣錯落。時而籌見一班，鬼神莫喻其微。即戲嬉末技，騎生惡馬，馳驟風呼，左右手彎弓，舍矢如破。當今乏文武兼資，如次卿，用之廟堂則經綸炳煥，世道嘉賴；用之封疆則威靈丕暢，氛祲肅清。是亟借次卿，猶以爲晚，而一階一級云乎？雖然，余又以見次卿也。丙子，狡虜內犯，轉餉需人。人皆餒，不敢前，次卿毅然肩承，出入鋒鏑間，衣不解帶者四十餘日，卒賴以濟。天子嘉之，徒嫉以流輩，賞不酬功，而次卿處之晏如。夫冒九死一生，不蒙殊賚，猶且晏如處之，循資之轉又烏足動次卿念哉？勉矣，次卿。巧遲拙速，大造另有權衡。但堅白一心，以報朝廷，是則次卿家世，尤余所夙夕望者。勛紀旂常，名勒鐘鼎。余再叨分榮，異日之賀，視今日且何如也？次卿然否？

寄謝張寧寧別駕序

余嘗讀樂府《行路難》一題，自漢以迄時代，作者如牛毛之夥，其遠憂沉思，深怨微情，借三寸管，宣所欲宣，啼笑怒罵，幾如牛鬼蛇神。余始以爲世界自寬，人心未遠，即不可方物，何至同類戈矛，一室胡越，乃令負隱痛者，如喉間之物，必咯咯而吐如是。逮今觀之，正自難言也。人我勢分，忮求念勝，小而衣食，大而名位，莫不操一必得之心，少不如意，遂以搆鬥佐之，甚而護瘢嫌指，據穢厭芳，肆豺狼梟獍之性，附翼食肉，忘本興讐，翻令忠臣孝子，勞人在士，無容足地。因念先是作《行路難》者，良非得已。

余以戇直譴謫，寫牢騷而悲時情，亦拈此題揮十二首。雖然，余仍有自取也。余自侍明光，始而忤璫，幾禍首領，繼賜環，彈權貴復十餘人。凡羽翼爪牙，正擬盜竊名位，以遂衣食之私，豈容余破其局，聚族搆射，不身膏斧鑕，猶爲厚幸。若張寧寧別駕者，紈綺不章，膏粱不厭，絕無衣與食想矣。而才裕一石，厄於上第，僅以一經舉，名之早暮，又所不計。至筮任，止得一五馬之副，復未嘗卑其位，抑且篋惟簪珥，庭鮮鶴琴，庶幾柳下先生之風也。鄙薄寬敦，誰忍自外？已署篆下邑，更莫不二天戴之，屬下邑焚，赭朝廷一塊土，幾如敝屣。初王東里兵使銳意建置，忽焉不愨。余雖破家佐助，而責非守土，勢不敢先人，輕擲千金，僅具畚鍤。慮始之議，且成畫餅，咸謂終事非別駕不可。別駕果毅然躬承，鼓義率先，嘔心罄力，不三閱月，板築告竣，望之巍然而改觀者，邑雉堞新矣。於是流離士民竄四方者，接踵來歸，如鳥巢狐丘，欣欣然相告，以爲百世之利實維再造。其叙告聖主，不次遷擢，以酬勳庸。數萬姓方旦夕望，乃若有以瘝穢自蒙者，反没成勞。於乎！在别駕不形於色，而受卵翼者能平於情乎？余於是重有感也。

夫以别駕仁聲遍沁，峴碑載道，而猶齮齕若此，則夫《行路難》之什，余十二首尚覺未廣，行且搦管發古人所未發，别駕以爲然否？時共事王生廷璧有慨於中，四千里獨跋涉詣越稽謝。余美其意，附言并詩以寄。

送鄭夢生秀才[二]南還序

小説家傳張邦彦雷轟薦福寺碑，憐其厄也。今春夜將半，微雨溜檐。余挑燈披卷，正拈此帙。恍身丁其時，不禁淚下，與檐溜相雜。數百年之後，張子玄從書卷中生不平感，可稱有心人。然亦因吾眼前鄭生，其途窮遇蹇，正與邦彦未達時等，故益酸楚爾。

鄭生生西吴，余家晉，似乎風馬牛。鄭生游人不擇地，吴越近桑梓，一帆最便。燕趙貴人里，咳吐霖雨。齊梁間居人，古稱豪俠。當日彈鋏鼓刀輩，兩公子且輕身下之，今其遺風在也。倘鄭生肯衒玉自媒，寧直長卿，僅一虛左於蜀令，顧鶉衣決履，菭兹萬山中？況鄭生之品，匡廬壁立，文藻則斗光劍氣，至襟量汪洋萬頃，彭蠡入懷。國家設網羅士，章甫縫掖，豈終穿人？而乃落拓去故園，如楊花飛繞天涯。蓋美才招忌，鄭生不幸，以少年負文名，輕薄輩妬其先驅，則欲其璞泣，不欲其翻振。比舍富貴者計得鵲巢，更利其死徙出鄉，不利其骨肉無恙，遂以莫須有誣雋不疑。不疑長者，何嘗呫呫與辨？聞見冤之，鄭生弗冤也。盆覆之下，心益開廣，咿唔書聲，子夜莫廢。鄰舍郎亦懷“伯仁我死”之慚。歲戊午，先忠烈代天子理枉直屈，廉實其情，呫還故物。鄭生三年犴狴，郡三年灾水，至是而始雨暘時若也。燕市飛霜，東海不雨，余方信然。神龍蟄伏必飛，頭角嶄露，好還天道，亦應爾爾。乃劉蕡猶然不第，追東方孔亟，鄭生欲投三寸毛錐，學萬人敵，踵班定遠故轍，而數奇又與李廣同。不得已，囊琴負笈，自吳跨越，涉齊梁，歷燕趙，白龍魚服，人莫之識。隋珠無因，動遭按劍；荊玉疑石，烏問連城。途窮之慟，古人非欺我也。

今上改元，余適陳情闕下，獲識衆中，憐其困於子衿，逢人說項，且引爲某座上客。不意余馳驅王事，鄭生主賓不合，金盡裘敝，跟蹡訪余梓里。未至，余又指榆關，千里相左，人值是而不爲阮泣者，難矣！賴弟子輩延寓蕭寺。未幾，余忤璫斥還，正朝夕過從，乃鄭生家訃不三月兩至。萱折曰炊，情不能留。遂謀歸里舍，且將舉兩喪。余從鄭生前後四年，誼雅稱篤，願鄭生此行，苦勵薪膽，鵬飛鯤化，展馬足於曲江。余得於鴛鷺行中，再識髭髯，何幸如之？張邦彥不終白屋，天於鄭生，豈無以成彼一時也？當如閱書至邦彥榮顯後欣欣色喜，而不徒悲雷轟薦福寺碑之時也。

賀禮部儒士王仰峰序

余鄉萬山中，深巖窮谷皆有居人，草茅止可蔽風雨。確瘠數畝，不足供俯仰，甚而旱魃一虐，草根木葉不聊饑矣。以故日用物力咸取給四方，族大以繁者，復徙樂土家焉。大族莫王姓若，有仰峰者，遂占籍睢陽。睢俗好禮尚文，仰峰安之。初用計然術起家，二贏三散，比迹陶朱。長君曰：“烏用是權子母覓刀錐，逐逐市廛間，與庸俗伍。”乃潛心經傳，出入子史，以文顯。衡士者廉其負奇，收補博士弟子員。浸浸乎嶄露頭角矣，而仰峰默慰。然猶私念曰：“禮義緣乎富足，使匕箸不供，雖使子夜咿唔，其不中廢輟者幾，欲竟志終業，則夫子母刀錐是未可少，伍庸俗於市廛，亦安非佐修者事？”乃令次君仍故業。次君窺其微也，戴星經紀，無忝負荷。仰峰逍遥田里，望廬而誦太丘。鄉人士咸誦之，因慫恿有司薦於宗伯，榮之冠冕。謂非此不足以勸，尤謂即此不足以勸也。

邇朝廷破一切拘攣，徵書行且下及，卜式，崔烈，致位通顯，清問彌張，當時後世，未嘗少之。仰峰一促而至，夫又何難？且賢嗣繼武，聯翩金紫。仰峰左右顧盼，煇煌堂搆，何樂如之？初國家鼎盛時，余鄉見家四方者，常有輕故土之議。即家四方者，亦有重故土之思。今故鄉方罷兵燹，十室九虛，非復疇昔。又何如早見預圖之，得如仰峰者耶？《易》曰："知幾其神。"《詩》曰："俾爾熾爾昌。"吾不能不服膺仰峰矣。雖然，否泰遞乘，聖天子福澤無疆，小醜行滅，故鄉漸復。願仰峰及諸子仍衣錦一晝游，更有光於今日之睢也。

禮部儒士韓念端子謙之游泮序

夫人不皆聖賢也，其修德未必力。聖賢之以修德迪人，慮其未必力也，旁喻曲引，無不備至，而猶借食報之，語以歆之，人始豁然醒悟，即或昧於修德，而未有不羨夫食報者。使人而皆以食報之心修德，則人人皆可聖賢，於聖賢迪人之意，天復何憾？以故諸子百家言修德，隨言食報者，不一而足，尤莫約於"天道無親，惟與善人"兩語。余年自少而壯，地自近而遠，事自小而大，人自疏而親，自貧賤而富貴，歷歷聽睹，毫厘不爽。然余亦恒指以箴勸世人，脱有所遇，即急揚之恐後。往不具論，韓念端又其一矣。

念端父，以文學起家，爲一時名士，方賀而稅。母張，少年即稱未亡人。時念端生纔八閱月，且家四壁立爾。無論一息呱呱，成否難卜。即兹炊烟欲絶之身，生死且未可知，使不金石堅心，誰能以溪刻自處？而張訖志於夫，寄生以子，辟纑易食，丸熊代師，母若子相倚於凄風苦雨中，幾不望有今日者，數數矣。乃念端傷父念母，幼即勵志，折節下帷，頭角且露，然肘穿尚可後需，而九日不可以三飡也。乃徙業於賈，爲仰事計。自是匕箸稍豐。念端曰：「以是而代禄養，庶慰予心。天若不靳，當必有傳書，贖予不克振領之罰。」於是，以羔烏之事責諸身，復以弓冶之學誨諸子。不寧養體，而且養志；不寧善述，而且善作。故有張婦德而兼母儀以開之，有念端子孝而兼父慈以承之。水深流長，木高廕廣，不於其身，於其子孫，修德食報，若符券也。今子謙之果繩祖武，補博士弟子員。適聖天子詔舉孝廉，念端又以宗伯薦膺冠服，鄉人士咸嘖嘖曰：「天道無親，惟與善人。韓念端之謂矣。」

余曰：是固足賀，而念端仍未盡此也。母張之節著於鄉，尚未著於國。觀風者廉而表揚，太史載紀以從，光昭彤管，可與共姜比烈。念端繇宗伯之升，行以新例，試之守令。不出家以成教，龔黃治績，匪伊異人。謙之以三寸，拾芥制科，備金馬石渠之選。彼一時也，晝錦一堂，周前魯後，榮視爾家魏公不啻倍之，其可賀也，不更千萬於此也？余且執券以俟。

霍孝卿入泮序

余以復讎雪恥之舉，投棄筆硯，回顧望步，不勝痛且惜。蓋以家世一經，箕裘未紹，易儒紳而兜鍪，易談經而說劍，易三寸管而學萬人敵，易緇帷絳帳而戎馬矢石。雖職司禁掖，爲天子親臣，而父讎君恥，敢日夜即安耶？屬者樞輔簡閱騎步，爲剿伐之役。余以漢羽林故事，將先士卒驅，猥以中國長技，百步而制敵人死命者，莫過於機以發火。余因是開冶于鄉，夙夕拮据寡費，而工省者居半，至鑄刀、鎔劍，煅煉淬礪，十百其力，而以之嘗物，未可迎刃解也。余每搤臂焦思，日省月試，差有實效。因思及余向時業文，技正類此。當七歲而就外傅，如冷鐵投爐，凡費幾許錘鉗，方能去其粗質，鍊其野性。既而對制義，又如所爲規圓矩方，寸長尺短者，及工熟候到矣，猶千敲百煉，始覺造化在手。持政國工，皆浪許太阿、吳鈎，光芒射天，而煆煉淬礪，十百其力，已不知閱幾時日已，可易言哉？余故恒語弟子輩，立志如點鐵之爐，用工如萬折之鋼。至居肆利器以善其事，又必先之，而後望氣始識。

霍生孝卿，果以此道進，遂當衡文者目，羅補博士弟子員。然其發軔始也，嗣是而熟火候，斗牛之間，光怪陸離，世豈乏張茂先耶？煆煉淬礪，十百其力，仍願言勉之。

壽環山霍外祖序

余外祖霍太翁，與先宮保爲中外兄弟。實生余母夫人，歸先忠烈，稱世好也。往每太翁誕辰，即先宮保，忠烈出入異時，而更迭稱祝，頗稱殷篤。已，先忠烈殉遼陽，先宮保以南廷尉過里，維時太翁壽七十有三，先宮保少一年，恒宴會舉觴相屬，曰：“老年兄弟落落兩三人，願白髮歡聚，花晨月夕，山頭水岸，杖履相隨，以樂天年。”余時于役王事，聞之色喜。中外兩太翁，于于相得，恨未能隨侍其間，以承咳唾。未幾，余爲權璫所抑，罷歸田里，私自幸曰：“雖不得於君，而得於親矣。”乃行人家門，而先宮保遂大往。草土餘生，幾謝人間事。再值太翁誕辰，俱以衰墨廢禮，猶意謂：“埋迹山林，不獲侍先宮保而侍太翁。既樂慈母之心，兼酬嚴父之願，其可爾。”乃悮辱環召，且治裝北上，去太翁誕辰尚遠。即非遠，而一度稱觴，來日實多，亦不能伸區區之意。爰約諸親，效華人故事，余敬摘詞而頌。然考古稱善頌者，莫若《詩》之“九如”，余又何以頌太翁？亦頌夫九如如太翁而已，莫高匪山，崔嵬而拂青天，孰與比肩？

一如，如太翁氣宇何嚴然，居塵出塵，在世超世，游鹿豕而衣蘿薜。二如，如太翁形神堅凝而不僝脆，鬱乎蒼蒼，萬仞屹立，四壁軒昂。三如，如太翁悠久無疆，勢障天日，脉橫地軸，大員廣幅。四如，如太翁人不能陟其巔，而瞰其麓，放而至海，渟而爲湍，静則淵涵，動斯浩瀚。五如，如太翁匯分支別派而無涯岸，虛生明，盈生魄，何虛匪盈而問圓缺。六如，如太翁無盛滿之歇，夏可畏，冬可愛，歷六時恒然，矧曦馭始旦，未週乎天界。七如，如太翁和景方享，人欣曝背，悠悠南山，來無始，高無極，吞艮吐坤，變五成十。八如，如太翁閱今古往來，而無消息，不爭芳菲之艷，不受寒暑之浸，神幹蒼髯，摩戛青旻。九如，如太翁，歷大年而亭亭。余謹捧九爵跽獻，歌九章侑之，以當每誕辰之祝。先宮保、忠烈鑒兹必且曰："小子能酬吾未了之心也。"太翁其敬進兹爵！

壽劉西松序

嘗聞之：山當乾地爲老人。吾邑界萬山中，層巒疊嶂，奇峰峭壁，安辨其孰爲乾，孰非乾也？將邑故不乏于壽，無所得乾老人之説耶？然而，吾晉居天下西北，其地維乾。西北晉之大山，則曰五臺。五臺高下數千仞，幅員數百里，峰巖複合，深險莫倪。其更西北而峙者，爲太白巖。巖，昔孫思邈養真地，思邈依是山也，不生不滅，乃至無老死盡。吾邑者，西北晉之一邑也。邑西北有大山，又如五臺之高且廣，曰姑射。傳記：姑射，昔王子晉嘗依之。子晉，寒暑風雨，於姑射有年，後遂仙去，世稱子晉，因并稱姑射。俯姑射者霍，霍衍脉則屆邑西北疆。維西北疆而突出一峰，曰東烏。東烏之山，巉巖磊落，奇非一狀，誠邑大觀。再衍而鹿臺高出層霄，陟其顛可俯星斗。黄河尚在數百里外，視之不啻山麓間一衣帶水。且也，風月夜時聞樂聲，其亦依之有仙者與？更衍三大起伏而東南，結一山，形如酒櫨，因以名焉，此櫨山也。非土非石，半烟半霧，千巖萬木，障日干雲，真所謂福地洞天者。山麓之東南，則數十村落人依焉。數十村落人皆依櫨山而鍾其靈，或富或貴，所不可紀。而龐眉雪髮、傴僂偃仰于山之下者，則又多壽人。壽人，以乾老人山故壽。乾老人之説，其不謬哉？雖然，山能壽人，而又在人自壽。使人依乾老人山而日夜鑿削，夭扎疵癘，世豈少若而人，郡豈少若而人，邑豈少若而人，即乾老人山下，豈少若而人？語云："仁者壽。"是惟仁者靜如山，故壽。

吾櫨山麓遂有居人劉西松翁者，鍾山之靈，如十數村落人所必然，而靜又異。自少而壯，而老，迄今八十年。無狗馬之好，聲色之娱，功名富貴，皆視若土苴浮雲，獨能以丘壑自怡，而更依乾老人山下。是仁者樂山之性，天年固多假也。寧獨五臺、姑射能壽思邈、子晉，思邈、子晉僅一再見于五臺、姑射已乎？西松翁者其以櫨山壽，櫨山麓而有壽人西松翁者，其並五臺、姑射而傳也耶？乾老人之説，其不謬哉！

壽竇芳溪翁序

人生而壽，賦予之厚也。自無性命外之衰益，然使陽害陰損，撥本揭源，既奪精魂，孰延視息？尼父若慮人之任天而澆于人也，質數於理曰："仁者壽。"他日又曰："大德者，必得其壽。"是壽也，固賦予之厚，亦緜有以致之。而後世之蠱人聽者，謬爲丹餌之論。偶用其術而享大年者，遂艷稱于人曰："養生家言，未可廢也。"殊不知人自有生，生自有養，其言正自可廢。不爾，則爲是言者，其人至今存，可矣，何世遠人湮之後，而僅傳其書耶？余愧未能一一向人醒。

一日，翻閲編簡，忽友人王渭橋至，問近課，余笑曰："寄

目丹書，深疑其未當理耳。"問云："何？"余質以前言，渭橋曰："是也。然于理亦未甚悖也。養生家言長年之術，却榖辟導，煉汞燒鉛，熊經鳥伸，修煉之久，便可昇舉，是誠誕説。然其清心却病，寡欲延年之説，求之浮淺輕躁之人必不可得。蓋賦性既蕩，行事必張，醉鄉色陣，漁名獵利，白日昏夜，勞精役神，得不即殞，幸爾。若在仁德，其禀獨澹。澹于聽則耳聰，澹于視則目明，澹于攫取奔逐則手足强健，澹于籌畫營謀則心慮清净，神夢開爽。雖不却榖辟導，煉汞燒鉛，熊經鳥伸，而于清心却病，寡欲延年之説，亦不合耶？故曰于理亦未甚悖。"余恍然曰："是可持此論以壽人矣。"渭橋曰："余舅氏芳溪翁，八十初度，丐一言佐觴。"余曰："芳溪翁有仁德者，絶不與浮淺輕躁之人類。今日大耋，故雖賦予之厚，正有以致之。以是佐觴，必當翁之心喜而嚼三爵。"渭橋曰："余沐舅氏之德之深，而無以祝也。當舅氏之心，可以喜而嚼三爵，余敢不奉是往，以三爵獻？"

壽張節婦序

張節婦焦者，大賈學柳之母也。節婦笄歸學柳之父，於時家徒四壁耳，而庶姑在堂，晨婦也。善作威福，每遺節婦勞苦事，嘗衣食不被體充口。自合卺後，夫婦不得接，節婦躬苦操作，無幾微見顔色者十年如一日也。

夫偶病，節婦給薪水焉，得留信宿，孕，生學柳。而夫隨遠游，歿他鄉。節婦抱稚子，事嚴姑，捶楚無完膚，朝不保夕。父母欲奪其守，則曰："十餘年來無他志，今夫且死，一息未就殞，爲稚子也。稚子成，方可以對亡人于地下。毋言，祇污吾耳。"

學柳稍長，嘗數數噍呵之，曰："孺子不自成立，吾毋惜命。"學柳少禀節婦訓，輒知義讓。學書不成，棄去。往來梁宋賈販，權子母爲治生計，家稍豐焉。而嚴姑病且革，良心忽動，屬節婦曰：“我生不德，今將就藁，幸爲我掩過。”已大瞑，節婦哀毀特甚，卒無後言，孝可知已。學柳日富，而節婦居恒自紡績，每夜分方寢。學柳諫曰：“兒雖無厚藏，甘旨自足，母何勤若此？”節婦厲責曰：“嘗聞之，絲枲紡織，婦人之務。上自王后，下及大夫士庶妻，各有所製。墮業者是爲驕逸，吾雖不知禮，其敢自敗乎？”自初嫠便不御脂粉，常服布練，性最儉約，酒肉不妄陳其前。姻戚鄰比有不舉火者，節婦復能周給之。族有不更事婦數辱節婦，受之怡如不較，以故居無怨人。今且八十，尚矍壯如少時，視其徵，百歲不足多也，孰謂天道不報善哉？語有之：“慷慨從夫易，從容守節難。”誠不得不爲節婦苦；然惟德是親，天報不爽，又不得不爲節婦慶也。今月日，爲節婦初度。鄉人仰名行者，具醴酒登堂拜之，命予爲祝辭。余曰：“祝故事文耳，無足以當。”爲次其實如左，行將列之史傳，傳之萬世，以壽于無窮焉。

壽常母序

今鄉里間，以男子壽者什三，以婦人壽者什七。人若謂陰順久道，柔克勝強，遂以爲婦人真壽於男子也。不知事正不然。《易》曰：“天道福謙。”孔曰：“仁者壽。”亦視其修德獲福何如耳。故在昔升堂乳姑者，壽以孝；抱甕出汲者，壽以順；出與子俱、入必盡期者，壽以貞；丸熊者、畫荻者、擊魚責金者，咸壽以慈。非然，而德不配福，爲鬼神惡，則大年不假。即或留形骸人世，而疲癃殘廢，傴僂呻吟，爲之子者，且心恫矣，雖有烹雞之供，導輿之娱，又何足言壽也乎？

吾兹有羨夫常母。常母之爲人婦也，敬與父同，愛與母同，孝則如唐夫人。爲人妻也，義以和親，恩以好合，順則如桓少君，耳目之欲，不越其事。常母之稱未亡人，與魯母師者，何異？至教誨爾子，則宴安鴆毒弗納於邪，非若夫柳韓諸公堂上人耶？吁哉，常母！静專動直不失其儀，一身而萃數母之德，天寧不以壽數母者壽常母？萬斛之舟，所受必多；千尋之木，其廕自廣。鶴髮古稀，於今非異。耋而耄，而期頤，直如操券矣。雖然，余有多望也。

漢毛義舉孝廉，檄至，義捧之色喜。張奉初心賤之，後知其母老禄仕，乃嘆曰：“嚮者之喜，爲親喜也。惜也，義母之不待也。”

晋虞潭將征蘇峻，其母孫誡之曰：“吾聞忠臣出孝子之門，汝當舍生取義，勿以老母爲累。”後潭及子楚平峻，拜武昌侯，孫時年九十五，加金章紫綬。

今常母康强，善匕箸。朝廷復多事，時遄秋闈掄士，令子負不世之才，竟堅卧不起。今而後誠幡然改也，寧直捧檄者之以禄養？拜侯之勛當亦人之能事耳。常母之壽，視今日且何如哉？此余之多望，常母其喜而進三爵。

校勘記

〔一〕“青”，當作“昔”。

〔二〕“秀才”，底本原無，據目録補。

吊祭文

祭潘麓泉同卿文

今天子聖明，一掃黨逆。凡忤奸逐者，皆得再入春明門。師師濟濟，良稱盛事。吾晋當日罹毒最慘最夥，邇亦漸次昭雪。我潘麓泉公，曩先諸君子去國。此一時也，正望旦晚出山，爲鄉國生色，乃忽以訃聞。嗚呼！山頹水萎，邦國殄瘁，不獨桑梓哀悼，而維桑與梓情庚盡也。則追公生平，寧能一已于懷乎？筮仕而密縣、中牟也。繼佐版曹，守名郡，含香之風，懸魚之節，千古競烈。屏藩西塞，黠虜氊廬，遠徙塞外，韓范同歌。浛阤同寺，數馬以對。出且牙節，入即公孤。社稷倚重，盤石是依。詎意社鼠城狐懼薰炙，故遂鋤逼處者首及于公。世道既清，尚未借公一日；有用經綸，竟付之箕尾之身哉！嗚呼！公心不愧，鑒之者天；公業未竟，繼之者子。生順没寧，于公無憾。獨所爲太山梁木，海内悲之，而桑梓庚盡之情痛無已時也。一束生芻，聊將鄙惘。存殁殊途，曷維其盡？

祭尹舜鄰少司農太翁文

維兹晋國，水帶山衣。山也翠滴，水也雲披。孕秀鍾靈，名詰[一]代起。端人之裔，篤生夫子。實維神龍，驍驍桓桓。時即魚服，頭角嶄然。役電鞭雷，喘息萬里。上排天門，力其餘爾。風厚不負，非或尼之。一壑一丘，若倦於斯。數雖若奇，理終可

信。惟帝念哉，乃錫賢胤。其胤維何？威鳳祥麟。配厥所出，孰
藍孰青？錦製花封，霜飛白簡。初頌神君，再稱名諫。典禮陋
許，建牙邁張。鍾鼎借勛，股肱曰良。飲醴覓源，誰忘其自？龍
章四褒，寵稱不次。俗眼富貴，莫不艷傳。鳩杖角巾，翁何與
焉？萬里家書，別無多語。誨忠移孝，母投慈杼。人不同面，果
料其深。薏苡謗煩，嗣君抽簪。往當萋菲，亦少嗳嗤。等玷樊
蠅，翁意不介。所以勸勉，惟有自修。宗社太山，夫復何求？繇
是觀之，安身立命。志士達人，翁也兼並。其歷大年，爲世儀
型。匪龍匪蛇，胡遽遄升？豈視塵凡，不可藥疾？勞勞形骸，毋
寧偃息。嗟乎形往，而神獨留。願傳行事，播于千秋。一束生
芻，知翁不吐。但可思而不可即，亦徒盡此寸縷。

祭苗晉侯憲副太恭人文

今夫婦人女子深處閨閫，惟酒食是議，亦烏有所爲懿行碩德
著人耳目間。其食貧衣布者，埋沒蓬茅，無論即我生之辰而晨雞
維索，雖偶名賢，誕聖哲，紈綺膏粱，崇樓邃閫，鬼神瞰且忌
之，不奪而年，即灾而身。安享其逸，考終其身者已寡，況乎恩
短怨長，肉溫思冷，一時之涕泣戀慕勢且不得，乃欲延譽於千秋
萬歲後乎？我太母笄歸大族，其視埋沒蓬茅者，丁時不啻霄壤。
太翁涖歷二千石，太母以夫貴，而雞鳴之警、脫簪之規，未或少
缺。迨慈覆三珠，爲朝廷屏藩西秦，太母又以子貴，而擊魚義訓
不懈於畫荻、丸熊。時人固不知閨閫間婦人女子行事，而視其夫
與子，則耳目可悉了，而譽滿內外，懿行碩德皈皈矣。且紈綺不
易荆布，膏粱不易蔬水，處崇樓邃閫若無異於桑蓲。大德必壽，
居謙獲福，此鬼神自默相之。即未享來日台鼎之養，而異數承
恩，古稀閱世，非所爲安享考終者耶？當時奕世，頌婦德者，莫
太母若；頌母儀者，亦莫太母若。怨原無而恩益深，肉即寒而思

更遠。揆之理勢，自應爾爾。矧時丁訣絕，誼忝骨肉，寧能禁慕
戀私懷，止涕泣之從出哉？謹束生芻，介詞以獻。亂曰：

太行崒嵂兮，霜威重而色削。丹水浩淼兮，石巉巉而聲咽。
烟鋪閉林，雲深冷月。珠輝蚌衰，桂馨萱折。因物理之乘除，欲
問始終之生滅。

大父宮保公革七同叔氏祭文

維兹正月二十七日，兵部尚書府君辭世。五七之辰，俗禮於
是日爲革。不孝男等，維革之義，革，盡也，豈人子哀慟之情，
至此日而便盡耶？抑人子哀慟之情，至此日革其奉養之色，以易
追念之思耶？然然否否，其何必論？第以違遠親顏，日易而月，
且易月而歲也。回想未月之前，不孝男等承歡膝下，烏忍計此？
孰意竟若此也？無術招魂，有眼流血，聲音笑貌可想而不可即。
呼天搶地之無從，而悲號乃云可釋。劬慕誠深，視膳問安，政未
得忘，又何革之云？即革其去之日，不革其去日之心也。謹涕泣
陳奠，以表不忍革，不敢革之意。府君當不棄而吐之。嗚呼，
哀哉！

大父宮保公生日同叔氏祭文

嗚呼！我父歿矣。遙憶當日之生，亦知必有今日之歿。第值
今歿之日，而想昔生之時，又誰願今日即歿也耶？生之者祖母，
憶襁褓而含辛；共生者弟妹，念胞胎而隕涕。所生者子女孫曾，
思毛裹而呼天搶地。雖有衣裳，向值生辰而被服者，今陳設也；
雖有酒食，向值生辰而筵宴者，今供祀也。固知我父德業聞望，
千古常生，不在一時之氣息。兒輩力學樹行，勉繼前修，以追體
我父之生，不在一時之悲慟。然罔極莫報，又不能自禁，稽顙哀
號，憑柩洒血。冀我父如在生之時，一舉兒輩之觴。嗚呼，

恸哉！

祭亡妻文

嗚呼，恸哉！妻何以死耶？天耶，人耶？天道無親，惟與善人。妻從不爲惡，豈天獨不鑒之耶？與人無怨，與物無爭，而奄奄就斃，又何人之尤耶？天耶，人耶？嗚呼，恸哉！妻何以死耶？數耶，理耶！天壽不貳，豈爾偏受其短耶？仁者壽，乃于爾而獨爽耶？數耶，理耶？嗚呼，恸哉！妻何以死耶？天道難問，人事難憑，數與理茫不可測，而妻何以死耶？嗚呼，恸哉！妻死矣，而目未瞑也。有懷二人，未相忘也；言念君子，未觀成也；見其二子，未有依也。茲三事，皆妻不瞑目者也。雖然，父母劬勞，心誠難忘，而代妻者有人，是可以瞑目。我雖滯青衿，倘徼天幸，席先德，自奮不難，是可以瞑目。小子雖未成立，而俱有定配，十年外皆當娶婦，我鑒爲繼母者往事，斷不有以負妻，是亦可以瞑目。嗚呼，恸哉！獨是妻目瞑，而我心轉酸也。妻自十四歸我，迄今十一年，克執婦道，承順親顏；我兩人又相得最歡，從未嘗一反目。人處姑姊、妯娌間，罔不小失意，而亦未有與爾搆者也。至諸僕婢，人間嘗一呵噍，而妻又獨不然。吾鄉里婦人，如妻者幾人？而妻死也，嗚呼，恸哉！昨簡衣笥，凡爲妻衣者，無不數結，妻之儉惜至矣。妻誠我一良友，何死之速也？嗚呼，恸哉！雖具此牲醴，亦供妻之魂耳，能視妻之食不？嗚呼，恸哉！百歲之後，歸于其室，妻其俟我。嗚呼，恸哉！

校勘記

〔一〕"詰"，疑當作"喆"。

傳

孝廉王公傳

漢法舉孝廉，大率二萬人得一。然往往以名應，不盡稱其實。明興，貢士于鄉，猶漢法也。而以文進，于孝廉之名益遠。今確求其人，則吾晉固仕國，蒲坂衰頴王公，其一也。

公名三欽，字堯俞。歷世顯融，太公熊以醇謹稱，公其季子。七歲就塾，即穎露不群。尋受最鳳岡任氏，能盡其學，補博士弟子，有聲章逢間。甲午，吾晉歌鹿鳴，公預焉，人曰：“王氏青箱之業，未替也。”屢試南宮，輒報罷。馬蹄特特長安，輕塵縈拂頤鬢，公第以濁醪消之。孟郊刀劍之悲，李郜厚顏之嘆，都無所介介也。上觀下獲，益闚切理奧。新建王氏學，近世率置勿道，又吾晉風尚樸略，鮮善其說，公獨嚮往之。嘗標舉“微義獨至”之語，名師宿儒有所求逮。性又慷慨，好緩急人，解衣推食，排難解紛，千里慕義，至擔簦負笈之士吮風立雪，稱《易》家大師焉。顧止于孝廉，見奪司命，年五十一卒，享不酬德。所謂天道嘗與善人，非耶？然予謂公真于孝廉無愧云。歲在庚戌，公就選人，當縮銅墨綬治縣。公念太孺人春秋高，拂衣還里。沒齒之日，猶依依子舍。初，太公積貲二千金，伯兄善賈，從祖大中丞委以五百金，積著大起，盈巨萬。析箸時，伯兄意以中丞之子錢不入世券，後微悔而晰分之。公謝不可，作《仁讓錄》。以此而徵孝廉，又何愧焉？故予樂爲傳之，以風天下後世之名爲孝廉而亡其實者。所著《四禮約》、《遵儉約》、《表貞編》行世。子溯元有文行，王氏青箱之業未替也。

論曰：予傳王公，而重有感于吾晉也。河東饒沃，名公卿相望，近代如楊襄毅、王襄毅之勳伐，張文毅之相業，最彪炳也，不以學名。獨河津，在隋爲王仲淹，在明爲薛文清，其學甚著。仲淹竟教授終，年纔三十三。今王公深于新建之學，纔逾下壽，彷彿類之。吾晉伉爽有氣誼，公又澤于理道，稱倍量焉。河東即多名公卿，以孝廉推次其間，顧不益重耶？

竇將軍傳

余里人竇明道，面鐵色，怒目如曙星，虬髯蝟張如戟，以勇悍聞。于時苦貧，游梁宋間，爲下賈。因便弓馬，習技擊，飛韄橫槊，人人辟易。余私識之，曰：“此飛將也。置漁陽、上谷、朔方、酒泉間，斗大黃金印不俛拾之哉？”

崇禎庚午，陵川狿賊據馬頭山，恣劋晉、豫，其鋒銳。時兩省撫鎮協剿王兵使肇生邀攻之，失利。召余弟恩生道濟、都司道法往，明道橐鞬從焉。官軍鼓行而前，明道以別部掩賊巢，猱附猿引，絓身于層壑危崖之上，蹈空奪險，賊大潰敗。幕府軍書上，賞格不行。

亡何，晉被流寇。渠帥王佳胤尤勃，渡河曲南下，歷長子。兵使檄裨將曹文詔追擊，明道爲鋒，大破之。已餘黨繼起，兵使禦于汾西，過褫亭。會榆關逃兵彭雄等七十餘騎道掠，千里趨利，至於褫亭。檄從吏往，惴惴亡人色。明道掉臂入，指諭之，立投刃歸伍。遂從守備陳國威，敗賊于臨縣。宋中丞統殷上其功，官都司。復從余，追賊于端氏。寧武守備猛忠敗没，率明道進援，走之。敗卒衛科等百四十餘人得免，八月寇余鄉，明道扞禦甚力。堞上見寇發矢，即彎弧厲聲曰：“矢及汝矣。”寇驚却，矢中樹没羽，寇憎伏，遥指曰："竇髯，我去若，毋相及也。"

　　寇走陽城，余從中丞敗之小嶺。寇南下太行，懼其北也，中丞自澤州入陵川奪火村，寇果自輝縣而北。我兵猝相值，殺傷大當。日晡，卒饑憊大潰，至石磬坳。中丞立馬，招集散亡，兵使長跽請曰："今日不殺賊，退安所歸乎？"挺鼓搢鐸，周麾而呼。余率明道輩，奮刀還驅。寇夥甚，輕騎嘗我。明道及汾州千總惠光祚獨身迎敵，龍跳虎躍，霆呼風舞，終不少挫。中丞遙嘆曰："竇明道健鬪乃爾。"諸軍從嶺上目壯之，亡不踊躍，願一得當賊。薄暝，明道守隘，余等營山之巔。寇深夜數人間道登而噪，内監陸進朝駭愕遽走，諸軍皆奔。詰朝，余等會九仙臺，潰兵反首莩舍漸至，獨失明道，意其骨生燐矣。及我被圍三日而解，見明道于高平，云："前夕擠深澗中，臂折，勉自搋，脱足帛裹創，得重璽而至。"中丞等痛之，俱泣下。亡何，中丞罷去，寇西走。余等戰于仙翁山，獲其渠帥。蓋自從軍來屢戰，多所俘斬，明道爲一時冠。力瘁中瘢卒，聞者惜之，莫不曰："使明道而在也者，亡論斗大黄金印，即戚繼光、俞大猷爲不亡云。"

　　論曰：竇將軍初起里閈，競刀錐之末，其志豈誠欲勒燕然，鳴劍伊吾之北哉？一旦遘事會，因緣就功。當其意憤橫發，目眥盡裂，匈奴十萬衆直氣吞之耳。李廣恨結髮未得一當虜。今東胡之强，正丈夫委命時。異日，余從事榆關，募吾晋健兒百人，將軍割挈馬兔而東，適樞輔孫公報罷，不果用，僅薄效於鄉。甚哉，將軍之不偶也！同時陳國威輩，才武出將軍下，高牙大纛，取之如寄。乃終困一將軍，嗟乎！天實爲之矣。將軍所降彭雄等七十餘騎各感報爲縣官用，終身不背。嘗語及竇將軍，猶念念無已時也。

雪广筆役卷四

墓碣

故友霍圖南墓碣

余友霍圖南，以萬曆庚申六月歿，距其生纔三十八歲耳。內而骨肉，外而知交，莫不痛哭流涕，曰：“天奪之速也。”越五月，其尊兄厝圖南柩于永室，立石其上，以表遺行。因圖南遺言，屬其事于余。余何能文？余文亦何能爲圖南重？然予與圖南同筆研有年，其操履耳目之最熟，豈敢以不文閣筆，負圖南於地下？

圖南諱攀桂，別號月林，圖南其字也，世爲沁東曲村人。父汝聰，有丈夫子三，圖南居季行。其生平孝不衰親，敬不懈長，於妻子不私恩，於朋友不府怨，磊落行誼，譽在鄉黨宗族者，數窮更僕，余即詳書審紀，不能悉于他人，然亦不能悉圖南也。余之悉圖南，惟讀書一事。方圖南垂髫時，受兄門下業，此兒童嬉戲時也。而圖南儼如老成人，兀坐齋頭，不停披誦，莫不以大器目之。及就郡縣試，遂冠多士。比補博士弟子員，復屢列高等，聲蔚蔚起矣。乃三上秋闈，翩鎩不振，識者惜其屯，必其亨，謂騏驥櫪下之伏，蛟龍池中之蟠，非終屈不伸者，斗間寶氣，定逢賞鑒，特時未偶耳。圖南志亦不少鈍，嘗向余曰：“少壯幾時，不努力何爲？”每旭旦至夜午，咿唔書聲不絕於口。雖風雨寒暑，亦罔見聞。余方謂秋風伊邇，圖南奮翼，翹足可待。而入春病瘧，余見其瘧狀，仍戲之曰：“瘧，謔耳。爾何可謔？乃爲瘧謔。"圖南亦笑應曰："豈不聞，來病君子，所以爲瘧耶?"未幾，而瘧深矣，遂不起矣。維時六月十四日，余方于役郡縣，竟未能一訣。圖南彌留之際，尚曰："不及見張深之矣。身後之事，願得一言。"嗚呼! 一死一生，乃見交情。余縱不敢望延陵季子，寧令圖南壟上石，不及徐君壠頭樹耶? 因表其事如此。

墓　表

文林郎秦安知縣溪環郭公墓表

　　孟夫子有言："天下達尊三，爵一，齒一，德一。"而復終之曰："惡得有其一，慢其二？"則輕重不明明可按乎？故行不齒于士林，而拖紳縉珮，位極具瞻，無論歷年若何，當莫不鄙且賤之。即黃髮台背，而閭巷以終，屈指生平，更穢瑣無足比數，此與草木同腐朽者，亦烏足論？進而星辰曳履，鼇誉如願，得君得天，其所以處高位，享大年者，俶終未令，則得失參，而尊不尊半，何以敝天壤而高晋楚耶？余不佞濫竽禁員，向叨侍從，海内元老耆碩不少概見，而如孟夫子所稱者，什不得一，何以故？天命有修短，君恩有隆殺，而己不得操其券，即天篤其祜，君渥其庇，己或無以承其庥，則余幾幾于世而未得者，于溪環郭公見之。

　　公位不過令尹，而兩地棠廕不減周人之于召伯。視被赫赫鼎鉉，沓來南山之刺者，殆霄壤懸也。解組歸來，布袍斗酒，嘯傲山林。年逾八十，語言步履不減少年，視彼携笻委巷，老死圭門者更霄壤懸也。大德必位必壽，公固膺天子百里民社之寄，享上帝純嘏爾常之福。且也朝重其節，野樂其政，士莛其敦淳古樸之行，俗式其勤儉正直之雅，尊哉！合爵齒德而稱達，孟夫子復起不易言矣。余後公五十年生，叨在世講，知公最真，故特表其大節如此。行誼、政教及世譜，具載誌狀中，不贅。

太學生劉乾甫墓表

且天地間皆耳目所熟習者，終非淴焉而已。惟夫三光四象，無愆於度，平等觀也。忽而卿雲見，德星聚，則莫不詫天之奇。山河位置，流峙晏如，平等觀也。忽而三呼九清，芝生醴出，則莫不詫地之奇。即羽毛鱗介，各馴所性，生生化化，亦皆尋常置之。忽而鳳儀於庭，麟游於郊，龍見於野，則又莫不詫其飛走之奇也。矧夫戴天履地，超飛走之倫而命曰人，乃一尚論出類拔萃之聖賢，後無來者，豈人之奇，僅一再見已耶？余嘗恨不及見古人，得一劉乾甫公，私竊謂有奇緣。今又棄余往矣。余仰天俯地，曠觀飛走，欷歔欲絕，安能不一言表之也耶？

乾甫爲莊靖公從子，先余生二十年。以意氣投好，遂爲忘年交。曩余家食，里許之阻，數日一晤，或數月一晤，猶未能時往還。迨余宦留長安，屋梁月色，渭樹江雲，亦徒往來瘄寐而已。

壬申寇變，公廬蹂不可居，徙舍余舍。余適有事戎行，歸捍閭里，始得日隨步趨，時把臂雄談，間呼盧浮白，以消釋抑鬱。方謂豺狼當道，荆杞滿眼，蹙蹙四方既難爲騁，即水伏泥蟠，烏所得寧處？余與公，其避俗入俗，姑且謀朝夕歡乎？曾幾何時，而公遽歿也。先是，室人歿，余知公奇人，定自達觀。公果不爲兒女態，抑情排怨，容若居平。乃兼理內政，役心疲力，遂致脫神。

是日也，余輾庀往臨，涕淚如雨，外余者，親故無論已。逮巷婦傭奴，莫不泣數行下。蓋公藥餌活人命者，時方苦癘，咸待公起，而公反不起也。公故華閱，怡情詩酒，留連聲伎者其常。而幼也潛心問學，明於理道，志向既奇矣。博極通玄，奇無不奇。技掩青囊，眠牛指兆，則目奇。隔膜洞症，和緩失巧，則手奇。風雲色辨，腹笥黃石，則智奇。霜刃電飛，盤旋中節，則藝

奇。黄芽白雪，奴使汞鉛，則術奇。至於稱孝稱弟，宗族鄉黨異
口同聲。莊靖冢嗣不禄，一抔未乾，咸以六尺無存，垂涎攘臂，
公篤念血食，以其子子之。凡囊箧所儲，則又聽蠅嘬蚋嘬，芥蒂
毫無，存人之祀，不利人之有，公之德至矣。公奇人，故多奇
行，真可質諸古聖賢。彼人面獸心者，對之汗下矣。世目公爲長
者什九，而識公之奇者百不得一。余特表而出之，以昭來許。其
世系、卒葬之年月日及兩孺人闈德，有誌在。

墓誌銘

禮部儒士環山霍公配賈氏合葬墓誌銘

今上己巳冬，奴氛薄都城。余鄉偏遠，於十一月念五日，纔聞逼通、薊間。余時歸省里居，驚憤錯愕。母氏更慘然不懌，曰："此爾不共之讎，況主憂臣辱，豈爾安寢食日？其速馳赴，毋以我爲念。"余外祖環山翁與余居止去里許，聞即徒步來，勉以大義如母氏諭，且代爲區處健丁，間日往返，其憂國念余意殷殷篤也。朔四日，余北上，外祖送余郊外，洒泣話別。彼時即曰："爾此行，廟堂疆場，爲所欲爲，旋返難期。我年已遲暮，後會未卜。勉之勉之！"余尚敦慰，詎意余行不匝旬，忽爾永訣，前言竟成讖耶？嗚呼，痛哉！

初，母氏以先君忠烈公難，聞訃，摧心卧床褥，至閱三月。已而千方解慰，始扶掖起，徐復故形。然遂感症，每遇哀痛事，輒便怔忡眩暈，數日方愈。值兹外祖之變，又恐悲怛過甚。余方焦念，忽家僮來，亟詢母氏起居，則云："哀而有節。"傳命屬余誌外祖墓，且云："哀痛無益于事。惟兹石言，其詳述隱德，不没泉下，以慰我心。"余慰母正苦無術，敢不仰承成母之孝？矧外祖生平，其承顔順志，人無間言，則孝可述。伯以先世未析之業，予己子者二，予弟之子者一，其誰能平？外祖怡然無後言，則禮讓可述。讀書無成，徒業於農，再徒而賈，往來梁宋，稱物取償，不罔非利，迄今不易寒素故也，則勤儉可述。宗族鄉黨，畜產不皆我饒，或婚，或喪，或饗飧不給者，時出朝夕之餘以賑之，則仁惠可述。閭左少年，故嘗以爭忿取質，外祖抑其悍無禮者，後皆望廬自解，則端方可述。余曾王母太夫人，處姑行，先祖宮保公表兄弟也，先君忠烈公復爲之婿。在薄識，莫不挾以驕人，外祖初無是，因以累行，郡縣守令循薦舉故事，禮曹褒冠服，更三屈鄉飲大賓，堅不赴，則恬退謙撝可述。且也，母氏體素弱，余生彌月後即往來外家，凡服食起居，事事週注。逮弟妹纍纍，莫不曲加撫摩。是外祖之誌，匪母氏命之，又焉敢以不文廢？況可以是慰母心，而成母孝，寧忍辭耶？謹述其梗概若此，尚愧弗詳也。千萬世後，知余非諛言矣。

外祖諱三元，字聯甫，別號環山，世爲沁水東曲村人。先世不可識，識其五世祖瑲，高祖顯，曾祖世乾。祖尚義，生二子：長伯汝卿，次父汝忠。汝忠生外祖，娶外祖母賈氏，溫栗沉毅，有丈夫風。外祖十九在外，治家人事，門內外肅如也。先君忠烈公嘗云外祖母行事，可爲婦女師，豈欺我哉？惜乎，故時年纔五旬有八，未得齊眉壽考耳。繼劉氏，庶馬氏。生子：炳，錦衣衛鎮撫，娶寶氏，繼李氏。女三：長即余母氏，先君兵部尚書，謚忠烈，諱銓配，累封一品太夫人；次適生員王敷治；次適生員賈希俊。孫男二：長壏，次坩，俱幼。

外祖生嘉靖癸丑十月二十二日，卒崇禎己巳十二月十二日，享年七十有七。外祖母生嘉靖癸丑十月十五日，卒萬曆庚戌六月初四日，享年五十有八。例得並書。銘曰：

天道無親，惟與善人。前世今生，作與受，未適所因。不於其身，於其子孫。勿替引之，無不爾或承。

壽官虛齋寶公配常氏合葬墓誌銘

先是，神廟之三十七載，虛齋寶公卒，業卜地安厝矣。迄今上改元六年，其配常孺人始卒。禮，夫婦歿則合葬，屬當啓壙，第術家初言"地實牛眠"，遂用之弗疑。乃公正寢後凡十八歲，衣食豐廣，固雖謀生之良無關係此，而乳多不育，則用爲憂。日者又言："脉散氣走，非生發地。厥嗣計萬年，不獲已。"另卜兹塋，枕山帶水，實爲佳城。例當誌麗牲之石，以示來兹，乃以屬余。

余惟世俗日僞，人情益卑。恒見具丈夫鬚眉者行事甘同妾婦，遂有一種柔媚女子嬌以和之。究也，男子婦人俱失本色。爲子孫者冒爲聲實，或蒙虎易羊，或借影翻燈，甚或脱骨換髓，假墓底一片石以欺耳目。若是，徒令具隻眼者，睫戟齶張，何益榮辱？余恒心悲之。夫豈諛人以供爲人子孫者役使？然正患世無烈丈夫、真女子爲世觀法。有之，是漢上、鹿門，千百年來，再覯懿美，亟取以傳，猶懼隱没不耀，敢以世俗之爲子孫者例人，如虛齋寶公之生平，以骯髒骨與庸愚人伍？始而學書，棄去。繼而學賈，復棄去。使世俗籠智鬭巧者，將無笑其拙。詎知公不爲禄仕，安用窮年矻矻？以千金之軀，犯霜露，覓蠅錐。嘗暮雨江村，偶逢豪客，使不見幾而免，安在爲守身之孝？此公冷眼世俗，正不欲人以巧爲拙，故以拙示巧。織問婢，耕問農，衣食外遂無餘事。即衣食之積，又不肥以自潤，咸爲杖頭錢，與二三等輩醵飲洛社。一遇貧不舉火者，又即輟結客之費，罄囊賑貸。或不諒公心，以土田償，輒焚其券，以是德所沁入，鄉鄰化之。間有使氣相哄，旋即自解，莫不以見直方爲羞。縣父母雅重之，而不可致，止循六十杖鄉之例，爲請於上，而加冠服。公以受恩於朝，不爲私謝，其磊落氣概略可知已。至其夫婦唱隨好合，余况之以漢上、鹿門。漢上、鹿門在當日也，出作入息，敬賓愛夫，不求榮辱於人，故不爲人榮辱，而奕世傳之。以公學書，常孺人以機杼佐。公學賈，常孺人以井臼佐。公好賓客，常孺人以瓶罍佐。公好施予，常孺人以簪珥佐。公孝友人無間言，常孺人佐之以瀡灑和睦，人亦無間言。在漢上、鹿門，其夫婦賢事固在當日人耳目，然所傳者曰「舉案」，曰「挽鹿」。蓋以世俗之情，莫不艷羨富貴，落寞時不爲牛衣之泣，則爲交讁之謫。乃丈夫脫屣功名，樵漁爲友，婦人絍綺無事，荊布樂陶，寧無足多，但指所爲。自垂髫以至鶴髮，涉歷人世五十餘年，百行四德，無少違錯，如公夫婦，漢上、鹿門又讓美矣。夫何不誌之，以昭盛事？

誌姓字：公諱淵，字德淵，別號虛齋。遠世婦人不名，故止以常孺人稱。誌甲子：公生嘉靖壬辰，卒萬曆己酉，壽七十有八。常孺人生嘉靖丙申，卒天啓丙寅，壽九十有一。誌譜系婚嫁：其先遠不可攷。公六世祖伯政，生文善。文善生子錫，子錫生公瓚。公瓚生公兄三人，公居季行。三子：長有霑，蚤世。次有霖、有相。有霖業賈，娶王。有相業儒，爲博士弟子員，娶李。女五：皆適名門。孫男三、女五：爲有霖出者鴻章，庠生，娶韓。爲有相出者雲章，庠生，娶霍。奎章，庠生，娶郭。女則一出有霑，二出有霖，二出有相。曾孫男晥及二女，則皆鴻章出也。誌矣，例銘。銘曰：

君子之道，造端乎夫婦。唱耶隨耶，實有常度。不幸而變，節義趾措。驚悼倍恒，可起欣慕。綱常或頹，何如行素？梁孟鮑桓，古今不數。獨此兩人，紹芳嗣步。混迹庸愚，薰蕕異路。蘭馨風揚，珠光輝露。表揚余心，借石寫愫。千秋萬歲後，不朽者實惟茲墓。

祖姑丈楊元吉公墓誌銘

昔竹林諸賢，放情山水，寄興麴糵，不問人世間事。在當時欣厭異向，是非各得半焉，迄今猶然。是之者，爲人生適志，脫迹市朝，安在規繩矩步，自作桎梏？非之者，則曰：「廉隅不簡，無以範身，細行在所謹也。"吾竊論之，迂士病拘則曠達是；蕩士病軼，則謹飭是。故所是所非，總無碍其竹林之是也。若余祖姑丈楊元吉公，實其儔云。

公性豪疏，幼習博士家言，才識異倫輩，顧弗屑呫嗶，遂棄去。往來梁宋間，用計然策起家，而且贏且散，且散且贏，視蠅營躛逐，又絕無其態。故胸中磊落不平之氣時以酒澆之。然每酒輒醉，高歌起舞，白眼青天，意常不可一世。蓋不惟富貴功名，糠秕瓦礫之，即禮法，亦芻狗不屑屑拘。至若炎冷之態，益付之華胥矣。人爲我是，不色喜；即人爲我非，不色怒。以是終公之世，是非者亦半，而公夷然之性，直爲平等觀。余因指其事，摹其人，于輓近世，求之不得，若與竹林諸賢異世踵接也。

公諱有慶，字元吉。卒年七十有一。配張氏，繼竇氏。厥子明德，用卜者言，葬公于榗山之麓。丐石言于余，故略記公之行誼，以昭示來兹者如此，爲之銘。銘曰：

茫茫函蓋，恢乎無極。不有達人，孰參其秘？玩世廣裾，耻光滅燭。清聖濁賢，無入而不自得。榗山之麓是牛眠，奚必陶家之側？

張一德公^[一]墓誌銘

予讀史，至蘇長公，自言平生不爲人作墓誌，予又何能作媚鬼語，出長公下哉？然情之所關，寧能不一識其姓字使泯泯耶？

予族之死以壽者，曰一德公。一德公處壠畝間，與鋤犁伍，固無他奇異能驚人耳目。然一德公少而食貧，甑塵壁立，殆牛衣之王章矣，人不堪其憂，而一德公處之淡如，曰："天之厄我，命也。"已三子學賈，家道充腴，幾"七策"陶朱翁。今昔易志，此其時也，而一德公處之亦淡如，曰："儉，德之共也。"不寧惟是，人情炎涼，罔不以貧富爲薄厚，悠悠交態，從古爲然，而一德公處之又淡如，曰："鴻不因人熱者也。"此之德言，足愧世之役役者矣，何不可誌？誌其姓字，諱安常，字一德。誌其系，子曰某，孫曰某。又非歿世而不足稱者也。誌矣，又何不可銘？銘曰：

貧士之常也，富易交，人之情也，而不去不處也。是以誌且銘也。

校勘記

〔一〕"公"，底本原無，據目録補。

九編　不可不傳

沁水張道濬子玄父　著

門人竇瑛含章甫　訂

《不可不傳》題辭

古來載籍所傳何限？或有聲無泪，有情無血，落紙之頃，一往易盡。文人筆端，美人眉端，靈腕柔腸，尚爾飛動。有此慧根，覺問牛宰相、唾面中書，世間不盡腐蝕耳？琉璃研匣，翡翠筆床，司隸公特搜奇鬢夭黛，示世間鬚眉孰爲可傳。悠悠此意，誰其知之？屈大夫不以宓妃傳，范大夫不以西子傳。今日讀公之書，當起古人而求之。

廣平談遷書

女俠曹大兒傳

吳淞沈璨，英士也。賦情超越，束髮即不可一世。將走上都，射金門策，故凡經游，雖佳山水，好人物，都不屑屑問。已抵維揚，二十四橋，花月晨夜，獨契於心，因而流連逾歲，至資斧告匱，弗戚也。

一夕步月，擊手浩歌，意氣閒若。偶歷酒胡之側，板扉半啓，一女郎年約十八九，雙鬟綴綠，半臉潮紅，齒瓠唇櫻，眉蛾目鳳，翩躚體致，綽有餘妍，若耶施、洛浦甄，其冶容艷質，疑仍遜美。惟是短襟秃袖，鴉襪鸚靴，大類木蘭從軍之裝。倚門顧盻，如有所伺。璨惑之，訪諸鄰比，皆謂輪蹄往來，過續如織，烏識其繇。會漏稀，罷去。

異晚，復見焉，指揮小童，市酒舖以入。璨因揖童，問姓氏鄉里。童初不顧，璨致誠懇，始曰：“余偶供大娘役使，不知其他。”“丈夫爲誰？”曰：“無。”“何以大娘呼之？”曰：“隨婢爾。”“從何處來？胡寓此？”曰：“來從淮泗，寓此，待其妹也。”“有親故否？”曰：“親故不識，如君輩時或接見。”“然則，流妓乎？”曰：“非也。大娘性佻僮，難耐寂寞，間進韶秀佳客酬酢，歡通夕爾。”璨不覺自失，因賂童，曰：“吳淞沈璨，少年有心人，欲一衹謁吐肝膈，不敢造次，行止取可否。”女聞而頷之，期以詰旦。璨踴躍歸。

數漏問雞，昧爽而起。既薰且沐，心怦怦然惟恐弗當也。抵門，童已衹候，迎而笑曰：“有心人語果弗妄。”

乃發其左扉進璨，升階起簾，延璨坐。璨週視四壁，懸鐵胎弓三，白羽大鏃數百矢；寶刀利劍，若吳鈎、太阿大小五，皆露刃，光照几席。璨不寒而慄者移時。尋一婢導女出，淡妝雅飾，大袖寬襟，更非初見時比。至易靴韈以鞋，足不及三寸，纖柔周正，江南罕儔。揖璨，微笑曰：“醜陋穢質，不揣銜呈。幸惠周旋，勿生嫌鄙。”璨惶恐，再拜曰：“璨庸俗末流，竊不自意得接天人，眄睞之餘，置身霄漢，敢不悉其拳曲，以堅貞盟？”女又微笑之，璨於是方釋懼，因請曰：“切承謦欬，非吳楚間音，願知閥閱。”女佯不聞，睨婢曰：“人有佳遇足矣，亦煩他預耶？”璨不復敢再問。已啜茶畢，繼以餚饌，珍備水陸，殊不草草，犀觥可盛酒斗許，滿注送璨，曰：“逆旅遭逢，雅稱快婿，何得冷面相對？願君連舉，妾以薄技侑。”顧取錦囊，出琵琶，挑撥攏撚，無不合度，其歌聲抑揚副之，則如流鶯調語，間關百囀，又如風雨忽來，颯颯振林木間。璨盈耳沁心，神魂惝悅，惟有擊節讚嘆而已。

　　薄暮，璨告辭，女未及答，婢曰：“措大語，誠耶？僞耶？”璨怍甚，曰：“誠固非誠，僞亦非僞。猶然行止，弗敢造次，取可否爾。”婢曰：“君第止而不行，娘自可而無否？”璨笑曰：“敬謝教。”女亦笑曰：“君無庸作酸態，丫頭亦大費脣舌矣。”燃燭見跋，女偕璨寢。卸妝解祔，得窺其裏，肌膚之白如玉，膩如脂，香如蘭如桂，輸情致態，妙絕尋常。璨不圖佳遇若此。因口占曰：

　　　　獨立空傳古，視今疑未爭。感卿纏綿意，使我有餘情。

　　女曰：“妾幼亦事此，僕僕道途，遂荒廢，荷君珠玉，豈得匿醜？”亦口占曰：

　　　　君情固有餘，妾意非不足。所嗟天地寬，始歡難終續。

　　璨驚曰：“‘黃鐘一鳴，瓦缶失音。’殆斯之謂。第始之終之，惟卿主張，何云‘難續’耶？”女曰：“正恐主張不得爾。”晨興，遂不與出，盤桓匝月。其間，論情則嬌媚橫生，形骸镕化，雖使日月晦蝕，山海崩竭，不遑他恤。間涉人世事，則惟分明恩讎，如范雎“一飯必償，睚眦必報”者尚平等觀。每小不如意，即拔雙劍起舞，俛仰盤旋，以爲怡樂。偶童貰酒，無賴者與爭，欺其易與，糾黨臨辱，女怒曰：“何物么麿？強梁乃爾。”將奮袂出。璨固止之，曰：“奈何以弱質當群不逞？”女曰：“非君所知也。”闢門直前，是輩方張甚，女瞋目揮拳，左右辟易，識其魁，提髻擲空，輕如一毛。衆皆屈膝請罪，女叱去。璨曰：“嗟乎！璨爲男子，徒虛生爾。”

一日二鼓，忽聞鳴鑾自遠倏近，女曰：“妾妹來也。”啓門，果然一女一婢乘兩馬，行李纍然。女纔垂髫，頭裹烏紗幅巾，身衣紫繡團花襖，臂鵲畫兩弓，胯魚服囊，貯金僕姑數十，腰束闊裝帶，懸松紋匕首，指約羊脂玉玦，足踏鹿革靴，總如健兒狀，獨容止與姊無兩。璨拜，女答拜。因詢來所，亦笑而不答。第向姊曰：“何處郎君？”姊告之曰：“沈郎，吳淞璨，佳偶也。”妹曰：“姊大可賀。”相視而笑。女忽語璨曰：“妾曩寓此者，正待妾妹。詰朝便當遠適，與君匝月之歡，不可爲無情。”顧妹問：“有幾何？”妹傾一橐，約五百餘金，曰：“無幾，惟姊擺劃。”女曰：“沈郎旅次，余知其資斧已匱，此少可從容爾。”盡舉贈璨。璨曰：“幸侍輝光，寸私莫展，何當深惠以益之羞？”女曰：“君毋遜，豈有既締姻好而不念有無者？”璨愧荷。是夕，遂不即臥，酣飲高歌。達旦言別，處分其童他往。且出門，璨泣曰：“卿今焉往？後會何期？豈忍終不一示耶？”女曰：“那用作苦？如不忘情，他日相思，但訪妾於齊魯間。”分手上馬，一鞭絕影矣。璨悵然久之。

後數年，璨遍歷鄒兗，終莫得消息。偶訪於青州道上，一老人曰："此必曹大兒，女俠也。人亦不知所在。"

　　外史氏曰：世傳女俠，劉悟之隱娘、薛嵩之紅綫，奇踪秘迹，駭人聽聞，以爲無有嗣其後者矣。如曹大兒姊妹，何莫非然？倘謂俠也，必不作兒女子態，則崔愼思之妾，相從逾年，且舉子矣，卒割恩斷義，飄然長往。愛河欲海，烏能溺之？大兒與沈生亦偶然遭逢，聊作一時姻緣爾。不然，一鞭絶影，姓氏鄉里終不可得。兒女子態，然耶？否耶？或者曰："盜也。"夫以韶年女子，倏忽往來，掣風馳電，要亦車中三鬟之類，豈尋常肱篋者流哉？

不可不傳卷二

陳既滋傳

　　丙子季春，烟雨樓桃盛華，獨柔艷一枝，醋於風姨，月冷波空，香魂狼籍，友人有感於陳既滋也。余因爲作傳。

　　美人陳既滋者，名蘭，字楚畹，再更既滋，因以既滋稱。年十九，歿於檇李。既滋非檇李生也，家世維揚。維揚佳麗，古人稱之，洎時代益尚。凡嗜色者莫不携珍異，走維揚購所欲。使既滋不去故土，十斛千金之選，舍既滋其誰乎？

　　乃幼以年饑，爲檇李陳嫗紿得。初四歲，有識者見其眉目皎好，精神復炯炯，且解人向背意，嘆曰：「是兒長，當絕世獨立。但不知何物郎君，享受此香脆爾。」至是，語嫗曰：「天上謫仙，使貯以金屋，或少留數時。若必畜爲耳目玩好，行驂鸞飛去，不如歸之，以免罪業。」嫗肉眼，不爲然也，竟返檇李，既滋遂不得已母嫗，冒姓陳，自是人目爲陳家蘭。然既滋雖落風塵，繫念所生，絕無風塵意想。居恒小立曲欄，凝睇重雲，作呫呫語，恨不即霞舉者。間避人兀坐，亂團襟袖，一回愁復一回怨，俯仰如不自容，已則淚簌簌下數行。人偶一見問，亦不答，以故莫緣深淺。既滋迨破瓜，而容益妍，動止生輝。不朱粉而艷，不膏沐而柔，不蘭麝而芳，擬以啼露夭桃，再擬以眠風新柳，又擬以窺月疏梅，皆失其似，業令人心醉餐色矣。而且意閒神遠，於紛拏雜沓時偏自見暇。嘗月夜倚窗，漏三鼓，嫗疑其私，覘之，既滋不覺也。忽長嘆數聲，嘖嘖曰：「我也乃墮落於此耶？月姊，何不早出我苦海，而徒勞無情相對耶？」因以針刺紙，作短句二章，其一曰：

> 月姊有無意，流光絕纖陰。如何照我面，而不照我心？

其二曰：

> 我面易繁華，我心難轉側。不爲月姊憐，豈應憐未得？

既將付火，爲嫗所得。人始知既滋有佳才，而不欲衒也。絕世獨立，真如向識者所許。惟不閒小技，儕俗數輩苟之曰：“若倚市門者也，奈何不以技稱？”既滋聞而輾然曰：“我倚市門者耶？奈何以技稱？”因是不理於儕俗，不爲儕俗所理。既滋之適也更何如？獨定情於古生。古，貧賤士也。弄三寸管，珠咳玉瀋，數幅箋綃，傾刻可以烟雲滿布，而夷然不屑之致。儕俗不理，亦同既滋。既滋具眼，偏解憐才，若有韓夫子不長貧賤之賞。夫才不容於世也久矣，不等閒置之，則揶揄棄之，甚而排抑擠斥，如去芒於背，勢在必克。獨見憐於媌人女子，既滋果何如人也乎？因而兩相纏綿，綽有餘致。晨花夕月，固不虛費。即風風雨雨，擁膝話衷，略忘倦怠。至於兒女論情，則的的可想，而不可形容者，如是將終身焉。以曳雲霞，餐沆瀣之英，而甘綦縞粗糲，可想既滋之蓄念矣。

乃未幾而病，病未幾而革。且革，前古，淺笑曰：“我久知不長人世，但不欲先言。惟兹囊悅亦非我本來，若封以三尺，後必如虎丘真娘，雖傳人耳，徒穢人口。幸一炬爐之，我且脫然長往，無粘皮帶骨累也。”古佯諾之，而深念曰：“昔人既往，幅裙隻襪猶什襲珍藏，既滋雖聲欬邈，形在而宛然也。使可食息與俱，將之死靡他。乃令薪灰同揚，既滋喜而余悲矣。”沐而斂，而瘞，必躬必親。雖無金椀玉匙、銅棺石穴之儀，亦庶幾物稱情焉。嗚呼！既滋是果不供耳目玩好，遂驂鸞飛去乎？抑飛去有期，即金屋貯之，而亦不少留數時乎？彼嫗者追思昔言，當何處尋懺悔罪業地也，噫！

外史氏曰：人嘗謂才子佳人，生死俱非等閒；必謫自瑤宮貝闕，人世游戲，少時仍返故地。陳既滋自生而死，絕無兒女情，烟火氣。其往來自瑤宮貝闕，余烏知其不然？或者曰："仙而人，人而仙，事涉渺茫。既滋早死，亦紅顏應薄命爾。"此更非通論。即使既滋生非仙謫，便如世俗風塵中人，姻緣不偶，流落庸夫俗子手，將求死不得，脫享有大年，綠鬢紅顏換爲雞皮鶴髮，人將違之不遑，即多情如古生，亦恐未必始之終之。既滋亦且死，則死之遲何如死之早？死于異日何如死于今日？遲之異日生而死，何如早以今日死而生？百年一瞬，同歸大盡。生生死死，正自難言。又何必尋不死之藥以留餘生，覓返魂之方以起殘魄？嗚呼！既滋何以死矣。

不可不傳卷三

蔣文生小傳

西子湖上，春色撩人，士女雲集。歲己卯上巳，視昔更甚，歌舫相接也。吳越間，以才色稱者有兩女郎，柳隱自泖、蔣文自苕預焉。

隱，年十八，冶容艷質，動轉炤人。薄知文，曉音律。每一搦管，雙腕花生；長笛一聲，尤令屬耳神往。惟是風花貌冷，人謝等閒，輒謂丘壑有僻，行脫世網。然摸其況味，咸疑不衷。文，較隱年稍長，而才色與伎尚居伯行，智識又特過之。眉睫下，好醜妍媸，一瞥瞭然，應酬不毫髮爽。或曰：隱冷文熱。隱無求於世，得行其志；文生於情，不能免俗。隱與文，若或可軒輊矣。

未幾，隱入沙將軍之第。章臺長條，隨風委頓。眾群起噪之，隱不堪，舍去。

文如奇葩特秀，吐香尤酷，希世寶玩，少存益珍也。然人亦止醉文之名，未能定文之品。文蓋自拔淤泥，不向人籬落間求生活。可方蘇家琴操，雖門多車馬，皆騷墨流，儈父絕迹矣。其鍾情處視山岳尤堅，無市態。昔馬郎婦混迹風塵，玩弄人股掌間。文非具茲大識，胡能受人憐而不受人憎有若此，是文正得行其志，即左袒者不能妄軒輊云。

外史氏曰：耳何如目也？暫不可久也。身將隱矣，焉用文之？多見其不知量也。

十編　偵宣鎮記

沁水張道濬子　著
當湖陸澄原　閱

《偵宣鎮記》題辭

陑萬里而爲塞，兵實要乎得地利也。今塞有九，宣鎮其一，且于神都園寢勢切背項。凡所稱憂先疆圉、見徹巖險者，安可令目有見具，而見卒慳于遠受乎？

崇禎戊辰，插酋謀犯駕，釁于饕帥之挑。當事懵于情形，我先隔乎九地之下，而惟呂益軒司馬念獨勤乎黃花平遠千二百里外，引弓部落窺覘我秦恬杵築不力處，必先爲之地，冀得有同心具眼人，而不易有也。

乃深之都督仗一紫電，第一奔霄，手捉馬稍，爲海神脛骨，人奮馬飛，鳴梢靈異，一響百里，星迅風烈，有遽程愧限者。觀其所記，自出都門，歷南口，以至居庸，出北關，登八達嶺。天若爲我設雄險，嚴虎落，勝既在我，而人若不有其勝。爲一層。其次，縣岔道城岐分三道，卒從南路以達懷來，其爲境危，兵不副塞，即居恒無虞，總屬僥倖。更爲一層。其次，則怒憤土木，中經宣府西北，至于新平。尤追念先朝己巳之衄，重以前車用爲後戒，兼悉插部講賞妄僇開釁。又爲一層。此行，勢雖三層，道若一綫。所稱目收而心慮，儻果入犯，將無爲肩肘內地之憂乎？曾不逾旬，插虜竟犯大同，則深之手眼不翅燭炤而數計也。

憶先東封事，家大夫方在輦下，嘗曰："中朝纓帶俱謂封事成，勝于十萬甲兵矣。惟吾鄉沈繼山司馬極口言封事必敗。"及李小侯以冊使潛逃，時越峰孫公猶謂："繼翁能無樂得此封之敗，爲一言之快乎？"則余于插酋此入，亦將追繼山之先見，未敢爲深之快矣。若夫坑殲百人，至起大釁，則有深之磔鼠之獄，以治嘆喈婪弁者，在軍律之三尺也。

當湖友弟陸澄原識

《偵宣鎮記》有引

崇禎之元夏五月，插酋入犯，宣鎮戒嚴，而道里遼遠，傳聞不一。或起于搆釁挑禍，或出于跋扈跳梁。情形未悉，戰守虛言；不得其款，毋言備也。少司馬呂益軒先生憂之，余小子有同心焉。急難之義不敢自惜，因私約輟朝五日，可以往返偵探。余遂微服單騎西行，日二百餘里。出都城，指昌平，歷居庸，陟八達嶺，下岔道城，過懷來，遵陽河，抵宣府，四日即還。其山川之險夷，道里之迂直，敵情之勇怯，我兵之強弱，目視兼以耳聞，隨得而備述之。

始余出得勝門，如出甕于牖，空闊自如。北行七十里，過昌平，迤邐而西。北邊陵寢，禮阻覲謁，可望而不可親也。二十五里而兩山對立如門户，嵯峨巉峭，幾于礙日。其下爲居庸南口關，夾澗而城，左右可三四十步。從此而入，迂行十五里，倒掛藤蘿，橫飛嵐靄，翁鬱氤氳，蒼翠欲流。峰回路轉，有城翼然而立者，實爲居庸。居庸較行來地勢稍廣，而險倍之。又如是而行十里，則居庸北關。再上二十五里，至八達嶺。立馬山頭，翹首四望，因得句曰："可知封險丸泥足，未卜酬恩一劍誰。"蓋繇南口至是凡五十里，皆巖巒復合，兩岸如削，鳥道羊腸，足下石如馬如象，軌不可方，轡不可合。其中山腰可伏數百人，弩石以扼者，又數處。〖眉批：極險而高，人不知，何也？〗而八達嶺之城，既險且堅。北至驢兒駝，抄陵寢而接灰嶺口，南至靖邊城，歷沿河等口，而接紫荆。所謂"一人當關，萬夫莫前"，此地有之。然兵隸居庸皆荷鋤，恐無濟緩急。矧龍城飛將，世乏其選，良用厪懷想爾。〖眉批：第一層。〗

下八達嶺五里爲岔道城。城在山麓之峽口，其南北沿山之墻亦内接八達，而皆土爲之，薄且脆，不足恃也。出岔道分三路，東北三十里爲柳溝，正北四十里爲永寧，西北二十里爲榆林，又二十里爲懷來。由柳溝東北三十里四海，六十里火焰山，亦遼陵寢之後，跨山緣嶺，皆非馬足可到。而計其處，則東界白河所、大水峪，而接石塘路矣。復轉四海，西南而下六十里，始爲永寧，四十里延慶，再五十里會于懷來，爲邊路。余行南路至懷來，其間空闊如腹，懷來如居其臍。平地兩山，城跨其上，倚爲背，面環清流，亦云形勝。然止游兵一千，雜以居民，僅可實城之半。脱有不虞，其誰與守？〖眉批：第二層。〗

且西三十五里爲土木。土木之役，國史載也。〖眉批：即今見古，是爲前車之鑑。〗先内犯，入以紫荆。紫荆在都城南，余向疑之而不得其理，今始瞭然。蓋八達邊墻不直而南斜，下六七十里至土木，始山回勢轉。土木西南而下，一望平洋，八十里而舊保安，六十里桃花驛，再六十里而蔚州。蔚州西連大同，東逾廣昌，便爲紫荆。也先之再入也，取路以此。其初次頓兵土木，得志後遂自土木而北。其路入山口，五十里長安嶺，六十里雕窩，六十里赤城，三十里雲州，三十里獨石。獨石孤懸口外，是時大將楊浚即棄城而歸者。偶傳插酋亦將有事于此，萬一不虞，出山而東。土木城如彈丸，原無所用之，則懷來四衝重地，而兵勢單弱乃爾，其何以爲備乎？土木西二十里沙城，二十里新保安，二十里有山笋立，爲鷄鳴。下有驛，因以名驛。濱陽河，循河行三十里，至響水舖。而迂回因山之勢，不能溢也。河來于舖之山南麓。余行，跨山十里得平坦，二十里至宣府矣。金城湯池，屹然巨鎮。其東北六十里趙川，六十里龍門，又六十里，遂合赤城，皆係大邊。西則六十里左衛，四十里柴溝，爲大同接壤。柴溝西北六十里，則新平堡。新平居平地中，華夷之限，止

隔一墙，向爲互市處。〖眉批：第三層。〗

其插酋部卒以講賞入，原約五十人，忽多至百餘，迹雖可猜，然實無他也。偶言語之哄，鬭斃其一。守將愚于計，遂盡殲于甕城，且火城外關聖廟，毀數仞之墙，借口先發。〖眉批：開邊釁自此。〗嗚乎！將誰欺乎？獨不思即伊先發，無尺鐵寸刃，焉有空拳格鬭之理？城外縱火，又何以駢首就戮于甕城之中？況乎設邊以限，設兵以守，即其拆毀而逾，方舉動時不聞一矢加遺，直俟其臨城始圖之，亦難辭偵探之疏，遉守土之罰矣已。〖眉批：小肯碟鼠，治此貪狼。〗

酋衆洞知，遂擁衆入犯。我兵且集，酋亦旋退。或前或却，聲張不定。然彼方生釁，我復開之，未有甘心而不釋憾者。計酋必來，來必先大同而後宣府。何以言之？大同邊隘，不及宣府之險；大同兵士，不及宣府之强，且詈且講，修戰修守，不可偏廢。借箸而籌，此酋貪而無親，悍而好鬭。悍當示之威以柔其情，貪宜誘之利以破其交，庶乎可彌邊釁。〖眉批：具見盛略。〗不然，而猶泄泄也。此酋一入，無大志略，則搶擄子女財貨，害止邊人。萬一如也先故智，以游騎綴鎮城，決不敢出一旅以尾其後，東南而下，天下事危矣。震鄰剝膚，其先備紫荊而次居庸，爲内守之下策乎？余馬首遂東，因著爲記。

余馳馬腹稿，還即録呈吕益軒先生閲，而是之。不十日，而插酋大犯，如余言。先生復詢所爲備，余對：當調真定兵守紫荊；調保定兵防沿河、馬水等口；分昌平兵守居庸。挑京營、選鋒兩營佐之，往防回衛，此兩得之道。幸也，插酋又如余言，無大志略而退。然遂托重講款，遠置管議。嗟乎！邊禍且未已也。

秋九月初五日又跋

十一編　兵燹瑣紀

叙《剿寇紀略》

勘亂必以功能，鑑能必待識者。騏驥長鳴于伯樂，未御也；雌雄表異于雷煥，未試也。若乃過都歷塊，斬蛟斷犀，能已見于天下，必抹摋之爲快。雖復靖亂庇人，曰："夫夫也，何可使之有功？"功愈大，則忌嫉愈甚。以此持衡軍國，則非頓鋒償轅莫任矣，將何若而可？今時緼矣，寇虜交訌矣，生民塗炭矣，戎馬逼處，郊圻千里如赭。聖主旰食，須功能如渴，而嫉功能若仇，以此持論，誤人家國，朋黨固重于社稷乎？民之貪亂，寧爲荼毒，余于深之二編，何能不三復感慨也？摧劇寇，殲渠魁，威望逆折于數百里外，載在奏牘，何止三晋誦義？萬耳萬目昭然，誰能掩蔽，無所容贅。

余與君家交三世矣。忠烈公共事江右，遼左先見敗徵，余兩人所見略同。公獨以疏聞，乃竟以身殉難。世不睹曲突之功，而身膺焦爛之禍，吾謀適不用耳，堪爲於邑。寇之初獮，深之兄弟方宦游，忠烈夫人力主城守，竟全寶莊，改號"夫人城"。深之世忠義，中興武功，非深之孰爲領袖？男兒出身任事，正爲其難者，急病攘夷，百折不回，不殄慍，何傷其終爲國立大功也？

年通家侍生沈演頓首拜譔

小　引

《兵燹瑣紀》者，紀兵燹事也。事非兵燹不紀，紀以兵燹故瑣。不瑣不詳兵燹之變，不紀不傳兵燹之苦。然必止於目所及者，子輿氏曰："盡信書，不如無書。"亦恐以聞誤聞，繼武城譏也。

張道瀋白

兵燹瑣紀[一]

崇禎三年五月二十七日，王佳胤賊至。時太平久，人不知兵。佳胤所過皆殘，余邑坪上村尤慘。考正德間，賊亦於是日至坪上，今昔不爽期，異事也。

先是，遼陽陷，先忠烈公銓殉難，先祖宮保公五典即命余曰：“遼雖一隅，徵調天下騷矣，恐有他故。”乃請之監司，竇莊成堡，鄉人士皆迁之。逮流賊發難，所過盡殘，獨竇莊無恙，始神先祖之識。

王佳胤賊且至，聲甚惡。竇莊初有堡無備，咸議棄去。余母霍夫人獨不可，諭衆於衢曰：“若何不見大？避賊出，家既不保；出遇賊，身復不免，徒爲人笑。憑城邀天，必無恙；萬一有他，死於家尚愈於野。”因身先登埤，衆因之。賊至，攻不克，去，凡山谷匿者果不免。於是皆頌余母，王兵使肇生表之曰“夫人城”。昔晉朱序守襄陽，其母保城西北隅，因獲令名。然序時共之，特母有先見爾。且序終陷賊，得失謂何？竇莊之守，余兄弟皆違子舍，鄉人復不習兵家事，余母率僮婢，仗梃石，卒能保全，以方序母且何如？

樊莊常治躬髻女聞賊雉經。坪上王復詐婦霍爲賊拘，與兩歲子投偏崖死。落落孤貞，今尚未旌，不能不望司風化者。

王佳胤伏誅，其僞署右丞白玉柱降。左丞紫荆梁逃，復糾衆起，共三十六營，號二十萬。紫荆梁，其首也。餘八大王、掃地王、邢红狼、黑殺神、曹操、亂世王、撞塌天、闖將、滿天星、老狐狸、李晋王、党家、破甲錐、八金剛、混天王、蝎子塊、闖王、點燈子、不沾泥、張妙手、混世王、白九兒、一陣風、七郎、大天王、九條龍、四天王、上天猴、丫頭子、齊天王、映山紅、催山虎、冲天柱、油裏滑、圪烈眼，諸督撫鎮道皆不得要領，竟不知幾何賊，幾何頭目，良可嘆也。

賊入，冀南盡墟，余守寶莊無恙。紫荊梁、老狪狪、八金剛率衆三萬餘來攻。夜偵者報賊纔至石室，黎明已至樆山。續進如蟻，哨撥則涉西嶺俯窺，餘環堡，箭如飛蝗，着城内樓墻，羽相接也。余戒無動，俟其少懈，矢石並發，賊大創。忿，火余堡外樓，及余叔祖縣令五服、族人正脉、祖母舅諸生實弘烈等房，凡四處。然賊憊矣，乃聲言請降，見余城下。余詰之："爾既請降，何爲攻城縱火？"賊委過於部曲。余曰："是否部曲不必言，如爾等既請降，須先散所掠人口。其頭目俟奏請部署，不惟性命，且保身家矣。"諸賊皆泣。旁一人突前曰："謝恩諭，即當遍曉各營，使毋妄殺爲信。"余曰："爾何人？大解事？"對曰："某韓廷憲，宜川廩生，爲所執至此。"余曰："若然，爾已有意矣。若勸衆速降，便是爾功。"對曰："無難事，自有計較。過五日，可取成約。"余目之曰："爾早計較，早爲朝廷官矣。"廷憲唯唯，即驅衆賊去，凡鄰近男婦陷賊者，皆釋回。

賊至陽城，督撫與戰於小嶺頭，余馳會焉。我兵貪捷，賊反乘。和游戎應兆促督撫走，余叱之曰："足一移則敗矣！"和初未識余，反叱曰："危地欲陷人耶？"督撫急叱曰："若不識，張老先生所言是，當從之。"諸兵因未敢譁潰，與賊角，日暮罷歸，得無他。

余以賊請降雖狡不可信，然窺韓廷憲可爲我用。乃與督撫言，以家丁楊汝成持諭往賊營，曉利害，覘誠僞，且陰啖廷憲圖賊自贖。往三日還，同賊頭目一點油、滿天星來叩，持諸賊稟，皆乞哀無異辭。止八大王、撞塌天、亂世王、混天王、党家五營賊走翼城，諸賊復從之。廷憲則密與汝成曰："事已就緒，彼意欲至舊縣，便於四散，可還報如此，仍具稟言其故。"舊縣者，在岳陽、浮山、沁水三縣間。五日，賊果至彼。督撫復遣薛備禦天祿與兩頭目入，將遂分之也。而陽和兵適至，利賊不備，輕騎擾賊營，止得四級。而賊怒我誘，遂殺薛南下，不可制已。嗚呼！薛天祿之死，與酈食其何異？然酈死而韓淮陰能滅齊，薛死賊自若也。事敗垂成，是誰之過與？

賊既去舊縣，南至端氏，獲余家人劉偉，將殺之。廷憲持不可，曰：「昨乃官兵壞事，去寶莊二百餘里，夫豈相聞？當釋偉，仍懇謝。」賊從之，復附稟言狀。廷憲則密約偉曰：「舊縣事我幾不保，諸賊既殺薛都司，急難收拾矣。我當親斬紫金梁而出，幸部丁勇接應。」余因屬寶明道等伏河濱待。乃是夜，紫金梁挖諸生蓋汝璋樓，四鼓不即臥，有告廷憲出入無時者。廷憲恐，與所伴跟蹌奔，賊覺逐之。至河半渡，我伏者喜廷憲得賊也，伏發殺六賊，餘遁，僅擁廷憲三騎來。蓋廷憲者，故富，父子六人及家屬皆爲賊殺，獨羈廷憲令書寫。初，以夜不收伴之，廷憲至臨縣逸，賊追獲，殺夜不收，以弓弦縛廷憲，三日夜不死，更伴以大門子，遂與大門子結納，圖紫金梁，不果，來奔，言賊情最悉。

未幾，亂世王復至郎壁，縶鄉人崔國玉母，遣來具稟。廷憲曰：「是賊與紫金梁爭一婦人，向有小嫌，可間之。」乃附書入，言：「紫金梁將執伊降，當圖免。」亂世王果疑，乃走岳陽。紫金梁等走垣曲，八大王走長子，賊勢遂分。當事者誰則知也？先是，廷憲在賊中多所全活，既出後，過馬村、郭峪等村，諸生皆稱謝。

賊初至潤城，將渡河，河西一帶無備，甚恐。余速遣牌疑賊，賊還。河西一帶得從容遷去。

崇禎五年七月初十日，賊西來東出，破大陽，張大參光奎并二子遇害。七月十三日，賊北來南出，破郭峪，張孝廉慶雲遇害。八月初一日，賊東來北出。八月十五日，賊北來南出，中攻寶莊。九月十六日，賊北來南出，中破端氏堡；至南留，與官兵遇，都司吳必先全軍覆。十月十二日，賊東北來西南出。十一月初三日，賊東南來北出。十二月初二日，賊東北來西南出。本月十二日，賊北來，據郎壁等處，凡二十一日。

六年正月初三日，仍北出。二月十一日，賊北來東出。三月十七日，賊東南來北出。四月初六日，賊東來北出。七月十一日，賊西來，據西南鄉等處。至次月十一日，破沁水縣城北出。十一月十七日，賊北來，復據西南鄉。往來蹂躪二年，凡十六次。今雖大衆渡河，而餘在沁水者官兵不問，害且無已時也。

都司吳必先率澤州新兵一千二百人至潤城，復招三百餘人，營南留殺圪堝。稍遠皆山，賊〔二〕據山，斷薪水路，環逼營。營復近高墩，賊俯射，營破，人無鬭志，遂盡殲。獨必先轉戰五六里，不得路，死。必先，徽人也。有膂力，善騎射，亦頗讀書。初貧，游，人無禮者。余哀之，延給衣食，復予百金購産，介舍親寶明道迎其父母及妻，遂家敝鄉。余薦之榆關，必先口辯，得袁視師崇煥歡，遂佐袁。擅殺毛帥文龍，得授都司，余書絶之。已袁敗，必先竄，人莫知也。閱四年，還。適澤新兵無馭者，鄉紳咸薦必先。王兵使肇生詢余，余力止兵使曰：“必先紙上言，非所經歷，必敗乃事。”兵使曰：“新兵餉皆捐於士民，不許，並無兵矣。諾而抑之可也。”至是塗地，兵使語余：“悔不聽指，乃如此。”嗟夫！必先亦可謂忠國事矣，然不諳地利，死千五百人，得贖其罪否乎？或者曰：佐殺毛帥，久有死道，今適報之。未可知也。

賊下太行，諸將皆從。余與宋督撫統殷、王兵使肇生、陸內監進朝，率代州、陽和兩營兵自珪山入，經白羊河，陟嶺。路陡峻，可六七里。督撫衷甲，懸弓矢，持鐵鞭，步行不艱，良難得也。

　　余從大兵宿白羊河，居民久空。余與兵使同臥土地，枕石塊，永夜不睫。

　　既至奪火村，議南阻輝縣，以防賊北。賊果北，猝遇，諸兵奮擊，追二十餘里。先是，諸將從太行山逐賊者尾其後，賊前後無路，輸死鬭。我兵敗還石磬腰。腰兩山峽中，僅容騎，舍此莫支矣。督撫毅然向賊立，兵使長跽而呼曰：“若不盡力殺賊，退焉往？”余掣刀還驅，不受命者刃之。兵始集阻險。日暮，不得食，偶有以水至者，遍飲兵士各一口，如甘露也。入夜，賊劫我營。初喊，某馳去，營亂，衆相失。余與兵使走附庸，時月晦，且歷深山窮谷中，鳥道猶可辨。及抵附庸，夜過半，少蹲，仍循故道還。期督撫，督撫亦來，遂合。嚮明，潞安焦郡丞裕率部騎至，議仍趨九仙臺。路遇督撫兩郎，夜行失道，狼藉甚，余與兵使皆泣下，督撫獨慰諭，心可想見矣。行五里，復與賊遇，焦以炮扼之，衆始前及臺。臺下賊已滿，見余之旗，以爲大兵至，皆奔臺上。人復鳴金擊鼓，佐以石礮。余家丁寶森、王鉅、李金榜，督撫家丁宋禄，四騎馳入，一賊格鬭，斬之。及登臺後，賊窺無他兵，復還攻。凡三日，諸將會，賊始解圍去。

　　賊窺沁水，七月二十三日、八月初一日、初七日，凡三報急。李帥卑駐高平，兵使三檄不應，城遂陷。報到，余即戒行，更勉親族以大義，除丁勇外，仍得三百餘人。夜成黃號衣四百件，防他雜。余同張諭省度、袁尉邦化、譚占士守微、族弟游擊瓚、弟都司道法等率而前。先一牌夜送賊營，云余會大兵萬人往剿。賊驚，遂拔營去。李始來合追，賊遁。李懼乘，竟舍還陽城。余駐山頭凡七日，每日馬兵餉一錢五分，步餉五分，皆取余家。往還九日，費三百餘金，鎮道犒賞不與焉。

　　沁城陷，神祠、官廨、逮居人房屋盡焚，止餘寶家樓三間。

遇害諸生二十九人，百姓十之三，從來見聞未有若是慘者也。

賊至大興村，破諸生柳之標家。家屬盡被執，獨逸柳，許四騾贖。柳不諳世法，遂走縣城，貸銀買騾，未行城陷。守備張進孝圖卸，乃執柳，誣導賊，遂抵法。大興賊又以柳遁，殺其家屬盡，兄嫂妻子逮奴僕無一免者。此雖柳前劫，然巢破卵空，身復網罟，竟莫有肯聽訟冤者，慘矣！

官兵屢出沁水，缺芻餉。已督撫兩往返，楊令任斯爲諸生持，亦不聽出，遂被劫。還無道里費，余賻五十金，舍弟農部道澤復寄二十金，始具行李。及焦令鼇甫任匝月城陷，遂大辟。焦時夜出科跣，止一衫一裩。余爲計匕箸，復贈百金，里人佐之。在楊初落職，尚有遺憾。代者未幾，遂以身殉，塞翁失馬可慰矣，惟是下邑重累父母，將何贖云？

李丞新除且至，傳賊窺敝邑，或止之，丞以涓吉，不聽。先午視事，次晨城陷，丞及家人皆燼焉，迄今未有恤者。夫存則收之，歿則置之，何以示勸懲耶？

沁水城陷，余慮恐遂墟也，捐百五十金，因高城西北隅築寨，難民灰燼中索遺物者得依之。後漸次來歸，終有故封，未敢佟也。

諸生李鴻功、張鴻初素爲富不仁，城陷，家皆灰燼。李逸，子遇害；張遇害，子逸。未幾，李及張子復皆疫死，兩祀竟絶，亦可徵天道矣。

張孝廉洪翼僕第[三]，城且陷，將縋城出。妻子尾之不顧，獨負洪翼子逃。妻及子皆死焉。方古李善，亦可頡頏。

衙役杜守忠罪惡貫盈，乃有三子，且謝老歸農，衣鮮食肥，人謂天無所報。至是，賊殺之，破其家，二子死焉。一子從賊，逾年私回省母，爲縣所得，置諸法。

諸生李養妻劉爲賊得，余奪還之。父子、夫妻再生復合如養者不可枚舉，小説家載徐信、程萬里輩事，信匪誣矣。

諸生楊有倫，貧士也。頗偉，爲賊執，索錢莫應，燃臍一日夜不死。今且貢，或有厚福也。

諸生張維并兄爲賊所獲。維哀陳兄貧，乞釋。其兄反指維富，冀自免。賊曰："爾弟爲爾乞哀，爾反移禍，足徵爾不仁矣。"遂殺之，釋維。在維有趙禮之義，而兄不然，宜及禍也。

五月十三日，許督撫鼎臣駐平陽，時熊耳山賊警狎至。余往請大兵，丁勇又不可俱，止挑十二騎隨。至王寨，販米貧民聚三四百人，言賊阻西烏嶺。余乃以輕騎先之，諸負販者皆持擔隨馬後，疾行二十里。賊錯愕，避去。往晤許，正有事夏、翼，議漸而東。余先還，抵吳村，去烏嶺三十里。逃來三人，皆被重傷，言賊復爲梗。從者趨余還翼，因兵艾參戎萬年[四]。余曰："還示怯也，非計。"乃分十二騎爲四撥，皆去里許。先二騎至山巔，麾鞭而前；次撥二騎，繼；余與四騎，又繼；余後二騎，隨；再後二騎，收之。及頭撥至嶺，賊正劫羢客，出不意哄散。余督次撥已至，共八騎，追賊六七百人，如驅羊。余戒勿深入，小立山頭，乃轉後二撥爲前驅，余繼之收，追賊者防後，救被難者百餘人，趨沁水。晚，艾參戎紅旗至，體遍血。詢知余還，遣督百騎送，爲賊敗，亡四人，重傷十二人，失馬十六匹，紅旗頭被兩刀，五指皆斷。余慰遣之。夫余往還，雖有天幸，然賊向頗知余，不敢犯。官兵伎倆則賊所夙知，是未可徼幸也。

初，余從宋督撫統殷汾西剿賊，賊入霍，逆料必南下岳陽。急間道過里，飛書鄉人士設備，尚參疑信。未幾，賊至，免者僅十之二三。先事預防，古人豈欺我哉？

初，賊將至，貧無賴者皆有喜色，遂迎賊，且屈指某富某貴，及素所讐者，皆一一被害。然所指或少獻，反得無恙，彼一言不合，即身首異處矣。以故賊所過，此輩獨不免，行險者不可戒乎？

沁水故土城，不足恃，久擬修築，議成道舍。既陷，王兵使商於余曰："計城久遠，須磚石爲之，估費須六七千金方完好。帑藏空，勢不可請，非先生莫倡。"余遂慨捐千金。兵使喜甚，曰："可以勸矣。"復屬余廉材者督工。余舉諸生王廷壁、冠帶鎮撫霍名焕及余叔太學鋡，兵使皆勞之，許事竣叙。工纔興，兵使殁，余所捐及兵使發三百餘金用盡，莫有繼者。士民皆促余，余惜棄前，願獨成之，但事關封疆，非明旨不敢任也。督撫遂具題，許掌科譽卿抄參，内有"破家修城，意欲何爲？不過借畚鍤之役，爲捲土之計"等語，余遂已之。焦太守裕、王州守胤長委同張大爲緣門持鉢，余復捐百金，合欽贓五百金，賑銀一百六十金，及地方官、鄉紳、士民所捐，止得一千六百二十金。草率完，然高亦未增，西北面土墻，並門與樓，仍舊而已。

沁水城陷，議者欲廢。諸生吉自啓等遂具揭，梁兵使炳笞之，不悛。復乘審編，將捏害所仇。自啓忽食于狼，遺上體，袖仍藏一揭也，人咸快之。

宋督撫屬余製火器，以家丁隸游擊王尚義。臨縣之戰，余家丁張三皋直入，刺賊首點燈子死。衆輕進致敗，汾州兵盡覆，劉游擊光祚僅以身免，余家丁張三皋、田生金、張大世、賀登選、郭育賢、喬生材、李明登、寶煒等皆戰殁。不賞功，自不恤死矣。

賊逼沁水急，余遣守備郭汝茂、家丁李金榜赴潞安請兵。還，與賊遇，汝茂戰死。金榜頭中數刀，已墮，止喉未斷。賊去，少蘇開眼，反着胸也。捧起，痛，復墮，再捧。左手承頭，右手解脚布覆顛繫腋下，膝行至唐安。居人昇至家，兩月愈，其痕今宛然也。《太平廣記》載太原王穆事正相類[五]。

余部寶都司明道最忠勇，久歷行間，得竅會石磬腰，且敗，幸阻險相角。時陳都閫天祚領陽和兵，王參戎時貞領代州兵，皆畏縮。獨明道捨馬步出，同汾州材官惠光祚與賊格鬥。群賊驅來，兩人還驅，凡七八往返。賊多爲箭傷，兩人獨無恙也。是夜暮，明道墮深崖，人馬不死，止折左臂；縛之，仍馳馬出賊中。次午，至高平，且叙，而疫死矣，惜哉！

余丁勇所獲及鄉人所執，並賊中自逸難民數百人，余咸給路票，介送出境。使他將遇之，皆報級矣。其後賊歷燕、豫、楚、蜀、江、淮間，勢益眾，良繇逸即被殺，不如苟延性命。因而固結轉徙，更難下手。則余散而剿，剿而撫之說可輕廢乎？嗟夫！身不任事，旁議掣肘，遺君父憂，謂之何哉？

張制府宗衡、王兵使肇生、白都閫安、張都閫國威、猛備禦忠，皆剿賊過余家。制府、備禦各一次，都閫兩次，兵使則數過。其他如潞澤領兵者時一過，芻餉俱余辦之。

賊方去，大疫，余施藥救。初用九味羌活湯，繼用十神湯，已則加減承氣湯，專主涼藥矣。日數百劑，愈者過半。若服藥稍遲，即不救。有一家盡空，一村盡空者，想避難飲食不時所致。然兵燹未已，瘟疫再作，天禍何未厭也？

九仙臺四面皆峭壁，兩兵背崖立，村婦復背兵過[六]，失足死，非兵也。其夫執訴督撫，遂將正法。余原其情解之，皆是余言，釋兵，厚給夫恤。非然，不辜甚矣。

余往雁門，至靈石遇賊。族弟游擊瓚、家丁張文、竇森、李金榜、張萬、趙尚槐、劉偉、柳晉然八騎直入，賊辟易，獲二騎還。

余所造盔甲，礬紙揉軟，緅以布捶之，刀箭俱不能入，輕便適用。

余遇異人，教皮膚刀不能破。時平陽解刀至，督撫許其利。余坦腹試之，無損。督撫駭，求余授其術。

賊至河南，僞榜内有句曰："降子嬰而復殺，嗟項羽之不仁；克長安而且焚，笑黄巢之無志。"又曰"貪官污吏，不赦〔七〕；義夫節婦，必旌。"等語，言極罔誕，然其中亦有大奸如趙鐩者矣。

賊新擄人入，皆衣以錦繡，或紅緑段帛，用爲前驅，以駭聽睹。其真正頭目反布素。曩見塘報所獲，甚誇服飾者，僞也。

賊首紫金梁於五年十二月初二日至竇莊，復乞降。時餘賊皆駐坪上，紫金梁止從數十騎來，來且同高巴子三五人於城下見余。若出丁勇擒，如拉朽，人亦慫余，余曰："擒此賊，我功偉矣。闔境村落定盡焚無餘。以是便己，未可也。"鄉人聆余言，有泣下者。

郭壁諸生趙完璧家近寨，爲可恃。人勸入寨，不聽；三子强之，亦不聽；獨據樓抗賊。賊攻樓，寨人弗敢救。樓焚，止一女墜，不死，趙及母、妻、僕婢皆燼焉。情事慘甚，然亦昧從違矣。

賊破端氏堡，具禀乞降。余遣往諭，故獨不遭焚毁。

衙蠹李植窮凶極惡，人被害者莫誰何。遂以赤貧起家數千金，賊焚劫盡净。植被戮，仍投屍火中爲燼，其子亦弗瘞也。

賊所過人家，有儲酒食者，房屋無恙，不則必焚。其焚用硫黄松香末，以箒承燃，揮磺香着木即不救。

初，人皆穴洞避賊。賊以硫黄雜人骷髏末燻之，人受其氣即昏死。

馬邑村，居人於半山穿窑，賊來去梯。凡五日，水盡，爲所剋，殺三百餘人。

亢底村，初有寨，具炮無藥，賊環攻，恐甚。余丁勇段應祥戒勿譁，乃以空炮擬賊所向。賊懼，棄去。此亦得權宜法者。

賊破市莊，砍焦四喜，耳墮，隨捧安竅下，痛弗再移。已瘡愈，遂去故處寸餘，見者爲笑具。

賊至金峰村，擄王梓妻閆。梓憤，與鬭，死。閆抱梓屍罵賊，脅之不行，遇害。烈矣[八]！

余以剿賊故，四走覓良馬。費千餘金，止得烏錐一，身如染墨；艾葉驄一，高六尺。遺物於地，口銜反授，如解人意。

校勘記

〔一〕此文又見《山右叢書初編》，“紀”作“記”。

〔二〕“賊”，《山右叢書》闕。

〔三〕“第”，《山右叢書》作“張某”。

〔四〕“艾參戎萬年”，《山右叢書》作“艾忝我萬年”。

〔五〕“《太平廣記》載太原王穆事正相類”，《山右叢書》作“《太平廣記》載戰失頭者，尚能食而生，當非異事”。

〔六〕“兩兵背崖立，村婦復背兵過”，《山右叢書》作“兩兵臂崖立，村婦復臂兵過”。

〔七〕“不赦”，《山右叢書》闕。

〔八〕“賊新擄人入”至“烈矣”，《山右叢書》闕。

十二編　城守規則

《城守規則》引

　　余謫武原，熱心灰冷，已謝絕人世間事。偶沈何山年祖詢《從戎始末》，不得已，略節次之。兹值寇虜乘動，憂切朝廷，復促余以丁勇勤王，且采固圉蒭蕘。夫余再螫矣，惟延此視息，微倖照覆，尚圖慈母一見。賊雖讐不共戴，誰容殄滅，乃以首領供刀俎耶？止附錄敝鄉《城守規則》，仰答明問。大而化之，存乎其人。

　　沁水張道濬言

竇莊城守規則

約

張道濬曰：城守不與陣戰同，要訣一"静"而已。賊未至及賊已至，俱不可張皇，只如無事應之，自不手忙脚亂，人心安閑，餘力制賊，夫何難辦？

專　任

一、號令、指麾出於一則衆定，稟承無紛更之擾。一人尺有所短，不妨集議參商。斷不得多言多指，以亂視聽。

首事都督張道濬

遠　哨

一、四路俱置號炮。遇賊入境，挨次放炮，頃刻遍到，收人畜寨堡。

一、遣人偵探，定在百里外。分五撥，每撥二十里，遇警遞傳，倒捲而還。無事則取彼處結狀回話。

使　器

一、城四門設守門長、副各一人，統領精勇夫役三十人，司啓閉。無字號、腰牌及非本境熟識者不許出入。賊至，則一惟腰牌是驗。

東門長：州同張報韓

　　副：監生張國瑛

西門長：監生張　鈊

　　副：貢生張道澄

南門長：舉人李異品

　　副：生員竇弘烈

北門長：官生劉　衢

　　副：生員張　鋑

一、城內中心設鎮守一人，四副之巡邏，各統領精勇夫役二十人，不時往來，以防譁亂。

鎮守：知縣張五服

巡邏：守備霍名燿

　　　守備竇明運

　　　鎮撫竇　琯

　　　材官張正宗

一、城四門樓上設鎮守各一人，巡視各二人。不時查驗守垛夫役。仍帶領好弓弩手十人，遇賊攻城，往來策應。

東門一面鎮守：知縣劉用寬

　　巡視：都司張道法

　　　　　監生張國瑞

西門一面鎮守：主事張道澤

　　巡視：都司竇明道

　　　　　官生張道濟

南門一面鎮守：訓導竇如軋

　　巡視：游擊張　瓚

　　　　　舉人竇復儼

北門一面鎮守：鎮撫張鴻漸

　　巡視：舍人韓仰極

　　　　　生員張　鈴

一、城號角臺上設提調各一人，指麾捍禦。

大東北角提調：生員張　宸

小東北角提調：生員竇　鉉

小東南角提調：生員張一鳳

大東南角提調：生員竇雲章

大西南角提調：生員張正中

小西南角提調：生員張國珮

小西北角提調：生員王政新

大西北角提調：生員張德榮

一、火藥，設總理一人，造辦給散。

總理：監生張　珵

一、火炮兵器，設總理二人，收發，查驗。

總理：監生張佐韓

總理：監生張　鎣

具　備

一、城四門，離地四五尺及人胸背間穿四孔，以鐵葉圍裹。上孔小以觀望，下孔安佛郎機二位，炮手六人，可遠及里許，賊不敢迫。若有甕城橫門，更可護城。此人所未究者。

一、城垛女墙高七尺，過人頭面及肩處留孔觀望。攔馬止及膝，以便折腰下禦。若八字壘砌，不用齊直，空虛低墙，僅可掩足。矢石向外，惟我所便；矢石向內，我在墻後，彼焉用之？此人所未究者。凡城墻廣厚，當速圖之。

一、城四門樓上，設大炮各二位，炮手四人，三眼銃、弓弩、灰石十人。

一、城角大臺上，設倣西製炮一位，炮手四人；小臺上，設佛郎機二位，炮手六人。

一、城上，每一號十垛。第一垛弓弩一人，第二垛三眼銃二人，第三垛灰石兼鈎鐮、刀斧一人，四五六垛如之，七八九垛亦如之，第十垛佛郎機一位，炮手三人，空二人備水及雜使用。若城廣人衆，加炮倍役更好。

一、每垛一燈，夜分三班，輪流點火。用細長繩直縋城下，離地約七八尺，以便下照，使我見賊，賊不見我。近有用於城頭者，悮矣。

一、每垛，立一草把，用雜色布絹蒙之，以惑賊。

一、每垛，遮箭板一塊，長二尺五寸，上闊下窄，頭銳底方，後用木鼻把握，輕便適用。每見用四五尺長，殊累人害事。

一、每垛，橫設橭木一二塊。各門照常打更，每一更畢巡視一回。犯者治。

一、賊臨城下，炮銃、矢石聽巡視指發，不許輕用。犯者治。

一、賊臨城下，如遇答話，聽巡視相機，城守人不許妄應。犯者治。

一、賊臨城下，城中或不戒於火及謠言蠱惑者，聽巡邏策應，守城人俱不許驚惶反顧。犯者治。

一、賊所攻之處，本面巡視策應，他處不許妄動。犯者治。

一、與賊角，或有中傷，聽號長處置，不許倡擾。犯者治。

一、賊臨城下，城內人夜間不許大張燈火。犯者治。

一、賊臨城下，城內人不許任便往來及喧號啼笑。犯者治。

養　銳

一、賊將近，城守人，每號分三班，晝則輪流瞭望，夜則輪流歇息。及賊臨城下，亦分兩班。惟至賊攻城時，方盡數起立。巡視往來，亦不許驚動。

清　奸

一、城内，每巷，不論縉紳、士民，但爲衆所推服者，即署爲長。製籤一枝，上書"某巷長某係何項人"，投首事處，總貯一筒。

一、巷内，不論大小人家，各製一籤，上書：一户某人，作何生理，家下男幾丁某某，婦女幾口某某，又寓居親戚幾名口、何處何項人，投巷長處，總貯一筒。

一、巷長，每日掣查本巷花户，如有多寡不一、姓名不符者，即報究來歷。遲慢容隱，事發同治。

一、首事收巷長各籤，不時掣出，即付巡邏。至巷長處，任掣所貯花户兩三籤，親到其家，查有無窩藏，有則報究。

一、巷長統率巷人，於本巷兩頭造立柵欄，夜閉早啓。每日夜輪流看守，遇傳報公事，亦必驗實，方許放行。

一、巷内花户，人備器械一件。凡遇盜竊，鳴鑼擒拏。坐視者，以故縱論。

信　賞

一、生擒賊一名者賞銀十兩，斬賊首一級者賞銀三兩。

一、炮銃、矢石中賊者賞銀一兩。

一、首奸細一名者賞銀二十兩，妄首者反坐。

一、奪獲賊馬騾、什物者即賞本人。

一、舉謠言惑衆者賞銀二兩。

用　奇

一、賊屯城外，夜以炸炮、火箭亂其營，令彼驚疲。如賊稍遠，則遣慣爬墙走壁者數人縋出行之。賊自不能持久。若有兵馬，則當行"挑誘追擊法"。

設 伏

一、相賊必繇之路，挑坑塹覆土，左右參錯以陷之。地雷、轉車等炮更妙，而未用也。

急 鄰

一、賊到左近村落，出精勇，多建旗幟，鑼皷銃炮，前據勝，以張聲援。若有兵馬，則當陣戰。

句注山房集二十卷
尺牘七卷

〔明〕張鳳翼　著

李　蹊　點校

點校説明

《句注山房集》爲明代張鳳翼所著詩文集。張鳳翼（？—1636）字九苞，代州人，萬曆四十一年進士第五名，歷官户部主事、廣寧兵備副使、右參政飭遵化兵備、右僉都御史，巡撫遼東、保定，加兵部右侍郎、右都御史兼兵部右侍郎總督薊遼保定軍務，進太子少保、兵部尚書、世廕錦衣指揮僉事、太子太保。

《句注山房集》二十卷，其中多有感慨世道人心、憂國憂民之語，間有對朝臣彈劾他的不滿和牢騷。他説："窃意，今天下財用匪出納無害爲艱，維理其原委之爲艱耳。蓋水衡詘于將作之發，同寺詘于駛牝之供，而封椿老庫之金若掃，當事者計無復之，遂括鍰鬻爵、榷市搜山，滋一切苟且之術以佐軍興。吾不知瓊林大内積撲滿爲朽蠹者，抑何用邪？況五路邀賞，盡潤沃焦而走中涓以佞浮屠者，動以萬計；彼羽林緹騎曾半石弓不勝，日食太倉之米，凡此於勝負之數何補？令移之以募趙代邊兵，必有感良將擊牛之惠，一鼓而滅襦褟者。不猶愈於頻歲□邪？效秦皇帝築怨絶地脈哉？"（見本書卷十三《賀沈芳揚民部晉衡副郎序》）這裏，不獨把明末朝廷弊端指斥殆盡，且直斥皇帝貪婪聚財的醜行，更把明長城的修築與秦始皇的筑長城相比較，斥爲"築怨"和"絶地脈"之舉。在《賀王鑑衡民部奏績序》中更説得明白："今天下利孔竭矣，鑄山煮海，鬻爵贖鍰，以洎榷市、榷津曾弗足以應九邊庚癸。主計者方悚然仰屋，而皇上金花寶瑱之徵無停歲，抑且養寺人、飯比丘、豢大官冗員、諸監司冗匠，凡此皆沃焦也。吾部無點石蒸砂之術，亦安能以滄海實漏卮哉？"這種直切的言論，在那個時代並不多見，也就難怪崇禎帝對他十分信任了。然而他在朝中並無建樹，也説明他有"公見"、少謀略且無擔當。至於他與温體仁的關係、建魏忠賢生祠等，恐怕難以一時一事斷其人品。

《續修四庫全書》提要評論他的詩比較客觀："其詩以古體爲佳，尤以模擬樂府者爲勝。""其律詩亦頗可觀"，"雅有丰致"。就此而言，張鳳翼的詩歌作品，在明代文學史中應該占有一席之地。但提要對他的文章却頗有不滿："其文則抯唐宋之緒餘，而又錯雜以俳體，蓋未爲醇備。且間以佛老之言，則流於異端。"顯然，編者是站在唐宋尤其是韓愈的觀念上，以"醇儒"的立場來衡量古代文章的，不能説錯雜四六偶句就不好（韓愈之文亦間雜俳體，有的文章甚至堪稱駢文典範），尤其不能説文中"間以佛老"是"異端"（宋儒整個思想體系都吸收佛老思想），雖然我們也並不就認爲張鳳翼的文章很好。他的詩文很講究技巧，看出這是一位駕馭語言能力極强的文人，集中有多篇代多人給同一個人寫的賀詞，就可以看出張鳳翼"作文"的"能事"。

集中文章大部份是祝壽、哀誄、賀官、墓誌之類的應酬之作。但其中也寫到明末邊陲軍隊錢糧供給的問題、地方官員治理地方的得失，同時抒發了他的憂慮，並提出建議。這些方面，對於瞭解明末邊塞軍事佈防及後勤供應的具體情況，還是有一定史學價值的。其語言特點尤其能夠讓今天的讀者瞭解明代寫作的風氣。

還有一個單行的七卷本，内容全部是啓函（尺牘）類作品。總體看，難説價值有多大，全部文章都是四六對偶的句子，文辭華美，典故疊出，然而並無多少真情實感。可能是適應官員們之間交往應酬之需，做一個如何寫這類文章的樣本，所以才出單行本。從中我們可以看到，明代的社會和官場的風氣，尤其可以看出當時官場腐敗的程度——他們送往迎來，一定要寫這樣的阿諛之詞，一定要贈送錢物（所謂“賀儀”之類），以拉緊上下級或師生關係，從而以共同的利益織就一張權利亦即腐敗墮落之網。該七卷本前無序言，後無跋語，當是與二十卷本同時刊行的單行本，今排録於正集二十卷之後。爲保存古籍原貌，仍按明刻本卷次排印。

本集有北京大學圖書館館藏明刻本，今載《四庫全書續編》中，標目爲《句注山房集二十卷尺牘七卷》，但實際上本集和尺牘原本是分别梓行的，皆題爲《句注山房集》。刻本的具體刻印年代不詳（作者無序，書前有兩篇張鳳翼朋友寫的序言，都没有注明時間）。

明刻本刻寫印刷極其隨意，而作者又多使用生僻的異體字，甚至一字有多種誤刻，不勝其校。而且全書各卷從不同字形風格和誤刻的情形看，是分由幾個刻工擔任雕版的。足見此書梓行甚爲草率，大約是在明末動亂或清廷還未穩定的時期匆忙刻印的。當然也能反映出明代“學術空疏”和明末文人“好奇”、“好古”之一端——書中數處引用經典文獻，多處隨意改動經文，或以通俗字代替原字，或者就是錯字。

本次點校，明刻本雖錯誤較多，但因無他本可校，也只能作部分“理校”（有些地方因漶漫不清，難於確實判斷其字，只能以□號代替；有些句子懷疑有誤，亦難於判斷其用字是否，亦只一仍其舊刻）。舊字形、异體字、簡筆字徑改爲規範字，一般不出校記。作者和刻工的問題，則以校勘記的形式明白指出其誤。文中凡示敬而空格、空行處，一律接排。避諱字，首次出現時出校，重出者徑改，不再出校。第一卷卷名下原有“雁門張鳳翼九苞撰　門人孫傳庭校梓”二行，其他各卷有“雁門張鳳翼九苞撰”一行，今一併刪去。

《句注山房集》叙

　　余嘗聞之，文須有遷史家法，詩句必須無烟火氣，此譚藝者之大概如此。然亦嘗上下數百年[一]，文則西京，詩則大曆，非不代有其人，卒未聞有君聲者出。師乙曰："其人寬而静、柔而正者，宜歌《頌》；廣大而靖、疏達而信者，宜歌《大雅》；恭儉而好禮者，宜歌《小雅》。"斯所謂"君聲"，而文與詩之所自出者也。吾友九苞張公以詩魁三晋，當余承乏雁門時，接其丰采高朗，軒軒然若霞舉。及閲其文詞，飄飄然有凌雲氣。余心奇之而首爲之肯。洎癸丑，舉進士高第，時余被放里居，不任私喜。謂大庭之對必大魁，已而未也。又謂必讀書中秘，已而未也。噫！造化機權不可測也。

　　乃拜命人部，爲名司庚。時余待銓天邑，公計籌之暇，出其所爲賦數首、詩與文若干卷示余。余讀而卒業，拊卷嘆曰："合組織以成文，列錦繡而爲質。一經一緯，一宫一商[二]，此賦之迹也。若控引天地，總攬人物，此賦家之心，腹于内，不可得而言也。數賦有之。"乃諸詩則其芳可紉，其美可襲，其音節可比金石。如古所稱詩人之度，非字櫛句比、模擬格象、襞績襯砌以爲工也。而其古文辭則宏富近六朝，骨力參東西京。至于淘洗鉛華，自生姿態，則又在昌黎、眉山之間。

　　夫天之將大斯文也，必有大君子出于其間。天固縱之，以千古斯文之神髓氣骨付托其身。公也非其人歟？余心奇之而首爲之肯，蓋在數年之前。試看公文采風節，表表當世。上不結知，下不植援，侃侃穆穆，得古大臣之度，如師乙之所謂人[三]，公蓋兼之，獨得所謂"君聲"者矣。夫抗聲文苑，則夔、龍少遜于馬、班；正色台司，則李、杜或慚于伊、傅。公也出其批風抹月者，爕龢元化；用其刻燭雕蟲者，藻潤隆平，則馬、班、李、杜一日而都爕、龍、伊、傅之席。高文大册，琬琰金匱，便足千秋，豈區區章句韵語所能概哉！

余請再讀十年書，或敢傍作者之壇，與之談説文藝。乃顛毛種種，此念亦灰。公其曷以教我？

烟鬟子李茂春撰[四]

校勘記

〔一〕此句文意不順，疑“嘗”字下有脱字。

〔二〕“商”，原訛作“商”。下文重出者徑改，不再出校。

〔三〕按前引師乙句意，“人”字前疑脱一“其”字。

〔四〕文末附有小字“全椒於鰲梓”。

《句注山房集》序

曹子桓有言："文章經國之業，不朽之事。"其住世未必以文也。文毗於經國，精而咀華；文判於經國，華而佚精。精者不朽，華附精以不朽。抑以住世之文方之出世法，精者譬牟尼之授智珠，華者像法如瓔珞纍纍而已。文章必出大慧而後至，非第綺語也。故唐之四傑窮其唾致，豈勝昌黎、柳州之矩繩？而工部以詩史、供奉以詩仙，所得非高、岑輩可及流。公才品雖殊，要有進於文章者，然則藝苑之宗可識也。近日撰述精思，奪於口吻調□〔一〕。其文置弗論，即有韵之作，亦且與操縵手談、古鼎奇款相角於棐几瑑落間，而牙慧者便泠泠道上。此而質以"經國"、"不朽"，是耶？非耶？蓋文家與禪家，其聰明非智慧也，同一翳耶？

余友張九苞氏，始耳其名，曾射策天下第五人，遂稱國士。殆竟體爲蘭者，殊於華焉。既乃睹其人，抵掌談塵，繩繩古今，雄於識而勁於骨，殆方折爲璧者，殊於精焉。

九苞出其《句注山房集》示余，余讀之，竟一洗曩來之摹倣，再洗近世之奇淫。而詩則整栗宏深，情境復妙。文則該贍琦瑋，神理發紓。至於駢偶之語，靡不鉤玄而見奇，借人以擬杜情李韵、韓法蘇藻之中，挾有張鷟、李、劉也。然九苞實自作我，亦我作古。妙而通之，居然智珠之精華矣。

夫九苞高唱吟壇，雄飛册府，其才無所不可，予以窺其精於文。著作之中，時理憺怕；西方宗旨，抉取醍醐。其學無所不入，余以窺其文而禪。然以較世之慕文者，襲其班管，忘其采豹；又以較文士之慕禪者，襲其拈花，忘其□〔二〕解。彼皆聰明剔取，而九苞經國者也，大慧者也。經國之心，於萬有無不吐咀；大慧之心，於群倫無不思修，余茲不能窺其際。然九苞今在板曹，分司漕挽，昕夕星駕露處，一切咄嗟辦。臺臣疏其有濟世略，將以借之東剿夷難，因以磨楯橫槊。而文果經國，此猶可窺其十之五。九苞姿骨挺特，摩漢搜溟，乃其胸中净素，絶無世人葛藤芥蒂。一捐愛憎，一捐得失，恢然有以貯宇宙。而大慧之禪，此不可窺其十之一。窺之不可，幸有《句注山房集》在。

句注山房者，九苞家於兹山下，一吟一咏，山靈銅然應之。今集出，仍以是摽，若曰"不忘家山一片石"云。余竊又以嘆世人，文而淺者，薦紳杯酒，學作如馨，謬附國華，其夙得家修者殊少；禪而淺者，退食之暇，曲席松柄，謬附慧解，其夙修禪寂者又殊少。而九苞《句注山房》之有味，其言也自其席氈已然。斯爲真才真解，乃其不朽之智也夫！

余與九苞別一稔，偶奉使過其潞河分司，九苞手集謂余序，余不敢辭。余以《句注山房》而經國，可以借名岣嶁；而皈禪，可以借名雪山；而其自能不朽，將以借姓九苞。其可序者示之，其不可窺者，副墨且窮矣。惟以由華攝精，賴公以砭世之聰明士，則余所心折，人亦不能不同爲心折者也。

犁丘友弟李若訥季重甫撰

校勘記

　〔一〕□，原文爲手寫字，行草間雜，此字爲草書，殊難辨識。或疑爲"笑"字，於文意似未確，待考。

　〔二〕□，與上個字相同。

句注山房集〔一〕卷一

賦

晋國賦

　　余諓陋，無能爲鄉國重，亦不能以文重鄉國。客有難"晋國天下莫强焉"者，一時不能對。退而廣子厚《晋問》，爲賦以識之。至蹐駮掛漏，則才識之所不逮也。

　　粤若稽古，晋國廣袤，麗於黄壚〔二〕。阻三河與碣石，實《禹貢》之中都。輪透迤其磅礴，經曼衍以平鋪。逶廉寏而九達，亶天造之雄圖。爾其昻畢躔墟，參辰應隩。匯以楊紆，靡以大陸。蒸以燭龍，犄以鉅鹿。圠块沆瀁，水陸歡吞。蒼虬左抱，白菟右蹲。玄武聳軎，鶉火迴翻。誠風氣之所宅，而扶輿之所庇。於是東跨齊疆，南連楚域；西距三秦，北窮五國。以天門日觀爲儲胥，以雲夢漢陽爲閾閾；以紫淵華嶽爲樊屏，以黑水青山爲障塞。控八紘封域以居尊，羌何擬乎彈丸之一幅？

　　其山則王屋夏屋，龍門雁門；三崚三磴，九箕九原；纍頭做斗，壺口懸罋。砥柱崚嶒而倒澃，太行巇嶪以蔽暾。又有銅鞮雷首，姑射中條。崐嶙參畢，峅岏礁嶢；縱縱巑巑，峇峇嶛嶛。擁嵩恒而作鎮，固方岳之所標。

　　其水則沁濘沱汾，洮涂泌涑；滱灅潫漦，渦漳涅瀆。嘔夷漊濞以揚濤，嫣汭沖灙而鬐澲。疏敫蠱於龍渠，澹湔沛於象谷。又有桑乾獲澤，嬰潤平田；玉泉金泊，石洞昕川。汪洋塴〔三〕洐，漣漪潺湲；湯湯淼淼，淈淈瀎瀎。灌黄河以東注，翕覃懷底績之隩。

其險則飛狐插漢，巨馬洄釜；羊腸九折，龍首千尋。瓴建井陘之隘，筈通句注之陰。

其勝則董澤盤洭，呂梁噴薄。峪止鳳凰，樓高鸛鵲。五髻現境於清凉，四鎮宣威於毳幕。

其靈則祥開金鳳，瑞應烏龍。三峰王氣，五日陰夢音蒙。霎崇侯兮靈雨，駐姣女兮停風。

其異[四]管滂神劍，渥洼天馬。朔雪層峩，火山谷間。辣蜿蜒以衝冰，蠠跟蹌而負野。

其迹則穀城菀菀，鹿苑芊芊。傅岩迤邐，孔轍迍邅。闃矣西河之室，蔚然綿上之田。投筆之臺未圮，煉丹之鼎猶烟。此寔上斿之寰宇，既溥之幅員也。

繇是顥氣瀰漫，載亭載苗。瑰麗以繁，璣奇以別。擅萬物之晶華，表千秋之殊絕。則有并刀韓甲，屈馬垂琛。雲沙代赭，澤錫遼葰。廣陽之鐵，大鹵之金。紛紛籍籍，品品林林。若夫冀北之煤，連綿大麓。嶯礉[五]呀岩，摩肩擊轂。五方絡繹以奔涂，萬竈炘燻而轉燠。河東之鹽，潢決神龕，皚皚皛皛，羃羃鱗鱗。佐圜泉於九府，通賈販於四鄰。又若上黨之廛，大河之涘，軋札相聞，嗋唈是比。絢藻火與山龍，嗟鰱鱨及鯢鯉。總興殖於墺區，詎噆喈之能齒？肆其陂塘潴，灌溉通，原隰墾，稼穡同。名園緁獵，盛圃芬蘪[六]。

蔬則地蕈天花，霜芹雪藕。繁蕨鳧葵，晚菘早韭。芋蕹薐葑，爰象爰有。行白玉於高門，送青絲於織手。

穀則秬秠穈芑，秫稃稻秔。禾麻荏菽，一穗九莖。稙穉重穋，如坻如京。可以實倉箱而穀士女，供俎豆以庀粢盛。

花則菡萏荼蘼，姚黃魏紫。芍藥薔薇，金嬰玉藥。蓓蕾芳菲，含香散榮。蔽雲塢兮森森，簇雕欄兮纍纍。

木則槐檀樺栗，檜柏椿松。桑榆柘檿，杞柳桐楓。參天溜雨，蔓蔚菁葱。滋偃蹇連蜷之勢，壯翬飛鳥革之雄。

果有[七]紫李黃柑，緗桃白橑。常山之梨，安邑之棗。馬乳稱猗氏之甘，貍首羨太原之好。俱足以敷賁精英，而發果蓏之寶。

它如白貀冰鼠，赤豹黃貔；麢茸貉腋，龍骨雕掖。玉芝雲母，紫石黃蓍。亦莫不猗那是産，以蕃動植之奇。

至於雉堞雲橫，雄關斗絶；玉壘金湯，困圍嶜嶬。軍州蛇勢以居，宇縣大[八]牙而列。鼎峙受降之城，延亘防胡之埒。魚符所統，什伍蟬聯。戈鋋壓地，鼓角陵天。砏磤碭碻，駢駢顚顚。象譯寄輶之屬，靡不震而讋焉。

聿有朱邸黃扉，繽紛匭匭。橋駕飛虹，臺邀明月。表以晉陽之宮，祀以汾陰之闕。窮池館暨巖房，攬清泠於不竭。

且也珠明魏乘，璧重秦城。毫散伐山之穎，圭呈拔樹之霙。玉馬璘瑜而顯异，仙藤醃醶以旌誠。此其著者，餘物難名。

進而求之，光岳攸鍾，文明鬱起。人傑地靈，儷鑣續趾。聲施蠡頮之顔，徽潤籄簹之沲。爾乃摹馳獨往，秀擷群芳。行純金錫，操凜冰霜。既鶴鳴而鴻漸，亦虎變以龍翔。越倜儻其魁壘，豈只尺與尋常。故語高曠，則薇留孤竹之風，松掛一瓢之月。逃三聘於甽池，隱十經於於越。傲世兮枕流，辭榮兮蒔藥。猶聞張果還山，王喬跨屩[九]，俱蟬蛻乎風塵，而逍遙於雲壑。

文章則賅綜史記，玄掞洞林。詩詫明河之錦，賦稱擲地之金。《中説》敷陳乎名教，橐駝浚發於靈襟。蛛網燕泥，指空梁而振響；落霞秋水，度高閣以流音。誰不照丹文而光綠牒，穿月脅以貫天心？

其爲望也，忠著程嬰，義推張老；智決輔車，仁昭結草。勒叩缶於相如，崇折巾於有道。六龍騰祁藪之輝，三鳳煥河東之葆。殆煜乎垂景，耀于春秋，而秘然播餘馨於品藻也。至若孤憤激，大節援，誓九死，重一言。灑龍逢[一〇]之血，遊雉經之魂；伏鉏麑之觸，甘豫讓之吞。溫序銜鬚而抗虜，呼延文體以詶恩。凡此剛方之氣，亦已翻溟海而撼昆侖。更有應運風雲，爭光鼎呂。文揚黼黻之華，武奮勛勤之舉。若三郤佐軍，若五蛇從旅；若策效和戎，若筆稱良史；若狼瞫之突陣摧秦，若羊舌之周知敖楚。咸斌斌乎麟鳳之儔，而洸洸乎干城之侶。

猶未也，六卿既大，三晉遂分。噓以嬴燼，蒸以漢雲。唐風之所被，宋德之所薰。其間師師穆穆，濟濟芸芸，如信陵率五國之師，平原高十日之飲；侯嬴收卧內之符，毛遂脫囊中之穎；趙奢解閼與之圍，陳笼告華陽之警。衍儀前席夫六王，頗牧披鋒於四境。斯亦畸矣。胤是雋采星馳，雄飛電掣。西京衛霍之軍功，東晉裴王之相業。狄梁與薛史同標，司馬洎王楊並轍。秉燭達旦，揭日月於無疆；騎尾歸天，壯河山於不蔑。繄何代乎無人，亦何人之匪傑？

又其盛也，晉文復國，趙武爭盟；韓昭修術，魏惠徵兵。汾澗胡兒之磊落，沙陀亞子之崢嶸。當其時，屬車秣馬，斬藋披荊。叱咤則風霆改色，指揮則參井無精。莫不業業赫赫，砰砰轟轟。夫非一世之雄哉！

然猶偏伯耳。蓋嘗覽輿地，按冀方，歷蒲阪，溯平陽，吊伊耆之仳爍，追姚氏之烈光。則見堯天永位，舜日常熙。四方以宅，七政以釐；九州以奠，百穀以宜；五品以序，三居以夷；八風以邕，六府以治。封十有二山之鎮，弘萬有千歲之基。迄於今，士尚謙恭，民多醇古。恍不識不知之旷，一讓畔讓居之度。去華從儉，則素題越席之遺也；憂深思遠，其暑雨祈寒之故乎？於，皇哉！唐虞作對，夏殷繼昌。神臯腴薮，鬱乎蒼蒼。雖巨鎮雄都，未敢望也，而何有于僻壤要荒？

喜雨賦

重光赤奮若之協洽月，猶亢霖不雨。當事者誠民索神而雩之，乃靈甘澍。余因賦此以志喜，曰：

肥遺作沴，旱魃爲殃。載當溽暑，乃肆驕陽。噓燭龍而爇世，煬朱鳥以焚荒。赫赫爾金流燼氣，蟲蟲乎火吐燼光。赤地熬煎，龜折三千之界土；黃埃坱莽，鮒悲百六之封疆。民乃叩心於昆明之鯨，切齒於拘扶之鼠。於是禱豐隆，徵柱礎；祈屛翳，占少女。咤石燕以求淨，爨泥牛而冀潗。縶天公之降鑒，軫物彙之爲焦。爰命五雷，誅駿霾，落屠傜。蟾蜍據畢，蜥蜴登堯。阿香轉轂，李靖操杓。挹三江以備霡，汲九井以迴熛。

其始也，雲靉靆兮含霄，風飂飂兮引霽；電燁燁兮方揚，雷虺虺兮作搖。鳩攪搏兮驅群，蜈蜒蜒兮出沴。俄而霏霢霧擁，滴瀝風槎。初濂溦而霹霂，欻傾注以霧霮。劈青蕉於深苑，摧紫蓼於長河。滯東山之征斾，洒西塞之漁蓑。黤黤黔黔，黯淡鏤嶙峋之色；霻霻雷雷，溟濛增潋灩之波。

斯時也，溝澮盈，塍疇溥，濚柳塘，迷花塢。蟻封沒而垤鸛無聲，馬鬣湮而商羊落羽。減聽經研裏之涓，陋救蜀杯中之醽。當羞焚庪之僖公，可愧乾封之漢武。豈水廟以迎龍，抑石潭而置虎。行見潤灌千封，沾濡萬寶。漑禹甸以重蘇，渥宋苗於既稿。活中谷之修蓷，起平原之潰草。墅無卉而不萎，畷無禾而不葆；水無瘴而不清，山無嵐而不掃。炎融退舍以求容，霓伯呈能而俟考。山陬海澨，同消《雲漢》之憂；野老村氓，共舞《桑林》之禱。則有頌膏澤以揚徽，擬醴泉而志潤。慶肥莢於四山，慰焦枯於一陣。故雖少愆其常，亦不害乎陰陽之順。若夫解吳師於壞壘，走秦戍於漁陽；濕蕭王於道舍，敗魏卒於陳倉，夫寧直係品彙之榮靡開落，亦且關國家之成敗興亡。

至於捲簾高王勃之才，折角羞林宗之望；隨車彰百里之賢，辨獄表真卿之亮，總氤氳布濩之玄機，又安可以一二而名狀！故神女多情，聿行於巫峽；蛟龍有意，式借於池中。雖陽烏之微默，感陰石之未[一一]潛通。是以仰吊伐於成湯者，象之而親其澤；美匡襄於傅說者，比之而大其功。於維不淫以不霧，庶幾染世於無窮。洵爾，余將偃芸窗以醉籍，又何論乎麥之西東。

亂曰：明昭上帝，回夙懃兮。咤霧鞭霆，施霖愛兮。潤物優游，不破塊兮。眷彼疆場，靡烜焙兮。介我黍稷，如茨梁兮。穀我士女，罔惏惶兮。畦棲晦被，慶豐康兮。擊壤歌衢，樂堯唐兮。

日闌賦

攝提指巳，實沈易躔。吉朔之朝，日有食焉。予感陽明之迭微，陰道之多愆，因作賦曰：

玉虬渴，燭龍翔。羲鞭舉，曜靈揚。出暘谷，拂扶桑。曈曈杲杲，蒼蒼涼涼。起銅鉦於樹杪兮，馳火馭於大荒。映東門而吐昱兮，度南陸以騰光。踏雲霞之綺護兮，碾胃畢之寒芒。爾乃影動旌旗，威消蜩螗。幽灼袡䍤，遠射嵣嵣。昶乎以舒，歷然其爽。烏足高翀，固四極之所同瞻；而蟻旋左步，實萬靈之共仰也。胡爲乎妖祲作㑆，竊據太清！瞞瞞黯黯，載薄其晶。旭方升兮□[一二]氣，曤乍斂兮輪盈。初蒙翳兮月眉有象，既晦昧兮天眼無明。斯時也，碧落朝黬，白榆晝晒。析木流形，土圭失景。迷大陸之松杉，暗長江之舴艋。遂使羿繳空懸，望九煇而莫睹；魯戈酣戰，揮三舍以無從。則有揹眚蓿盤中之照，減羔裘堂上之容。於是朝野震號，鳥雀飛驚。爟爝雜遝，金革鞶匐。載擊門而擊柝，亦執戕以置兵。噬呼號其控籲，達金城與玉京。

帝曰：「何物沬蠹，乃蝕陽精？」爰命九野轇燅，六符助曐，走回禄以熄暄，驅祝融而抱珥。俄而黃道開旌，赤熛按軌。朏兮似蘇，欽兮似馼。煌乎若奭輪之離浣，焜乎若寶鑑之濯滓。逮夫躍清曦於烏次，騫大明於中天，周炤靡外，旁燭無邊。餘曜貫三垣與五緯，鴻熹盥九垓與八埏。晛麗江山，拭漣漪嶼嶒於再秀；瞳回天地，啓湏茫磅礴於重鮮。方且履剝復而愈顯，亦奚玷乎大圜？故傾收葵藿，博忠藎也；廑借黿魚，覃惠澤也。晛消雨雪，祛陰邪也；皎奪冰山，伸震矗也。容光必照，悉幽抑也；方中則昃，戒盛滿也。不同於萬物，示獨尊也；無損於寸雲，昭至德也。若夫玄樞嘿運，妙用於昭。夢寢因而進諫，拾萍借以宣謠。白駒懲其玩愒，赤羽壯其招搖。畏愛分而品定，遠近辯而神超。至於可就成堯之大，莫逾奠孔之尊。爾其亙函三而不毀，擅無二以常存。誰竟升沉之數，誰窺變化之門？即夸父有所不能察，而又何怪乎盲者之昏昏？於維我皇撫世，重潤重光。抑其陰類，振其陽剛。屏曀霾於床笫，掃氛癢於邊疆。采獻曝於蒭蕘，撤豐蔀於貂璫。庶睿越崦嵫，德被崵夷。三精克序，七紀維熙。將旦旦赤文，揭昧谷而遙輝不既；離離丹采，浴咸池而永耀無虧。

菊花賦

南呂商音晚，西方白帝深。金風淒遠塞，玉露湛高林。蘭既摧而黯淡，葭亦敗而蕭森。楓有丹而盡瘁，藕無碧而不沉。唯鬱鬱之朱贏，冒群陰而特起。對涼月以分華，傲嚴霜而綻蕊。抽麗質於陂塘，挺幽姿於岇崿。乃有黃英白萼，紫莖青柯；葳蕤秘薛，雲布星羅。或低枝而偃仰，或振蒂而婆娑；或含晶而色媚，或似醉而顏酡。於是越妹燕姝，宮裝乍理；嫋娜臨叢，薄言掇只。伸素手兮纖纖，落芬葩兮榮榮。橫翠鈿兮高簪，散芳馡兮未已。若夫畫堂別墅，燕樂嘉賓；玳筵羅列，綵檻開陳。臭寒香兮引滿，恣歡賞兮陶真。覽秋光兮獨擅，豈凡卉兮能倫！故雲母貞矣墮於空，大夫榮矣擬於窃。海棠，神仙也，而讓其操；芙蕖，君子也，而遜其節。然則爾固燕山桂子之同盟，庾嶺梅花之與列。夫寧廣陵芍藥之堪儔，與慶牡丹之可潔？是以朱孺因而得道，葛洪借以通玄。靈均飡而寄憤，元亮對而留連。枕其花可以療目，酌其釀可以消瘕。維爾精之妙用，擬彙其誰先？於戲！魏紫姚黃，牽蜂引蝶。爾獨離罵，清秋曄曄。蜀城之錦，緗閣之薇，人誇富貴，爾獨忘機。玄都之桃，隋堤之柳，人競繁穠，爾獨自守。乃知趨炎非志，冷淡維馨。素娥趁色，青女宜形。斷無庸於羯鼓，護不假於金鈴。誓陽九而不易，歷百戰以亭亭。爾真物傑也哉！蓋嘗論社殘亳柏，方知《麥秀》之賢；水老豐芑，始見《黍離》之愛。物理人情，存亡向背。人以爾耽隱士之遺，吾喜爾抱忠臣之概。

中解山亭賦

緊南山之矗矗兮，勢岑崟而孤凸。跨牛斗與鳳岑兮，瞰狐關泊雁碣。卉蔓葑以萎迷兮，路谿谸而曲折。隱蠱道與毗蹊兮，伏虬宮與虎穴。有王太翁者，借月斧於神丁，仗山靈而有作。薙荊棘於崇阿，引楩楠於巨壑。爾乃匠氏運斤，工倕執鑿，以陟以繩，以捄以度；以墁以完，以丹以堊；以免以輪，以成以落。啓"樂壽"之幽齋，扁曰"樂壽"。敞"高明"之傑閣，扁曰"高明"。甍拂漢以牂牂，砌銜雲而落落。峰羅列乎翠微，澔瀁洄乎脉絡。捫榻下之烟霞，指望中之城郭。當其春和景明，萬彙咸亨。花芳菲而吐艷，柳嬝娜以含情。燕呢喃而弄語，鶯睍睆以流聲。羌馮臯而舒嘯，試一顧以神清。乃若黃雀流薰，蒼龍屆紀；梅雨初晴，麥雲漸起。時則有碧荷紅菱，汀蘅澤芷。槐鬱鬱以襄阡，蘇茸茸而薦履。复庨豁其非常，詎塵囂之足邇？至於清商入候，大火西流。荷香暗褪，蘭葉新抽。問金風於白帝，挹玉露於丹丘。指征鴻而笑傲，撫籬菊以夷猶。壯登臨則茱萸滿握，供傾倒則醽醁盈甌。何其快哉！暨夫陰氣嚴凝，玄冥轉軸。色淡千封，烟寒萬木。聽月下之樵歌，披雪中之氅服。旋烹陶穀之茶，漸飽東方之牘。此固八節同穌，四難並淑。誠今日之蘭亭，陋當年之金谷。愧予無仲宣之才，仲宣喻炳老。亦得傍雲軒而彳亍。把酒登高，泚毫對麓。聊摛短韵於言旋，用紀盛遊於伊俶。

校勘記

〔一〕"集"後原有"稿"字，該字僅在卷一、卷十六出現，作"句注山房集稿"，其他諸卷俱作"句注山房集"，爲求統一，今一併删去。

〔二〕"壚"，雍正版《山西通志》卷二百二十（以下簡稱《通志》）所載《晉國賦》作"墟"。又，本篇賦怪字（不經見之異體字）聯篇，不可卒讀，今以《山西通志》校之，凡不經見之異體字，並以之替换，或以字義相同之常見字替换。

〔三〕"堋"，《山西通志》作"淵"，當從。

〔四〕據文例，"異"字後當脱一"則"字。

〔五〕"斲畿"，《山西通志》作"斷畿"。

〔六〕"肆其陂塘"以下至此，句型散亂，疑有脱誤。

〔七〕"有"，據文例當作"則"。

〔八〕"大"，當作"犬"。

〔九〕"屩"，於文意難通，據王子喬典及本段句韵，或當作"鶴"。

〔一〇〕"逄"，當作"逢"。

〔一一〕據文意，"未"字疑衍。

〔一二〕□，漶漫不可辨識，似當爲"敞"字。

擬 古

白雲謡

英英白雲，被于阿丘。之子言邁，道阻且修。何以贈之，豪馬豪牛。

穆王謡

駕彼山子，載驅載馳。銀烏一隻，受言藏之。東方既治，乃眷西池。子惠思我，三載爲期。

飯牛歌

維彼南山，其石崔嵬。有堁者坂，欲開未開。載荷蓑笠，盍歸乎來！飯牛不肥奈何哉，郭門之外徒徘徊！

履 霜

生不辰兮命之微，讒言孔棘兮將安歸？檸花爲食兮茭爲衣，哀腸菀結兮莫我知。朝霜薦履兮衹自悲，悲莫禁兮赴水涯！

雉朝飛

雄雉于飛兮亦求其雌，哀我瘝寡兮歲暮何之？顧此頡頏兮能不心悲，吁嗟犢沐兮命也焉爲！

楊白華

三春宮樹綠，楊花白於綿。一夜風搖落，漂泊江水邊。江水去不返，楊花殊可憐。

古別離

君營瀚海頭，妾寄湘江口。長劍朝朝勞，孤燈夜夜守。微茫萬里雲，黯淡三春柳。臨別囑君言，君今還記否？

自君之出矣

自君之出矣，紅淚滴闌干。思君如玉漏，聲斷五更寒。

其　二

自君之出矣，寬褪石榴裙。思君如病鶴，消瘦不堪云。

其　三

自君之出矣，鸞鏡欲塵埋。思君如夜雨，冷落下空階。

其　四

自君之出矣，眉黛簇雙蛾。思君如杜宇，愁對月明多。

驄　馬

驄馬白玉顛，流蘇結錦韉。將軍初受脤，壯士乍鳴鞭。朝發黃河曲，暮宿黑山巔。轉戰數千里，長纓縛左賢。歸來報天子，勳伐滿燕然。

關山月

仗劍履戎行，關山度白狼。舉頭見明月，依稀如故鄉。瓊樓十二所，一一流清光。照我長征鎧，窺他獨寐房。相思復相望，真成參與商！風塵苦無定，破鏡徒傍徨。

滿歌行

萋萋原上草，曄曄沼中荷。芳華未零落，忽焉霜露過。去日既莫挽，來日亦無多。人生苦不足，歲月能幾何？蜉蝣競羽翼，蟋蟀鳴檐阿。有酒不爲樂，其如鬂髮皤！幻矣青城藥，悠哉黑水禾。力民而代食，曳履且行歌。請看北邙坂，古塚鬱嵯峨。

邯鄲行

驅車歷黃陌，乃眷洪波臺。臺畔諸女兒，艷質絕塵埃。目如明星燦，髮如玄雲堆。聲如笙簧動，顏如菡萏開。一拊離鸞調，朱弦發清哀。再舞驚鴻曲，綵袖〔一〕雙琶琶。顧此不能去，邂逅呼尊罍。今夕伊何夕？解佩共徘徊。

結客少年場行

少年重豪舉，慷慨散黃金。探丸長安市，擊劍五陵陰。片言成激烈，瞋目攬衣衿。袖槌報知己，戞筑動悲音。吳王不足畏，韓相何須欽。一朝酬壯略，千載名不沉。所以有志士，常懷溝壑心。

出自薊北門行

出自薊北門，荊棘莽蒼蒼。寒沙迷斷磧，云是古戰場。亂蓬被廣陌，衰草凝秋霜。日落狐狸嘯，燐火明道旁。驅車憑眺望，

攬彎重傍皇。因思秦内史，又憶漢飛將。一朝收獄吏，百戰老戎
行。何哉紈褲兒，意氣翻蚩揚。黄金繫肘後，插貂珥銀璫。喵喵
不遂遘，壯士有餘傷。

長安有狹斜行

長安狹斜道，曾不容車輵。貴介此相逢，顏色赫如赭。借問
路行誰，云是朱輪者。長兄方冠貂，次兄施行馬。少弟執金吾，
姓名雪朝野。丈人侈高會，日坐重堂下。大夫恣謔譃，中郎遞杯
斝。余爲之嘳然，氣焰何常也！不聞漢霍張，不聞晋衛賈？恩寵
五侯多，驕奢四豪寡。一朝熏灼盡，圭組輕於苴。可憐上蔡門，
狡兔無人打。

麥秀歌

麥秀芃芃兮，禾黍離離。維披[二]哲人兮，胡德之衰！我心
如炙兮，抱器何之？

五雜俎

五雜俎，陌上柳。往復還，薍南畝。不獲已，嗟箕斗。一解。
五雜俎，塵中輾。往復還，春秋雁。不獲已，悲藜莧。二解。
五雜俎，青門瓜。往復還，掛星槎。不獲已，負鹽車。三解。
五雜俎，襞春蘿。往復還，機杼梭。不獲已，《五噫》歌。
四解。

箜篌引

公何爲乎，提壺蹈河？亂流不戒，乃沕[三]於波。泛泛其景，
傷如之何！

棠棣篇

棠棣和樂，君陳孝友。眷此景行，泫焉疾首。跖累展禽，魋憂司馬。彼何人兮，而我同者！豆萁感丕，荊樹存真。哀我兄弟，獨爲匪民！八元並美，二叔同猜。命也如此，謂之何哉！

四　愁

我所懷兮在靈均，《離騷》蕭索湘水濱，眷言念之衷如熏。美人問我黃金釧，何以報之白玉瑱，道遠莫致猗嗟嘆！

其　二

我所懷兮在伯奇，椁花摘盡芰荷衰，眷言念之涕連洟。美人問我銀鑿落，何以報之明珠箔，道遠莫致猗錯愕！

其　三

我所懷兮在田橫，相從三百何同盟，眷言念之心欲怦。美人問我珊瑚鈎，何以報之碧琳球，道遠莫致猗傷恔！

其　四

我所懷兮在共姜，《柏舟》千古凌冰霜，眷言念之思旁皇。美人問我夜明犀，何以報之金襄蹏，道遠莫致猗悲悽！

飲馬長城窟行

秦皇築勞怨，鐵障倚雲開。東連碣石海，西盡流沙隈。延袤萬餘里，處處形崔嵬。一朝澤狐鳴，此地成蒿萊。漢家勤遠略，直欲田輪臺。壯士投袂起，彈劍天山垓。大黃落旄頭，生縛左賢來。捷報馳迅羽，凱歌動春雷。歸度長城窟，飲馬重徘徊。倚鞍咨内史，戮巢胡爲哉！

門有車馬客行

門前有車馬，云是故鄉客。倒屣迓西堂，燒燈話離索。別來足音稀，歲月駒馳隙。念我髮全疏，憐君齒近畫[四]。家山宿草多，宦海浮萍坏。客況亦凄其，聞言殊嘆喈。爲道社中形，舉目成今昔。東隣女結褵，北里兒峨幘。回禄易市墟，馮夷變阡陌。搔首十年餘，世事滄桑迫。歘歔復歘歔，且共尋歡伯。

劉 生

劉生饒壯志，慷慨欲封侯。不事家人産，常從俠士游。一朝聞警報，千里赴邊州。借箸風雲變，談兵鬼魅愁。萬言飛盾鼻，三箭落旄頭。直擣黄龍幕，偏裁白澤韝。歸來競箛鼓，長笑拂吳鈎。

蜻蝶行

西園之蜻蝶，翩翩落葳蕤。朝飲花間露，夜息花下枝。野雀胡爲來？頡頏紛追隨。掠之呵黄口，黄口亦差池。突有凌雲鳥，翅如車輪推。一攫羽毛盡，曾不厭丹觜。乃知造化理，倚伏應難期。

君馬黄

君馬黄，我馬白，君馬龐龐我馬碩。金羈玉勒出天閑，太僕僕官俱嘆嘖。何期中道窘陰雨，我馬欲隤車欲圻。悵望龍芻不可親，秋風苜蓿空悲嗌。君馬仍追白蟻馳，霜蹄蹀躞踏高逵。況有韓哀附其輿，周流八極復何疑！咄喈康莊尚有蹶，勿謂三山總不巇。

妾薄命

儂本良家兒，委身卑賤列。自登君子堂，萬苦心頭結。夜夜抱衾裯，朝朝司盥櫛。當壚汗漬衫，執箒塵凝襪。鸞鏡幾曾看，鴛帷徒自設。非求恩寵加，所冀愆尤滅。叵奈命途艱，主翁猶未悦。小姑口似刀，阿母腸如鐵。展轉不勝悲，低迴靡可説。無語叩穹蒼，有淚空流血。

猛虎行

南山有猛獸，黑文而白額。牙爪利於鈎，猙獰不可迫。狐兔與麞麋，種種恣啖齕。一夕入郊原，群生俱辟易。我馬既爲餐，我牛復被磔。區區貔若羆，何足當餘嚇！負嵎日咆哮，虞人不敢格。牧豎罷樵蘇，農夫廢耕穫。舉目半幽悵，婦子無寧魄。嗚呼！上帝本至仁，胡不生麟生此骼？安得東海老黄公，手縮金刀驅大澤。

古　意

燕燕含泥上，魚魚跋浪行。與君初結髮，共矢百年盟。何意輕言別，睽違萬里程。雲山杳難極，虆蕪幾度生。不苦妾顏改，嗟君鬢髮更。

秋夜長

秋夜長，秋雁飛，秋風蕭瑟刺秋帷。草舍星寒霜漸滿，茅檐雲净月初暉。雲净星寒天未曉，可堪霜月照寒扉。杜甫多年傷布被，王章五夜泣牛衣。錦屏銀燭驕歌舞，却恨嚴更竹箭稀。

咏　扇一字至十字

　　扇，扇，裁紈，剪練。引清颸，驅烈昇。雉葆分形，蓮翁異諺。九華子建文，六角義之篆。去酷吏以通神，憤凶塵而障面。青團錫處荷殊榮，白羽揮時成上戰。黃山賦也松篁名高，謝付〔五〕售兮浦〔六〕葵價泲。洽要荒貢丹鵠於修塗，抑近倖逐蒼蠅於瓜宴。合歡明月班妤寵重君懷，庭樹秋風張相思興暑殿。

校勘記

　　〔一〕"袖"，從"衤"，原文從"礻"旁，顯誤。本書此類明顯錯字多不勝數，如本爲"礻"旁字，輒刻作"衤"旁；或本爲"衤"旁字，輒刻爲"礻"旁。此明人書寫風習。除個別易引起讀者誤會處，出校説明，其餘一律徑改，且不再出校。

　　〔二〕"披"，於文意不順，疑爲"彼"字之誤。

　　〔三〕"汩"，疑當爲"汨"字之誤。"汨"，水名，"汩"有沉淪、沉没義，此處正有沉淪義。

　　〔四〕"畫"，疑有誤。"齒畫"，未聞，且與前後韵皆殊。疑當作"豁"。

　　〔五〕"付"，當作"傅"，謝傅，謝安。此亦明人書寫風習。

　　〔六〕"浦"，當作"蒲"。事見《晋書·謝安傳》。

句注山房集卷三

五言古詩

陶元亮

在昔柴桑翁，高風何悠悠。環堵一蕭然，粱肉非所謀。强爲彭澤起，冰蘗凜清修。家累不以隨，讀書足夷猶。在官八十日，秔秫總未收。豈爲五斗米，折腰小兒儔。解綬咏歸來，三徑涳〔一〕優游。東籬菊醃餲，北窗風颼飀。葛巾儘可娛，琴弦寧庸求？把酒對南山，賦詩臨清流。門人與二兒，時舉藍輿兜。結分白蓮社，放懷桃源洲。可與刺史飲，可與逸民仇。剖胸洗荆棘，寵辱惡足投？嗤彼書空子，咄咄苦無休。亦有雲龍客，華亭鶴淚〔二〕愁。是非千載下，玉石與薰蕕。富貴云已矣，貧賤何須羞！

邀馮熙野既禫小飲

我愛馮伯子，魁壘而落落。志與三代遊，晚近非其儔。獨立儔伍中，昂然雞群鶴。談經旨亹亹，論史言鑿鑿。詞鋒辟萬夫，八斗供揮霍。一朝失所怙，哀毁欒欒若。每讀《蓼莪》章，泪灑滄溟涸。嗟哉商與損，千載應難作。援琴衍切感，吾子曾何錯？當兹既禫時，燕飲良不惡。陳尊愧酴醾，薦碗惟餺飥。況復秋景佳，儘可恣歡謔。盡此一夕情，身外俱冥寞。

安　貧

眇余生不辰，門祚苦衰薄。況復大侵仍，家計日以索。高堂菽水艱，中饋糟糠惡。室人交遍摧，將無轉溝壑。余聞而鞠然，寧有揚州鶴？時亨原憲貧，穀貴潛夫癏。天乎寔至此，人謀何所著？咄咄莫怨尤，休矣行吾樂。

送趙瞻白年丈

天末雁門塞，朔風正淒其。之子倦行役，周道傷委遲。相將南浦外，惆悵不能離。官柳方黯淡，班馬亦悲嘶。況兼沒存感，<small>時乃弟介嵐已故，故云。</small>涕泗兩漣洏。吁嗟乎人生，良晤安可期。與君一分手，雲樹轉差池。盈盈千里月，屋梁驚見時。汾陰有雙鯉，好慰長相思。

晉陽道中

歷歷馳驅苦，迢迢奈若何！瀼瀼零露薄，律律晚風搓。望望前村渡，盈盈不可過。忉忉含緒重，滾滾拂塵多。冉冉征途暮，匆匆問巨羅。

小園成五平五仄體

區區城隅坵，鹵莽總不治。頹垣交蓬蒿，缺甃蔓薜荔。塍畦夫何菑，黍稷亦匪概。殊無茅綯基，剩有鳥鼠隧。扶筇恣冥搜，雅稱草野思。園丁攜卮匜，僕子擁箒篲。披襟而當風，岸幘以席地。蹊陰開余懷，縱飲酩酊醉。堪同華胥遊，未羨梓澤媚。歸來饒餘悰，兩部集鼓吹。

飛狐峪晚渡

萬仞飛狐嶺，干霄撐崒崔。危厓鳥道孤，絕碉龍湫沕。嵾嵺亂浮雲，谽谺吞落日。漢關急峽懸，禹甸高甌窒。我馬欲黗頹，而車亦戰栗。行行瞑^[三]色垂，落落征夫失。魍魎瞥窺岩，鵂留紛叫屋。魂驚斗柄遥，心折刀環疾。因憶紫薇人，龍猪堪太息。

雞伏雛

可憐雞伏雛，身似偃紅爐。耐得雛將嗉，形儉骨已癯。眠從黃觜嚙，羽任弱翎郛。有攫必翼蔽，見食仍招呼。何哉雛漸長，稻粱紛自圖。雞兮困乳呴，憔悴樸東隅。飛鳴與飲啄，誰將一栖哺？咄爾塒中鷇，念渠樹上烏。種類貽種類，造化良不誣。

苦　風

雁門節候晚，三月猶無春。飛廉日噎氣，決埪而揚塵。飈飀號萬竅，坱莽蔽三辰。已悲屋茅捲，況堪原麥堙。桃李既搖落，桑麻胡不艱！渠巾切。顧此晻霾苦，能忘農圃辛？安得倒銀漢，爲我洗焚輪。曜靈四維吐，儵欻見高旻。雌雄各有隧，常弘吹萬仁。

惜　別

人生最苦者，無如別離間。驪歌縴一闋，愁色滿關山。眷言瞻馬首，十步九回還。鄉國日以邈，松楸何時攀？有養不得就，脊鴒祇自瘝。親交況寥落，能侈游子顔？顧茲無限意，涕泗兩潸潸。後車云已矣，遠道傷《綿蠻》！

楊浮白先生當萬曆丁酉爲晉司李識余於諸生中今其人已矣過郵邸見壁間遺韵悵然有感賦以懷之

先生三楚豪，古調稜稜起。文陣擁雄師，筆鋒摧萬壘。驅車歷晉陽，春風遍桃李。余昔困諸生，爲曳侯門履。賦就阿房宮，笑煞青青子。一顧重千金，康莊馳駃耳。豈期十年別，忽焉天地否。歲厄入龍蛇，賢人云已矣！今讀壁間詩，沾巾何能止。吁嗟欲報君，再酹潯沱水。

賦得看劍引杯長

簾櫳暑乍收，天外風雷走。啓匣視豪曹，分明雙刃吼。撫鍔向空庭，燁燁光牛斗。幽岩鬼魅愁，蛟螭亦何有。因思畫影奇，一指清群醜。又憶漢臧宮，伊吾名不朽。佩君三十年，黼黻成契友。爲感尚方靈，酹爾千觥酒。

行路難

曾聞太行險，又説蜀道難。何似人心仄，嶔嶇千萬端。翻覆變雲雨，平地起波瀾。東西忽易位，炎暑頓凝寒。周公賦《鴟鴞》，孔子咏《猗蘭》。況乃隨輿蹉，能不任控搏？嗟哉百年景，儵欻一奔湍。委蛇順大化，自覺天地寬。胡爲勞且拙，黤然暗達觀？

校勘記

〔一〕"渀"，疑當爲"縱"之草體隸化。

〔二〕"涙"，顯爲"唳"字之誤。

〔三〕"暝"，似當爲"暝"字之誤。卷五《定襄道中》"行行天欲暝"可證。

七言古詩

擣衣篇

九月蕭蕭塞草殷，朔風吹斷玉門關。邊上征人憐白骨，閨中少婦損紅顏。紅顏白骨傷懷抱，爲擣寒衣欲寄早。金針和淚淚斑斑，玉剪凝愁愁慄慄。此時攬袖理新機，慘澹孤燈入夜微。斷續蛩聲連壁動，飄飄螢火貼窗飛。蛩動螢飛更漸久，遠緒頻牽罷纖手。齊紈魯縞幾回腸，綉幌羅幃忽聚首。叵耐銅烏咽涸漩，何當鐵馬戰空檐。驚殘萬里相思夢，脉脉幽情兩地淹。起來無語衷懸憶，彷彿音容猶在即。百歲團圞悵[一]別離，三秋寂寞悲褄[二]裖。將軍謾説習龍韜，天子空聞賜獸袍。何如四海銷金甲，襏襫於田賣寶刀。

從軍行

秋深馬健肥，胡虜寇宣雲。蘆笳亂嘯窺夜月，角弩齊張曀晝氛。狼燧遙連上谷道，魚符急走太原軍。雁門懸鐵壁，虎帳施金板。筏筏旌旂紫霧飛，赫赫戈鋋白雲捲。帶甲戒鳴鑣，開弮迅落雕。正兵列遠砦，奇騎襲歸膠。指揮儇駣方摧陣，俘馘腥羶不曾朝。閼氏喙駃陰山哭，克汗披靡青海蹙。鶴淚[三]風聲讋島夷，龍驤露布傳荒服。君不見南蠻地，銅柱牢；又不見西域部，玉門高。綿綿翼翼抒三略，正正堂堂奮六韜。麒麟閣上鐫鐘鼎，虎豹關前仗節旄。自古英雄赴國難，百戰黃沙身不憚。燕然大創何武威，嫖姚遠代真驍悍！只今天子築降城，何物氈裘縱復橫！出塞將軍揮短劍，入關壯士縮長纓。一時已埽攙槍滅，千載還教河鼓明。從此天山增鋏鍔，雲臺高處業崢嶸。

雁門歌

君不見九邊橫亙殿皇都，代上雄關第一圖。肱股幽燕藩鉅鹿，咽喉晉冀扼飛狐。滹沱溯洊湯池險，勾注嶔崟戰壘紆。紫雁秦城連斗絶，白狼漢砦截雲孤。趙國將軍嚴紀律，擊牛饗士無虛日。開門一鼓滅襜藍，漠漠龍荒消觱篥。長驅千里説嫖姚，出塞曾經此建標。擣穴犁庭臨瀚海，幕南無馬牧天驕。義著勤王李僕射，俠威赳赳傳華夏。一函墨敕走沙陀，再造唐家成獨霸。當年楊業寔桓桓，無敵英風震契丹。望見旌旗輒引去，只今谷口尚餘寒。古來豪傑提霜鋏，先後縱橫恢壯業。麗譙不改舊嵯峨，雉堞仍增新鸛巢。何人長嘯一登臺，迅掃黃雲清夜獵。空聞劍閣插天高，又道崝關百二牢。歲歲金繒媚胡虜，可憐紈褲着征袍。嗚呼！雁門之塞徒嵎嵫。

長安道中

行路難，難莫數，委遲周道無端苦。萬里長安日下看，一肩行李蒙塵土。荒涼邐迤接關河，衰草寒烟入望多。回首雁門天外景，迢遞征途奈爾何！襜帷薄暮臨山麓，鳥道羊腸盤復複。嶄崒千尋翳日輪，祇矓萬仞穿雲谷。輿人跼蹐足將顛，絶磴危厓不敢緣。只有馬蹄堪致遠，高低礧磊又難前。暫舍巾車一舉趾，繭胝俄驚纍纍起。悵望人家幾斷魂，孤村燈火漸黃昏。解衣欲醉新豐酒，爭得贏錢取次吞。永夜單襖眠未皓，雞聲呷喔催人蚤。朔風獵獵砭肌膚，破碎貂裘增懊惱。驅車發夕歷矼砰，凍雪層冰岸岸明。野橋圮仄多巇嶮，幾度倉皇失旆旌。吁嗟！行路難如此，紫陌奔忙何日已？古木寒鴉晚亂啼，萍漂梗泛空悲止。仕途況復闃茫茫，坎壈波濤不可量。中逵白晝擁豺狼，鬼蜮紛紜滿四方。荆榛載道硋行藏，安得寰宇盡平康，我亦優游卧草堂。

觀　獵

將軍大隊搜獵行，忽雷磕砰搏擊聲，千山萬壑怒氣橫。白狼赤狐不知避，礪牙攦毛競貪媚。繁弱一發應弦躓，跳踉彳亍計云窮。肴羞用供君庖中，猗嗟醜類安所憑！

臘日見雪成七仄七平體

臘月臘日氣正肅，梨花楊花差池來。四野縞練漫作徑，千陵瓊瑶紛成堆。謝女思妙只道絮，騷人吟狂仍輸梅。獨我僵卧破屋裏，雙扉重關何曾開。

長鋏篇送董雲泉二府晋守柳州

武林豪隽應飈起，騰踏層霄飛綠耳。袖中長鋏落攙槍，水斷蛟螭陸剚兕。光芒遥射錦官城，巫峽瞿塘萬里清。臈有鴞翻春色麗，更無犬吠月華明。福星洊蒞汾陰道，靈雨霏微漉枯槁。紫塞春炊漢壘烟，黄沙耕偃胡天草。六年騰飽壯封疆，芝檢芸函錫尚方。虎節專城開玉帳，熊轓夾道擁銀章。一麾直指東南碣，蜃氣蠻烟收百粤。伏波遺柱未云高，諸葛流風真可揭。遺柱流風兩擅雄，參旗井鉞卧艨艟。勋銘鶃鶋垂青簡，像繪麒麟照景鐘。落拓慚余牛馬走，藥籠庀味良非偶。當年下榻挹春風，此日扳轅懷北斗。北斗春風望轉睠，茫茫雲樹隔天涯。帛書欲托三河雁，驛使難憑五嶺花。董夫子，余何説！异時璽書徵拜爲喉舌，燕山冀野一班荆，願假霜鋒塌回沴。

四鶴行寄懷諸同志

芝田四鶴翩翩翔，同向西湖覓稻粱。西湖稻粱真可哺，一飲一啄頻相顧。忽有弋人下小罿，丁丁椓之何太雄！三鶴驚飛歸故巢，一鶴蠢然爲所捎。收入籠中置苑裏，無情花木相依倚。盡日嘐嘐悲不息，羽毛跼促消顔色。遥憶故巢三鶴容，悵悵可望不可從。噫嘻！三鶴好占昆侖圃，莫集沙汀犯網罟。秋風有便駕天威，擊破重樊相跨飛。

懷高堂

京塵蕩游污征裳，幾回感時懷高堂。久役不遑將稻粱，撫膺自覺衷之傷。舉頭望雲空彷徨，嚴範慈顔隔一方。吁嗟有養不得就，灑淚長歌《陟岵》章！

梅鼎《初香圖》送周雲漸之任楚中

老幹扶疏傲雪霜，東皇命作百花王。方來欲結和羹實，先發南枝一段〔四〕香。一段香，霏馝馞，只可擬關西良刺史。三年苦蘗一冰標，兩地甘棠真玉蘂。于今寵眷自天申，芝檢芸函次第新。佇取芳馨騰七澤，好調鼎鼐佐楓宸。

麗人歌

彼麗人兮孌且昌，靚丰采兮婉清揚。逐微風兮繡帶，散芳香兮羅裳。袖翩翩兮如蝶揚，身嫋嫋兮似鸞翔。蠻腰舞兮燕態，樊口咏兮鶯簧。履我即兮過我房，顧我笑兮對我妝。忽乘軿而去也，斷寸寸之柔腸。

贈李聞所文學講道南還有引

慨自東魯悲麟，三代金聲絕响；西秦蕭蠹，百家木舌爭鳴。五千言謾說青牛，十二部爭傳白馬。尼山草蔓，泗水烟橫。是以河汾嗣孔孟之宗，伊洛闡顏曾之秘。龜山鶴室，大啓玄關；鹿洞鵝湖，盡標赤幟。迨胡氛竊運，華夷久偃弦歌；洎昭代崇文，南北猶分宗教。誰開聾瞶，浸失筌蹄。聞所李君者，望企登龍，才追倚馬。編蒲探討，稱正學於南州；躚躚遨遊，播餘芳於北地。齊梁披絳帳，談經提渾沌之迷；燕趙布青氊，說劍壯悲歌之氣。聿來代上，載抉淵微。執牛耳以訂盟，據虎皮而覺後。探天根，躋月窟，上窺玄聖希夷；拊雷鼓，運風斤，直剖素王脉絡。以故功成速化，芳菲桃李盈門；善洽同居，毖馥芝蘭滿室。茲當返轡，不任分襟。零雨晨風，千里重臨歧之感；暮雲春樹，一尊懸兩地之思。惆悵鳧飛，旰衡鳳覽。敬染藤溪素楮，用抒萍水丹衷。

羲軒一抉鴻濛理，鄒魯斌斌傳祕旨。焰冷秦灰孔壁塵，何人振鐸揚糠秕？豫章李君瑰且奇，攻苦觳〔五〕淡究醇疵。搜將白璧昆山谷，探得玄珠赤水涯。負笈西來窺二酉，劍氣翩翩射牛斗。齊楚燕韓化雨深，春風忽下楊紆藪。楊紆之藪薪樻多，傳經馬帳瀉懸河。洪鐘響落千山月，砥柱撐迴百丈波。月落波迴開碧漢，漫漫長夜從茲旦。溥沱勾注兩生輝，桃李陰森明澤泮。講學曾聞說鄭玄，西唐東海亦翹然。君家衣鉢龍門遠，直與古人相後先。咄咄古人云已矣，邪說紛紜吾道否。願君大地奏《雲》《韶》，務令蛙聲清泗水。

壽張西皋聞人八十有引

竊以龍橘呈祥，大臺啓長生之籙；蟠桃納祜，中原開初度之筵。無須鴿放金籠，自合鳩扶玉杖。歡騰繐帳，喜溢葭莩。恭唯〇門下，桑壖高蹤，芝山戀德。名標月旦，平翔雁塞之龍；秀出風塵，獨立雞群之鶴。馬蹄推妙悟，性繕希夷；蝸角謝浮名，神栖澹泊。七賢社裏，談玄自得真機；九老圖中，遺世誰同大隱？武追黃綺，固將登八百瑤山；丕轉丹砂，行且渡三千弱水。緊此敦牂之月，適當覽揆之辰。七葉莫飛，翠擁真人。生北地萬枝燈朗，印成活佛；下西天綵戲斑斕，覒稱激灎。不佞辱蔦蘿之屬，欲扳梫[六]檜無從；仰松柏之姿，願祝莊椿不老。敬裁小引，肅附俚言。

三神之山縹緲隔塵埃，方壺員嶠何崔嵬！中有五城十二樓壯麗，群仙列籍注丹臺。丹臺復絕厭於處，欻咤飆車出島嶼。青髦白鹿兩翛然，雁塞因循八十所。世間甲子幾逢新，鼎內刀圭九轉勻。伐毛洗髓黃眉叟，金狄摩挲上古人。朱明勝日懸弧矢，南極光躔關氛紫。冰桃雪藕薦安香，火棗交梨來許史。安香許史雜斑衣，瑞靄氤氳列翠微。碧乳斟圓兒數舉，紅牙按徹鶴雙飛。玳筵剩有華封祝，贏得玄籌添海屋。磻溪未合老非熊，坐歆箕疇時五福。樽開北海瀉泂瀾，壽介南山亘翠磐。等閑飽嚼瑤池實，五百靈冥幾度看。

壽李槐墅憲師 有引

伏以法曜炳西陲，合電功昭於玉壘；壽星朝北斗，流虹瑞叶於金天。中秋高在角之躔，函夏奏穿雲之曲。蓬壺納祚，榆塞騰歡。恭唯〇海岳元精，乾坤間氣。才雄倚馬，文章瀰湃於三川；望重登龍，世業嶙峋於二室。丹墀朝挼藻，袞衣回殿上之光；粉署夜含香，綾被映宮中之色。控青銅於撤棘，兼收風虎雲龍；搖白羽以行邊，坐靖天狼地雁。旂懸大烈，宜和鼎於岩廊；籙啓長生，更添籌於海屋。維茲建酉，適值生申。堯階蓂莢九滋，閬苑蟠桃三熟。月澄銀漢，桑弧交桂斧生輝；露湛金盤，麥酒共蓮漿動色。紫囊傳秘卷，圖來五嶽真形；玄樂引虛簧，報到十洲雅奏。斑襴遠膝，同娛洛社之英；錦軸充庭，並繪函關之老。蓋中天大士三千年首現金輪，亦陸地真人十二事平收玉笈。寧誇攫[七]鑠，會睹期頤。凡瞻松柏之姿，率上蓍萊之頌。某牛溲馬浡，僭陪覆露青芝；燕麥兔葵，竊附倚雲紅杏。荷再三之孔鑄，無能玉帳稱觥；仰八百之莊椿，有意金籠放鴿。敢伸華祝，用效嵩呼。伏祈黃髮持衡，領星辰而拱極；青瞳住世，依日月以調元。禧叩崇臺，聲慚下里。

青鸞飛下昆侖圖，爲報群仙集雲塢。金狄盤擎菡萏花，麻姑刀[八]削麒麟脯。花脯逶巡入幕來，碧幢絳節護丹臺。三千銀界琅璈動，十二瓊樓玳瑁開。銀界瓊樓常不剖，年年歲歲歌黃耇。六符獨爕泰階平，八柱遙撐天地久。君不見莊周浪說有靈蓍[九]，又不見曼倩曾聞是歲星。蓍有年，星有紀，吾師德業格蒼穹，綿延壽算應無已。

題五老圖壽閻立吾憲使代

君不見淮海濆茫涵四瀆，平吞弱水翻暘谷。又不見昆岡巇崿枕三湖，遙帶蓬山橫地軸。弱水蓬山恬復恬，氤氳佳氣滿東南。斗牛之分歲星出，爛熳雲符五色占。星煜雲流河漢晶，躨跜共訝雙龍繞。桑弧一發四方寬，騰踏層霄何矯矯。春風得意馬蹄輕，杏錦宮袍照眼明。已向齊東懸法曜，更從冀北壯長城。碧幢赤羽抽金版，絳節青髦擁玉京。嘉平此日逢初度，瑤草琪花殊不暮。縹緲瓊樓紫霧迴，霏霺銀界丹霞護。紫霧丹霞溢塞垣，騎來玄鶴自翩翩。不須靈藥傳勾漏，賸有神椿茂漆園。猗嗟鈴閣羅鵷簉，薦繡鴻編紛獻壽。九鼎廞華筵，八璈鏗雅奏。人瞻松柏姿，客上蓬萊祝。攫鑠爭誇寶校威，鳳毛麟定擁斑衣。已抃玉杖扶鳩走，遮莫金籠放鴿飛。愧我吹竽依芘早，龜顧蛇銜亦草草。忻逢勝日效華封，繪圖直欲靳胡考。曾聞四皓者，行藏甚顛倒。又說八公玄，踪迹皆幽眇。寧似皤皤五老行，虞廷孔室兩呈祥。委蛇共赴西池會，高捧狐南映大荒。願得期頤如許涉，酡顏艾髮咨調燮。好從二十四考冠中書，仁領萬五千人登玉笈。

贈王孝子廬墓

元氣渾沌孝在中，下應地龜上天龍。虞周復然爲世則，曾閔展也餘高風。嗟哉古人日已遠，三大消歇何能輓？欒欒素轉既若亡，割股居廬道誰返？雁山沲水溢天常，焯有孝子揚其芳。娛生喜着五綵服，哀歿泫陳九飰觴。杳漠松門行祔葬，任土纍纍躬椓壙。壙成筋力兩將枯，西風和淚結屠蘇。臥苦寢塊星霜變，忍見啼猿對哺烏！骨立嬛嬛祥且禫，神明幾度通玄感。平疇坱圠忽飛泉，大盜猙獰亦謝唊。三年茹苦宿蒼茫，血漬麻衣幾斷腸！投魚致雀那堪擬，懷橘持瓜未可方。見說王哀身伏塚，悲號震悼林木悚。《蓼莪》廢後《北山》愁，姓氏于今君接踵。猗與接踵振蘦聲，懿行都郵月旦評。仁看聖主推旌典，會有綸音貢九京。恫我慈顏歸息蚤，蠢然獥孤情草草。感君孝思割我肝，悠悠此恨何時了！願君錫類廣民彝，風木何緣慰所悲？四海之橫皆其事，安能無愧《白華》詩？

題王炳寰先生別墅

輞川盛概開城北，月榭風亭盤太極。户外粼粼碧水聲，檐前鬱鬱青山色。簾垂繡闥絕囂譁，地迥紅塵十萬家。主人自解偷閑趣，盡日銜杯卧紫霞。

送彭小石督兵登萊

將軍韜略鷙飛隼，七德登壇初受脈。赤羽光搖獸錦袍，丹書色映龍文盾。參旗井鉞下東牟，蜃氣嵐烟萬里收。會看銅柱高青岱，檢點金貂晉徹侯。

送不住上人

優曇飛錫來南岳，一笑相逢開夢覺。說法翩翩降白龍，揮詩冉冉翻丹鷰。人天大眼更無朋，出世心超最上乘。何當共結青蓮社，爲我時時斷葛藤。

鬻田舍有引

萬曆己酉，饑饉薦臻。既耻吹南郭之竽，又莫待西江之水。有田十畝，有舍三楹，因鬻諸人，聊以卒歲。交券之際，不能忘情，姑記於此，俾後世子孫知余爲孝廉之艱也。

我有一犁之負郭，歲昝無力芟且柞。叵奈瞀瞀嗟轍涸，聊以鬻之資藜藿。

我有數椽之茅屋，歲昝無計成薖軸。叵奈蕭蕭傷出卜，聊以鬻之舒頻顣[一〇]。

送　春

子規啼處東風嬝，荏苒流光春漸杳。一夜園林宿雨收，綠肥紅瘦知多少。鶯簧蝶拍逐晴暉，滾滾楊花拂面飛。蒙茸芳草連天碧，試問王孫歸不歸？

題《停舟觀雁圖》

秋色澹遠空，練光橫極浦。楊柳蕭森殢晚烟，蒹葭淅瀝搖疏雨。有客翛然引興長，孤舟宛在水中央。芙蓉裁佩帶，薜荔緝衣裳。薜荔芙蓉相映好，推蓬解纜臨清灝。不釣黿鼉百尺宮，不網珊瑚萬鎰寶。仰天一嘯動悲風，坐見汀州起雁鴻。覓稻平湖猶嗻喋，銜蘆永夜恣翇翀。伊人高曠渾如許，鷗鷺忘機寂無語。目送冥冥歸太虛，悠然此意凌千古。

北虜嗣封紀事

聞説秋高馬健肥，奄酋鳴鏑逐雲飛。九關朔氣催金柝[一]，萬里寒沙捲鐵衣。雲中歲歲驚鼙鼓，上谷年年備樓櫓。燕度危巢春不歸，烏迴斷砦宵相語。天猒天驕忿欲屠，胡雛忽自墮儲胥。垂殲無異阱中虎，待爝真同釜底魚。聖主有威神不殺，網開三面寬遺黥。老羆感泣欲摧弓，孤犢歡呼思解札。百年逋寇挫雄風，受朔歸琛世世同。驌驦貂豽來羌地，酥酪氉毹入漢宮。四十七載遵王極，俯首羈縻梟獍息。祇今封事兩狺狺，把漢素囊爲鬼蜮。吾皇赫怒問欃槍，幕府行邊按柳營。七校材官磨短劍，三河俠少請長纓。都護先聲馳五路，可汗蒼黃闕支懼。十六部落稽顙來，願言奉身卜石兔。天子蘄消北顧憂，姑從寬假爵俘酋。玉壘金湯閑鼓角，青山黑水落旄頭。此時龍酒申盟好，此後狼烟靖如埽。騕褭晨嘶苜蓿花，犉牯夜臥胭脂草。苜蓿臙脂護塞門，長城何事斫雲根？羞煞明妃辭紫闕，可憐公主嫁烏孫。聖朝威德高千古，八紘六幕爲檐宇。銀漢遙看洗甲兵，玉階坐見收干羽。明明我后樂虞唐，鳳鞏雞翹擁尚方。毋謂楓宸泮渙常無警，須知桑土綢繆有復隍。

丹砂篇壽傅年伯

我聞靈谷之山峷崒而嶮陵，懸岩古洞相參差。又聞九十九井通雙黃，涵珠漱玉澄天漿。中有真人叩靈密，探得丹砂苞太一。

不將塵世煉黃金，獨向空林炊白石。黃金白石共玲瓏，一顆藏來經笥中。芝檢芸函爭祕䄂，桐枝桂樹轉菁葱。香風吹入承明殿，日下五雲紛燦爛。杏園蓓蕾錦初裁，菊塢葳蕤英可薦。丹砂未猒貯丹丘，伐毛洗髓從優游。豈惟洛社香山醑綠蟻，仵看員壺方嶠跨青牛。

題王氏祠堂

憶昔紅軍動鼛鼓，坌迷海國無安堵。瑯琊王氏遷其主，夜走新城避猰貐。長風吹送蓬萊姥，誕降瑤昆金玉五。大槐之望隆東土，善行擬佛能繩武。再傳而後聲施普，倬彼參軍良弗仵。學匯天人才繡虎，五車八斗曾何數！哀然偉蔫升天府，星鳳光華人健睹。骯髒居官官不竆，感時投劾遺簪組。孝行況復高千古，苫塊悲號形欲僂。當年廬母更廬父，白兔相馴對涕雨。壠上松楸皆自撫，即今蔓蔚森玄圃。眷言榱角開堂廡，木愈蕃兮水愈溥。子孫億麗聯殷輔，冠蓋紛紜拜祠宇。苾芬不替蒸嘗譜，萬歲千秋榮烈祖。嗚呼，萬歲千秋榮烈祖！

壽孔年伯

青龍之洞嶙峋萬古盤無極，玄武之湖灝渺千秋停不息。山根水脈兩相通，扶輿間氣鬱菁葱。丈人應運峨峨起，乃是宣尼六十二代之孫子。胸期壘落干青雲，昂然野鶴遊雞群。素心不爲通緡縶，一朝解組歸江濆。江濆曲枕茅山谷，日向茅君檢靈籙。福地元八九，洞天還六六。洞天福地此中饒，翁也曳杖時逍遙。方瞳鶴髮玄霜護，鮐背酡顏絳雪澆。只今坐對壺中境，笑傲分明逼箕潁。地上神仙葛稚川，山中宰相陶弘景。更羨庭前寶樹多，芬如竇家五桂枝婆娑。玉昆金友色交映，伯壎仲篪聲相和。明歲翁齡登大耋，舞袖斑斕新綵纈。蓬島仙郎晝錦旋，爲上高堂雲母屑。

翁兮翁兮性不撓，優游啖蔗固天彂。滿擬佳兒居鼎鼐，泲從麟閣聽雲璈。

題雙烈卷

玄圃先生天下士，服官數載心如水。南遊忽與鶡冠逢，行李一橐而已矣。群盜齗然狠未休，舉戈直欲拉君侯。爾時婦子俱色艴，詈賊罵賊聲不歇。母也逐鯨波，女也甘黿窟。玉碎珠沉頃刻間，天昏地黑江水殷。西山精衛爭銜恨，東海陽侯爲破顏。海有濤，山有石。怒不解，填未射。武昌澤畔武都厓，留取芳名垂八赤。只今聖主恤貞魂，爲走綸音下九閽。表宅雙題新綽楔，采風獨記舊輀軒。天之報施殊未已，乃眷三株寶樹菁葱起。芝檢芸函次第加，仁看一門節孝傳青史。

贈錢巡徼

才華暐曄雄三楚，盛府元僚何足數！腹裏琅玕照碧鷄，手中霹靂驚銅虎。月明蓮幕水晶寒，寶劍雕弓帶露看。仁取關山銷瘴厲，好從台鼎一彈冠。

題陳母節冊

君不見《柏舟》勁節高千古，冰玉清瑩人健睹。又不見荻畫藜烟啓象賢，蘭芽桂蕚爭鮮妍。猗嗟阿母真堪比，淑行分明照彤史。當其結帨事良人，井臼躬操不厭貧。底事藥砧中道絶，杜鵑聲慘啼紅血。血枯天地黯愁雲，誓捐一死報夫君。引刀刺頸頸欲斷，磨笄剔目目爲爛。刀笄留得未亡軀，飲痛含辛字貌孤。三遷割毀稱嚴姆，五夜和熊佐勤苦。割毀和熊總義方，陶成國器重圭章。萬斛珠噴吐鳳口，七襄錦製雕龍手。珠錦含華待價同，都將文采付阿戎。鶚搏秋漢乘丹翮，鯤化春溟駕彩虹。銅符帶露蘇磽埒，鐵柱飛霜搖海岳。冀野猶驚繡斧寒，洪都更仰青箱逴。繡斧青箱溯發祥，乃知祖氏之德垂麻裕后有餘慶。天子褒嘉下寵章，表閭樹楔揄其芳。太史陳風勒汗紬，百千萬祀何唐皇！

壽賈母郭太孺人

雞鉅之波清且漣，百花嶼畔霏蒼烟。中有神漿十萬斛，阿姥一飲挾飛仙。仙紀今登七帙七，鶴髮酡顔涵太乙。絳雪丸成和膽時，玄霜屑飽含飴日。和膽含飴愛亦勞，幨帷佳氣倚雲高。有子花栽潘岳縣，有孫詞奏鬱輪袍。花結蓬壺千歲實，詞翻閬苑八琅璈。靈辰設帨迓新祉，十二瓊樓光乍啓。瑤臺月湛冰，寶婺星垂玭。星月交輝映北堂，麻姑金母薦霞觴。賸有青[一二]鸞傳玉笈，豈無丹鳳送璿章。鳴琴題柱嶙峋起，紫誥黃樞知濟美。百瑤魚軒取次乘，融融洩洩應無紀。

浩　嘆

百年三萬六千日，過隙流光欻如駛。壯心不惜唾壺殘，把鏡看顔非昔比。顚毛種種更星星，左右輔車亦復毀。追思髫齔幾何時，詎意形容倏爾爾！頭童齒豁竟無裨，老大悲傷胡能已！君不見馬援猶堪一據鞍，廉頗豈真三遺矢？歲月弗留髀肉生，腰間寶劍空秋水！

放歌行書似友人

吁嗟行樂花之朝，柳塘梅澗何迢遥！提壺挈榼喜相招，悠然不知天地寥。出門絕埃壒，回首塵襟汰。幽賞恣冥搜，清風發爽籟。一樽傾倒萬山春，長歌《商頌》陶吾真。偃仰北窗聊自適，而我遂爲羲皇人。茫茫世事同蒼狗，變化升沉那能久。館娃宮裏足豪奢，轉盼荆榛麋鹿走。君不見孟嘗君，三千賓從簇如雲；又不見翟廷尉，九衢冠蓋紛如蝟。一朝失意落風波，鷄不鳴兮雀可羅。覰破乾坤只如此，造化小兒奈我何！吁嗟有酒不盡醉，佇見北邙孤塚鬱嵯峨。

署中漫書

夏木陰森當署列，南軒雨過風塵絶。丹葵數點印紅霞，翠葆幾竿摇緑雪。公餘徙倚漫憑欄，蟻戰蝸争次第看。檐外忽聽鷓鴣囀，一聲長嘯海天寬。

題太丘册

太行之山峰崒嵂，黄河之水流沕潏。孕靈異而匯苞符，中有名賢成大逸。譚經麈作揮，掞藻椽爲筆。子敬風流冠一時，文章獨步屬元之。瓊林瑶樹風塵表，屣履争傳皇甫規。一觴一咏情何適，主聖臣賢玄感迪。九折偏宜叱馭行，川西不減膠東績。天際峨嵋拄笏看，歸兮魚鳥重盤桓。草堂一夕人琴偃，緱嶺千尋鳳笙返。鶴鷺蹁躚在畫圖，依稀雙舃欲飛梟。手中未厭河汾卷，庭際猶餘福畤株。彦方德化良非偶，模範峨峨峻山斗。先生之風高且長，先生之澤悠且久。留得青箱啓後昆，槐陰蔓葤帶芸孫。崚嶒鳳閣紅雲上，佇取沙堤築太原。爵位蟬聯照彤史，志存温飽非夫子。表正鄉閭真太丘，遺像清高動仰止。孝思不匱有休徵，吁嗟風木含悲只。多少門人廢《蓼莪》，王裒有恨何時已！

校勘記

〔一〕“帳”，原文作“倀”。本書“帳”多作“倀”，下文多重出者徑改，不再出校。

〔二〕“褄”，從“衤”，原文從“礻”，誤，今徑改。

〔三〕“淚”，當爲“唳”字之誤。

〔四〕"叚"，原文作"叚"，下文重出者徑改，不再出校。

〔五〕"毀"，原文從"攵"，今徑改。

〔六〕"柛"，原文從"日"，當從木。

〔七〕"攫"，疑當作"矍"。下同。

〔八〕"刁"，依文意似爲"刀"字之誤（"刀削"對上句"盤擊"，工整嚴切，且"刁削"亦不辭）。

〔九〕"靈冀"，《莊子·逍遥遊》作"冥靈"。

〔一○〕本詩原書分爲兩段（第二個四句另起一行），當是兩首詩，但標題與小引中皆無説明，今按兩首詩處理（中間空出一行）。

〔一一〕"柝"，似爲"桥"字之誤。《樂府詩集》卷二十五《木蘭詩》有"朔氣傳金桥，寒光照鐵衣"句，正用"金桥"可證。

〔一二〕"責"，疑當作"青"。

五言律詩

步虛詞

自服東華氣，昆侖汗漫遊。坐看炊白石，笑指燒丹丘。雲擁三千界，風披十二樓。夜來吹鐵笛，搖落萬山秋。

其　二

頂聚三花秀，符分六甲真。逍遙雲外路，窈窕洞中春。丹灶窺龍虎，飆車渡鳳麟。蓬壺方一憩，滄海已揚塵。

其　三

天風隨自在，雲水足生涯。白鶴看丹鼎，青牛駐紫車。劍分三洞水，袍曳五城霞。不記歸玄日，蟠桃幾度花。

其　四

九轉砂非幻，三天路豈迷。青髦開劫火，絳節擁雌霓。玉檢金書重，霞冠羽袖齊。朝回王母宴，醉壓五雲低。

塔院寺

五髻開山地，群峰此獨佳。蒼虹盤古洞，紺殿出層崖。舍利星文合，牟尼月影排。諸天俱咫尺，迥與世緣乖。

白人岩

古刹荒山裏，冥搜兩度過。穿岩捫石壁，躡磴引烟蘿。龍樹三天曉，鶯花萬象多。登臨攀絕頂，俯首問維摩。

長安元夜

帝里逢元夕，豪華競不降。九衢開鐵鎖，萬户列金釭。綵向鰲山結，鐘從鼎食撞。樓臺歌管地，時有太平腔。

出京有懷

風雨良鄉道，微茫隔上林。有天迷寶劍，無地碎胡琴。鵠雀千秋志，龍猪一夜心。不堪回首處，遥望五雲深。

盤石道中

盤石崎嶇道，長征初歷時。荒山餘晚燒，野水咽寒漸。地僻人行少，沙深馬渡遲。可憐雙短鬢，一任朔風吹。

苦　役

十載□□夢，空消馬上春。短衫愁色重，破帽髩華新。歲月驚催我，風塵解殢人。此生成底事，無那役頻頻！

板　橋

仗劍風塵客，重來度板橋。層冰猶滯馬，斷岸欲驚輻。野曠寒偏劇，溪迴路轉遥。幾番懷《陟岵》，無語暗魂消。

虹

五色排雲下，雌雄兩鬥歕。連蜷分雨脚，爛熳繫天腰。平飲千尋澗，橫懸萬里橋。當年華渚瑞，喜爲聖明標。

秋日飲王弘錫別墅分韵二首 有引

南呂動金風，四美平收勝地；北園傾玉斗，二難並醉壺天。可能詩酒疏狂，閑懷各適；況復林皋幽厰，樂意相關。遠山萬點送晴嵐，倚杖堪舒雅抱；野水一灣浮净浪，披襟足滌塵煩。幸投契於盍簪，可忘情於搦管？請登大作，用紀良遊。

勝地招尋夜，天高露下清。坐譚風味爽，笑指月華明。劇飲青田薄，狂歌皂帽傾。相看潦倒意，殘角與砧聲。

其 二

商素何蕭瑟，凄然動夜凉。露華清滴袂，月色冷浮觴。望遠山成暝，吟餘興轉狂。歸言一回首，臺榭總蒼蒼。

訊海音上人

爲問仁岩隱，踟跦近若何？静窮三昧否，動有一塵麽？衲掛誰方丈，經幡幾貝多？不知相別後，若個是檀那？

秋過南莊

曳屐來山□，□容澹晚暉。還飆沿幕入，野鳥習人飛。黍稌□□飽，菘葵雨後肥。一尊新社酒，不醉未言歸。

其 二

萬寶登場日，千村社鼓齊。迎神椎黑牡，飯客飽黃雞。野老頻争席，山童總慣畦。豐年元足適，何必減雲棲。

賀友舉嗣

乙夜徵蘭夢，桑蓬□□。□□□□□，□□□□□。□作田中玉，□□□□□。□□□世澤，□□□菰蘆。

慰周日觀司馬

富貴浮雲外，蓬廬總是真。陰陽還剥復，天地亦亨屯。涉世元無我，論心况有人。從他桃菜變，山斗自嶙峋。

郊　居

卜築臨清磵，開堂近翠微。隱深麋鹿狎，習久鷺鷗依。甕假園丁抱，鋤從僕子揮。此中堪大隱，長與世相違。

其　二

十畝誅茅地，投閑儘不村。魚竿消白日，牧笛送黄昏。自掃柴桑徑，誰敲泄柳門？興來時寄傲，一嘯破雲根。

其　三

自習南皋隱，山居事事良。科頭裁白帢，濯足咏滄浪。盞瀉新醅熟，春炊晚稻香。租完無一事，高卧日三商。

其　四

門外青山友，田中白石歌。幽情偏水竹，遠意寄烟蘿。夜雨三椽屋，秋風一葉蓑。聖明元不棄，吾道自蹉跎。

山陰旅邸

解衣沽酒處，旅况不堪論。凍雪千山冷，孤燈半夜昏。風塵還落魄，潦倒欲消魂。回首家何在，迢迢隔雁門！

踏　春

晴郊初曳杖，春色晚猶芳。淺黛裝官柳，輕紅綴野棠。輪蹄聲雜遝，山水氣微茫。最愛鶯簧好，間關對酒觴。

寄傅明源年丈

笑傲青燈夜，那堪荏苒過！風塵消歲月，雲樹隔關河。藤葉傳來少，梅花落去多。何時尊酒會，把臂一高歌？

寄孫復陽□□

惜別長亭後，牢騷苦欲侵。幾驚春草夢，常對暮雲陰。湖海消豪氣，風塵殲壯心。故人如有問，短髮不勝簪。

秋　意

西風催白帝，晚眺一披襟。遠樹迷烟浦，高城急暮砧。雁橫孤塞斷，螢照亂山深。最喜東籬菊，幽閑共此心。

除　夕

守歲都門日，多愁獨掩扉。倦游拋竹刺，習静憶漁磯。緇素塵中變，家山夢裏歸。遥看西嶺外，時有白雲飛。

夏日王炳寰先生召飲同楊斗衡次韵

別業耽清賞，新開種秫畦。琴尊供雅興，花鳥足幽棲。客到鳧飛迅，神閑鶴馭低。相扳渾不倦，坐待日輪西。

其　二

清敞三槐地，招尋對落曛。酒酣奇字出，談劇暗碑分。伯起真無敵，元琳信不羣。夜深歸騎擁，只恐犯星文。

憶海音上人

物外尋真叟，披緇解梵音。隨緣寧有意，住世本無心。水月從來静，烟霞到處深。憐余別未久，藤葛苦相侵。

定襄道中

迢遞荒山道，平臨落照西。風塵匹馬倦，雲樹晚烟迷。濁酒供傾倒，新詩費品題。行行天欲暝，燈火黯前溪。

明妃怨

紫塞空增壘，黄金解誤人。蛾眉辭漢闕，血淚洒胡塵。圖書緘愁重，琵琶引恨新。最憐青塚上，千古月爲鄰。

夏日飲王弘錫别墅

塵外王維景，潺湲抱碧溪。臺高雲暗度，花匝路全迷。遠樹繁蟬歇，平蕪掠燕低。淹留饒野興，古錦入標題。

重陽東郭寺燕集

九日登高處，追陪屬勝遊。秋光紛古刹，晚照薄層樓。白雪連雲迥，黄花帶露幽。興來拚盡醉，不復問貂裘。

鳴謙驛秋眺

高樓凭眺處，秋色海天寬。萬壑霜華白，千林木葉丹。蕭條山社晚，黯淡隴雲殘。回首驚時暮，鄉心付羽翰。

晋陽道中

驛路連天闊，搖搖欲斷魂。斜陽橫古道，野水抱孤村。迢遞經三舍，紆迴接九原。長途征力倦，燈火漸黃昏。

院　柏

問爾何年植，蕭蕭此院中。蒼顏一夜雨，老幹四時風。對月延清顥，凌雲上碧空。更怜冰雪操，歲晚亦菁蔥。

夏日蘭亭即事

序屬朱明景，蘭亭一燕遊。風清槐影靜，日麗鳥聲稠。細草迷芳徑，閑花豁病眸。乾坤俱逆旅，何處不吾儔？

旅　懷

旅邸秋容澹，蕭條晚更殊。長空驚雁唳，寒榻伴燈孤。歲月催華髮，江湖滯病軀。自憐搖落後，魂夢總崎嶇。

其　二

壯志半窮途，行藏轉轆轤。此生慚北阮，何處問西愚？世事真蒼狗，光陰自白駒。閑愁消不盡，病骨漸成癯。

喜　霽

巽二吹清籟，俄驚捲宿霧。遙天垂晚照，古木落高陰。草出平堤色，花開昨夜心。徘徊深院裏，不覺動豪吟。

塞上愁

羽書飛上谷，轉戰入樓蘭。朔氣侵肌冷，驚沙撲面寒。雲黄迷戍壘，骨白照征鞍。何日邊烽息，君王罷築壇？

漫　書

自甘生計拙，誰苦世情疏？偃蹇難偕俗，窮愁好著書。門馴廷尉雀，釜養范丹魚。昨夜增新爽，天風滿敝廬。

夏夜同諸君子分韻

雨洗天街潤，風披露井涼。絪緼占斗氣，清淺見河光。引白情偏洽，談玄興轉長。坐深更漏下，明月吐山房。

佛光寺一宿

平田開大麓，野寺隔塵寰。鐘磬烟蘿外，香花杳靄間。燈懸龍樹曉，松隱鶴巢閒。偶過談三昧，依稀悟八還。

謁丘壟

拜掃清明日，斜陽馬暫停。寒烟多里社，古塚半郊坰。雨露思何極，松楸夢不醒。彷徨無限意，回首亂山青。

爲王新城先生大隱題

宦情氊獨冷，風節老逾敦。慣聽鳴蛙吹，閑看倦鳥翻。春秋雙白髮，湖海一衡門。種得藍田玉，焜煌照上尊。

病起登臺

愁來無着處，抱病强登臺。雲撥千峰黯，風生萬壑哀。晚烟迷蚱蜢，夜雨變莓苔。流覽真成慨，衷腸日幾迴。

王氏別業

別業臨山麓，平開四面亭。水穿花塢暗，風度藥欄馨。好鳥窺人下，閑雲入座停。朝來多爽氣，空翠欲沾屏。

效白體

何處難忘酒，霜天出塞時。控弦驚落月，勒馬渡寒澌。望絕關河路，聽殘鼓角悲。此時無一盞，魂斷故鄉思。

晤不住上人口占

悵別汾陰道，侵尋歲月過。風塵消措大，雲水散頭陀。夢繞龍山遠，魂搖雁塞多。不堪成再晤，觀變已恒河。

其 二

傳燈成大覺，卓錫下崆峒。錦貯詩囊滿，臺懸心鏡空。雲間雙白足，海上一方瞳。遲爾開蓮社，相將證六通。

天壇望萬壽山

爲禮圜丘地，遙瞻萬壽峰。卿雲團五色，瑞靄匝千重。鼎峙皇圖固，基磐王氣濃。小臣無以祝，翹首一呼嵩。

出 京

坱莽京塵道，蹉跎旅次愁。可勝紅勒帛，空敝黑貂裘。三刖心猶壯，千金骨未酬。棄繻成底事？洴澼已封侯。

曉 行

曉行磐石道，夜色尚冥蒙。未辨千山雪，唯聞萬壑風。寒烟迷野渡，遠樹黯高叢。獨有長河影，依微照客衷。

七 夕

龍馭經年隔，烏橋此夜通。星躔紛白氣，雲幄靄香風。愁擁銀河黯，涕零錦杼紅。相看離別意，千古恨何窮！

却 巧

令節空牛渚，清貧儗鹿門。庭閑堪曝腹，竿便好懸褌。未識青鸞會，難扳白鶴軒。此生原自拙，何事乞天孫？

擬贈劉大尹

栗里桐鄉政，忻逢茂宰兼。得人憐白屋，問俗啓丹襜。雨浥河花麗，風披隴麥芃。閑庭無鼠雀，晝日獨垂簾。

聞 笛

何處來羌管，泠泠入夜清。高低迷極浦，斷續落孤城。楊柳因風度，梅花傍月明。不堪成再聽，無限故人情。

春日郊居

綠野回春色，青山過雨痕。溪翻雲影澹，風送鳥聲繁。三徑依榆社，千峰抱蓽門。病餘成獨臥，車馬不相喧。

東郊燕集得泥字

荏苒驚春暮，東郊一杖藜。墅疑彭澤地，人似武陵溪。草色縈車枳，花香襯馬蹄。興來拚百斗，不惜醉如泥。

夏日飲李正兄園亭

勝地開新塢，山林隱市城。砌迴三逕閴，簾卷八窗明。細草紛庭色，微簧動友聲。主人能倒屐，延賞欲飛觥。

其　二

雨洗朱明日，琪園色色佳。烟霏丹粒樹，錦襯白雲階。碧甃通金井，雕欄匝玉牌。平泉千古勝，今喜屬吾儕。

病　起

病來生計拙，無那蒯緱偏。苜蓿盤中淡，芙蓉江上妍。勞勞空短髮，咄咄自長年。欲問滄州渡，風塵正黯然。

吳中山銀臺招飲有作

爲下南州榻，招携過習園。春風疑入座，湛露喜開尊。地迴心偏會，年忘誼轉敦。坂留歸去晚，蘿月半山村。

新秋夜坐

日暮長河澹，天空大火澄。井桐風欲下，岸柳露初凝。砧杵千門月，琴書半夜燈。坐來清不寐，疑對玉壺冰。

其　二

兀坐空齋久，淒然思不禁。秋聲寒淅瀝，夜氣晚蕭森。鴻雁高低度，蛩螿斷續吟。幾番懷宋玉，寥落百年心。

山　行

步入南莊道，行行石磴勞。蹊迴千壑險，山轉萬峰高。峪狹天多礙，沙深地不毛。磧礧幽澗底，時復瀉寒濤。

四女塚

四女何年塚？纍纍此結鄰。玉魚消白骨，金屋黯黄塵。相對千秋月，誰憐萬古春。我來憑吊久，風雨欲傷神。

贈劉大尹册言代

荒政聞周禮，忻逢茂宰修。春炊千社曉，粟煮萬山秋。蒙袂人皆起，飛鴻澤自優。楓宸書姓紙，端不次君侯。

　　右煮粥救荒

賢令矜民瘼，移來肘後金。政成三折美，仁及七年深。麥壟芝爲瑞，花封杏作林。嶂陽登壽域，無復問呻吟。

　　右施藥濟衆

山火明於鏡，多君照有靈。莘囊春載德，鼠雀夜空庭。人誦隨車雨，天回貫索星。皋陶千古後，今復見平刑。

　　右鞫訊仁明

征繕天朝急，寬和大尹奇。尾閭傷命脉，頭會惜膏脂。忍見三星罶？愁聞二月絲。吾民懷濊澤，礧石有餘思。

　　右催科撫字

西山曉霽

宿雨經晨歇，西山景獨幽。層巒空翠滴，遠樹淡烟浮。一抹濃於畫，千林爽似秋。朝來憑眺久，拄笏欲登樓。

遊白雲觀

羽客何年去？空壇自柏林。樹巢玄鶴隱，殿鎖白雲深。丹竈傳仙火，《黃庭》度法音。可能遺世累，長此伴松陰。

宣城園漫興

徙倚消閑晝，移尊傍夕陰。蘋風輕入座，蘿月半涵襟。地僻喧難近，臺高暑不侵。坐來逸興舉，搔首一長吟。

秋　夜

獨坐金風夜，寒光動絳河。捲簾來白鳥，燒燭引丹娥。靜聽繁蟬急，俄驚一雁過。不堪鄉國思，回首月明多。

其　二

旅邸驚秋莫，孤燈向夕炎。蛩砧聞暗壁，螢火見疏簾。坐久將穿膝，吟成欲斷髯。不知更漏永，星斗下虛簷。

春日送嚴慈歸里

關河千里外，惆悵送親歸。弱柳牽離緒，寒花亂舞衣。忍聽烏哺隔，愁對白雲飛。何日遺簪組，相看飽蕨薇。

其　二

迎侍羞三釜，成名愧一經。鮓無官舍味，尊有故園青。遠道傷蓬鬢，孤蹤感脊令。殷勤祝匕箸，岐路幾丁寧。

西　野

西野多名勝，尋芳正莫春。柳塘風淡淡，荷沼露津津。細雨催紅杏，澄波映白蘋。坐來機並息，魚鳥亦相親。

南浦泛舟

選勝依南浦，鳴榔溯上流。水萍迎槳亂，堤柳捲簾收。渡遠遲青雀，沙深引白鷗。夜來烟雨足，奇色滿汀州。

其　二

晚霽涼生渚，開舲景自偏。虹消雲外雨，霞襯水中天。叠鼓催行櫂，徵歌賦《采蓮》。冥搜殊不厭，把酒重留連。

題陳母冰霜册

有母閨中彥，孤貞北[一]敬姜。鵲巢方卜吉，鸞鏡忽分行。晝永啼紅血，春深減素妝。夜臺千載下，端不愧冰霜。

其　二

有子能三釜，含情賦《蓼莪》。慟餘身上綫，愁對澤中梭。馬鬣傷新築，熊丸憶舊和。焚黃無限恨，涕濕五花多。

閱　漕

四海修王貢，千艘入潞河。賦憐吳楚重，兵飽薊幽多。誰瀹桃花淺，空傳《瓠子歌》。東南新有榷，民力轉蹉跎。

署　中

小院松陰合，公餘坐晚烟。捲簾看鶴舞，拂棟任魚懸。飲盡青田核，吟成白露篇。放衙無個事，習静悟三玄。

旅　思　四首

游子耽行役，蹉跎滯未歸。一方烏哺隔，兩地雁行違。宦海羞萍梗，家山憶蕨薇。病來憐獨坐，無語對斜暉。

其　二

底事浮名誤，勞勞苦未休？孤舟方歷暑，匹馬又經秋。歲月消殘鬢，風塵殢壯游。北山無限思，撫景重夷猶。

其　三

四十棲郎署，頭顱總可嗟。有文供醬瓿，無力負鹽車。憂國心如醉，傷時鬢欲華。況堪懷宿草，愁緒滿天涯。

其　四

偶射金門策，叨含畫省香。濫竽同北郭，飽粟愧東方。未作千間庇，翻餘十畝荒。春深聞杜宇，逸興在滄浪。

寒　食

病裏逢寒食，家山思不禁。夢縈春草亂，愁鎖白雲深。有藥供高枕，無書到上林。松楸一回首，涕泗幾沾[二]襟！

初　度

旅邸驚初度，浮生轉自悲。百年猶未半，兩鬢已先衰。謾説頭顱改，空憐髀肉垂。桑蓬成底事？羞煞《白華》詩。

校勘記

〔一〕"北"，疑當作"比"。

〔二〕"沽"，疑當作"沾"。

七言律詩

賦得霜前白雁

天高露下雁驚秋，雪翮翻飛過戍樓。結陣瑤空橫玉壘，探書碧漢轉銀鈎。朝迴秦塞霜華冷，夜度吳江月影浮。萬里隨陽紆素領，冰操肯爲稻粱謀？

秋日山居四首

習靜空山戶半扃，不堪秋夜雨溟溟。寒生蕙帳凄孤鶴，濕入蓬窗逗亂螢。天地自容梁甫臥，江湖誰愛屈原醒？科頭睡起情無語，便欲排雲問紫冥。

其 二

睡起高齋倚杖看，邊城秋色海天寬。聲聲清杵來山社，點點寒鴉下石灘。暮雨晚烟村樹渺，西風衰草夕陽殘。幾回欲發登臨興，短屐那堪道路難。

其 三

爲愛南山好避塵，閑居蕭寺憶安仁。僧來白馬堪成話，客到黃雞不厭貧。《秋水》一篇〔一〕常寄我，春風滿座總宜人。近時學得蘇門嘯，懶向明河去問津。

其　四

野寺幽棲事事闌，不堪瞥見物華殘。沈寥天遠霜初白，蕭颯風高木正丹。山色迴嵐紛爽氣，水聲夾澗瀉寒湍。夜來徙倚憐秋思，遮莫窮愁到鶡冠。

峪山秋眺

孤峰突兀倚晴空，躡屩登臨興不窮。露涴烟蘿迴鳥道，雲開石壁見虹宮。遥分野練千溪白，俯瞰平疇萬頃紅。幾欲凌虚生羽翼，翛然天外駕長風。

贈陳修吾參戎

當年鳴劍讐伊吾，此日重分雁塞符。細柳月明閑士馬，長楊風動泣胡雛。旗懸北斗關河靖，弓掛西山草木蘇。我亦有緣依大樹，顧從麟閣識新圖。

登梵仙山

誰斸靈山號梵仙？岩巉四壁鎖蒼烟。林穿曉日開三界，澗走洪濤匯百川。斗崿忽窮紺殿出，懸厓欲斷寶幢連。捫蘿汗漫登高頂，俯首群峰在目前。

病起感秋

西風瀟瑟動新凉，兀坐茅齋對白藏。香燼玉爐灰漸結，漏催銀箭夜初長。誰家斷續琴三弄，此際高低雁幾行。病體不勝秋思苦，吟餘欲折九迴腸！

初秋雨霽飲謝成吾西園

西園富貴錦模糊，霽後風光入畫圖。樹鎖輕烟垂蓋幕，花含細雨綴璣珠。東山興懶閑銀鹿，北海情深倒玉壺。況是新秋良夜永，不妨坐待月輪孤。

送李茂齊將軍

北門華胄擁輕裘，一卷龍韜屬壯猷。白羽當關閑鼓角，青虹射斗落旄頭。風高玉壘狼烟息，霜凛銅標蜃氣收。撫髀只今思頗牧，好圖麟閣覓封侯。

寓晉陽館舍

迢遞家山草色萋，一氈留滯太行西。壯心未厭成蕉鹿，虛氣空消自木雞。作客風塵悲往事，逢人月旦問新題。夜來依劍閑堦立，北望長河斗柄低。

其　二

回首關山幾月明，不堪身世逐漂萍。荒涼漫憶翟廷尉，痛哭猶憐阮步兵。故國三春原草碧，鄉心一雁塞雲橫。愁來濁酒澆腸後，臥聽高齋倦鳥聲。

其　三

一函短鋏掛并州，滿目風烟識壯猷。花落花開汾水曲，雲來雲去雁山頭。平蕪北望關河暮，遠塞西迴草樹幽。萬里鄉思勞入夢，飛魂夜夜遠沱洲。

其　四

乾坤何地振孤蹤，無那愁來鏁二峰。半世行藏真画虎，一身事業類屠龍。紅塵塊莽封錐穎，紫氣絪縕落劍鋒。獨有壯心消不得，長虹時向暮天冲。

夏日飲趙松軒將軍園亭

將軍甲第冠雄都，別有名園隱画圖。碧樹低埀花塢静，蒼苔密抱藥欄紆。戰餘龍種開金埒，坐對雞談倒玉壺。最是氤氲蘿薜裏，千尋紫烏鎖昆吾。

其　二

雨浥朱明色倍鮮，晚風斜月一留連。蘋吹入座供揮麈，桂魄當空解控弦。歌罷雪兒紅錦重，饌來雲子緑華偏。相扳不覺言歸莫，露濕奚囊犯彩箋。

不住上人以詩見過走筆步之

楊枝一灑便清涼，證入菩提路轉長。賸有金篦開法界，可無寶筏下芸堂？檀烟欲結三生果，蘭若期收萬里繮。何日追隨瓶缽去，山中共對九年墻。

送彭小石總戎督兵登萊

雁門組練肅銅鞮，贏得君王賜紫泥。龍節首分三國重，獸袍新製五花齊。旋風旌斾閑刁斗，偃月艨艟卧鼓鼙。管領勋名高岱岳，磨厓海上有標題。

其　二

按轡曾歌出塞詞，節旄今復鎮東夷。柳營夜曉千屯靖，榆砦風寒萬馬嘶。銘勒天門高貝胃[二]，波澄渤海伏支祁。等閑鳴劍長城窟，尺一橫飛下月氏。

其　三

十行丹札下層霄，都護新銜重百僚。塞上風馳天子詔，軍中日麗總戎貂。黃龍已見空沙漠，白雉還看候海潮。仁取東南消瘴癘，扶桑高處立銅標。

其　四

貔貅萬隊控滄瀛，羽檄牙璋照漢旌。劍氣方揮平虜陣，笛聲先發射潮兵。日高魚寨絲綸赫，霜冷龍山組練明。從此銀河戈甲洗，六符長見泰階平。

賀彭小石舉震榮遷代

玉帳風和塞草蘇，聯翩新寵照楊紆。石麟乍應熊羆夢，丹鳳俄銜虎豹符。泊海銀檣閑桂棹，傳家金板啓桑弧。相看奕世登壇早，勒業雲臺取次圖。

其　二

大帥分符幾躍鞍，朱旄到處慰彫殘。弓彎漢月狼星落，劍潑胡霜蜃氣寒。戰士爭誇新虎節，島夷猶識舊貂冠。公常平倭，故云。即今飛檄傳三令，海上應銷赤黑丸。

春日郊行有慨

雁門三月尚餘寒，春色模糊未許看。桃綻錦衣烟欲暝，柳舒黃甲雪初殘。千村榆火燒新燧，萬壑冰澌瀉急湍。極目江天倍蕭索，飛鴻肅肅下河干。

客有求贈隱詩者書此以似

物外烟霞任去留，隨夷高致許誰收？半生歲月閑黃鵠，兩字功名等白鷗。菊徑自消彭澤酒，桃源未厭武陵舟。幾番睡起談蕉鹿，笑煞人間萬户侯。

挽劉景夷社友

風急霜寒璚樹摧，一朝千古重堪哀。月明鵑淚流翁仲，日暮猿聲遶夜臺。天上玉樓還壯麗，人間金碗忽塵埃。遥憐東郭分襟處，腸斷荒墳幾十回。

酬海音上人遊白人巖韵

招提深處一銜杯，夜坐冥搜薦石苔。風度松濤來巨壑，月移花影下前隈。飛潀乍聽懸岩落，古洞還看絕壁開。但得此中容大隱，不教名姓上三台。

其　二

回首雲岩色色幽，上方清冷自成秋。霞明北斗雙鋒見，月掛西天萬品收。禪定許誰登極樂？書成愧我尚窮愁。何當共證蓮花果，一笑相携渡寶洲。

送王錫吾三府之守安樂

絲綸一夕下明光，點檢圖書出冀方。虎節專城開玉帳，熊軒
夾道擁銅章。雁山已足三春雨，遼海還飛五夜霜。此去去天應只
尺，莫教勛業讓龔黃。

易水吊荊軻

風動燕山易水寒，白虹西吐射長安。忠憐慷慨將軍刃，髮指
悲歌壯士冠。環柱未酬千古恨，負圖應許寸心丹。祖龍若稔當年
惡，匕首寧教一笑看！

奉高太昆司馬

五馬西來意氣殊，一麾搖曳壯楊紆。天邊鳳彩朝陽麗，斗下
龍文夜色孤。片月當軒開水鑑，清風入座逗冰壺。等閑消得蓴鱸
思，指點家山聽螻蛄。

王貞翁民部長公入序走賀二首

綠野堂高映泰符，仙郎一鼓拔鼇弧。冥鴻未起商山羽，神馬
先呈洛水圖。巇險世情憑九折，陸離文朵自三株。青箱舊是君家
物，飲泮須從識鳳雛。

其　二

蚤歲才名跨子猷，三千禮樂屬箕裘。芹翻泮水香初發，梓媚
南山幹始抽。騕褭乍嘶空冀野，鵾鵜方淬見吳鈎。三槐漫說王文
正，也索將來遜一籌。

懷鄭海暘年丈

燕市悲歌酒半餘，相看意氣總渠渠。康成文雅君全擅，平子風流我不如。牛斗夜寒三尺劍，魚箋春滯一封書。西歸古錦知無恙，定有閑懷賦《子虛》。

有　感

翦緤無奈厄侯門，況復鵷鷗感漆園。老大蕭騷雙短鬢，悲歌零落幾殘魂。元龍湖海空豪氣，司馬桁楊自覆盆。怪底秋風人命駕，世途傾側不堪言。

挽馮熙畦社友

十載論交臭味深，霜摧瓊樹慟難禁。芸窗寂寞春常掩，蒿里蒼茫夜永沉。元伯有時還入夢，鍾期何處是知音？愁聽《薤露》傷心調，腸斷西風淚滿襟！

北郊春燕

朱門別墅笑相過，指點韶光入望多。一段野田春水漫，數株烟柳夕陽和。鶯聲睍睆調弦管，草色芳菲襯綺羅。拚醉不知天已暮，西山山外掛纖阿。

寄宋于田年丈

燕山話別最堪憐，風雨頻經倍黯然。縹緲野雲橫雁塞，微茫春樹繞汾川。南來有客梅誰寄，西去無人草自芊。獨是梁間深月夜，清光千里共遙天。

壽陳懷宇參戎

西山紫氣遶長城，十二樓開壽曜明。星落旄頭閑細柳，露凝仙掌浥神莖。龍泉漫洗銀河水，鶴算還高玉室名。爲報九重抒北顧，壯猷方叔已提兵。

賀任葆一續弦

昨夜星河駕鵲橋，天孫初整翠雲翹。風前蘭茝飄輕帨，月下絲蘿結大喬。白璧好將金屋貯，玄霜無復玉京遙。乘龍喜遂牽紅顧，會看熊羆入夢饒。

午　日

門掩荒齋草自生，忽聞重午報朱明。誰家彩綫誇長命，何處靈符解辟兵？蒲酒細傾金爵艷，蘭湯初試葛衣輕。清時有地容疏散，勝讀《離騷》吊屈平。

過小蘭亭次西溟扁韵

雲净長空宿雨晴，西園景物乍相迎。薜蘿繞徑迴青色，燕雀當軒送好聲。亭闢八窗風味爽，堂開一鑑水紋明。坐來逸興翩翩舉，謾道山林在市城。

讀《宋紀》代郭后言

瑶華岑寂動經年，清問沉沉久不傳。正撥狻烟消永晝，忽聞鳳藻下中天。霜毫染罷愁凝黛，雲葉披殘淚滿箋。待罪一身知莫贖，敢將幽悃望君憐？

病中守歲

半生牢落逐風波，歲晚那堪强笑歌。苜蓿有冰難作飽，茅柴無火不成酡。空齋度臘寒偏劇，弱質逢春病轉多。只有詩愁消不得，掀髯猶自費吟哦。

客太原寄懷滕養浩

雲樹微茫鎖塞垣，故交寥落不堪言。君臨池草思應發，我逐飛蓬願已屯。兩地紆迴空斷目，一腔繾綣欲消魂。何時歸去青燈下，別後文章仔細論。

馮圓明樓成詩以落之

覽勝樓成色色殊，朱甍縹緲射蓬壺。五千經史高門户，十二簾櫳隱畫圖。遠岫雲來青障合，方塘月到玉輪鋪。更看清夜吹藜處，百丈寒芒貫斗樞。

始　皇

斧刀初試六王微，欲鑄金人壯帝畿。碑石有靈應汗下，簡書何罪亦灰飛！阿房二水愁空泊，蓬島三山願已違。可笑長城徒築怨，不知胡亥在宮闈。

晋

聞說清談解誤人，忍將典午易錢神？可憐石馬圖中記，不奈銅駝陌上春。白板無文徵國士，青衣有淚墮胡塵。渡江擊楫成何事，小吏牛金已問津。

宋

江淮萬里插胡旌，草澤英雄伯業成。未厭解衣資大盜，俄驚脫幘壞長城。元嘉空有文章俗，泰始渾忘儉素名。莫怪汝陰輕禪位，寄奴久已負昌明。

齊

戊丁何物蕭然興，謾道天符累葉承。元尚存亡真奄忽，新安廢立亦凌兢。十王手刃宗先覆，六貴同朝亂轉增。可惜閑軒高嘯業，涪陵未已又巴陵。

梁

金甌一缺動欃槍，反噬彎弧不可平。櫪伏襄陽悲老驥，波翻淮海變長鯨。法衣未了三千界，戎服寧當五萬兵？拋擲春風成底事？只今愁霧黯臺城。

陳

天塹寒流涌碧波，東南王氣竟如何？謾夸紫霧摧侯景，無那黃塵送阿羅。狎客自矜新翰墨，束封誰賦舊山河？宮嬪不管興亡事，猶唱《庭前玉樹》歌。

隋

黃鉞空消馬上塵，可憐皂莢付荊榛。方誇熨斗盈寰望，忽謝宮花滿樹春。注海一渠流素怨，燒山萬斛化寒燐。今來鞏北河邊看，惟有柔楊葳葳新。

獨坐感懷

門掩牢騷百事闌，狂歌羞見唾壺殘。芙蓉猶自矜秋晚，苜蓿何人問歲寒？画虎行藏真可惜，雕龍術業等閑看。有誰會得鍾期賞，山水移來膝上彈。

靈丘道中

風雲萬里駕征輪，寶劍青氊入望新。縹緲熊幡隨計吏，迢遥驛路拂京塵。孤城塞險飛狐峪，古渡烟寒巨馬津。從此東來天尺五，家山不必問綸巾。

送周雲漸太守之任楚中

鳳銜丹詔出皇州，雙隼新懸刺史斿。遠道重帷塞宿望，邊城長笛發鳴騶。一錢争送劉明府，萬竹歡迎郭細侯。仁取勛名高七澤，早彈星弁集螭頭。

馮九澤過我持箋索和占以次之

三年悵別惜昂藏，此日相逢逸興長。郢調凌雲春寡和，齊紈裁雪午生凉。蒹葭玉樹蔿蘿意，苜蓿盤餐松桂香。幸有濁醪供笑傲，步兵未許獨清狂。

賀炳寰先生舉孫

君家仙桂兩婆娑，蘭玉還看入砌多。祖業晚榮蒼檜色，孫枝新長碧梧柯。鳳毛穴裏稱英物，麟定群中葆太和。況復貽謀饒式穀，青箱奕世起嶒峨。

贈講僧覺空

曾契天龍一指禪，蹚翻鐵網透三玄。朝回庾嶺雲和衲，夜渡曹溪月滿川。不二門中誰嘿照，大千界裏自真詮。跏趺半偈蒲團上，火宅依稀化福田。

其　二

十二因緣定裏空，還將法雨沛龍宮。經幡貝葉傳三昧，水灑楊枝轉六通。鐵樹花明飛錫界，寶幢香散布金叢。犍椎遲爾西歸遠，九品蓮臺已向東。

過公主廢寺

千年古刹枕荒丘，野色蕭蕭淡不收。斷碣草青沿贔屭，空廊月黑叫鵂鶹。風吹劫火春秋發，水泊恒沙日夜流。見說仙臺成寂寞，登臨何處豁吟眸？

贈李文所文學

曾向南華悟累丸，一函經史走江干。長裙不入芙蓉幕，短褐惟宜苜蓿盤。唱喁春風隨振鐸，濂溼化雨浥彈冠。鱣堂會有三公兆，未許青氈老杏壇。

饋馮獻猷中翰以杏感悼存焉已

別墅葳蕤競艷陽，一株文杏欲垂芳。緗標帶雨離離實，絳質籠烟顆顆香。爲向午橋和柳黛，擬從漢苑伴梅黃。夜來無那風搖落，燕悄鶯愁幾斷腸！

南城春眺

雉堞崚嶒控上游，乘春登眺一凝眸。榆烟萬井寒初散，雪色千山霽未收。遮莫鶯花明雁塞，將無燕麥變沱洲？睥睨高處低回久，不盡牢騷種種愁。

其 二

幾載風塵殲壯心，叵堪惘悵此登臨。美人東望飛狐斷，涓客西來巨馬深。白草黃沙春漠漠，青山紫塞晚陰陰。悲歌欲豁憑欄目，才到憑欄思不禁。

高太昆司馬召飲蔣户侯園亭口占

勝地開筵引興長，相看春色幾徜徉。日移樹影紛牙杖，風度花香入羽觴。五馬騰驤塵外物，一龍夭矯座中光。留連不盡言歸景，爲囑奚奴貯錦囊。

其 二

使君愛客足壺飧，乘興登臺縱大觀。西下溏沱盤上館，北來恒嶽擁長安。龍堆天迥旄頭靖，雁塞風清鼓角寒。四十年來消戰壘，幾人樽俎讋樓蘭！

重 九

玉露瀼瀼薦爽秋，重陽無處不風流。花繁鶴寺冥搜入，酒泛龍山汗漫遊。黃菊紫萸供笑口，疏藤濕桂豁吟眸。獨憐病骨消情思，寂寞高齋擁敝裘。

壽王炳寰先生

瑤草琪花拱塞垣，桑蓬高處乙星騫。鼎中靈藥傳勾漏，物外神椿茂漆園。玄鶴飛來十萬貫，青牛到處五千言。等閑識得壺天路，指點雙鳧叩上元。

其　二

雁山佳氣接炎洲，陸地仙人下海籌。莢草凌霜芬一葉，^{誕辰初}一。蟠桃和露實千秋。開筵喜放金籠鴿，曳履行扶玉杖鳩。況復斒斕饒綵服，懸知華袞振箕裘。

陳瑩齋文學見過且惠詩求拙草走筆次之

大曆翛然未可陪，多君風雅屬奇才。文瀾倒瀉三江水，筆陣橫飛六月雷。搖漢德星人健睹，連牛紫氣夜昭回。適來叩我奚囊物，幾度還令燕雀猜。

南墅漫興

蕭然一榻寄南壖，盡日關門覓太玄。睡起曉窗看蛺蝶，夢回春草拂蠻箋。書成不減虞卿況，賦就還疑潘岳篇。幾許冥思天地外，半空風雨落檐前。

送董雲泉二府晉守柳州^代

紫誥新飛五色翰，一麾搖曳渡江干。帷襄象郡蠻烟曉，旆指龍城瘴癘寒。虎節行春看命駕，麟符刻日慶彈冠。伏波銅柱高千古，知有勛名勒二難。

其　二

六載經營塞上糈，雄藩今喜鶴書除。嶺南日月開王化，冀北風雲護使車。刺史權分唐節鉞，循良儀肅漢簪裾。虞廷報最歸來早，伫取勛庸冠石渠。

其　三

算星消得咏飛鴻，一篋圖書兩袖風。地迴汾陰驅馹馬，天高嶺表建雙熊。三關餉轉春炊足，百粵城專鼎峙雄。從此蠻荒歌五袴，璽書應下建章宮。

其　四

竹虎初分太守班，旌幢遥指鎮鄉關。風清一鶴翽龍塞，日麗雙熊駕象山。紅粟久肥三晋士，朱轓行靖五溪蠻。懸知桂嶺磨厓遍，早見吳江晝錦還。

其　五

金檣飛輓佐均輸，贏得身懸刺史符。緋佩生風搖桂嶺，赤幢捲日照楊紆。隨車定擁臨淮鹿，到郡應還合浦珠。十萬户人弦誦滿，麒麟高處列新圖。

其　六

辛苦倉漕走玉珂，綸絲一夜出蠻坡。西陲粟輓籌全借，南國符分惠轉多。白草九原蘇戰壘，黃茅千里靖氛波。袖中况有鹽梅在，只尺還應鼎鼐和。

壽孔太史年伯

《雲》《韶》奏徹碧天秋，玳瑁筵開十二樓。袖擁翩躚紅艷艷，尊浮沆瀣綠油油。金華遙載天門寵，玉笈平分海屋籌。況復庭前多寶樹，幾看綸綍照丹丘。

送陸季寧年兄歸展

畫省新裁畫錦歸，白雲親舍失春暉。一經未厭鱣堂老，五鼎應憐馬鬣違。風動松楸悲繐帳，露凝蘭桂冷班衣。《蓼莪》莫誑終天恨，遲爾絲綸到夜扉。

送汪東台藩相

山斗文章舊有聲，十年鞅掌促王程。芹香泮水鱣初集，花滿河陽鶴正鳴。兩較南來寒谷暖，一麾西去雪山輕。不堪惆悵臨岐別，暮雨晨風塞上情。

賀王愚谷大理膺封

聖朝解網法無援，廷尉稱平世不冤。彩筆曾干雲五色，紫泥今見日三蕃。星高貫索明杓斗，露湛絲綸湆袚垣。最喜承恩雙製錦，龍山遮莫舞翩翩。

送曾邇雲庶常歸展

蓬島仙人畫錦還，叵堪愁色動家山。白雲不散松楸影，黃壤空凝雨露斑。望到九原思正永，感深三釜淚初潸。瀟瀟風木無窮恨，爲賦《南陔》幾黯顏。

《雙烈卷》爲劉滄嶼銓部母妹題

縹緲仙鼉度漢陽，鸑冠無奈嘯聲狂。白矛欲犯孤舟影，彤琯爭流奕世芳。母向鯨波沉玉骨，女甘黿窟葬明璫。只今寓內稱雙烈，楚水鄰鄰也自香。

其　二

精衛千秋恨不平，鳳毛番已兆文明。庭前瑞應三株樹，海內雄飛萬斛聲。啟事無私稱水鑑，公車有待重連城。天家次第移新寵，亻取綸音到九京。

入歲懷舊

天涯四見歲華新，回首家山入夢頻。芳草有情牽別恨，素衣無那化京塵。幾人獨醒烏皮几，何客偏宜白氎巾。遙憶故交零落盡，夜來風雨欲傷神。

遊極樂寺

空王臺殿帝城堝，積翠鋪金引百靈。西化青鴛今證果，東來白馬舊傳經。雙幡繞刹風逾定，六鏡玄龕日轉亭。聞道此中堪住世，幾人會得息心銘。

金剛石塔

神丁一夜破昆岡，削出浮圖鎮上方。千朵芙蓉天外秀，一函舍利洞中藏。即逢驍將難疑虎，任是真仙豈化羊？怪底五峰常自在，劫灰元不壞金剛。

都門別李季式

天涯忽喜度離鴻，握手殷勤話不窮。燈火十年憐夜雨，尊罏千里憶秋風。停雲半入山陽笛，白雪都消驛使箚。今日相逢拚盡醉，叵堪岐路又西東。

壽王年伯

朱明五夜乙星熙，報到仙翁介壽眉。海上香分桃七顆，墀前秀擁桂三枝。琅璈度樂翻金縷，玳瑁張筵倒玉巵。從此靈辰高絳曆，年年常聽祝籠詞。

張年伯雙壽

千秋蕆曆逢初度，六帙花年喜共過。瑞靄夜回南斗近，晴暉春護北堂多。真形自合圖黃耇，靈藥分明授素娥。勝日仙郎歸省便，萊衣五色映宮羅。

秋望有懷

西郊倚杖夕陽天，別墅秋容事事偏。菘葉綠翻新雨後，豆花香散晚風前。砧聲入夜喧還寂，雁陣驚寒斷復連。最是懷人千里外，蒹葭白露兩凄然。

壽唐元樸太史乃翁

解組歸來鬢未蒼，漁竿不負芰荷裳。千秋岳色留花縣，一片冰心寄草堂。綸渙蠻坡金作檢，筵開瑶島玉爲漿。承顏況是神仙侶，歲歲班衣製七襄。

報李渤海詩箋用韵

芝蘭室裏味初同，百尺龍門許刺通。劍氣不輸牛斗北，岱宗偏屬海天東。雪翻郢里推孤調，風度齊紈識化工。別後思君無限意，探詩刻燭夜燒紅。

題吉公《崇祀册》

松桂當年思不禁，一氈歸去臥喬林。收將鄒魯千秋脉，贏得羲黄太古心。豸史傳經庭訓遠，龍章飛綍主恩深。只今孔廟聯尊俎，山斗應知未陸沉。

爲周醫士書

煉就丹砂貯橘泉，平生踪迹在壺天。溪山春暖看芝秀，枕簟秋深伴菊眠。一匕神樓人盡起，千金龍訣世稀傳。不須更飲長桑水，杏滿沱陽即上仙。

聞夜宴志感

五夜何人興轉饒，分明天外動《雲》《韶》。筵開四座羅朱履，帳擁三金列絳綃。松液已拚滮水注，檀烟還任博山燒。豈知鴻雁于飛苦，蕭蕭江干願未調。

校勘記

〔一〕"薷"，疑爲"篇"字之誤。《秋水》爲《莊子》篇名。

〔二〕"貝屓"，似當作"贔屓"或"贔屭"。

七言律詩

代送汪東台太守以藩相南歸有引

竊惟西藩望重，鶴書揚祖道之塵；南浦思深，鸞馭動臨岐之感。問青桐於上國，封玉增輝；折綠柳於長亭，離筵色黯。于時風清勾注，畫熊搖冀野以披嵐；雪盡潯沱，彩鷁下吳江而競渡。兼以齎錢父老，難回明府之驂；擁竹兒童，莫挽細侯之轍。方來借寇，知福星遠在金陵；既去思何，願愛日遙分玉塞。雖芝檢絲綸有待，未應久臥東山；然梅花驛騎無憑，可奈常懷北斗！敢將蕉句，共展離悰。

匹馬嘶風出雁南，翩翩劍氣照寒潭。鶯聲高囀皇州路，柳色低回太守驂。景入梁園堪載筆，榮分楚醴看遺簪。它年強起東山臥，世事知從刺史諳。

其　二

甘棠無處不成陰，投劾還存太古心。兩舄飛來千里露，片帆歸去一函琴。袖中長鋏芙蓉鎖，海上孤筇薜荔深。睡起白雲看鶴舞，漢廷丹詔有黃金。

其　三

風塵十載駕輕艭，荏苒尊鱸入望勞。茂宰久翻雲外舄，專城還佩夢中刀。霜飛冀野明青幰，日麗吳江映錦袍。歸去儘饒繁露莢，可能長嘯卧林皋？

其　四

天上絲綸走玉函，使君緋佩動征衫。楊花故辟佁人路，桐葉新分帝子銜。日永常山明去旆，潮平淮海壯歸帆。滄江遮莫成孤興，鼎鼐還須待傅岩。

其　五

長亭柳色欲垂金，惜別其如萬里心！風力頻催班馬迅，月明遥憶塞鴻沉。小山叢桂香逾滿，南國甘棠廕轉深。他日相逢重回首，雁門烟雨一蕭森。

酬王炳寰先生見惠北上之韵

十載窮愁感博勞，壯心慚賦《鬱輪袍》。龍頭近喜風雲合，雉尾還瞻日月高。爲向九天披鳳藻，何妨萬里破鯨濤。多君曲致臨岐意，肯醉長安學酒豪？

元日即事書於燕山旅次

爆竹聲驅五夜寒，一天珠斗綴闌干。龍躔乍轉三辰次，虎朔還開四始端。剩有桃符分葦索，可無柏酒上椒盤？春風只尺催紅杏，不礙模糊醉眼看。

贈陳力如年丈

新散朝班出五雲，銅章遥應列星文。三春夜足花封雨，百里寒回黍谷曛。玩世飛鳧猶賁止，在陰鳴鶴已升聞。漢廷不日開丹詔，青瑣聯翩幾似君？

賦得御河冰泮

東風昨夜入皇州，一帶寒澌出御溝。响雜鳴珂清瀝瀝，光浮禁柳綠悠悠。遙分內苑千池碧，俯映宮城百雉樓。從此洪濤涵萬象，朝宗咫尺到瀛洲。

聞趙介嵐年兄訃音詩以哭之

衰草斜陽塞上愁，東風一夕燒丹丘。靈根桂隕黃金粟，大雅文成白玉樓。合浦明珠光頓減，豐城寶劍氣全收。懸知月夜淒凉處，血染啼鵑恨未休。

其 二

燕山尊酒意殷勤，一別傷心不忍聞。投杼可憐予被謗，蓋棺何事爾修文？鳳簫聲斷閑清晝，馬鬣封高鎖暮雲。千載游魂招未得，海東佳氣正氤氳。

送劉雲松將軍之任京營

倚天長劍拂旄頭，黃石丹書次第收。日下琅玕披武庫，霜前組練壯貔貅。牙璋喜奮三千牘，羽葆行專十二斿。況是傳家金板在，雲臺仁取襲箕裘。

偶成集姓體

半生心事落青錢，_{張鷟。}思入秋風倍黯然。_{張翰。}老去漸堪廷尉襪，_{張釋之。}向來空識孝廉船。_{張憑。}塵中三载誰師約，_{張儉。}斗下雙鋒自茂先。_{張華。}寶座委蛇何日事，_{張九齡。}一竿孤負洞庭烟。_{張志和。}

擬送陳修吾將軍歸里

十年榆塞控征衫，消得鷗夷海上帆。猿臂不封金印橐，蛾眉空妬玉釵鍼。向來歌吹惟三箭，此去圖書只一函。珍重雪山繾綣意，臨岐遮莫語諵諵。

其 二

長風萬里駕飛莵，赤羽西來塞草蘇。正謂薊門蹲虎豹，可容梁國嚇鵷雛？車中薏苡誰能辨，匣裹芙蓉自不孤。歸去好收玄武節，虞淵未許負東隅。

其 三

八門飛度夢中天，無奈蓴鱸思已偏。自是金城維晉冀，誰將玉塞鎖幽燕？秋高五路猶鳴鏑，風動三陲未息肩。邊徼于今正多事，可能長嘯賦《歸田》？

似契真上人

一缽東南幾往回，法雲不散雨花臺。龕封貝葉龍常護，錫轉松林虎自來。生滅漸明無住性，敲推饒負浪仙才。獨憐黑業成余癖，何日江湖渡木杯？

壽太恒孫先生

中天忽報泰階平，列宿流輝照五城。東去仙鳧懷茂宰，南飛野鶴度新聲。庭前玉樹三枝秀，鼎内刁〔一〕圭九轉成。況有文孫能獻頌，不妨潦倒醉千觥。

其 二

勾漏何年采藥還，歲星今復在人間。開槭妙入黃寧地，策杖
晶飛紫氣關。宴擁蟠桃輸北海，衣翩萊綵媚南山。登堂愧我無余
物，願祝金籠一解顏。

漫 書

塵寰何處問匡廬，徙倚高齋悵索居。感慨欲吞千日酒，窮愁
恨讀十年書。侯門未許彈長鋏，狗監空聞薦《子虛》。顧影自憐
還自笑，幾人天外別龍豬？

歲 晚

歲晚投閑劇漸拋，蕭然無偶坐衡茅。病來枕簟傷春思，老去
琴樽憶故交。黃妳不醒蝴蝶夢，丹山空俯鳳凰巢。猥因閱世成多
感，欲起揚雄問《解嘲》。

立春後邀友

駘蕩韶光艷欲排，午風遲日媚高齋。辛盤薦爽香初烈，綵勝
迎陽候始諧。六驥叵堪成逝水，一年猶自足茅柴。知君剩有探春
思，爲備奚囊貯壯懷。

春日寫懷

春深蠟屐尚含冰，坐對茅簷感百增。北斗氣沉三尺劍，西窗
夜冷十年燈。幾人車馬羞原憲，何物江湖老杜陵？從此忉騷非一
事，可能長嘯不沾膺？

代似麗人

弱態嫣然韵不凡，春深羅幌幾話諵。雲迴蟬髻雙鬟合，月印
娥眉八字緘。俠客醉來輸紫撥，騷人曲罷濕青衫。何當收拾鴟夷
術，携爾烟波共一帆。

戲效西昆體

翠减紅消燕子樓，曉來慵整玉搔頭。風輕寶篆猶余屑，日午
珠簾未上鈎。欹枕叵堪殘夢斷，小櫓翻惹落花羞。支頤爲問南來
雁，一札春愁寄得不？

再哭趙介嵐年丈

當年拔幟下油幢，百斛龍文鼎獨扛。何事風塵催《薤露》，
頓令烟雨黯蓬窗。丹臺不注長生錄，《白雪》猶傳寡和腔。我欲
招魂傷未得，夜深清淚落銀釭。

題孫新陽別業

南墺佳勝壓林皋，十二朱闌面面摻[二]。山展翠屏供眺望，
河迴白練滌煩嚚。蘋風夜度琴聲遠，蘿月秋團劍氣高。怪底紅塵
飛不到，主人原自厭《離騷》。

擬奉張海虹憲使

碧幢絳節護輼輬，一劍横飛海上銘。地轉陽和春脉脉，天回
法曜夜熒熒。素書自合高三傑，金鑑分明續九齡。況是鳴珂稱甲
第，相看奕世擁銀青。

午日漫興

朱明轉午日垂垂，偃蹇高齋自捧頤。塵夢漸從烏几斷，懶懷偏與鶡冠宜。秖應斬艾扶多病，何事探符繫五絲？蒲酒一尊拚盡醉，不關風雨亂江蘺。

馬聘吾孝廉別墅樓成詩以落之

地主名園切大溪，新成傑閣俯丹梯。鳳岑高拱三千尺，碧甃低回五十畦。岸芷汀蘭春鬱鬱，晚菘早韭露泥泥。更兼鄴架饒書史，午夜依稀見杖藜。

其 二

南洲佳勝壓浯溪，更築飛樓跨石梯。涉趣平開彭澤徑，忘機俯瞰漢陰畦。朱甍綉闥凌黃道，白簡緗囊映紫泥。其先爲侍御，故云。它日投簪修綠野，應須此地一扶藜。

夏日飲聘吾丈園樓

雨浥南郊翠欲流，興來野眺一登樓。捲簾色擁千峰秀，倚檻涼生五月秋。賸有胡床邀夜宴，可無長笛送邊愁？坐深不覺星河轉，紫氣絪縕犯斗牛。

哭薛華宇社丈

悵望長阡宿草生，故人遙憶暗魂驚。乾坤漸老中原色，湖海空高我輩情。南部酒家誰是主，西陵詩社自寒盟。不堪潦倒經行處，腸斷山陽笛裏聲。

六月夜雨志喜

頻年旱魃妬三事，此夜甘霖遍九垓。自是瓶翻驄馬鬣，不煩車轉阿香雷。黃雲壓地迷青隴，白露浮階沁綠苔。明日西疇看黍稌，瓦盆知不負新醅。

題唐司理《夢蓮臺卷》代

春暉望斷起蓮臺，臺上愁雲悶未開。九品空餘菡萏夢，百年誰解《蓼莪》哀？猿啼夜月閑機杼，鶴下中天翳草萊。最是蕭騷風木恨，不堪屺岵太行隈。

落成孫新陽園樓

君家豪氣與雲齊，百尺樓成瞰大溪。夭矯虹梁懸碧漢，參差鴛瓦映璇題。光分花萼千年美，勢壓麗譙萬隊低。園近敵樓。爲報五城縹緲客，無勞方外說丹梯。

其　二

危樓巉嶪倚平皋，捲雨飛雲射碧濤。檻拂斗牛天切近，臺邀黃鶴地全高。東來海氣連雙蜃，南到山形擁六鰲。更喜開械明月夜，焜煌太乙續蘭膏。

南樓春望

平波如鏡草如茵，傑閣登臨正莫春。數點輕鷗浮碧渚，一川野馬散芳塵。鶯花半入高人宅，魚藻初開浪士濱。此際憑欄成獨嘯，欲從天外問綸巾。

其 二

霽色平分十二欄，河山入座鬥奇觀。晴嵐欲滴千峰翠，匹練常飛萬古寒。簾卷浮雲看太白，窗迎曉日見長安。主人況復能延眺，不道當時行路難。

過李正吾知兄園話舊有作

丹雞白犬竟誰憑，回首青衫思不勝。北斗遲君三尺劍，西窗孲我十年燈。龍門自合高元禮，魚膾何當老季鷹。把臂相看成一嘯，滄浪短髩已無朋。

夏日飲吳中山銀臺園樓

百雉城西艾草萊，嵾嵼飛閣倚雲開。蒼龍獨抱山形合，赤蜃遙分海氣來。三徑清風生寶樹，八窗明月照銀臺。武陵況復當軒牖，前有桃園。日宴蟠桃醉幾迴。

其 二

延佇高樓落照殘，晚風披拂一憑欄。樽開北海星文動，簾捲西山雨氣寒。入座青雲團倚蓋，當簷白練掛飛湍。扳留騰有凌虛思，萬里晴空仗劍看。

酬心光上人元韵

定裏菩提認得真，鏡臺無用拂埃塵。三千界內窺金掌，十六人中悟水因。滄海杯浮銀漢動，靈山衲掛寶幢新。清涼許我歸蓮社，口問楞伽不厭頻。

其　二

紅塵何處問烟霞，普海空聞貫月槎。劍落豐城星自暗，賦成庚子日初斜。百年浪迹羞銀管，五夜雄心失翠華。方外忽傳甘露水，不知頭上有天花。

感　懷

風打貂裘片片毧，叵堪衰髩入無聞。赤烏端不留清晝，蒼狗應須變白雲。天上曉迷金粟樹，人間春冷石榴裙。頭顱眼見成如許，猶把丹鉛問落曛。

秋日訪心上人於施園不遇小頭陀煮
茗相延己以詩草見示因而有作

孤城秋氣晚蕭森，策杖探幽訪道林。爲乞宰官身現相，即看長者地鋪金。青蓮自擁諸天座，《白雪》誰賡絕代音？更喜苾蒭能好客，煨爐煮茗話三心。

寄正心上人

雲擁方袍入薜蘿，山中動定近如何？心花合度紅塵遠，詩草知翻《白雪》多。此去毛應吞大海，向來面恐纈恒河。相逢愛說三生約，好把香烟篆密魔。

贈陳羽士

一卷黃庭度歲華，清風明月總生涯。藥燒丹竈飛金粒，飯煮青精飽玉芽。無物壺中閑鹿鶴，有天洞裏伴烟霞。幾回笑指蓬瀛水，曾見桑田百萬家。

春日郊居戲作迴文二首

長畫春和晴日遲，野蔬香遍暖風微。塘中舞燕隨鶯囀，苑內遊蜂逐蝶飛。墻矮出桃紅灼灼，浦深垂柳綠依依。芳辰晚霽雲天碧，觴對青山看落暉。

其 二

橫橋斷處曲堤迴，遠望遙空接澗隈。晴絢日光紅靄靄，秀呈山色翠嵬嵬。輕烟淡鎖深塘柳，濕露濃封密砌苔。清氣爽然幽極目，傾樽玉簟小筵開。

咏紅梅

火煉芳心不肯灰，巧將朱粉散妝臺。風前裂錦輕纏額，雪裏勻脂漫點腮。爲護寒姿橫醉臉，因憐瘦骨換丹胎。含章一種非桃杏，爲報冥童莫浪猜。

廷對橐筆口占

魚鑰葳蕤啓豹關，晨趨只尺對天顏。丹霄忽下金莖露，赤陛齊分玉笋班。禮樂三千爭獻瑞，風雲九萬欲飛殷。微臣更有《長楊賦》，日暮抽思未肯還。

其 二

紫閣陰陰落照垂，丹墀獨對墨淋漓。雲間閭閣排三殿，日下文章絢五絲。深袖綠沾宮草色，彩毫香散碧桃枝。相看不減天人思，早夜臚聲定屬誰？

挽友作

森森玉樹照雙尖，無那昆岡火欲炎。一夜西風吹馬鬣，千秋白日送龍髯。星回曼倩乾坤黯，劍掛延陵草木黯。最是山陽懷舊笛，數聲愁絕不堪拈。

其 二

風悲大漠九河昏，露浥松陰黯石門。白馬不銷張邵夢，朱弦空斷伯牙魂。片雲斜日橫高壘，衰草寒烟鎖故園。欲賦《大招》何處是？氤氳佳氣滿昆侖。

贈蕭將軍

曾驅鐵騎下金城，倚劍遙看瀚海清。太白秋高閑組練，穿蒼夜永落欃槍。西來鏌鋣三千里，北去雲霓十一征。見說薊門多警報，可容談笑解長纓？

其 二

年少談兵杖轆轤，匣中膡有太陰符。羽搖赤日驚飛隼，箭劈黃雲慣落烏。渭水久占熊獵夢，燕山還羣豹關圖。即今事業高麟閣，海上銅標未許孤。

題楚節婦卷

何物冰霜賦女流，未亡身在恨難酬。雙分鸞鏡甘青塚，獨臥牛衣欲白頭。夜雨幾添湘竹淚，寒雲不散楚江愁。只今太史修彤琯，千古應傳兩《柏舟》。

其 二

湘靈寶瑟黯塵埃，淚灑松門濕未開。欲把丹心垂汗簡，肯將綠鬢對妝臺？辟纑自合乾坤老，藜藿憑交日月催。地下藥砧如有問，袞華今已照三台。

施誤翁有砌磁杯玉斑朱理瑩然可愛詩以咏之

碧色丹紋自大鈞，看來面面是龍鱗。剖開瑪瑙千絲細，迸出珍珠萬顆勻。菊乳香浮黃似染，月團濤泛白於銀。君家剩有和羹手，好貯鹽梅獻紫宸。

遊天壇同曾李二比部分韻

玉虛紫館净無塵，相對明霞意轉親。鳳腦爇爐烟細細，龍髯拂座冷頻頻。探幽欲問燔柴迹，覽勝同爲畫象臣。自是三階聯法曜，班荊許我溷簪紳。

其 二

南郊邇近禮玄場，躐屬冥搜舊典章。玉檢金繩藏漠漠，紫壇紺殿儼將將。周官琮璧山河固，漢畤枌榆歲月長。七十二家封禪事，何如此地叩天閽。

其 三

圜丘臺殿五雲高，展敬追陪屬望曹。座倚瑤林披爽籟，杯銜碧乳泛春濤。黃冠謾説蒼龍駕，丹鼎猶餘白鳳膏。獨惜明禋成曠舉，齋宮盡日鎖蓬蒿。

其 四

百年踪迹愛投閑，無那風塵殄壯顏。鷄肋久遲鄉國夢，蛾眉深鎖掖垣班。燕山西望雲迷岫，雁塞東來月滿關。蒼莽征途歸未得，可能不爲賦刁[三]環？

題《陳母挽册》

萊綵分明愛日敷，板輿何事逐黃壚？即看露浥金花重，忍見風摧玉樹孤！悲動高旻來吊鶴，慟迴長夜聽啼烏。可憐千古榮哀淚，灑向松門石未枯。

寄酬王炳寰

一自公車達帝閽，不堪雲樹鎖乾坤。故人隴上頻傳信，遊子天涯未報恩。邊塞可憐楊柳笛，家山空冷菊花尊。憑君莫話風塵事，話到風塵已斷魂！

送魏元伯年丈奉册徽藩

七舉軺軒屬俊髦，天書遙拜出東曹。周官龍節三河重，漢使星槎八月高。玉檢金函傳露藻，椒宮柏寢聽雲璈。懸知不减相如興，擬取新詩上綵毫。

壽周年伯七十

一從蓮幕謝玄圭，曾以縣尉治河有功，故云。贏得山中聽鵁啼。福曜久懸天極北，蟠桃初熟海門西。即看鶴算歌黃耉，未厭鸞書報紫泥。七袟古來稱國老，蒲輪應與上尊齊。

壽張瀛海太史乃翁八帙時太史奉册歸省

雲間紫氣擁狐[四]南，報道籌從海屋探。八帙花年顏欲赭，千秋桃實味初甘。鶴坡地迥連蓬島，龍洞春深匯菊潭。最好庭前看畫錦，鳳毛五色映魁三。

其　二

玉皇仙吏出蓬萊，瑞靄絪縕逼上台。六押久依紅日座，三花今度白雲隈。風搖絳節傳丹詔，露捧金盤佐綠醅。遮莫南山紛獻壽，綵衣端不愧循陔。

壽傅年伯

太乙高躔永夜天，五峰雲擁陸行仙。琪花瑤草明芳砌，雪藉冰桃薦綺筵。畫錦洊看華衮重，宮羅初製舞衣鮮。懸知海屋籌添滿，不數莊椿歲八千。

壽鄒年伯

南極星高拱少微，洪崖深處五雲飛。蟠桃欲熟千秋實，宮錦先裁八帙衣。穴裏鳳毛迎曉曙，庭前鶴髮照春暉。不須更覓長生術，會有金龍下北扉。

壽韋封翁

五城佳氣匝青冥，白帝秋高見歲星。莢草正添堯曆算，蟠桃忽度漢宮馨。九城絳雪飛丹竈，三變玄雲護紫庭。最喜仙郎夸畫錦，晴窗點檢舊傳經。

題傅星垣柱史《榮壽册》

法星遥映掖垣西，嬴得絲綸涣紫泥。玉室喜開千歲曆，琅函快睹五花綊。日高矛繡明黄髮，風動魚軒見寶笄。梓里暫過榮晝錦，蓬壺佳氣正低迷。

其　二

堂開華祝列堯蓂，剩有新圖五嶽形。南極乙星纏瑞氣，西池甲子注黄寧。環庭玉樹枝枝秀，沸鼎丹砂顆顆靈。謾説鹿門成大隱，何如雙健擁銀青。

登閲武臺

層臺百尺鬱嵯峨，大帥分旄幾度過。晝永旌旗閑上館，秋高箛鼓靖澒沱。壁門不散秦城紫，戰士猶傳漢馬歌。我一登臨成獨嘯，欲將長劍倚天磨。

南樓晚眺

塞上危樓瞰九垓，平川一望夕陽開，雲間句注排天下，樹杪澒沱劃地來。朔氣絪緼盤大漠，晴霞縹緲護仙臺。馮欄不減登臨興，染翰誰當作賦才？

貧女吟

緑窗無夢到星河，寂寞春閨恨轉多。爲向鏡鸞羞隻影，不將螺黛試雙蛾。吳姬越姊皆袗帨，北里南鄰自薦蕖。獨苦爲人供綫縷，長年軋軋伴寒梭。

病 馬

力憊風塵厭月題，斜陽伏櫪幾悲悽。嚼殘野蓿噴沙細，臥斷寒莎曳練低。自惜鹽車消霧鬣，誰將金埒貯霜蹄？秋來處處饒儓秣，爭有龍翁付駃騠？

其 二

曾逐龍媒散五雲，病來憔悴不堪云。風吹瘦骨崚嶒起，露浥焦毛次第兆。鬃影半翻垂竹耳，淚痕雙墮見蘭筋。何人爲具孫陽目，一顧還空冀北群。

壽王炳寰先生

投閑早歲逐冥鴻，九館三山許刺通。走筆片言飛白雪，解囊千古重高風。柳塘花塢吟將遍，麥酒蓮漿醉不窮。昨夜狐[五]南紛獻瑞，氤氳紫氣滿長空。

聞 警

長城萬里鎖金微，百二分明拱帝畿。瀚海自歌朱鷺後，陰山誰射白狼歸？蒹葭夜永鴻初集，苜蓿秋深馬正肥。見説甘泉烽火急，君王未許罷宵衣。

秋 興

孤雲片雨度高秋，寒日悲風起暮愁。江上芙蓉還寂歷，山中鴻雁轉夷猶。自憐司馬千金賦，誰坐元龍百尺樓？搖落年來傷旅況，故人且莫嘆仙舟。

其　二

矯首停雲思欲飛，故園松菊轉相違。可能世路逢青眼，無那京塵染素衣。四海弟兄原不惡，五湖烟月竟誰歸？半通勞碌知多少，贏得滄浪入鬢稀！

其　三

久客逢秋倍寂寥，感時懷抱不勝焦。馬鳴虞坂青泥滑，龍臥豐城紫氣遙。一夜西風驚枕簟，百年歸計繫漁樵。山靈有約遲吾往，慚愧塵纓掛市朝。

其　四

半世行藏幾黝顔，牢騷心事欲成慳。筆端共訝龍蛇字，天上誰嚴虎豹關？未許連城酬白璧，不妨傲骨寄青山。秋風忽動蓴鱸興，懶向人間說賜環。

都門惜別

一官搖落逐京塵，風雨寧堪別故人！報爾慚無青玉案，遲予惟有白綸巾。幾年蠟屐羞從事，何日羊裘吊富春？聞道家山多宿草，那能相對不傷神？

壽徐年伯母

北堂青鳥報春暉，十二樓中見綵衣。瑤草琪花香不散，玄雲絳雪色初霏。鸞書鳳載金泥寵，翟服新裁玉女機。勝日西池紛獻壽，蟠桃賸有一枝肥。

送朱叔熙司寇賷敕過里

西署風流滿玉珂，爲傳天語出蠻坡。真人紫氣高燕部，使者星文動絳河。兩袖白雲官況冷，一函丹詔主恩多。聖朝雷雨須君作，莫向家山問薜蘿。

送王元起督餉宣鎮

明光草罷敕軍容，身拜丹書下九重。治粟權分秦內史，持籌節擁漢司農。九圍刀布資長策，萬灶貔貅借宿舂。聞道三雲多警報，一丸西去許誰封？

其　二

望郎遙領度支籌，上谷山川屬壯游。邊草漸肥胡地馬，征人欲唱塞鴻秋。夜深燧色連河鼓，風動笳聲入戍樓。最是諸軍庚癸急，可能不爲廟廊憂？

賀韓大理考績膺封

丹筆常開四面仁，棘林無處不生春。三章漢法稱平久，六計周官報最新。解後雨雷沾艾韠，渙來綸綍照楓宸。于公門第君須大，奕世懸知歷要津。

挽王督撫

綠野新開近翠微，何來薤露故雱霏。泰山未掩千秋色，東壁俄沉五夜暉。鼎上龍髯扳欲墮，天邊箕尾馭初歸。叵堪四海蒼生望，引領中原淚滿衣。

春霽郊行有作

雨浥青郊正莫春，韶華無處不精神。杏沾蛤粉枝枝濕，柳染鵝黃樹樹勻。瀲灔平波疑作鏡，蒙茸細草欲抽茵。家山賸有尋芳侶，何日雙柑酒數巡？

校勘記

〔一〕"刁"，疑爲"刀"字之誤（"刀圭"爲成辭，而"刁圭"未聞）。

〔二〕"摻"，疑爲"操"字之誤。因異體字字形相似（"摻"異體字作"搡"，似操）而誤，且"摻"不韵，於文意難通；而"操"字合韵，於文意亦通。

〔三〕"刁"，當爲"刀"字之誤。

〔四〕"狐"，似爲"弧"字之誤。《晋書・天文上》："老人一星在弧南，一曰南極。"可證。

〔五〕"狐"，見前校。

排　律

福邸告成有述

我皇維泰運，制裂犬牙符。畫野明王極，分藩鞏帝圖。白茅周典禮，朱邸漢規模。邦建三河利，宮開二室紆。麒麟通閬苑，鵁鶄隱蓬壺。棟宇翬飛敞，樓臺蜃氣孤。中霤搖翡翠，左城印珊瑚。虎柷黃金鏤，蜂房白玉塗。厥聯銀匜匜，殿列錦氍毹。輪奐千秋盛，山河四塞都。萬方瞻袞冕，五等拜彤旟。准擬琉璃椀，偏宜玳瑁廚。縑錢俱不薄，鐘簴總相扶。呵導龍文仗，追陪豹變儒。好書元足適，爲善轉堪娛。楚醴尊方滿，梁園雪正鋪。梓材能有慝，桐葉自無虞。何必連阡陌，時王請田四萬頃，故云。俗人始戒途。

壽李槐墅憲師

泰運開皇極，中原有歲星。猶龍綿舊業，倚馬壯新硎。息化南溟羽，波翻北海腥。懷香依日月，仗節走風霆。已靖飛狐虜，還看相鶴經。丹砂迴絳雪，紫氣匝玄冥。桃實三千歲，椿長五百靈[一]。斑襴饒戲綵，華祝許充庭。瑤草瓊芝麗，交梨火棗馨。木公傳素履，金母錫黃寧。灝采渾無量，元精詎有停？九仙成蛻骨，五岳鍊真形。整頓乾坤了，甄陶民物惺。萬年鐘鼎上，數外有遐齡。

午日飲蘭亭呈張悝寰郡師

景媚端陽節，公餘可滌煩。携尊開北海，曳履過西園。柳菀青褰蓋，葵明錦作樊。簾櫳凝翠靄，山斗照朱幡。蝶板高低按，鶯簧遠近喧。蘭湯傳盛事，蒲酒酹中元。《白雪》篇初和，春風座轉溫。二難真不負，一榻喜相援。話引三閭恨，文搜《九辯》言。劇談忘坐久，返照入層軒。

過七佛庵

古刹開靈迹，諸天隱化人。幢幡千劫淨，燈火萬龕新。寶鐸傳清梵，金繩轉法輪。林藂巢鵲穩，潭靜缽龍馴。慧日明三界，慈風盪八垠。園多長者地，人盡宰官身。祇樹重重合，牟尼色色真。都無藤葛相，賸有水雲因。偶過扳僧話，翛然破六塵。

似玄上人

結夏小祇園，跏趺鍊五門。觀空窮色相，習靜斷塵根。鵲止巢常穩，鴉棲樹不喧。四禪成嘿照，萬法入無言。坐久龍馴缽，居深鬼築垣。幾看飛雁墮，時伏野狐蹲。一粒收普海，三車轉大坤。曾聞溪虎嘯，還見石牛奔。南岳磚俱就，西江水盡吞。何當登覺路，於爾證青鴛。

感　懷

天方回四始，人忽逾三旬。歲月慚虛度，遭逢嘆不辰。長年甘骯髒，半世苦湮淪。寂寞羞彈鋏，崎嶇感掇薪。門閑須設網，甑冷欲生塵。謾道撑腸富，誰憐見肘貧！青衫幾誤我，赤仄解欺人。已悵頭顱改，還驚露霧頻。揶揄能作祟，洴澼豈勝黿。髮短蕭騷景，魂搖落魄身。祇應看鼠鬥，寧復問龍賓？癖性難諧俗，孤蹤且卜鄰。蓬蒿栖仲尉，蓑笠隱玄真。病起神樓散，愁消土窟春。放歌惟白石，炙手任朱輪。未許鳶鴟嚇，何勞虎豹蹲。委蛇雙葛屨，偃蹇一綸巾。桃葉詞偏妒，蓮花社轉親。向來平子賦，此去季鷹蒓。滄海紛紛變，箕山的的新。烟霞同有約，猿鶴總相馴。好作漁樵長，憑言骨象屯。三珪從復楚，二畝足耕莘。叵耐呼牛馬，生憎說鳳麟。荷衣堪寄老，菽水自頤神。

萬壽聖節

皇明國運軼蒼姬，聖主凝圖萆履綏。飛電繞星回北斗，流虹貫月照西池。探來軒策苞符遠，種得堯蓂甲子隨。箕範九疇初用吉，華封三祝正當時。八千欲衍春秋盛，五十先孚天地奇。縹緲紅雲環雉尾，霏霺絳雪護龍姿。御爐香裊氤氳篆，寶炬光搖爛漫枝。殿擁媥孄明黼黻，筵開玳瑁醉酕醄。鸞聲合奏簫韶迴，虎拜相將劍佩遲。元老瑤觴應獻瑞，微臣金鑑亦陳詞。卜年卜世綿鴻造，如至如升集駿禧。萬歲嵩呼原有道，八方衢咏本無私。不須漢帝神仙術，管領周王壽老詩。麟趾振振傳玉笈，螭頭永永匝丹葵。九仙已抱真人骨，五岳還開大耋期。更願作朋胥與試，同歌喜起樂雍熙。

校勘記

〔一〕“靈”，疑爲“齡”字之誤。

五言絶句

冬 夜

蓮漏冰漸斷，蓬窗火力微。可憐龍貝冷，獨坐掩柴扉。

其 二

淅瀝風敲户，微茫月掛棱。夜寒清不寐，倚案一挑燈。

其 三

劍氣連牛動，書聲徹夜寒。狂歌繞一闋，不覺唾壺殘。

其 四

蘭焰高藜杖，茶濤沸竹爐。硯池冰欲解，撚落數莖鬚。

旅 次

長河澹欲流，清夜涼如許。空山宿鳥鳴，疑是人相語。

其 二

孤燈旅舍殘，夜冷不成夢。起閲篋中編，寒光吐白鳳。

春 曉

微雨沾階濕，輕風入座寒。乍回春草夢，無語一憑欄。

扇頭小景

虛閣開清暑，平湖擁翠微。孤舟何處客，搖曳片帆歸。

都門感懷

心煩墨翟絲，淚洒楊朱路。誰指澤中謎，相將還太素。

其　二

水落芙蓉冷，秋深雁鶩肥。衹應拋竹刺〔一〕，未許裂荷衣。

其　三

蟪蛄不知秋，蜉蝣豈信夜。顧余輪彈身，且自隨玄化。

其　四

玉石俱焚日，蕭蘭並爇時。故園有松菊，惆悵意何爲？

其　五

金檣搖颶母，鐵索斷支祁。不分持竿手，猶來泛巨緇。

白人巖一宿

搦管才偏拙，扶筇興轉賒。眈幽歸意懶，命僕駐雲車。

夢王寸所

不見芝眉久，雲山悵遠離。神魂如有意，夢裏慰相思。

紙

魚網三都貴，鸞篆五鳳高。等閑供啓事，白意滿東曹。

筆

品分三管重，夢入五花鮮。不惜顛毛改，勳名照簡編。

墨

臨池翻霧影，落楮散天香。自得玄中旨，黟然守豹囊。

硯

方性應難毀，虛中豈易淄？平生貞確守，不爲墨封移。

六言絶句

閑　書

世態都來流水，塵囂不到柴扉。獨坐小窗無事，閑看燕子飛飛。

除　夕

寶鼎香浮蘭屑，金尊酒泛椒花。簫鼓萬家歡足，可憐人在天涯。

元日遇雪獨酌

門外斜飛玉霰，爐邊倒酌椒觴。借問暖寒何處，東鄰桃葉初香。

旅　思

澤國風烟渺渺，江天雲樹漫漫。檐雀似知心事，聲聲報到平安。

四時吟

浪蝶輕翻玉板，流鶯巧織金梭。爲愛韶華滿目，香車寶馬頻過。

其　二

荷葉如翻翠袖，榴花似結紅巾，深院晝長人靜，輕搖紈扇揮塵。

其　三

一簇螢燈照夜，兩行雁字橫秋。無奈寒砧聒耳，披襟獨上南樓。

其　四

料峭玄風透戶，縱橫凍雪敲籬。冷沁蓬窗不寐，呼童呵筆吟詩。

夜　坐

玉漏初傳十刻，蘭膏忽吐雙葩。點檢芸窗事業，個中消息無差。

曉　行

茅店寒雞喔喔，山村惡犬狺狺。借問征夫何處，飛狐巨馬關津。

其　二

西嶺半輪孤月，東方幾點殘星。山寺曉鐘數杵，敲開萬里青冥。

閨　情

兩兩黃鸝對語，雙雙紫燕穿簾。欹枕忽驚殘夢，起來針綫慵拈。

其　二

銀鴨香消午篆，銅龍漏下更籌。剔盡殘燈無賴，金錢暗卜床頭。

其　三

金釧寒鬆玉腕，翠裙寬褪纖腰。侍女不知心事，曉妝猶進雲翹。

其　四

縹紫新裁半臂，流蘇巧結同心。何處青樓繫馬，不堪冷落鴛衾。

踏　春

別塢桃紅綴錦，平疇麥綠翻雲。無限春光入眼，不妨屐破苔紋。

其　二

潋滟蒼溪東注，嶙峋翠巘西迴。徙倚高臺頻眺，花香何處飛來？

其　三

夾岸柳陰垂幕，環堤草色鋪茵。指點平波如鏡，坐來鷗鷺相親。

其　四

跳浪魚爭撲剌，窺人鳥習鈎輈。日暮冥搜未猒，一尊相對淹留。

雜　咏

楚璞何當漫售，隋珠未許輕投。自習江東米價，從他呼馬呼牛。

其　二

楊柳春風搖曳，芙蓉秋水荒涼。人世浮沉休問，只宜寄興滄浪。

其　三

金馬風塵漠漠，銅駝陌草離離。萬事到頭蕉鹿，不須漢水沉碑。

其　四

四國樊蠅易亂，三人市虎難明。可惜《離騷》孤憤，千秋遺恨誰平！

其　五

簡要寧夸西晋，廉平不數東京。一片冰壺皎潔，十分水鏡空明。

其　六

中使磨牙擇食，大農蒿目持籌。入草戊丁可慮，呼山庚癸堪憂。

其　七

爛漫金臺集瑞，葳蕤玉笋爭妍。可喜明廷籲俊，莫嗟空谷留賢。

其　八

雲塞秋嘶胡馬，星河夜燦天狼。幾處金湯玉壘，何人紫電青霜。

其　九

画像曾聞艾韠，輸情共説鈞金。底事圜扉日密，却令貫索星沉？

其　十

五柞雲中結搆，九華天外安排。試問秦宮楚榭，何如禹室堯階？

漁

紅蓼灘頭晒網，緑楊灣裏投竿。釣盡晚風斜月，一聲欸乃
江寒。

樵

板斧磨將風利，芒鞵踏遍雲根。砍得茅柴兩束，歸來飽臥
黃昏。

耕

十畝田堪抱甕，一犂雨足揮鋤。早辦公家稅事，不妨斗酒
成釀。

牧

短笛長鞭出隴，烟蓑雨笠呼群。日夕牛羊欲下，放歌白石
干雲。

七言絕句

塞下曲

胡兒氍帳煮黃羊，戰士彎弓射白狼。見説封侯金印貴，不知
汗馬鐵衣凉。

其 二

臘月交河凍不流，羯胡個個擁羊裘，驍駝背上笳聲急，却欲

乘冰夜渡洲。

其　三

角弓獵較下陰山，羽檄徵兵出雁關。報道六花多勝算，長纓縛得左賢還。

其　四

燐火橫飛塞上魂，金繒何事媚烏孫？謾夸振武高銅柱，爭似修文閉玉門！

老將行

歷盡黃雲識夜烏，戰袍老去血腥塗。少年不解龍韜壯，却笑歸田賣湛盧。

其　二

手挽烏號慣落雕，三軍猶識舊銅鐎。秋高莫訝胡兒問，海上于今有柱標。

少年行

誰家俠少六街頭，玉勒雕鞍跨紫騮。彈雀時來楊柳陌，臂鷹遙過蓼花洲。

其　二

裘馬翩翩意氣饒，劍橫秋水自消搖。黃金白璧酬知己，醉入章臺折柳條。

望滹沱

滹沱六月水連天，何處相將有釣船？我欲長歌欸乃曲，不堪蓑笠蔽風烟。

清明感雪

二月山城暖未歸，清明何處問芳菲。西園桃李都無色，惟有漫天冷霰飛。

便面小景

西風蕭颯萬山寒，林下秋容獨自看。蓴菜鱸魚隨處是，不教烟雨殢纓冠。

聞 砧

秋老邊城木葉飛，清砧和淚擣寒扉。君王不罷交河戍，閨閣年年寄遠衣。

夜 坐

疏星寒雁點秋空，此夜相看對晚風。兀坐胡床清不寐，一聲長笛月明中。

南墅秋吟

一葉梧桐下靜欄，蕭森秋氣逼人寒。荷衣不奈黃花老，好向山林製鶡冠。

其 二

白雲飛盡亂山青，遠樹微茫入畫屏。望到前村縹緲處，斷鴻孤鶩下沙汀。

其 三

竹枕藤床困黑甜，爲驚涼吹下疏簾。夢中消得邯鄲思，不到尊鱸意已恬。

其 四

傷秋無奈髩毛衯，徙倚閑階對落曛。何處晚風三弄笛，梅花愁絶不堪聞。

其 五

漢宮仙掌碧闌干，露湛金盤月影團。十二樓臺何處所，晚烟空鎖茂陵寒。

其 六

滹沱七月冷蒹葭，遠浦西風起豆花。夜静波澄雲影澹，擬從銀漢問仙槎。

其 七

蕭瑟清商入夜奇，戍樓高處角聲悲。幾回伏枕傷搖落，幽谷芳蘭有所思。

其 八

金柝分明轉漏籌，胡床獨擁黑貂裘。忽驚旅雁穿雲度，地北天南無限愁。

其　九

燒殘銀燭夜遲遲，檐外星河黯淡垂。松影乍看明月上，棲烏驚起最高枝。

其　十

關山夜月照流黃，砧杵千家散晚涼。因憶古來征戍苦，鐵衣常掛玉門霜。

雨後聞布穀

一犁春雨散東皇，布穀催耕過短墻。遙憶故園園裏地，不知高下幾荒涼。

漫　興

雨餘小院動微涼。簾捲輕風入畫堂。三十六宮閑玩罷，翛然我亦見羲皇。

館舍不寐

寒夜偏生作客愁，半床蕭索擁孤裯。起來無語南軒下，把劍橫襟問斗牛。

風竹爲滕恒陽乃翁題

嶰谷移來一種筒，喜隨烟雨度西風。歲寒不改青青色，老去還應化作龍。

春　雪

三月風光春欲殘，山城猶自雪漫漫。茅檐不醒袁安睡，何處笙歌醉暖寒。

曉風過繁峙

渺渺長途獵獵風，貂裘歸去自蒙茸。翻思十五年來事，多少溫涼更不同。

海音上人落水占以戲之

聞説年來泛法航，如何身也陷陂塘？袈裟想被紅塵染，故洗摩尼一段光。

七 夕

何事陰雲障碧波，東風一夜雨霶霂。人人道是牽牛淚，安得牽牛淚許多？

對 菊

露冷風淒木葉丹，園林無物不凋殘。北堂惟有周盈在，肯伴幽人耐歲寒。

同任葆一過廣武因憶微時留詩之事

荒山古刹雪初分，倚馬相看對落曛。因憶題詩十年事，鳳凰斥鷃自爲群。

雪夜次原平

凍雪凝寒積未消，夜深撩戾起清飆。吹開月色明如練，疑是山陰駕小刁〔二〕。

歸渡紫荆

蕭蕭書劍出神京，關吏相逢問姓名。過去囅然成一笑，知予不是棄繻生。

午日憶亡兒

昔年此日笑聲嘻，手付吾兒續命絲。不謂于今成寂寞，夫妻相對兩漣洏。

月夜哭殤女

新秋午夜月光寒，獨坐空齋待漏看。病眼忽傷兒女事，西風和淚濕闌干。

送陳碉雲計部督學左廣 十首 有引

使者佐崇文之化，執牛耳以傳經；同人伸永好之私，薦鵷毛而祖道。于時寒回北陸，暖届東皇。零雨晨風，纔斷高低岐路；暮雲春樹，頓牽南北離悰。文星一道下珠崖，光生奧漢；瑞氣千尋分紫塞，望切玄提。敢輪南浦之思，用壯西昆之色。碧桃紅杏，倘收爲國筠籠；九棘三槐，仁晋居官鼎鼐。詞慚蟬噪，吉叩鴻儀。

槽伍西陲鞏壯圖，望郎遥領度支符。烟横戍壘春炊足，何物氊裘犯鹿盧。

其 二

金部分明屬上籌，北門萬竈飽貔貅。君王爲拜匡時略，三錫聯翩出鳳樓。

其　三

絲綸一夜下明光，絳帳遥分雨露香。十萬户人弦誦滿，佇看玉笋列門墻。

其　四

年來四海欲銷兵，文物東南更有聲。况復使君模範在，六符應見泰階平。

其　五

揮麈宜登七寶臺，百蠻瘴癘爲君開。漢家不日虚前席，東壁星光切上台。

其　六

斗氣高懸八面鋒，擬從湖海識元龍。而今會有鱣堂兆，好向虞庭典秩宗。

其　七

昨夜星文動絳河，雙龍縹緲渡滹沱。任教百粵猶椎結，無奈三千禮樂何！

其　八

百尺冰條逗紫氛，長亭高柳黯離群。相看一作臨岐别，遮莫天涯有暮雲。

其　九

河梁風雨促行初，絳節油幢護使車。慚愧勞君無長物，欲將詩草佐圖書。

其　十

海天無際月明高，白酒青山感二毛。最喜故人能用世，擬分瑞色到青袍。

硯

十年磨硯硯將穿，噴霧流雲體太玄。縱使封侯無骨相，可能不位客卿前？

杵

十年磨杵杵成針，九孔玲瓏見苦心。近說袞衣多缺失，好將綫縷綴華紟。

鏡

十年磨鏡鏡無塵，綠暈朱斑色色新。向夕月中開玉匣，分明天地兩冰輪。

劍

十年磨劍劍生光，龍藻龜文照尚方。昨夜床頭風雨急，遙知天外落攙槍。

夢中作無題

洛陽芳草碧於絲，年去年來祇自知。寄語梁間雙燕子，棲飛好向萬年枝。

画中小景

印草舍嶙峋山色，帶危樓瀲灔湖光。凝望處疏林極浦，片帆飛野水孤航。

題漁父

箬笠蓑衣不繫舟，烟波深處狎眠鷗。幾番睡醒蘆花夢，明月清風滿釣鈎。

樵　夫

山前山後慣丁丁，活計分明檐子營。赤米白鹽新換得，春炊絕勝五侯鯖。

耕　叟

布穀俄驚促曉眠，一犁分破隴頭烟。西疇播得離離種，不信秋來少税錢。

牧　兒

春深芳草綠於蘿，三五追隨扣角歌。踏盡斜陽牛背穩，數聲羌管落梅多。

元　夜

上元佳節夜偏晴，銜璧金釭處處精。徙倚星橋遊不倦，暗香明月度三更。

元通惠古堤

長堤百里枕寒流，草色依然勝國秋。泊海帆檣何處是，獨餘荆棘滿荒丘！

病起見刺梅

九十春光日已殘，病來芳事總闌珊。忽傳一樹黃梅發，爲倚奚奴帶笑看。

秋日旅懷集古八首

竹影當窗亂月明，戎昱。何人不起故園情？太白。愁心自惜江蘺晚，皇甫曾。一夜秋風白髮生。陳祐〔三〕。

其　二

海天秋思正茫茫，柳子厚。隔水青山是故鄉。戴叔倫。把酒看花想諸弟，韋應物。可能垂白待文王？許渾。

其　三

萬里誰留楚客悲，劉長卿。鄉書無雁到家遲。許渾。何當共剪西窗燭，李商隱。下盡羊曇一局棋。李郢。

其　四

蟬鳴黃葉漢宮秋，許渾。畫角三聲起百憂。王涯。家在夢中何日到，盧綸。寂寥燈下不勝愁。陳羽。

其　五

朝聞遊子唱離歌，李頎。起聽新蟬步淺莎。王涯。近北始知黃葉落，劉長卿。天涯歸計欲如何？張喬。

其　六

烏鵲爭飛井上桐，于鵠。每驚時節恨飄蓬。來鵬。柴門流水依然在，韓翃。得就閑官即至公。韓退之。

其　七

紅泉翠壁薜蘿垂，錢起。嶺上山川想到時。薛逢。瑤草秋殘仙圃在，楊巨源。及瓜歸日未應遲。太白。

其　八

鴻雁新從北地來，李益。故園黃葉滿青苔。顧況。鱸魚正美不歸去，趙嘏。苜蓿殘花幾處開。張仲素。

校勘記

〔一〕“剌”，似爲“刺”字之誤。

〔二〕“刁”，當爲“刀（刅）”字之誤。

〔三〕“祐”，疑爲“祐”字之誤。按（明）楊慎《升庵集》卷七十七“無定河”條：“（唐）陳祐詩：‘無定河邊暮笛聲，赫連臺畔旅人情。函關歸路千餘里，一夜秋風白髮生。’”此詩收入《全唐詩》卷七百八十五，作無名氏詩，文字略有不同：“無定河邊暮角聲，赫連臺畔旅人情，函關歸路千餘里，一夕秋風白髮生。”其中“一夜”作“一夕”。張鳳翼蓋引自《升庵集》，但楊慎作“陳祐”。祐從礻，不從衤。

句注山房集卷十

詞

賀陳碙雲計部晉學憲詞並引

聖世崇文，五典重臨雍之治；賢關推轂，三蕃膺晉錫之榮。捧丹詔以提衡，詞林仰斗；攬青衿而入縠，吾黨披雲。

恭唯○○道德規模，文章冠冕。學湛千尋，碧海匯荊溪、蕪浦以迴瀾；才崢萬仞，丹崖矗梅塢、蘭山而聳秀。秋深桂苑，葳蕤分兩袖天香；春暖杏園，蓓蕾擷半空雲錦。六館人懷雅範，立螭頭擬入冰條；九圉帝廑邊籌，領雞舌遂司金部。書除雁塞，三關舞蹈以扶筇；旆指龍沙，五路歡呼而解辮。管東南之財賦，飛芻輓粟駢來；壯西北之儲胥，飽伍騰槽鼎盛。屯田蘇逋負，蓄畚漸復于狐丘；鹽策飾流通，乾沒潛消于兔窟。凌陰贊化，赤熛回塞上之眚；《周禮》救荒，白骨起溝中之瘠。且也心存《棫樸》，興寄縹緗。執牛耳以訂盟，高懸赤幟；據虎皮而論道，大啓玄關。洵哉一代宗工，展矣百年名世！頃者爰升茂烈，載陟清衡。披日下之琅函，繪紛五色；轉雲間之玉麈，座擁千裾。矧茲左廣之區，寔係尉陀之地。九賢四德，雖移儋耳餘氛；百粵五溪，猶踵雕題故習。微公過化，曷爾昭明？粉署散黃離，喜見鋒摧五鹿；珠崖占紫氣，仁看瑞叶三鱸。師道立則善人多，聞俎豆人人孔孟；教化行而風俗美，見羹墻在在唐虞。此日蒞羊城，璀璨文星光絳帳；異時登鳳閣，濂瀤霖雨潤蒼生。凡瞻範範模模，率企趨趨步步。

不佞叨陪宸宇，叩洪鍾竊附鳴鯨；快睹喬遷，依大廈期隨賀燕。敢將《下里》，敬達中台。伏望麟角鳳毛，蚤集春官罜罟；碧桃紅杏，盡歸天子筠籠。蟬噪非工，鴻儀是祝。

祠〔一〕曰：

南國風雲氣合，西昆星斗芒寒。絲綸飛下含香署，多士慶彈冠。　漸洽三千禮樂，行蕃百二河山。麒麟高處勛名重，鼎鼐列朝班。

右《錦堂春》

賀劉静臺道尊晉方岳詞並引

西臺總憲，張弛騰良翰之猷；北闕推恩，綸綍進維藩之任。金板平臨於紫塞，已昭細柳森嚴；琅函寵賁夫黃泥，佇待甘棠廕庇。朱紱戀方來之祉，蒼生揚有倣之休。百辟其刑，萬邦是慶。

恭惟〇〇南宮碩彥，東魯真儒。斂荷野之晶英偉矣，山輝澤媚；接杏壇之脉絡嵬然，玉振金聲。才名山斗高懸，與泰山並秀；器度海天恢擴，將渤海俱澄。披繡虎以傳經，陋校讎於漢向；跨雕龍而挱藻，侈蘊籍於梁颺。千言日記，會真詮授受，遠宗白水；十策時陳，孚廟略淵源，近祖青田。鵬路壯扶搖，萬斛秋香分月窟；龍門從變化，千層春浪破天池。擁鳧舄以鳴琴，惠溥和風甘雨；峨豸冠而攬轡，威行烈日嚴霜。八座聯班，夜覆錦，曉含香，雅望時高畫省；三關主計，馬騰槽，士飽伍，豐功獨茂天倉。肅庶僚，三尺明刑彰癉，化行於嘉石；貞百度，一廉司憲激揚，績著於中階。

頃以固圍長材，提衡重地。碧幢離雁塞，潛回青海之寒；絳節指龍堆，忽度黃沙之暖。牙排玉帳，銀河色暗旌頭；羽礜銅標，鐵壘聲閑鼓角。緯武經文，敷大略可稱方叔臨戎；攘夷安夏，壯長城擬是令公作鎮。日者，元勛有赫，帝眷攸歸。白登事業方新，勝算妙五兵之利；紫誥恩光特盛，崇階躋二品之尊。蓋以屏翰謨訏，匪明庸莫報；而旬宣責重，惟厚德能勝。芸械煥出殊榮，陟紫薇而列象；芝檢傳來異數，擁方岳以承休。彈冠喜晉蕃臺，建纛行開幕府。人人舞蹈，在在謳吟。

某仰止高山，鴻私向切；瞻依大廈，燕賀情深。敢拜手以揚言，謹攄衷而效祝。伏願衡齊七政，樞笈三台。蘭省擅黃麻，作帝股肱調玉鼎；楓墀綏赤舄，象天喉舌覆金甌。將陶冶陰陽，業配奢龍召虎；範圍天地，和收瑞鳳祥麟。小引恭疏，荒詞敬附。詞曰：

雷夏祥開，天門運啓，貞元還會窮桑。河岳誕生名世，簉羽鵷行。瑞錦窩中珊玉佩，控花驄千里飛霜。笑談處，輕裘緩帶，風清地雁天狼。　　焜煌，經緯望，隆朝宁，招懷伐滿旂常。且喜榮躋方岳，化被甘棠。仁看蟒服登台鼎，好圖麟閣照縹緗。更祝願，龍種鳳毛相繼，紫綬金章。

右《晝錦堂》

賀趙明宇道遵晉方岳詞並引

三關地重，綏懷允賴於龍韜；九陛恩深，寵渥用頒乎鳳詔。赤羽壯招搖之色，喜看細柳森嚴；紫垣高法象之瓏，仁待甘棠廕庇。朝臣結綬，野老扶筇。

恭惟○○靈孕三階，望隆八柱。苞天符地，祥呈渭水之龍；戴日披雲，瑞應岐山之鳳。南車推授受，文章價軼三蘇；西夏接淵源，兵甲威同一范。鵬程蚤奮，氣凌秋月之輝；雁塔高題，名璨春霞之錦。蓋天生佐命，潛回五百貞元；故身荷主知，特佩三千禮樂。初握籌於畫省，燕臺卓異無雙；繼縮篆於黃堂，晉國循良第一。兵提北鄙，碧幢絳節肅牙旗；法執西臺，玉律金條清肺石。蔥珩懸豸服輕裘，坐靖黃塵；鈴閣擁魚書長劍，橫飛紫氣。況此渥洼故陝，寔爲沙漠孤墟。羌鏑流星，幾見桑田沒綠；胡笳嘯月，頻驚斥堠燼紅。公頓轉旌旄，隨嚴鎖鑰。招携懷遠，河隍無牧馬之虞；緯武經文，斧座有非熊之望。且浚銀潢，增鐵障，愈深陰雨之謀；搜白屋，課青衿，更布春風之化。屯田墾闢，荷陳因之盛者，共仰營平；鹽法疏通，免飛輓之勞者，咸歌仲父。繄偉伐獨隆於觀察，遂崇階浡進乎宣句。冀野春融，良翰已騰申伯譽；堯都日暖，勞民行籍召公陰。此時方岳列清衡，薇省政敷榆塞；异日中丞開幕府，柏臺路近楓埠。凡在忭懁，率皆踊躍。

某叨游至治，敬仰龍光；僭隸編氓，久沾鴻芘。借方塘之半畝，慶洽龜魚；瞻大廈之千間，歡同燕雀。敢忘固陋？用祝休嘉。伏願世掌絲綸，官居鼎鼐。象天喉舌，鳩司之統紀兼裁；作帝股肱，麟閣之丹青獨擅。行且璣衡手轉，扶二曜於常明；帷幄身參，佐一人於有道。恭疏小引，敬附荒言。詞曰：

扶輿西拓，喜名世挺生，經綸揮攉。九賦分曹，一麾領郡，隨處剖開盤錯。申甫望隆臺省，韓范威傳沙漠。報政也，荷皇恩、紫綬金章融爔。　　奇焯蕃錫處，龍檢鳳函，華衮膚新爵。二品階崇，三台路近，榮遇浡加誰若？從此黃樞入筦，曳履平登魁杓。仁看取，作舟楫鹽梅，高標麟閣。

右《喜遷鶯》

賀彭小石將軍督兵登萊詞並引

雁門嚴鎖鑰，師中高長子之籌；鳳闕渙絲綸，閫外重元戎之寄。練犀渠於渤澥，弩射潮低；縮龍節於夷嵎，麾行柱遠。五位臨軒而推轂，三關截鐙以留鞭。

恭惟○○帶礪名家，簪纓世胄。發祥濠水，箕裘遠續戔鏗；攬揆燕山，弧矢近承思永。握壯猷於馬服，五兵閑虎豹之韜；收勝算於鷹揚，一卜兆彪龍之夢。弓彎漢月劈黃雲，夜落旄頭；劍潑胡霜掣紫電，朝摧鼓角。郊關提戍卒，六花氣薆風雲；幕府將奇兵，八陣機回天地。車臨古北，赤囊消黑水之氛；幟轉昌平，白羽靖黃花之砦。薊門森細柳，昂苜瞻太白魂搖；遼左奮長楊，倭虜望青山膽落。名高大樹，望重長城。尋移北地之旌幢，用作西陲之保障。霜前號令，平城鶴唳壯軍容；雨未綢繆，上館烏栖閑戰士。推赤心而馭下，恩同挾纊投醪；礪素志以行邊，念切枕戈擊楫。開屯養士三千人，玉壘耕雲；築塞防胡十八隘，金湯斷地。菠潯沱之涘，洗兵欲挽銀河；躡句注之峰，空幕期清鐵木。展矣護疆都尉，居然破虜將軍。

茲者峻烈升聞，洪恩簡在。功收召虎，誉四方以告成；詔起非熊，懷萬邦而錫命。謂登萊重鎮，寔山海雄藩。野從箕尾而分，國本斟尋之舊。島夷出没，鯨波淨日月無光；海市浮沉，蜃氣幻乾坤失色。敕公仗鉞，知汾陽望布先聲；受命登壇，料武惠威行不殺。樓船到處，來白雉于周庭；枹鼓競時，集飛鶂於魯泮。允爾殿東南奉朔，寧渠邀西北歸琛。凡藉鴻猷，率懷燕喜。

不佞雲間瞻豹變，無能借箸以資籌；日下見鴻飛，有意扳轅而獻頌。伏願麒麟繪象，大書特書，屢書不盡，煌煌鐘鼎垂休；鸞鷟傳芳，一世再世，百世無疆，滾滾公侯濟美。聊因小引，敬附荒詞。詞曰：

鐵券平收，河山永，綿綿閥閱。酬壯志，六韜金版，誓吞胡羯[二]。黃石書傳三略遠，白猿劍授雙鋒絕。請長纓，萬里駕天風，清回沕。　　渡遼海，鯨波折；臨雁塞，狼烟撤。賁新銜，都護首分龍節。鈇鉞西來綸綍重，舳艫東下欃槍滅。看麒麟，高聳五雲邊，星辰列。

右調《滿江紅》

賀蕭荆山都督誕舉元胤詞並引

龍韜恢玉帳，九關虎豹肅威稜；燕豫集金鈴，五夜熊羆徵吉夢。喜應蘭香秘醇，佇看寶樹葳蕤。瑞啓桑蓬，歡均葊蒍。

恭惟麾下，五軍大樹，九塞長城。帶礪承家，壯雄藩於二室；簪纓衍祚，綿奕葉於三川。胸中武庫星羅，凌白旄而振采；筆底文昌露湛，映黃石以生華。策射鄉閮，百發烏號碎柳；庵分幕府，一函紫氝迴蓮。守常山，雨泡畿南；遊上谷，風清漠北。七營練勇，貔貅萬隊倚青冥；五府決機，旌旆千屯搖赤羽。展矣明時召虎，洵哉聖世非羆也。

兹者載錫之光，克昌厥後。墻帷茂祉，忻孚"一索"之占；莞簟鍾靈，會兆"三多"之祝。月明珠有色，寧云老蚌含胎；日暖玉生烟，可道白虹吐氣。三朝湯餅，爭傳天上石麒麟；四座犀錢，共慶人間金鸑鷟。此日提戈取印，擬當跨釜之英；異時聳壑昂霄，定襲充閭之盛。是父是子，羨掌珠奕奕重光；難弟難兄，料頭玉稜稜繼起。囊中金版，懸知百世續箕裘；閫外丹書，管領四方高鎖鑰。

不佞葭莩係義，莫罄蚩鳴；瓜瓞揚休，何勝燕賀！薄言舉箸，釀陳秋水之詞；錯寫弄璋，滿擬青雲之器。伏願三槐續序，五桂昌宗。羯末封胡，繞砌芝蘭蔓蔚；瑤環瑜珥，一門圭璧輝煌。將滾滾鳳毛，引絲綸于斗極；振振麟趾，收黼黻於雲臺。小引爰疏，荒詞用附。詞曰：

顥氣開清淑，映長空，太白星高，瑞流金屋。虎帳氤氳香漸滿，五色雲盤白鵠。報道是、桑蓬懸六，釋氏送來天上種。喜磽磽、丰骨崢頭玉。啼可試，神堪掬。　　食牛氣概真奇矗，看他年、撞破烟樓，乘風馳逐。紫電清霜千里迅，豹略虎韜自煜。又説有、蘭馨桂馥。滾滾公侯相濟美，畫麒麟，閥滿檀欒竹。知奕世，據華轂。

右調《賀新郎》

賀蒲汭田少府奏績膺封詞 並引

雁山司笲篽，福星揚一路之輝；鳳沼渙絲綸，湛露渥三蕃之寵。燦龍文於錦軸，槐棘騰華；瞻虎拜於瑤階，松楸動色。章縫舞蹈，皁弁歡呼。

恭惟〇〇北斗崇標，西秦絶照。丹崖崒嵂，聳華岳以撐奇；黄度汪洋，匯汧流而擢秀。胸羅二酉，錦心橫萬軸牙籤；筆埽三辰，墨汁染一天香霧。金盤承碧落，清搖百尺之蓮；玉樹拔瓊林，皎敞一班之笋。乃從薦鶚，遂用儀鴻。紫塞風高，別駕翩翻隨一鶴；黄堂日麗，箕篁璀璨照雙熊。鵬鶒初淬於燕都，金牛立解；騄駬方來於冀野，凡馬皆空。核屯田，萬灶飛紅，庚癸絶登山之警；防礦路，千封轉綠，戊丁無入草之謠。行軒則兩袖清飆，三關並肅；署篆則一犁甘澍，四履俱濡。且也躬拮据于長城，雉堞壯連雲之險；布噢咻于遺子，鴒形沾覆露之仁。范宫墻，化洽青衿，人人孔孟；簡槽伍，謀周白烏，在在孫吴。

　　茲者三載報成，兩臺推最。民之莫矣，榆溪將麥隴皆平；帝曰"都哉"，芝檢及芸函再錫。鸞書紛五色，松門喜溢焚黃；象服煥三章，彤管榮生曳紫。身膺尺一，先收朱紱于堯封；手握魁三，仵捧紅雲於帝座。昭明有俶，褒逮何窮！

　　不佞懷燕雀之私，心懸賀廈；任馬牛之走，勢阻登堂。敬陳草野微言，用導材官釀舉。哇鳴蟬噪，愧律呂之均調；虎嘯龍吟，祝風雲於會合。一言是引，八韵恭成。詞曰：

間世人龍，喜冰壺露湛，冰鑑天空。踏翻層霄萬里，叱御天風。朱幡皂蓋，擁箑簹，斾指河東。還羨是、西陲轉餉，福星高照蒼穹。　　最好虞廷課最，任大書九載，獨戀群工。堪嘉紫泥秘酵，花誥菁蔥。玉麟銅虎，待相將、飛下瑤宮。從此便、官居鼎鼐，鹽梅調燮無窮。

　　右《漢宮春》

賀盛躋崖老師奏績膺封詞 并引

　　五馬振青綢，久向日邊明黼黻；雙龍迴紫誥，俄驚天上賁絲綸。琅函瑞映三階，華袞榮彰五服。松楸動色，桃李沾輝。

　　恭惟老師函丈下，金薤才華，瑤林品格。胸羅星斗，撐腸多二酉之藏；筆走雷霆，叉〔三〕手敵五丁之氣。淮海程遙，萬里搏羊角以飛騰；燕臺價重，千金逐龍媒而展驥。初臨璧澤，長空來四座春風；再莅琴堂，永夜對一簾秋月。迺從特簡，遂陟崇階。天子殿邦，徵九牧之金而鑄鼎；大夫宣化，佩五侯之玉以專城。維此臨清，凤稱劇地。商民雜處，紛於渤海之繩；水陸交衝，錯似朝歌之節。藉令鋒非八面，寧能斗視一州？老師半虎纔分，全牛立解。淮南晝卧擁黃紬，鈴閣常閑；河内時巡拄皂蓋，襜帷漫捲。熊軾到處，一犁甘雨隨車；鵰繡披時，兩袖清風拂案。嚴四知而潔己，庭有懸魚；總三善以宜民，野無哀雁。鏟奸剔蠹，鬼神破膽避他方；保善旌賢，士女揚眉歌大德。芹宮舒化日，六齋漸滌蓬心；黍谷被陽春，四履咸回菜色。且堤分地紀，永消昏墊之虞；更藥拯天灾，頓起膏肓之疾。幾見蝗飛綠野，時聞虎渡清流。

兹者績奏三年，功高六計。民之莫矣，詧四方以告成；帝曰"都哉"，懷萬邦而錫命。龍章鳳誥，寵逾七寶之床；芝檢芸械，香散五花之軸。百年桑梓啓玄扃，喜溢焚黃；一室蘋蘩照彤琯，芳流曳紫。此日王言涣汗，合幽顯以推恩；異時揆業峻嶒，盡華夷而造福。誠良明之盛事，亶光裕之榮遭也。

某忝廁門墻，謬分衣鉢。借方塘半畝，慶洽龜魚；仰大厦千間，懼同燕雀。奈覊職守，莫展摳趨。敢陳下里之音，用賀中台之祉。緇衣又改，即看化普帡幪；朱紱方來，仁待官居鼎鼐。瞻依念切，歌咏情真。詞曰：

名世經綸，暫分絲製錦。先試南國，廉吏神君，又道照天明燭。花蒲河陽似簇，真個芳馨堪掬。循良特簡宸衷，玉麟銅虎相促。　榮施未足虞書，考勣庸獨懋，介兹新福。日接三藩，盡是袞衣朱襮。壠上松楸對綠，更芝檢芸函騰馥。還看取、九棘三槐，爕元平攬樞軸。

右《萬年歡》

賀趙翀南大尹奏績兼壽詞 並引

赤縣分符，三載懋鳴琴之治；丹臺注籍，一元開繫紱之辰。當課書奏最於西藩，正壽曜躔輝於南極。鴻休未艾，燕豫何勝！

恭惟○○滄海含靈，泰山毓秀。龍昂邧首，振八距以騰祥；鳳鬚謝毛，備九苞而絢采。學駕酉山之富，五總資深；才蚩甲觀之奇，三都價重。雲摩鶍翮健，掠殘桂窟秋香；風送馬蹄輕，占斷杏園春色。蓋天生名世，宜從玉署升華；乃帝輅民岩，遂假銅章出牧。惟茲晋鄙，如彼周餘。壠首無生，幾見"三星在罶"；剸心有痛，常聞"二月新絲"。況稱繁劇之區，允藉神明之令。喜從樂霧，得睹郇雲。靈雨東來百里，花封轉潤；福星西耀千年，黍谷回春。甘棠垂覆壠之陰，野無哀雁；苦蘗勵凝冰之操，庭有懸魚。賦就一條鞭，汾水雞豚不擾；政成十樣錦，行山襦袴重新。張膽鏡以燭奸，鬼神避食；橫口碑其載德，草木知名。

茲者續上蘭臺，姓題楓柱。周官計吏，歷三歲以告成；漢殿稽功，應六條而首善。行晋三階之位，先收五岳之圖。鳳曆頒春，正椒柏承禧夏正；龜齡介祉，更桑蓬斂福箕疇。玉室集豐，徵仙籙與緇衣並改；瑤函隆晋，接海籌將朱紱俱增。龍章遥載紫泥封，喜見皇恩有奕；鶴算涪登黃耉數，仁看胡考無窮。

某快睹陟明，歡同賀廈；恭逢攬揆，願切稱觥。敢將下里之詞，用祝中台之祐。伏祈青瞳住世，黃耳持衡。依列柏于薇垣，晋領鵷行鷺序；醉蟠桃于蕙圃，永怡鮐背酡顏。不盡蚩鳴，可勝雀躍！詞曰：

漢循良，離燕闕，下堯封。正一簾、明月橫空。墻桑壠麥，帶烟含露苑菁葱。弦歌鼎沸，慶春澤，甘雨和風。　　羨三年，虞廷簡，方召杜，亮天工。況函關，紫氣溟濛。玄霜絳雪，夜來低護水晶籠。正朝人祝千秋歲，接武夔龍。

右《金人捧露盤》

賀劉大尹膺薦帳詞_{有引}

赤縣播仁風，茂著翔鸞之績；皂囊霏湛露，重膺薦鶚之
榮。茹茅連茹道升華，桃李向天街豫色。光分爨序，喜溢
章逢。

寅惟金斗儲精，玉繩誕瑞。朱標崒嵂，聳衡岳以崢奇；
黃度汪洋，瀉廬江而濯秀。萬言揮筆陣，披錦繡於三吳；千
卷富詞壇，括珠璣於二酉。材高東箭，一彎成貫虱之能；價
重南金，百鍊壯飛虹之選。詔明經而特起，應偉薦以裦登。
六館論文，壓虎闈之玉筍；九重分秩，先雉野之銅符。衡水
夜鳴琴，坐度一簾明月；繁山春命駕，行驅兩袖清風。種陶
秋以資身，不必咤還厨果；植潘花而導利，無煩拔去園葵。
理縣如家，視民若子。下芹宮而課士，凌空白雪環橋；范桑
畦以勸農，匝地黃雲覆壠。謂婦休蠶織，授之寒也，則戶有
機絲；謂吏恃狐城，階以亂焉，則庭無珥筆。心存笕庫，萬
箱同稸宇齊恢；念切宮墻，五鼎及榱題並煥。撫逃亡之屋，
日高中澤集哀鴻；開簡練之場，霜冷邊城嘶戰馬。審情辭而
聽訟，理貒牙肺石無冤；酌贏詘以均徭，蘇犗鼻口碑有頌。
其優於治劇，若庖丁握刃而立解全牛；其捷於超乘，如伯樂
登閑而盡空凡馬。政成製錦，五絲堪補垂裳；賦就條鞭，九
貢無虞脫版。季子路蒲稱三善，何以加諸？王元規清咏十
奇，不是過矣。故輿人騰譽，豸史推賢。素剡遙馳，功著蘭
臺之籍；丹宸下詔，名題楓陛之屏。此時百里宣猷，茂宰已
旌明御史；异日三台報最，循良還晉漢公卿。凡屬絣幪，率
懷忻忭。

不佞半生碌碌，厄閏歲之黃楊；遠念依依，偃盛時之朱
草。識荊有願，幸從蔀屋披雲；報李無能，祇效康衢擊壤。

敢藉師生之舉，用輸民子之情。使君業邁龔黃，大書莫罄；顧我才非元白，短韵何勝！伏祈尺五去天，叨列鸞班鷺序；魁三運斗，常扶兔影烏輝。瀆聽高明，陳言《下里》。詞曰：製錦才華，烹鮮手段，雙鳧到處生春。瑤林玉樹，丰韵總宜人。座擁蹁躚一鶴，泠泠見、秋月精神。溥沱遠、波迴匹練，流出個中仁。　　巡行，看四畦，墙桑壠麥，極目翻新。果然是循吏，瑞鳳祥麟。露草乍來鵝鳶[四]，功名懋、應有絲綸。重瞳簡，三階可待，曳履上星辰。

右調《滿庭芳》

壽吳中山七十雙健詞並引

南極星高，耀龍光於大臺；西華日永，綿鶴算於中閨。嶼嶒十屋籌添，聲流玉笈；爛熳千秋桃實，色映金莖。丹臺懸不老之名，青鳥報長生之術。薑萊襲祚，蘿蔦騰歡。

恭惟○○望重三階，聞隆八柱。胸縚大酉，傳奕葉於縹緗；筆掃長庚，散芬葩於簡策。銀臺夜曉捧紅雲，身近蓬壺；綠野春長咏白雪，神怡菊塢。恭遇夫人簪纓世族，閥閱名門。蕙馥蘭馨，宜著夭桃之美；金和玉節，靜符匪石之貞。推四德于坤維，惠孚《樛木》；萃三多於巽質，慶演桐枝。惟歷山先嬀水以升玄，中台獨朗；斯渭涘佐岐陽而正位，內則咸熙。是以道備剛柔，一體叶家人之吉；而化行壬丙，百年收既濟之功也。

緊此八月良辰，適值二人初度。冀滋九葉，引萱花秀發葳蕤；桂滿一輪，照椿樹光浮蔘蔚。青瞳射晃，依稀形合地仙；艾髮垂笄，彷彿神來天姥。於時木公蕭史，同輸火棗交梨；金母麻姑，共獻冰桃雪藕。綺筵張玳瑁，下五老於雲間；雅奏沸琅璈，邀九華於日表。斑襴遶膝，爭稱萬壽之鵁；錦軸充庭，並頌三徵之履。或承麻於紫府，或葆粹於青城；或颮曆〔五〕過松喬，或贊班聯董許。蓋至人膺上壽，無須句漏之沙；淑德衍退齡，不必姮娥之藥。龐眉鮐背，寧誇三守庚申；翟服鸞車，永占一元甲子。凡在乘龍之屬，同懷賀燕之私。迺繪新圖，以綏后祿。真傳太白，祝年年醉酒宜人；像列瑤池，祈歲歲行籌度世。

某仰扶鳩於玉杖，莫罄瞻依；思放鴿於金籠，何勝舞抃！敢陳《下里》，用叩洪禧。伏願金書妙入黃寧，飽沆瀣之漿而天長地久；玉女傳來真誥，擁襜褕之服而月皎星輝。敬附荒詞，聊申華祝。詞曰：

雁山秋霽，五夜香風細。玉宇廓，瓊樓麗。老人光乍啓，婺女躔初晴。相符契，雕弧錦帨懸高第。　　絳曆紛紜計，綵袖翩躚製。跨鳳女，乘龍婿。碧螺松液舉，銀鴨檀烟遞。齊祝願，退齡共衍千秋歲。

右《千秋歲》

壽范太師母七十詞並引

九天開壽域，鴻芒躔婺女之墟；五福萃箕疇，鶴算領仙人之籍。度西池而襲吉，青鳥來賓；映南極以呈祥，白龍稅駕。慶綿萲履，喜溢門墻。

恭惟太師母秀毓華宗，文徵顯胄。天孫月姊，秉靈異於大鈞；巽質恒貞，備柔嘉於內則。鳳鏘占五世，悅乎荇菜之求；鸞馭肅三周，車擁棠華之盛。職蘋蘩而展敬，湘釜無違；奉潔醴以伸誠，盥卮有恣。杼機甘力作，勤操邠女之桑麻；綌絺念劬勞，儉載孟姝之荊布。從容挽鹿，德既梱于內官；靜好宜鳧，業更聞乎中饋。且儀嚴割鳶，教篤和熊。搤臂腕以呼歸，剪髻鬟而佐客。是以書傳蘆荻，無殊一經；節耀洛濱，有光三釜。紫薇依鳳沼黃麻，日奉絲綸；青鎖綴鵷班白簡，霜飛繡黻。蘭斯馨，桂斯馥，看玉樹之菁葱；芝爲檢，芸爲函，撫金花之爛熳。紅雲捧敕，已膺福地三壬；絳雪延年，更占壺天六甲。

維茲建戌，適值靈辰。堯階三葉，藁滋趨萱花而獻瑞；漢殿千秋，桃實聯菊莩以敷芬。玳瑁筵開，露湛金盤浮沆瀣；琅璈樂奏，風高玉宇送媥姺。墀前迴愛日斑衣，堂上匝齊雲錦軸。想麻姑薦履，漿來碧乳怡顏；金母傳籌，報道青城駐世。酡顏鶴髮，攬玄祐于三庭；翟服魚軒，總純禧于二室。誠太母分甘之樂景，亦我師錫類之榮遭也。

某等桃李向陽，松筠叩祉。天邊逢孔鱄，隨雨化以螢飛；斗下望潘輿，次嵩呼而雀躍。是用合二十四人之愊，祝百千萬歲之春。伏願天姥綏齡，坤元殿位。玉女傳來真誥，入黃寧海鶴同棲；宮羅剪出新襦，迎白賁山龍並耀。將魯侯燕喜，常依壽母融融；太任思齋[六]，坐撫斯男穆穆。敢陳蟻悃，共祝鴻厖。詞曰：

慈幨深處，報道黃寧聚。南極拱，西華注。瑤臺月正輝，寶婺星初步。堪夸也，青瞳白髮玄霜護。　座上琅璈度，膝下媥姺附。迎愛日，浮甘露。烏堂玉樹森，鸞册金花鍍。從此看，紫薇真誥年年賦。

右《千秋歲》

壽路太翁七十詞並引

東山地迥，白雲留高臥之蹤；南極星熙，紫氣映長生之籙。曳鳩形于玉杖，雅稱鴻冥；伸鴿祝于金籠，偏宜鶴算。疇先五福，慶列三徵。

恭惟〇〇八柱參霄，六符應運。朱標壁立，聳恒岳以苞奇；黃度淵澄，匯瀕川而毓秀。探書窺大酉，撐腸滿貯星辰；捄藻跨長庚，舉手仰扶雲漢。迅鴻毛於鶚薦，萬里雄飛；收駿骨於燕臺，千金獨售。觀光槐市，齎函從六館人文；載質楓宸，捧檄布九重德意。始也班聯十望，馳箏高佐郡之功；繼而夢叶三刀，虎節著專城之績。朱幡皂蓋，方看刺史行軒；白酒青山，忽戒伵人命駕。迺尋初服，用賦《歸田》。開三徑以怡神，綜一經而燕翼。松風蘿月，未輸泉石之盟；芝檢芸械，世載泥金之寵。奉寒暄若司馬，《棠棣》情深；感風水於皋魚，《蓼莪》孝篤。且好行其德，常傾囷以活溝渠；更樂取諸人，每虛襟而延韋布。香山社裏，久推國老之尊；五嶽圖中，洊合真人之箓。

　　茲者天綏后祿，帝與遐齡。序屬朱明，正萲草祥霏一葉；人登絳曆，適蟠桃瑞啓千秋。午橋添入海之籌，座上集木公金母；甲第萃如川之祐，階前紛桂子蘭孫。龍光隨大臺駢臻，鶴髮照上尊鼎盛。蓋五百年名世，將壽民壽物以無疆；故八千歲爲春，遂杖國杖朝而未艾。展也山中宰相，洵哉地上神仙！

　　某等誼忝通家，情均戲綵。欣逢勝日，願切稱觥。敢將《下里》之言，用叩高堂之祉。南山日永，年年看瑤草琪花；北海霞明，歲歲見金莖玉露。蕪詞不腆，華祝維殷。詞曰：

　　中元夜曉，報道弧南皎。輝五嶽，明三島。靈分莊圃椿，瑞靄堯堦草。堪夸也，青瞳艾髮人難老。　　天外琅璈嫋，膝下斒斕繞。迎愛日、風光好。朝傳崧嶽歌，野效華封禱。從今後，千秋萬歲稱胡考。

　　右《千秋歲》

壽楊同野六帙祠[七]並引

伏以卿月凌霄，映紫薇而吐瑞；壽星拱極，度析木以流輝。蟠桃欲實千秋，絳曆初登六帙。年稱多歷，福介維祺。

恭惟○○潞水涵靈，燕山毓秀。雀環啓祚，丕承四世之基；鱣座升華，克纘三公之續。文章有標格，不減大年；學問自淵源，寧誇子幼。對丹墀而捬藻，九天高玉笋之雲；縮墨綬以宜民，百里湛金莖之露。西曹平反，陰森叢棘回春；南國旬宣，蔽芾甘棠遍野。頃袖經綸之手，遂尋泉石之盟。蘭澗柳塘，任夷猶于展齒；蓮漿麥酒，供笑傲于齋頭。

茲者序屬中秋，日臨初度。覓楷兩葉，應堯曆以呈祥；花甲一週，屆孔年而稱順。蒼麟橫赤紱，久占大臺之祥；青鳥報丹書，爲衍長生之術。堂開綠野，留宰相于山中；人醉青田，識神仙于地上。名世當五百年間出，嶽降非凡；大椿歷八千歲常存，嵩呼未艾。萃華封之祝，兼多福與多男；延魯《閟》之章，更"爾昌"而"爾大"。疇先五福，祉見三徵。

某等快睹生申，有懷放鴿；忻逢誕昴，欲效鳴蜑。釀將北海之樽，共上南山之誦。伏願靈承帝眷，保合天倪。彌劭彌高，已習文潞公之榮隱；如升如至，還同卓襄德之封侯。不裴[八]巴言，可勝齒禱！詞曰：

正金飆薦爽，玉露含滋，涼生商素。潞水燕山，報歲星初度。彩射南弧，光搖北斗，散氤氳香霧。壽域方開，壺天乍敞，海籌無數。　　堪羨投簪，委蛇多暇，綠野怡神，丹臺得趣。沉醉蓬萊，賸有乘鸞路。管領瑤階，寶樹婆娑，看玄雲低護。洛水衣冠，香山圖畫，百年長聚。

右調《醉蓬萊》

賀王霖宇舉胤詞引[九]

水鑑懸空，九品官清于鷺序；金鈴入夢，一陽瑞叶夫熊占。當乾元用吉之時，適震索凝休之候。慶綿瓜瓞，喜溢枌榆。

恭惟○○參井含靈，嵾漳毓秀。學窺大酉，七襄錦繡胸蟠；才駕長庚，三峽波濤筆瀉。溟海風斯下，趂六月以圖南；丹墀日未斜，絢五雲而拱北。烏棲署裏，獨觀萬化之源；魚鳥班中，早振十奇之迹。春風吹朐野，河花將壠麥齊蕃；化日被濰陽，馴雉及祥鸞並集。旋膺帝簡，持[一○]晋天曹。攬金鏡以程材，白璧玄珠歸朗照；啟冰壺而範世，丹崖青壁借寒輝。洵哉祇慎廉平，展也清通簡要。

日者勛崇四善，不顯其光；祉受三多，克昌厥后。應燕蘭而錫祚，氤氳香滿墻帷[一一]；滋謝樹以流芳，蔓蒳榮敷莞簟。玉芽開手瓜，光搖老蚌之胎；秋水湛精神，采奪流虹之色。駒生渥水，知龍骨之非凡；雛孕丹山，信鳳毛之有種。會三朝湯餅，試啼共識佳兒；指兩字之無，摩頂爭誇令器。桑弧蓬矢，遙連紫電之華；芝草醴源，的係青箱之葉。此日挈來戈印，嶢嶢已見鬚眉；異時撞破烟樓，岳岳定崢頭角。蓋有是父有是子，堂搆元因；而學爲箕學爲裘，家聲自遠。可信仁人有後，詎云天道無知？

某等快睹石麟，歡同賀雀；恭聞玉燕，喜效鳴蜇。敢將舉箸之詞，釀展弄璋之慶。喬高高，梓晋晋，會看俯仰重光；印若若，綬纍纍，更祝公侯濟美。聊陳子墨，用表寅丹。詞曰：

秀啟槐陰，芳傳桂籍，佳辰喜誕麟兒。羨掌珠的皪，頭玉岐嶷。精神湛徹涵秋水，爭說道、送自宣尼。一聲啼罷，滿堂賓客，共識熊羆。　真個汗血權奇。待昂霄聳壑，騰踏雲逵。看充閭衍慶，邁種綿禧。瑤環瑜珥相輝映，人人是、寶樹瓊芝。青箱世系，蟬聯鼎祚，累葉重熙。

右《金菊對芙蓉》

壽都弘若太守帳詞並引

伏以駿烈炳朱旛，久著三台雅望；鴻禧綿綠牒，新收五岳真圖。千齡高松柏之姿，萬井動薹萊之誦。懸弧日永，酌斗春長。

恭惟台臺赤水神龍，紫霄威鳳。苞角亢而會萃，允稱天上星精；符嵩洛以凝神，宣是人間嶽秀。一經傳桂籍，聯祖孫父子之芳；累葉載芸函，荷金紫銀青之寵。畚依獨座，游縮雙旌。駕隼旗熊軾以專城，擁鶴傳龜囊而入境。周原六轡，時時聞太守行春；晉鄙十連，處處見小民安堵。蓋已詒十萬户之福，豈止高二千石之榮？洵哉叔度來遲，展也張君爲政！姓題楓陛，行看上宰升華；名勒丹臺，更喜長年住世。肆當建子，載值生申。十五葉莫肥，瑞應堯階之曆；三千年桃實，靈乎漢殿之饈。玳瑁敞華筵，萃群仙而介祉；瑯璈鏗雅奏，度廣樂亦迓庥。如川至，如日升，何但幾週甲子；若天長，若地久，不須三守庚申。烏紗將白皙齊明，光搖羽袖；朱紱與青瞳並耀，彩射牙旗。凡分玉笈之輝，率抱金龍之悃。

某澤沾河潤，望切岩瞻〔一二〕。千里絶塵，幸叨榮於驥尾；九逵用吉，尤慕采於鴻儀。忻逢皇攬之辰，敢後崧高之咏？是用恭從釀舉，肅上蕉章。祈君子萬年，爵一齒一德一；效野人三祝，多福多壽多男。不腆巴言，聊當禧頌。

詞曰：

梅蕊盈堦，雪花當户，真個黃堂清曉。玄圃雲飛，青城霧
歛，十二璚樓縹緲。共報道、太乙星高，天南璀璨祥光饒。
更相傳，春臺壽域，阜康處，不羨玉京瑤島，海岳精神，待整頓
乾坤欲了。望重黃樞，料名覆金甌應早。賦儛音一曲，用效華封
三禱。

右《法曲獻儛音》

賀王文石覃恩帳詞有引

伏以龍韜安紫塞，十連推百辟之刑；鸞誥出彤廷，三錫
重萬邦之命。福祿與師貞並吉，經綸將賁惠齊昌。將吏歡
呼，軍民抃舞。

恭惟○○瑚璉粹品，黼黻閎才。滉瀁三川，匯涵珠之碧
海；峻嶒二華，崝蘊玉之金山。筆花搖東壁西昆，禮樂三千
在手；劍氣通參旗井鉞，甲兵十萬蟠胸。纔搏雍水之鵬，即
售燕臺之駿。芳傳蕊榜，祖孫誇一德相承；序衍韋經，作述
羨兩明獨振。昭容瞻紫袖，含香署裏把爐烟；建禮藉青綾，
覆錦行中珊玉佩。漁陽轉餉，貔貅炊萬竈之春；雁磧提兵，
鵝鸛肅千營之陣。

屬者夷氛不靖，征調殷煩；兼之虜款弗堅，要挾備至。
途危局變，人多利於處錞；節錯根盤，公獨恢乎游刃。誓偏
師，率敝賦，東征之士馬皆儲；修武備，詰戎行，南牧之胡
雛盡寢。且屯開大鹵，百千秋玉壘耕雲；障列長城，十八隘
金湯斷地。軍中軌範，賊□〔一三〕之心膽俱輸；座上夔龍，帝
借以股肱是弼。

頃以覃恩廣被，峻秩駢加。法星高映乎三階，卿月浮
升于九鼎。彤弓玈矢，旌旐臨七命之章；玉檢金泥，綸綍
渙五花之軸。封典率親而上，總被龍章；貤恩逮內以推，

同施翟茀。邦家胥慶，夷夏均瞻。誠華袞之榮遭，堂廉之盛事也。

　　某恭逢駿祉，孜孜喜效鳴蛙；快睹鴻休，趨趨忻同躍雀。敢附稱觥之舉，用申賀廈之忱。崧雅方宣，即未許皇葵博舌；羲暉在仰，豈能忘野藿傾心？不斐一言，聊當三祝。詞曰：

華岳參霄，河流亘軸，間氣千古盤洉。可羨篤生名世，奮翥揚跨。七策方調庚癸鬣，五兵不試戊丁無。帝心簡，秉鉞擁旄，輕裘坐鎮西隅。　　還殊，金虎節，丹鳳詔，後先飛下皇都。從此三蕃日接，閬滿麟圖。柳城氈帳秋空馬，柏臺油幕夜棲烏。行看取，名覆金甌獨早，手握黃樞。

　　右調《晝錦堂》

賀鄭宿海晋總協帳詞[一四]

　　雁門嚴鎖鑰，軍中高長子之籌；鳳闕渙絲綸，闖外重元戎之任。師貞襲吉，晋錫承蕃。

　　恭惟○○望重長城，名崇大樹。清霜紫電，羅武庫于胸中；黃石素書，妙陰符于掌上。勇具兼人之概，宣稱猿臂將軍；相雄飛食之姿，展是虎頭都尉。箕裘綿世澤，映五花丹詔常新；帶礪振家聲，控十乘朱纓獨奮。枕戈繫[一五]楯，恒懷許國之忠；挾纊投醪，時溥恤軍之惠。統師干于薊鎮，縱橫嫻三道三官；操勝算于常山，變化合五兵五教。滹沱璧[一六]壘，方揚赤羽之靈；勾注烽烟，頓覺黃塵之靖。

　　茲者帝心特簡，人望攸歸。晋神帥以扼三關，踞老營而防五路。營團細柳，振熊羆當道之威；士練長楊，壯虎豹在山之勢。旌干初出塞，懸知天北落旄頭；鐃吹一當關，轉見幕南空鼓角。獬袍新製，喜煌煌白澤盤胸；螭紐平分，看漸漸黄金繫肘。三單抃額，百辟皈心。

　　某幸聯蘿蔦之榮，竊附芝蘭之味。魚書膺大命，此時快睹遷鶯；龍塞勒崇勛，异日還瞻繪像。有懷賀厦，莫罄扳轅。敢上巴言，用當祖道。詞曰：

長虹氣吐，羨豹略龍韜，後先繩武。鳴劍心雄，請纓志壯，真個追踪召虎。金版望隆黄石，玉帳機傳玄女。談笑處，擁碧幢，油幕威宣胡虜。　　希睹、丹鳳詔，飛下層霄，受脤標旗鼓。紫塞千屯，黄沙萬里，從此烟銷樓櫓。虎幄舊勛重茂，麟閣新圖再數。還看取，事春農銷甲，兩階干羽。

　　右調《喜遷鶯》

校勘記

〔一〕"祠"，當作"詞"。

〔二〕"蘗"，疑當作"蘗"。

〔三〕"乂"，"乂手"難通。蓋用"八叉手"典，是爲"叉"字之誤。

〔四〕"膚"，疑當作"蔦"。

〔五〕"颺曆"，通作"揚歷"。

〔六〕"齋"，當爲"齊"字之誤。按此典出自《詩經·大雅·思齊》："思齊大任，文王之母"。

〔七〕"祠"，按上下文例，當爲"詞"字之誤。

〔八〕"裴"，依文意（作者謙辭，"下里巴言"爲無文采之語）當爲"斐"字之誤。

〔九〕按前後文例，"引"字前當脱一"有"或"並"字。

〔一〇〕"持"，依文意，疑當爲"特"字之誤。

〔一一〕"惟"，依文意及前文例當爲"帷"字之誤。

〔一二〕"瞻"，依文意當爲"瞻"字之誤。

〔一三〕□，漫漫不清，依文意似爲"款"字。

〔一四〕本題目後按作者撰寫體例，當有"並引"或"有引"二字，此處脱。

〔一五〕“繫”，依文意似當爲“擊”字之誤。

〔一六〕“璧”，當作“壁壘”字，從“土”，不從“玉”。

句注山房集卷十一

序

送陳碉雲司徒督學左廣序代

廷余治兵易水，當畿輔孔道，日奉諸使者顏，聞陳公聲稱籍甚。蓋其文章山斗，鼓吹休明，海內人士率司南望之。冰條鈴索而外，不敢問也。已，縣尚書郎奉敕督餉吾代，余得晤公于傳，領其風裁言論，綽有楷模。竊謂瑤林玉樹，不當以錢穀計溷之。然公庖刀在握，淬以鵝膏，任寬髀軱戾，無不中桑林之舞也。故甫下車，即獮城社，汰冗役若而人。尋取耗庾大滑置諸法，舉前敝寶，一切刭之。凡三關之芻之粮之屯種之兵馬之鹽法，種種劃然。諸胥第磨鉛抱牘，駔商輩即善行乾沒者，亦兢兢然搖手咋舌，求逭禍謫已爾。

會歲侵蘊隆之灾，歷二陰不解，守土士臣耗斁是懼。公爲甿請雩，不旋踵而甘澍洽於四封。且出常平粟議貸，所全活無慮數萬人。度支之暇，又館博士弟子員，講求三物。肆今魚魚雅雅，有環橋樂泮之觀焉。雖文翁化蜀，未足多也。

天子嘉乃績，閱月而晉秩者再。今年廣東督學使缺，主爵者以望推公。天子曰：「可。」於時木鳳飛綸，旌幢戒道矣。

鄉大夫席公宸宇，將裝軸以佐行色。時余抱病居里第，因相率徵言。余自維黶黯，何能爲公贈？然私心嚮往，又不能不爲公效一言也。

嘗讀《周禮》，「司徒修六禮以節民性，明七教以興民德，齊八政以防淫，一道德以同俗”，大都以模模，以範範爾。今國家功令日嚴，士習日波流茅靡。卑者掇釘餂，高者竄竺乾，甚而見草悦，見狼走矣。此非人心不可入古，良由上以文售士，故士亦以文冒。前者既藉以梯榮，後者遂視爲捷徑。轉相效，轉相蒙，總之不知爲贋鼎也。公以命世才司教化于東南，可謂登高之招，順風之呼矣。試取《周禮》司徒所掌與多士更始，進而明堂、辟雍、兵刑、漕賦，次第商之，當必有窺足以先應者。异日羔雁明時，爲朝廷奏實用，皆公造也。矧羊城之域連百越，控五嶺，山川緬邈，英靈之氣，往往勃發爲人文。如張曲江、丘瓊臺輩，照耀今古。公取而振德之，追蹤往哲也何有？昔韓昌黎、周濂溪不難以竹虎通緘，振絕學于彼，而公文衡在握，有不使儋耳珠崖之地大暢玄風邪？耀粤溯于光明，日爲公引領。若夫修聲悦以拾青紫，公於提命饒爲之，而指不再也。余何庸于贅説？

又

初，公從民曹領度支也，未浹期，而上念金部篆非公莫可筦，將詔還。會五路戒嚴，弗果。已，又思甌閩介在荒服，所共釐唯良二千石，因以郡屬公。命且下矣，三關父老瞿然錯愕曰：“縣官不忘西北，而一旦奪公去，如儲胥何？”相與借寇於司馬、御史臺，臺臣以聞，天子可其奏。用故節，仍理邊餉。然而眷公終不置也。今左廣學使者缺，太宰上除書，不報。已而，特疏推公。天子曰：“俞！”遂拜副憲階，提督學政。夫學使於秩爲清衡，左廣於地爲望省，微公，當不及此，而縣官從千里外知公，國有人哉！時余承乏治兵代上，與公從事于戎馬間，更得以枌榆修世講，聞報而喜可知也。

雖然，公竟舍我而去矣。吾無能重留公，竊聞諸善狀于鄉三老云：“公之來，亡歲者二，主客餉什伯不支。大帥日凛凛，脱巾是慮。公曲爲調劑，而庚癸不呼矣。往歲開中糶引，强半爲長安貴人所據，商坐是解去，鹽法亦淤。公取常額均之，而泉府通矣。先是，賦歛非人，屯政之敝至不可問。逋負有積世未蠲，菹番有累年未報者，公一一檢之，旽不苦而塞下粟實矣。其它良法未易屈指數。讀公督餉條議，可概見焉。且以暇日延縫掖，講説經義，又鎪《洗腸藁》爲刑，識者逆知其執牛耳，主海内文盟也。"

兹行矣，吾何以致區區？伏睹國家文軌通四輿，百粤之區盡成鄒魯。故廣東在昔爲雕題，《周禮·職方氏》所不隸，而今斌斌然人文甲天下，十之五履鳳城，炎海四德十賢之懿躅在焉。公更爲之範，即易猺獞于冠裳也易易耳。獨占城、交趾、暹羅、佛郎機諸國，瀕廣而阻兹聲教。聖天子圖《王會》，將不望修文德以來之耶？《詩》曰："受小國是達，受大國是達。"念哉！公行興禮樂以來三譯，當不得謙讓未遑已。

屬大夫蒲君輩謂余以通家故習公，祈一言爲行李重，故不辭而爲之序如此。

送邵徵實民部之任通倉序代

今上御極之三十九稔，通州糧使缺，主爵者疏請，不報。已而推民部邵公，詔曰："可。"蓋天子雅重公，且不欲以大命爲异人任也。時公督餉代上，制下，人人若敓毗然。於是鄉薦紳以洎父老子弟，相與走御史臺借寇不得，公裝促矣。屬大夫蒲君輩悵福星之東也，圖爲公祖道，而祈余言以壯行色。

余自維不斐，何能重公？然與公咨籌於戎馬間者浹歲，頗習公也，又不能墨墨。夫今天下所稱"盱衡莫辦"，有如錢穀使哉？太倉之出歲溢而司會絀，將作之需輒發而水衡絀，騄牝之供頻移而囧寺絀，飛輓不繼，庚癸張皇。九大塞時有脱巾之慮，而雁門郵甚。蓋大侵後，主客餉交窘，當事者方不勝仰屋。公之來，調京運幾何，民運幾何，而西陲晏如已。前此，悍商附社召買之緡，率后先影射，故庾廠坐是不登。公發其蔀，尋取大猾榜掠之，乃今而後無碩鼠也。往豪胥援羡贏例，交關多高下其手，以佐乾没。公咄嗟曰："是涴吾籩簋者，吾安能嚘喈睨若曹面孔哉！"遂一切報罷。口碑翁然載道矣。更以八議上大農，請假便宜，利國凡幾，利民凡幾，利軍若商凡幾，井井皆石畫焉。肆天子嘉乃丕績，晋正郎，埤〔一〕之總餉通州。

夫權利害則邊重，權緩急則漕重。蓋三關甲士壯西北，儲胥養之不善，思相搆而爲板升。東南歲輸四百萬石，由通以達之京師，則朝廷咽喉在也。且五府三大營七十二衛，暨緹騎、羽林諸扈士，以之銜枚不足，以之蹴餤有餘，調停一不當，有煽中貴以嘩輦轂者，自非祇慎廉平，酌盈虛而輕重布之，其何以厭心？公命世才也，芒刃斧斤，當無不中解。況以理邊者理漕，有恚然已耳，又何軷戾之格哉？雖然，余猶有説焉：國家權利至矣，括鐉鐉盡，加額額浮，鬻爵贖刑，舉不足以實尾閭。即劉晏三難、計然七策，何善之能爲？善理財者補苴罅隙，計莫若節之便，顧節亦不必省宗藩、裁戚畹、散六宮湯沐、罷三鎮金繒也，唯有汰冗役爾。先臣王司馬忬有言："國家以有用養無用，汰之，可歲減漕粟數十萬。"今京軍強半不勝旗鼓，而坐靡陸海之需，主計者可聽其耗蠹而不問邪？

公往矣，行將以宰相領度支，此不可不爲之所。如徒曰"會計當"而已，是時艱所不藉也。諸君唯唯。遂序其言以志別。

又

往年天子用民部陳公督餉代上，無何，而拜學使者去，鄉三老悚然曰："縣官忘西北儲胥哉！胡不久任，爲三單大命計，竟敹之速也？”暨聞代者邵公，則又相與抃蹈曰：“是鄉以循良聲著留都，且從大司寇爲天子開三面者也。必能深有造于我人已！”居頃之，公至。至則不爲挨攘拟扰、引繩批根之術，而吏民奉三尺唯謹。所拔下不滿十，然一左顧，而大猾輒霙息無人色，故片檄出，若布春煦，又若凜秋霜也。其所按三關兵馬數萬，鹽糧數萬，屯種、召買合數萬，一一洞其源委。已，公猶以爲詳非其要，要乃在覈主客餉支，峙[二]京民運出納以暨行省、少府之盈縮，不再計而得其肯綮。已，公猶以爲要非其亟，亟乃在蘇解官之困，減大戶之贖，核責率之侵漁，誓悍商之乾没。既下令更始，于是諸解尉人人加額曰：“吾曩者傾囊中裝，不足當豪胥一盼，而今亡或高下其手，吾乃寬然有餘矣。”其甿亦私相勞苦曰：“吾儕省贖錣以佐公家，則吾身可爲吾有，又何眼瘡心肉之足虞！”至兵率而下泪堲堠長，亦莫不凜冰霜之概，爭飾簠簋以避譙訶。其它開中衆商知罔兩不容于神鼎，舉菱弰粟秩之入，罔敢甲乙移。已，更小間，條《庚政八議》上大農，就中爬疏利病殆盡。至議查盤截收經識，則又前計臣未析之奸也。今年，主爵者撮績以聞，天子嘉之，晋八座正郎，以通州漕餉敦焉。

鄉三老復慥然曰：“國家用寧嵐雁平諸砦以扼台酋，唯是選蹄健兒之騰飽，制五單于解辮。公去矣，雪山輕重如三單大命何！”余曰：“不然。今天下西陲頗晏，無所事，錢穀使日夜勞軍。東南歲輸四百萬石，爲五軍十二營龍驤虎賁諸衛士之養，一不劑，而咽喉鯁矣。微公，孰與佐三虛哉！且公在疆場能使京師重，在京師顧不益重疆場邪？況通自嘉靖中，胡羠蹂躪，阿魯台遺孽往往窺關，自非才兼經緯，恐無以阜槽伍而庀折衝已。聖天子于公推轂，庸詎一度支之仔肩云？它日勛崇大拜，秉司馬節鉞，犁老上庭，以封狼居胥。其所以庇我三晋者，豈其微也？《詩》曰：‘惠此中國，以綏四方。’余于公跂予望已。”衆僉曰：

"善。"遂筆諸軸，以祖公于句注之陽。

送任念峰計部復命序代

文皇帝定鼎幽燕，山之西寔神京右臂，其綦重者曰雁門、寧武，以臮偏、老諸砦。蓋接壤羯羠，風鏑霜箝，時窺塞月。所藉翰者綦是數萬甲士，而此數萬甲士所倚命者，綦是芻稈粟秣之恔心。往鴞音未好，脫巾倚矛之變常聞。頃雖脅息，而一二悍卒猶未湔也。且釃滯屯荒，槽罷廥詘，至不可問，度支使率踣于調劑。

萬曆乙巳歲，東魯念峰任公以尚書郎奉敕來督茲餉，至則前任袁公以外艱去，不及面代。諸所未竟緒者，群胥首鼠，以伺公之謫不。公無俟鈎距囊挈，一按而鹽法疏壅之故，塞田墾廢之繇，泊士馬之所以精疲，庾廩之所以盈縮，悉收其筋絡節胲于掌股之內。故片檄一出，劃然中庖丁之解。三關裨校莫不翹跂醉心。諸大猾第搖手咋舌，求逭禍適已耳。會中丞下金十餘萬徵粟，粟所在價踊。役人即什五包之，局未結也。公悵然曰："本爲救荒，而益之水火，忍乎？"於是委曲調停，議寬、議貸，國與民兩不病而事卒竣。

先是，鹽引多爲長安貴人所據，每當派，挾刺者叠踵駢肩，邊商輒爲所苦，公稍稍謝絕。今即未盡剗，而巧射者亦強半去矣。其最巨者，協臺憲鼎桩邊墉，以藩全晉。長城之伐至與天壤俱流，則八赤碑不獨載其錢穀之清通也。又嘗虞雁門天末，衍陽伏陰、苦雨淒風之患不免，乃捐俸若干緡，創凌陰以節宣陽氣。今而後，關以南無夭瘵者，公所賜也。

更雅好文，時進博士弟子員，以課藝業，斌斌質有其文矣。佗日斷犀剚蛟者出，不將歸神于歐冶爐錘哉！公德澤在人者，未易婁數，大抵爲廣儲胥、固圉計也。兹當復命，副大帥彭公、陳公以與公有共事之誼，將賦《驪駒》，因徵言于余，爲行李重。余固習公者，其奚以贈公哉？聞昔蕭相國饋餉關中，寇子翼轉輸河內，兩人無蹇厥職，而高帝卒不次庸焉。公之勛之望亦何孫之有？是行也，天子嘉乃績，必且下金帛勞問，陟卿貳以酬公。即不然，藩臬使亦可持左券責已。《詩》云："鳌爾圭瓚，秬鬯一卣。""告于文人，錫山土田。"微公，其誰與歸？二將軍善余言，遂相與軷道，而書此以佐征裝。

又

明興，策士之得人莫盛於嘉靖間。蓋肅皇帝手加批閱而品騭之，故乙未榜稱旨者以十人計，皆爲名世，先中丞東魯任翁其最也。文章勛業聲施，焱今籍甚。兩胤君皆後先成進士，海內推世家者歸焉。其仲氏歷青瑣，以直聲動天下。皂囊封事具在伯氏，則司徒念峰公也。

公初以銅墨授大城尹，慈龢徧服，雅有槐里、桐鄉之范。嘗得反側書，燔之，所全活亡慮數十百千，仁慕渥已。尋以最晉尚書郎，握蘭起草，望蠹民曹。天子念西藩兵餉之劇，敕公爲三關錢穀主者。夫三關，古趙地，西北瀕胡，與阿蹬、擺言諸部僅隔一衣帶水，驕弁悍卒往往發難。飛輓一不繼，則赤黑丸交搆，板升之事可鏡也。公下車，爲之權重輕，調緩急，酌盈縮，謹關支，京民運歲若干緡，主客需歲若干緡，健兒選蹄之養歲若干緡，神校胥員之秩歲若干緡，諸台酋撫犒之費歲若干緡，衆所出納，不沾煦而無不屬心，且恤商有例，簡士有方，核屯有條，疏鹽有法。間嘗與治兵，使橫槊賦詩，有折衝尊俎之風，讀《雁門集》可概見焉。說者謂吾代置計部以來，廉平祗慎，代不乏人，靖共如公，殆未數數見矣。

天子柟乃德，嘉乃丕績，曾未幾而晉副郎，又未幾而晉正郎

已。下貤命榮旌，即中丞翁未膺之典，且龍受之已。茲秩滿歸
闕，吾儕留之不得，釀以一言觴公。

夫中丞受知世廟，爲名太史，名給諫，名京兆，名督撫。崇
庸偉伐，麟炳來茲。公塤箎叶響，鵲起明廷。率乃考攸行，以贊
襄我后，非其優爲者耶？今國家多事，滇窮於銑，饒窮於器，蜀
窮於豫章，吳、晉、洮、蘭窮於杼軸、皮毛，豈不足佐縣官用？
而緹騎使猶然四出，使環海不勝貑猭之苦。主計者得無秦越其
見邪？人臣念虞君國，安可不爲之所？公資深望重，將洊晉大
農，居高則澤易究，用是調停中外，俾蟊螣無訌，而《蓑楚》、
《柔桑》〔三〕之咏漸邈，又何有哉！公行矣，長安尺五，獻替方
殷。倘不鄙芻蕘，采以庀持籌之末議，廟堂或有“俞”焉者。
謹序。

送劉文軒將軍督兵京營叙

余少治經生業，嘗扼腕毛錐之論，洎讀《左氏傳》，見悦禮
樂而敦《詩》、《書》有邵縠者，又私心嚮往之。蓋絳灌無文，
隨陸無武，兩長而兼濟之難也。今國家材官雨集，亶不乏投石超
距之雄；至搦三寸管，講《周官》俎豆，則偃師、優孟已耳。
余自釋褐履疆場，閲人誠不啻夥，而今乃厭心劉公焉。

公束髪而修舉子業，其操頤頷攬指腕，尺蹏片語，無不雅
馴。所試冠諸生，若取諸寄。已，復棄去，曰：“丈夫弗獲挽繁
弱，封狼居胥，而第咄咄焉屈首鉛槧，亦靦已！”乃習《司馬穰
苴法》梟《陰符》、《素書》、六花、九變之術。無何，而第武
闈矣。

初出守黄花，即以賢能著。尋擊河間，尋將太原兵，所在有
大樹風。萬曆己酉歲，銜上命，以副大帥移鎮東路。夫東路，古
雁門也。邊胡扞圉，在昔戒嚴。款貢以來，將嬉士墮，兜鍪、鞦

輓之屬，强半不完，兼以責豪浚削，轉餉維艱，主計者時虞蹶餤。公酌時勢調劑之，而首山不呼矣。更下令進諸弁，誡曰："若曹久紕軍政，今而後，部曲不治，器械不精，簠簋不飾者，法無貰！"片檄一出，凛若雷霆。暨多方優恤，又投醪挾纊不敵也。且以暇日觴治兵使，講折衝樽俎之獻，娓娓可聽。說者謂其雅歌投壺，輕裘緩帶，有祭征虜、羊叔子之度，而絳灌隨陸居然拜下風矣。

今天子録其伐，晋京營大帥。五軍機務，公實與焉。都人士欲走軸爲賀，而屬余言，余不敏，何以贈公？竊思我國家兵莫重於京營，而亦莫敝於京營，尺籍徒存，勾稽罔效。太倉紅朽，盡耗於厮役工匠之徒。一旦有警，若輩何足與緩急！雖然，此猶其小者也。往刑餘煽虐，遼陽諸處逃之奴兒哈赤地方者六萬餘人。頃復稍稍窺藩，倘其中有吉囊、火篩、奄答者出，可爲寒心。公往矣，無事而爲有事之圖，主持在政府，參贊在樞府，定算在制府，料敵設奇則在戎府也。儻未雨綢繆，履霜戒備，俾五千禹服永奠金甌，將河山帶礪勒之盟府者，亦永永不替矣。異日"文武吉甫，萬邦爲憲"者，微公其誰與歸？時萬曆歲次重光大淵獻律中仲呂之吉。

送李槐墅憲使歸田序 代

萬曆戊申，余從版曹銜上命督粮三關，至則槐墅李公以藩使者治兵代上。其蒞代也，繇僉臬晋今秩，蓋七易春秋云。公性軒爽，不習畫喏態。明允，所核城旦、鬼薪而下不諉。居恒鮮噍齗獠忮之氣，而吏盹奉三尺惟謹。暨片言藉恤，則冬之日不啻也。故紀綱愍飭，無緒不釐。七年所鏧弁之訓刑者若而人，甲乘之騰飽者若而伍，屯畛塞糈之露積者若而區，龍盾、虎落、鶴膝、犀渠之精銳者若而數，其它摧〔四〕秫錢穀以臬烽埃、塹隍、砦垣、亭障之告成者，又若而條。

天子嘉乃丕績，婁厪褒逮。于昰推良翰者歸公，公恬如也。余度支之暇，間以斗酒相勞苦，取勛閥爲公壽，公謝弗勝。已，復曰："某束髮縮通綸迄茲，鞁瘁于疆場戎馬間，無善狀，二毛且種種至矣，安能以骯髒骨走風塵，不自爲頭顱計哉！"尋出所著《思歸賦》示余，鳳舉鴻冥之概溢於楮素，蓋公雅不欲骪骳取世資也。今年挂惠文簡，投劾而歸。父老子弟呼號錯愕，若失所天。相與扳卧遮留者，填交轘下。余心爲公冤而不能回公轍，因浮一盂觴公。公釃然曰："吾無愧松菊主人矣。一蓑烟雨，兩袖清風，儘足寄東皋舒嘯，又何必丹朱其轂，使梁苑、夷門久虛吾厤迹哉！"遂引滿而罷。

屬州大夫朱君輩欲展河梁之緒，祈余言爲行李導。余固習公、善公者，其奚以贈公？夫今天下人情囂呶，至不可問，然公論久之未有不定。公行矣，清議在朝，口碑在野。他日，聖天子思公治效，命尚書下尺一徵公，公即欲長卧東山，得邪？昔范文正、韓忠定解位，歐陽公疏奏："有可用之賢，無可罷之罪。"洎再起，卒爲名世，用輝史册。然則桑榆之得，亡間東隅矣。矧公去無何，薦剡旋上，鍾山璧固不火也。長城望重環，旦夕到雍丘焉。慎爾優游，公其如蒼生何！

大夫善余言，遂筆之軸，以續《驪歌》。

送高太昆之任懷仁序

按漢神爵、五鳳間，良吏爲盛，天子下璽書，勞賜金帛。至公卿缺，則以次入補。於，都哉！千載一時也。我明洪、永間，猶沿往事，故長材不詘於短馭，銀章綠緺率崛起半通之銅，洎資格限，而魁壘品始蠖屈銅墨矣。如古雍高太昆使君，以弱冠弁賢書，玉鉉金甌曾不足當一睇。以不偶春官故謁銓曹，僅得一三巴令。公不薄其地，倣文翁廉范之風，盱戴之不啻畏壘之爲便。尋以最晉留都別駕。平刑均賦，載蘉優良，政聲奕奕徹吳楚間矣。緣賦性鯁介，不習脂韋態以梯榮，竟爲惡璫所齮齕，而解組者數載。顧公不起，如蒼生何！前年起家，授雁門守丞。至則悍五馬方眈眈下視，民苦攫噬，燔廬舍、挈妻孥徙者什伍焉。公惻然曰："守代天子牧民，而虐至此！彼李光顏、張齊賢何人耶？"慨然勞來，還定而安輯之。鴻雁集於中澤，而攫噬者負白簡去矣。又墨胥捕一二瓦注之徒，利其贖，嗾連善類，桁楊徽纆纍纍於途。公訊得其狀，盡解三木而釋之，舉手加額者徹四履焉。

先是，庚大猾敢爲碩鼠，侵牟粟秫幾數萬，歷年影射，莫發其奸，公一按而城社立破，三關單赤，蓋人人頌神明也。故三年所，廉訪直指之旄，曾不一足。今天子嘉乃績，調懷仁尹。夫懷仁，古沙南大利地。外扼三雲，內藩全晉，固要圍也。往胡氛蹂躪，編氓困兵革者二百年，頃雖告恬而餘燹未靖，匪仁人，其誰與柔綏之？主上不它借而借公，蓋知久瘵之區，惟大德能調劑耳。公出其芘雁門者以芘彼，白草黃沙，有不頓回春煦邪？且公文章山斗，足以鼓吹休明。登錦屏金龍而吊趙忠亮之遺迹，何難俾陰山椎髻懷好音、集泮林乎？展爾且將軼漢良吏而上之。璽書金帛，聖天子又何愛哉？

鄉三老曰："俞！是可以贈公。"遂筆之軸而浮公以觴。

送劉大尹晉守鞏昌序代

侯前宰衡水時有異政，衡人深相德，起生祠祀之，更鑠侯政體數百千言，尸相祝也。時守相、監司以枲御史大夫無不口侯才且賢，其所褒獎，視它令有加。會上御明堂，衰天下群吏而殿最之，侯循良聲藉甚，天子嘉之，用調繁例，移任繁峙。

其之繁也，衡吏民遮留，車枙不得發，侯勞苦久之乃行。至則屬歲大眚，戶口之逋者什三，田疇之蕪者什伍，常額之不舉者什七。更置驛使相望于道，而期會徵發還如也。侯下車曰："縣官不愛通緡以薪休養我百姓，我百姓不勝罷敝至此！《苕華》、《長〔五〕楚》，司牧者之謂何？"乃進鄉三老祭酒於庭，而諏所爲便，計利何似、害何似，利害之相半何似，侯具得其狀而次第布之，吔歡然有樂生心矣。肆三年所，爬搔垢弊殆盡，復逃亡之屋以千計，活溝中之瘠以萬計，故歌"來莫"者，田畯、婦孺無間也。且侯性軒豁，不蚝笥鈎距而得民情于掌股，部使者訟牒旁午，直以片言憺服，即舉手加額去，春橐、白粲無覆盆焉。嘗坐堂皇，爲編戶一均徭役。問大姓主名若而人，某也租，某也庸，某也調，罔不劃然與籍相宜。其應復者，絕不問府史胥徒。已，又稌庾以弘儲偫，又置簿以杜侵漁，又詰戎兵以崇保障，又嚴斬伐以壯藩籬。至捐俸緡，取先師籩豆大房一新之，則萬代所瞻仰也。

今年復以最聞天子，拜二千石守丞，坤〔六〕之郡國，居信宿矣。二三僚友將浮大白以祖侯夏屋之陽，相與徵余言爲贈。余嘗讀漢史，見龔少江以西行，且咏《械樸》矣。時余從諸大夫後，抃而喜，曰："有是哉！國家官人之當乎！何虞於士不古若也？"余嘗慨嘉、隆以還，天下竟干〔七〕文而呰於行，至核所爲文，又不過棘疢〔八〕、楮葉、偃師、優孟已耳。此非舍拔之左，亦其張之鵠者衰也？今上取文衡畀公，有謂哉！蓋公少負瑰材，在八閩聲稱籍甚，泉得雋，所對公車藝，伯仲瞿唐，海內人士尸而祝、社而稷者，無問識不識矣。其以尚書郎視事西曹也，上寔念維刑一成而不易得也，貫索未必明，失則厄雨飛霜、葇燐化碧隨之，自非惟明克允，牿奉鮮不冤者。而公佐爽鳩，多所平反，即春〔九〕橐而下無失經。嘗銜命讞獄，關中雷雨所解一二，爲開三面，草縷艾韡，只今載遺惠已。政間更不廢吾伊，又時時搦管嘷唪，所至金薤琳琅不啻也。夫七十子身通六藝，文學、政事不能不判爲二科。舜之咨皋陶也，亦第責以五流三居，至「敬敷文教」，則屬之契，蓋兩長而兼荷之難耳。公獨稷其任，懋哉！天子采輿望下檄，居無何矣。

同寅諸公將裝軸叙別，而徵余言，侑祖道之觴。余不斐，何能爲公贈？竊思古今推人品者，往往左袒江西，不第南州之道德，長沙之事功，廬陵之文章節義，照耀史册，即本朝若忠文、恭順、東里、高陽輩，譚之津津，潤人齒頰。此雖地靈人傑，要亦所倡者善也。頃落落不少概見，説者爲司南咎已。以公之才之望，廣布陶甄，當必有虎嘯風生、龍興雲致者焉。試取多士牖之，俾道德毋浸假而撮囊，事功毋浸假而敗絮，文章節義毋浸假而鑿枘繄匏，則真儒輩出，將與往喆爭烈，其所以借手答我后者，又寧在斷斷帖括間哉？

公往矣！鹿洞鵝湖，昔人之懿範在焉。倘不薄芻蕘，即以大宗伯佐聖天子壽考作人之化道，亦應爾，夫何俟于更端？

賀姚震宇侍御考績序代

國家倣《虞典》，以三載課吏治。自黄綬而上，守文法無害，俱以最聞，而黄綬獨御史之職難稱。蓋百執事智效一官，能辦一職，故其事省而易奏，御史則代天子爲耳目者也。吏治之污隆，錢穀之登耗，士馬之精罷，刑名之允濫，將作之經廩，以臬諸監司守令之狀，一切待察焉。自非廉善、廉能、廉敬、廉辨、廉正、廉法如《周官》所稱，鮮有能勝其任而媮快者。以余所睹記，埋輪使不啻夥矣，而今乃得之姚公。

公當辛丑，用奇策取進士高第，尋拜大行，銜綸而出，慶賀致襘，靡不當也。已，以望擢殿中執法，巡都城事。時凶璫悍戚略取民貲無算，大吏莫敢問也。公廉得其狀，取二三豪奴搒掠之，作奸犯科者熄矣。更理冤抑，減贖鍰，輯莋苻，罷司坊供億，屈軼所指，稱"真御史"者歸焉。會西寧茶馬政敝，太僕之廄幾空。朝廷慮之，敕公往按其事。公至而招中引目，柔撫屬番。且酌盈濟虛，補累年未給之賞。由是商夷胥悅，是歲額篦之增，以數萬計，而駒騍從三千里外至矣。先是，火酋猖獗，河州路戰騎不充，當事者凌兢，計無所出。公以市馬二千蹛寔之，槽伍彭然振焉。又奉命代閱延寧軍務事，寧自劉宇而後，驕弁橫卒往往借庚癸發難，封疆臣第以賦芋術馭之，無能譙訶也。公片檄一到，矗於雷霆，將若士憬然更始矣。其它城隍之繕，器械之修，庾藏之清，屯轂之理，與夫春薪旦之平，口碑所載者可按也。頃歲起休沐，與視厰庫，不經之費，多所裁抑。中貴人或銜旨取若干縉，爲張燈具。繕部欲予之，公曰："古聖王不作無益害有益，即有例，亦當諫止，況創爲乎？"堅持久之，竟報罷。再視十庫事，其軫物力、惜漏卮，爲國家慎守府之司，大率類此。

　　公爲人伉爽忠貞而濟之以嚴恭寅畏，天下事知無不言，言無不盡。與人絕無競氣，而立朝之度，雖賁育莫能奪也。茲當考滿，以三六年最上天官，《周官》所謂善、能、敬、辨、正、法，公寔兼之。天子俞乃績，下司封議典，懋官懋賞，又何遜哉？《易》曰："受茲介福，以正中也。"余於公無能爲役，廿四考冠中書，有"跂予望之"耳。雖然，猶有進焉。今之御史，非古所稱峨豸乘驄，俾天子改容、宰相避席者耶？乃進言等於沃石，待用幾爲禩[一〇]薪，甚且賜玦時聞，投扉日密，使鳴鳳神羊之氣盡沮，豈盛世所宜有哉？昔漢唐宋雜伯夷之主，猶能重八使三院，今若此，可以覘運會已。公行將持斧而出，倘有所以回天聽、生色柏臺者，幸毋吝皁囊也。余不能以枙言諛公，謹撮公之實，爲公佐釀觸。

校勘記

〔一〕“埤”，依文意疑當作“俾”。

〔二〕“峙”，依文意疑爲“恃”或“庤”字之誤。

〔三〕“柔桑”，當爲《桑柔》之誤。按《詩經·大雅》有《桑柔》篇，《詩序》云：“《桑柔》，芮伯刺厲王也。”《鄭箋》云：“芮伯，畿内諸侯，王卿士也。”與文意正合。

〔四〕“摧”，疑當作“催”。

〔五〕“長”，今本《毛詩》作“萇”。

〔六〕“埤”，疑當作“俾”。

〔七〕“干”，依文意疑爲“于”字之誤。

〔八〕“矦”，當作“猴”。

〔九〕“春”，當作“春”。

〔一〇〕“禎”，當作“積”。

叙

賀滋陽劉侯考績叙代

三載考績，古制也，昉於《虞典》"試功"、《周官》"大計"。其法稽群吏而覈之。鼻神爵、五鳳間，守令之秩洊重，而後六條、五術、八計、九事之課浸假以繁，故唐文皇臨軒冊授，宋仁宗引對便殿，昭異數也，旌懋勛也。

我祖宗留心氓社，百司庶府揚勵維寅，而近民之官郵詳哉！其課之肆二百年來，赤縣花蕃，蒼生草偃。其間脫銅綸、躋華臚者，往往霞變雲蒸，增光鼎呂，然未有循良之伐不暉而倏陟隆階者，亦未有父母之任不勝而猥號循良者，尤未有卵翼鷇雛、噢咻乳哺之道不聞而遂成其爲父母者。執此以考我滋陽侯，寅可最矣。

侯陽平拔萃，魁壘不與世隱，遂起家進士，筮仕吾滋。夫齊魯之衝，充爲重，而滋寔附之，蓋劇區也。其期會徵發視它邑不啻夥，而頻年彫瘵，百務不支。且懷磚珥筆之猾與諸豪宗相搆者，囂陵嘵喈，日訌于庭，即獳牙童牿不馴也。往令率虞其掣肘。侯以甲辰歲來蒞茲土，軫其罷且思其疑且分也，一切蹩躠踶跂、澶漫摘擗之術，絀而不事，第與民休息，惠以揉之，正以帥之，平以馭之，徐以調之。未嘗噉咷恣睚，而吏民之服習，"神君"戴焉。故不三週鑰而政通人酥。稽撫字，則戶口之蕃者以若干計；稽巡行，則塍疇之墾者以若干計；稽征繕、聽斷，則賦役之均、案牘之省者以若干計；稽決滯、禁禦、教導，則囹圄之清、雀荷之化、薪樵之儲者，又以若干計。其他燠政芸芸，更僕未易數。滋人士口碑嘖嘖，微第歌"來暮"、誦"無私"已。故茲考績上之郡守，郡守曰："賢。"上之監司，監司曰："賢。"上之御史，御史曰："賢。"行且升冢宰以報天子，顯忠遂良，有明制在，福履之臄，更何疑耶？

嘗觀班固史，載循吏最悉，如朱桐鄉、黃潁川、召南陽諸人，荷主上眷注，勞問有加，至賜金、賜帛、賜爵關內侯。公卿缺，以次入補。遇合之隆，詎非千古艷譚哉？問其治，則曰廉平寬大、視民如子焉耳。侯涖茲三年所，不陵崖岸，不斂簠簋，不操薪濕，不逐茅靡，其於氓如慈母之呴嬰兒，即進而與西京爭烈，當爲左辟，彼六條、五術、八計、九事，惡在不上上哉？楊[一]子有言："從政者，審其思斁而已。"竊怪翹然自負者，以鍛鍊爲法理，以洗索爲嚴明，以巧竸爲材幹，以會斂爲功能，大率既其斁未既其思，貽民以思如侯者，寧可數數見也？遷喬在即，余遠覊雁塞，無能從二三父老後，詣闕借寇，敬以此效華封之祝。侯汎可推惠滋者以惠天下，余它日且扶杖而往觀之。

賀繁峙李侯膺獎序

古稱："相近天子令近民。"夫民，載天子者也，厥命乃寄之令。令視相，不啻懸也，其所托至與相埒，令之仔肩巨哉！故張文獻謂："欲治之本，莫重於守令。"有以也。第邑之劇者匪艱衝，則艱衝者匪艱衝而疲，則郵艱已。繁峙之隸代，版籍僅小九之五，而夾於雁門、蜚狐之間，北枕三雲，東連畿輔。計使者旁午，委積紏紛，凋瘵之餘，十啖九噎，幾負租庸，而一二健譸者且相與巧嘗而術矒，往令率怵然銜撅[二]是虞矣。

自我侯之稅駕也，修廢舉墜，剔蠹鋤奸，敦禮崇士。戎受嚴辭，賞善優良，除苛滌濫，以批以導，綦善也。曾未幾時而亂繩告理，未幾而哀鴻告即，未幾而獷牙鼠首告恬。甫期月而政通人和，圮罔不新，蔬罔不輯，教無不彰，篤無不飾，化無不成，刑無不措。即鳴琴臥理之治，未易云逾。彼敲扑喧囂嚘啨踔厲，治鮮徵者，烏足擬也？

大司馬楊公首加獎勵，知人哉！薦繡廉訪而下，無庸筮已。厥僚屬飫侯之德，扑侯之遇，懇余言爲侯贈。余曰："今天下吏治之弊極矣。鷙愎者深密其文網以爲法理，殫竭其廬地以爲功能；懦繆者柅蠣以爲容，縮朒以爲讓，苞苴囊篋以營私已爾。繁令而求所謂近民爲民，不愎不謬如我侯者，不既少哉？即置之誰昔，當與季之平、城之寬、茂之實、壽之正、堪之清爭烈。本朝銅墨之纍纍若若者，又何可輕軒輊也？蓋嘗横覽西北，華嶽參霄，河流匝軸，英靈之鍾鬱，往往勃發爲名世。故周、召、畢、散而後，代不乏人。侯實發祥湟中，又爲彀鈐望族，'文武吉甫，萬邦爲憲'，是侯鄉古先哲顧少遜耶？今上神留民社，不難破資格以擢循吏，侯之義問昭矣。顯忠遂良，有明制在，而黄堂粉署安見不次第登焉？語曰：'風之積也不厚，則其負大翼也無力。'然則枳棘豈侯之所棲？而百里豈足以展侯者哉？入計伊邇，銓曹奏最，當必有紫泥丹誥，以荷天休，寧直一獎之爲榮也？侯不以余言爲佞，請尚論于神爵、五鳳之間。"

賀繁峙劉侯膺獎序

蓋聞郎官上應列宿，出宰百里，虺之休戚關焉。粤稽漢代循良，於斯爲盛。天子嘉乃伐，賜金幣璽書，至有徵入爲公卿者。而後世因之，亦勒名屏風，書績印紙，賁相望也。我國家倣古，凡諫議大夫、御史大夫，往往繇縣令拜，而次者亦不失爲含香視草。蓋以令去民甚邇，其於教化之良楛，風俗之善敗，賦役之利病，政刑之煩簡，一切籌之已諦，故菈巨任靡不勝矣。

繁峙于吾代爲附廓，其期會徵發，額外之征，視它邑孔痡。而地枕邊垣，白草黃沙，半侵疆場。雨暘稍蓺，則拾橡啖燕之衆枕藉于道。且二三珥筆大猾，穿屋牖，憑城社，即夏楚桁楊纍纍，不悛也。侯甫下車，即進父老于庭而詢所爲鼎革計。已，復下令曰：「民風視上轉移，俗士苦不知變，我且爲若曹更始。」于時修舉廢墜，振勵茅靡，曾未期而百度告犁。先是，碩鼠適郊，牂羊載道，今則鴻雁集於中澤。先是，婦不習萑葦，女不識蠶桑，今則杼軸之聲相聞于里社。先是，隰原磽确，極目汙萊，今則載芟載柞，四履有薦蓉之望。先是，積蠹假叢，煬竈時鼠時狐，今則齰口求退，無敢有夤緣爲弊竇者。先是，乾肺腊肉之紛錯，即摘決摯擊，有所不平，今則廩山火而不得盡其辭。先是，矇賵不經，岸獄有填寃之嘆，今則雉羅解而徽纆爲之一清。至若賑悍蠲逋、勸學均徭，井井施爲，舉足爲當官式。故無何而監司曰：「賢。」無何而部使曰：「賢。」無何而直指曰：「賢。」

茲當報命，例不得薦。康公亟獎之，旌殊績也。厥僚屬王君、孫君欲稱軸以賀，而屬余言爲贈。余距侯治僅兩舍，得之輿論者最真，故稔其治爾爾。且耳侯宰衡水時善政，麟麟生光仕版。衡人洎茲德之，爲樹石樹祠，且鎸政體數千言，以闡揚其化。夫鈞盧發硎，水斷蛟螭，陸剸犀象，罔弗銛也。而況冶不火無以見金之躍，山不斧無以見木之良。侯於衡既不難爲召父，爲杜母，爲神君，又何有吾蕞尔繁峙哉？固宜其見治之捷而獲上之速也。

昔卓子康由密令徵爲太傅，黃次公由潁長入爲丞相，載在信史者，日星爛焉。明制即較古不逮，而諫議，而御史，而含香視草，獨不後先晉國士耶？侯以通材朗識、雅度清操，何弗克任之有？而第一銅綸墨綬之瑝煌哉？魯肅曰：「龐士元非百里才，處以治中别駕，始展其驥足。"余之願侯，更有進於是者。

賀繁峙劉侯膺薦叙

按《輿圖誌》，天下九塞，首雁門、飛狐，爲其控邊徼衝也。繁峙，古武堅郡，寔夾處兩關之孔道。在拓拔頑顔時，旽厄胡燹播蕩之餘，僅成甌脱。國家休養二百年所，而彤劫未起，肆三晋稱罷邑，必曰繁峙，當局者往往難之。以余耳目所暨前後令亡慮什數，居無何，率以仔肩之艱解去。間一二悉心批導者，輒戾所格，尋亦歊骳從之。故嘉、隆以來，銅墨相望而鮮成績。監使者操九事以問，靡不蹶已。

今上蒞極之三十五稔而得劉侯，侯初宰衡水，有異政。會天子坐明堂，大計群吏，侯以最聞，主爵者請從優叙。既報可，遂用調煩例，量移我繁峙。夫繁較衡，里第三倍，而期會之紛紛，租庸之逋負，郵傳之驛騷，蟊賊之訌觸，不啻蓰焉。且守牧藩臬之牒蝟投，即鞭瘝以應，弗勝也。更鼠牙雀角相搆於庭，城旦鬼薪不能剏。侯甫入境，愀然曰："彈丸黑子之區敝至此，令漫不揚歷，敝且何極已！"諏得屬因者若而事，屬革者若而事，屬便宜鼎剏者若而事。已，權輕重次第布之。議蠲、議貸、議撫、議鋤，孜孜不倦。諸公移未嘗衡石程而寸楮無稽者，金矢之入，片言摺服，即釋去，曾無庸鉤距得白粲懲也。邑故無學田，侯捐俸營晦，博士弟子員緩急有藉已。邑故無儲胥，侯闢教場，以農隙講武，殊得古"三單"法焉。邑故無女紅，侯導以績紙，杼軸之聲相聞于里。邑故無皇佃，自巨璫首觖，歲起科數十萬石，民不堪命，而徙者幾伯户，侯多方調劑，悉勞來還定而安集之。且勸學通商，均徭却饋，桁楊徽纆無所事，而赤黑丸盡讐之掌股之間。纍纍善政，視衡水倍卓已。故司馬臺、御史大夫走金帛以旌者耍耍。

今直指喬公首列薦剡，稱其"民瘼關心，邊城生色"，洵哉！懋賞懋官可計日俟也。侯之丞朱君、靳君徵余言爲侯賀，余黬黮不能爲侯諛，謹據鄉三老頌不容口者，撮其實，序之如此。咫日，聖天子褒循吏，建五丈旗迓侯，惠文所疏當是前茅。余雖不及負弩，願歌《洞酌》三章，持一盂水，祖侯於滹沱之滸。二君曰："善。"遂授簡而進諸琴臺。

賀陳敬吾榮授鴻臚序

吾鄉屈指禮法大姓，蓋陳氏爲右云。毋論袗弁而遊者，習《周官》俎豆，雖儼然執鷟乎，而厭薄賈豎，蘄與士君子頡頏，武相接也。以故漸劘所暨，其子弟無不才且賢。即不能取蝥弧先登，致身鼎呂，而萬石、卜式業，且跂予望已。如吾友敬吾君，少負奇概，當弱冠時遊膠序，爲文咄咄驚人。謂不難破烟樓跨釜，乃載雉一不售轍[三]棄去，曰："丈夫何地不可樹立，奈何齪齪家塾爲哉？"遂負笈遊太學，且晚合六館譽髦講唐虞禮樂，未幾而閟彪璧澤矣。

今年應例復晉秩爲鴻臚，鴻臚在漢爲奉置典客，掌諸侯及歸義蠻夷，仔肩亦重且劇，故晉山巨源啓事，選御史能人攷攺爲之，而魏韓宣稱職，亦有"大鴻臚、小鴻臚"之謠。此寧可以謏淺當者？我國家倣古以建，所任不減誰昔。而三孤、九列、百執事朝儀得失，以洎諸屬國象譯鞮寄虫書鳥篆之來，無不取政，自非端嚴精敏、長於幹局者，鮮不覆公餗矣。以君八面鋒，剚蛟斷犀，肩之所踦，目之所攝，何在不劃然中桑林舞哉？夫七十子身通六藝，寧第多才，乃束帶與賓客言，端章甫爲小相，僅許一公西赤？君饒爲之，即聖門所稱，何以加焉！雖然，今天下纍若[四]，蓋不啻碗脫欔推矣。君倘能"靖共爾位"，不自即於鸋鴂，異日躋華登膴，寧直與刁、韓爭烈？萬石、卜式家事業可計日待已。

屬鄉人趙君輩裝軸以賀，而乞余言，余固契敬吾者，故不辭而爲之序其事如此。

贈德甫劉君療疾有效序

間嘗治博士家言，見醫緩走二豎、秦越人起虢太子事，心竊異之，謂左氏好誕。洎讀太史公雜傳，則倉公顚末，又詳哉其言之。蓋軒岐一派妙敩陰陽，有其囑之俞跗、雷公不足問也。輒近世，肱不三折，輒取人命寄之掌股，其不爲七十二神所誤者幾希。吾代有德甫劉君，殆進乎技矣。

君少喜方書，嘗喟然曰：“達則爲良相，窮則爲良醫，司馬氏豈欺我哉！”於是舉劉河間、張仲景、朱丹溪、李東垣遺術，無不精研厥旨。已，復喟然曰：“是法耳，非法法者也。”更取《八十一難經》細抽之，遂視見垣一方人，以之療病，杳且種種遍沱陽矣。今年，余室郝孺人就館，越二日，熱發，腹彭彭然大于未娩，而兩脅刺痛如百劍相攢，命奄然若懸絲。延君診視，君曰：“無虞也。此敗毒相攻，寒邪薄於臟腑故爾。急則治標，其回生丹乎？”飲一劑而痛已，再劑而腹消矣。唯是脾虛，不能攝元。一晝夜或十數下。更時熱時痰，時痹時眩[五]，幾成蓐勞，不可治。君用六味丸，兼補中益氣，凡兩閱月而痊焉。夫瀕危即泰，今而後齒髮皆君賜也。明德敢諼哉！

昔人有肘後千金，神樓一匕，君汔可近之。而所謂“六不治”者，君又嗒然若忘矣。余無以酬君，敬以一言爲君贈。

嘗聞扁鵲過邯鄲，聞貴婦人，即爲帶下醫。過洛陽，聞愛老人，即爲耳目痹醫。入咸陽，聞秦人愛小兒，即爲小兒醫。隨俗爲變，故扁鵲之名遍天下。君由此推之，人人可以躋春臺矣。況其仁愛可托，聰明理達可任，廉潔淳良可信，展有如《物理論》

所稱者。即進而與良相争變理也何有！君勉旃！它日余倘從銀瑣後，當晉君《名醫傳》中。

贈禪僧契真出關序

竺乾之教不著于三代，有之，自秦穆公高四臺始，或曰自漢明帝四十二章始。其説天龍人鬼，澶漫無邊，薦紳先生遂鮮言之。然韓昌黎諫佛骨而不絶文暢，元亮、子瞻與遠公、佛印爲方外交也。此其中有不以彼易此者，亦顧鄔波遮迦爲何如耳。

余生鄰五髻童子，雅弗距西來意，見優婆塞精持戒行，輒津津道不置口。遍閲諸鵬者，得一人曰道相，其別號契真，蓋初從大法眼月川爲宣灑者也。果證三藐三菩提，余不可知，乃結夏吾代北斗祠，已三歷春秋矣。余間一過之，見跏趺閴室，鉢塞莫外無所御，十二部息几部《修多羅》已爾。法輪所轉，殆人人祈金鎞也。今禁滿啓局，且將之留都，繪水陸爲焚修地，衆檀越懇余一言爲契真贈。

余曰：唯唯。浮屠家以宗、教兩端爲出世法界，教開五毒，宗透三玄，此波羅末陀也。契真攝静三載，當必了魔登伽而繙宣大藏，庸詎止泛僕呼繕那于慈航哉？昔達摩九年面壁，入不二法門，而天雨花、石點頭者，一歸解脱，則宗若教統見如來也。契真兩存而守之，雖證大涅槃也何有？彼二梵之福，特人天小果，余不爲契真望。

贈高母李孺人節孝雙全序

蓋高處士之不禄也，其二人春秋高矣，遺子拱方在襁褓云。處士當易簀，執父母訣曰：“天乎！兄[六]不孝，中道已矣！顧此呱呱弱息何！”已，復張目視李孺人，孺人潸然涕下曰：“自吾爲子家婦，業已身荷蘋蘩。倘君子不諱，先朝露，誓奉垂白以立貌諸孤，安能效里中婦再醮，令人致咥於淇梁哉？”言未既而處士瞑焉。孺人抱拱日夜泣也。曰：“何渠兒得一日長乎？庶藉手以謝先君子於地下。”於是攻苦斀淡，傭箴蕱辟纑，以佐朝夕。即借光東壁，不輟已。久之，舅氏亦殂，孺人琀斂如禮，養乃姑必曲圖澖灑。嘗親浣厠牏，怡如也。且以饔飧之餘奉塾師伏臘，俾拱得就學。如是者汔三十年，而拱亦辟爲刺史掾矣。所事事隨在有霹靂聲，前後守土者皆知其爲節孝婦兒也。先是，兩宮徽號成，天子布覃恩，大旌海內。凡女貞之著者，命有司表其門，加棹楔焉。而孺人一匾于田大夫，再匾于朱大夫，其爲鄉評推重可知也。

今年，督學使王公復表曰：“奉垂老之舅姑，養生送死而無憾；撫伶仃之弱息，吞糠茹蘗以自甘。節比孤松，行稱完璧。諒夫！”諸戚屬將裝軸稱觴，而乞不佞一言，以侑匕箸。

不佞因憶日者言，天地剛正之氣鬱勃西北，其鍾于人，微第忠臣、孝子、義士、貞夫古今相望，至于淑媛閨秀，如王霸之匹、裴矩之女、上黨之周、臨汾之李，其所以安貧守節，扶老立孤，往往有烈丈夫風。孺人者豈其有待而興邪？抑亦天性然邪？聞處士父以三考銓督道倉史，不受祿而掛冠，家徒壁立矣。孺人黽勉操作，曾不以鞭瘃爲勞，而其供菽水也以孝著，矢《柏舟》也以信著，廛荻畫藜烟也又以慈著，即進之《列女傳》可已。異日天報善人，當必有致五熟釜，以焚草處士之墓者，能無追“靡悔”于孺人也乎？遂書以贈。

壽蔣母汪太孺人六帙序代

萬曆癸丑，蔣母汪太孺人春秋六帙矣。八月五日，政設帨之辰，其子中翰君將奉觴上壽，計無所爲母氏娛者，因介不佞而乞言，曰：“自先君子之見背也，不肖甫就口食，而二三男女弟猶然褓襗云，母不難分甘茹蘗以字薿諸孤。今幸及升斗養矣，匪藉大君子齒煩餘芬，其何以侑匕箸？"不佞因喟然曰："有是哉！蔣子之知以志養其親也。夫今之孝所爲，身都將相，家累烏石[七]，烹鮮擊肥，裁穀曳璚，奏鐘鼓竽瑟，以悦其口體耳目者不少，不然則繪金母元君、玉京瑶島，以泊冰桃雪藕、火棗交梨，幻邈不可知之事耳。蔣子獨欲借史氏言，識不朽以慰母心，知孝哉！"

不佞承乏禮曹，敷宣風教，職也。方蘄賁幽潛，庶幾無閟聖天子作人之化，内德可叙，其何靳一言？

聞太孺人婦順昭矣，女貞楸矣，母儀劼矣。蓋當其歸徵君也，手摻摻耳。舅若姑頗操切，督過無已。孺人職井臼不少怠，筐筥錡釜，一以身任。奉盥卮釀湯，紉箴請補綴，且躬浣厠牏，怡如也。亡何，徵君不禄，孺人嚙指，誓以死相從，勺水不下者累日。其父母諭之曰："女不念蕭然垂白、衆呱呱弱息耶？義殞何似仁存？"孺人聞而糜粥稍稍入口矣。頃之，屏紈綺，椎布操作，更課兒就業，曰："乃公逝，我不及從而稱未亡人，以有若輩。若輩不克飯熟釜于長阡，亦何以對乃公地下乎？"由是以洴澼絖佐讀，達戊夜不歇。肆右史顯而餘率蜚英膠序焉，之所謂婦順、女貞、母儀合而爲德政，太孺人所緜迓昊眷以培壽命之源者也。前年，聖天子旌壼節，敕有司綽楔加門，猗都！榮矣。

只今中翰以三年考上天官，貤命可旦晚下焉。魚軒翟服，何樂如之！且子姓如雲，斑襴遶膝。太孺人襲慶，伊于胡底哉！

昔文母思齋[八]，歐陽母節，孟母嚴，魯僖母壽。太孺人交踵其芳，則不必如世俗悦口體耳目、繪金母元君之事，而斂福侈矣。試以此壽太孺人，太孺人得毋融融色豫也乎？

蔣子曰："唐哉皇哉！壽吾母者至矣。"遂再拜受辭，筆之軸以佐瑶觴。

壽高母閆太孺人八帙序

高潤昭成進士之明年，適當母閆[九]太孺人八帙云，子若姪斑襴遶膝，浹浹也。于時葭莩之屬將稱觴上壽，因走慊徵余言，爲瀚瀟導。余通籍年家子，削辭申祝，禮也。可無言以侑七[一〇]箸？

竊惟母氏之德淵矣。其先寔太原望族，以大父業鹺于淮，遂生淮，爲淮人。潤昭祖亦自晋之襄陵賈淮而誕贈君，因卜吉焉。先是，贈君父任俠，好施予，遇急難輒傾囊中金錢，以是家徒四壁立。贈君尋故業修之，算子母，無少貸。母日夜操作，以佐什一。久之，家居然素封矣。贈君既食吉，由胄監授光禄丞，善于其職，又時時爲人作祭酒，故襄淮間無問樵青牧赤，無不口贈君才且賢。明府榜其門曰“一鄉善士”，母内助之道維多。已有伯氏子，早孤，纔韶齔耳。又悍不可馴，母多方育誨，俾以成立。復捐千金，使遊太學，頭角嶢嶢起焉。歲戊子[一一]，贈君捐館，潤昭已有聲膠序矣。母猶畫荻無怠朝，和熊無怠夕，且囑曰：“而父逝，我不即從，庶幾而博一第，以謝乃公地下。不者，寧能久稱未亡人耶？”潤昭聞之，淚泫然下。由是愈自攻苦。丁酉，舉于鄉，癸丑，上春官，取高第。捷書至，而母喜可知也。今年登八帙，鬢皤皤垂白，而五官之用不少衰。嗣是魚軒泮涣，食報寧有既哉！

余嘗讀《烈女傳》，嘆閨媛多士行，然猶或偏至耳。母事舅姑以孝聞，處姒娌以龢聞，馭臧獲、待姻懿以寬睦聞，且有舉案之風、斷機之教、《柏舟》之節德，猗與完矣！厚德鮮薄償，天之綏之又奚翅享五熟釜養哉？

母舉丈夫子三，仲入成均，季游鄉校，伯則余同年友潤昭也。孫男子九人，復鼎鼎繼起，異日者，千秋濟美，當頌母德于無涯。若夫酡顏鶴髮，翟茀鸞車，固已著之，符必膺之祉也，亦何足爲母致亂[一二]？

賀李二溟老師考績序代

按九邊要害四在關中，而西寧一隅邾稱扼塞。蓋其地三面偪虜，獨以一綫道東界莊浪，綦孤懸也。往火酋猖獗，抗我鞭笞。擐甲之師頓於荊棘，而松藩威茂諸羌又時爲出沒，逆我顏行。緜是驕弁悍卒乘之發難，庚癸一不屬，則相率而内訌。天子憂之，下廟議。特敕治兵使，填撫其域，而諸使者復縮朒不就檄，河西一帶幾甌脫矣。朝廷爲固圉計，采輿望遴公。時公方持行省節，參知滇事。制下，滇人士若失所天，遮公枳[一三]不得發，公下令曰：“人臣許國，東西南北，唯命是從。吾身非吾有，若安得常有吾哉？且湟中多事，若不爲我脂車，將叱九折者終無人乎？彼班定遠、傅介子何人也？”于是即日戒道。至則徵飛輓，毖儲胥，謹烽燧，繕垣隍，搜選蹄、健兒，簡犀渠、鶴膝。凡屯田、鹽策爲軍興之所倚辦者，無日不討而綜覈之。又籍土兵以劫防禦，中茶馬以實騰驤，清影射以充伍倆，撫番族以固藩籬。故不期月而聲靈秝濯，百度改觀。酒泉、張掖之間，莫不推西寧軍爲最。金城鎖鑰，居然屬公矣。今年任滿，積三載績上天官，主爵者以最聞，特晉公三秦觀察使，稱不次矣。余猶以爲，此馭邊吏無疏失者耳。

公刺川沙山之役，捕虜過當，獲首功五十餘級，是册府勛也。即不得如漢制縋金鈕，世列通侯而建牙開幕，豈異人任哉！昔韓忠獻、范文正以安撫招討破西賊之膽，出入將相，爲宋室元勛。公由民部掌文衡，歷楚臬、滇藩，所在聲施麟炳，今復爲國家當一面，出司經略，入總機樞，又何孫哉？《詩》曰：“樂只君子，殿天子之邦。樂只君子，萬福攸同。”然則功懋懋賞，公當旦晚即台衡，疆場〔一四〕之上亦烏能久羈公也？

　　余不佞，惆居諸于史館，無能倚長劍封狼居胥耳。公治狀，私心竊向往之，因某君輩所請，僭爲之序如此。若夫垂休耀世，有景鐘大册在，余不敢以三寸管當也。

賀李思敬戚畹敕晉揮使序

　　嘗讀司馬子長列傳洎范蔚宗書，見漢室戚寵爲盛，微第朱輪華轂後先接軫，彼位大將軍、爵通侯者，賁相望也。乃其爲謙讓君子，不以富貴驕人，質誠畏慎，不貪權勢者，獨稱竇少君與馬敬平，抑何寥哉！蓋纍棋易墜，欹器難持。自非賢哲，鮮有能勝其任而愉快者。

　　我國家禮遇外舍，遠逾誰昔，而外舍亦莫不斤斤矩矱，以副榮施之典。肆二百年來，蔦蘿松柏，休有烈光，綦善矣。頃郵喜得李公。公爲今上元舅子，寔孝定聖母之介侄。生而穎秀，骨相個然。韶齓治博士家言，輒能了大義。諸嬉戲未嘗過問。聖母聞而畸之，爲賜名云。已以恩補錦衣驍騎將軍，食邑千户，稱貴倨已。而公嘿然曰：“國家勳胄之階，賞首功也。吾以戚畹故得之，異數哉！藉令自處維鵜，庸詎無以仰承皇眷？其如我二三兄弟循循自守何！”於是厚自挹損，言非法不道，行非法不履，事非法不舉。輿馬服飾悉裁于制，一切聲色貨利澹然寡營。至親賢樂善，則孳孳如不及，以故朝士大夫以息樵青牧赤，無不口李公賢者。

　　今年聖母升祔禮成，皇上覃不匱之思，施恩外氏，賜金、賜帛、賜禄秩有差。公繇是晉親軍都尉侯，横金曳紫，輝映一門。猗與都矣！吾鄉薦紳修榆社之誼，將釀觴稱賀，屬不佞一言爲庭實導。不佞因維三代發祥率由外氏，如塗山之於夏，有娀之於商，摯莘之於成周，一德佐命，載在《詩》、《書》者爛焉。漢世寵溢而善不升，其疆者多招權納苴，並峻爭暉，而孱者遂湛溺于鳴瑟跕〔一五〕屣、陸博蹹鞠已耳。此於國何毗哉？故明德賞謙素、和熹戒謿詞，有以也。

我國家有道之長駕軼三代，諸外戚無不訓刑而奉法循理，善于其職，公尤其表表者也。異日金貂玉珥，洊歷元勛，以羽翼萬曆無疆之運，將塗山、有娀、摯莘氏不得尚嫓於前矣。竇少君、馬敬平何足方哉！《易》曰："錫馬蕃庶，晝日三接。"是公必受之祜也。昔人謂"福協貞信，慶延自己"，公其勉敬而毋與俗同。

校勘記

〔一〕"楊"，當作"揚"。

〔二〕"摡"，當作"槪"。

〔三〕"轍"，當作"輒"。

〔四〕"纍若"，疑當爲"纍纍若若"，應下文所言"碗脱權推"也。蓋書寫時二字下各加兩點，爲刻工略去。

〔五〕"眩"，依文意疑當爲"眴"字之誤。

〔六〕"兄"，從前文"執父母訣曰"，當爲自稱，乃"兒"字之誤。

〔七〕"家累烏石"，此句難懂。依文意"烏"字疑似"萬"字之誤。

〔八〕"思齋"，誤，前文已見。

〔九〕"閭"，標題作"閏"。

〔一〇〕"七"，當作"匕"。

〔一一〕"千"，當爲"子"字。下文言"丁酉舉于鄉"，從戊至丁十年、從子至酉十年，則其父去世當爲"戊子"年。

〔一二〕"亂"，依文意，蓋爲"辭"之誤。

〔一三〕"枳"，依文意疑當作"軹"。

〔一四〕"塲"，疑當作"場"。

〔一五〕"跕"，疑當作"跕"。

序

賀朱九皐太守救荒膺薦序 代

大夫之刺吾州，銓曹寔以高第拜云。至則亡歲者二，半菽之嘆，四履相聞，常額殆不舉焉。公怒然曰："縣官其難我哉！胡輒試我以艱也？"既而曰："天子不愛大官，奉以寄赤子於掌股，吾而難，孰爲易者？且陽道州不嘗熟二斛粟與饑民共邪？"於是晨起坐堂皇，召鄉賦長而喻之："若曹毋苦歲，吾將請旦夕之命以蘇若。"某里腴，其寬什之三；某里瘠，其寬什之六；某里在腴瘠間，其寬什之四五。它逋負一切報罷。虳稍稍有樂生心矣。越明年，復大旱，塍疇龜坼，二麥俱枯，殿屎之民易子而咬其骨。公齋居告社者久之，更走百里外，雩於嶽靈，繭胝纍纍，不恤也。

會天子下帑金賑貸，御史、民部以贖鍰、羨余佐之有差。前後檄公所散無慮數千金，公一一別其等，手封給之，無濫焉。最焦者，煮粥飯飢。拮据于寒烟蔓草之墟，計口而炊，均炊而唉。鞅掌凡七閱月，而所活溝中瘠幾千萬人。肆今父老子弟居恒相勞曰："微大夫居居究究，吾儕其不瘳乎！顧安能從千里外叩縣官也？"公用是循良聲日著，而臺使者亦廉得其狀，大中丞疏薦"四境安堵，萬灶生烟"，信哉！關以南加額可知已。

屬僚某侯輩，圖所以觴公而徵余言，爲庭實導。余唯唯，曰："是固可賀也。朝廷爲民置官，蘄以官牧民。至'碩鼠'、

'牂羊'不爲之所，甚且以搏攫從事，未諦皮盡而毛安傅也？公下車即周諏疾苦，舉孑遺，民再踣而再起，即遇古召、杜，當宛然左辟，庸詎沾沾乳吏之爲？昔汲長孺矯詔發粟，孝武侈爲嫩舉，而范文正賑三千餘戶，富鄭公活五十萬人，椒[一]之爲名臣。他如畢仲游、曾子固亦以救荒聲施後世，然則公之事業，此其噚矢耳。況視學有鼓篋之風，馭吏有蒲鞭之化，勸鄉約不啻祭酒，而聽讞即鈞金束矢，亡言乎已。進而三年報政，所以惠吾民者，寧有窮哉！只日聖天子走璽書徵拜，公當爲黃次公。不佞即無能爲役，亦將操寸管以獻王褒之頌。"

又代

萬曆屠雍作噩歲，海內大饑，而三晉之雁門爲甚。孱者轉溝壑，悍者率挺險而走萑苻，不能無探丸之警焉。守土臣以聞，天子惻然震悼，曰："無民何以有國？無良牧何以有民也？"乃詔三事大夫，簡楚材爲晉用。于是，主爵者推元皋[二]朱公。公至，覈正供二萬有奇，而告逋者半。蓋以逃法心不勝逃死之心也。公悉其狀，曰："我寔司民命而重困之，芻牧之謂何？且古所稱'催科政拙，撫字心勞'者，非夫也邪？"爲之蠲畝稅，爲之解征徭，爲之罷鬼薪、城旦。居頃之，他邦返黃鳥而中澤集哀鴻矣。

越明年，復旱，五月乾封，食草餂砂之甿亦顑頷待盡。二三執事恫乎有孑遺之悲。公齋居露禱，走方社，爲民請霛，未幾而瓶翻馬鬣矣。故今有"大夫西，雨隨車"之謠云。時上下內帑數萬金以賑，布雁門者若干緡。公虞滲漉之未周，鳩里胥誡曰："朝廷德意，凡以爲窮民。爾濫豪右者罪，爾遺閭左者罪，爾首災傷不確者罪。"已，乃按赤籍呼名給之，民歡然視爲慈母，而又凜然奉爲神君也。

屬御史移檄煮糜，四履之外蒙袂輯屨而來者日以千計。公酌地遠近爲場，場有粥，更單騎巡行，務使嗷嗷之衆不踣于嗟來。肆生死而肉骨者億萬人，公所活也。且米鹽薪藿之存積者數什伯金。政聲嘖嘖溢西陲矣。

監司撮其實而報之督撫，督撫稽其行而薦之天子，曰："忠誠無我之心，博大宜民之政。四境安堵，萬竈生烟。"諒夫！

余觀今天下吏治斁敝，卑者涴簠簋以行私，巧者劀苞苴而市譽。即不然，亦晝諸坐嘯，傳舍其官耳。孰有惓惓爲民如公者哉？矧當如燬之餘，勞甘槙尾，而曾不難呴濕濡沫，起骴骼于更生！即汲黯、郭默之開倉無以軼，而陶侃賤糶、王薈私饘，不足擬已。聖天子擢循吏，有不建五丈旗以迓公耶？然則六曹九列當虛左以待，而中丞之刻何但前茅予哉！

余辱公宇下，無能揄揚盛媺，敬以孝廉馬君輩所請，僭爲不斐之序如此。其它德政載在口碑者，不具録云。

又代

余讀《周禮》"荒政"十二事，未嘗不羨誰昔盛時，置民於襁褓而乳哺之法，綦善也。乃説者又謂救荒無奇策，余竊怪之。蓋非救之難，所以救之者，非其人爾。今國家東南困天吳，西北苦旱魃，齊魯梁豫之間鵠形時見。聖天子靡歲不下賑詔，而監司守令率視爲故事。故以寔心行寔政者，十不得一。即寔而乾没不穴于吏胥，需索不聞于里甲者，百不得一。余束髮而登朝，所耳目不啻夥，殆微若元皋朱公者也。

公以萬曆己酉歲守雁門，雁門距吾家五舍而遥，枌榆在焉。余晤公，頗言利病，公唯唯否否。余退而喜曰："朱公，博大人也。吾民其有瘳乎！"居無何，士民如燕者，稍稍譚公政，云："往蝥賊内訌，旰不勝蠱。挈妻孥、捐廬井以徙者無算。其不徙者，亦棲苴已耳。公下車，即進父老而諏所爲便計：徭何以貰，賦何以蠲，囊奉何以省，牂而殰者蘇之，角而翼者砥之，蟬而綏、蟹而筐者復之。甫浹年，而屋鮮逃亡矣。”

今年九扈復不舉，公愀然曰：“昔三老凍餒，嬰知齊衰；道殣相望，胕卜晋敝。吾濫竽兹土，奈何不爲之所？”于是以災沴上臺省，且爲民請須臾之命。御史下贖鍰數千金煮糜，公曰：“往見豪猾專擅，多高下其手，取名竄易，使貿貿而來者快快而去，强半填溝壑矣。謂德意何？”乃躬走粥所稽覈，更辟義民董之，垂斃之衆所活不訾。會天子下帑金賑貸，公第其户爲三，上幾何人，中幾何人，下幾何人，刻期以給之，毋羈毋濫，人人加額去焉。且片檄一募，閥閲、素封之家出粟以實義倉者數什佰石。異日水旱盗賊，可恃無恐，又寧直補目前之罅隙哉！宋曾鞏之言曰：“遭非常之變者，必有非常之恩，然後可以濟之。”夫饑饉荐臻，可謂非常之變，而公多方拯救，不可謂非非常之恩也。即起周官，當爲借箸。中丞公首加推轂也，又奚疑？繇是而幣而金而關内侯，如漢宣故事，且次第賜焉，又不獨弁薦剡云已。

屬揮使趙君輩乞余言爲賀，故書此以付使者。諸善狀未易臚列，俟載之郡乘。

賀沈芳揚民部晋衛副郎序代

國家樹九大塞防胡，而山之右寔神京肩臂，綮要者曰雁門、寧武、偏、老諸砦。自大將軍而下洎偏裨侯尉，尺籍所隷，選蹄、健兒凡十數萬，芻藁粮糒之需，俱仰給於餉部使者，且關氏款市，糜少府金錢不訾。歲出之孔浮於所入。内虞脱幘，外虞窺關，計臣仰屋而嘆者夐已。前邵公條八議上大司會，爬搔垢弊殆盡，惟是封狐碩鼠，穴竇相通，開中諸商往往賂豪胥、豐蠹而召買，鹽糧之上率後先隱漏爲常。

自沈公之下車，衆大猾囁指相戒曰：“毋輕嘗，是鄉所稱神明宰也。”公乃莅堂皇，取所署裁之。一過而竅郤通，再過而髀髀輒庡耉然解矣。於是走一紙諭之：計某倉當若而數，計某廠當若而數，有不實者，法無貰。檄甫下，而三關若栗焉。更躬行塞上，視所儲粟秼登耗之狀。仍取二三乾没者，榜掠于肆，誰敢哉虛入乎？至武士材官有先期假秩者，不難破格綏之。若兵餉則按候以發無稽，不第重吏斂手，即責率亦靡所牟其利。乃今而後，玉蕊無歌也。其它京民運所輸，絶不令左右高下其手以浣簹篶。肆交關而出者，人人誦冰壺已。

今年，主計者以績上，帝曰：“都哉！乃能寅亮天工。”主爵者以陟請，帝曰：“俞哉！予其申命用休。”於時渙絲綸，晉尚書員外，含香視草，寵溢明光。隸公部者喜可知也。副大帥蘇公輩，同事境土，將稱觴以賀，而屬不佞一言，爲庭寔導。

夫不佞何能爲公言哉？竊意今天下財用匪出納無害爲艱，維理其原委之爲艱耳。蓋水衡詘于將作之發，同寺詘于駃騠之供，而封椿老庫之金若掃，當事者計無復之，遂括錣鬻爵、榷市搜山，滋一切苟且之術以佐軍興。吾不知瓊林大内積撲滿爲朽蠹者，抑何用邪？況五路邀賞，盡潤沃焦，而走中涓以佞浮屠者，動以萬計；彼羽林緹騎曾半石弓不勝，日食太倉之米，凡此於勝負之數何補？令移之以募趙代邊兵，必有感良將擊牛之惠，一鼓而滅襑襠者，不猶愈於頻歲許邪？效秦皇帝築怨絶地脉哉？

公資深望重，聖天子推轂，行且如宰相領度支，天下大利大害有不轉念而決者，則夫罷無益以實邊，俾國家收騰飽之用，是今日亟務也。公倘不以余言爲非戁，它日前席，此其借箸之一籌云。

又代

余備員監兵代上，與都餉使實相表裏云。不第士馬精罷、屯種清涽所宜協恭有事，凡芻粟、金錢之贏詘，舉得與聞。前與民部陳公、邵公計利病甚曙，因後先鞅掌，冀天子眷然謂吾曹奉職有狀。無何，而陳公拜學使者去，邵公亦入內總畿輔倉漕，余用是悵然。已而主爵者推沈公，詔曰：「可。」命下之日，余與諸裨尉抃而賀曰：「是嘗以五袴芘巴渝者也，是嘗以兩岐綏海岱者也，是嘗以覆錦含香高建禮者也，槽伍汔可有藉乎！」

居頃之，公至，至則無庸賦芋之術，而將若士歡然見德，至陽鱎所遇，則又夏日秋霜矣。有老吏取它事相嘗，公赫然曰：「我何人哉？而敢以居間市重而不自戢，我且操三尺問之。」自是，諸煬竉人人氣短已。於是日三商視事。凡公移奏牘之蝟集，曾不片晷而寸楮無稽。其於邊餉所在，按簿以覈。主者若干，客者若干，峙者若干，支者若干，以飛輓充者若干，以開中實者若干，一一得其要領。乃走片檄諭三單曰：「自頻歲告侵，若曹唱籌日糧久矣。魯雞之不期，蜀雞之不支，如國家封守何？今將以某日餉某營甲士，某日秝某砦選蹄，又以某日下埒[三]校材官之秩。」由是，期必出，出必平。仍敕所部奉行唯謹，故三關將士在在頌福星也。更廉得賈豎鹽糧之入，往往借召買緡竣役，而召買復移新抵故，歷年套襲，倉廒爲之半空。公走輕輶勘之，稱荛指困，悉發其奸。大獝伏辜而紅朽可蘄矣。且雅意儒術，退食之餘，左圖右史，自匕箸而外，皆稽古參政時也。

肆不閱期而戀代，聞冢宰以秩請，天子曰：「俞！是裨予一人，無虞外府者也。」遂飛木鳳，晋八座副郎。芸函芝檢，焜燿西陲矣。屬大夫朱君輩忻逢大厦，將裝軸登堂，而乞余言爲公贈。余思今天下愀焉蒿目者，非錢穀哉？入之孔百開而百不繼，出之孔百塞而百不支。無論九大塞時憂告匱，即今山右一隅，所不登首山而呼者無幾。公試維其故，兵未嘗浮于額外，而何以日慮有餘？餉未嘗減於額內，而何以日慮不足？簡搜清楚，此其弊有難言者。余曩下牒核塞田有無，期收籽以養士，而塞田強半爲屯。泉徵屯之虛實，又不在軍而在民矣。夫祖宗農政令甲可循，而一切蠧壞，安得不煩度支使拮据哉？昔趙充國以十二策困先零，諸葛武侯軍渭南以拒魏，俱不勞轉輸之費，今獨不可一舉乎？公只日入爲大司徒，縮天下財富之衡，此不可不爲之長計者。若曰廟堂有成議，無容首事，則余之慮又不直西北脫巾已。

又代

當萬曆辛丑，公用奇策取進士高第，蕭聲甲海內矣。已令江津，有異政；已令昌樂，復有異政。天子嘉之。尋徵入，佐大司徒理天下財賦。九圜刀布，寔藉提衡。而視草之餘，間取《平準書》調停中外，故今題粉署者，宛然左辟也。往歲，三關督餉使缺，朝廷采輿望屬公，公受詔之日，即圖所以釐弊蠧、瀹壅淤，以報稱天子之寵命。至則大侵之後，京民運不繼，而鹽糧十八萬、召買數萬復強半不登，少府錢曾未足以支朝夕。時脫巾倚矛之衆相望於七大營，而材官待秩者且嘵唶內訌也。公爲之權主客、酌便宜，緩也而急借之，輕也而重假之。更下尺一，徵全晉飛芻，以次勞塞下士，塞下士始不吳揚矣。

先是，廥史作奸，庾廩之虛至不可問。公下車即覈三路凡幾何倉，倉凡幾何積貯，積貯凡幾何出入，所在曙其源委。已，乃突一騎按之，諸商獝不及撑耳，而隱漏之罪伏焉。又時簡兵馬以壯儲胥，又時核屯田以充糧糒，又時悤開中之條以疏通鹽策。曾不愈年所，而善政蘂蘂，可甒八赤碑矣。聖天子"俞"乃丕績，走朱紱綏之。旋晉尚書郎，用昭申錫，煌煌綸綍照簡書矣。

於時吾鄉縐綠綖而居者曰："錫馬蕃庶，晝日三接，公其榮哉！"曳青衿而薦者曰："右賢輔德，顯忠遂良，公其遇乎！"釋縣韐韋弁而處者亦曰："虎拜稽首，對揚王休，公其視文人有光矣。"遂相與謀欲贈言，而屬不佞載筆。不佞猶憶含香時從司農後，按國家虛實之故。在祖宗朝，歲無宗藩、河漕款貢數十萬之費，故不加賦而餉足。乃今耗之孔誠不啻夥，而三者猶不與焉：中涓之養，比丘之飯，緹騎、監局冗員匠之蠹，幾二十萬矣。而大工、大典與夫戚畹湯沐之需、尚器尚筐以及封獸馴禽之用，一切括之闐闐。不知凡此天雨邪？鬼輸邪？錢穀使即善應庚癸，亦安能借漏卮以注軍興？管子有言："利出三孔者弱，出四孔者危。"今天下奚翅危哉？

公以命世才荷聖天子眷顧，當必有濟時長策，以圖治安，而不徒爲我雁門一隅計者，計將何出？不佞抱杞人之慮，且知公留心世道，故其贈也不以頌而以規。

賀蒲汭田少府奏績序

粵稽《尚書·虞典》，以"三載考績"陟明；《周禮》令百官府各正其治，受其會，三歲則大計群吏之治，而賞嘉懋勛也。然不過聽四岳冢宰詔王，于時事省而職易辦。我國家倣古定制，課期亦不觭，而綜覈之術則視昔較嚴。凡有司報政，必郡長曰"可"，乃上之監司；監司曰"可"，乃上之御史；御史曰"可"，乃上之天官。給由蓋如此艱哉！矧少府貳行省度支，疏通泉貨，刁[四]貝芻秣之灌輸，歲以數十萬計，奇贏利病、出納重輕，調劑稍羹，則有階之議者，奚最之足云？

汭田蒲公以弦浦國士筮仕我西藩，佐二千石分儲代上。夫代，雁門古塞，三晉要區也。戎馬鱗廬，望餽之眾，庚癸時呼；又地瀕丱穴[五]，觸禁者往往竊發，隄防少不劼，即嘯聚爲觲。

迂倅嘵啁，鷙擊有所不勝。公委蛇容與，不動聲色，而三單四履悉調于適。且洞矚邊圉獘竇，雖慣行軋没之商，亦兢兢奉粻牒惟謹，無敢貪緣作悍矣。甿有束矢鈞金之讞，得公片言，即搏顙歉服解去。罪隷、春臬之失經者，莫不思就公，一啓覆盆。其它薦紳橐鞬暨乘傳使，一迹其庭，率以爲景星鳳凰，争先睹之爲快。至於飾帷簿、簠簋，謝石門泉而反走，又其天性然也。故蒞代三年所，吏民頌不置口，士大夫頌不置口，直指中丞之薦剡亦後先上焉。此豈公補苴彌縫以獲通顯若是？蓋其實心實政，有出於繆怤讓恔，故不喋齗而下治，不斮骹而上孚爾。兹當報政，郡長、監司泊御史、天官業已稱最已。"明試以功，車服以庸"，有虞制在；以德詔爵，以能詔事，有《周官》在。明明我后，將不爲公隆晉錫耶？昔漢神爵、五鳳間，良吏爲盛，天子下璽書勞問，至拜爲公卿。我宣廟嘗詔選在外庶官，歷六科以備用。頃者朝議亦欲疏流品資格，爲國家弘登籥之路。以公之才望，洊躋華膴，又何庸契哉？

屬守令高君、陸君、劉君輩走幣如都，索余言爲賀。余謂今天下久任之道不講，長吏以宦爲信宿，故前弦方理，而後更張之。民始蒼黄，莫必其命。公果不終棄我晉，俾雁門徹惠無窮，請增秩賜金，如漢丞相故事，是余區區借寇之私也。

謹序。

又代

公佐郡守文法無害，蓋三年而膺貤典，三年而拜守丞，又三年而爲今報最之期。績上矣，郡長老聚而謀曰："公之蒞我雁門也，殆九載于兹云。其間中丞臺、御史臺以泊監司、陳臬使者諸薦疏與勞書，亡慮十數。天子嘉之，晉封晉秩，故微第所隷州若縣不敢望，即二三守相，猶然左辟。是遵何道而獲上若是？毋亦毛舉鶖擊以射赫燼之譽？即不然，僕僕爾希韝鞠踞，睨上官而進之？俱非也。公敦大恬靜，雅不欲以徽纆見長，至骩骳爲自媒地，則却而反走矣。肆下車暨政成，歷九載如一日也。」

頃余讀《禮》之暇，與父老相過從田間，與聞公治行狀甚悉。謂吾代南瀕礦穴，銀河鐵鋪之間，往往爲大盜藪，每嘯聚輒以梃刃相加遺，卬人氏不敢問。自公之來，而青幘白矛之徒駴焉。前此悍史破邊儲數千百石，幾敗軍興。公廉得其狀，格殺之。更以虛入之罪罪倉使，誰敢哉後先影射乎？日大侵之余，道殣纍纍，天子下詔金賑貸，公檄所司，甲乙其户，俾無遺冒，所活溝中瘠幾千萬人。即汲長孺開倉、富鄭公發粟，未足多也。又白草、長柴諸砦，爲奄酋出没之區，世廟時，胡騎闌入，不崇朝而薄我九原。當路者議起長城，公拮据于版杵者數歲。只今金湯鼎峙，屹然連雲，百世而後猶足哭單于陰山之北，公之功不與天壤俱銘哉！且均傜傜均，治賦賦治，勸學勸學[六]，平刑刑平。其它筦鑰之常不具論，大抵先民所謂「以儒術飭吏治」者也。昔太史公傳循吏，稱孫叔敖復市，公儀休燔織，爲奉法循理，然猶偏至耳，公且全收之。試取毛舉鶖擊、希韝鞠踞者同年而語，又何啻星淵也？

今當報最，中丞、御史、監司、陳臬諸薦疏與勞書俱在，天子坐明堂課政，有不曰「虔共爾位，朕命不易」哉？夫漢郡都尉秩比二千石，亦綦貴倨，以不能破觚斵雕，故祇稱龔少卿、黃次公爲第一。至問龔、黃所爲治行狀，亦不過安潢池，去其太甚者耳。公季孟二公間，署上上乎何有？倘國家修孝宣故事，則賜金、賜帛、賜爵關内侯，公有不得拱揖辭者。

賀王鑑衡民部奏績序

日余承乏地部，與鑑衡王公寔共視軍糈。頃各以三載績上天官，荷天子寵靈，下司封晉級，又得循例惠徽綸綍，以襃逮我兩氏尊人，猗與都矣！顧余謭劣，奉職無狀，罔以對揚休命，而王公則《周官》所稱"善、能、敬、正、法、辨"，以當六計之選者也。吾儕習公治行，嘉茲遇，可無一言爲賀？

當戊申歲，公繇進士高第拜民曹，是時橋政紕不可問。公奉檄董其事，一切侵漁剝蠹殆盡，東南之粟賴以善入京儲。由是大農器公，而思重爲仔肩矣。會潞墅關報缺，遂敕公往榷。潞，膴藪也。豪胥猾駔因緣爲市，賢者不免一歃。公至而埽除城社，行馬之下，寒可墮指矣。居無何，用太夫人艱歸。歸時枵然一橐，都人士謂前此所未見也。壬子，讀《禮》，起監御馬草廠事。廠故內璫之所據，就中虛冒無慮什伯。公在在清楚，曾弗少貸。至酬醻之問遺，則謝絕不使入車門。故今中貴人談王公者，猶咋舌云。㫃管餉東廳，慨然以軍國大命爲己任，所條上便宜凡十數事，皆倉曹石畫，業已見諸施行矣。更追積逋若而數，疏滯案若而條，裁公費若而款，祛衙蠹若而人。其它興革一如所以治橋、治關、治廠狀。

今當報政，實迹犁然，庸詎徒視草含香、優游于粉署丹墀之地也？昔《周官》以六計課吏治，而穀之曰廉，公所在冰蘗聲籍甚，而其善、其能、其敬、其正、其法、其辨又無不可爲世儀。茲以三載績上天官，荷天子寵靈也奚疑？《易》曰"介茲祉福，以正中也。"《詩》曰："樂只君子，福履膬之〔七〕。"若公者，可謂懋賞懋官，以無忝《虞書》之課者已。

雖然，余猶有進焉。今天下利孔竭矣，鑄山煮海，鬻爵贖鍰，以洎榷市、榷津曾弗足以應九邊庚癸。主計者方愬然仰屋，而皇上金花寶瑱之徵無停歲，抑且養寺人，飯比丘，豢大官冗員、諸監局冗匠，凡此皆沃焦也。吾部無點石蒸砂之術，亦安能以滄海實漏卮哉？公望重資深，行且由尚書郎履八座鈞杓之地，此宜先籌也。倘有所以俾六府常修、九圜不匱者，幸自策並以策我。

賀方中涵老師入相序代

公之謝大司成居里第也，蓋十五年所云，上眷公終未置。今歲當大計群吏，用天卿爵，起公田間，公再辭而再"不俞"。由是佐太宰啟事銓序流品，某幽、某明，靡不當也。天子嘉之。尋命入棘校天下貢士，所得士視常額有加，且各恂恂不挑。說者謂玉笋在公門焉。先是，三孤不備，大僚爭之，不得；台省爭之，愈不得。人僉謂皇上意在總攬，或厭於煩聒故爾，而不知聖心固有尚屬也。頃元輔不勝仔肩是慮，累疏求補，至以"去"爭。暨報"可"，朝野相賀，更相祝曰："沙堤築方公里乎？天下幸甚！"臬疏名以聞，而公果大拜矣。

黃麻烜赫，搯映金甌，都人士喜可知也。鄉三老將裝軸以贈，而徵不佞言，爲庭實導。不佞自維投劾以來，不復言天下事，亦何能爲公言？然竊觀今日，又不能不爲公言者。

夫堂陛通於呼吸，政府若爲有術；而雲不可排，天不可問，又若無術。鼎鉉擅其剛柔，政府似乎有權，而佞不得指，門不得破，又似無權。總之，時勢人情，機局遞變，急之成糾結之形，緩之浸假而澶漫陵夷矣。自非命世才，烏能勝其任而娛快乎？公少以文章名海內，居中秘，不徒習掌故家言，日唯取帝臣芳躅，尚友千古，故亡何而領春宮，亡何而掌胄監，所在輒有建明。今一再起，即平章軍國，庸詎置杯水于坳堂者哉？且皇上以數年久懸之缺推之，一旦以屢請莫必之旨下之片言，以是維是毗之司，畀之其慎其難之日，公之遇隆矣。望公者寧第據黃耳委蛇論道已也？方今帝子厄桃夭之會，天潢罹棘木之憂，大臣寥若晨星，國是紛如聚訟，且昊天不惠，挈吾民半噬于河伯、支祁。凡此，皆時事可虞，而鈞杓之地所宜借箸不遑者也。轉移調燮，公寧無意杞人邪？昔唐齊澣謂姚崇爲救時之相，崇曰："救時相豈易得乎？"

不佞無能爲公役，敢以是觴公。若夫斷斷休休，養國家和平之福，公固饒爲之，無所事厄言喋喋矣。鄉三老曰："善。"遂載簡而薦諸黄扉。

壽王鑑虞年伯七帙序

當萬曆癸卯，不佞某與今職方王君同舉于鄉。越明年，復同什褐，因以世刺拜太翁堂下。時翁峨惠文，執法殿中，春秋蓋望六云。未幾而晉冏卿，又未幾而投劾謝政，鼻兹殆十年所矣。今歲壽登七帙，職方君以請沐過里第，將陳甘戲綵，爲翁稱萬壽之觴。於是二三友朋圖所以佐匕箸，而屬不佞爲文。不佞即弗斐，何能無辭哉？

聞《洪範》"九疇"單言壽，而仲尼廣之曰"仁壽"。蓋天地生物之心，於行木，於星填，於人仁。木德王，填星福，仁者壽，此不易之理也。乃養生家輒幻其説，謂辟穀可以延年，煮石可以蜕骨，胎嬰胞姹可以飛昇。此無論事不經有，即有之，非所以壽翁，亦非翁之所以壽也。翁由進士高第領嚴邑，所在爲民造福，以故尸祝而社稷者，不啻畏壘之喁喁。洎以御史節按浙釐，日討蠹政爬梳之，片檄所到，商不困而額登。會直指彭公被逮，又抗疏白之。既免，復傾橐中裝以佐行李。所稱"質心行仁"者非邪？尋按齊，齊多窩豪，驄馬使問俗，往往市訪以嚇無辜，徽纆之連至不可問。翁廉得其狀，豫下令榜革，所保全善類亡慮什伯家。再按楚，楚有税璫陳奉爲孽，猰貐梟獍之慘遍於湖湘。翁前後論劾者以百數。先是，奸民奏楚贓羨以數十萬計，某縣發塚，獲金銀器以數萬計，旨下，屬奉追解官，民莫必其命，翁百計解免。適武昌鼓譟，翁乃勒奉，以激變自劾，其事遂寢。肆今全楚不至於糜爛者，翁之力也。暨懸車，猶創冬生院、義茶庵，每歲所活凍餒無算。至比閭族黨之待以舉火者，復千百其指。凡此，皆翁所爲體天地生物之心而爲仁者也。今壽進古稀，飲啖不少損，而杖屨矯捷如飛。過此而摩挲金狄，胡考寧可量哉？昔李元爽百三十六歲，爲耆英首；羅結百二十歲，領三十六曹事。今聖天子覃敷皇極，行且沛新政，起萬邦黎獻于春臺，黄耇老成浸浸待用，翁不久被蒲輪之召，倘以壽身者壽世，將一元協氣洽于群生，岡陵之祚寔式馮之，庸詎止所謂"爾耇爾艾"已耶？職方君世其官，更世其業，試以此觴翁，翁當爲之愉然加爵已。

壽路太翁七帙序

當萬曆閼逢攝提格歲蕤賓望日，爲前刺史大夫路太翁攬揆之辰，時翁春秋七帙矣。長君方以尚書郎有聲粉署，翁耳之色韡然豫，而長君且嘁嘁不自懌，曰："吾鄉者委蛇膝下，卷韝奉踞以壽吾親，甚適也。洎吾叨一第，兩領巖邑，拮据于牛馬風塵者萬狀，濣灑之缺用是婁婁。今幸徼天子寵靈，日食地官膳而又不能手之堂上，其何以衍吾親，俾加嚼哉？"乃購上尊甘膴、市文綺鮮綿之屬以娛其口體者，馳而進之未已也。更欲得舌士之言以侑匕箸，於是版曹諸君子謀所以佐壽觴，而屬不佞某載管。不佞自維弗斐，何能爲辭以悅太翁？然與長君同領度支，頗悉太翁茟履，而太翁又嘗以別駕治晉，則某編氓也，義不得無言。

蓋聞廣成之説，抱神以靜，形將自正。而莊生復推廣其旨曰："緣督以爲經，可以保身，可以全生。"然則趣舍滑心，則天和不鬯，而俞俞者固年壽之所以貞也。嘗以此衡今古，無論籛、松、綺、李以是道常存，即如香山、洛社諸長老，尚羊胡考之鄉，夫誰非解組息機，不爲造物用而能用造物者哉？太翁當强仕時，佐劇郡，筦少府金錢，曾不聞呰窳縮朒，以自猾其性靈。
泉以三年最擢守東海，慈祥豈弟浹于民心，尸而祝、社而稷者，
幾埒畏壘。乃舉事一不當，輒翛然投劾，此所謂不以趣舍滑心者
也。既歸里第，絕口不言公府事，惟杜門，手一編課子。時與伯
氏光禄公講《棠棣》之雅。暨春秋伏臘，則又出所餘橐中俸，
市牛酒爲親族歡。且能急人之急，只今間左待炊者，指以千計。
故燕趙無問識與不識，皆知路太翁好行其德也。

今行年七十，鬒鬓鬖鬖欲白而步履趫捷如飛。又善飲啖，朋儕
相過從，猶能舉大白劇談，丙夜不倦。兹非所謂解組息機，不爲
造物用而能用造物者哉？間嘗論翁有可用之才，而詘于馭；有可
大之德，而歉于施；有可久之業，而阻於勢。翁蓋留有餘不盡
者，以還天夭。遂以有餘不盡者，釀爲戩穀。則夫由杖鄉而杖
國、杖朝，坐蒲輪安車以躬受聖天子袒割，又何難操券而責也？

雖然，此猶無足爲翁壽者，長君以命世人豪取進士高第，所
閲菡聲稱籍甚，行且持大匕杓以斟酌元化。凢翁未竟之才之德之
業於是乎寄，異日者壽民壽世，措天下于春臺，不可謂非太翁大
年之所結。彼廣成、莊生屑屑以守精神、閉内外爲壽者，烏足當
翁也？諸君子是其說，遂命載諸簡，以代稱觥之祝。

校勘記

〔一〕"椶"，據文意當爲"稷"（總、終）之誤。下文有"稷其行"
可證。

〔二〕"元皋"，題目爲"九皋"，必有一誤，下文亦作"元皋"。

〔三〕"埤"，據文意疑爲"神"字之誤。

〔四〕"刁"，"刁貝"，未聞，"刀貝"，謂錢，據文意疑是"刀"字
之誤。

〔五〕"艹穴"，據文意當即下文所謂"礦穴"。又下文之"艹人"，亦

即“礦人”。

〔六〕“勸學勸學”，以上下文句法例，當做“勸學學勸”（對應“平刑刑平”）。

〔七〕“福履脧之”，此爲《詩經·小雅·采菽》句，但今本《詩經》作“福祿脧之”。“福履”，出自《詩經·周南·樛木》，今本《詩經》作“福履綏之”、“福履將之”、“福履成之”，作者把《采菽》句與《樛木》句兩相混用，蓋筆誤也。前卷《賀滋陽劉侯考績叙》用作“福履之脧”，尚可作活用看，此處明引“《詩》曰”，實誤。又，“履”或可釋爲“祿”，然“祿”未聞可轉釋爲“履”，且經文不可擅改也。

小　引

清凉社引

夏屋之陽，嶅巢而峉崿者曰五臺。五臺，古曼殊大士開化地也。其山盤礴數百里，五峰屹然參天，靈迹亡慮什伯所，率瞿曇氏主之。境之綦盛者有清凉。清凉之巖百嶂迴嵐，千溪瀉瀑。松風蘿月，蛻人塵骨者，終古如新。高人往往棲之。然情或耽於枯寂，則避世而兼以避人；見不破乎藩籬，則滅名而並以滅迹。雲天不斷，人景自銷。寧獨虎溪絕響，山靈不免笑人矣。有心光禪師敏自廣陵之羅浮來，卓錫於此，既解夏已，乃遍歷諸名勝，一泉一石，無不印心。又時時操唐音，行間倚槲栗嘆曰："蓮花社何人哉？只今爲廬山生色。吾顧不得與淵明、靈運諸公遊，千載而下，當令人悵惋。"於是啓社，集諸鵬耆。尋走赫蹏，邀余曰："客乘雲水皆三晋，人度風流總六朝。陶謝有期修奕業，遠公無那日相招。"余得詩，忻然如約。

客或詰之曰："子其佞浮屠乎？"余曰："咄咄！道惡乎往而不存？昔裴休、李翱數向空門問旨，而佛印、圓澤與蘇、李爲隔世交。吾安知碧雲巖畔不有未散之香烟邪？且清凉維吾家勝地，其巑岏足以參鷲嶺，其溈潓足以契常河，其菁蒨足以滋覺花忍草，其葱蘢足以當寶樹珠林。鳥之吟也，其迦陵乎？獸之習也，其師子乎？鼉鼓鯨鏞之鞺鞳訇訇也，其犍椎之振响於四方乎？吾收之社中而時一會心，烏知夫誰爲净土耶？誰爲非净土耶？況此公解脱四禪，翛然物外，每出一語，如楊枝灑面，使人五體清涼，真所謂積垢處香風也。倘不謂我俗緣未斷，拉之《三笑圖》中，即日飲一斛水，亦所甘心，奚至攢眉而去哉？"

以公授簡，故僭爲之引。士君子有三生之願者，幸以瓣香致諸山門。

《隨順集詩》引

齊梁以來，道人爲詩者夥矣，而盛於唐。唐自貞觀以暨乾寧，無慮數十伯人。若靈一之精妙，皎然之清芬，懷湑之玄澹，貫休之高華，他若《紅樓》、《白蓮》、《玉壘》、《玉笥》諸集，無不潤人齒頰，蓋河岳英靈之氣弗吝於桑門也。

我明成家者不少概見，而頃得之廣陵心公。公既卓錫清涼，邀余入社，已出五七言一卷，請余爲玄晏。余初讀之，得其窾，再讀之，得其骨，三讀之，得其髓。則見夫寓意於景者，如水內著鹽；取象於玄者，如空中打勢；脫胎換骨者，又如大光明一放，而墻壁、瓦礫皆真。余乃斂袵嘆曰："有是哉！維摩以方丈室收諸天乎？吉光片毛，火齊一顆，知爲世共寶矣。又何難追嫐盛唐哉？"

雖然，公方破兔角龜毛之妄，視山河大地一切皆空，而屑屑抽黄對白，與騷人墨客爭長，不幾認第二月邪？噫！不然。昔觀音大士以三十二應現種種相，説種種法，以棒喝群迷，公之詩庸詎謂逢場作戲者，非入世度人也耶？

是帙也，公自名曰《隨順集》，蓋取馬鳴大士"雖說而無能説可説，雖念而無能念可念"之意云爾。觀者有味乎斯，則公爲詩之旨思過半矣。是爲引。

《吴鹿友制義》引

蘇長公有言："揚雄好以艱深之詞文其淺近之説。"夫子雲之學無所不窺，微第《太玄》、《法言》籠蓋百世，即《甘泉》、《羽獵》諸作，匈匈之響，令人營然心駭，乃不免爲眉山氏右袒，則好奇之過也。今海内學士家嘔心制義，何以异是？其卑者軋苗不足道，高者動欲問鼎竺軋，揚灰柱下，至按之則如嚼蠟，此于玄解何當哉？往余得吴鹿友氏文，讀之殊覺快心。蓋其縱筆所如，劃然中桑林之舞，譬之風遇竅而刁調，水聚波而漣漪，皆不與耳目揣而自成雅韵奇觀也。今年鹿友看花上苑，余亦得從杏園後聯世講之誼，神相投，緣相湊，喜可知已。已以所著全集付殺青氏，既竣業，授余一帙，則見夫華不掩實，腴不傷神。有閎肆之才而持之使平，有凌厲之氣而融之入雅。試取所謂淺近者以衡鹿友，鹿友不受也。試取所謂艱深者以摘鹿友，鹿友更不收也。假令眉山氏見之，有不心慴邪？既懸國門，行且有雞林賈持橐蹄求售，又奚翅洛陽楮貴哉？余蹩泥没跀，無足以語大觀，然夙嗜鹿友文，當必有深相契者也。故忘其僭而弁諸首簡。

《雁門集》引代

司農奉上命督餉雁門之兩稔間，屬所摘古文辭凡若干卷，業付殺青氏告竣矣。時某隸屬吏，得授一帙。載歸，盥而啓襄。讀所爲贈言，則嫵備情文，義兼諷勸；讀所爲啓札，則耦聯黄白，响叶宫商；讀所爲騷詞，則出入柏梁，翔翔蘇李；讀所爲箴銘贊牘，則簡而有度，悉而無諛，華不失蔓，質不傷俚。渾渾灝灝，纚纚洋洋，固颯乎《大雅》之遺也。嗚呼！純粹踳駁，劉勰氏辯之審矣。藉文而不調於適，即龍睫雷霆、蝸角百萬、移山跨海、折地傾天之艷譚，亦不過牛鬼蛇神已爾，奚術哉？昔公孫龍爲白馬孤犢，魏牟比之惡鵶，良亦謂其辭巧而理則拙也。

司農是集，屬辭比事，發乎情而止乎理，兼以麟鳳其姿，冠裳其度，岳淵其勢，金玉其音，即進而與崆同碑、岐陽皷爭烈可已。古人謂"立德"、"立功"、"立言"爲三不朽，聞司農纍墨綏時，燔反側書，所全活無慮十伯萬，齒髮之倫洎茲尸而祝之。其縋儲重鎮，則飽伍騰槽，勳業又自麟炳也。

是編出而所謂"三不朽"者，不庶泊乎？金板揚芬，水精振藻。古今文望萃齊魯間，司農流覽枌榆，范型俱在，當必有爲經爲則者以輝映千秋，庸詎止擷藥抽葩以芳潤齒頰也耶？某黮黯，不知垎蛙之不可窺海，夏虫之不可語冰也，遂忘其錮陋，僭數言以弁簡端云。

《紫薇樓詩》引

《三百篇》矢口成韵，的係詩家鼻祖。自沈、宋以申、韓從事，而後之作者遂辦四聲于三十六毋〔一〕，搜八病于二十四格。蓋文章代變，若走江河，削脂鏤冰，亦勢使然耳。余性癖吟，而未能脫此蹊徑，每撚鬚輒爲粘韵所苦，故咄咄裂楮者二十年所。近見馮獻猷大能踢翻窠臼，私心竊鄉迂之。曩鐫《長嘯編》，猶間踵諸體，頃出《紫薇樓》四十首，稷之獨抽心得也。余伏而讀之，見意與象融，情隨境會，雖不斤斤矩矱，而蘇、李、應、劉之致，時吐筆端，所謂米、黃書法，識者當自鑒賞焉。且引興宣心，機流言外。傾日瞻雲之念，題鴒嚶鳥之思，備著于篇，眂彼嘲風弄月、蹋蹐繩尺者，又自星淵矣。美而愛，愛而傳，庸詎爲白家老婢聽哉？昔人謂曹子建"明月入高樓，流光正徘徊"之句，致思深遠，爲千秋絶唱，獻猷以大隊當之，恐鄴下壘亦不堅也。余蠡勺無以測滄溟，敢以玄晏之托，贅數言于簡首，庶幾青蠅附驥之意云爾。

《馮獻猷詩集》引

雁門之大姓曰馮，以公車言雄金馬門者娑娑。頃有獻猷甫，更張楚不群，鄉塾業直撮囊視之。遂挾策入太學，尋晉文華殿內史，望駸駸著已。所締皆名薦紳臮海內文士。竿牘之暇，稍稍就《騷》《選》業，斷鼃嘔胃，即炎栗弗輟也。久之成帙，凡若干卷。梓且告竣，因屬余引數言于簡首。

余啓裹則見光怪驚人，若蜃氣干霄，龍泉出匣。讀一再過，覺思迁神來。興情比事，賦含屈、宋、文園之風，詩庀蘇、李、柏梁之致，近、絕不作大曆以下語，古文辭則髣髴先秦兩漢間也。譬之五都之肆，珍異邅陳。即未必盡爲周客所賞，而木難、火齊固自在已。令波斯胡過，有不爇海上火三日哉？昔左太冲聲蜚於紙貴，陳正字名重於碎琴，之兩人犖犖千古，獻猷將毋伯仲邪？

明興，自北地、信陽諸君子立幟爭旗鼓者，遂無慮數十百家，大抵有躡電奔飆之技，而受約於羈勒。若夫不抑才以就格，不斥意以趨調，自成一家言如獻猷者亦鮮已。余每以君苗「見士衡文欲焚筆硯」之言爲甚，今觀是集，乃知余曩所自得，率虫泠符也。千秋業敬讓獻猷，余且取毛穎陶泓付之闍伯。

《如蘭草》引

皇明以制義衡士，海內操觚學語者，人人自命爲宗匠云。然卑者掇拾飣餖，剽秦灰漢蠹以爭奇；高者又識鴛青牛，神栖白馬，以故作幾蝟毛，當鮮麟角，以之應赤水之使，稷契詬耳，於玄珠無得也。吾姻友馮獻猷擁高訾不自倨，取素王宗貫，日磨勘之。且延江浙萬仲弢、馮定之兩名儒結社，昕夕校秘，蘄拔幟中原。其付剞劂氏卒業者，已潤人車頻矣。一日，出一編示余問序，名《如蘭草》，蓋取《易》"同心之言，其臭如蘭"意云爾。余諦視之，則見各具一造，而雄長亦略相當。仲羖文如慧遠據匡廬說法，雨花飛落，片石可證菩提。定之文如山陰道中，時矗奇峰，令人豁然目聳。獻猷則如李北平之將兵，雖不擊刁斗，而頤指氣麾，無不取勝。蓋趨不一而歸則同，所謂"離之雙美"者也。矧不以雕鏤傷氣，不以敷演傷骨，居然窺作者之奧。以此執牛耳，主盟中夏，又何左辟之有？雖然，此第朝華夕秀爾。獻猷方將期不朽業以聲施後世，即班馬蒼狐，曾不足以徹橫襟之一瞬，而是冰蟲技乃煩經營哉？冀日踏破紫霄，礱八赤碑以鐫功德，余且欲奉鞭弭以從事仲羖、定之，顧獨以敝帚供耳食邪？昔人云："不朽者文，不晦者心。"吾儕其共圖旃。

孫生《窗藝》引

孫生舞象而從余遊，每搦管，咄咄驚人，時或不諧于里耳。余輾然曰："木難、火齊固自待碧眼胡也。"今年督學使王公試士，生果取蓬弧先登。都人士始信汗血有種，而謂余相馬在牝牡、驪黃外已。剞劂氏不憚紙貴，猶欲購在笥者以廣其傳，生逡巡謝不敏。余曰："陳正字不難碎琴見業，子奈何示人以拙哉？"因爲之取若干首付諸梓人。它日，青藍相映，當必視此爲前茅。

《高孟門制義》引

余嘗治古文辭息聲律家言，見《楚辭》得之幽憤，杜律得之坎壈，因意文章不牢騷則不高古，不鬱勃則不沉雄。蓋佗傺之余，取精邃閟，以故發而爲文，砰訇洞㴔，如昆侖倒瀉，不撼龍門不止也。知此可以衡孟門文焉。夫孟門當丁酉應解額，其制義已膾炙人口，識者謂弋一第如蒲且，而竟迍遭羔雁者久之。今年起鱣堂，與余同喫紅綾餅，餤已，以斗酒相過從。耳微熱，輒睥睨千古。尋手一編示余，曰："此不佞罷黜，後不自菲薄，蘄借一以取蓋弧者也。"余置諸案頭，俄而光怪滿室，左右大怖。捧味之，則見理探九玄，氣揮八極。詞翻三峽波濤。其機局遞換，又如神龍變化，不可模擬。蓋得之牢騷鬱勃者多也。余乃促孟門曰："天下寶當爲天下共，其急售諸五都之肆。不然，恐有偷兒執兵夜覘吾兄室矣。"孟門釋然付之梓人。

《康玄定制義》引

蓋余髮始燥，即耳康玄定名，砏磤若雷云。然河東去雁門曾不數十舍，而無能載酒問奇，愚甚哉！今年徽天幸，蠅附渠黃，燒尾之辰始識面。見其修髯偉晢，昂如野鶴之在雞群已。與語，澄不清而淆不濁也。余嘆服久之。亡何，出制義若干首付板，余讀一過，見悍若鬥雞，馴若嗣虎，精若貫虱，捷若承蜩，真所謂丹砂九轉，入水火而不滅者也。余因信名下士不虛，乃今而後知筆硯宜焚已。夫玄定有手，海內人有眼，當不以余言爲栀，敬壽諸梓，庶攻舉子業者視爲前茅云。若曰《三都賦》借皇甫謐而後傳，則余憮憮退矣。夫何敢何敢！

潘太乙《寓庸齋詩義》引

楚山川甲天下，鬱爲人文，往往奪中原旗鼓，亡論《九歌》、《九辯》牛耳詞壇，如杜襄陽聲律，復然隻千古無兩，蓋以溫厚和平之度發忠君愛國之忱，於《詩》三昧[二]洵有當也。余同年潘太乙，胸吞雲夢，以毛萇家言蜚聲海內久矣。今年始與宴櫻桃，制義出，殆人人膾炙也已。以《詩義》一編見示。其旨邃，其色華，其致遠，其氣平，其標格風韻又令人顧盼欲飛。余一讀之，厥馬仰秣；再讀之，玄鶴下而風雨來矣。夫今學士家以《詩》藝鳴者何第數千伯，然恬雅可人如太乙者，亦鮮哉！乃猶自名曰"寓庸齋藝"，嗟嗟！天下何畸非庸？至味寓於太羹玄酒，至文寓於太輅越席，至道寓於墻壁瓦礫。糟粕腐臭，神奇所寓，而庸德庸言，固大聖大賢之所不能盡也。觀者有得于"庸"之旨，則此稿寧第主盟五際？雖奴隸《騷》、《選》可已。是爲引。

胡孺如《聯捷草》引

文章有定價邪？媺者未必售。文章無定價邪？售者無不媺。譬諸徑尺玉，五都之城僅可一觀，田父怖而反走，鄰人且取以食上大夫之禄矣。余年友胡孺如負異才，爲文奇甚。當髫卯即不難舉龍文寶鼎，乃遇數試數奇，或勸之曰："子不見大市平天冠耶？何不抑格以庶幾時目？"孺如赧然曰："天下寧少碧眼胡？吾安能以干將補履，效一錢錐也？"繇是愈自攻苦。意非深心不入，語非匠心不出。壬子秋，羔雉通矣。癸丑，上春官，連收大物。余得以雁行，承謦欬。見其爽豁，不與俗伍，而一種豪況翩翩逼人。余乃嘆曰："宇宙神物，豈有如紫炁高懸、白虹遙射哉！"今錄其窗草若干首，屬余叙末簡。余雖進于田父，然睹紅光滿室，不能不怪其靈異已。倘波斯過而問我，能無指孺如左藏哉？是爲引。

《渾源州志》跋

渾源，古冀州域也。昔有虞氏冬巡狩，至於北岳，以其地爲山之主。春秋而降，沿革不一。鎮靈式寔憑之。臮石晉割十六州以賂契丹，嶽祀且移之飛來石，文獻於是乎無徵已。我國家重開混沌，一統有志，省有志，郡縣有志，州之迹乃著。顧拾餘燼於胡燹之後，事或闕而未備，文或野而不章，義或無當於衮鉞，且與《恒岳志》合錄，非體也。氾水趙公以高第拜渾源守，甫下車，即進父老于庭，諏所爲廢墜者修舉之。曾不浹期而百度犁然。政間，復取州乘之舊簡編次，以蘄垂永久。幣而謀諸中翰王公，王公，博雅君子也。古無不究，又家世史學，於體裁、義例靡不當焉。繇是纂修，幾閱月而告成。志輿地凡若干首，志建置凡若干首，志食貨、兵政凡若干首，志職官、選舉凡若干首，志人物、藝文、纂紀凡若干首，提綱綴目，綜古悉今。以事則疑信核也，以文則華寔備也，以義則法鑒昭也。至若削鳧履、羊鳴之陋，祛陶陰、帝虎之訛，又其細者耳。令聖天子修有虞氏故典，柴望之餘，問渾源志何狀，此不爲一代之實録也哉？棗梨既庀，王公屬序於余。余不敢以不文辭，聊引數言于簡端云。

《擬同門稿》引

今上龍飛之四十一稔，制當策天下士。不佞承乏瑣垣，得以分校一經。息撤棘，得雋凡若而人，業醻而進之王廷矣。已，復各執行卷若干首求壽，且乞不佞片言爲玄晏。不佞因喟然曰："諸生既釋褷而修羔雁矣，即不敝箒故業，何急欲板之國門？其毋乃翹然有市異心乎？不佞不能爲諸生夸毗，滋爲世道慮焉。夫今天下操觚家何可問哉？墨莊經笥，炫以爲多，文之敝也敝于濫；綉虎雕龍，絢以爲麗，文之敝也敝于靡；效顰學步，襲以爲妍，文之敝也敝于僞；唄語禪機，剽以爲異，文之敝也敝于離；甚且狌奉虎皮，遞操牛耳，動欲空稷下之壘，文之敝也又敝于標榜成風。蓋前者既取螢弧，後者爭拔趙幟，轉相視、轉相尤，以故爲險、爲誕、爲僻、爲譎、爲艱澀、爲澶漫，種種幻出而肆木爲灾矣。大都繇于志滿而神躁，躁則不能無競，競則不能無激，激則不能無囂。夫囂于藝文猶可言也，囂于國是不可言也。不佞于諸生有一日之長，從世徵文，援文救世，蘄與諸生共之。故取恬雅正大，不詭于程者二百有奇，付諸剞劂氏。"遂不辭而叙之簡首。夫亦謂言爲心聲，信"心"并以信"言"，庶不以譖傷世道耳。若夫玄黃中變，枳橘漸移，不佞何忍逆料？諸生而恬雅正大，爲國家養和平之福，則此稿固前茅也。諸生能無自信云？

《兼材録》引

蓋自天垂弧矢之象，而《易》稱"弦剡"，《禮》重"桑蓬"，威天下，志四方，射所繇來矣。越稽《周官》司六弓、八矢之法，而九合，而七合，而五合，而三合，而成規，初不遺於士，亦安見夫楚桃、越棘、赤羽、青莖尚爲仡仡武夫用哉？故古者諸侯歲貢士於天子，天子試之於射宮，中多中少，君之慶讓益削因焉，庸詎直一辨禮樂、飭志體已也？

我太祖高皇帝以武略定天下，胡羯既靖，弓矢積塵。然猶安不忘危，敕海內郡縣闢射圃，群多士而校習之。日有程，月有課，俾無事爲觀德序賢之地，有事爲臨戎禦侮之資，法綦善也。乃承平日久，教學浸弛。無論筈箙弸弙，多士唾而不習，即射圃亦且鞠爲茂草已。固宜一遇警，空拳無備，徒〔三〕令人嘆"賦詩不能退虜"也。

直指左公奉上命督三輔學政，慨然與膠庠更始。因取《大明會典》暨欽定教條，頒示學宮，檄所部有司躬行率較。更與諸士約曰："今夷氛日熾，寰宇徵兵。山林布衣猶懷枕戈之志，宮墻士子寧甘袖手之觀？"於是多士喁然嚮風，靡不操轑引決，人人興敵愾之思。則有力足挽強、飲羽貫札者矣，則有巧能命中、穿楊破的者矣，則有目不停瞬、手不違心、見懸虱、落飛蟲者矣。由是籍其數，自一矢以至九矢者得若而人，莫不書地、書名，梓之曰《兼材録》，若云以文事兼武備，是長短中尺，曲直中繩，巨可爲棟梁，細可任枅櫨者也。異日量材受事，將執簡而定曰：某某會稽竹也，可當一面；某某鄧林幹也，可倚長城；某某氣不蹶張，有緩帶輕裘之度；某某慮無遺鏃，有折衝樽俎之風。庶幾緩急有濟，不至如今之怒焉撫髀乎！

　　然則是録也，公之意念深哉！嗟嗟！絳灌無文，隋〔四〕陸無武，古人耻之。爾諸生業已兼已，兼則通，可以下馬草檄，亦可以上馬殺賊。通則大，可以運籌帷幄，即可以決勝千里。大則真，不徒事浩瑁之虚名，而且具樊虞之實用。此公於諸士惓惓屬望意也。今天下逆奴未滅，宵旰滋憂，滇黔楚蜀之間，復有土酋猖亂，此政謀臣借箸、壯士請纓時也。則夫三箭平遼，七矢退獠，胡可諉爲異人任哉？諸生幸勉旃自振。余雖不敏，願以身爲鞭弭橐鞬先焉。

校勘記

〔一〕“毋”，依文意當爲“母”字之誤。

〔二〕“眛”，疑當作“昧”。

〔三〕“徙”，當作“徒”。

〔四〕“隋”，當作“隨”。

銘

明文林郎山東觀城縣知縣泰恒孫
公暨配孺人任氏合葬墓誌銘

萬曆癸丑，前觀城令孫公捐館。越明年甲寅，祖載有時，其冢君孝廉輕千里，走幣如都，乞余言，勒隧道之石。余與冢君相友善，又嘗爲公家課塾業，受知於公者最深。公之屬纊，余以釋褐待秩天曹，弗獲修童子禮執燭。茲松區剪矣，能不爲公誌不朽？

謹按狀，公諱某，字某，別號泰恒，蓋楚相叔敖之裔。春秋而下，子孫蕃衍于晋魏間，由是有光山之族。國初，徙内地畞實邊，遂從軍太原，尋占籍雁門之振武衛，今尺籍所隸總旗成者，其始祖也。成生順，順生廣，廣生鳳。鳳爲公高祖，以懿行祀鄉賢，迹載郡乘中。鳳生岐，爲公曾大父，由鄉薦拜沾化尹，晋守莒州，所在循良聲籍甚。岐生宗派，爲公大父，登嘉靖甲午鄉書，不禄。宗派生汾秀，是爲公父。以少孤，故廢學。久之，從賈人操子母錢，爲什一計，家稍稍素封。邢太公畸而甥之，育丈夫子三，而公其長也。公生而穎異，日誦數千言。一再過，輒終身不忘。九歲能屬文，十五補博士弟子員，十九即食州。

既督學使行部，試輒居高等，惟省闈則數起數蹶。日者以命爲公解，公粲然曰：“有是哉！命爲政則無所事經術爲矣。”少治《易》，旋徙治二載氏，四方之士從游者日衆。歲辛卯，果得隽，爲今少司馬黃公所録，一時相慶爲得人云。

丁酉，其冢君亦舉于鄉，橋梓同上公車，都人士艷之。未幾，而太翁逝，公居喪，哀毀逾禮，時以不即取甲第榮親爲恨。太夫人勉之曰：「而翁既不及沾一命，使我汔可五斗養，不愈於俟河之清耶？」公翻然就銓筮仕，得觀城尹。觀固僻邑，民不勝賦，而豪胥輩因緣爲市，緑林雈苻之奸又時時竊發。公下車，務予民以休息，輸必謝羨餘，文必求無害，盜必得主名，曾不閱月而邑之政改觀。有王生者，屢而富，里中豪利之，喙無賴經其室。生怖甚，欲以千金行賂，憚公之廉而不敢。已讞得無罪，父老曰：「我固知孫公能辯此也。」時方大旱，公步禱郊壇，不旋踵而甘澍如注。士民繪圖以頌者，徹四履焉。政間，又與諸縫掖講説經義，至漏下不已。刻期爲課，館穀之費一切取諸宮中。肆待教而興者，趾相躡也。若夫勸農優老，平訟均傜，無不通民情于肺腑，故蒞政無幾而口碑載道。惟以骯髒不善事上官，遂不免于齟齬。初即任，前令狼籍之狀已發，當路者曲庇，必欲移其罪以罪平民，公訊得其冤，盡脱之。以此忤當路旨，當路思有以中傷已。會椓河之役縈苦，因檄公往營。公即日戒道，拮据于泥塗畚插之間，凡五月而勞勩大著，漕使者方叙薦，而太夫人訃音至矣。公悲悼欲絶，遂輿疾西歸。時庫有贏金四百及羨粟數千石，皆公應得者，堂吏以簿請，公瞠目曰：「爾奈何以阿堵物浼吾簠簋哉？」遂踉蹡以起，一橐猶垂。比抵家，依然壁立已。先是，季弟爲奸商波及，幾不免，公貸千金出之。至是不能償，復以券累冢君焉。

公既歸，闔門高卧，見迕者猶銜公不置。居亡何，而有藩相之命。公怡然曰：「吾廩二十年而薦，薦十年而官，官一年而罷，拙於逢世而巧於全真，乃今而後吾知有吾矣。」於是搆數椽于西墅。手一帙，偃仰其中。童子報松菊無恙，則起而咏《考槃》

之章。雖粗衣糲食，晏如也。歲丁未，子若孫洎侄並以髫丱升黌序，公撫之，欣欣色豫，謂嗇取于身而豐受于後，尤善耳。又三年，爲公六帙之辰。余以通家子稱觥上壽，見其健飲啖，坐夜分不倦，燈下雙眸炯炯，意公天年固未艾也。

癸丑夏，忽不疾而殂。異哉！公爲人友愛，事二人以孝聞。當家食時，先世田廬盡割以贍仲季，而日惟舌耕，用供朝夕。纔有贏，即以佐親友之窮者，其好施又如此。生平尤不喜聲色，鳴瑟跕屣之門，終身未嘗一過。酒再爵即醺，樗蒱博簺諸戲，垂老不知也。雅善古文辭，雖與時寡合，而户外之屨常滿。惟不能爲人諱過，遇非韙輒面爲誰何。至于寸長可取，則津津道不容口。蓋其天性然也。昔陶彭澤不愛寵榮，陳太丘表正鄉閭，公庶幾無愧而倏焉怛化，又豈屑勾漏丹砂之幻哉？

公生嘉靖壬子十二月初九日，卒萬曆癸丑六月十六日，得壽六十有二。元配石孺人早折，繼配任孺人，十四歸公，主中饋殆三十年所。婦順母儀，兩擅其媺。公之攻苦嗜學，孺人有桓少君、樂羊婦之風焉。先公十四年而卒。卒之日，萬曆己亥十一月初五日也。距生嘉靖己未六月十五日，壽僅若干。公悼之，爲作挽歌一章，每開讀則欷歔泣下。蓋憶往傷來，慟不勝爾。再繼配傅孺人，婉娈宜家，殊嫻婦道。男三：長元震，丁酉舉人，娶劉氏太學生采女，繼娶吳氏太僕丞安孫女。次元鼎，增廣生，娶張氏滎陽尹永昌孫女，繼娶魏氏太學生登第女。俱任孺人出。三元晋，未娶，側室宋氏出。女二：長任孺人出，聘參戎周公俊之子，早卒。次傅孺人出，未字。孫男一，名傳庭，州學生，元震所娶吳氏出，娶馮氏庚子亞元明期女。繼娶張氏，按察使公崇禮孫女。重孫女一，傳庭所娶馮氏出。

兹以八月廿一日啓任孺人之窆而合葬，葬地距代城西北二十里。蓋公自卜，以安厝太公者也。山川迴合，不減牛眠。公也歸息，風與俱長矣。余故不辭而爲之銘曰：

孰積德兮而四世薦於鄉，孰纘緒兮而千載揄其光。有子能令，有孫克昌。封兮隧兮，胡不罩如于勾注之陽！

明文林郎名山知縣馬公暨配孺人王氏崔氏合葬墓誌銘代

今上御極之三十七稔，余銜命大比三晉士，得雋凡若而人，馬生珍以高等與薦。撤棘之暇，余詢其世次，知生父毅齋公以循吏歸里第，且捐館矣。母王，更先歿三十四年所，俱藁葬焉，獨繼崔在。生晨昏瀞灑，怡如也。越明年，從計偕歸，崔俄以病卒。生哀毀，一如毅齋公禮。已食吉，將祔于城東北祖塋之次，納石于壙，禮也。遂走使，持所自爲狀，以銘請。余以通家故習公，義不容謝黙黯。

謹按：公諱遥，字仲遠，號毅齋。其先東勝人，高皇帝靖胡燹，徙邊地人士實内郡，遂於代家焉。始祖世安者生麟，麟生翱，俱有潛德。翱生驥，雋成化庚子第二人，同知海寧。以子貴，贈承德郎，祀鄉賢，寔公曾祖。弟駰，登進士，授江西道御史，以直遷知府，寔公從曾祖。驥生雲程，由鄉舉三仕爲别駕，尋擢常州府丞，寔公大父。雲程生翰如，里選高，不就銓，寔公父。公女弟兄三，俱嬪同郡王、謝、吳三大司馬。器男弟兄五，皆術學生，而公其仲也。生而穎異，日誦數千言，罔不神解。十歲善屬文，即工鍾王法，爲劉刺史書墓表，觀者愕然。稍長，隷博士弟子員，旋食既，學使者及有司每校藝，未嘗不首肯。韓毅庵、張豫吾兵憲、薛質亭、劉鐘所民曹，皆先後刮目奇公者也。公雖數奇，艱一第，而海内旗鼓寔不多遜，即拔幟先登之士，往往避舍。四方俊彦負笈裹糧，願執經帷下者，亡慮數什伯，蓋道所歆也。歲辛卯，升成均，累試冠多士。蕭漢冲、馮琢庵兩太史大加賞識。廷選又甲天下，梅大庾選君深器之，注郡守而限於缺，遂以銅墨授名山尹。

夫名山，古三巴惡徼，地僻民刁，綦難理也。公下車，爲之肅城社，禁勾拘，平物價，誠善惡。興學有法，止訟有歌，勸盜有圖，恤刑有諭，雩旱禜潦有應。至於木礦茶漆之使，徵逐搶攘，公不病官，不病民，一咄嗟而立辦。纍纍善政，未易臚列。居無何，播酋猖獗，兵戎芻餉，雜遝糺紛。公調劑折衝，綽有成績，西南卒藉爲保障。先是，賈人牛某觸罔，罪不至大辟，當事者必欲羅織，公竟爲平反。業有杍麰之嫌矣，崔直指嘉公衡鑑，以四州十七縣賢否屬公注，且不令載優而令載劣。公雖曲爲之庇，不肖吏競相齮齕焉。嗚呼！蛾眉見妒，理有固然，矧以孤鳳鳴于衆鴞，欲不投劾得耶？洎歸，單車垂橐，行李蕭然。代篆葉君至，樹碣爲後人范，雖古塵床載石者何以加諸？

再起而判裕，狡胥或以常例唊，公厲然曰：“尔飲我貪泉邪？”隨置于法。嗣是庭有懸魚，案無伏鼠，甫閱月而賢聲大著。會河決蒙墻，淤故道，陽侯激怒，洞湑潕泙。稍東則宋州危，再東則陵寢震。二三大臣愁然蒿目，求所爲便計，遂檄公往營。公相其形勢，疏壅障潰，椓堰殺流，纔百日而告成功。漲瀾安涯，公之力也。督河使撮績以聞，天子下金帛勞之。繇是義問蔚勃，河以南無不欲得公者。方直指首加推轂，而鄧、而葉、而泌、而內鄉、而桐柏之篆，次第署矣。甘雨一犁，清風兩袖，所在頌聲籍甚。然公素方正，不習脂韋態媚人，故卒以此獲戾而有藩幕之轉。嗚呼！樊蠅易亂，市虎難明。賈太傅“周鼎康[一]瓠”之慨，有由然哉！

歸來，杜門謝客，隻牘不入公府。晨夕唯以課諸子爲業。無大恙，一日考終正寢。既玲[二]而囊鮮餘貲，傷哉！

公性友愛仁恕，事嚴慈最孝，處昆季最穌，與族黨最睦，御臧獲最寬。有魁壘跮弛[三]之抱而不獲竟其施，有繭褿拮据之勞而不獲豐其報，有端貞鯁亮之守而不獲孚於人，豈天之扼仁人耶？語曰："不于其身者，必于其子孫。"公之冢嗣業已弁賢書，行且待詔金馬門，以五色絲補衮矣，而龍種鳳毛又詵詵茁起。咫日紫泥稠叠，載賁松門，公于九京有不含笑耶？然則天之厚公不在躐膴生前，而在用光身後，詎云玄造夢夢哉？

公生嘉靖二十六年二月十七日，卒萬曆三十四年六月初四日，得年六十。配王孺人，夢梟女，大司馬傅岩公女侄也。終温且惠，婉娩宜家。事舅姑以孝聞，而雍穆之風刑于壼域。恒篝燈佐公讀，丙夜絲枲不去手，樂羊婦未足多也。屬纊之際，執兒手訣曰："而家世經史，惟願無墜厥宗。异日曳襤衣、持麥飰以拜吾墓，足矣。"今果然云。以隆慶六年九月二十四日卒，距生嘉靖三十六年三月初四日，得年二十有六。生男一，即余所舉孝廉珍，娶生員孔澤遠女，再娶禮部儒士喬公佐女。女一，適郡學生劉策，蚤歿。繼崔孺人，生員應徵女，駙馬京山侯女孫也，嬪子。公四德修明，居家不聞嗃嗃聲，而室斬然治。公之以賢令著也，有彤管力焉。卒之時，蓋萬曆三十八年四月　日也〔四〕。距生嘉靖　　年　月　日，得年五十有四。生子一，名瑜，娶陝西鄜州吏目席餘慶女。孫男一，名之良，珍所出也。

今以萬曆三十八年九月　日合葬。余若其請而爲之銘。銘蓋實録云。銘曰：

青箱世澤，繼序其皇。德舍肫穆，道秉端方。珠藏玉藴，梓里垂光。鳴琴委綬，花縣流芳。厭遊糠秕，觀化穹蒼。雁塞崚嶒，滹濆堋渃。山水攸長，高風可摭。陋豈王孫，侈非石槨。窀穸深深，松楸莫莫。淑配同阡，永安厥宅。

明待贈君東渠韓公墓誌銘

東渠韓公謝世，殆二十七年所，乃卜宅改葬。其子孝廉與行自爲狀，越千里以銘請，曰：“不孝罪譴深重，致先君子中背，又弗獲修大葬禮，權厝諸陽渠之原。今墓木拱矣，將以某月某日從形家言，柝窆於卦山飛鳳坡遷焉。惟是玄隧之石猶闕，敢惠徽一言，爲松門鎮，先君子死且不朽。”余與孝廉同井遂，又年友也，誼難謝不敏。

謹按狀，公姓韓氏，諱柳，字士雅，別號東渠，世爲交城之大姓。其始祖灌，以賓薦仕山東陽信令。灌生鉉，鉉生宗賢，宗賢生瑄，以例貢仕陝西白河簿。瑄生邦用，邦用子三，曰柳，曰范，曰董。柳即公也。

公少慧，當齠齓，自請就外傅，讀書即能了大義。年十七，充博士弟子員。爲文多不作經生語，每搦管，咄咄驚人。鄉薦紳方岳胡公、諫議解公、侍御楊公、王公皆奇之，目爲韓家汗血，謂騰踏紫霄，可計日待也。無何，太翁疾篤，公侍湯藥，衣不解帶者若而日。泉處苫塊，柴毀骨立，幾不能生。既禫，猶樂樂。已服闋，尋補增廣額。自是試輒居高等，而屢躓場屋。人或爲公扼腕，公夷然曰：“李將軍豈拙於戰哉？白首不封，命也。吾奈何與造物衡乎？”遂稍稍解去丹鉛業，旁取百氏言以自愉適志。因得善龍宮肘後之術，往往以一匕活人，所洪濟無慮數什伯，而公不自德也。先是，公乏嗣，立弟范之子與立爲嗣，至是逾五旬，連舉兩子，人以爲陰隲之報云。公既得佳胤，旋廢卷嘆曰：“吾即不做，兒子輩當做。烏用是矻矻一經爲？”乃謝青衿，高尚相羊於十畝之間，朝夕課子侄卒業。朋儕相過從，則推枰引滿，抌如也。嘗有“悶敲棋局，雞黍留連”之咏。讀其詩，可想見其致焉。公爲人孝友篤摯而高曠，復絕風塵。初，營太公壙，一甓一礫皆手自治。雖家徒四壁立，而奉母必曲致甘脆。二弱弟嬛嬛藐孤耳，衣之食之，卒以成立。泉夫歸息，又能以順命力學勉諸子。公蓋敦倫有道君子哉！即其璞抱荆山，珠遺滄海，然而鹿門大隱有餘適矣。況孝廉乘時鵲起，行將柱石明時，諸子姓復森森玉立，異日者三封五鼎，光照泉臺，所謂"作德于身而介麻于后"，食報寧有既耶？

公生正德丙子正月初八日，卒萬曆己丑正月初五日，享壽七十有四。配胡氏，早逝，再配李氏，又娶馬氏，俱德門女。丈夫子三：長與立，歷官學正，娶某人女，即初立弟范子爲嗣者。次與行，癸卯鄉進士，娶某人女。三與祥，邑增廣生，娶某人女。俱馮[五]氏出。孫男幾，娶某氏，某出。孫女幾，適某人，某出。例得並載誌中。銘曰：

德隆孝友，義出風塵。克昌厥後，爲國之珍。飛鳳開阡，眠牛表宅。萬歲千秋，玄靈莫莫。

明待贈君東皋趙公墓表

樂平趙東皋先生，有道君子也。才足以濟時而遇不偶，德足以永世而算不登。年四十七，以萬曆辛巳三月十一日卒於家。卒之三十五年，其子濟陽令始持其從弟侍御君所爲誌銘，匍匐向余而請曰："不孝𪩘延怙恃，《蓼莪》之恫深矣。愧無以贖罪地下。今幸惠徼一命，其敢湮没先人之潛德，不以揭諸阡石上之文？願有以累子。"余因憶蔡中郎不愧郭有道碑，世以爲知言。先生懿行可表，不斐之辭其何愛焉。

按先生姓趙氏，諱學讓，字汝克，別號東皋。其先無考。金時有忠翊校尉子政者，寔爲始祖。歷傳太學生哲，哲生鵬、鶴、鸚、鵡。鶴生恭、寬、信、敏、惠、仁，信生學讓、學禮、學儒、學書。讓即先生。幼讀書聰穎，在群季中翹然獨秀。嘗受學于仲父沔池君，沔池君奇之，曰："此吾家千里駒也。"尋令就外傅。時和順溫某以三《傳》名，先生負笈往從。提要鈎玄，不期月而脖然盡解。一試輒冠多士，晋人士咸願爲執鞭矣。先生愈自攻苦，篝燈警枕，即盛寒溽暑不輟也。顧擧子業日邃而數日益奇已，嘳然曰：“丈夫生不獲坐五丈旗，寧齎志以歿耳，安能效齷齪子揖揖於鉛槧間哉？”乃毅然潛心古學。凡六經子史以曁諸名賢傳記，罔不究極。慶吊而外，皆鍵關，尚論時也。性恬澹，不悅芬華，一切聲色貨利視之若浼。居恒斷虀畫粥，怡如已。嘗爲太公經紀訟事，餘百金，悉以封進。或諷之可留爲筆研需，先生咄嗒曰：“禮，父母在，無私財。吾奈何以阿堵物速戾哉？”雖父子之間，其介如此。嗚呼！先生學有源，趣有定，言行有坊表，迹其人，殆高西唐、鄭北海之流與？乃用不酬才，壽不配德，識者傷之。

孺人梁氏，王府儀正廷諫女，佐先生有婦德，久當冢政，壼無間言。泊稱未亡人，又茹荼飲蘗，以字貌諸孤，卒以成立，可無忝歐陽母矣。後先生三十年卒，卒之時，萬曆三十八年六月初六日也，得年七十有六。以某月某日祔葬于北平之阡。

子男子六，曰純，曰約，曰維，曰紓，曰綿，曰縡。紓與余同擧於鄉，今爲濟陽令。綿，庚子擧人。孫男子六：之禎、之桂、之嵩、之鼎、之黽、之昂，俱庠生。

嗚呼！太史公謂：“自古富貴而名堙[六]滅者，不可勝記。惟倜儻非常之士稱焉[七]。”先生立身行己俱有法度，而淡泊寧靜之概，又復絕凡流，令天不嗇其壽，施爲寧可量哉！余故不辭而爲之表，俾勒諸壙首，以示顯微闡幽之道云。

明奉訓大夫濟川張公墓表

嗟嗟！士君子表當世，寧必擁高牙大纛、取漢庭綬纍纍若若，乃有建明哉？先民謂：“一命之士，苟存心於利物，於人必有所濟。”夫士而濟物，即五兩之綸、半通之銅，亦足爲聖天子惠元元也。不佞持此以衡海內所耳目，無論什伯千，而得之濟川張公。

公諱先登，字于岸，濟川，其號也。世籍通州之海門。生三歲而探書，又三歲即能搦管爲擧子業。督學使某公試而奇之，取以冠多士，尋廩於學宮。公下帷攻苦，歷烈燠，靡所輟。自本經外，《左》、《國》、秦、漢、《莊》、《列》、《騷》、《選》以臮國朝名公著述，無不究心。每濡不律，則喑啞飛走，聲稱籍甚維揚間矣。會穆廟踐祚，天下郡縣例得升士，以昭恩數。公用高等與薦。既入成均，一再試，輒裒然首列南雍矣。士遇之，率宛然左辟矣。未幾而丁大父艱，又未幾而丁大母艱，蓋公嚴蚤背，而公寔代爲重也。六年之間，卧苦寢塊，長與禮俱。又念太孺人春秋高，恐不及以五鼎養，乃謁銓曹，授龍南大尹。

龍故多盜，椎埋劫掠之悍什伯爲伍，居民往往苦之。公設方略，殲厥渠魁，以次薙其脅從。説者謂張京兆、虞朝歌未足多也。又覈匿田以清賦稅，裁冗費以杜苞苴，罷客兵以蘇戍〔八〕役，搜亡命以折奸萌，課農桑以敦本業，築倉廩以豫積儲，校藝文以弘薪樵，崇鄉宴以厚簪裾。其它虎患水沴，一切爲民造命，故江以西稱治平者，必曰“龍南”、“龍南”云。然公素負傲骨，不善婾阿以取容當路，故卒以此獲戾而有濮陽之轉。公至濮，即取所肩職守而身勩之，且曰：“國家爲地擇官，非爲官擇地；爲民設吏，非爲吏設民也。求無覆餗足矣，它何計焉？”故不幾閲月而政聲流聞，一如治龍狀，民且尸祝而社稷之。亡何，太孺人以壽考終，公柴毀骨立，痛楚欲絶者凡幾。既禫，切切而哀，不敢過也。服除，除審理正，不就。惟手一編，吾伊山水間。間與野老爭席耳。

萬曆甲辰，上聖母尊號，覃恩寓内，凡吏守文法無害，俱得晋秩，公用是由田間進階奉訓大夫。明年乙巳冬，公卒，壽蓋六十有一云。

公爲人端毅軒豁，居恒不作呢訾語。教人以忠孝爲本而佐之四維。公庭未嘗居間，至事關興革，則娓娓道不置也。嘗捃摭鄉先賢，爲《六先生傳》以見志。又著《風俗論》等書行于世。

公父曰海賓，諱某，有潛德。祖曰達齋，諱某，以經術起家，司訓瑞安者也。元配盛氏，始興令之孫女，婉嫕宜家，與公合德，有冀缺鹿門風焉。丈夫子二，女一，孫男五，孫女一。其名、其次、其配、其字俱載曾大尹汝召誌中。不佞撮其大略而表諸墓門之石。

馮孝廉墓表

馮氏之以經術顯也，自昌黎尹文泉公始。文泉公昆玉凡四人，伯氏業賈維揚，以鹽策佐國家緩急。季氏通尉僚、穰苴法，登武制科。其最少者爲郡學生章泉公，章泉公育[九]丈夫子三，而孝廉爲長。母孺人劉，夢紫衣天使降于庭，寤而生君。甫七歲，即自請就外傅。日誦數千百言，無不了旨。嘗取《金剛》、《楞嚴》諸內典繙閱，慨然有出世之思。已，讀《蓼莪》、《唐棣》，則又曰："吾道在是，不必他求也。"未幾而章泉公即世。時君方髫兩髦，仲在襁褓，季才彌月耳。煢孤相對，日夜呱呱。君從盧塊中捧負，不自知柴骨之不支也。年十六，升博士弟子員，乃於沱陽卜築，攻苦下帷。爲文奧衍弘深，不事經生帖括。學使者行部，輒校置高等，才名籍籍噪晉冀間。歲庚子，得雋省闈，以第二人應解額，海內士傳其藝者，價比雞林。識者謂："掇大物，直承蜩也。"忘[一〇]何而劉孺人告瘝，君衣不解帶，躬浣廁牏。且籲天，請以身代。洎瘥而血淚爲枯矣。三年間，寢不去苫，食不御臑。每薦饎，涕泗橫襟，慟二[一一]釜之不逮也。先是，祖父居積甚厚，子母之權以數十萬計，或教之分箸，君愀然曰："吾何忍以阿堵傷諸父心乎？"卒廉取之，仍割盈以贍兩弟，而自居其縮。肆雁門稱孝友者必曰馮君云。又塾師李，煢獨，晚而喪明。君念其無依，喫著之需，時爲典幹。既歾，復厚殯焉。可謂恩義兼隆已。友人馮某負俊譽，丁年不禄，妻子幾不能自存，君惻其孀孤，曲爲周給。暨今交游感德，人人道不容口也。大抵君豈弟慈祥出于天性，而澹泊〔一二〕寧靜之養，更復絶時流。爲孝廉凡十三年，未嘗以片牘干公府。至拯人之急，解人之紛，飲人以龢，導人以善，即孔北海、陳仲弓不多讓焉。

余與君十載同袍，千秋知己，嘗見君方頤廣晢，豐髯蒼顔，以爲福具三壬之象，而文章〔一三〕華國，行誼式鄉，俱足以永世長年，乃以哀毀失經，竟卧文園之病！彼蒼何可問也？當壬子春疾革，走蒼頭，召余爲訣。因執手曰："天乎！吾誠不意中道抛少婦、割幼子，溘焉奄棄也。然吾母生吾，嘗夢紫衣人庭降，疇昔之夜，某亦夢金衣人相邀，然則障業圓矣。倘得徂與母同日，復何憾哉！"初，劉孺人以正月九日升遐，君之不御賓客也，亦于是日。異哉！君易簀時，元嗣如京纔九歲，諄諄焉以保世亢宗爲訓言，今業舉茂才，有聲膠序矣，而母王猶以《柏舟》之節厪荻畫之儀，倘所稱"賢萃一門"，非耶？

余忝司風紀，職在闡幽，故表大端于丘珉，以爲世勸。其譜次世系以暨配、胤，俱載張方岳先生誌中，兹不贅也。

君諱明期，字暗若，別號熙宇。庚子亞元。生萬曆三年　月　日，卒萬曆四十年　月　日。今其子如京以天啓二年八月初三日窆于花家莊之新阡。

張　曰〔一四〕：余嘗讀春秋世家及三國史，見顔子淵、管公明大德束于小年，長才詘于短算，竊嘆天道難諶。然不虞其竟厄吾執馮君也！君德行文學雅不愧先民矩矱，乃第蹇而壽亦不永，豈造物真有忌耶？雖然，夫歿而妻見"靡他"之節，父亡而子昭"幹蠱"之能，有此兩者，君可以含笑地下矣。余故表而出之。

明敕封承德郎湖廣漢陽府通判前知魯山朝邑平陰三縣事知縣^{〔一五〕}仁居張公墓誌銘

張公載賢書凡十有二祀，而余始補博士弟子。當是時，固未有知名，而公獨奇余不置。既館穀之，與其子若侄同鉛槧。復挺埴之，俾就於范型。洎癸卯，余叨領鄉薦，而公且出宰百里。又十年而余成進士，公已解組賦“歸來”矣。緣中外浮沉，弗獲奉杖履，時聆警欬^{〔一六〕}，然提携之雅，固未嘗一日忘也。今年秋七月，公捐館舍。余以病，納薊遼節歸里。公弟通政公持所爲狀請曰：“先兄之不御賓客也，三閱月矣。兹循禮，以某月日襄厝，羡道之銘，敢以煩下執事，以先兄於吾子有一日之知也。”

余讀其狀，愴焉悲悼，蓋不禁鷄絮之感焉。抑何忍謝不敏哉！

謹按：公姓張氏，諱崇榮，字子寵，別號仁居。少聰穎軼群，日誦數千言，靡不心契。甫垂髫，即工舉子業。太守葉公、督學某公綦器异之。與通政公同升膠序已，同食廩餼已，復後先應解額，同上春官，時人稱爲連璧云。迨己丑，通政公衰然甲第，而公竟躓公車，則數之奇也。公既倦謁司馬門，又念二人春秋高，恐三釜不逮，乃就銓曹選，得河南魯山尹。魯山有唐元德秀流風餘韵，公則而象之。潔己綏民，政成美錦。亡何，丁内艱歸，居然一柴車也。暨從吉，補朝邑，再移尤之平陰。凡三仕爲令，率蕩滌煩苛，崇尚悃愊，未嘗察察爲政，而吏凛若神君；未嘗煦煦爲仁，而氓戴如慈母；未嘗市烜赫之聲於在位，而去輒見思。古所稱庚桑楚、漢何武，汔可近之，它固未易方也。公任滿，登上考，例應内轉，會有所不合，遂決意懸車。歸而謝客鍵關，絕迹公府，雖監司、守相之轍在門，夷然不屑。惟昕夕以一經課子，更時時具甘脆爲太翁壽。時太翁已八帙矣。公編襴拜舞，嬉如也。逾數年，太翁卒，公哀毀骨立，幾不能生。既禫，築一室於別墅，顏曰"擬安樂窩"，蓋栩栩然自適其志也。

歲丙寅，公伯子繇里選高第授別駕，判漢陽府事。次年，今上龍飛，以覃恩封公如其秩。未幾，別駕歿於王事，公一慟而踣，不復有仙仙之致矣。越明年，考終正寢，壽八十有一，蓋所稱大耋云。

公生嘉靖三十年七月二十五日，卒崇禎四年七月七日。初配閻氏，密縣令世禄子閻女，繼配韓氏，處士守大女，俱以子銘貴贈太安人，先公卒。丈夫子二：長子銘，閻安人出，官漢陽府通判，公所繇以晋封者，娶保定張大尹以重女。次子銓，別室狼氏出，幼未字[一七]。女三：長適謝少參莆子生員錫九。次適吳少司馬孫參將學恭，俱閻安人出。其三狼氏出，許字儒士孫嗣昭子元恒。孫男四：基洪、基演、壽祺、壽昌。洪，生員，娶楊少參鼎樞女，夭。演，幼殤。棋字[一八]任郡丞尚約女。昌幼，未字。孫女四：一適刑部馬正郎珍子指揮之良，一許字趙都司永恩子迪，俱子銘出。曾孫一，名晟，洪基[一九]出。

今以閏十一月二十二日與閻、韓二安人合葬於代西北沙河之址。背環句注，面帶漙沱，公之靈當與山川俱長矣。謹誌諸石而繫之以銘。銘曰：

伯氏吹壎，仲氏吹篪。南山有橋，北山有梓。噫嘻我公，抑何遜此。推孝友於鄉邦，順坎流而仕止。既彌劭以彌高，胡榮哀之不庇。擬萬祀與千秋，亟稱曰"純嘏君子"。

明敕封孺人戴母程氏墓誌銘

程孺人者，祁邑戴孝廉之母，故方伯中齋公元配也。當中齋公捐館時，孺人七帙矣。泣血撫膺，幾經痛絕。緣諸子姓呱呱相向，强起視事者，復十有八年。考終於崇禎辛未之四月。啓方伯之壙而合葬，禮也。其子孝廉持頡太守狀，匍匐數百里，請銘于余。余既不斐于文，而病廢以來，復奄然床簣，亦何能搦管爲孺人志不朽？然與中齊[二○]公有兩地維桑之雅，而且夙企孝廉之賢，母氏徽音耳之稔矣，抑何能不效一言於墓石？

按狀，孺人姓程氏，於祁爲望族，世有隱德。父天善，以文學起家，登里選高第。學者稱爲西溪先生。有女子四，孺人其仲也。生而婉娈貞靜，舉止不凡。西溪公嘗謂其家人曰：“此女有異質，他日必偶乘龍之壻。當畫屏以待。”時方伯公爲博士弟子，聲稱籍甚。會問名、納彩，遂許嬪焉。當于歸時，才十三耳。摻摻女手，若不習婦事，而孺人固内則優嫺也。宗室蘋繁悉以身任，凡潭湯釁面，紉箴請補綴，一稟于儀。又推先世腴田以贍伯氏。故人稱方伯公之孝友者，必曰“内德茂”云。方伯公既攻苦下帷，孺人復篝燈佐讀。軋札呫唔聲相伴，嘗達丙夜不休。方伯領鄉書，取甲第，《雞鳴》之徵居多也。嗣是，宦輒所經，則又時操彤管，雖内言不出於閫，而珩璜報勵，往往裨“素絲”于“退食”之餘，故方伯公歷官而稱名令尹、名諫議、名藩岳，中壼[二一]之助也。當公爲給舍時，嘗迎養太翁于京邸，適奉有巡閱邊關之命，孺人晨昏定省，問視有加。洎寢疾，則又手調湯藥，曲進潘瀡，即躬浣厠牏無難色。久之，不諱，輒擗踊呼天，曰：“何遽奪吾舅？致鞅掌者嬛嬛哉！”遂扶襯[二二]西歸。喪葬之儀，情文備摯。方伯公不至哀毀逾經，孺人寬之者至也。

初，公考最，洎再遇覃恩，孺人凡受兩封，亦綦貴重矣，而椎布操作如故。及稱未亡人，猶服勤不怠。更敦崇儉樸，常服率至數澣。冠婚喪祭，費各有經。雖米鹽淩雜之微，無少屑越。至樂善好施，則不難倒儲以應。故亡論姻族賴以舉大[二三]，義漿義粥之所暨，環祁百里内載澤無窮。若夫宮觀津梁，又在在爲檀越也。

孺人慈和端謹，治家嚴而有法。嘗誡諸子姓，毋驕毋惰，毋泰失身。又曰：「若輩不成名，我無以見乃公于地下。」肆今或廩于庠，或升于監，或舉于鄉，其它崢嶸頭角，固未有艾也。

狀稱：孺人具四美，謂孝親、教子、相夫、惇族。余以爲更備三難：封號之榮，子孫之盛，壽考之祺，蓋未易數數見也。今于崇禎四年四月十六日告卒，距生嘉靖二十三年八月二十四日，享年八十有八。

子男子三：長濬昌，縣學生，卒，娶祭酒閻公樸孫女。次運昌，即孝廉，娶淳化尹郭公儒孫女。次沛昌，大學生，卒，娶御史陳公功女，繼三老權祥女。女一，適京兆田公疇子太學生慶年。孫男六：曰廷柟，恩貢生，娶太學生陳心鑑女，繼庠生孔論女。曰廷梅，邑庠生，娶三老渠通洛女。濬昌出也。曰廷柏，縣學生，娶三老任世廉女。曰廷栻，聘庠生文兆祥女。運昌出也。曰廷柠，娶別駕續孟陽女。曰廷枸，娶武舉王夢龍女。沛昌出也。孫女三：運昌出者適布政使馬公朝陽子禹中，沛昌出者一適太學生陳奏堂，一適寧化府儀賓程知務子振奇。曾孫男四：柟出者爲燽，聘孝廉王中興女，梅出者爲烺，柏出者爲炅，枸出者爲焨。曾孫女三：出于柏者二，出于枸者一。俱幼。

茲以某月某日祔孺人于方伯公之新阡。生順死安，榮哀備舉。若孺人者，可以無憾已。敬撮其大者而爲之銘。銘曰：

結縭而爲淑女，奉笲而爲孝婦。儆雞鳴而爲令妻，和熊丸而爲賢母。內德以貞，何福不受？宜爾子孫振振兮，克昌厥後。於戲！孺人阡爲弗朽。

校勘記

〔一〕「康」，原文從瓦，似誤。按《史記·屈原賈生列傳》引賈誼《弔屈原賦》作「康」，《索引》釋「康」謂「大」、「空」，非瓦器也。按此語今北方俗語猶存，謂果實類食物失去水分，内實空如棉絮者曰"康"（糠）。賈生謂瓠瓜已乾癟，遂成無用之物，然世人仍以爲寶，反厭棄周鼎一類真正的寶器。言世俗顛倒是非黑白也。

〔二〕"珨"，原文從土，當爲"琀"字之誤。按"琀"爲古代喪禮之一，以玉納入死者口中。"既琀"，謂古言"小斂"之後。

〔三〕"弛"，原文從弓，誤。按《漢書·武帝紀》"跅弛之士"，如淳曰："跅音拓；弛，廢也。士行有卓異不入俗檢，而見斥逐者也。"師古曰："跅者，跅落無檢局也。弛者，放廢不遵禮度也。"

〔四〕本句空格處，爲原書空格，爲銘文草稿，空出以俾主人自己填寫。下同。

〔五〕"馮"字有誤。前文言原配胡氏，再配李氏，又娶馬氏，無馮氏者，"馬"、"馮"二氏必有一誤。

〔六〕按《文選》所載《報任少卿書》，本句中"埵"字作"摩"。

〔七〕《報任少卿書》"惟倜"作"唯俶"，"士"作"人"。以上俱依中華書局影印胡刻本《文選》對校。

〔八〕"戍"，依文意當爲"戊"字之誤。

〔九〕"肓"，於文意難通，當爲"育"字，以形似而誤。

〔一○〕"忘何"難通，似當爲"亡（無）"字之誤。

〔一一〕"二"，似當爲"三"字之誤。按舊時"三釜"爲最低級官員之俸。此處叙孝廉不能以官俸贍養母親之恨，故當作"三釜"。

〔一二〕"洎"，依文意顯爲"泊"字之誤。

〔一三〕"文章"二字，原書作雙行小字，蓋初刻所脱，後補，今改以與正文同號字排印。

〔一四〕"張"字後空兩格，蓋省略"鳳翼"二字。

〔一五〕"知縣"二字疑衍，緣前已有"知……縣事"。

〔一六〕"馨欬"，未聞，疑當作"謦欬"之誤。按語出《莊子·徐無鬼》："夫逃虛空者，藜藋柱乎鼪鼬之逕，踉位其空，聞人足音，跫然而喜矣。又況乎昆弟親戚之謦欬其側者乎？久矣夫，莫以真人之言謦欬吾君之側乎？"

〔一七〕"字"，當爲"娶"字之誤（本段"娶"、"字"混亂，見下校）。

〔一八〕"棋"，前作"祺"，疑誤。"字"字與下句"未字"兩處"字"字，疑俱爲"娶"字之誤。

〔一九〕"洪基"，前作"基洪"。

〔二〇〕"齊"，前文兩處作"齋"，此處當爲"齋"字之誤。

〔二一〕"中壺"不辭，"壺"字當爲"壼（閫）"字之誤。

〔二二〕"襯"，顯爲"櫬"（棺槨、靈柩）字之誤。

〔二三〕"大"，當作"火"。

騷　辭

楊荆巖宗伯誄辭代

泉山峷爾嶚嵼兮，亙坤維以旁礴。溟海潚乎沆瀁兮，滄天風而塴君。苞靈孕异不常兮，扶輿間勃爲喆人。我師應運以發祥兮，羌魁磊乎全閩。縱三都以揮霍兮，負匎匐于八斗。搜萬軸以兀撐兮，探窈窕于二酉。棘院張羅而籲雋兮，衆吸呷以爭强。豪曹初淬鵰鶇兮，走萬隊於長楊。馬蹄踏踏皇都兮，劍氣蜿蜒而吐赤。青鏡朱絲兩售兮，躧風雲於桂籍。丹墀獨對三千兮，旌旗影動乎龍蛇。天人浩瀚而親簡重瞳兮，占鼎甲以升華。卿雲輪囷以郁芬兮，瑞靄氤氲於輦蹕。帝曰宅乃辟員兮，遂特遴於中祕。仙掌芙蓉獨擷兮，横經虎觀而視草。鑾坡冰條望蠹詞垣兮，冠玉堂金馬之峨峨。繫分校於兩闈兮，稷良瘵而揚挖。椓一網以三驅兮，括鳳毛與麟角。成均鼓篋兮，起八代之衰。蹤璧水魚龍欲奮兮，儼《菁莪》《棫樸》所陶鎔。天子嘉乃懋德兮，陟宮詹以旌閱。典三禮于秩宗兮，慰神人其罔媒。晋經筵而講貫兮，侍細旃廣廈於層霄。都俞吁咈不貪兮，弼我后爲唐姚。行覆姓於金甌兮，躋傅岩以調鼎。胡箕尾之矄莽兮，兆白雞而莫拯。豈厭處夫濁世兮，跨鶴征兟。抑世道之交喪兮，降此鞠凶。某塞伈擬其無朋兮，曳鹽車以垂耳。藉盼睞以生輝兮，濫厠名于桃李。感風塵之物色兮，誓鏤骨以鐫心。陡聞訃變兮，不覺涕泗之潺潺。奈雁塞其谽谺兮，叩兩楹而修阻。輸明信于瓣香兮，敬招魂而薦糈。

亂曰：天不憖遺，典刑喪猗！玉柱俄摧，三辰踢猗！海内悲號，傷屬纘猗！哀我參苓，倉悗填猗！絮酒炙雞，肆冥筵猗！神乎不吐，下雲輴猗！

劉用齋司空誄辭代

天坴絪緼蘇粹兮，苞符兩苗於胚渾。聖作叶其物睹兮，風雲遠應乎貞元。翁攬揆以發祥兮，協昌期于五百。宣名世之登閎兮，雁陣聯翩而騰騖。初縮符于赤縣兮，擬美錦之新裁。甘雨靈而薰飄飈兮，起萬姓於春臺。佐天卿以理銓政兮，儷冰壺與水鑑。九品宜其克宅兮，何啓事山公之足羨！歷奉常而開府兮，朱旗懸烈日與秋霜。磔鯨鯢於掌股兮，讐獝狖四噬之貂璫。陟玄武以總冬曹兮，六府修明于各足。省將作之虛麋兮，清水衡之凤蠹。山陵闋其窈窱兮，荃蕙藜拮据以經營。厝梓宮於謐如兮，成聖孝之嬡嬡。帝曰咨汝懋功兮，繡黻榮蕃而有惑。行覆姓於金甌兮，應九重之枚卜。固宜稷維祺以納祜兮，骨夜抱乎九仙。胡彼蒼不憖遺兮，摧八柱於中天。東壁黤其霾光兮，朝野泫然而凄楚。童不歌謠兮，春不聞乎相杵。天子爲之震悼兮，頒恤典于層霄。牢醴豆籩有芯兮，賁夜臺玄祐以於昭。某等藉維桑之余廕兮，更梯榮於世譜。廩範範與模模兮，情寔均於《陟岵》。緬維兩楹坐奠兮，傷哲人逝矣！其莫援悵此松門永閉兮，能不撫青輴而賦《招魂》！

亂曰：懷明德兮白雲鄉，山之高兮水之長。沼沚維潔兮奠椒漿，神乎歸來兮顧我觴。嗚呼尚饗！

連小嵩撫臺誄辭代

維五百之遷會兮，名世鬱其挺生。符河雒而兆禎兮，苞角亢而垂晶。龐望煜其恢炱兮，跨三川而凌二室。流萬斛以砍砰兮，筆紛裁乎瑞鬵。迅飛黃以騰踏兮，馮蹀躞于天衢。玉昆金友聯翩兮，並收上苑之隆夗。公釋褐爲大行兮，變九儀于四國。間間歸脈攸宜兮，聿賀慶致襘之皆得。尋司紏于鷺軾兮，咤鶿隼與神羊。按三齊而搖泰岳兮，更肅清乎當道之豺狼。晉九列以稽駟房兮，控天閑之十二。圉人奚官率職兮，駛裊騰槽于龗鸁。天子憂厓北顧兮，曰女其弼予。拜蘭臺以開府兮，朱旗掩映乎犀渠。武緯文經有赫兮，安攘功高於上谷。若盧夜落旄頭兮，酋首過陰山而痛哭。眷此崇勛枂伐兮，宜平格以方羊。胡昊天之不惠兮，伏二豎于膏盲〔一〕。佗龍尾之拾魚兮，儳白雞其入夢。摧嵩嶽于一朝兮，折中天之隆棟。玉帳金玲蕭瑟兮，期門黯而露澠風飇。將吏悽然惓德兮，徹龍沙雁塞以烏號。某羌竊吹于儲胥兮，誼寔深乎共濟。恫哲人之云萎兮，思忡忡其灑涕。酌椒漿而薦芯兮，歌《薤露》以招魂。倘明禋之可鑒兮，下白鶴于昆侖。

亂曰：禹山峭崿兮汾水長，我所憎悅兮在大梁。松門萬里兮何茫茫！公乘白雲兮遊帝鄉，千秋萬歲兮神彷徉。噫嘻歸來兮顧我嘗！

劉西井都督誄辭代

九關閎其窈窱兮，虎豹齦牙而蹲踞。四隅邈乎坱莽兮，猰貐睊睛而欠欪。帝曰維茲柱軸兮，誰其堵櫽槍而殿之？公乃應赫業於鈎陳兮，屆溥恒而誕斯。羌魁嵲其不儕兮，纘箕裘於閥閱。飫黃尉之韜鈐兮，蘄永清乎回沇。龗旄頭其曨曈兮，挽霹靂以臨戎。跨飛菟而蹀躞兮，破萬里之長風。天子眷忠而推轂兮，假西藩之油幕。公受脈以出車兮，轉陰霾于寥廓。孛酉猖獗以弄兵兮，反側猄猄而吠主。征蚩匝地哄天兮，竟相持於樓櫓。公奮髯而碣磄兮，取蚩弧以先登。下崇墉之屹屹兮，鯨鯢授首於長繩。錦城劍閣蔚其嘲嶒兮，一東南之重徼。苗播相尋於蹂躪兮，單赤離披而奔趁。公憑茵以鎮撫兮，走飛檄於三巴。羠羯靖而屯輯兮，儼銅梁鐵遂之無瑕。廟堂多公勛伐兮，晋鑒貂於樞府。河山帶礪永存兮，書券聯翩其接武。雲臺巇嶪俯瞰麒麟兮，吾皇將豫爾以公侯。寒航髒其不耦兮，追綺角以夷猶。涼臺燠館相羊兮，毓神駒於汗血。擬篋偃之同盟兮，摩金狄而收虎節。胡三階之黷黯兮，大星夜隕于高旻。赤鯉蹶跑直上兮，蒼虬騰踔乎颺輪。白楊蕭瑟而風悲兮，春不歌乎相杵。都曇答臘無音兮，塞草爲之凄楚。某竊吹於雁代兮，曾五技所不齊。聆長楊之緒論兮，展發覆於醯雞。念矩戁其無何兮，倏乘雲而委蛻。瀛海蓬壺遠不可即兮，通潛焉以灑涕。牲牷在俎兮，醴酪斛尊。靈禷蒿其不泯兮，歸來乎碑矶之雁門。

劉贈君誄辭 代

五溪滉茫而匯秀兮，九華巉嶻以儲晶。曰若乩古哲人兮，寔天苞地符之所呈。緊翁踵媺以誕靈兮，跨秋浦齊山而獨擅。聳青壁與丹崖兮，軼東南之竹箭。腹便便其緼甌兮，紛唾咳乎琳琅。扛龍文之寶鼎兮，恣砑磕於詞場。聿轖情於薾軸兮，謝丹鉛而樂只。躔谷口之高風兮，謇不訾夫蓬累。維庭槐其菽邑兮，義方時劼於箕裘。肆象賢之魁岸兮，騰騫直破乎烟樓。駕焚輪而獵漢兮，占天香之秘馞。叫閶闔以排雲兮，麗藻散焜煌於貝闕。捧橄芒寒列宿兮，雙昺載止於蘿山。陽鱎避而園葵不植兮，又何羨夫畏壘之閑閑？峩文叐以咤花驄兮，淬生風之繡斧。調冬日與秋霜兮，起疲癃而殯褻褕。抑此鴻勛駿伐兮，累式穀之所甄。會見金緋稠疊兮，賁泉石以絲綸。胡歲厄夫龍蛇兮，二豎齗齗而作役。曾曳杖之無何兮，梁木摧於一夕。嗚呼！天不惠兮，少微奄落於蒼旻。悵九原其不作兮，哀莫贖于百身。某竊世講之餘芬兮，誼罔殊于“陟岵[二]”。恫執燭以纏悲兮，涕潛潛焉如雨。蘇青蘋於雁塞兮，挹玄尊於沱水之陽。惟修靈之有赫兮，鞭箕馭而下穹蒼。

亂曰：蘭蒸蕙籍，薦芬芳只。雲虯婉婉，曳鳴璫只。顧我明信，中彷徨只。工祝致告，歆無方只。羽輪颷車，竭大荒只。千秋萬歲，神相羊只。

五臺令誄辭代

縶齊魯兮長發祥，熊兆獵兮麟吐章。公之誕兮寔與行，蹵雷電兮夏球琅。羌蹀躞兮叱渠黃，龍躞跛兮鳳翺翔。縮銅墨兮焜以煌，跨雙鳧兮入冀方。五峰崔兮庤且荒，旰盱衡兮悵循良。公載蒞兮慰方皇，春駘蕩兮布慈祥。霜凜冽兮薵疆梁，采芹藻兮作膠庠。追艾韠兮解桁楊，繁隴麥兮秀墻桑。翩一鶴兮蕭瑟堂，臺之治兮畏壘鄉。口碑漬兮四履揚，帝嘉績兮眷龍光。行棽賞兮惠無強，宜泮渙兮歷平康。胡世道兮交喪亡？歘東壁兮隕寒芒。春[三]不相兮《薤露》傷，西風慘兮悲白楊。初聞訃兮涕沾裳，茲臨奠兮裂衷腸。撫丹旐兮明信將，薦蘋藻兮修辦[四]香。謇彷徨兮思不忘，魂歸來兮顧我觴。尚饗！

張內子哀辭代

維陰陽之相沴兮，朝菌摧芽。胡霜霏於玉井兮，乃剝瑤華。豈坤儀之折軸兮，脉斷谽谺。抑婺靈之失度兮，歘摀雲珈。溯淑人之毓秀兮，名閨世族。若姆訓於宮帷兮，幽閑齋速。儼門楣之窈宨兮，四德修明。叶鳳占以曰嬪兮，琴瑟和平。相夫子其刑于兮，箴嚴簪珥。秉明信於祐室兮，蘋蘩肅只。倣《雞鳴》而作業兮，夙夜惟寅。解珩璜以順德兮，蘭茝無紉。躬鹿挽於少君兮，儒風載著。斷機緒於樂羊兮，功昭內助。伊壼儀之有煒兮，乾道用光。噫嚘唏其飛走兮，行掇天香。宜望舒之永耀兮，令終有俶。撫鸞誥及芸函兮，榮膺象服。何春叢之方曄兮，風雨相尋。露易晞於薤上兮，簪折瓶沉。茲且望寒蕪而歸息兮，埋香葬玉。將夜臺其千載兮，疇堪躑躅。某附松柏以分榮兮，誼切朱陳。悵蕙華之隕籜兮，能不傷神？漬絮酒於靈翬兮，炙雞在俎。將一念於明禋兮，用申淒楚。庶環珮之歸來兮，洋洋顧予。

馬孺人哀辭

嗚呼！以內助外，婦順章兮。以賢易貴，母道光兮。猗嗟孺人，四德煌兮。克纘虞潙[五]，步姬姜兮。蕙性蘭心，曰伊芳兮。玉節金和，陋靚妝兮。毓秀名門，姆訓將兮。帝乙居中，月既望兮。相厥夫子，委珩璜兮。躬致蘋蘩，蕭盛湘兮。五夜籌燈，佐螢囊兮。彤琯流輝，照琴堂兮。荻畫藜烟，懲義方兮。龍種天飛，躐大荒兮。雲排閶闔，呈琳琅兮。行載絲綸，出建章兮。鸞車翟服，何尚羊兮。萊綵潘輿，樂無方兮。云胡厭世，逐英皇兮？乃睠瑤池，曳明璫兮。寶奩烟沈，月微茫兮。鶴怨猿哀，《薤露》傷兮。有懷慈儀，衷旁皇兮。惆悵丹銘，泗沾裳兮。敢致生芻，薦椒漿兮。靈乎歸來，珮鏘鏘兮。

侯安人哀辭代

烏呼！靈極開其溟滓兮，黃壚奠而孕符。昆侖垂乎象緯兮，紫婺曒以苞圖。猗與夫人毓秀兮，誕徽彝於巽索。跂齋媚[六]之休覼兮，儼窈窕之矩矱。曰守貞而待字兮，若姆訓於蘭幬。占鳳鏘而叶吉兮，賦《鵲巢》以于歸。噎婉嬺其宜家兮，四德操之不貣。躬鹿挽以棲遲兮，傲《雞鳴》而作息。既孝隆夫瀙灑兮，更敬著乎蘋蘩。葆太穌于中壼兮，育麟趾之振振。紛母儀其載劼兮，則和熊與畫荻。伊聖善之陶甄兮，破烟樓而騰趨。渤澥泓而天門參峯兮，神龍躍而威鳳翱翔。駕風雲而依日月兮，凌列缺之

朱光。金部昭宣義問兮，駿朝紳而吸呻。帝曰咨乃亮采兮，女其
弼予而救法。佐黄堂以司理兮，緊鈞金束矢之惟寅。惠覃敷於嘉
石兮，業煒燁而彌新。固阿母慈範之所暨兮，宜綿延乎戩穀。胡
褕翟之驂鸞兮，乃遯登夫仙籙。喑皇英於湘水兮，問織女於河
津。赴藥闕珠宮而不返兮，亦何顧夫《薤露》之酸辛！某蹇備
員於囊鞬兮，猥辱知于國器。瞻吊鶴于中天兮，撫哀猿而恫嚌。
擷江蘺而薦俎兮，斟玄酒以陳尊。庶神明之降監兮，乘飆羽而下
昆侖。嗚呼，尚饗！

劉宜人哀辭代

曩余眷彼淑媛兮，遍流覽乎大荒。問塗山之懿躅兮，吊渭涘
之孤芳。往者既不可作兮，謇獨立而旁皇。姥乃下瑤池而凌婺緯
兮，洵嗣音其孔良。躬翔跙於壼閾兮，恐蘭蕙莫之能擬。施衿結
悅乘望以曰嬪兮，眠薦桃其弗詭。謂于嫣之罔貸兮，鳳鏘鏘其和
鳴。擷蘋蘩而職井臼兮，遂無斁此珩衡。朝奉饎於清匜兮，夕篝
燈於寒壁。幾挽鹿以調瑟兮，佐樂羊而斷績。伊長風之破浪兮，
駕白蟻與翠虬。維帝乙之克相兮，噬夭矯其橫秋。爾乃擁翟茀而
馭鸞車兮，襄十奇而化之。宜象服以流輝兮，跂姬姜而亞之。羌
飲恨於未亡兮，又何殊矢《柏舟》也？藐諸孤其何恃兮，寔有
賴於靈修也。況母儀之聖善兮，和熊丸而勵只。宜洊履夫維祺
兮，撫逵鴻而燕喜。胡崦嵫之俄及兮，白日欻其不淹。萱花黯淡
以摧顏兮，薤露零而易殲。空蕙帳之蕭騷兮，紛猿啼而鶴吊。余
豈不知菌椿之齊數兮，顧蔦蘿其猶悼。悵蓬山之窈窕兮，望弱水
之瀰漫。懷瑋褕之煒煒兮，杳環珮之珊珊。傷淑人之漠漠兮，愴
令子之欒欒。菀衷情之怛怛兮，揮涕泗之潛潛。猥余不穀兮，景
婉孌于内則。夫既有慕三從兮，又馨茲四德。念余息之執盥兮，
儼齋媚于閨闈。慟玄扃之永閉兮，對青輀以陳詞。

亂曰：猗嗟宜人，倪天妹兮。解佩投簪，成厥配兮。既榮且哀，靡有悔兮。桂醑椒漿，我其酹兮。靈乎歸來，庶不懟兮。

馬太安人哀辭代

噫嘻！坤軸撐乎晉冀兮，殿行山于巀嶪。婺緯躔夫參井兮，映汾流而煜爙。顥采修靈蔚勃兮，巽一索以呈祥。阿母凝其清淑兮，儷蘭馨蕙馥之爲良。曰伊母訓罔愆兮，儀寔閑乎《內則》。乘幾望其曰嬪兮，委袨繡而載德。挽鹿車以容與兮，飫春韭與秋菘。逋瑀璜之問報兮，蘋蘩更肅于宗宮。熊丸畫荻維殷兮，壼教無紕于式穀。莑跨釜以高騫兮，躡碧漢金繩而聳矗。聿鳴琴於青岱兮，列星遥映乎三台。蜑閔施於製錦兮，式孟機杼軸所裁。殊庸特簡宸聰兮，旋戀官而懋賞。歷覆錦以含香兮，姥範時厘於鞅掌。帝曰女其精[七]共兮，亶章服之所宜。曾見絲綸赫業兮，擁鸞車翟茀以委蛇。胡薤露之易晞兮，萱草平摧于一夕。咤絳節與雲軿兮，倏褘褕其長釋。某羌建斾于西陲兮，噬習聞夫內政。闋吊鶴之翩翩兮，衷營營兮若炳。敬含哀而漬絮兮，將一束於湨濱。倘玄扃之未闋兮，庶有鑒于斯文。

亂曰：窅窈兮松門，邈鸞驂兮謝魚軒。明信兮可依，乘白雲兮下昆侖。

李太夫人哀辭代

烏呼！沙麓參崒兮，扶輿間勃爲淑人。阿母含穌而挺秀兮，誕黃壚素姊之爲真。噬婉嫕其倪天兮，孅女媲乎摯仲。乘帝乙以居中兮，利闌關而膏動。叶鏘鏘之鳳卜兮，嬋媛巽而翔跙。宜家四德修明罔斁兮，儷鹿車氅弋之無邪。瀠濔蘋蘩不貣兮，婦道聿隆於中壼。更母儀其載愻兮，旋和熊而課本。緊中丞之式穀兮，騫迅翥於飆雲。溟海裔而燕山巀嶪兮，神龍躍而威鳳翀拚。羌捧橇以怡顏兮，八座分乎瑞錦。典三禮於秩宗兮，一錡釜之是暉。洎提刑以分陝兮，法星高照乎冰天。棘林肺石多所平反兮，寔不疑姥訓之拳拳。筦行省之均輸兮，赤區〔八〕涳登于紅朽。飾簠簋以不淬兮，亦鲊絕尋陽之所牖。牙旗建而霜寒列柏兮，油幢夜擁乎犀渠。靖龍沙以臥虎落兮，擬堯咨奉訓於金魚。帝眷鴻勛駿伐兮，溯璇源於聖善。肆綸綍之焜煌兮，珈禕聯翩而鼎蛴。阿母綏其后禄兮，宜鸞車翟茀以方羊。胡蒼螭之在馭兮，懷沆瀣而厭處。夫秕糠金母儐其醼醹兮，跨飛瓊於一夕。員壺方嶠邈不可即兮，撫蕙花而慟惜。某謇濫竽于雁塞兮，荷中丞提挈之仁。悵白雲之縹緲兮，歷羊腸而"陟屺"情均。聞訃變以魂搖兮，淚潛潛其盈把。瞻吊鶴於晴空兮，望松門而奠罘。生芻不腆兮，瀆絮非馨。靈其有赫兮，暫下青冥。

亂曰：北堂悄兮薤露晞，噫！風燭熸兮月輪微，噫！襜褕查〔九〕漠兮魂不歸，噫！蘋藻明信兮神可依，噫！嗚呼洋洋兮顧我肵，噫！

周母孫太君哀辭

嗚呼！造子維戎，興姬曰摯。邈矣前修，芳徽莫嗣。猗嗟太母，不顯其光。坤儀擢秀，巽質凝祥。幽靜婉孌，倪天之妹。帝乙居中，大邦作對。曰嬪夫子，閫政修明。勤甘鹿挽，儆切《雞鳴》。《內則》自嫻，宜其家室。潏瀄無違，蘋蘩有恤〔一〇〕。和丸課讀，五夜篝燈。龍蟠豹隱，霧變雲蒸。泮渙含飴，仍來崛起。緊中丞公，天飛萬里。高題蕊榜，出宰花封。神君慈母，爲世所宗。御座疏名，涳升青瑣。止輦從橋，風裁破碬。旋躋常少，望蠹槐卿。如循表俗，玉潔冰清。蠢爾夷酋，狡焉肆噬。震動三韓，人情鼿鼿。公承帝簡，叱馭東行。有虔秉鉞，烈烈于征。秣馬礪兵，騰文頓武。仡取除凶，以報千古。於維太母，戩穀用道。宜看飲至，俯慰詒謀。胡不憖遺？西山日薄。婺揜高旻，舟藏大壑。嗚呼！女貞婦順，惟母不愆。父教祖武，惟母是宣。母禄馨宜，魚軒翟服。母壽維祺，箕疇華祝。純禧鼎集，生死榮哀。白雲縹緲，復何憾哉！獨此遼氛，披猖孔棘。令伯陳情，終劉不得。扶筆而返，腸斷松楸。眷言東顧，何日抒憂？某夙側門墻，頃承鞭弭。鎔鑄提携，感深知己。遙聞訃變，慟盡情均。有懷雞絮，敢告明禋。介以生芻，侑以素楮。靈汔歸來，洋洋右處。

亂曰：驂青鳥兮駐瑶池，高堂闃兮褕褋移。桂有種兮蘭有支，衍芳馨兮無窮期。

顧母文太君哀辭

惟靈帝乙居中，倪天稱妹。儲霥秀于斗墟，孕苞符于地肺。既翔跙以閑儀，亦婉孌而則内。蕙蘭紉華閥之楣，蘋藻擷大邦之配。固不寧四德之有徵，而且見百行之無礙。埀樛木以迓和，呵鳲鳩而普愛。雞鳴相夫子之賢，熊膽作佳兒之誨。遂使藁砧跂槐市以觀光，震器躡杏園而熙載。吉用鴻儀，烏追枭隊。總三異於天中，收十奇於薊塞。調登山庚癸之呼，解入草戊丁之詩。即龔黃未足以相方，彼召杜亦何堪作對？于是帝眷發祥，恩隆錫類。玉函將金檢駢來，翟茀與鸞車並至。子翼翼以居官，母融融而適志。宜常飱絳雪之丹，永帶青霞之帔。胡厭處夫秕穤，倏飄然而遐暨？訃音遥達于范陽，令君揮涕而爲位。腸斷麻衣，血流苦茨。會見哀毀之欒欒，豈但擗踊之交摯！嗚呼！人世蜉蝣，菌椿一致。金母幻談，麻姑亦僞。假令淑媛可以長年，則堯姥舜妃不當入梓宮而升大隧。且太君守貞待詔之名閨，曰嬪狀元之曾嗣。生荷絲綸，歿登簠簋。固已幽顯同嬉，榮哀俱備。又何必噉三千年之桃，齊五百歲之冥，始陶陶而遂噫嘻哉？三教猶存，九京常閔。鳳誥空緘,魚軒不試。感風木兮纏悲,念瓶罍兮增唶。余不佞〔一一〕誼忝通家,能無慟甚?仰瞻吊鶴之翀天,俯效炙雞之酹地。孝子當順變以節哀,阿母亦歆誠而鑒意。楚些非工,生芻是寄。尚饗!

校勘記

〔一〕"膏肓",顯爲"膏肓"之誤。

〔二〕"陟估",不辭,"估"字當爲"岵"字之誤。按"陟岵"出自《詩經·魏風·陟岵》:"陟彼岵兮,瞻望父兮。"

〔三〕"舂",當爲"舂"字之誤。按"舂不相"出自《荀子·成相篇》:"鄰有喪,舂不相。"

〔四〕"辮香"不辭,當爲"瓣香"之誤。

〔五〕"馮",疑當作"嫣"。

〔六〕下文《劉宜人哀辭》重出"齋媚",然"齋媚",難通,疑爲"齊媚"之誤。按典出《詩經·大雅·思齊》之"思齊大任"、"思媚周姜"。然《思齊》中之"齊",或讀齋,亦音 zhāi,與齋同音,則似以形似而誤。

〔七〕"精"字似誤,"精共"應作"靖共"。按《詩經·小雅·小明》:"靖共爾位,正直是與。神之聽之,式穀以女。"《毛傳》:"靖,謀也。"《鄭箋》云:"共,具。""靖共",後世多從三家《詩》訓爲恭敬、謹慎。

〔八〕"區",原文類"區"字簡筆"区",今姑作"區"。按《荀子·大略篇》:"言之信者,在乎區蓋之間。"唐·楊倞注曰:"區,藏物處;蓋,所以覆物者。""器名區者,與丘同義。"赤區,或謂空空之糧倉。

〔九〕"查"字似誤。"查漠"不辭,當爲"杳漠"之誤。《文選》卷四十七陸機《漢高祖功臣頌》:"游精杳漠,神迹是尋。"

〔一○〕"怵",疑或爲"苾"字之誤。

〔一一〕此句"余不佞","不佞"原書爲小字右排,則顯爲自稱,則"余"字當衍;倘"余不佞"爲句,則"不佞"當與"余"爲大小等同字號。

祭　文

祭王文端相公

於戲！老師乾坤會粹，海岳儲精。百年間氣，一代阿衡。發祥山右，爲世之禎。歷仕二朝，天民出處。軼駕皋夔，齊鑣付[一]呂。直道而行，進退容與。緬維雁雉，載贊兩闈。冀方颷起，燕市天飛。金泥桂籍，奕奕揚徽。獨對丹墀，縱橫燦爛。策冠天人，手扶雲漢。簡在帝心，旋登虎觀。燃藜五夜，擷藻潢汾。近窮四匭，遠探三墳。詞垣秘閣，振响吩硡。珥筆清華，纂修實錄。一字遺榮，片言載惡。兩廟洪猷，於焉炳煜。參陪講幄，勸學青宮。陳辭析義，因事納忠。元良懋建，實維厥功。金臺校士，方員共舉。玉署甄才，規模自矢。麟鳳龜龍，後先接趾。南宮典禮，夙秉寅清。仰承天道，俯協人情。盡倫盡制，秩叙攸明。晋二銓司，天曹是掌。藻鑑無私，權衡不爽。大法小廉，皇途用敞。蚤參政府，益佛仔肩。謀猷克告，啓沃弘宣。楓宸眷注，寵賚聯綿。羽翼前星，孤貞特暴。左右劻勷，再三開導。大本以寧，乃懷高蹈。抗疏解組，笑指飛鴻。五湖明月，兩袖清風。高標大節，今古誰同？綠野開堂，優游一紀。存問有加，罿恩未已。帝眷東山，猶蘄卧起。云胡厭世，遽返蓬壺？龍髯直上，箕尾長徂。千秋萬歲，隔此塵區。

嗚呼！老師望重三臺，聲施百世。胡考昌齡，雲來衍裔。禄位名壽，無一之蹶。今且乘彼白雲，遊於帝鄉。於昭在上，焉用彷徨？獨惜斯文之喪，世道之亡。

嗚呼！當今括海穿山，搜商榷稽。土木繁興，宴遊靡則。老師往矣，誰清主德？紀綱頹敝，法度乖張。任輕臺省，權重貂璫。老師往矣，誰飭朝常？國步多虞，時艱孔諜。夸毗相循，陵夷不道。老師往矣，誰扶末造？皮毛俱盡，肌骨交侵。土崩瓦解，兆在焚林。老師往矣，誰結人心？饑饉荐臻，祲眚迭見。回禄燔宮，陽侯倒漩。老師往矣，誰回天變？

嗚呼！老師身關否泰，道合陰陽。生靈之庇，社稷之光。倏然賓逝，朝野同傷。某等桑梓餘生，葭莩駿孺。景仰懿踪，亦趨亦步。悵望丹銘，可勝慟措！青蘋列俎，玄酒酬卮。敢陳潔楮，敬展哀私。神乎如鑒，洋洋右之。尚饗！

祭王澹生座師

嗚呼！昊天不惠，載降鞠燔。世道交喪，乃殲喆人。猗與吾師，於皇先覺。道叶天民，統承家學。德業文章，夐乎躔踔。丁年掞藻，鼎扛龍文。閟追左馬，秀壓機雲。蠭孤首拔，辟易萬軍。策射彤廷，天人浩瀚。氣捲長虹，手扶雲漢。早夜臚傳，五雲燦爛。帝曰咨女，宜簡清班。鳩司通籍，駕部垂綸。九旒五輅，寔孔之嫻。尋歷南牙，寅清是陟。三禮有經，五器時飭。瑞錦窩榮，功崇品式。九重眷注，特進天曹。冰壺夜湛，水鑑秋高。銓衡不爽，啓擬山濤。癸卯之役，程爲世準。片語干權，群訛肆紾。覽德而翔，飄然遠引。十年林壑，涸迹冥鴻。夷猶萬竹，笑傲孤松。東山偃仰，巢許玄同。帝念忠誠，曰維邦紀。常少三推，冏卿再起。四海蒼生，拭目以俟。云胡在棘？孝篤於哀。形銷苦塊[二]，骨立齊哀。溘焉朝露，遽委塵埃！嗚呼吾師！聖朝礎棟。進退存亡，關乎氣運。天不憖遺，可勝悲慟！某等豕苓下品，濫入筍籠。生三義重，拔十恩隆。忽聞訃變，能不悼衷！敬賦《招魂》，用伸酸楚。河水斟尊，恒山薦俎。神沕歸來，鑒兹芳薁。尚饗！

祭徐懷南太守代

嗚呼！天眷皇明，聖神接武。會啓風雲，禎孚鼎呂。世挺名賢，而爲肱股。我師應運，式發其祥。三川匯粹，二室揄芳。珠藏玉蘊，河岳用光。於鑠維師，望隆山斗。氣吐長庚，胸翻大酉。宋艷班香，以供下走。鴻儀用吉，載質王庭。鷁横秋漢，鯤化春溟。天飛萬里，皎皎亭亭。帝曰休哉，乃遴中祕。黄閣趨鐘，紫薇載筆。烏爨絲綸，奉行有秩。含香粉署，蒿目軍糈。謀周七策，計佐三虛。地曹倚重，庚癸用舒。天子曰咨，弼予守府。榮錫玉麟，寵頒銅虎。露冕褰帷，春回齊魯。緝兹德業，伊誰與并。蘭臺紀績，楓陛疏名。行歌喜起，以握鈞衡。云胡厭世，遐懷瑶島？箕尾冥茫，龍髯天[三]矯。乘彼白雲，欻焉縹緲。猗與吾師，爲國之楨。東山係望，北闕懸情。溘先朝露，能不沾纓！某溲浡凡才，濫陪芝术。義切在三，恩同如一。訃變遥聞，何勝恫怵！有藏在俎，有醴在尊。敢將楚些，敬賦《招魂》。靈乎如鑒，暫駐虬軒。嗚呼尚饗！

祭封君張太翁

嗚呼！光岳孕靈，篤生耆碩。燕翼詒謀，德音孔貊。生死榮哀，用輝簡册。猗嗟翁也！寔式其儔。珠藏玉蘊，桂偃蘭幽。如祥斯發，而與喆牟。牟厭華裾，鴻冥鳳舉。鶴氅徜徉，鹿門容與。白石紫芝，以怡家墅。有懷豐芑，乃悉義方。斯征斯邁，肯搆肯堂。聯翩跨釜，萬里翱翔。伯也登閎，洿膺銅墨。三異蜚聲，十奇頌德。製錦鳴琴，罔愆于則。仲排閶闔，賦奏《長楊》。名高畫省，績懋黄堂。丹書赤羽，載靖封疆。帝曰都哉，宜嘉式穀。象服焜煌，龍章炳煜。金紫銀青，後先鼎沐。翁躋八帙，嘯傲湖山。春觥潋灔，舞袖褊斕。青瞳玄髮，靡有後艱。宜駕飛仙，期熙襲吉。洛社香山，丹臺玉室。出入委蛇，於焉永日。云胡厭世，遽返其真？黃粱不寤，《薤露》斯頻。松門蒿里，千載長宅。某桑梓後生，蔦蘿余屬。誼切牽絲，情均斂玉。悵惻丹銘，何勝躑躅！有芻一束，有醴一卣。敢將素楮，用告玄驪。靈兮如鑒，來格悠悠。

亂曰：蟠蟠者翁之壽耶！振振者翁之后耶！龍尾遥遥，翁其升而就耶！雞炙芬芬，翁其降而右耶！於戲尚饗！

祭劉贈君代

於戲！代有世貴，而鮮世賢。越艱乃后，維德之愨。完名純嘏，翁寔兼焉。溯厥行藏，哀然往喆。湖海揚觶，斗山振絕。秋浦雲峰，淪茫嶙峋。芹官襭藻，綉虎雕龍。三都辟貴，五總推丰。中原旗鼓，式笕其宗。猗嗟魁兮，金追玉琢。聖世真儒，天民先覺。範範模模，以刑後學。遹甘嘉遁，乃寄岩潯。鶡冠登嘯，鶴氅行吟。晚菘早韭，與道侵尋。式穀于家，飛走喑呀。矯矯荀龍，師師薛鳳。跨釜而騰，爲明時棟。蘿山捧檄，秋月穌風。社除伏鼠，澤集飛鴻。懿厥譽處，堂搆之功。洊歷松廳，凝寒繡斧。氣奮鮭鷹，威殲宪窬。稱名御史，義方所溥。堯封攬轡，拯溺救焚。起溝中瘠，燮寅内氛。亦惟庭誨，而楙乃勛。凡此殊庸，帝心簡在。紫誥焜煌，青箱薿薆。宜注宇臺，優游沅澧。云胡倦息，猒埽粃糠。攀髯直上，騎尾高翔。溘然委蛻，遊于帝鄉。嗚乎翁乎！乾坤大耋。道德文章，匪屛匪決。禄位壽名，匪艱匪缺。涕之無從，于翁可雪。獨以朝廷多故，百務不支。黔黧彫瘵，椎髻離披。官師縮朒，闇瞀恣睢。直指而去，曷任頹靡！某承乏西陲，提衡渠膝。大厦瞻雲，崇臺愛日。《陟岵》循陔，情均抱恤。訃問驚傳，愴焉慟怵。有懷窀穸，無任彷徨。溪毛不腆，明信是將。鼎湖可下，華表未忘。洋洋如在，鑒此椒漿。尚饗！

祭劉贈君代

嗚呼！玄德伊馨，厥維世顯。式穀其昌，曰賢是簒。紖綏華紵，生死榮哀。松楸千祀，有赫泉臺。噫嘻先生，天民之覺。雅負魁壘，獨行踸踔。東箭南金，斗山後學。爲耽嘉遁，鳳覽鴻冥。五溪皜皜，九華亭亭。珠藏玉蘊，犖爾邦刑。乃毖義方，而厘冠醮。堂搆嶒峨，箕裘炳燿。麟趾振振，用諧清歗。象賢不耦，萬里貀塵。鶚搏秋漢，鯤化春津。巋然甲第，以慰陶甄。花縣分符，仁昭滲漉。晝日垂簾，甘霖滿軸。慈母神君，一經所淑。篴羽鵷班，旋貞百度。赤棒飛霜，皂囊凝露。出入烏臺，鯉庭餘步。惟兹山右，捋采其劉。菑眚迭見，日夜咨籌。調停彫瘵，寔藉貽謀。帝眷忠勤，發祥斯喆。率乃攸行，曰唯女弼。芝檢琅函，會收元吉。云胡道喪，天不憖遺？兩楹屆夢，五鼎含哀。悠悠風木，爲侍御悲。嗚乎！國步多艱，人情孔棘。恃名直指，以謹反側。苫塊長號，曷其有極！某北門承乏，義切同舟。璠璵莫致，賻賵何酬？衹將哀誄，以慰靈修。

亂曰：高山可仰，景行行些。少微倏黮，暗三晶些。余懷喆人，涕沾纓些。有芻在握，稷在盛些。炙雞絮酒，薦丹誠些。靈乎歸來，駐霓旌些。尚饗！

祭李太夫人代

嗚呼！黄壚奠順，紫嫠垂儀。祥開虹渚，慶衍麟夷。璇源邈矣，聖善伊誰？猗與夫人！載繩懿淑。玉節金和，蘭芬蕙馥。月姊含靈，天孫稟彧。暨嬪夫子，帝乙居中。蘋蘩薦白，杼軸稱紅。禮隆冀缺，配叶梁鴻。家既宜人，敦邮閒姥。烹嬭示誠，和熊作苦。汗血霜蹄，後先接武。中丞式穀，奮翥騰騫。雲程九萬，水擊三千。丹霄粉署，委佩聯翩。佐禮春官，寅清是宅。秩叙攸明，人神罔覯。胡以迪斯？繄母莫莫。關河秉憲，徽纆除煩。口碑有誦，肺石無冤。活多京兆，繄母之言。行省均輸，通修簠簋。念切飲冰，操嚴酌水。鮓絕尋陽，繄母之軌。朱旗繡斧，開幕西陲。長楊讐虜，細柳陳師。堯咨忠孝，繄母之規。高敞公門，薦賢爲國。桃李成陰，參苓出色。康伯掄材，繄母之德。噫嘻阿母，纘女維行。思齊有道，啓佑無疆。陶成國器，載錫之光。帝眷賢明，婁推褒逮。翟茀焜煌，龍章霢霧。萊彩潘輿，優游未礙。云胡霜露，遽殞泉臺！雀瓶俄蛻，鸞鏡長塵。凄風蕭颯，鶴吊猿哀。某誼切同舟，情均陟屺。凶問驚傳，擗踊何已！淚灑松門，悲纏蒿里。敢將薄糈，敬告尊靈。牛眠在即，雞絮非馨。雲輀不遠，右於丹銘。尚饗！

祭郭太恭人代

嗚乎！坤維既奠，母道用彰。《書》稱育啓，《詩》美媚姜。伊賢伊喆，載錫之光。猗嗟夫人！令儀孔淑。純一端方，幽閒靚穆。吉感咸三，貞闡觀六。曰嬪夫子，四德修明。勤操萑葦，報解珩璜。蕙蘭比潔，蘋藻攄誠。姆訓時嚴，義方維貊。仲郢熊丸，歐陽荻畫。青簡勤劬，紫霄騰騫。雷門燒尾，挈電轟霆。氣排秋漢，水擊春溟。禎符九五，母孕其靈。粉署聯班，頤昂自若。題柱名高，含香望焯。瑞錦青綾，孟機所作。黃堂綰綬，召杜是師。薤持一本，麥秀雙岐。冰壺秋月，陶鮓所規。藩臬勷勷，勛庸日競。細柳提兵，甘棠布政。觀察旬宣，嚴嫗所命。嗚呼阿母！展也邦媛。宜家作則，啓后垂馨。龍章象服，允介遐齡。胡不憖遺？倏歸仙紀。金母驂鸞，麻姑戒軹。蓬島瑤池，駕言至止。萱堂月泠[四]，蒿里風摧。中天鶴吊，半夜猿哀。天荒地老，慘黯埏垓。某等借芘崇臺，夙欽內則。怙恃情均，瞻依念偪。訃問俄聞，何勝慟惻！生芻在握，玄水在斟。瓣香遥致，敬展微忱。靈乎不吐，來格來歆。尚饗！

祭李恭人 代

嗚呼！《書》稱"釐降"，《詩》咏"好逑"。乾坤健順，緊德之儔。於赫夫人！曰維尹吉。婉嫕幽閑，嬛嬛靚密。猗嗟邦媛！有倬其刑。金穌玉節，蕙馥蘭馨。帝乙居中，守貞而字。內則唯明，徽音載嗣。洎嬪夫子，壺政無紕。蘋蘩莫莫，潏瀄怡怡。宜爾室家，罔愆褵結。案舉梁鴻，賓崇冀缺。芸窗佐讀，五夜篝燈。南山變豹，北海飛鵬。彼樂羊婦，其何以增？捧檄三秦，芒寒列宿。花滿青郊，簾閑白晝。彤琯之功，未應獨后。含香畫省，出入承明。紫荷囊重，瑞錦窩榮。《雞鳴》是敕，而麟乃成。秉憲西臺，提兵北鄙。色動旌旗，冤消疹痏。左右匡襄，寔爲女史。帝嘉丕績，內助時掄。鸞章褒嬔，象服推恩。後先寵賚，炳耀魚軒。頃謝紘綖，相將綠野。緯恤明時，杞憂大廈。白首丹心，所其同者。矧弘《江汜》，《樛木》垂仁。《螽斯》緝緝[五]，《麟趾》振振。熊丸之迪，洊爾騰塵。皇矣夫人，介兹景福。九鼎無疆，三多有僕。匕箸俄捐，誰甘百六？噫嘻長夜！風雨不開。星沉寶珹，月黯瑤臺。蓬山湘水，何以招哉？某等告瘝不材，叼嶄下吏。久事台藩，與聞齊媺。曰夢遥傳，何勝慟喟！敢將楚些，用告仙靈。芴紛紫塞，絮灑丹銘。神乎如鑒，暫駐雲輧。

亂曰：薤露零兮萱草摧，吊鶴下兮隴猿哀。江蘺兮遠荐，環珮兮歸來。尚饗！

祭孫太母

噫嘻！塗山誕啓，簡狄生商。姜嫄曰稷，摯任曰昌。寔維儀訓，載錫之光。母也繩芳，發祥鼎族。紫姕霏晶，黃墟轉軸。玉縕珠藏，蘭馨蕙馥。婉嫕翔跙，徽音是淑。守貞而字，結帨施鞏。欽哉釐降！利也闚觀。吉從占鳳，偶叶乘鸞。夭桃穠李，跨潔邯鄲。克相于君，用甘家食。鹿挽同車，《雞鳴》戒弋。皇甫班賢，孟光匹則。維德之行，克諧內職。飭茲梱範，棣棣威儀。榘遵窈窕，言紃喔咿。縞綦聊樂，井臼親持。大家《女誡》，靡不攸宜。宗祏代終，郵閑婦事。孝篤姑嫜，惠加娣姒。滫瀡承顏，藻繁佐祀。芝草醴泉，根源獨夋。一經教子，希聖希賢。和熊五夜，割甕三遷。書傳荻畫，帳儆藜烟。天香蚤折，寵賚聯翩。花縣分符，德音是茂。野有雉馴，廷無鼠鬥。化雨一簾，清風兩袖。內教維殷，何慚列宿！有孫濟美，益振家聲。鳳毛表異，麒頏呈禎。彈冠掇第，連袂登贇。昂霄聳壑，頭角崢嶸。猗與蘐堂！榮膺戩穀。蘭玉齊森，桑榆轉燠。膝遶斑娛，門延華祝。翟茀鸞車，宜其象服。嗚呼阿母！女士之師。三從靡貳，四德咸熙。龍章帝眷，鶴髮仙姿。當躋難老，以介遐禧。胡不憖遺，遽歸玄室！蒿里幽深，松門杳沴。青輀長違，丹鉛乍失。薤露嘷嘷，悲風慘日。某等通家子姓，奪恃情均。有懷褕褘，無任酸辛。敢將薄奠，用展微裡。靈乎如鑒，顧我青蘋。尚饗！

謝風河神文

維神巽二居尊，天一正位。八方鼓鬯，功崇生養收藏；萬里朝宗，澤衍江淮河濟。拔木表姬公之聖，流澌開漢主之基。事有必徵，靈無不應。項[六]者漕糧凍阻，飛輓艱難。兩岸冰交，悵津涯其莫得；千艘沍結，嘆槁櫓之難施。某肅念告虔，齋心致祭。願假片帆之順，蘄回數日之灝。神乃俯鑒素忱，下垂玄佑。三朝怒吼，須臾成助順輕颷；百里寒凌，頃刻化浮舟靜浪。目今不鳴條，不飄瓦，送軸轤銜尾而來；千斯倉，萬斯箱，俾正改分頭而進。軍儲有賴，國計無虞。幸邀保護之霛，敢乏明禋之荐？犧牲不腆，二簋聊致微誠；醴酪非馨，一祼用酬洪造。神其不吐，國式馮之。尚饗[七]！

祭史司農代

於戲！晋曰史趙，衛曰史鰌。藟聲鼎望，千載誰述？猗與年翁！式繩厥武。繼序發祥，而稱公輔。荆溪澂潏，梅塢嶙峋。珠涵玉蘊，爲世所珍。福具三壬，學規二酉。擷藻横汾，雲蒸電走。天人浩瀚，親簡重瞳。爲咨良牧，泝履花封。慈母神君，三吴頌滿。肺石無冤，口碑有纂。旋登畫省，平準書同。謨優七策，力佐三空。上軫邊關，頻呼庚癸。爰命度支，以蘇疧瘼。公臨調劑，早夜拮据。屯田既舉，鹽法亦疏。主客之需，如泉斯溥。馬漸騰槽，士汔飽伍。嘉猷懋著，帝曰都哉！宜崇蕃庶，以勵群材。副座方升，郎銜載晋。覆錦含香，星階日峻。地曹容與，天部踟蹰。行看曳履，以踐西樞。胡不憗遺，遽從仙侣？魚尾忽徵，龍鬐乍舉。摇摇廣柳，遠塞長干。素車白馬，有淚汎[八]瀾。某仰切登龍，情深附驥。況在同舟，壎篪何異？眷兹丹旐，目慘神愔。聊將一誄，慟代招魂。有芻在束，有醴在斝。神其不吐，來格來歆。

祭仇孺人代

嗚呼！棠車之適，《柏舟》之堅；韓國之訓，魯姥之年。有一於此，彤史爛焉。緬懷今昔，誰如我季王母？女貞婦順，兩擅其賢。眷言圖册，誰如我季王母？姆儀壽考，各極其全。惟母之誕也，璇閨孕質。如蘭馨蕙馥，式婉嬺以俔天。惟母之聘也，寶笄待字，當葉蓁華灼，宜家室以承乾。請沐請緝，母之内則也。何棗栗滫瀡之有愆！采蘋采藻。母之梱政也，胡筐筥錡釜之不虔！當吾祖即世，母纔十八耳。吊止煢煢之影，而斷腕之志已矢于重泉。方吾伯未立，母會亦百六矣。依鮮呱呱之息，而承祧之願即告諸九玄。我元父鴻儀用吉，炳炳璘璘，蓋未可量也，孰非母慈誨之所甄？我諸姓螽斯衍慶，蟄蟄繩繩，殆靡有涯也，孰非母厚德之所綿？今日者鶴髮酡顏，契金輪之秘旨，母業已飽沆瀣而远遁；異日者龍章鳳敕，荷琅函之殊寵，母寧不被褕褘以蹁躚？胡三彭之不輯，致二豎之相煎？黃粱一夢，絳雪九還。會見羽袖霞冠，度青城而搖曳者，怡閬風之巔；庸詎巷杵途鈴，望素車以悲悼者，傳《薤露〔九〕》之篇？嗟嗟！人誰無生？何似母節壽兼至，旌異之典叠叠乎駢闐〔一〇〕？人誰無死？何似母榮哀備舉，蒸嘗之續緝緝〔一一〕乎蟬聯？某孫枝慚秀，祖葉愧傳。一官羈絆，五兩留連。存不得廁就養之末，殁不能與哭泣之前。悵丹鉛而腸斷，仰青輴以魂牽。神隨雞炙，泪灑牛眠。楚些無文，慟音容之僾爾；生芻不腆，冀臨右其洋然。嗚呼哀哉，尚饗！

校勘記

〔一〕“付”，似當爲“傅”字之誤，或爲明人簡筆字。按“付吕”指殷高宗時之傅説、周文王時之吕望。

〔二〕“苦塊”不辭，似當爲“苫塊”之誤。按《白虎通義》卷下“喪服”條：“寢苫塊，哭無晝夜。”《風俗通義》卷三：“孝子寢伏苫塊。”“苫塊”爲“寢苫枕塊”之省。

〔三〕“天”，疑當作“夭”。

〔四〕“泠”，依文意疑爲“冷”字之誤。

〔五〕“緝緝”，當作“揖揖”。按今本《詩經·周南·螽斯》：“螽斯羽，揖揖兮。”

〔六〕"頊"，當爲"頃"字之誤。

〔七〕"響"，當爲"饗"之誤。

〔八〕"汜"，當爲"汍"字之誤。按《後漢書·馮衍傳》："乃作賦自屬，命其篇曰《顯志》：'淚汍瀾而雨集兮，氣滂浡而雲披。"

〔九〕"霧"，當作"露"。

〔一〇〕"駢闐"不辭，當爲"駢闐"之誤。按（南齊）謝朓《謝宣城集》卷四《新治北窗和何從事》："岧嶤蘭撩峻，駢闐石路整。"

〔一一〕"緝緝"，當作"揖揖"。按今本《詩經·周南·螽斯》："螽斯羽，揖揖兮。"

傳

奉訓大夫張公傳代

張公諱于岸，字先登，別號濟川，維揚海門人也。先世無考，逮公祖達齋翁，始以司訓顯。而父海賓翁亦世其業食邑，既爲名士。公生而穎異，未齠齔，自請就外傅。目可數行下，每操觚，咄咄驚人。尋補博士弟子員，試輒居高等。間泚筆爲古文辭，命騷左馬，淋漓楮墨。唐宋而下，不與盟也。會莊皇帝御極，詔天下大賓士，公以優得雋，待對明廷。是時才弱冠，浹三期耳。海內士爭識公面，謂取一第直承蜩也。乃九年讀禮，哀毀逾制，竟不能以苫塊之餘收大物。

太孺人復時時促之曰：“爾半通是醜，獨不念我西山日薄耶？與其餁五熟釜於長阣，何如逮升斗乎？”公聞之，涕潸然下。遂弗獲已，捧檄爲龍南令。至則爬搔垢弊殆盡。先是，龍虻匿浮糧田八百餘頃，莫發其奸。公履畞，盡得其籍，神明之頌沸虔陽已。又捕得青幘白矛之徒若而人，懸首蒿街。自是綠林崔苻無嘯聚之警，民乃不苦摽掠已。且獮社鼠之奸，避陽鱎之險，嚴筦鑰之防，課桑麻之業，解戍役之師，酌均徭之法，至桥路以捍於菟，浚川以扼馮夷，又不第劉弘農、西門鄴下矣。更以暇暑進諸縫掖，講説經義，俾多士知濂洛正宗，肆標淡墨而踏紫霄者，蔚相望焉。居四載，樵青牧赤無不口張公才且賢。乃以不習骫骳失當路意，用是左遷濮陽。公旋以治龍者治濮，視得失殆不翅飛菟牛毛也。前後居攝無慮數四，公繭繭拮据，弗謂代庖而傳舍之。時炎融爲虐，諸無賴藉口驅魅，率發人壙，以洩私忿。公廉得其狀，一一取三尺以殉。仍上書爲民請命，所活溝中瘠無算。凡獖牙雀角之爭，得公片語，則歡然抃額解去，故鄰封質成者，趾相躡也。它善政未易更僕數，總之，不自便以蘄便民爾。亡何，太孺人違養。公扶輿歸，樂樂爾，面爲之墨。既闋，補衡藩審理正，或勸駕，公曰："吾鄉爲吾親仕耳。親背我，寧能以七尺博五斗哉？"

於是怡然薖軸，隻牘不以溷公府。至載酒問奇，則戶外之履常滿。郡邑大製作多出其手。所著有《風俗論》、《海門志》、《六先生傳》行於世。又有《張氏世業》、《篍竹園》等書存笥。今上推覃恩，特進奉訓大夫。江湖而絁紳，蓋異數云。

進階之明年，乙巳，爲公初度之歲。子若姓奉觴上壽，衍如也。公素無恙，一日，屬後事，正襟危坐而逝，說者謂"寂化"焉。余爲公內弟，稔公狀甚悉。大都伉爽有大節，而以維持世道爲主。自筮仕以泊懸車，未嘗少變其塞。歸田凡二十年，澹然寡營，惟以立言、課子爲事，內政嗃然有度。至族黨之虺，則不難以身翼也。外王父貧，不克就窆，公極力用襄，且取甥孤乳哺之。哭季父，摧痛幾絕。祖塋有垂圮者，爲之封樹若堂。其爲人仁孝又如此。嗟乎！公逝矣。懿行芳躅足以風吏治、正鄉閭，蓋高山可仰而景行可行也。九原可作，微斯人，吾誰與從？

贊曰：維天眷世，載生善良。處爲閭表，出爲國光。虞南造福，青岱流芳。榮分楚醴，矯翰而翔。帝曰都哉！宜章乃服。朱紱焜煌，琅函炳煜。后祿無艱，景命有僕。優游林壑，以傲松筠。有雛維鳳，有定維麟。一經綿世，千里絕塵。公雖不待，而道已信。

句注山房集卷十九

碑　記

喬公生祠瞻地記

　　明萬曆己酉歲，晉境告眚，而太原之平定郵甚。三農失業，九廘不登，井落間殣相望也。越明年，復無歲。斗米千錢，菜色之民顐頷殆盡。其壯者走四方，老者填溝壑，屬且穉者呱呱於墟莽而無與爲哺，四履幾無民矣。時侍御喬公請沐歸里第，過而嘆曰："天不惠吾晉，以及于侵。所賴二三長吏乳此孑遺，而三三〔一〕長吏復鞫且疚也。如此呱呱屬穉何！"乃傾囊中俸緡，市粟數百斛，救州大夫王君煮糜以餉，而公之弟亦捐貲若干，以襄義舉。凡鶯者瞻之，病者藥之，柷者果之。是役也，所活幼命千三百有奇，而蒙袂輯屨之起者無算。

　　由是父老子弟相與感激涕零，謂："生不逢年，骨肉蕩柝〔二〕，喬公寔生我聚我。計非崇報，無以志不刊之德。"乃請于州大夫，卜地起生祠祀公。既報可，肖像而禮之，春秋伏臘無間焉。又三年，豫章蕭公以司李如晉，展其貌，嘖然曰："有是哉！仁人貽愛之烈也。昔汲長孺開倉，富鄭公出粟，畢仲游、曾子固救荒，史稱卓迹，然猶費公帑也。公不糜縣官一錢，爲縣官保流亡之衆，即汲、富諸公安可同日語哉？固宜州之父老子弟尸而祝、社而稷者無畸情也。雖然，樹德欲滋，戩德欲固，而引德欲長。祠創矣，令不爲守慮，則洒掃易窮；人守矣，令不爲養謀，則豆登莫繼。欲圖永永，烏可無便計也？"因諏于刺史吳公，求不遷之妥侑，購得草場隙地十二畝，近祠腴地二十畝，計歲可入租三十六石，焚修其有藉矣。額糧五斗，盡派之它戶，浮田催科可無擾矣。乃檄天寧寺比丘妙德、元明輩主之，晨昏香火，遞衍遞承。"蔽芾甘棠"，追慕無極。公之食報，又寧可涯哉？之祠也，于侍御見仁而善施，于鄉氓見忠而善報；附之以地，又見司李愛而善傳，一舉而三善備焉，是可以勒石矣。故不辭而爲之記云。

喬公名應甲，猗氏人。爲侍御史，彈劾不避權貴，其詳見生祠碣中。蕭公名道光，太和人。甲午貢士，即公分校江右所録雋也。吳公名惟誠，冀州人，丁酉貢士。其地畝四至，書之碑陰。

繁峙劉侯德政記

繁峙，古堅州也。其東當神京孔道，南北界兩麓間。地多磽确陂圩，歲有，祝不滿簣；不登，而道殣相望矣。以余所耳目，長吏前後十數輩，率不任乳哺，蓋哀鴻集澤之艱也。萬曆戊申，劉侯來。來之明年亡歲，又明年，復亡歲，其毗蒙袂而徙者莫可算。其不徙者，亦強半鵠形待燼。侯呴濕濡沫，曾趼鼃拮据之不遑。會天子下帑金賑貸，直指更移檄煮糜，侯受成，躬行視飦，所全活無慮數萬人。繁民故不習杼柚，侯導之績，閭中婦知有女紅矣。

先是，大水没民田廬舍殆盡，神山一里幾墟，賦之脱籍者什九。侯置莊、置佃、置社長，多方還定，額稍稍復已。諸逋亡，復下令招之。至則歸其畝，給籽耤有差。力于蒿蓑者，更福之，故今生齒繁殖，流移究宅嚮附者，衍負版焉。且正祭器以崇文，闢戎場以講武。倉之築若而穩，屯之墾若而區，賦役之均若而款，至鈞金束矢之入，又人人稱照天燭也。肆御史、司馬臺交章薦之，天子嘉乃績，拜鞏昌府丞，行有日矣。父老子弟相與泣曰："誰爲我起牂羊乎？誰爲我罷繭絲乎？誰爲我蘇郵傳乎？誰爲我解污萊而安室家乎？微侯賜，當不及此。今竟舍我去矣！吾儕小民何以致區區？聞召伯南行，甘棠誌愛；梁公北去，彭澤垂休。則夫墮淚之思，非礱石其何寄哉？"於是屬余言以志不朽。

余嘗慨今之吏，其卑者苞苴營私，巧者骫骳以博涓人一盼。至於民，直挐虜視之，殿屎疢痏不恤也。侯下車即諏民疾苦而卵翼之，雖召杜何以加諸？它日太史傳循吏，當不在神爵、五鳳後也。爰勒之碏，施于道周，庶繼侯者有待而興云。

侯諱化龍，直隸霍山人，辛卯貢士。

計部陳公德政記

晉故戎馬地，而三關邊甚，與五路諸酉僅隔一衣帶水。天子爲固圉計，屯數萬甲士以填之，而此數萬甲士仰給一錢穀使者，蓋自嘉、隆間代上有度支云。萬曆戊申歲，上遴良以督其糧，而陳公由尚書郎高第奉敕至焉。至之明年，大侵，主客餉若掃，呼庚癸者婁婁。公下勞曰："縣官殊念若，少需之，毋苦也。"乃檄京民運若而數，酌情形緩急，次第布之，脫巾之衆業恬于調劑已。已，復怒然曰："吾即不仔肩民牧，何忍眂殍殣道屬乎？"于時捐庾粟千斛、帑鐶千金以賑，更日下俸錢數百緡，躬討流盲分給之。故是歲晉旱災獨雁門烈，而得陳公，旱不竟災。公又念凶荒遏糴，則十八萬引鹽糧立逋，而募民實粟之策窮。乃以便宜上大農，請寬減若而數。既報可，商樂業，軍興不困矣。前此，豪胥破邊儲數萬。歷年豐蔀，莫摘其奸。公既砥之，尋爬梳積獘，勒條議于三關，俾某廥貯某項，某項峙某支，影射之竇塞矣。其他簡屯田、覈兵馬、疏倉鈔、酌市需，綜理之周稱是。至於小間，引諸生説舉子業，俾與計偕者踵接。公之德又在薪楛也。

頃皇帝嘉乃丕績，下璽書晉級，尋拜學使者兼參知左廣行省事，居信宿矣。雪山輕重，袞衣去留，席公宇下者，烏能一日忘公也？廷[三]何武去後見思，羊叔子碑横墮淚，凡以德政在人耳。公好士、愛民、恤軍、容下諸善狀不容口，即磨崖夏屋，奚忝哉！州大夫某將劖石以垂不朽，而屬余爲之記。余不佞，無能諛公，謹據實書之如右。

公名一教，直隸宜興人，辛丑進士。

兵憲李公生祠記

槐墅李公治兵吾代，幾八年所，殊猷楙績，麟炳西藩。司馬、御史臺交章譽薦，稱名憲使焉。後負疑謗，投劾去。去之日，父老子弟遮留，車枕不得發，然無如公解組何矣。越五年，代人士德公不已，爲起生祠。又五年，懷公轉深，爲立去思碑。于是父老子弟相率而徵余言爲記，時余方有分巡遼海之命，倥偬叱馭，不及受簡。今年春，以制歸，石就鑱矣。鄉三老復申請前説，余唯唯，曰："有是哉！'有斐君子，終不可諠[四]'，耶?"間嘗横覽今昔，自漢以降，吏治浸假而敝。微弟卑者貽譏敗絮，即高者亦不過補組[五]眉睫，無爲畫嘯已爾。求所謂真心實政，爲生靈圖永賴、疆圉計久安，在位而爲人社稷，去位而爲人尸祝如公者，蓋未易數數見也。公之善政難以更僕數，姑撮其大：如辟屯田以充儲峙，理鹽法以佐軍興，疏平準以濟凶荒，給種耤以安流寓，其體國裕民有如此者。飭僚屬以貞憲度，肅城社以剔奸叢，禁豪右以戢孤孱，表節烈以維風化，其振綱立紀有如此者。成杠梁以蘇行旅，煮糜粥以活溝渠，時簡閲以毖戎行，繪邊圖以資戰守，其附衆威敵有如此者。慎師儒以崇文教，延耆碩以備籌咨，立鄉社以迪顓蒙，課藝文以弘薪樵，其禮賢造士有如此者。至於除戎器五十七萬，柝邊垣二百餘里，起斥候烽臺、重關扼砦數千百處，綢繆桑土，使晋陽保障屹若金湯，則其勛又在萬世矣。嗟嗟！公之功之德遠而愈烈，故民之愛之慕久而彌新。即欲如庚桑楚避畏壘俎豆，宋公璟禁廣川樹碣也，得乎？肆今廟貌貞珉巋然鼎峙，其君子過之，仰而嘆曰："是儀刑我者也。"其小人過之，伏而思曰："是覆庇我者也。"嗣是而歲時伏臘肸蠁，庸有既乎！昔落〔六〕人祠文潞公于資聖院，蜀人像張文定于益，凡以惠澤不能忘耳。公視二公又何孫哉？雖然，此猶一方之報爾。今天下脊脊多事，倘公翻然易慮，起花田雲塢間，爲國家持危定亂，將容在雲臺、麟閣，伐在大册景鐘矣，夫寧第雁門之祠碑也與！余嘗遊公門，習公治行，今兹之役，固喜談而樂道者，遂忘其不斐而爲之記。

公諱茂春，槐墅，其別號也。河南杞縣人。由萬曆庚辰進士，歷尚書郎至大參云。

校勘記

〔一〕"三三"，不辭，上文作"二三"，此亦當爲"二三"。按"二三"爲古代口語，《論語》中孔子屢言"二三子"。

〔二〕"柝"，據文意似當爲"析"字之誤。

〔三〕"廷"，於文意不通，疑衍。或當爲"甀"字，亦通。

〔四〕"諠"，《詩經（毛詩）·衛風·淇奧》原文作"諼"。

〔五〕"組"，疑誤，"補組"，未聞。據文意似當爲"補苴"之誤。

〔六〕"落"，據文意當爲"洛"字之誤。

句注山房集卷二十

雜　著

講《楞嚴經》疏一

　　稽夫兜率降神，異表呈靈於净飯；祇桓説偈，玄提振响夫迦陵。珠眉將金面平開，人鬼與天龍並集。故五百人合掌，同聆秘密之音；十二部印心，大啓如來之藏。雖金棺入滅化人，惟四十九年；而寶筏垂麻度世，則百千萬劫。是以無言般若，俱歸不二之門；有覺毗梨，共了前三之旨。鼻夫由余抉隱，高臺像祀於秦公；蔡愔搜奇，石室經傳於漢帝。於是法輪大轉，真鑑常明。慧日曈曈，耀昏衢而夜曉；慈雲靉靆，荫火宅以晨凉。正象末一切皈依，水火風三灾殄滅。無奈衆生顛倒，苦趣沉淪。五濁陰蒙，圓鏡翻成黑暗；三途眯亂，蓮花盡染污泥。不登菩薩之場，誰起尼梨之業？惟首《楞嚴經》者，世尊闡教，揭四十一位以明心；阿難求宗，偕二十五人而證聖。就中妙明明妙，直指元倪；迷覺覺迷，頓還本體。若夫隨緣現法，顯烏玄鵠白之真；即相著心，破兔角龜毛之妄。允矣開天關鍵，洵哉濟世梯航也！

　　有道相上人，夙契玄詮，漸窺真際。電光泡影，已從世外觀身；玉杵金鎚，更欲塵中救苦。乃弘宣大定，廣布無遮。放百寶之光，同開覺路；屈五輪之指，共引迷途。或示諦於三摩，或抽機於四果；或説根塵業報，或言情想輪迴；或諷咒以降魔，或原陰而斷獄。蓋將蘄五十五位，起八難于沉冥；更使三十三天，邀四流而解脱。凡我有生之衆，宜修無漏之因。毋從糞裏鑽金，莫向厄中灌水。投刁〔一〕伏座，須如廣額屠兒；買地鋪金，好效給孤長者。凡朱門，凡白屋，統作檀那；若黃茂，若青錢，同歸薩縛。庶三千世界，均分六鏡之輝；十二因緣，盡度四輪之厄矣。遙瞻稽首，伏望皈心。

偈曰：晨雞未已暮鐘鳴，斷送諸流度覺情。苦海無邊從世墮，福田有種待人耕。悟來九想離塵網，證入三摩住化城。今日佛陀升寶座，好隨檀越結三生。

講《楞嚴經》疏二

原夫宗明鷲嶺，曳金縷以開天；教演雞園，捧曼陀而散雨。蓋至法本無法，語言文字皆非；然真空元不空，瓦礫河山盡是。故嗅㫋檀之氣，四十里同聞；擊迦葉之椎，五百人並起。是以法雲遠布，慧日高□〔二〕。西止青鴛，□□彌而衛道；東來白馬，度麗跋以□音。化人之衣鉢時昌，大道之津梁漸滿。則有騰蘭抉祕，澄什抽精。南華振响於曹溪，惠遠開山於廬岳。於時六通廣運，五衍爭鳴。或霏天際之花，或點山中之石。或以三摩化雉，或以四果鶖狐。或鵲習而雞隨，或龍□〔三〕而虎擾。譬彼渡河之獸，象馬兔各有淺深；似茲無盡之燈，百千億自相禪代。如來邈矣，孰解聲聞；頓漸居然，莫知冷暖。遂令眾生迷黑業，祇牽於十二因緣；大地障紅塵，未了夫三千世界。不聆玉塵，曷藉金篦？

有某上人者，識洞八還，心空五蘊。一瓶一鉢，喜隨和尚家風；三沐三薰，淨守毗尼戒行。乃者擁蒲團而結夏，已窺有漏之因；聚檀越以揚聲，更證無生之果。遂弘鹿苑，敦請鵬者，張寶刹之法筵，闡金曇之妙道。繡宣秘藏，儼十六開士於面談；啓建無遮，統六萬群仙於指顧。拯愛河之溺，犬〔四〕轉慈航；療饑火之燒，頓施甘露。期欲界色界同歸真界，將全提半提共入菩提。

蒸砂飯可成，爰資貝葉；熱鐵丸盡冷，式借楊枝。但眾集三徒，不止麥麻之費；供繁四道，可無衲屨之需。所希五姓檀那，共濟三乘聖事。凡宰官，凡大士，毋湮喜舍之門；若白粲，若青蚨，早上伽陀之會。庶大捨中捨小捨，總證摩尼；法身報身化身，齊登彼岸。蓋尼黎不遠，慳貪爲墮落之基；天竺非遙，方便即皈依之路。欲求淨土，宜種福田。

偈曰：刹那天地劫灰置，唯有觀河性不遷。好結良緣修正果，污泥回首是青蓮。

淨土庵銘並引

粤聞西方衍教，毗盧開不二之門；東土揚輝，般若啓大千之路。須彌不遠，妙明便是天宮；彼岸非遙，至聖總居人世。既即空而即色，亦何垢以何淄？緣夫滑滑紅塵，五毒障夢中之宅；遂令茫茫黑業，三途迷鏡裏之身。祇舍不弘，法輪誰轉？故金鋪色界，給孤證果於青鴛；錫卓空山，寶刹收靈於白鶴。大凡不求淨土，莫覲圓伊；欲覓真如，先皈勝地。某山背環勾注，面繞濠沱。雁塞東迴，谷口慈風時護；鳳岑南抱，岩頭法雨常施。膡有清涼，都無囂詬。亶可誅茅而修利行，築室以奉如來者也。

有某上人，性屏六塵，心空五蘊。金鎞抉目，幾經迦老神功；玉杵降魔，獨仗韋馱法力。來遊斯地，願布良因。聽樹杪之鳴鴉，載尋檀越；眺雲間之落雁，式闢招提。藉茲蘭若之區，蘄證蓮花之果。恢法界則奠六度以爲基，供莊嚴則曜三明而作厦。松風蘿月，昭回四攝之榱櫨；忍草覺花，掩映十通之户牖。又謂定水易涴於愛水，幻身可現夫真身。乃闋禪關，爰持素業。一真湛寂，念念歸宗；六載跏趺，時時面壁。洒楊枝而濯難四流，火宅晨凉；闡貝葉以提眯三界，重昏夜曉。不第衝翻鐵網，登大道於玄津；行將結就金繩，度眾生於苦海。十方瞻昧火，忻逢萬劫之緣；九品對心燈，喜結三生之遇。銘曰：

　　真如罔礙，大道無涯。毛吞溥海，掌握恒沙。缽瓶游戲，到即爲家。剗兹净土，造形劇郡。七佛師臨，五峰路近。濁水難浸，劫灰不燼。上人卜處，自證真空。一絲靡掛，萬法攸同。無人我相，悉返玄通。德相既忘，聖凡何各。解脱輪迴，並登極樂。咄咄西歸，永垂貞碣。

北嶽禱雨詞

　　惟神玄方正位，黑帝居尊。侍祀九十人，應道武文成之禱；周迴三千里，稱四種五穀之蕃。庶彙馮生，群靈仰德。繄兹晋鄙，實借神庥。況當荒歉之頻仍，寧忍雨暘之夫[五]候？爾者肥遺作沴，朱鳥噓炎。靉鮮泥牛，飛窮石燕。三時霡霖，既未睹夫濯枝；百穀黃蕤，又何期乎及秭！無苗無麥，人懷蓲穀之憂；如灼如焚，家切桑林之感。黔黎疾首，岳牧焦心。某職在撫綏，敢忘鞠疚？是用尚官致祭，敬將盈缶之誠，望嶽乞靈，冀沛傾盆之澤。明湮有秩，昭假無贏。倘回大造之蘇，早降五風十雨；庶拯下民之虐，洊成九稔三登。莫罄丹忱，伏祈玄鑒。

龍神禱雨詞

　　維神變合金精，化涵水府。八部稱尊，四靈推主。既田見以文明，復雲從而物睹。總乾象八十一麟，成歲功三十六雨。硯池涓滴，不須告社之黿；馬鬣滂沱，寧事置潭之虎？澤被茨梁，德昭寰宇。維今歲虐，乃遭驕陽。屏翳失潤，禁伯無良。塍疇坱莽，士女旁皇。載歷三春，地匝木仙之指；洊登九夏，衣藏玉女之岡。日有冠而非黑，月無額而不暘。三農未作，萬寶何嘗？某身任撫綏，每懷顛仆。目擊旱荒，敢忘鞠疚？祀雲氣于斗樞，盼月華于畢宿。悵鳴鸛以幾迷，望噞魚而欲眢。搖搖夕樹，期符少女之占；肅肅朝壇，冀驗木神[六]之咒。鞭陽石其何時？閉南門兮莫救。是用吉蠲致雩，將享求歆。推舉石燒山之禱，竭積薪環艾之忱。六事省躬，不敢後桑林剪爪；八章憫下，寔有同雲漢熏心。維飱在簋，維醴在斝。俯陳白念，仰叩甘霖。倘龍神之有赫，控蜺馭以來臨；庶不霆與不霜，祈如坻而如京。尚饗！

校勘記

〔一〕"刁"，疑爲"刀"字之誤。前文"刀"字屢屢誤爲"刁"。

〔二〕□，漫漶不清，依文意疑爲"懸"字。

〔三〕□，漫漶不清，依文意似當爲"馴"字。

〔四〕"犬"，依文意似當爲"大"字之誤。

〔五〕"夫"，依文意當爲"失"字之誤。

〔六〕"木神"二字，原書爲小字雙行排版，蓋爲漏字挖補，今改與正文一例。

啓賀類

賀方中涵老師入閣啓

玉鼎需調，久係蒼生之望；金甌啓覆，旋登黃閣之尊。望協人情，形孚帝賚。恭惟○○才高班馬，業戀夔龍。鳳闕傳臚，芝蓋雲英靄靄；鸞坡視草，花磚日影遲遲。搖赤索於蓬宮，金鈴入座；綰朱繩于棘院，玉笋盈門。日者特簡宸衷，榮登相位。九重頒湛露，沙提[二]十里生春；百辟凜清風，聲樂四分減半。奠生民而立極，永清地雁天狼；爲天下以得人，直際雲龍風虎。誠五百年之間氣、十二葉之元勛也。某瓦礫微材，駑駘下走。幸入珊瑚之網，莫罄蛙鳴；遙瞻黼黻之衣，何勝燕賀！敢將葵念，用展芹忱。伏祈玉燭常調，歲歲見台星卿月；金繩普濟，人人霑化雨春風。

賀李二溟老師考績啓

蒲海宣猷，玉壘金湯嚴鎖鑰；楓宸懋賞，芸函芝檢賁絲綸。喜周宮[三]六計功高，看晉錫三蕃晝接。疆場[四]生色，桃李分輝。恭惟○○劍嶺標奇，錦江濯秀。日華五色，賦成綵筆干霄；雲氣千重，朝罷香爐導省。攬朱繩而約士，斗轉文昌；搖白羽以行邊，樞明武曲。塵清燧息，戊丁無人草之謠；伍飽槽騰，庚癸絕呼山之警。茲者九重課最，三載告成。軍中凜韓范威名，已偃金城之草；座上建伊萊事業，行調玉鼎之梅。凡在瞻依，率懸忻抃。某傍依雲紅杏，久懷吹萬鴻慈；隨向日丹葵，未報函三大德。反辱容光下際，寵貺駢施。螭文將魚素飛來，璀璨光搖白絹；麟趾及梟蹄擲下，焜煌色射朱提。感激魂驚，拜嘉色悚。一言一帙，領温械如坐春風；五服五章，占渥祉同歌《湛露》。敢將燕賀，用展螻誠。尺牘無文，祇致殷勤之悃；素絲不腆，聊將緣縷之忱。伏願游歷三階，旋齊七政。卧參旗與井鉞，永清萬里胡沙；追召虎及奢龍，獨茂千秋相業。

賀陳志寰老師開府啓

綠綟轉薇垣，南國甘棠歌蔽芾；丹書懸幕府，西陲細柳蕭綱維。萬邦欽文武之猷，三晉慰雲霓之望。歡騰朝野，慶洽門墻。恭惟○○瑞應雲龍，德孚星鳳。靈襟湛澈，滔滔江漢同清；鼎望嵯峨，岳岳衡陵並峻。秋曹明法曜，開三面以回生；冬署救工師，酌五材而利用。車隨甘澍，新安之赤子其蘇；坐引春風，冀野之青衿速化。三雲嚴鎖鑰，陰山夜失旄頭；百越懋旬宣，滇海時來儋耳。兹者九重特簡，兩府榮躋。豸擁團花，當道落豺狼之膽；烏棲列柏，閑堦空鸂鷞之音。貞百度以肅百僚，激揚並重；戢五兵而崇五教，安攘兼資。凡藉雲帡，率懷豫抃。況沾雨化，能忘皈依？某昔從絳帳之班，濫附倚雲紅杏；今奉朱旗之治，忻隨向日丹葵。猥以匏繫通漕，莫遂鳧趨之念；岩瞻大厦，殊深燕賀之私。敢將瑣瑣溪毛，用展區區曝悃。俚言不斐，殷勤效三沐三薰；戔帛無文，繾綣祝五章五服。忝當藥物，僭致芹悰。

賀盛躋崖老師轉丞啓

恭惟○○絕代真儒，應期名世。雙鳧度漢，飄兩袖之清風；五馬行春，布一犁之甘雨。班聯虎節，望隆赫赫朱幡；佩擁麟符，寵溢纍纍緑綬。兹者蘭臺奏績，楓陛推綸。揚紫蓋以鳴鸞，蒞黄堂而展驥。一錢父老，爭扳明府之驂；萬竹兒童，快迓細侯之駕。行且佐羈縻以施五餌，伐滿金城；仁將圖節縮而濟三虛，歌消玉蕊。亶芸函之嘉遇，亦藥籠之榮遭也。某夙荷栽培，僭附倚雲紅杏；今瞻華膴，期隨向日丹葵。敢將燕賀之私，用候鶯遷之喜。伏願功高緑幕，一籌坐靖榆關；位近黄樞，七杓還調梅鼎。臨毫九頓，伏楮三薰。

賀吴繼疏公祖上任啓

邊當絶徼，旌旄懸幕府之尊；帝眷名臣，綸綍載簡書之重。豳風猷於列柏，維天祚於苞桑。三晋騰歡，九圍借色。恭惟○○望隆星鳳，慶叶雲龍。寶氣橫空，燭牛墟而散紫；練光越景，軼蠡澤以飛黄。待漏直薇垣，閣下文章獨步；銓流精藻鑑，人中冠冕先收。三千駷牝屬經營，陣成雲錦；十萬甲兵歸掌握，妙合陰符。日者特簡宸衷，榮躋華膴。朱旗西下，酋奴消赤日之囊；繡斧東來，士女獻玄黄之筐。仁待功高卧鼓，行看伐戀銘鐘矣。如某者，鹿鹿微生，魚魚後學。望崇臺九級，祇切鴻馳；仰大廈千間，殊深燕賀。乃未修曝悃，反辱瑶章。捧牘心驚，敢效倉庚博舌；拜言色喜，願同玄乙揚眉。伏祈光應泰階，沰登鼎席。象天喉舌，班崇九棘三槐；作帝股肱，業配五臣四相。

賀南二太公祖上任啓

青鏡衡文，道脉潛回於八代；紫薇參象，法星遥映乎三台。絲綸將歼繡齊明，鎖鑰擁魚書獨重。歡騰冀野，光照秦封。恭惟○○瑞應天章，靈分地紀。門盛五千經史，人探玉檢之文；秀鍾百二河山，世占金閨之籍。鳩司執法，沰雷占肺石無冤；虎節專城，化日照口碑有頌。文昌明絳幄，三千禮樂屬陶甄；武庫壯青

箱，十萬甲兵歸咤馭。兹者忠孚帝簡，寵賁師貞。袞華推北闕之
恩，屏翰重西藩之任。碧幢到處，龍沙夜落旄頭；赤羽懸時，雁
塞秋閑鼓角。行見威宣五路，佇看伐滿三關。某分屬編氓，情殷
事上。樓臺近水，幸分藥桂之輝；鼎鼐居官，更仰鹽梅之績。敢
修不腆，用瀆中涓。千里鵝毛，三沐期伸繾綣；一腔雀悃，萬間
實借帡幪。不戩下懷，統惟崇炤。

賀唐存意漕臺上任啓

繡斧巡方，雅著埋輪之望；錦帆開兑，新收轉餉之功。蘇竭
澤於東南，捄呼山於西北。勣崇借箸，慶洽同舟。恭惟○○百代
名流，三吳間氣。胸羅武庫，駕參旗井鉞以標奇；筆掃文昌。回
玉檢金泥而散采。銅章沾[五]雨露，起青簡色映寅宮；鐵柱帶風
霜，搖白簡寒生丙舍。正氣聳神羊之角，直聲高鳴鳳之音。兹者
帝眷忠勤，謀需蚩軷。疏兩河運道，催舳艫銜尾而來；監七省輸
將，儹秔粟分頭而進。桃花無恙，四百萬石粒粒皆精；瓠子有
靈，一十三總人人用命。展也公私攸賴，居然軍國兼資。某幸藉
前籌，勉圖後績。望金檣影動，喜千艘乘彩鷁齊飛；聞寶廛香
生，慶九賦若蒼鱗並集。豫鳴莫磬，燕賀良殷。敢將獻曝之忱，
用表傾陽之悃。寸芹不腆，展繾綣於三薰；片楮無文，致勤渠而
九頓。伏惟茹納，不盡瞻依。

賀沈芳揚民部晋銜啓

金部分籌，績著九圜之重；琅函飛錫，榮聯八座之班。楓宸
眷注方殷，榆塞歡呼莫磬。恭惟○○燕山威鳳，溟海神龍。才跨
長庚，筆掃參旗井鉞；學窺大酉，胸羅東壁西昆。搏羊角以摩
霄，振龍鱗而擊水。花封握篆，檐前獨擁青縑；粉署含香，戶外
雙瞻紫袖。頃從畫省，出總邊儲。燭利病于鬚眉，明分水鑑；謹

交關于毫髮，冷沁冰壺。三單蒙靈雨之濡，四履戴福星之照。茲者崇勛特簡，峻秩旋升。尚書郎位近三台，帝里方來朱紱；度支使澤流萬姓，民曹又改緇衣。某夙企龍門，瞻岩念切。恭聞鳳徵，賀廈情深。望雁塞于雲間，莫遂摳趨之願；仰鴻逵於天表，殊懸抃舞之思。敢貢荒械，用將遠意。伏祈金甌早覆，玉鉉先持。尺五身臨，佇取荷囊依日月；魁三手綰，行看曳履踐星辰。

賀郭荊麓年丈領郡啓

龍廷佑德，九官咨良翰之籌；虎節分猷，一面重專城之寄。望隆槐棘，慶洽枌榆。恭惟○○冀野神驄，蒲陽威鳳。胸翻錦繡，羅二酉以爭奇；筆走風霆，叱五丁而吐氣。秋空披桂萼，早收萬斛天香；春宴醉櫻桃，快睹五雲瑞色。含香視草，郎官之品格維明；擁傳褰帷，太守之威權洊重。一麾到處，黃堂生兩袖清風；萬竹迎時，綠畦遍一犁甘雨。蓋五百年名世，將為西北台衡；斯二千石大夫，先庇東南保障。如某者，雞栖下類，鼠伏庸材。一日慶遭逢，喜隨鵷鷺；十年成寂寞，竟別龍猪。仰天上之鴻儀，何勝抃舞；抱塵中之燕賀，莫罄扳援。敢修戔戔靡文，用展區區遠念。伏惟丙照，曷任寅瞻！

賀馬制臺封廕啓 代

白登臨玉帳，旌旄開萬里之烟；紫極貢琅函，綸綍煥五花之詔。總師貞於八座，位兼武曲文昌；膺晉錫於三蕃，寵洎蘭馨桂馥。後先襲慶，夷夏騰歡。恭惟○○帝賚良臣，天生名世。望隆青璧，撐劍閣以標奇；道契玄珠，濯錦江而散采。更直綴含香之署，九天日覲龍顏；提兵占太白之躔，七澤雲蒸豹變。擁油幢而固圉，關隴塵清；按繡斧以招携，荆舒浪靖。遥分節鉞，坐鎮邊陲。控方叔之壯猷，紫塞朝閑鼓角；覃汾陽之威略，青山夜落旄頭。七校起邊聲，五路豺狼空雪窖；雙鋒吟斗氣，九關虎豹肅天門。茲者駿烈升聞，鴻恩藚[六]在。柳營旋繞，傳來日下遷鶯；芝檢聯翩，飛到雲間彩鳳。爵崇台輔，麒麟高閥閱之勛；廳啟雲來，鷖鷖振箕裘之盛。朝看勒鼎，野幸彈冠。某藉安攘之宏謨，魚依莫罄；睹褒嘉之景命，燕喜何勝！敢將一介汀毛，用賀萬間堂構。股肱王室，常瞻北斗之尊；卵[七]翼民生，願附東華之炁。

賀孫撫臺轉司徒啟代

柏臺勛楸，旌旐需虎變之文；楓陛恩深，綸綍渙鶯遷之詔。快睹械飛雨露，行看履踐星辰。金部增輝，玉衡倚重。恭惟○○精儲二華，粹拔三秦。虹見山川，展藍田之白璧；神游象罔，洵赤水之玄珠。茲封駁於黃門，墨染螭頭天語近；贊樞機於晝省，香含雞舌地曹清。尚璽司封，德籍龍章鳳敕；大官典正，功高金紫銀青。六種殖群，閑企毛仲三千之錦；九旗明庶，秩陋叔孫五百之金。尋以京兆崇銜，遂陟中丞巨任。朱旗繡斧，轉和煦於盧龍；羽檄牙璋，靖妖氛於鉅鹿。經以文，緯以武，張弛一稟陰陽；安乎夏，攘乎夷，內外兩調威順。茲者魚書奏績，營四方以告成；鳳檢推階，懷萬邦而錫命。恭承帝簡，特進農卿。六府流泉，西北軍儲歸管轄；三壤則賦，東南民力屬綱維。此時九棘聯班，縮倉箱於赤籍；異日三槐晉職，調鼎鼐於黃樞。凡仰鴻禧，率伸燕賀。某西山縶迹，莫抒款款之誠；北斗揚徽，願效戔戔之帛。葵傾不既，莞納是蘄。

賀郭道尊晉銜啟代

三晉于蕃，綱紀肅中台之位；九重特簡，絲綸分上國之輝。雄關絳節遙臨，功成緩帶；屬吏青緺載振，慶洽彈冠。恭惟○○

八柱崇標，三階重望。才名煒燁，統承有道之宗；事業峻嶒，支衍汾陽之派。含香棲畫省，夜深紅錦沾恩；縮篆御黃堂，春暖朱幡布澤。齊東攬憲，激揚三尺凜風霜；冀北宣猷，管轄一方彌雨露。茲者豐功懋著，晉錫攸歸。丹詔下雲中芝檢，祥紛五色；碧幢懸日表柳營，夜靜千屯。豈惟秩重西藩，歌騰良翰？夫且憂抒北顧，毗托長城。凡在姘嶸，率皆歡忭。職幸叨鴻芘，久切岩瞻。快睹鶯遷，尤深賀廈。奈遵禁例，莫展摳趨。是用修短狀於械中，叩洪禧於閣下。伏願高開玉帳，永清海鱷山猱；溥覆金甌，畬際雲龍風虎。

賀劉道尊晉方伯啓代

西臺總憲，一廉高畫象之風；北闕頒綸，三接賁遷鶯之命。綵幃榮移於泉府，紫薇光映乎藩臺。三晉歡呼，萬方鼓舞。恭惟○○百年名世，一代元勳。司理金條兩地，情平鼠雀；蜚聲瑣闥九天，望重夔龍。洪都騰屏翰之猷，郇甸茂蕃宣之政。臨淄揮絳節，化行禮樂三千；京兆擁青帷，氣扛河山百二。日者提刑冀野，激揚收六計殊勛；茲焉晉秩中台，綸綍下九重新命。堯天聚景，喜瞻岳位峻嶒；舜日回暄，佇看棠陰蔓對。職西方下士，北鄙卑員。竊食無能，難免逃竽之誚；曠官有念，深懷覆餗之憂。忻逢就日鴻禧，益仰垂云厚庇。私懸雀悃，冀申九頓於階前；勢阻鳧趨，莫展三呼於閣下。是用功裁短狀，敬奏微衷。

賀任道尊膺薦啓代

紫塞謹邊籌，丕茂風行之治；彤廷騰薦剡，行膺晉錫之恩。歡彌八郡臣鄰，慶洽三關將吏。恭惟○○瞿塘毓粹，巫峽鍾靈。才名與劍閣齊高，德業及錦城並麗。冠峨鐵柱，寒生五緯之芒；

綬縉銅章，暖布三雲之地。節旄開玉帳，月明雁塞三秋；裘帶鎮金城，風靖龍沙萬里。日者大閱功成於冀野，元勳績奏於虞廷。推薦先聲，已見燕都轉律；褒嘉厚祉，停[八]看鳳沼宣麻。職西土庸人，北門下吏。仰瞻牛斗，芘幸假於垂雲；快睹鴻麻，忱實同於就日。奈緣明禁，莫展梟趨。用遣微伻，聊將燕賀。伏願棠繁南國，陰聯豸柏森森；槐茂中台，影接龍楓蔚蔚。

賀錢按臺轉大理啓代

豸聳烏臺，靈曜炳三階之象；鶯遷棘寺，陽春回八議之科。行看望重皋陶，快睹門高定國。朝紳生色，圉吏騰歡。恭惟○○五嶽儲精，三吳會粹。龍門披月露，掃千軍馬負龜呈；雁塔際風雲，振六翮鶯翔鳳翥。驄軒按晉，朱旅開恒嶽之嵐；鷺軾經秦，繡斧破涇流之瘴。埋輪廣省，威消五嶺豺狼；攬轡京營，氣壯九關虎豹。茲者殊勛特簡，峻秩崇加。班列六卿，位總殿中之直；司兼五教，法持天下之平。懸知徽纆無冤，仁見桁楊有頌。某官居下吏，誼忝通家。仰御史巡方，久識隨車兩[九]遍；幸士師平反，忻瞻貫索星高。敢盥手以懷暄，敬揚眉而賀廈。爰將子墨，用表寅丹。伏乞海涵，可勝岩祝！

賀關太府上任啓代

粉署風清，久懋登閎之績；黃堂地迥，俄承特簡之榮。喜將半虎平分，會看全牛立解。三邊舞抃，八郡歡呼。恭惟○○嵩嶽凝神，河圖衍瑞。應五百年而間出，派企龍逢[一○]；當十二葉以挺生，德高尹喜。天中羽翼，奮水擊於三千；日下琅玕，吞雲夢者八九。琴堂敷政，口碑留載道之仁；畫省平刑，肺石起叢林之鬱。茲者官常獨飭，帝眷攸歸。紫詔推恩，燁燁雙龍來北闕；朱幡典郡，翩翩一鶴度西陲。選劉寵之錢，轍底臥三吳父老；覽細侯之竹，道傍擁全晉兒童。一麾職重於分曹，五袴歌騰夫來暮。寋幃露冕，暫膺守府之司；加帛賜金，仁待公卿之拜。職濫齊竽於下吏，不任淩兢；仰漢篆於崇臺，何勝戀結？幸借垂雲之庇，殊深戴斗之私。敢告鳴騶，用伸賀燕。氤氳紫氣榆關，快睹鴻□；□□黃麻楓陛，還占鳳詔。

賀馬太府上任啓<small>代</small>

北斗名高，奕奕賢聲騰畫省；西陲任重，煌煌新命耀朱幡。嘉福星普照堯封，看霖雨弘沾冀野。黃堂生色，紫塞回蘇。恭惟○○昭代名儒，中台偉望。嶙峋恢德業，羅山嵩嶽爭奇；瀲灩渙文章，洛水伊川競秀。楓墀獨對，龍蛇翻影硯生香；花縣初臨，鶯鳳呈祥氓籍澤。覆縑綾於粉署，紆籌策以匡時；秉衡鑑于棘闈，攬英雄而入彀。日者戀隆殊績，擬曳履於明廷；而歷試諸艱，遂分猷於大郡。雙熊開道，忻逢竹馬之迎；一鶴臨軒，仁待蒲鞭之化。此日榮膺虎節，暫塞行部幨幃；异時寵錫麟符，洊陟居官鼎鼐。人瞻露冕，士慶彈冠。某慚同駑蹏之馳，濫叨一倅；快睹鴻儀之漸，幸洽三生。大廈千間，荷帡幪於罔既；洪鈞一氣，知鼓鑄之無疆。是用尚一介以披丹，聊將燕賀；叩九閽而獻素，敬附魚緘。伏祈汪涵，俯垂鑒納。

賀白撫臺生女啓<small>代</small>

柏府功高，丕懋風行之治；蘭臺香靄，式孚巽索之占。閨秀呈祥，門楣粹祉。恭惟○○聖世阿衡，熙朝間氣。鵬飛西夏，風雲萬里凌空；豹變南宮，日月九天絢綵。牙標排虎賁朱旂，繡斧飛霜；緩帶壯龍圖白簡，皂囊凝露。茲者文虹協夢，青鳥傳禧。莞簟鍾靈，墻帷納慶。婺星璀璨，來織女於銀河；寶月焜煌，下嫦娥於玉宇。褵衣今日，忻修貫雀之儀；縭結他年，快睹乘龍之喜。職恭逢鼎祚，竊效蚤鳴；敬仰豐麻，歡同鶴舞。謹裁不腆，用展微私。伏願麟趾繩繩，衍家聲於不既；鳳毛滾滾，開奕葉於無疆。

賀劉道尊舉嗣啓

紫塞風高，化洽三關嚴鎖鑰；藍田日暖，輝呈五色產瓊瑤。喜看夢叶徵蘭，祥開弧矢；仵待陰成立竹，緒纘箕裘。奕葉重熙，宗祧永吉。恭惟〇〇德合陰陽，功侔化育。妙張弛於文武，幕靜西藩；恢安攘於華夷，旗閑北斗。龍光振采，既不競以不絿；燕翼貽謀，更有作而有述。茲者天綏后禄，慶集墻帷；帝衍休徵，靈鍾芄蕈。香繃肅室，玉牙手爪襲羅襦；膩剃新胎，蘇顆肌膚明繡褓。寶誌摩其頂，知爲天上奇材；溫嶠試之啼，料是人間英物。此日提戈取印，肇開跨釜之基；异時耸壑昂霄，定占充閭之喜。某等厠狄門桃李，久荷鴻慈；睹謝砌芝蘭，殊深燕賀。謹將芹葉，聊表葵誠。伏願五桂齊芳，三槐並懋。象賢濟美，公侯滾滾振家聲；堂構重光，子姓綿綿開世業。

賀太守封壽兼入覲啓代

紫塞茂豐功，五馬霜寒嚴鎖鑰；彤廷隆晋錫，雙熊日麗捧絲綸。正西藩入計之時，適南極躔輝之候。升聞駿烈，鼎集鴻禧。恭惟〇〇粹毓奎婁，脉傳鄒魯。金山萬仞，凌泰岳以嵯峨；玉海千尋，濯滄溟而瀲灩。鵬程風力迅壯，扶搖萬里孤翀；燕市電光齊騁，蹀躞千金獨售。銀潢夜曉，螭坳觀上國之光；玉壘天高，雁碭領專城之寄。塞賈帷而行部，威消當道鷹鸇；攬秦鏡以鏖奸，膽落環庭鼠雀。陽和回黍谷，桑麻成覆壠之陰；化雨湛芹宮，桃李映盈門之色。茲者崇勛納祐，厚德凝穌。帝眷循良，已賚龍章鳳敕；天開壽域，仍躋鶴算龜齡。載當建子之辰，式值生申之日。仙籙與丹書並進，海籌將朱紱齊增。椿萱遥戴紫泥封，喜見皇恩有奕；松柏洊含玄露潤，仁看胡考無疆。桂子桐孫，擁琅函而戲綵；木公金母，望玉册以稱觚。且績奏虞廷，歡騰冀野。風嘶斑馬，鏇聯祖帳之筵；雪綻芳梅，錦襯長安之道。某眷鴻飛遵渚，莫罄瞻依；仰龍見在田，何勝舞抃！紅塵拂隼，指祥飆悵切河梁；紫氣連牛，占瑞靄衷同關史。敢陳一得，用代三呼。伏願福萃箕疇，多承華祝。醉蟠桃於蕙圃，大年游鮚背酡顔；依列棘於薇垣，重望鵷鵷班鷺序。丹臺注籍，九仙夜抱歷三徵；赤芾來同，一品朝披榮五服。將杖于鄉，杖于國，銜杯酹瑶草琪花；錫之土，錫之田，曳履佐金甌玉鉉。

賀李大尹上任啓代

芝檢司天，詔出九重綸渙紫；花封應宿，符分百里綬垂青。仁看三異蜚聲，忻見萬靈仰德。恭惟○○燕山毓粹，鳳穴探奇。凤成經緯之章，早擅琅玕之譽。觀光升璧澤，才名高萬選青錢；待詔立金門，聞望壓一班玉笋。副爲國求賢之典，已稱東魯神君；矢保民如子之心，再作西秦良牧。烏飛鳧而遥至，襦袴生春；琴傍鶴以初彈，弦歌沸夜。璣衡運化，不言桃李成蹊；玉樹披香，尤幸兼葭得倚。顧緣分虎，莫遂登龍。遥瞻父母之輝，罔罄子民之職。謹將芹賀，用表葵誠。伏願才展烹鮮，此日牛刀施漢郡；政成製錦，異時龍袞緝虞廷。

賀趙學博升楚中別駕代

鱣堂臨綷縡，三春露浥青衿；鳳沼賁絲綸，五色雲回紫誥。看鴻飛遵渚，知信宿于沙陀；喜龍見在田，識文明于漢水。章縫繪德，簪組騰歡。恭惟○○秀發天中，晶孚日表。學窺大酉，包二室以巑岏；才跨長庚，決三川而沆瀣。金薤文成吐鳳，追踪梁苑之英；丹崖望重登龍，濟美高陽之彥。于是丁年採藻，午榜蜚聲。躡雲路于鵬程，六月扶搖直上；探天香于蟾窟，九秋蓓蕾平分。頃移東壁之輝，用布西陲之教。據虎皮而論道，片言昭地緯天經；執牛耳以訂盟，一顧下參旗井鉞。穌風吹上館，環牆桃李發葳蕤；時雨沛滂沱，飲泮蛟螭爭變化。芹宮澤滿，楓陛恩隆。紅雲殿上宣麻，色動琅函玉檢；白月關前露冕，榮分皂蓋朱幡。乃陟新銜，爰躋少府。驅車離雁塞，父老扳轅；攬轡下熊湘，兒童負弩。篝篁到處，俄驚雲夢開嵐；綸綍飛時，頓覺星沙轉律。會見五溪蔓蜒，爭寒凝戟之霜；九畹蕙蘭，笑迓隨軺之雨。此日鴻仁施白屋，量移馬帳青氈；異時駿烈茂黃堂，佇取麟符綠綬。不佞叨膺旟飾，竊叨鐘鳴。萍梗逢緣，幸藉同人之雅；枌榆辱治，更深來暮之思。瞻紫氣于牛墟，不比尋常仰斗；展丹衷于燕賀，若爲咫尺披雲。是用釀舉螢私，蘄伸驪唱。春深柳色，西郊喜動遷鶯；化洽棠陰，南國行馴野雉。

賀張憲松倉臺上任啓

白簡肅台班，久識霜威動岳；牙籌監國計，行看露積如墉。喜三階色映天倉，瞻五緯光搖地部。忻從借箸，慶洽同舟。恭惟台臺，海岱元精，奎婁間氣。門盛五千經史，世擁青箱；路搏九萬風雲，早登蕊榜。捧檄懋銅符之績，十奇頌滿花封；含香依瑞錦之窩，三禮序明春署。皂囊披日表，讀彈文鵷鷺生寒；繡斧按天中，行使部豺狼遁迹。茲者，榮承帝眷，特典軍需。庾盡京邊，利病總歸調劑；糈兼正改，盈虛悉屬提衡。石四百萬夢來，粒粒藉神明綱紀；總一十三叠至，人人資靈爽澄清。凡在倉曹，率深褻仰。某叨從督史，濫笘通儲。北郭吹竽，慚已往功隳于計日；西臺奉畫，冀將來庇托夫垂雲。敢修沼沚之毛，用賀鼎鉉之祚。一芹不腆，願馳函聊致丹衷；九棘非遙，蘄曳履旋躋紫閣。

闕　題^[一一]

伏以鎖鑰肅榆關，懋略久推爲憲；旌旗開柏府，殊勛伫奏于襄。建牙之獨座方尊，加額之群情愈永。邊圉鼎藉，宗社維寧。恭惟○○青海神龍，紫霄威鳳。銅柯溜雨四十圍，古色連雲；鐵幹參天二千尺，蒼顏映日。金曹清筦鑰，濟醫瘡剜肉之艱；玉塞壯藩墉，騰破膽寒心之望。日以三韓淪喪，五位震驚。庭議蒼黃，嘆舉朝之皆婦；囊消赤黑，知禦侮之惟公。乃貢明綸，爰惟督撫。朱干繡節，慰兩河士女之迎；黃鉞白旄，奪諸部夷酋之氣。徵兵連屬國，行看遼海澄清；轉戰誓偏師，坐待閭山靖定。某封疆舊吏，草土餘生。仰方叔之壯猶，情深燕喜；景中丞之大烈，念切鴻隨。敢將不腆之儀，用祝無疆之祐。掃天狼，驅地雁，懸知露布中樞；膺澤蟒，受山龍，快睹星高上相。可勝抃舞？莫罄敷揚。

賀馬蒼淵總戎啓

恭惟○○九邊大樹^[一二]，一代長城。紫電清霜，材擅瑤林之品；龍韜豹略，家傳金版之文。洵爲西塞干城，亶是北門鎖鑰。茲者榮膺帝簡，晉總軍機。三鎮延袤，特領居中之調度；六師團練，專司翊上之樞權。大幕升推，嚴疆鼎藉。某幸與同舟之雅，寔深借箸之私。謹薦芹悰，用將葵念。萬惟涵茹，可任顒瞻！

賀孫曙東僉憲啓

伏以瑣闈雲深，雅著清華之望；戟門霜凜，載司紀法之宗。三齊共仰維城，萬國均歌良翰。輝生世譜，慶洽吾曹。恭惟○○玉樹高姿，金莖粹品。夢回吐鳳，筆花搖五色之光；文擅雕龍，案草積三都之富。桂林稱獨步，奮身誇淡墨標題；杏苑領群仙，引手喫紅綾餅餤。桐鄉傳裏，續四郊馴雉之仁；梧掖班中，壯一角神羊之氣。屬者夷氛不靖，國步多艱。維東省之驛騷，厪北庭之顧慮。乃承特簡，用藉擁旄。三尺肅庶僚，攬激揚而爲憲；一廉貞百度，提彰癉以平刑。岳岳泰山，會見妖嵐盡洗。洋洋渤海，行看蜃氣全收。某質愧蒼蠅，幸附騰塵之尾；情同紫燕，寔深賀廈之思。敢竭葵誠，用將芹獻。鵝毛不腆，聊輸遠道之忱；龍角時占，更祝中台之祉。伏惟莞納，莫罄豫鳴。

賀南二太冏卿啓代

伏以方伯控十連而率屬，屏翰功高；冏卿司六馭以居尊，乘輿位重。洊歷奉車之秩，旋升曳履之班。寵溢楓墀，光聯榆社。恭惟〇〇才兼文武，德備中和。孕河源華嶽之靈，玉海金山並麗；探東壁西昆之秀，班香宋艷齊芬。三表靖邊烽，士馬卧龍荒之月；一廉貞憲度，激揚飛豸繡之霜。甘棠到處成陰，旬宣化溥；塞草從風盡偃，岳牧勳崇。吻哉一代真儒，展也百年名世！兹者帝心特簡，人望攸歸。嬲二品之崇階，晉六卿之重職。扰輿待警，司漢庭法駕之驅；建鼓清塵，掌周禮寢門之政。如雲如錦，行看駬牝三千；噴玉噴沙，佇見驂騑十二。某恭逢鴻漸，喜效蛙鳴；快睹鶯遷，歡同雀躍。敢致輸芹之悃，用申折柳之思。引領薇垣，慶去天之尺五；叩心槐位，期運斗于魁三。不盡敷宣，可勝抃蹈！

賀潘翔公關臺啓

伏以皁囊封事，直聲久著於蘭臺；繡斧巡方，簡命新隆於楓陛。塞垣鼎重，山岳震驚。恭惟〇〇銕幹參霄，瓊枝映日。班香宋艷，胸羅玉簡之文；梓晉喬高，世占金閨之藉。青絲霏雨露，萬姓飯心；赤棒散風霜，二鮑斂手。觸邪殿上，聳神羊一角之冠；鳴瑞朝陽，絢威鳳九苞之色。茲者榮承帝簡，特任畿巡。先八使以埋輪，一路豺狼落膽；望六師而攬轡，四郊壁壘生輝。行看遼海澄清，佇見燕山鞏固。某榆關下吏，粉社庸流。幸際絕塵，嘆龍豬之各別；恭逢大廈，同燕雀之歡呼。謹將瑣瑣葵誠，用表區區芹悃。伏祈海納，祇切巖瞻。

賀文制臺啟

伏以榆塞風清，丕奏允釐之績；楓墀日近，旋膺特簡之榮。百辟其刑，萬邦爲憲。恭惟○○靈分軌曜，秀拔扶輿。望隆嵩岳之嵯峨，力砥河流之泛瀾。文章華國，人欽八代斗山；勛業殿邦，帝倚百城保障。自崑山以蒞晉水，陰垂兩地甘棠；由冀野而總薊門，威肅千營細柳。佇見鯨鯢浪靜，寧夸重譯之來？行看豺虎氛消，不數有苗之格。三韓舞蹈，九罭謳吟。某夙係編氓，片會久深繾綣；今叨屬吏，萬間實藉帡幪。惟是迹類繫匏，悵無由而賀廈；心同傾藿，徒有路以懸旌。蕭艽輶程，祇將微悃。伏惟海納，可任岩瞻！

賀魏震夷尚寶啟

伏以八陣壯風雲，玉帳總師貞之吉；九重霏雨露，璽書推晉錫之榮。喜溢邊亭，歡騰朝宁。恭惟○○行空天馬，瑞世人龍。慶雲迴五色之章，名高上苑；化日布三春之暖，澤滿河陽。先八使以埋輪，當道豺狼落膽；飭五兵而仗節，連營鵝鸛宣靈。真同南仲旌旗，何異北門鎖鑰？茲者榮承帝簡，特陞符卿。玉檢金泥，暫綰虞廷之瑞；黃扉紫極，行調商鼎之梅。某辱在粉榆，梯榮不淺；恭逢槐棘，借樾良深。敢將瑣瑣微芹，用賀堂堂大廈。

去天尺五，會看鼎鼐居官；仰德函三，竊幸樓臺近水。可勝豫抃！莫罄蛙鳴。

賀劉范董撫臺啓

伏以同卿奏績，龍媒騰十二天閑；幕府升華，豸節震五千禹服。絲綸煥飛霜之簡，縉紳彈就日之冠。寵溢三蕃，歡流百辟。恭惟○○滄溟濯秀，泰岳含靈。襟期恢十萬頃平波，澄不清而淆不濁；聞望應五百年名世，生有自而出有爲。轉雲庇於花封，來蕭蕭于飛之雁；布風稜於柏府，咤行行且止之驄。攬憲天中，奕維翰維屏之大烈；分猷輦下，振噴沙噴玉之奇聲。驥有德以皆收，野無良而不售。兹者恭承上命，特晉中丞。旭日映旗幢，三晉青山借色；法星迎劍履，一時紫氣騰關。邊城傳震岳之威，士女慰雲霓之望。行山坐靖，汾水行清。某受一廛以爲氓，幸托連雲大廈；效三薰而削牘，願輸獻曝微誠。謹將燕雀之私，用祝夔龍之祉。戔戔束帛，知無當于中涓；赫赫崇臺，冀有光於下際。

賀岳撫臺啓

伏以鈴閣高懸，豸節壯折衝千里之猷；巒坡首出，魚書總爲憲萬邦之任。定擬妖氛盡洗；懸知邊塞長清。朝野同歡，華夷並仰。恭惟○○三吳間氣，百代名流。高搏鵬鶚之程，直上風雲九萬；獨對龍蛇之影，照回禮樂三千。綜模範于八閩，凡馬負龜呈盡入文衡之內；任旬宣於百粵，舉蛟涎象迹同游化國之中。豫章之絳節維新，行省方資七策；孤竹之碧幢載轉，邊亭更藉三犁。慰雲霓則篚實玄黃，偃烽燧則囊消赤黑。兹者帝心特簡，人望攸歸。躋柏府以專征，晉蘭臺而典祕。彤弓玈矢，大中丞權重封疆；繡斧朱旗，都御史威搖山岳。薊門百二地，行看勢奠金湯；

遼海十三山，仁見庭空鐵木。某北門下吏，西塞迂儒。依近水高臺，久切烏栖之念；傍連雲大廈，殊深燕賀之私。敢馳一介于堦前，用效三呼于寓下。龍光咫尺，莫罄瞻依。雀躍踟蹰，不盡抃蹈。

賀蔣中原大尹啓

伏以紫垣天迥，高躔列宿之輝；赤縣風清，健睹雙梟之責。春回四履，慶洽千封。恭惟〇〇九鼎標奇，六符翊運。才驅班馬，家傳玉蕊之華；望蠚夔龍，世占金閨之籍。探天香于桂窟，蚤躋嵬科；敷雨化于芹宮，共推先覺。兹者九重推轂，三晉分符。移鹿洞之師資，爲雁門之保障。密琴纔試，爭傳户滿弦歌；欄薦行登，仁見名高鼎勒。某叨從世譜，得講年誼。幸側編氓，獲詹宸宇。被長裘十丈，寧渠五袴之蘇？托大廈千間，何啻一廛之受！祇緣苦次，未展觚私。敢輸沼沚之毛，用叩雲霄之履。伏惟海納，可任巖瞻！

校勘記

〔一〕"尺牘"，底本作"句注山房集"，爲方便區分，改爲"尺牘"，下文統改，不再出校。

〔二〕"提"，當作"隄"。

〔三〕"周宫"，當爲"周官"之誤。按前文已見"周官六計"，出《周禮》。

〔四〕"疆塲"，疑當爲"疆場"。按前句中之"三接"典出《周易·晉卦》，此非戰事，言管理邊疆之臣事（包括戰事）。

〔五〕"沾"，似當爲"沾"字之誤。

〔六〕"蕑"，似當爲"簡"字之誤。按前文不斷出現"簡在"一詞可證。

〔七〕"卯"，當作"卵"。

〔八〕"停"，當作"佇"。

〔九〕"兩"，當爲"雨"字之誤。按"隨車雨"爲古漢語成語。

〔一〇〕"逢"，當作"逢"。《顏氏家訓》云："逢、逢之別，豈可雷同。"古贊某人，必上溯其先，賀主關姓，故上溯關龍逢。

〔一一〕原書漏刻標題。

〔一二〕按文例，此前當有幾句類似"冒頭"的話，此缺。

尺牘卷二

啓賀類

賀沈相公元旦啓代

虎朔回元，報條風而改歲；龍圖納祜，迓穀旦以登年。唯三階爕理功高，斯萬世雍熙景淑。恭惟○○巖瞻有赫，海度無疆。隆重望於金甌，劑清和於玉燭。台星映斗，揚八柱之巍峨；霖雨瀰天，潤九寰之枯槁。贊化以齊七政，授時更啓三陽。柏酒稱觴，和玉衡而介祉；桃符入户，雜金勝以凝祥。凡承夏屋之帡，率藉春臺之履。某蟪蛄餘息，菅蒯微生。感日月之方除，知賜箸恩先紫極；睹地天之交泰，想鳴珂道長黃扉。奈病骨崚嶒，莫展堦前百拜；而歡心踴躍，爰從塞下三呼。敢托鴻械，聊申雀悃。伏願七辰杓運，大年隨鳳曆俱增；六甲符飛，遐福與龍韁並永。

賀朱相公元旦啓代

青帝司辰，喜萬國同臨首祚；黃扉屆祉，慶三階獨得先春。鈞陶應節序以凝和，德業趁韶華而進盛。天開泰運，人際豐享。恭惟○○道合陰陽，功參造化。梅調九鼎，持玉鉉以平衡；象列六符，映金繩而拱斗。濟民生于富庶，培國脉於和平。雖三月麛裘，暫邇宣尼之謗；然九天龍袞，終資山甫之功。緊此鎮俗崇標，洊歷履端佳候。五辛堂上，爭傳白玉青絲；萬竹庭前，快睹黃幡綵仗。道隨陽長，福與日新。某仰鳳曆之初頒，知七政調從樞笲；見龍韁之漸易，諒五辰運自台垣。敢具鵝毛，聊將燕賀。

伏願體元有道，春王一統奉瑤圖；贊化無爲，夏正萬年和玉燭。

賀湯太史元旦啓代

寶曆頒春，四象初回四始；玉堂受祉，三元再錫三多。仁風將淑景俱流，野曝暨微陽並進。有懷藜杖，願薦椒觴。恭惟○○德合陰陽，才侔造化。橫襟虎關，赤文綠字生輝；視草鳳池，玉檢金泥動色。擅北門之清要，寵冠私人；攬西掖之菁華，尊稱內相。蓋大德旋成大業，既用世於文明；人和載會天和，復延禧於道長。瀕茲鷄旦，允祐龍圖。夏正開祥，曄曄三臺增福曜；春王肇祚，綿綿百禄粹豐徵。某藉庇雲帡，莫罄瞻依之念；揚休星紀，何勝忻躍之私！謹將葵藿微儀，用佐桃蘇盛事。伏祈和神養素，宜首祚以偕時；崇好榮觀，應履端而納祜。

賀王太僕元旦啓代

天閑運斗，龍媒騰四牡之光；星紀回陽，虎朔肇三元之祉。際磔鷄於改歲，宜獻鴿以輸忱。履泰方新，負暄伊始。恭惟○○溥汾間氣，參井元精。鼓鑄太和，不啻陽春有腳；幹旋元化，實同大造無私。挺直道於烏臺，行行且止；秉淵心於囷寺，繹繹斯臧。日者綠野開堂，解塵纓而涉趣；茲焉蒼穹轉軸，依暖律以凝祥。五辛和味薦雕盤，勝日忻逢首祚；六甲分干排玉曆，長春喜應靈辰。某仰棘府以馳神，衷懸燕賀；捧椒觴而獻歲，術阻梟趨。謹將沼沚之毛，用祝台垣之祜。伏惟莞納，無任葵傾。

賀胡給諫元旦啓代

青帝噓陽回北斗，一元開蕡莢之祥；黃門納祜醉東風，萬壽應椒花之祝。捧玉衡而效頌，有意懷暄；闢瑣闥以延禧，如期戩穀。恭惟○○三秦間氣，一代名臣。陶冶陰陽，四象轉盈虛之轂；節宣天地，一中分造化之符。搦雙管於東臺，春生八舍；拜五衣於南省，影射千門。當茲除舊之時，允納維新之祚。龍躔開福曜，木公洊履到中臺；雞朔啓靈辰，金勝迓祥來大府。某枌榆竊廡，秋毫總籍鴻慈；桃葦瞻休，春育忻逢駿祉。敢將芹葉，用展葵心。伏願寅亮天工，齊七政常調玉燭；申重帝眷，歷三階仁覆金甌。

賀卞勛司元旦啓代

玄鑑垂離，贊平衡於北斗；青逵出震，收上履於東皇。璇璣與七政均調，鼎鼐與六符並峻。崇毫納祜，下吏懷暄。恭惟○○健順儲精，貞元應運。泰階需奠，長春流四序之穌；師錫咸孚，時夏布三陽之暖。春風吹玉律，幽岩桃李生香；秋月照冰壺，遠道參苓借色。惟茲泰始，載即亨嘉。萬竹揚煇，映桃符而集慶；七松分瑞，調柏酒以迎禧。某雁塞備員，借姘嶸於藥籠；雞辰叩祉，切繾綣於椒觴。無能效鵠趨朝，有意懷鳩獻悃。伏祈道隨時顯，黃樞倚黃道以先收；福與日新，玄祚應玄精而獨茂。

賀劉兵憲元旦啓代

一氣回元，正大府交亨之候；三陽轉運，會長春啓泰之辰。序將除舊而生新，勛已成終而復始。三階肇祉，萬國昭蘇。恭惟○○宇宙同春，日星為紀。攘夷安夏，恩威符天地之貞；緯武經文，翕闢妙陰陽之德。播餘麻於龍塞，庶彙咸熙；流剩潤於雁關，纖氛盡洗。某瞻依孔邇，忻忭彌深。仰靈朔之更雞，用輸忱於始歲；效正朝之獻雀，圖展慶於新年。敢曝芹悰，聊將椒頌。伏願功收燮理，調玉燭于無疆；秩晉台衡，覆金甌于有俶。

賀任兵憲元旦啓

椒花獻頌，慶三陽開泰之期；芹葉輸誠，效一念懷暄之款。仰先春於寅柄，快睹龍躔；祈首祚於辛盤，聊將燕賀。恭惟○○三階襲吉，五緯含華。德備中和，履金臺而應運；猷分燮理，調玉燭以匡時。煦日象春溫，暖律潛回黍谷；條風當協氣，寒灰頓起葭筒。緊茲正始之辰，允納馨宜之福。某燕都拜爵，識荊殊感勤渠；雁塞分籌，慕藺尤深眷戀。況當歲改，曷任岩瞻！敢修獻雀之儀，用贊畫雞之事。鵝毛道遠，惟希莞納南溟；虎朔方新，更祝崇階北斗。

賀袁兵憲元旦啓

龍躔在卯，離明永奉春王；虎朔回寅，泰運重頒夏正。履端伊始，受祉維新。恭惟○○德茂涵三，功昭吹萬。筮金錢于粉署，霜沁孤松；開玉帳于白登，風生細柳。薊門轉律，潛回有脚之春；燕谷升義，廣布無私之照。六符並序，七德交綏。載當出震之期，永迓如川之祜。五兵不試，舉蒼黔悉囿春臺；百順駢臻，盡劍履咸歸福極。某披雲塞下，夙荷鴻慈；頃日天邊，今懷燕喜。敢附椒花之頌，用申芹葉之忱。伏祈道叶三陽，萃亨嘉于獻鴿；勛崇百辟，敏昌熾于圖麟。不盡瞻依，可勝抃舞！

賀南道尊元旦啓

寶曆凝和，喜見三陽泳轉；玉衡獻瑞，忻逢萬福來同。當青幡表節之辰，正綠幕延禧之候。道隨時泰，慶與春長。恭惟○○河華苞靈，奎婁毓秀。文昌回斗極，化行禮樂三千；武曲壯鈎陳，胸有甲兵十萬。淳沱凍解，澤流貫地之膏；句注氛消，惠普彌天之照。駿業與昌辰並進，鴻猷將淑景俱新。茲者，夏正履端，春王介祉。桃符明甲帳，懸麗日於轅門；柏酒上辛盤，醉東風於鈴閣。祥紛葦索，頌衍椒花。某版部羈身，莫睹磔雞之政；編氓奉朔，蘄伸獻雀之忱。敢介葵誠，用將芹念。鵝毛道遠，可勝三沐三薰？龍首歲新，願祝五章五服。寅悰不戩，丙照惟殷。

賀李道尊元旦啓

地轉蒼精，快睹青陽出震；天開黃道，再看紫氣回寅。四始方新，千禧有俶。恭惟○○範圍造化，陶冶陰陽。依玉燭以調元，桃李春涵膏雨；揭金莖而運治，茹茅日藉餘輝。望係龍光，樂只應南山之祝；威行雁塞，具瞻孚北斗之尊。一德格天，三元獻歲。新年新月，荷真宰之宅工；勝日勝時，諗中台之戩穀。某久甘委頓，夙荷提攜。頃者，濫綏齊東，回首不忘繾綣；懷恩冀北，傾心更祈吹噓。敢將芹葉之誠，用代椒花之頌。伏願六符肇祉，萬福攸同。占爨隨慶雲，應履端于雞旦；撫瞳曨曉日，迎首祚于龍躔。

賀太守元旦啓代

玉琯動葭灰，臘氣潛回北陸；金堤翻柳色，韶光再轉東皇。天時與人事俱新，福澤及官階並進。恭惟○○幹旋玄化，政刑總屬裁成；鼓鑄太和，民物皆歸覆育。協爲不遺於菅蒯，陽和頓轉于培塿。彩幣惠施，華題寵賚。愧未盡子民之職分，乃過蒙父母之恩私。鰲戴何勝？蛙鳴莫罄。值此迎陽之候，宜申獻曝之忱。芹葉無文，願佐辛盤生菜；茅沸不旨，蘄隨子夜屠蘇。伏祈楓陛承庥，椒觴納祜。節宣元運，收六符克序之功；熙養天穌，應萬福攸同之祝。

賀部司端陽啓代

榴火噴丹，映朱明而獻瑞；蘭湯涌素，潑碧落以生香。良辰喜際天中，野曝期伸塞上。敢將薄貢，用展微忱。戔帛無文，願佐靈府綵縷；荒芹不腆，蘄隨角黍蒲觴。蓋鳩司坐撫南薰，沴膚景覦；故梟濬恭陳北闕，遠布愚私。伏祈午運臨階，丁年晉福。題懸艾虎，氛清百二河山；鏡綰銅龍，明被三千桃李。

回晉藩重陽啓 代

龍樓夜曉，俄驚滌暑之辰；雁塞秋高，忽拜迎涼之賜。捧琅函而增惕[一]，感絳佩以知恩。寅惟殿下，鳳隆齒冑虛懷，雅抱同人佳興。白茅青社，已膺純嘏于三階；綠酒黃花，更樂清寧于四美。頃頒駿惠，乃賁羈臣。萬鎰平分，瓊玖與雲霞並麗；十行鄭重，絲綸將雨露齊霏。顧念材愧題糕，揄揚莫罄；技慚緩箭，報稱何能？謹薰沐以披肝，祝龍鱗之九九；敬詹依而叩首，期鶴馭于三三。嗣謝維寅，鑒原冀丙。

回制臺重陽啓 代

白鉞朱干揮妙略，久推重望；紫萸黃菊撫佳辰，更布餘芬。瞻鼎鼐之常尊，愧瓊瑤其莫致。如某者，壯心空老，未成落帽風流；病骨何緣？乃辱佩囊嘉惠。文綃日展，一函寵溢于兼金；寶墨雲迴，片語榮過于華袞。開緘色悚，展覘魂搖。依躍雀以騰歡，感激似倉庚博舌；附飛鴻而伸謝，皈依同白雁隨陽。銘勒有懷，敷宣莫既。

回大尹中秋啓

月高桂苑，忻逢剝棗之期；露湛花封，猥辱投桃之愛。撫芳辰而滋惕，捧嘉貺以知榮。寅惟〇〇玉燭流輝，金穰協瑞。一塵不染，囿四封於冰壺水鑑之中；萬象俱融，躋百姓於瑤島丹丘之上。當茲令節，更普多儀。金薤琳琅，忽訝鈞天之奏；木瓜瓊玖，恍疑銀漢之投。禮並恩逾，感兼愧集。登嘉大惠，慚無一綫之酬；歌舞至仁，但有千秋之祝。肅占荒楮，衹附葵傾。

回大尹長至啓

恭惟○○德合凝符，功弘轉律。雲占五色，屢書大有之年；日啓重華，載會迎長之旦。協氣旁流于蔀屋，玄風普被于花封。當一陽來復之時，收百順咸宜之祉。豐禧茂衍，泰道初亨。某獻履懷私，愧未申夫片念；承筐載寵，猥獨荷乎多儀。濫士會之餻蒸，何當飽德；叨穆生之醴酒，衹覺醉心。惟景附周圭，冀日新其明德；身依夏鼎，祈沴陟于台階。感激良深，敷宣莫罄。

回大尹元旦啓

青帝司晨，暖律報春王之正；朱提載寵，寒檐生夏屋之輝。拜手騰歡，揚眉頌德。寅惟○○五辰間氣，三極元精。鳴禽座擁薰風，陽春有脚；飛鳥車隨膏雨，化育無私。人和沴迓天和，新祉仍多舊祉。當花縣流芳之日，正椒觴獻歲之時。方歎懷暄，忽蒙垂露。赤蹕爛漫，恍然瑞日臨軒；白鏹焜煌，宛爾祥雲賁戶。神驚異數，色動殊榮。謹盥手以登嘉，敬鏤心而鳴謝。三百六旬伊始，喜龍躔乍轉鴻鈞；二十四考維初，願麟閣高題駿烈。

又[二]

恭惟○○政播和風，仁昭愛日。無私造化，隨泰道以重新；有脚陽春，應履端而並轉。綠楊紅杏，爭回滿縣之蘇；白叟黃童，兢[三]舞遊衢之治。柏葉觴傳萬戶，忘帝力以酣歌；椒花頌集一堂，對王春而酌酒。獻歲之純禧伊始，如川之茂祉方來。某希丙照於崇臺，有懷葵向；庀辛盤於令節，莫致芹私。反辱瑤緘，過承珍眄。華箋滿幅，儼高臺呈瑞之雲；豐篚連函，疑首祚凝祥之露。拜嘉色赧，揣分魂摇。惟願管運黄鐘，佐衮裳而贊化；紋分彩綫，效補衮以收功。不戩下懷，可勝鳴謝！

回大尹端陽啓

恭惟○○靈分東井，化洽南薰。蘭氣絪緼，幕群生於瑞靄；棠陰蔽芾，樾萬户其清涼。五兵盡化爲犁鋤，不必赤符之佩；六沴都消於橐籥，無煩綵綫之縈。某席廩花封，分榮桂譜。纖纖一縷，莫輸在笥之供；璨璨百朋，猥辱承筐之惠。省循增恧，登對知榮。顧饋出魯臺，周急何殊九鼎；而恩沾楚澤，懷賢竊愧三閭。感激銘心，拜嘉頓首。

又

恭惟○○業配函三，化孚璇七。對南薰而鼓瑟，民愠咸舒；奠北徼若覆盂，妖氛盡洗。政成黼黻，人懷續命之絲；德比姘嫫，家佩辟兵之印。蒲無須於九節，咻噢常熙；艾不必於七年，呻吟頓起。某忝逢瓦影，廑切鼁黽；幸托檐牙，歡同燕雀。沐汪洋之闓澤，潤擬蘭湯；披淡蕩之清風，凉生葵箑。方懸情於薦黍，忽辱惠於投桃。戴岳難勝，飲河知足。緇衣比愛，空懷綫縷之忱；華衮疏榮，深愧瓊瑶之報。汗惶轉午，肅謝惟寅。

賀制臺重陽啓代

化洽函三，懋鴻勛於玉壘；陽回重九，收駿祉於金天。剗狼烟息徼西陲，政羊脯迎凉北地。有懷泛菊，曷任傾葵！恭惟○○八柱擎霄，六符翊運。張弛勝算，鞍横宋武之刀；泮涣良辰，臺戲劉公之馬。茱萸紛大漠，寧夸鶴寺冥搜？桑荢[四]趍高飆，不數龍山汗漫。職衣沾覆露，廑托連雲。仰懷卧鼓雄風，非敢效白衣之獻；俯幸枕戈勝日，祇圖伸絳珮之思。不腆遥將，純禧上祝：伏願一尊酬鎖鑰，逶巡暫閱黃花；千騎駐旌旗，談笑常閑赤羽。殊慚塵溷，伏冀台融。

賀晉王重陽啓代

海潤星輝，百世衍銀潢之祚；虹消雨霽，三秋分玉宇之奇。撫蓂莢九滋，瑤圖並璨；攬茱萸一握，翠帳生馡。瑞叶維城，歡均合殿。恭惟○○梓材法訓，桐葉承基。倣姑射以凝神，竟謝十眉雙帶；登太行而覽勝，兼陳六羽三金。喜當重九之期，快睹億千之福。憑高引興，龍光雜襄佩以交輝；應候熙和，麟角擁瘦符而介祉。某叨陪輦轂，夙慕圭璋。仰桂樹之連卷，蘄斟楚醴；臭菊英之馥郁，擬賦梁園。敬薦葵誠，用輸芹獻。茅柴不旨，願調漢苑之莖；戔帛無文，敢綴周王之袞？唯冀道隨時長，德與日新。以孝以忠，三善常綿玉牒；之屏之翰，千秋永奠金甌。

回姚總戎年禮啓

輦闕迎春，五木映靈椒之色；轅門轉律，六花生細柳之輝。肇玄祜於青陽，良將禧延此日；受素書於黃石，豎儒進履何時？方深獻藿之思，復辱投桃之惠。可勝汗背，莫任惶顏！捧白鏐之焜煌，頓覺瓊瑤奪目；睹赤文之璀璨，俄驚星斗流光。無能輸楚客疏麻，有意屬漢家大樹。伏願春王錫福，肘懸金印獨登壇；夏正凝祥，手植桐標先報捷。

賀張憲松倉臺端陽啓

恭惟台臺，功參玄造，德配朱明。攬秦鏡以釐奸，不必波心之鑄；携舜絲而補袞，無煩袖臂之垂。五兵盡化為禎祥，妖氛頓洗；萬戶同游於清淑，酷暑潛驅。當茲重午之時，茂衍由庚之福。蘭湯初試，濯甘露以延禧；蒲酒細傾，醉熏風而納祜。某有懷梟滽，莫遂鳧趨。敢將傾藿之悰，用表獻芹之念。溪毛不腆，期娛虎艾佳辰；黍角非馨，願佐龍舟樂事。伏惟海納，曷任岩瞻！

賀方老師端陽啓

紫極調元，斡斗勛猷獨茂；朱明介祉，如川戬穀駢臻。六符高轉午之躔，九鼎萃由庚之福。歡騰朝署，慶洽門墻。恭惟老師臺臺，道配黃離，功參玄運。爲濟時霖雨，沃傳[五]野以蘇民；作解慍熏風，度虞弦而阜物。燮理陰陽在手，衍伏都消；彌綸造化生心，天喬並適。當此中元令節，聿應上宰純禧。仙艾垂門，雜堯蔖而獻瑞；靈絲緝佩，依舜裒以凝祥。辟五兵不必懸符，迓百祿無須采术。麥雲梅雨，撫佳辰乍聽鳴蜩；黍角蒲觴，追勝事還看結虎。某遙瞻絳帳，竊抱丹衷。敢將負曝之私，用祝迎陽之祜。肴蔌不腆，期隨漢殿梟羹；蔬果非馨，願附周家桃實。伏惟莞納，曷任抃呼！

回端陽節啓

某地部虛延白日，天時忽際朱明。方深畜艾之思，猥辱浴蘭之惠。綫材易斷，何當續命新絲；病骨難支，豈任辟兵佳佩？捧蒲觴而飲德，知九節之自天；嗅黍角以含恩，嘆三閭於此日。謹登四品，用志高誼。伏楮三薰，臨言九頓。

端陽節啓

恭遇赤帝司辰，朱明介祉。靈符綵綫，平分天上休嘉；角黍香蒲，共奏人間樂事。○○功隨陽長，福與時新。納萬戶於清涼，陰消趙日；去三庚之酷暑，廣布虞風。某夙企槐階，親承柏樾。有菀者柳，久瞻芝蓋雲峤；薄采其芹，願佐蘭湯雪液。敢將不腆，用展微忱。伏乞莞存，可勝抃幸！

文制臺元旦啓

伏以曆回虎朔，一元之景象維新；氣轉龍躔，八座之禎祥鼎集。轅門日麗，鈴閣烟清。恭惟〇〇德配函三，功弘吹萬。播余麻於雪窟，燕山庶彙咸熙；流剩潤於冰天，遼海群氣漸洗。慶同春育，何妨禳厲西陲；惠協陽舒，安假放生東部？某情深燕賀，分阻鳧趨。敢馳一介之緘，用叩三台之祉。伏願執玉衡而扶夏正，常持北斗之樞；銷金甲以事春農，永布東皇之律。

王制臺元旦啓

伏以三陽臨泰運，逢虎朔之維新；百禄萃師貞，慶鴻禧之鼎集。春融玉帳，喜溢金城。恭惟〇〇秉鉞專征，當杓運化。百萬兵在腹，決千里之折衝；十二律爲宮，備四時之全德。氣調鄒管，暖回榆塞封疆；晷轉羲輪，春滿檀城草木。干旄簇簇，轅門之畫戟生光；笳鼓填填，氈幕之夷歌成韵。岸容犹带臘，映沿邊戎馬來歸；山意欲冲寒，看遠隊郊坰[六]出賞。青規應候，躋全鎮于泰階；黃道開祥，措群生于震旦。某忻逢介祉，茂對昌辰。幸瞻調燮之勛，敢乏勤渠之悃？一元正始，稱柏酒以迓麻；千里將心，奉椒花而獻壽。伏惟海納，可任淵兢！

督撫元旦啓代

伏以龍躔易酉，萬年開天啓長春；鳳翔回寅，四始洊人寰佳候。青皇惠溥，碧幕祥多。恭惟〇〇手縮魁三，心函璿七。奎圖璧府，久高東觀之文名；井鉞參旗，更壯西陲之武略。攘夷安夏，銷金甲以事春農；贊化調元，攬玉衡而扶夏正。八風均四序，陽回紫塞之山川；五氛格三辰，暖度黃沙之草木。時當改歲，祉受維新。翠柏紅椒，已見稱觴同樂；黃扉紫閣，還期曳履先登。某雍鄙孤蹤，晉藩下吏。奉朱旗于柏府，幸切烏栖；瞻綵仗于華年，殊深雀躍。奈緣匏繫，莫隨摳趨；敢肅芹悰，用將抃賀。伏惟丙照，可任寅恭！

按臺元旦啓代

伏以春王大一統，紫垣頒應莢之辰；夏正首三元，青帝薦如茨之祿。鴻鈞律轉，豸肅春融。恭惟○○天地同貞，日星爲紀。皂囊封事，飛萬里之風霜；赤棒巡方，沛九寰之雨露。摶婉陰陽在手，調庶彙于昭蘇；彌綸造化生心，措群生于熙皥。當鳳曆迎和之候，正烏臺納祜之時。氛叶重光，禎孚太簇。五辛堂上，醉椒觴瑞靄屠蘇；列柏堦前，聽竹爆氛清鬱壘。道自臨而之泰，福除舊以生新。某仰雲近雪消，每切懷暄之念；見柳舒梅放，寔深負曝之思。敬擷溪毛，用輸祉[七]悃。一芹不腆，敢期隨鵲獻同將；九棘非遙，佇看與龍驤並進。伏惟莞納，莫罄汗皇。

餉司元旦啓代

伏以寶曆日升華喜，四海同臨首祚；玉衡星獻瑞慶，三階獨履先春。序轉天元，休迓地部。恭惟○○道回黃始，德合青規。軫民力于三空四盡之餘，野無陰沴；濟軍興于百孔千瘡之候，塞有陽春。協氣洽三雲，在在見馬騰士飽；太和開萬井，人人稱澤沛泉通。載當頒朔之時，茂衍如川之福。桃符葦索，聯粉署以凝祥；柏酒椒觴，對青宵而納祜。某遙瞻龍角，幸分乙夜之光；虔致鵲心，願上三朝之賀。芹悰不腆，葵獻維殷。伏祈鑒涵，可勝珮結！

邊道元旦啓代

伏以龍沙轉律，爭傳紫塞之風清；雞旦更端，又報皇州之春曉。茂烈與東王並進，新禧將北斗齊高。恭惟○○造化生心，陰陽合德。鐃喧鼓角，百城之組練維新；劍倚旄頭，五路之烽烟盡洗。運金繩于鈴閣，助成四序元功；調玉燭于戟門，散作八荒和氣。值茲虎朔，益戀鴻麻。黃道凝祥，趁三陽而泝履；青皇介祉，迺萬福以同升。某幸托依魚，衷懷獻鵲。嗅辛盤之味，期陳勝日靈椒；迓甲帳之穌，顧上佳辰生菜。三百六旬伊始，知泰道彌昌；二十四考方來，看師貞盡吉。區區芹曝，切切茹涵。

司道元旦啓代

伏以條風布暖，三陽臨泰始之期；穀旦延熙，百祿萃履端之候。歲更人統，祉受天麻。恭惟○○體備中和，功崇調燮。文經武緯，妙闔闢之玄機；陰慘陽舒，會剛柔之大德。鼓太和而鑄世，合雷霆風雨總屬化工；噎元氣以蘇時，盡草木昆蟲同歸澤國。當小往大來之際，應生新除舊之禎。驅殘臘于磔雞，絳節與青幡並麗；賀正朝而獻鵲，椒花將柏酒齊芬。福與日增，道隨時長。某悵紅塵之滾滾，念切隨陽；撫春日之遲遲，情深負曝。敢修寅愊，用佐辛盤。花信二十四翻，佇看氛清大漠；星紀萬八千數，行占瑞繞中台。不盡歡呼，可勝抃頌！

制臺中秋啓

伏以柳營萬隊寒生，應幕府威嚴之治；桂魄一輪光滿，符靈臺湛徹之心。辱在照臨，敢忘謳頌？恭惟○○明懸水鑑，清映冰壺。北帝聲空萬戶，衣砧暫息；南樓興逸八門，刁斗俱閑。當三五之良辰，萃百千之遐祜[八]。碧漢披開雲障，玉樹雙清；丹霄駕出星河，金莖並粹。佳時不又，樂事難逢。某叨列下僚，祗深遙戀。守官遵約束，固難親覯以覿台光；戒僕肅函封，汔可代趨而申素悃。謹將芹獻，用展葵誠。果餅非馨，取象蟾蜍之影；茅柴不旨，借名沆瀣之零。伏祈莞付中涓，叱投外澶。願椎牛而饗士，喜看太白秋高；蘄放馬以歸朝，希賦流黃夜永。可勝惶仄？莫罄瞻依。

制臺重陽啓

伏以司馬恭行九伐，正天家篤祜之時；清商序屬三秋，適星駕延禧之候。涼迎幕府，勝覽邊庭。恭惟○○玉律扶陽，金穰造世。霜高弭節，九天惠露都零；月滿關山，萬里寒雲盡掃。當細柳長楊之會，值插萸泛菊之辰。日麗旌旗，快睹威行虎穴；風來閶闔，懸知興溢龍山。遊不假于宋臺，吟頓高于滕閣。某遙瞻北斗，無能從赤羽之驄；俯對南山，有意上白衣之酒。敢將芹獻，用表葵誠。稼納南陔，慶人宥胥天萬寶；柑傳北殿，羨寵膺韓圃秋容。伏乞台融，統希涵茹。

制臺冬至啓

伏以風靖北門，慶幕府威行絕漠；日歸南陸，喜緹帷律轉微陽。望叶書雲，情殷獻曝。恭惟○○陰陽合德，造化同貞。噓鄒管以回春，蘇萬彙于大鈞之表；登魯臺而視朔，和百寮于小會之中。茲者亞歲迎祥，履長納祜。連珠合璧，忻逢不改之天心；開荔出蘭，快睹方新之人事。某遙瞻八座，俯效三呼。敢因薦黍之辰，敬展傾葵之念。灰飛六琯，行看鈴閣梅繁；澗采一芹，伏乞兵廚莞納。

與總戎元旦啓

伏以夏正迎和，寶曆忻逢泰運；春王介祉，玉衡慶集師貞。

當龍躔轉暑之時，政虎帳延禧之候。歡騰細柳，念切疏麻。恭惟
〇〇德普函三，功隆吹萬。魚麗威宣紫塞，厝六軍于化日春臺；
龍韜氣吐青萍，鬯百虜于冰天雪窟。兹者權崙大帥，咤風雲榆塞
行邊；節屆上元，迓歲月椒觴納祜。青幡彩杖，喜分四始之祥；
白鉞黃旄，佇奏三犁之績。某謬從借箸，幸附同舟。遙聞爆竹新
聲，益切輸芹積悃。又是一年光景，轅門看葦索桃符；應知四海
昇平，油幕薦蘭湯柏酒。可勝祝頌？不盡詹馳。

回總戎元旦啓

伏念某疏庸濫秩，老大生悲。雲物蔽星辰，每嘆烽烟載道；
風塵消歲月，寧知蕡莢更新？方驚過隙之駒，乃辱正朝之鵲。繽
紛白絹，疑七襄從河漢飛來；爛熳朱提，恍五貝自雲霄擲下。情
文備摯，感激良深。謹對使以登嘉，敬緘辭而附謝。三百六旬伊
始，喜同瞻軒曆羲圖；七十二候方調，願早見堯天舜日。敷宣莫
罄，銘泐何勝！

校勘記

〔一〕"惕"，依文意似當爲"惕"字之誤。按"惕"字兩讀，一音
dàng，義爲放蕩、凶悍；一音 shāng，重疊義爲行走身直貌。俱乖文意。

〔二〕次題"又"，依本書體例，同題（《回大尹元旦啓》）之文，有
兩篇以上者，第二篇皆題"又代"，標明爲他人代作。凡題後無注"代"
字，皆爲作者自己寫給題目所示之人（如本題"大尹"）之啓，作者不會
同時給一人因同一個節日發去兩篇啓，第二篇以下皆爲代他人之作，故此
題"又"下疑脱一"代"字。下文《回大尹端陽啓》之後題"又"，同此。

〔三〕"�)"，當作"競"。

〔四〕"葦"，疑當作"芐"。

〔五〕"傳"，當作"傅"。

〔六〕"堈"，原文從玉，誤。《說文》冂部："郊外謂之林，林外謂之

冂。”“同同冂”,“同,同坰”,坰同坰。卷六《遊極樂寺》“空王臺殿帝城坰”可證。

〔七〕“祉”,當作“沚”。

〔八〕“祜”,原書該字從“衤”,誤,徑改從“礻”。下文重出者,一律徑改,不再出校。

尺牘卷三

啓 壽類

壽晉藩啓 代

龍文高六服，銀潢開保世之基；鶴算擁三徵，玉室啓長生之
籙。五夜輝躔南極，千齡喜注東華。福萃名藩，歡騰上國。恭惟
殿下桐葉綿休，梓材亢世。金枝玉幹，企高高晉晉之祥；青社白
茅，衍穆穆皇皇之祚。散清芬于楚醴，寧夸河間求賢？霏麗藻于
梁園，不數東平樂善。茲者天綏后祿，帝予遐齡。大年隨大業俱
臻，上壽以上王獨茂。載當佳候，適介靈辰。一葉莢飛祥，趁桑
弧而耀采；九莖芝獻瑞，偕桂斧以生榮。琪花及瑤草齊陳，火棗
與交梨並秀。想木公金母，同稱萬壽霞觴；松子麻姑，共薦千秋
雪藕。列服望丹扉叩祉，諸王擁絳節承歡。職揚在鎬清時，魚依
莫罄；望連關紫氣，燕豫何勝！謹將北海之尊，恭上南山之頌。
伏願箕疇鼎集，華祝駢增。億萬載勒丹臺，常扶帝轂；百千秋垂
赤芾，永奠皇圖。

壽潘藩啓 代

桐樹衍慶，萬年承奕葉之基；桃實呈祥，五福介神明之胄。
輝躔吉曜，喜溢靈辰。恭惟殿下玉牒奇英，銀潢盛派。求賢若
渴，追桂樹之芳聲；主善爲師，法梓材之嘉訓。爰亢宗而作對，
更保世以維城。茲者日茂璇源，天開壽域。瓊樓十二，遙迎南極
之光；玉宇三千，遍布西庚之采。琅琔紛雅奏，九成絳雪橫飛；

玳瑁敞華筵，三變玄雲低護。會見樓前花萼，含沆瀣以垂芳；仁看砌下蘭芽，映曨曈而發秀。丹臺祉萃，寶曆春長。某謬典鐵冠，榮分珠履。望壺山之紫氣，燕喜何勝！挹漳水之清波，魚依莫罄。敢將華祝，用效嵩呼。伏願鶴算昌齡，龍符保國。惟忠惟孝，綿一人水木之宗；不競不絿，殿萬載岡陵之祚。

壽李相公啟 代

金鼎調元，斗北壯三台之曜；玉衡誕瑞，弧南輝五夜之躔。黃扉平格以延禧，紫極作朋而納祐。疇添五福，祝擁三多。恭惟○○命世真儒，致君元老。孕平海嘉禾之秀，宣靖齊芳；探小山叢竹之奇，考亭濟美。巍科兩冠，天邊露浥三危；臚唱初傳，日下雲生五色。橫經虎觀，弼聖學於光明；視草鶯坡，贊皇猷於烏奕。貢夆〔一〕闢英雄之縠，攬瀛洲十八神仙；成鈞司禮樂之宗，收洙泗三千俊彥。宮詹學士，佩搖華蓋動星占；宗伯尚書，履曳文昌依日表。步沙堤十里，望重金甌；佐丹陛九重，功高玉鉉。人情賢夢卜，爭誇司馬當朝；天意兆禎符，更喜非熊介壽。維茲建戌，適值生申。玉室呈祥，三島現長生之籙；玳筵祈祉，千年稱難老之觴。凡在登龍，率懷獻鴿。某棲遲北鄙，無能葵藿輸忱；瞻仰南山，有意臺萊效頌。敢將燕賀，用叩鴻麻。伏願帝簡精忠，天綏后祿。五百年名世，喬木垂陰；八千歲爲春，蟠桃結實。將壽民壽國，永清萬曆乾坤；而戀賞戀官，常被一人雨露。

壽沈相公啟 代

內閣調元，協氣翯魁三之位；中台拱極，璇光聯太乙之輝。金甌依玉陛以分榮，紫霧拂丹臺而獻瑞。天開壽域，地涌崧歌。恭惟○○千載真儒，百年間氣。龍墀對袞，九天日月生華；鳳閣燃藜，五夜星辰動色。持衡登棘府，望隆八座之尊；曳履踐楓宸，聲動九重之眷。公平正大，兒童知司馬之名；忠介剛方，僚寀仰夔龍之德。日者沙堤新築，據鼎鼐以佐皇猷；玉鉉平分，作鹽梅而弘相業。風裁明赤舄，回既倒之狂瀾；雅範肅黃樞，振猶存之直道。故上壽以上人獨茂，大年與大德齊昌。維茲上巳之春，適值生申之日。華封效祝，瑤山增不老之禧；箕範凝疇，玉室啓長生之籙。蓋作朋與試，將壽國壽民壽世以無疆；故胡考承庥，且如岡如阜如陵而未艾。某景行瞻馬，幸分桑梓餘光；筮仕登龍，猥被芝蘭雅化。乃片言忤俗，竟甘放逐于囚山；遂數載沉淪，羞展興居於函丈。乃蒙老師噓枯吹朽，布陽和不棄枌榆；某因得磨鈍策駑，起落魄重沾雨露。撫朱輴之寄，蚊負何勝！仰黃髮之休，蛩鳴莫罄。祢生狂瞽，敢忘北海之知？《周雅》勤渠，竊效南山之頌。敬陳蔬菲，用達芹私。伏願帝予遐齡，神貽多福。八千歲靈椿映日，四十圍古柏參天。一品朝披，輔瑤圖於有赫；九仙夜抱，調玉燭於常熙。

壽韓太史啓代

地迥鑾坡，露浥西臺之色；天開壽域，星輝南極之躔。八千歲以爲春，五百年而名世。靈辰獨覽，吾黨咸忻。恭惟〇〇嫵沕凝神，中條毓粹。青錢入彀，董明堂清廟之聲；黃甲傳香，步石室金閨之武。立螭坳而視草，文章班馬齊驅；倚鰲禁以宣麻，事業夔龍並駕。仁參黃閣，先貳青宮。紫極調元，已爕三辰玉燭；丹臺住世，更收六甲金書。維茲建亥之冬，適值生申之候。賞飛十四，開玉曆於堯階；桃熟三千，度瑤池於漢殿。凡覿龍光之德，率伸燕賀之私。某叨植公門，僭附倚雲葱蒨；竊吹仙壤，忻從愛日媊爛。遠托金籠，遙瞻玉杖。皇華縹緲，無繇稱萬壽霞觴；紫氣氤氳，有意舐九還丹鼎。伏祈金甌早卜，玉燭長調。二十四考冠中書，永作擎天之柱；億萬千年登上履，頻添入海之籌。

壽傅太史啓代

鑾掖分榮，茂鴻勛於八柱；箕疇錫福，綿鶴算於千齡。北門
迓紫氣以呈祥，南極映黃扉而絢采。歡騰□〔二〕契，喜溢生申。
恭惟○○昂畢真精，潯恒間氣。天生名世，際五百年豪傑之期；
帝賚良臣，當六七作聖賢之會。泥金飛桂籍，引仙班直步瀛洲；
鳴玉近楓墀，待上帝高臨香案。鰲背宮中載簡，先登七寶之床；
蛾眉班裏宣麻，獨燦五花之筆。三辰玉燭，湑看紫極調元；六甲
金書，更喜青城度世。蓋帝臣王佐，儼雲龍風虎之徵；故仙骨神
胎，應金馬碧雞之瑞。維此孟冬吉候，寔當皇覽佳辰。階前蓂莢
五滋，海上蟠桃三熟。蓬萊紛俎豆，尊陳北海醉流霞；閬苑集簪
裾，壽祝南山娛勝日。某濫兼葭之芘，幸從瑤島瞻鸞；仰松柏之
姿，願附金籠獻鴿。敢將不腆，用祝無疆。伏祈數衍椿霢，功參
梅鼎。總三階法曜，二十四考冠中書；授七轉真符，萬五千人隨
上籍。

又

鑾坡地迥，青藜搖太乙之輝；壽域天開，紫炁映長庚之色。
玉署維麟而納祜，金籠放鴿以延禧。蘿蔦騰歡，薹萊衍頌。恭惟
○○功昭霖雨，神應列星。孔思周情，模範潛回兩序；班香宋
艷，文章價重三都。楓宸行覆金甌，蓬島先開玉室。當此建亥，
適值生申。閬苑含和，蓂莢纔滋五葉；瑤池現瑞，蟠桃正實千
秋。世間甲子茂長春，十月下西天活佛；鼎內刁圭〔三〕成大轉，
九天來南極真人。凡覿崧靈，率伸華祝。某辱葭莩之屬，爐烟幸
結三生；仰松柏之姿，魷酒期酬萬壽。敢將一介，用效三呼。伏
願黃閣調元，盛業企鹽梅舟楫；丹臺紀數，大年同丘阜岡陵。

又

玄冥轉律，一陽漸復龍躔；紫閣凝祥，三壽平臨鶴算。歌揚松柏，喜溢枌榆。恭惟○○瓊海金莖，瑤林玉樹。螭頭視草，飛白雪于花磚；雉尾聯班，捧紅雲于香案。青宮勸學，豫成繼體離文；丹陛調元，溽菶居官鼎鼐。企三階之上履，遙映台垣；收六甲之靈符，還登壽域。維斡斗方當建亥，而懸弧適報生申。南極騰輝，照耀瓊樓十二；東華運炁，絪緼玉宇三千。凡睹歲星，率伸華祝。某芸窗屈首，無繇稱萬壽霞觴；蓬海馳神，有意舐九還丹鼎。敢將一介，用代三呼。箋帛無文，何當庭實；汀毛不腆，祇愧暄私。伏願玉室垂名，金甌覆姓。抱九仙之骨，風清海鶴度千秋；披一品之衣，日麗山龍生五色。

壽趙司農啓_代

北斗運微垣，福曜炳三階之位；西池開壽域，極星輝五夜之躔。丹臺錄啓長生，平分紫氣；金部籌先大老，益壯黃樞。萃華祝以凝休，集崧歌而茂祉。恭惟○○九寰騰望，八柱標奇。匯渤海于文濤，萬頃瀉含珠之浦；崢泰山于德囿，千尋高蘊玉之峰。既染柳以登閣，更裂麻而悟主。瑞錦窩中襄化，新圖將廢印兼裁；大官署裏宣猷，內奉及外總並媺。擅銀臺之封駁，象天喉舌掌絲綸；凌玉舄以升華，作帝股肱居鼎鼐。金條灑露，棘林空廷尉之冤；鐵柱飛霜，蘭省誦中丞之烈。九關雄武庫，永清地雁天狼；八座比文昌，會際雲龍風虎。茲者大儲倚命，有財有用以成功；是用胡考昌齡，壽國壽民而衍慶。載當建戌，適值生申。莢茮九霄，應赤雁雲間舞下；蟠桃三熟，正青鸞海上銜來。玟瑉敞華筵，瑤草琪花遠映；琅玕紛雅奏，碧霞絳雪低迴。八千歲以爲春，獨占壺中甲子；五百年而名世，自成鼎內刀圭[四]。骨抱九仙，夜度精神閑海鶴；衣披一品，朝綬黼黻焕山龍。凡瞻松柏之姿，率獻蓬萊之雅。某身羈紫塞，無能玉杖扶鳩；念迫丹衷，有意金籠放鴿。敢馳一介，敬代三呼。燕賀非私，願托連雲大廈；鵝毛不腆，期裨愛日斑衣。伏祈黃髮持衡，朱顏住世。名隸三山玉室，優游日月以無疆；手扶萬曆金甌，整頓乾坤于不了。

壽温總憲啓代

柏府暢鴻猷，奕奕龍光高北斗；蓬壺延駿祉，綿綿鶴算啓南山。斑衣與綵色齊明，福曜及台輝並麗。華夷祝頌，朝野歡呼。恭惟〇〇東井發祥，西岐毓秀。百年名世，起金臺望重千秋；三壽作朋，依玉陛權兼兩省。經文緯武，鴛鷺虎豹屬綱維；斷國謀王，舟楫鹽梅恢相業。緊吉人受祿荷天麻，獨擅維祺；斯厚德凝禧迓帝眷，躬膺胡考。當茲建未，適值生申。太乙照銀潢，映瑤山而現瑞；長庚明碧落，燭玉室以凝熙。某蕭仰烏臺，猥荷枌榆之愛；遙瞻紫氣，願賡杞李之歌。雖享愧鵝毛，莫展殷勤於千里；而情深燕賀，薪伸繾綣於三呼。伏願上履駢臻，遐齡鼎介。龐眉收華祝，多福多壽多男；艾髮攬黃樞，爵一齒一德一。

壽陳憲師啓

三雲敷重望，北門騰良翰之助；五夜集靈躔，南極映長生之禄[五]。奕奕箕疇有秩，綿綿華祝方來。符奠三階，嵩呼萬國。恭惟〇〇千年間氣，百代儒宗。衡岳儲精，拔金山而挺概；洞庭毓秀，濯玉海以凝神。含香蕈明允之聲，雀角鼠牙俱戢；分校攬英雄之觳，龍鱗鳳翼兼收。領郡篆於新安，化雨洽朱轓皂蓋；秉文衡於冀野，春風披絳帳青氈。澤被無疆，麻承有俶。日者允文允武，獨高安攘之謨；是用俾熾俾昌，特茂岡陵之祉。維茲建亥，適值生申。長庚曜采于天南，銀界焜煌動色；太乙揚輝於地北，玉樓璀璨生光。蓋以厚德含和，嘿會夫五千柱史；故崇功衍慶，自躋乎八百彭籛。在在稱觴，人人誦屨。某等雁山棄石，沱水沉砂。自甘旅寵枯桐，付寒灰而寂响；詎意郵亭敗篠，依暖律以流音。慚非桃李之儔，濫與參苓之列。曩叨鶚薦，戴鴻慈未展芹私；頃效鳧趨，蒙駿惠尤深葵向。瞻依莫罄，悚歡何勝！恭逢萬壽之辰，敢上三徵之頌。伏祈當朝一品，歷世秭年。企大數於玄黃，幾見丹丘歸海鶴；擅中台之青紫，常披赤帟照山龍。

壽李憲長啟代

法臺風凛，金科高明允之功；壽域天開，玉室啟靈長之祚。麟紱祥分於冀野，鴿籠慶洽於堯封。恭惟○○南極儲精，東華錫羡。應五百貞元之運，喜際風雲；擅三千禮樂之宗，才明日月。鑾坡草重絲綸，昭天地文章；鈐閣梅繁經緯，壯西南保障。日者九重推轂，三晉持衡。膽鏡鼇氛，斥井鉞參旗于不用；牙璋恢業，儷珠星璧月以同輝。載當建戌之時，適值生申之候。涼飈九月，俄驚藚莢飛英；勝日千秋，快睹蟠桃結實。琅璈樂奏，九邊將吏動歡聲；玳瑁筵開，三島神仙誇樂事。某叨陪苓术，忻遇桑蓬。仰上壽於龜齡，有意獻九還丹藥；繫下僚於雁塞，無由稱萬歲霞觴[六]。敢效嵩呼，用伸華祝。伏願如松如柏，大年直跂莊椿；爲櫱爲梅，巨手行調傳鼎。

壽汪案臺啟代

西陲持繡斧，三台正氣燭龍墀；南極照花驄，五緯祥光躔鷺軑。白簡映長生之籙，丹臺凝不老之春。壽域天開，崧歌地涌。恭惟○○百年名世，一代真儒。文章蜚班馬之英，事業繼夔龍之武。銅章分雨露，四時和煦足花封；鐵柱帶風霜，萬里威嚴騰柏府。節行山右，暫移綱紀之司；釐理河東，小試調和之手。茲者德隨時泰，福與功崇。維斯建午之辰，適際生申之候。朱明日麗，壽絲五色生輝；紫煞雲蒸，命帚千秋兆瑞。香蒲浮玉屑，瑤池玉液旋添；角黍獻金糜，閬苑金莖並進。蓋大人平格，不必於虎顧熊經；而國老維祺，自衍夫酡顔鶴髮。某恭逢駿祉，竊效蚤鳴；快睹鴻禧，敢陳燕賀。用是俯修一札，仰達三呼。伏願華祝謙收，箕疇鼎萃。峩冠依日月作朋，永奠金甌；曳履踐星辰胥試，常調玉燭。某不勝祝頌顒叩之至。

壽薛銓部啟代

黃圖策駿，經綸騰克宅之功；紫氣連牛，縹緲接長生之籙。輝躔南極，慶洽西池。恭惟○○華嶽儲晶，渭陽毓秀。胸羅星斗，含光直射三台；筆掃風雲，列陣胥成五色。鶚橫秋漢，馮虛萬里壯扶搖；鯤奮春溟，破浪千層從變化。更直含香於畫省，潔照冰壺；考功序秩於銓司，衷澄水鑑。茲者大人襲吉，厚德凝禧。載當建未之辰，適值生申之日。祥飆紛灑，長庚迴銀界三千；瑞靄葱蘢，太乙映瓊樓十二。駐景之遐齡攸屆，維祺之茂祉駢臻。職謬托枌榆，幸聯桑梓。塞垣濫綬，萬間方藉幈幪；海屋增籌，三壽忻逢平格。遙瞻北斗，敬頌南山。敢修草野之儀，用代華封之祝。伏願青瞳照世，抱九仙之骨而地久天長；黃髮持衡，會五福之疇而日升川至。將社稷有作朋之慶，國家賡胡考之歌矣。

壽趙道尊啟

紫塞肅龍韜，百二榆溪增鎖鑰；丹臺移鶴算，三千桃實茂春秋。喜看華祝凝禎，佇待箕疇衍福。人人歌嶽，在在呼嵩。恭惟○○德合陰陽，功侔造化。發祥西夏，才名將二華齊高；奮迹南宮，聞望暨三台並麗。含香依北闕，和風披瑞錦紅綾；縮郡御西陲，湛露灑朱轓皂蓋。妙張弛於臬府，碧幢揚細柳之威；職屏翰於藩臺，絳節布甘棠之化。茲者天綿純嘏，大年隨駿德俱昌；日進休徵，皇攬與鴻猷共懋。繄斯建戍，適值生申。南極流輝，五夜瑤光璨爛；東方見瑞，千山紫氣葱蘢。冰桃雪藕，慶長春長生有俶；火棗交梨，傳盛事盛美無疆。凡在胼蠎，率皆忻抃。某泥塗末品，菅蒯微才。燕麥兔葵，猥溷公門桃李；牛溲馬浡，叨陪藥籠參苓。悵三年寢塊，嬛嬛芹私未展；顧萬里瞻雲，戀戀葵向何勝！幸逢松柏之辰，敢上臺萊之頌。伏願日星爲紀，天地同貞。躋上考于彭喬，夜抱九仙之骨；列崇階于周召，朝披一品之衣。則鮐背總魁三，整頓寰區歸壽域；鴻毛資吹萬，提携圭竇入春臺。

壽劉道尊啓代

白登揮絳節，陰山消萬里之塵；紫氣繞丹臺，蓬島上千秋之祝。喜風清鈴閣，望重北門；看日麗桑弧，光騰南極。軍民共頌，將吏均歡。恭惟○○雷夏鍾靈，天門毓粹。銅符縮綬，能令鼠雀空扉；鐵柱冠峨，未許豺狼當道。碧幢臨上館，一廉貞憲徹冰壺；赤羽樹陽和，萬竈宣威嚴細柳。茲者鴻勛受祉，駿德昌年。載當上巳之辰，適值生申之日。蘭香綺潤，祓除之盛景方新；桃實瑤池，胡考之遐齡攸介。某叨胼大厦，久切鴻私。快睹清禧，尤深燕賀。茅沛不旨，期禆大斗之陳；戔帛無文，用佐班衣之製。伏願瑤山衍曆，玉室題名。將鶴髮酡顔泮渙，常扶帝轂；龐眉鮐背優游，永奠皇圖。

又

萬里靖邊塵，月冷漢關歌解甲；九天開壽域，風清《周雅》誦生申。丹臺將北斗齊高，紫氣曁東皇共溥。人人稽首，在在歡騰。恭惟○○天地凝神，陰陽合德。杏壇分道化，靈通練馬之光；菏澤振家聲，迹邁絲鳩之武。皂囊封事，法星遥映乎三台；畫省持籌，福曜平臨於一路。威宣鈴閣，五兵司戢戌樓空；憲攬刑臺，三尺獨明嘉石允。日者山龍昭寵渥，擅五服以升階；茲焉海鶴會精神，據三徵而鼎盛。時當秉茵，度啓懸蓬。長庚迴十二瓊樓，西山獻瑞；老子著五千玄屑，南極交輝。蓋睿德調元，將壽國壽民而壽世；故窮皇錫吉，遂俾耆俾艾而俾臧。某庇托垂雲，思深華祝。恭逢誕昂，喜效嵩呼。敢將芹藿之私，用展臺萊之頌。伏願萬邦爲憲，五福攸同。黄髮翊金甌，整頓乾坤于不了；蒼顔扶玉鉉，維持社稷於無疆。

又

鴻猷敷絶漠，北門收耆定之功；駿德衍遐齡，南極映長生之錄。奕奕龍光鼎重，綿綿鶴算亨嘉。朝野同歡，華夷共祝。恭惟○○貞元會粹，象緯凝精。擢秀天門，擅雄才於倚馬；蜚英雷澤，馳妙譽於登龍。鐵冠揚柱史之威，白簡霜飛岳岳；金穀總司農之計，紅儲露積陳陳。牙排赤羽蕭長楊，雁塞塵清萬里；幢擁白登嚴細柳，狼墩夜净千營。茲者宣昭有赫之勛，允茂維祺之祉。載當上巳，適值生申。太乙揚輝，快睹連牛紫氣；長庚絢采，遥瞻跨鶴紅雲。企華頌之三多，休明有俶；會箕疇之五福，保艾無疆。職屬吏叼恩，瞻依莫罄。崇臺仰祜，舞蹈何勝！慚非北海之尊，敬上南山之誦。伏願日星爲紀，天地同貞。一品朝披黄髮，攬金甌玉鉉；九仙夜抱蒼顔，駐紫府丹丘。

又

北門奏績，九邊資朱茅之謨；南極流輝，五夜映丹臺之籍。快睹天開壽域，争傳地涌崧歌。五福攸同，三多肇啓。恭惟○○

泰山毓秀，渤海涵靈。文章追鄒魯之宗，事業接姬姜之武。烏臺
執簡，霜飛五鹿皂囊寒；晝省含香，日近六龍青被暖。法鑑高懸
於雁塞，憲度維明；輕裘坐鎮乎陽和，胡旗自偃。日者崇功浹
履，依北斗以騰聲；茲焉厚德凝禧，介南山而受祉。載當上巳，
適值生申。錦軸充庭，共誦椿長八百；斑衣遶膝，爭誇桃實三
千。某辱在編氓，久叨鴻庇；恭逢令旦，曷任蛙鳴！僅馳一介之
械，用代三呼之祝。戔戔束帛，慚非碧漢雲緒；瑣瑣微芹，期佐
瑤池雪藕。伏願衣被一品，壽應三徵。日月奠壺中，九轉丹顏閑
海鶴；地天交闕下，千年黃髮照山龍。

壽馬大尹啓代

銅符日麗，一方流茂宰之輝；玉笈天開，三島報長生之籙。
焉奕龍光漸重，綿延鶴算隨臍。慶衍蓬萊，榮分桃李。恭惟○○
天中間氣，昭代真儒。二室儲靈，挺金山而拔粹；三川濯秀，涵
玉海以凝神。朱絲收五緯之文，名高桂籍；黑綬布十奇之化，澤
滿琴堂。蓋治洽中牟，已見祥紛赤縣；而政傅勾漏，還期姓注丹
臺。當茲建午之辰，適值生申之日。蕡飛十二，喜菁葱瑞葉堯
堦；桃熟三千，正爛熳香浮漢殿。想木公金母，同稱萬壽之觴；
白叟黃童，共效三多之祝。某瞻六甲于九重天上，無能北海輪
尊；望長庚于五色雲中，有意南山獻頌。敢修一札，用代三呼。
伏祈算軼松喬，夜抱九仙之骨；勛崇萊呂，朝披一品之衣。將壽
國壽民壽世以無疆，爵一齒一德一而未艾。

壽侯司理啓代

黃堂司理，法星高貫索之躔；紫府凝禧，靈露湛蓬壺之境。
萬姓崧歌雷動，千秋壽域天開。瑞靄庚符，慶延寅署。恭惟○○
明時間氣，昭代真儒。東魯熊飛，聞望冠三千禮樂；南宮豹變，

才名魁五百英雄。持八議以明刑，盡洗呼天之虐；聽五聲而折獄，平收畫地之功。茲者德與日新，福隨時茂。當此建辰之月，適逢誕昂之期。南極映朱輔，采射箕疇增五福，西池分碧乳，歡騰華祝集三多。某仰亘斗之崇標，魚依幸庇；睹懸弧之令旦，燕賀懷私。謹馳一介以將儀，用代三呼而叩祉。伏願維祺有俶，胡考無疆。大年與大業齊昌，鮐背龐眉扶玉鉉；上壽以上臣獨戀，酡顏鶴髮壯金甌。

壽王先生啓

朱草呈祥，一葉先開大曆；碧桃獻瑞，千秋首應靈辰。當玄冥轉律之初，正紫氣騰關之候。三徵襲吉，五福凝休。恭惟○○恒岳降神，沱源毓粹。錦心繡口，才蜚八斗之雄；拄腹撐腸，學縕五車之富。鳳翶翔于千仞，已從白帢逃名；鶴嘹唳乎九霄，更喜丹砂住世。維茲建亥，適值生申。青城人醉春臺，紫塞天開壽域。蓬壺縹緲，遙連南極之輝；萊綵繽紛，共舞西池之宴。某一官繫邸，無能縮地稱觥；千里懷人，有意披雲獻頌。敢將不腆，用代呼嵩。伏乞鑒存，可勝抃蹈！

壽張太孺人

壽星屆紀，光躔婺女之墟；愛日迎暉，采射仙人之籙。度西華而永世，注南斗以長生。喜溢庭闈，慶綿綦履。恭惟○○靈孚巽索，秀應坤維。蕙馥蘭馨，備柔嘉于內則；金和玉潤，儼貞靜于中閨。早叶卜鳳之祥，遂相弋鳬之治。薦蘋蘩其有愻，錡釜維虔；奉棗栗以無違，帨衿必飭。緶繩作苦，桑麻操邾女之勤；絺綌是甘，荊布襲梁妹之儉。且和丸敕訓，銼藁延賢。是以霹靂名高，起清曹而振响；芙蓉色麗，依綠幕以生輝。洊騰良尉之聲，益顯慈君之教。茲者高堂日永，壽域天開。九十萱妍，逐堯蓂而獻瑞；三千桃實，總軒策以凝禧。天邊來沆瀣神漿，雲外動瑯璈雅奏。想木公金母，同輸火棗交梨；蕭史麻姑，共上冰桃雪藕。已見斒斕遶膝，行看綵綷承床。某聯一脉于猶孫，分甘有素；望三徵于阿母，叩祉惟丹，敢將北海之尊，用效南山之頌。伏願三山注籍，五岳圖形。歲剪宮羅，煥新褕于白賁；時傳真誥，登上履于黃寧。不腆荒詞，可勝華祝！

壽日回傅太史禮啓代

蔦蘿下體，方深倚玉之榮；蒲柳微辰，濫辱投瑤之惠。擎豐儀而汗背，曷任蝡私？捧華袞以惶顏，難名駿寵。恭惟○○扶輿濯秀，象緯凝晶。校書分太乙烟藜，珥筆侍玉皇香案。銀魚飛藻，音流白雪迴風；金馬趨朝，手捧紅雲近日。職編摩於史局，才擅三長；攬模範於成均，衰還八代。如某泥塗後學，菅蒯微生。悵風塵丹雉無奇，走甘牛馬；借月老青蠅有附，猥溷龍豬。日者俯移珮于山城，允光梓里；茲焉謬分籌於海屋，實愧桑弧。初度空週，浮生未了。《蓼莪》在念，本非爲樂之時；《樸樕》何緣？乃辱問年之典。謹登嘉而莫罄，顧揣分以奚宜？帙重縹緗，一覽希開渺識；幀隆綦組，三加願附成人。丹青璀璨映蓬廬，永寶琅函妙墨；蘭麝氤氳霏蓽戶，時依玉署清香。但窮愁罔補劬勞，而老大衹傷懷抱。衷懸報李，志切輸芹。敢因赤舄歸朝，用致素絲效悃。伏願槐階特進，梅鼎先調。尺五身臨，喜見龍墀應瑞；魁三手握，佇看麟閣垂勳。

壽日回姚虛如啓

伏念某蜉蝣玩世，螻蟻偷生。四十五十而無聞，徒傷髀肉；大年小年之有盡，未改頭顱。方嗟蒲柳經霜，敢謂松筠耐歲？馬牛下走，勞勞日月空長；鷄犬凡胎，忽忽春秋自老。乃緣初度，猥荷隆施。海錯山肴，疑九鼎自蓬萊擲下；朱絲文綺，恍七襄從河漢飛來。感激魂搖，拜嘉色悚。枌榆末造，幸梯榮于自今已往之年；蛇雀微誠，願矢報于從此將來之日。

壽范老師

伏以梧垣夜曉，星輝南極之躔；蓬島春深，日用東華之炁。祥凝台鼎，喜溢門墙。恭惟○○室壁元精，瀧琮間氣。飽玉壺之沆瀣，姑射同清；擁金界之琅玕，普陀並秀。履端初易歲，元正快睹佳辰；維嶽報生申，皇攬式當初度。三千年結實，桃蟠閬苑之鮮；八百歲爲秋，椿挺漆園之翠。俾耆俾艾，彌劭彌高。某幸分桃李之榮，竊附蓍萊之頌。第一方匏繫，莫遂鳧趨；而百結芹私，祇深燕賀。對南山而擬算，願添海屋之籌；叩北斗以揚言，敢效華封之祝。伏惟汪納，可任巖瞻！

壽□□^{〔七〕}臺

伏以龍節專征，靖妖氛於萬里；鸞書獻瑞，躋壽考于千齡。東陲高良翰之功，南極映長生之籙。疇先五福，祝動三韓。恭惟○○軫翼元精，衡湘間氣。殿中峨鐵柱，寒生當道豺狼；海上植銅標，威肅居關虎豹。五百年而名世，應滔滔江漢之靈；八千歲以爲春，擅穆^{〔八〕}苞符之數。日者躬行九伐，喜應三徵。當兹擐甲之時，適值生申之候。仗參旗，揮井鉞，行看績滿青箱；勒玉室，注丹臺，快睹年登絳曆。誓師壇上，昭回太乙之星；奏凱班中，漫演南飛之曲。天開大耋，人慶長春。某蒲柳先零，嘆肉芝于六日；桑蓬在望，披靈樹于千秋。敢將沼沚之毛，用代蓍萊之頌。伏願崧歌鼎集，華祝平收。一卷赤松書，內永寧而外永奠；三編黃石訣，上壽國而下壽民。槐階鐫不朽之勛，蓮笈衍無疆之祚。

壽王制臺

伏以碧幕風清，靖龍荒于萬里；丹臺日永，綿鶴算于千秋。喜溢師中，歡騰閫外。恭惟○○苞符應運，河岳效靈。轟雷掣電才華，兩地參天事業。指揮資廟算，寧誇漢丞相之六奇；談笑息邊塵，奚啻蜀武侯之八陣。茲者月逢太簇，時際懸弧。五福萃箕疇，瑞靄遙連于玉塞；三多凝華祝，歡聲共效于金龍。某近依日月末光〔九〕，夙被乾坤厚造。祗效蓍萊之頌，雀躍有懷；薄陳芹藻之忱，鳧趨無自。遐想伯陽之寶籙，應知八千歲爲春；近瞻元禮之仙丹，信是五百年名世。伏願業隨年進，恩與日新。調煥鼎，協熏弦，大納八荒于壽域；静霜箭，閑雪刃，長躋九塞于春臺。

壽范老師

伏以棘臺春滿，金條推平反之仁；蓬島歲新，寶籙衍長生之祚。蓍萊慶集，桃李歡騰。恭惟○○具瞻，乾坤間氣。奉常典禮柔四夷，來享來王；廷尉持平總八議，有倫有要。當鳳曆回寅之候，正龍躔誕昂之時。南極星高，掩映瓊樓十二；西池月皎，昭回銀界三千。黄庭之秘旨初傳，絳曆之遐年攸介。鴻勛有秩，鶴算無疆。某峭雨巏風，頂戴如萬間夏屋；高天厚地，瞻依惟千歲椿靈。仁看名覆金甌，時調玉燭。六符翊運，措斯民于化國春臺；三壽作朋，弼我后于唐堯虞舜。一毛不腆，九首是將。伏乞鑒涵，可勝翹祝！

校勘記

〔一〕"夆"，疑當作"奉"。

〔二〕□，漫漶不清，依文意似當爲"誕"字。

〔三〕“刁圭”，當作“刀圭”，已見前校。

〔四〕同前校。

〔五〕“禄”，疑當作“道籙”字。

〔六〕“觸”，疑當作“觴”。“稱……觸”，難通，“稱觴”則通。

〔七〕□□，看原書似有刻後剗去之迹，蓋作者以爲此人名字不可存於集中，文中有“衡湘間氣”，其人大約是今湖南人。

〔八〕“穆”字後脱一“穆”。

〔九〕“未光”，據文意疑“未”字似爲“末”字之誤。

尺牘卷四

七一一

啓 謝類

謝白撫臺薦啓 代

柏堂春動，菲葑沾造物之仁；葭管陽回，桃李借噓枯之德。覆載不遺於螻蟻，涓埃何補乎高深？恩重及烏，感當報雀。恭唯○○三台偉望，一代元勛。碧幢絳節帶風霜，正氣肅貔哮豸觸；繡斧朱旗明日月，清輝流鷺序鵷班。百辟其刑，萬邦爲憲。不羨令公作鎮，寧誇吉甫臨戎。穎脫群材，錐處囊中鋒立見；弦調庶政，琴收竈下韵皆新。職樸薪微才，培塿末質。三年沉雁塞，殊慚鹿鹿庸流；一日托龍門，快睹麟麟大業。自愧齊竽濫食，敢期鄒律回蘇？日者猥藉姘慈，謬膺旌勵。虞坂孫陽一顧，誓隨駑馬以先驅；豐城雷煥初開，願效鉛刀而試割。緘言九頓，祈移月色照樓臺；望闕三呼，願贊天曹調鼎鼐。

謝康按臺薦啓 代

驄軺按部，久蜚彈壓之聲；鶚表掄才，濫沐[一]品題之惠。享千金而知愧，褒一字以何勝！戴澤有天，感恩無地。恭惟○○泰山威鳳，渤海神龍。應列宿以鳴琴，風清一鶴；傍五雲而載筆，霜凜孤雕。繡斧下堯都八郡，豺狼落膽；彤輪埋冀野三關，狐鼠消魂。運經文緯武之猷，懋激濁揚清之治。皁囊封事，既已持裂牘于朝端；白簡羅英，更不棄敝帷於邊徼。如某者，人微馬走，宦悚鷄棲。竊吹東郭之竽，猥荷西臺之庇。誠中傾注，固思

厘向日丹葵；望外栽培，何冀附倚雲紅杏！乃蒙吐握，過賜吹
嘘。飾羊質爲虎文，徒增赤頰；售駑蹄以駿價，允藉青眄。顧竈
下焦桐，雖溷黃鐘結響；而獄中塵劍，終知赤土難求。敢不勉竭
蚊私，蘄酬鴻造？綫才少試，願求伸狗馬之勞；綿力得施，期不
負牛羊之托。三台仰德，九頓陳情。翹首龍門，敬寫銜環於子
墨；叩心烏府，恭披勒篆於寅丹。

謝李藩司薦啓 代

中台炳曜，光聯召野之棠；絶徼回春，秀發狄門之李。喜絳
帳重沾覆露，顧青縑何幸披雲！戴切二天，感深九地。恭惟〇〇
昆山白璧，漢水玄珠。才名稱宋艷班香，人品得周情孔思。芳傳
桂籍，世魁禮樂三千；寵荷花磚，早擅瀛洲十八。接藜烟於丙
夜，白雪蜚聲；捧香案於寅宮，紅雲照體。雍秦敷教，一簾化雨
潤青衿；伊洛于蕃，萬里陽和蘇白屋。洪都之旬宣政在，武陵之
彰癉威存。兹者北闕眷忠，西藩倚重。薇垣運斗，業扶綱紀於崇
臺；華袞掄才，更賜吹噓於下吏。如某者參苓末品，菅蒯微資。
質謝青黃，自分溝中之斷；文加翠綠，何期灶下之知。三十載老
門生，一倅空沉宦海；五百年有名世，千佛幸仰高山。猥辱鴻
鈞，殊深蚊負。一顧高增馬價，不辭策蹇前驅；二爻快睹龍文，
還乞垂光下際。

謝任臬司薦啓 代

大厦駢巗，普萬間而作庇；駑駘躐蹩，感一顧以争馳。方深
覆餗之憂，猥辱噓枯之惠。恭惟錦城儲粹，劍閣鍾靈。羊角搏
風，九萬雲程獨奮；螭頭對日，三千露藻横飛。摇白簡于烏臺，
寒生當道；叱朱輻于紫塞，澤滿專城。日者攬憲西陲，提兵北
鄙。牙旗開玉帳，九邊高漢壘之雲；羽檄靖金微，萬里偃胡天之

草。茲者課書獨最，薦剡交升。績奏蘭臺，已著崇勛茂伐；恩承楓陛，行膺湛綍溫綸。凡在提携，率皆踴躍。如職竊吹北郭，殊無當於齊竽；飽粟東方，實有慚於漢綬。乃蒙盼睞成飾，獲千金敝箒之償；唾咳爲恩，沾一勺枯鱗之潤。諒捐糜其莫報，眞感涕以無從。是用敬致一函，遙將九頓。伏願金甌獨覆，荷囊依日月之光；玉鉉平分，曳履踐星辰之座。

謝張司農撰表啓代

棘院發天葩，兩世寒氈借澤；松門垂露藻，九原枯骨生香。感賻賵以何勝！誓鎪銘而莫罄。遙伸九頓，仰叩三台。恭惟〇〇名占西崑，望隆北斗。扶衡紫極，業追上世羲黃；剡管丹霄，才壓盛時元白。投簪揮玉麈，此時綠野怡情；曳履踐金甌，咫日黃扉進秩。頃者念先人夙好，不吝鴻章；顧小子何斯，敢忘駿惠？貞諸北郭，逾增桑梓之榮；表厥南阡，永壯枌榆之色。庸詎悠悠蒿里，一時風木銜恩；行將瑣瑣茅檐，千載雲仍戴德。方圖結草，忽值憂薪。無能踽地以趑趄，有意瞻天而激切。謹修不腆，聊寫微忱。倘辱叱存，曷勝榮幸！

又

恭惟〇〇三晉名家，百年間氣。鑾坡視草，青藜五夜生輝；瑣闈聯班，白簡九天動色。中州參岳牧，甘棠貽勿拜之思；同寺贊經綸，貳棘茂斯臧之政。南雍開府，朱旗風動舳艫寒；北闕提樞，繡斧霜凝鵷鷺冷。豈惟階崇八座，立朝武接夔龍；抑且路近三台，復相望隆司馬。某等癃樗廢質，苫塊餘生。有幸先君當年附驥，何緣小子此日登龍！感風木以興悲，冀銘阡陌；慶雲泥之相就，允賜珠璣。況下壺飱，仍頒賻襚。九原知惠，鎪骨何勝！兩竪懷恩，銜環莫罄。周人繾綣，愧報李之無能；宋俗殷勤，敬輸芹而有意。謹修尺牘，聊致寸絲。萬丐叱容，不任忻躍。

謝徐掌科撰墓誌啓代

瑤章有赫，松楸千載知春；曝獻無能，蓬蓽三生戴德。起二人之骨，莫慰鴻裁；糜兩豎之身，何當駿惠。存亡並勒，愧感交增。恭惟〇〇山斗才華，海天氣概。目空班馬，光騰黼黻文章；武接夔龍，望重鹽梅舟楫。皁囊隨白簡，寒飛六月之霜；紫誥映黃麻，寵接三蕃之日。頃者眷言世講，俯賜珠璣；惠念孤嫛，仍頒賻賵。赤文璀璨，頓令宅兆生輝；綺軸琨瑝，不第貞珉借色。刻玄言於窆歲，夜臺孤去識原丘；藏妙墨於縹緗，華表鶴來知故隧。欲圖走謝，奈阻寒痲。馬鬣封高，匍匐臥流鵑淚；鵝毛道遠，殷勤仰答鴻慈。

又

屋烏流愛，青衿分兩世之光；袞字飛華，黃壤壯千秋之色。九原可作，祇切鐫銘；二豎何當，第深銜結。恭惟〇〇九天威鳳，八表人龍。掌絲綸閣下文章，香徹紫薇之署；綴袞冕墀邊缺失，聲蜚青瑣之班。某誼屬通家，衷懷仰斗；感當在疚，恨抱終天。日者當卜窆之辰，為勒珉之舉。某因籍先君行實，叩懇門墙；荷老伯鴻慈，不辭金玉。片言東壁，荒隅桑梓生輝；一字南兼，孤壟松楸藉色。且青芻白飯，屢下盤盂；而素幣華章，仍多賻賵。瞻依莫音，感激難言。茲遣微伻，聊將薄獻。伏惟叱納，無任悚榮！

謝院道啓代

竊念某泥塗下走，樸樕微材。磨鈍求銛，雖試鉛刀之割；截長補短，終慚襪綫之縫。方負咎於《伐檀》，乃叨榮于視草。循墙知懼，托厦懷恩。恭惟○○八柱崇標，三階重望。總群材於藥籠，已儲赤箭青芝；下膏澤於花封，更潤碧桃紅杏。如職者，亭前敗篠，僭溷瑤笙；竈下焦桐，濫蒙玉軫。蓋惟台臺芻蕘必采，合卞莧以皆容；以故卑職葑菲不遺，繼泰茅而彙進。六年竊綬，慨素飧無補于毫毛；一日分綸，喜華袞寔承乎卯[二]翼。有天頂戴，無地鐫銘。雖一劍報君，願效鶺膏之利；顧千金致士，何當駿骨之良？糠粃徒揚，枌榆自搶。憂深覆餗，含雞舌以棲迷；悚甚吹竽，借鴻慈而愒息。敷菜喙短，勒篆心長。

謝座主啓代

湛露浥天街，灑參苓而出色；春風披地軸，吹桃李以滋榮。感拔十之恩深，荷再三之義重。瞻依有念，報稱無能。恭惟○○曠代真儒，清時間氣。海天恢偉抱，龍泓萬派爭奇；山斗振崇標，鶴嶺千尋挺翠。周情孔思，玄珠獨得于三吳；宋艷班香，彩筆平驅乎兩浙。碧漢高搏九萬，天邊看六月翀翂；丹墀獨對三千，日下奏五雲爛熳。香傳黃榜，祖孫聯甲第之輝；業緒青箱，作述濟箕裘之美。攬金條于淮海，澤及桁楊；收玉筍於湖湘，化行棫樸。日者平持藻鑑，分校棘闈。張一網以羅賢，頓八絃而擸雋。雲連大厦，行山燕雀爭樓；雨過長空，汾水魚蝦欲奮。如某者，學慚四寸，功愧三餘。埋頭未會風雲，刖足徒淹日月。頃逃紅勒，誤點朱衣。爨下枯桐，猥被金徽玉軫；亭前敗篠，僭陪翠管瑤笙。如此遭逢，何當銜結！雖與人爲善，聖賢不任推恩；然成我者師，狂瞽寧忌報德？敢馳尺素，用表寸丹。維揚風動雪中帷，模範儼一趨一步；冀野霜寒雲外帛，殷勤效三沐三薰。幸游安定之門墻，恪守尹公之穀率。伏願金甌蚤卜，玉鼎先調。二十四考歷中書，看老師補袞；萬五千人隨上履，待小子彈冠。謹附芹忱，伏惟莞納。

謝太守啓代

銅章贊化，久沾覆露之仁；玉律回陽，更戴噓枯之惠。傍連雲而矯翼，徒頃日以盟心。感激良深，瞻依莫罄。恭惟○○昭代真儒，温陵間氣。含香棲粉署，一簾秋月宜人；縮篆馭黄堂，兩袖春風滿座。福星璀璨，照衡山草木生輝；化雨濂瀠，灑湘水參苓出色。如某者，石盤陋質，花藥庸材。九萬里扶摇，偶從鵬鶚；十七年淹滯，竟別龍猪。兹者猥借鴻慈，濫叨蠅附。下涓金于骸骨，敢忘一顧之知？飾蟠木以青黄，捴藉先容之力。且標翻賁惠，光彌甕牖繩樞；扁映離文，寵溢蓬門圭竇。寶墨淋漓于赤櫝，寧誇三錫之榮；瑶函爛熳乎朱提，不羨百朋之貺。有天頂戴，無地鐫銘。是用九頓陳情，三薰消楮。鐵鏡高懸夫肝膽，幸憐悃愊先資；鉛刀漫試于骪骭，仍望提携末路。

謝各道薦啓代

大造回蘇，玉管潛醫夫病草；鈞天括嚮，金徽誤及於焦桐。戴切二天，感深九地。恭惟○○仁均覆載，功奠華夷。容民畜衆以宣猷，三晉同游化國；緯武經文而攬憲，萬邦共仰訏謨。協氣旁流，黍谷被移陽鄒律；容光下照，茅簷瞻轉陸羲輪。脱越石於羈驂，何煩奬借？識公沙於杵臼，罔事游揚。如職葑菲微才，竊附倚雲之桃杏；培塿下質，叨隨近水之樓臺。日者，猥借姘慈，謬膺旌勵。埋頭醯覆，惟言便于因人；垂耳鹽車，敢曰伸于知己？幸托提携之庇，難忘纏綣之私。是用九頓揚言，願效銜環結草；三薰致祝，惟期曳履宣麻。

謝撫臺賜扁啓

臺柏凛秋霜，丕著安邊之績；衡茅沾曉露，濫叨表宅之榮。

借一字以生華，捧百朋而增愧。瞻依莫罄，感激難名。恭惟○○銅斗標奇，玉香濯秀。三千擊水，高騰日月之光；九二見田，遠應風雲之會。判五花于薇省，采射絲綸；掌四法于天曹，明懸藻鑑。功昭尚璽，日華摇螭鈕之靈；策盡傒官，雲錦散龍媒之盛。日者銜書北闕，咤馭西陲。繡斧朱旗，肅鵷行於豸簡；碧幢絳節，收虎落於龍堆。三關消赤黑之丸，八郡奉玄黄之篚。人人舞蹈，在在謳吟。如某者，編户微生，版曹下吏。借重甍寸影，慶洽黿魚；托大厦千間，歡同燕雀。乃未效子民之悃款，反過蒙公祖之恩私。華扁焜煌，頓覺光生陋室；精鏐爛熳，俄驚寵溢空囊。真戴德其如天，愧披衷於何日！牙旗遍覆，喜千秋庇仰垂雲；心板常鏤，願五夜珠銜明月。

謝晋藩禮啓代

銀潢夜曉，遥瞻七曜之尊；玉札春温，猥被十行之寵。捧瓊瑶而知愧，顧樗櫟以何勝！肅具芹誠，敬將李報。恭惟殿下德隆三善，支重萬邦。白社青茅，鎮雄藩而有赫；桐封梓訓，傳奕葉以無疆。儷東平樂善之風，企西晋亢宗之烈。某龍樓侍節，依紫蓋于紅雲；兔苑抽毫，問藻思於碧落。無當楚醴，有濫齊竽。頃者官守絲棼，莫效旂常之績；而王言綍出，僭膺華衮之榮。謀何與夫師貞？惠乃深於晋錫。是用聊將不腆，漫瀆中涓。遠塞葵傾，表寸丹於日下；高秋雁度，馳尺素於天邊。伏祈帶礪綿延，本源茂衍。小山招隱，常歌叢桂之篇；大國維蕃，永奠苞桑之業。

謝瀋藩禮啓代

王度如金，久著成孚之式；臣心似水，徒懸永好之私。仰青社以披雲，傾心葵藿；拜朱提而飲露，切報瓊琚。感激何勝，瞻依莫罄！寅惟殿下，璇源衍派，玉堞昌宗。期懷德以維寧，法梓材之懿訓；志爲善其最樂，追桂樹之芳聲。壺山巀嶪擁皇都，常綿寶祚；漳水汪洋瀝帝澤，永浚銀潢。某夙慕圭璋，雅誦穆皇千億；欽承唾咳，疑陪劍履三千。日者猥荷溫綸，壯叱馭征人之色；而乃未輸寸縷，歎爲裳公子之情。是用肅具殷函，恭酬趙璧。魚箋雁帛，冀伸一念殷勤；鳳彩鷄翹，更祝千秋福祉。

謝漕臺薦啓

竊念某蚩蚩下士，鹿鹿庸流。京廩持籌，莫佐九圜之急；通漕轉餉，無當七策之咨。自分榰全，長甘瓠落。駑黃冀北，敢希一顧之知；豕白河東，難冒三驅之網。乃辱台臺，不遺茅菲，俯賜吹噓；且過許廉能，猥嘉才力。使郵亭敗篠，叨陪翠管瑤笙；旅灶焦桐，僭被金徽玉軫。羈驂收越石，慚無報德之忱；杵臼識公沙，恐負知人之哲。敢不淬鉛刀而試割，理襪綫以求縫。自今以往之年，耻徒淹夫歲月；從此將來之日，期有補于桑榆。戴重二天，感深九地。

謝李撫臺薦啓

伏以霜斧靖邊塵，網紀肅憲邦之任；露章清吏治，菲茅沾連彙之榮。揚糠粃以送天，吹噓甚大；搶枋榆而控地，跼蹐斯深。知己難酬，捫心滋愧。恭惟○○百年名世，三代真儒。粹白無滓，品是瑤林玉樹；清貞有韵，標同碧漢金莖。當鳴琴花縣之時，重望已推公輔；迨珥筆梧垣之日，直聲更聳巖廊。藻衣方蒞乎奉常，繡節旋持于左輔。寒心破膽，有同大范老子之臨戎；悲晚喜來，無異真郭令公之出塞。天東半壁，資八柱以撐持；斗北六星，傍九華而旋繞。業已揆文奮武，還將激濁揚清。十九人中，盡脫處囊之穎；三千門下，無淹彈鋏之車。譬諸大匠儲才，雖尺朽寸瑕而不棄；又若良醫治世，即牛溲馬浡以兼收。如某者，鄉曲後生，邊亭下吏。操刀學割，常懷血指之憂；仗劍從戎，殊鮮吞胡之烈。乃辱台臺，起溝中斷梗，飾以青黃；收竈下焦桐，被之徽軫。雞碑罔識，寧言照渚犀光；蚊負不勝，敢曰擎山鰲背？慚泥塗賤質，過蒙金玉之推；念襪綫微才，濫辱經綸之譽。袞華一字，豈是尋常？敝帚千金，何當報塞。什〔三〕鹽車於虞坂，願策蹇以前驅；啓醯覆於莊天，冀奮飛而上舉。劉戈祖楫，庶少酬特達之知；魏草楊環，猶莫罄斯須之報。一芹不腆，期申獻曝之微忱；九棘非遙，更乞垂雲巨庇。臨啓曷勝皇悚之至！

謝李鹽臺薦啓

伏以烏臺按部，封疆搖震岳之威；燕谷吹春，花木被向陽之澤。感深薦鶚，戴重蓬鰲。恭惟○○天地正人，古今直道。風生赤棒，壯行行且止之靈；霜凜皂囊，奮謣謣敢言之氣。侍螭坳而珥筆，盈庭鵷鷺生寒；叱驄馭以埋輪，當道豺狼落膽。頃者代天出狩，爲國掄才。雅量開誠，善有微而必録；大心體物，忠無小以不收。寧惟火齊木難，盡入珊瑚之網；即牛溲馬浡，兼儲脯腊之門。如某者，塞北孤蹤，畿東下走。曳鹽車於虞坂，雖期努力前驅；啓醯甕於莊蒙，敢望容光下際？猥承湛渥，俯賜吹噓。愧平原十九人，濫入錐囊之內；慚裴垍三十士，謬聯筆疏之中。其言綜理一方，猶念居官盡職；至謂指揮八面，真同積愛忘憎。如此遭逢，何當稱塞。層簷蔽日，喜隨借廕黿魚；大廈連雲，願附歸巢燕雀。敢不勉修職業，上答裁成。朽骨千金，幸辱涓人之價；寸心一劍，期酬國士之知。不腆芹悰，用將葵向。伏蘄海納，可任嚴瞻！

謝梁關臺薦啓

伏以烏臺啓籥，弘敷及物之仁；燕谷回春，忽被噓枯之惠。功昭吹萬，化溥函三。恭惟台臺，聖世雲龍，明時星鳳。鐵柱高峨八使，威清當道之豺狼；玉衡遥映三階，光照充庭之鴛鷺。振綱肅紀，提赤棒以飛霜；激濁揚清，封皂囊而捧日。驄輅凌寒草，榆關萬幕生寒；豸繡擁皇華，蔀屋千封借暖。爲枉襴衡之薦，遂連越石之知。一網爰張，八紘是頓。良醫治世，盡牛溲馬浡以兼收；大造資生，舉燕麥兔葵而並肩[四]。如某者，材非駿骨，謾勞致士千金；質謝鵜膏，恐負報君一劍。敢不勉圖後效，冀補前愆？自今已往之年，粟濫東方，知《伐檀》而自勵；從此將來之日，竽羞南郭，期折篠以酬知。謹薦一毛，用將九首。隋蛇楊雀，總莫輸報德之私；召虎奢龍，願早即調元之位。可勝皇悚，不盡瞻依！

謝題加銜啓

竊念某材同斷梗，質類癭栌。少不習韜鈐，志違韓白；長未聞軍旅，識暗姜黃。祇緣謬荷三驅，遂爾濫當一路。聞雞起舞，雖報國之心長；牧馬稱驕，愧平胡之策短。目今氛迷遼海，無能銀漢除腥；祲匝燕山，莫救金繒唊虜。方虞幽斥，敢冀明揚？乃辱○○眷念蓋帷，乘情杵臼。憫榆枋之控地，揚糠秕以送天。其言久任責成，猶屬橐鞬之分；至若加銜冒秩，何當鞶帶之榮。如此恩私，徒滋悚仄。齊竽濫食，幸逃愆于已往之年；鄒管回春，顧結報于將來之日。

謝加銜啓

竊念某名淆鄭臘，食溷齊竽。剖瓠以爲樽，五石何當於用？

聚鐵而成錯，十州莫竟其非。況值軍民並困之秋，雖有意惠城烏澤雁；而當夷虜交訌之日，實無能清海獒天狼。分合褫鞶，法難冒級。恭遇○○大心體物，撫髀求賢。桃李盡在公門，已擷高柯之秀；菲葑無以下體，更收零落之英。脫豕負於泥途，全雉膏於鼎實。遂使參方伯十連之帥，謬及庸流；下宰相一等之官，誤加非類。丹成九轉，爐邊雞犬忽飛；骨售千金，櫪下駑駘亦奮。真是片帆吹閣，何殊寸管回春！如此榮遭，寧知報塞。薦賢為國，幸相逢折節明公；悅己為容，敢自後漆身壯士？三薰叩首，百篆銘心。自今已往之年，深愧梁無濡翼；從此將來之日，尚期庭有懸狟。

謝餉臺薦啟

伏以玉律回春，花木藉向陽之澤；金輪繼晷，樓臺分近水之暉。荷恩私，感切二天；圖報稱，泐深九地。竊念某囊錐鈍穎，襪綫微材。迷同覆甕之雞，識類窺綦之豹。沉淪倉史，嘆呼庚無補於三空；濡滯邊亭，感旁午徒傷夫四壘。深愧憂貽君父，何期見愛仁人！恭遇○○量普包蒙，道崇拔泰。擴杜甫萬間之廈，盡回寒士歡顏；垂申公千仞之絙，頓起重淵墜足。某三生何幸，一顧梯榮。蹩躠駑蹄，猥濫驪黃之內；蒙茸羊質，濫收狐白之中。寇已迫于門庭，敢曰壯猷虎奮？魂漸消於髀肉，寧言猛氣鷹揚？至過稱三輔之藩籬，真是簸揚糠秕；謬許巖關之保障，寧如拂拭泥塗。如此遭逢，何當稱塞！化工在手，幸借筆以點睛；感激盟心，顧勒銘而刻骨。一毛不腆，九頓是將。伏乞海涵，可勝巖祝！

謝閣部頒賞啟

伏以明王慮廑封樁，揭紫標而發帑；相國躬行大賚，分赤仄以推恩。六師同甘苦之仁，百辟荷解推之惠。豈期逖吏，亦濫榮施。恭惟〇〇鼎鼐居官，樞機運治。任三朝元老，爲萬里長城。扶天柱以繫地維，不欲憂遺君父；叱參旗而揮井鉞，直期虜靖封疆。頃者上眷膚功，下行膏澤。裒蹄麟趾，精鏐來内府之珍；蟒繡獅文，纂組出尚方之麗。原欲寵加勞勦，何當誤及疏庸。如某者，粟飽東方，久愧伐檀坎坎；竽吹南郭，更慚維莠驕驕。方虞鞶帶之褫，忽辱彤弓之貺。朱提爛熳，恍天球從瑶囿飛來；白鋋焜煌，疑寶鼎自芝房擲下。拜而色悚，感也魂搖。敝袴待有功，深愧一籌莫展；繁縷非小物，敢云三接爲榮？蓋惟師相軫念邊臣，勞有微而必録；故敷宣德意，惠無遠以不流。如此恩私，其何報稱？自今以往，素飧無補，業貽譏于鐵甲千重；從此將來，磨鈍有時，尚求效夫鉛刀一割。

校勘記

〔一〕“沭”，當作“沐”。

〔二〕“卯”，當作“卯”。

〔三〕“什”，疑當通於“釋”。

〔四〕“肓”，據文意似當爲“育”字，屬形似而誤。

啓報類

報孟晉純司成

恭惟○○品高鼎呂，望重台衡。玉署升華，久列一條冰柱；金甌覆姓，行登十里沙堤。斗仰盈朝，雲依遍野。某幸辱維桑之雅，未申獻曝之忱。方結想于龍光，忽分榮于鯉素。感同五貝，拜肅三薰。顧鹿鹿微生，慚無當夫世用；而魚魚後進，寔有望于裁成。不盡寅悰，統惟丙照。

報劉定余制臺

恭惟○○聖世鈞衡，熙朝柱石。幕府霜寒列柏，威靖金城；旗門風動長楊，烟消玉壘。已見銘懸日月，行看履踐星辰。某菅蒯微生，枌榆後學。望高標於貫斗，願切登龍；仰大厦之連雲，歡同賀燕。乃未修片牘，反辱斜封。誼實感乎維桑，情莫深夫報李。臨言頓首，伏楮宣心。

報李龍峰督撫

榆塞霜寒，邑威稜于臺柏；柳營日暖，分瑞色于衡茅。驚覆露之自天，愧懷暄其無地。思懸報李，誼感維桑。恭惟○○恒太元精，沱汾間氣。入平三尺，西曹肺石無冤；出守一麾，南國口碑有頌。金版妙張弛之略，績著龍韜；玉關高鎖鑰之司，塵消虎落。日者環飛北闕，詔起東山。擁繡斧以行邊，雷震三千毳幕；

建碧幢而開府，風清百二河山。久蜚韓范之聲，洊歷伊周之位。某枌榆後學，蘿蔦微支。凫企龍門，獻刺方懷御李；遥瞻雁帛，開椷忽辱投桃。赫蹏將寶墨交輝，白鏹與瑶函並麗。神驚異數，色動殊榮。三沐三薰拜素鯉，喜同躍雀；五章五服望華蟲，願切圖麟。不盡謝私，可勝祝悃！

報王麟郊按臺

皂囊封事，袞衣回日月之光；繡斧行邊，山岳凜風霜之氣。慰雲霓於八郡，筐有玄黃；消氛祲於三關，丸無赤白。野思扶杖，朝慶彈冠。恭惟老公祖○○百代真儒，千秋間氣。琴堂製錦，久蜚襦袴之聲；畫省含香，獨載縑綾之寵。峨豸冠而執法，赤陛生寒；擁鷺軾以巡方，黃沙度暖。兹者承綸北闕，代狩西藩。出郭埋輪，當道豺狼落胆；登車攬轡，憑城狐鼠消魂。橫飛白簡之威，遠邁青箱之績。某高山可仰，幸從闤闠披雲；近水何緣？猥向樓臺得月。乃未修一繭，返辱雙魚。喜欲見於鬚眉，感更深於肺腑。夔龍上武，願早齊七政之樞；雞犬凡胎，猶冀舐九還之鼎。臨毫叩首，伏楮宣心。

報李孟白撫臺

股肱提八郡，保釐推京兆之勣；綱紀肅三齊，安攘茂中丞之績。豳風猷于列柏，翠天運于苞桑。百度以貞，萬邦爲憲。恭惟○○中朝間氣，命世真儒。沅芷澧蘭，播芳馨於九畹；楚才卞璞，表靈異于三湘。七策佐軍儲，庚癸之呼不擾；五兵銷憲府，戊丁之變無聞。日者特簡宸衷，洊升卿秩。邦畿千里，已膺玉節金符；保障一方，更擁朱旗繡斧。牙標懸豸幕，鳥魚雄八陣之觀；羽檄列烏臺，虎豹凜三驅之命。況嗟箕泣斗，正二東告困之秋；而拯溺救焚，造萬姓更生之福。洪謨載著，揆席行登。某凫企高華，猥效倉庚博舌；今瞻大廈，忻同玄乙揚眉。乃未輸事上之誠，返辱下交之扎。盥開色悚，莊誦魂搖。一步一趨，引領常懷御李；三沐三薰，齋心敬致疏麻。不盡寅悰，諸唯丙亮。

報趙明宇方岳

薇垣明黼黻，依北斗以宣猷；芝檢煥瓊瑤，映西昆而貴惠。光生五貝，寵溢三蕃。恭惟○○華岳儲精，渭陽毓秀。含香粉署，佩搖秋月華星；縮篆黃堂，座擁和風甘雨。豹關嚴鎖鑰，出車聞鼓角朝閑；龍塞聾氈裘，引矢見旄頭夜落。茲者皇衷特簡，岳伯榮躋。帥控十連，總諸侯而作鎮；位高五等，據行省以平章。即看玉燭均調，佇待金甌早覆。某泥塗後學，菅蒯微生。受一廛以爲氓，忻同賀燕；仰萬邦其作憲，快睹儀鴻。乃未輸獻曝之忱，反辱中心之貺。赤躧散采，依稀玉檢金函；白鋌焜煌，彷彿隋珠卞璞。拜嘉色悚，登對魂搖。謹盥手以修緘，誓銘心而載德。鹽蜓附謝，覶縷不宣。

報劉紫垣憲使

恭惟○○經緯長材，圭璋粹品。晨趨建禮，清霏雞舌之香；夜直明光，寵覆龍文之錦。督京儲而飽伍，績著天倉；總邊餉以蘇屯，功高地部。日者九重特簡，貳臬榮躋。絳節油幢，快睹法星高照；湘潭鄂渚，行看霖雨弘施。某夙企高華，披雲願協；頃聞崇晉，賀廈情殷。乃未輸葵藿之忱，猥荷瓊瑤之貺。感深五內，拜肅三薰。振勵紀綱，可喜風行觀察；調和鼎鼐，還期日浹平章。不戩綣私，統惟垂炤。

報張懷宇鹺使

恭惟○○瑚璉重器，黼黻洪才。天馬行空，踏霜蹄于冀野；

雲龍叶運，翻雪甲於堯封。暫紆調燮之勩，小試鹽梅之績。水晶佐國，寧誇管子權謀？斥鹵爲田，不是吳王霸術。九圍攸藉，七策兼資。日者最奏虞書，三載應登明之典；功高漢殿，六條先循吏之名。行看履踐星辰，佇待囊依日月。某龍門仰止，久切葵心；燕廈懸私，未輸芹獻。乃辱枌榆之愛，過蒙瓊玖之施。感激難名，汗惶莫罄。一言一衮，開械驚寵溢百朋；五服五章，舉手祝恩崇三錫。敷芬喙短，結篆心長。

報林莫凡司理

夜月滿屋梁，千里遥瞻光霽；梅花逢驛使，一枝獨得先春。喜綸綍之洊膺，愧瓊瑶其莫報。恭惟○○甌閩間氣，牛女醇精。溟海搏鵬，六月奮圖南之羽；燕臺市駿，千金空冀北之群。尋晉黄堂，載司丹筆。片言折獄，五刑允而肺石無冤；束矢得情，三讞諧而口碑有頌。展也皋陶執法，居然定國稱平。兹者續奏虞書，榮蕃晉錫。琅函鳳檢，行看天上推恩；瑣闥烏臺，佇待日邊進秩。某分輝世譜，引領崇階。乃未輸傾藿之忱，猥辱投桃之惠。朱提璀璨，百朋寵溢尋常；墨瀋淋漓，一字榮逾華衮。感深鏤骨，頌切揚眉。

報柴延禧大尹

花縣分猷，快睹祥鸞表績；楓宸奏最，行看彩鳳銜綸。慶朱紱之方來，愧緇衣其莫致。恭惟○○龍山間氣，斗野元晶。秋漢平凌羊角，風搏九萬；春溟獨奮龍鱗，水擊三千。載膺百里之符，旋播十奇之治。宓琴初試，化調武邑弦歌；鄭錦方裁，色映河陽桃李。霖雨灑一犁之潤，澤有飛鴻；嚴霜生六案之寒，社無伏鼠。兹者虞書課政，歷三載以告成；漢殿稽勛，應六條而首善。姓已緝蘭臺之紙，身會依梧掖之扉。凡仰鴻儀，率懷燕喜。

某百年遭際，幸從驥尾之塵；千里勤渠，愧乏鵝毛之獻。乃承青照，重損朱提。鳳藻焜煌，采射西昆東壁；裒蹄璀璨，光搖卞璞隋珠。莫任豹慚，祇深鰲戴。齋心附謝，可勝三沐三薰！拜手揚言，願祝五章五服。

報楊扶寰大尹

某堅同瓠落，朽類樗全。地部雞栖，愧一籌其莫展；風塵馬走，嘆七尺之徒勞。粟既溢於東方，竽更恥夫北郭。方虞蚊負，乃辱鴻施。赤蹏將寶墨淋漓，光生粉署；白鏹與琅函璀璨，采射丹衷。慚報李之無能，念輪芹其何日？有懷銘勒，無任汗惶。

報張孚西大尹

青壁丹崖，久懸注想；景星瑞鳳，未接丰儀。慕藺有懷，班荊無地。台丈〔一〕鋒雄淬鶚，鼎重函牛。未輸元白之才，何減龔黃之業？茲者花封奏最，行看楓陛推恩。誠桑梓之榮遭，亦芝蘭之雅化也。不肖幸分未〔二〕照，愧乏先施。乃過承白絹之封，更辱朱提之貺。片言載寵，五貝流輝。情不淺于齒牙，感寔深于肺腑。不勝鳴謝，無任馳神。

報孫陽初大尹

閑曹逐隊，濫隨視草之榮；茂宰崇交，猥辱投桃之惠。何勝厚幸，莫報隆施。恭惟〇〇畢野儲精，桑源濯秀。才高元白，霏麗藻于丁年；學戀程朱，跨奇英于午榜。蓋天生國士，允宜玉署升華；而帝軫民岩，暫假銅章出牧。牛刀小試，政成兔膽之銛；鳬烏初飛，化洽鴻毛之順。拔園葵而表介，庭有懸魚；蕃隴麥以流蘇，野無哀雁。茲者虞書三載，適當奏最之期；漢計六條，首擅循良之績。佇待九遷日至，行看三錫雲從。寅縣生輝，鄉邦借重。如某者，枌榆下士，蕭艾微材。淹滯十年，自分駕黃冀北；迆遭一第，誰云豕白河東？乃辱高情，過承寵貺。衷懷報李，敬鏤骨以弗諼；誼感維桑，謹瀝心而陳謝。

報王棟宇大尹

恭惟○○三晋苞奇，五峰毓秀。丁年掞藻，日華高五色之文；卯榜蜚英，月殿吐千秋之氣。鴻才久著，駿業行昌。頃者小試牛刀，禮教企弦歌之化；乍騰鳧舄，仙班齊葉令之名。洵哉聖世龔黃，展矣明時召杜！如某者，雲瞻大厦，月泣都門。一旦遭逢，幸依毛於薦鶚；十年淹滯，竟羸角於藩羊。兹借洪庥，猥叨末第。暮雲春樹，方懸憶李之私；明月夜光，反辱投桃之惠。何勝感激，不盡敷宜！千里故人驛騎，喜通梅信；三台重望循良，仝晋花封。

報孫太恒先生

銅章飛冀北，福星將北斗同輝；玉律轉齊東，靈雨及東皇共溥。花封有幸，荷大厦之缾罍；梓里多光，藉餘庥于麼庇。况承鼎惠，益切豫鳴。恭惟○○《詩》《禮》承家，文章用世。雲衢萬丈，子午卯酉聯登；喬木千年，父子祖孫濟美。緊浣溪寄字，終須造鳳之才；爲渤海治繩，暫借割雞之手。烏鳧到處，一簾化日熙熙；琴鶴臨時，兩袖清風習習。大裘推覆被，行聞五袴興歌；幽谷發陽春，仝看雙岐呈瑞。某社分桑梓，猥緣倚玉而居；室入芝蘭，幸得薰香以化。憶昔東郊分袂，愁聽班馬長嘶；維今南浦牽懷，忍見征鴻凭度？方懸心於御李，忽辱愛於投桃。感激良深，拜嘉未已。捧冰鱗而會意，料解紛無異烹鮮；擎玉笋以興思，想理錯如同破竹。伏願功施社稷，澤被人民。馴雉閑來，青岱循良稱第一；儀鴻高漸，黃扉燮理擅魁三。

報黃靈河駕部

緬惟先父母大人，操嚴苦蘗，政普甘棠。半虎初分，南國方來白艾；全牛立解，西藩共仰青萍。崇勛擬勾注峻嶒，濊澤及溥沱潋滟。一麾守壯，五袴騰歌。方期紫鳳之占，忽入白鷄之夢。碑懸墮淚，涕痕雖染堯封；旐擁游魂，血食猶艱孔廟。久虛曠典，未遂輿情。恭遇台臺，貫斗雄才，格天純孝。箕裘綿世業，連一甲以升華；俎豆假先靈，配兩丁而崇祀。蓋報功報德，雖國家追薦之常儀；而善作善承，實人子光昭之盛事。春秋澤遠，芹宮分萬載尊犧；雨露思〔三〕深，梓里右千年肵蠁。神人日慰，山水風長。如某者，醯甕餘生，鹽車棄質。憶當年御李，幸依馬帳餘輝；喜今日識荊，快睹龍門重望。頃者愛隆投轄，猥下龍肌；惠注敝帷，更來鯉腹。物儀兼至，感愧交增。殊無轉芥之功，乃辱投桃之貺。機絲出漢，迴月夜於三更；寶篆裁雲，播仁風於萬里。佩蘭牌而飾體，韋布生香；捧荚皁以修容，縞綦出色。至若縑披日月，僭同公子之辭曹；履踐星辰，謹附繭生而完趙。敢將子墨，用表寅丹。外厖巴紈，仰求郢斧。

報張洪源憲使

恭惟○○七昴元晶，三雲間氣。花封馭鶴，閑庭無鼠雀之喧；柏府乘駿，當道屏豺狼之迹。人推斗望，世仰風裁。頃因南牧之妖氛，遂領西陲之節鉞。碧幢乍啓，三單士馬宣靈；玉帳初開，萬里胡雛納款。允矣名高韓范，洵哉威鎮華夷！某夙企鴻儀，思負劍有懷御李；今聞駿伐，願執鞭無地班荊。乃藉榆陰，重承華翰。雲箋下擲，驚鸑鷟之從天；露布遙傳，慶飛鶚之集泮。可勝舞蹈，莫罄歡呼。銷金甲以事春農，喜見戈投紫塞；攬玉衡而扶夏正，行看履曳黃扉。不戩下懷，並惟崇炤。

報閆立吾憲使

竊念某文慚楚雉，技蹶黔驢。蠹簡淫淫，未了神仙之字；鷄窗兀兀，空銷學究之魂。兼以磨蝎迍邅，坎蛙跼蹐。埋頭豐縣，望赤土以無從；焦尾吳門，冀金徽而莫得。鹽車自憊，醢甕誰憐！恭遇〇〇山斗崇標，海天大度。推心孚白屋，高揚秋月華星；握髮下青衿，廣布春風化雨。某忻當就日，蠅附何勝！喜遂披雲，哇[四]鳴莫馨。數年培植，真同吹萬之仁；一旦遭逢，總藉函三之德。方懷結草，敢望投桃？乃台臺不靳隆施，以光下走。標揚錦字，鴻恩與日月高騫；扁璨璇題，駿惠及雲霞並麗。業已耀蓬門而榮梓里，感九地以戴二天矣。頃猶遠錫瓊章，遙頒鼎賦。精鏐爛熳，依稀五貝百朋；鮮墨淋漓，仿佛金書玉檢。且過蒙獎借，猥荷提携。管[五]蒯無知，被陽春而競秀；蚩蠁有覺，感節候以爭鳴。倘從載筆之余，誓篤銜環之報。

報盛老師

泰茅彙進，兼收菲葑之餘；夬莧迎陽，謬入參苓之選。方荷噓枯於吹萬，敢云造命于函三？欽惟老師，青鏡高懸，朱絲廣運。斗墟望紫，識雌雄于氣色之中；冀野掄良，收牝牡于驪黃之外。如某樗蒲散質，僭陪覆露丹芝；菅蒯微生，竊附倚雲紅杏。然而一時奮羽，雖叨淡墨之書；十載埋頭，竟冷飛黃之夢。以故撫膺自痛，慚遊安定門墻；而嚙指相看，益守尹公觳率。茲者足窮三刖，骨售千金。此皆老師轉日之功，詎謂小子窮年之力？乃未申鄙曲，猥辱隆施。寶墨淋漓，度赫蹏而送采；精鏐璀璨，映白賁以生輝。頂戴有天，鐫銘無地。謹對蓬而仰斗拜嘉，三沐三薰；更望座以瞻雲奉範，一趨一步。伏惟丙炤，不盡寅悰。

報沈年伯

恭惟台臺，百代真儒，三吳間氣。菰城攬揆，萃海岳之晶華；竹箭標奇，擅東南之芳譽。錦心蟠大酉，片言香襲芸械；綵筆映長庚，累葉榮登桂籍。千金買駿，出燕市以騰黃；百里飛鳧，度牛墟而散紫。春風開水鑑，清迴鼃渚之波；秋月照冰壺，冷沁龍山之嶂。允矣明時召父，洵哉聖世神君也！茲者績上天官，功當帝鑒。虞廷課最，歷三載以告成；漢計代終，應六條而首善。此日銅符墨綬，喜看製錦收功；異時瑣闥烏臺，佇見傳綸載寵。如某者，種甘瓠落，材類樗全。戰玄蟻於蝸頭，殊謝日華五色；附青蠅于驥尾，俄驚雲路千尋。幸藉天緣，猥聯世講。乃鵝毛遠道，未輸姪子之誠；鴻羽遙空，反辱伯翁之貺。捫心自愧，覿面誰堪。悵無地以鐫銘，誓有天而頂戴。蒼黃報命，懼三薰名溷殷函；朱紫升華，願八座聲高鄭履。統希丙炤，莫罄寅悰。

報晉藩啓代

竊念某塞垣匏繫，澤國樗全。營四方以告成，拮据殊慚召虎；懷萬邦而錫命，遭逢忽訝從龍。猥被鴻麻，僭當蚊負。列柏之榮未稱，投桃之惠旋加。寶墨淋漓，撝映丹文綠牒；瑤筐璀璨，昭回霧縠雲綃。展睨魂搖，登嘉汗漬。折足深虞夫覆餗，披衷尚歉于懷暄。芝檢分光，揚湛露聊憑便羽；蘭臺叩祉，挹雄風更覓專蹄。不任寅恭，伏惟丙炤。

報潘藩啓代

竊惟萬壘師閑，愧橫草無施於芥葉；九天泰洽，顧拔茅濫及於葑根。方懷悚惕之深思，乃辱贈貽之腆貺。精鏐爛熳，映九府以流輝；文綺繽紛，照七襄而動色。且琅函麗日，一封價重兼金；更瑒藻迴雲，片語榮過華袞。敢不拜嘉優渥，銘勒恩私！雁塞棲遲，屬橐鞬徒懸雀躍；龍墀瞻仰，報瓊瑤尚冀鳧飛。汔可展良，以圖申謝。

報按院啓 代

竊惟某榆關分一面，謬膺綠幕之權；柏府臥三商，久包素餐之慮。正謂負乘是懼，豈云推轂維賢？蓋朽骨售千金，元應後至；而枯株登萬乘，式藉先容。方懷提挈之仁，乃辱問遺之典。離文綴緒，光搖秋月華星；鼎貺盈函，寵溢龍山雉火。三薰拜啓，驚瑞靄之翻空；什襲珍藏，訝流虹之貫櫝。敢不盟心載德，抃手揚私？珥筆布風霜，已見彈冠共濟；荷囊依日月，尚期曳履先登。嗣有專修，聊茲附謝。

報按院送贐啓 代

竊念某生慚顧柳，質謝莊樗。荏苒邊城，未遂投簪之願；蹉跎歲月，空懷覆餗之憂。依列宿于魁三，鰲山首重；覲高天於尺五，鯨海神搖。方深遠道之思，忽荷長亭之贈。鸞牋掩映，瓊章偕妙墨爭奇；駿惠聯翩，緗帙並精鏐競麗。捫心莫任，揣分奚宜？蓋投李投桃，未罄多儀之貺；而報瑤報玖，徒懸永好之誠。敢告遽伻，敬完趙璧。捧百朋而戴德，詎堪自赫鷦鵝？勒五內以銘私，更祈蚤飛鸂鶒。伏惟離照，曷任豫鳴。

報撫院送贐啓 代

驛路晚霏烟，政嘆星軺躑躅；烏臺朝散彩，俄驚雲翰翩翩。捧宋鑑之焜煌，榮生祖道；附殷函而悚惕，愧溢征鞍。賚惠難名，旅懷倍仄。切念某挈瓶璅智，伏櫪庸材。繡斧臨戎，方廩師貞之吉；琅函升秩，猥承晉錫之頒。叨七校于西樞，祇深蚊負；借一言於南浦，式壯鳧分。顧折柳扳梅，尺素雖傳悃款；而投桃報李，寸丹未展勤渠。敢裁戔戔之誠，用表匆匆之意。雲山千里，因藺使以回緘；風雨一樽，戒倌人而命駕。

報制臺送贐啓代

鷄樹羞栖，簪笏久叨蒼佩座；龍沙惜別，瓊瑤先出白登城。八行天上飛來，河梁壯色；百鎰雲間擲下，舍轙生輝。真感激以難言，更汗惶其莫罄。竊念某行甘涸俗，志愧匡時。閑北斗於朱旗，莫效龍圖偉略；濫西樞於玉帳，益滋蚊負深憂。未修上達之誠，乃辱下交之典。殷勤赫墨，情逾悉於投瓜；鄭重玄黃，睍實珍於垂棘。顧中心篆結，徒懸五內之銘；下拜登嘉，轉歉七襄之報。謹裁寸縷，用佈寅恭；敬附尺箋，以當申謝。

報杜將軍啓代

瓊翰迴雲，度八行而送采；碧蹄麗日，聯五貝以生輝。捧牘神驚，拜嘉色愧。恭惟○○明時召虎，聖世非熊。豹略肅韜鈐，黃石素書高七澤；魚符嚴鎖鑰，清霜紫電靖三巴。某麼托枌榆，施同蘿蔦。望長城于劍閣，共月情深；仰大樹于蠶叢，披雲念切。茲者幸從蠅附，總藉鴻麻。乃未申傾藿之私，猥辱投桃之愛。翩翩楮葉，恍疑白絹斜封；縹緲松烟，快睹丹文紛布。一札光騰于東壁，百朋價重于南金。喜溢鬚眉，銘深肺腑。榮頒貺惠，謹登拜於三薰；感激豫鳴，敬陳情於九頓。

報高參戎

名高大樹，望重長城。緩帶輕裘，威已宣於九塞；投醪挾纊，惠更及于三軍。某傾藿有心，班荆無地。幸與同舟之事，殊深借箸之思。乃未走殷函，翻承漢札。赫蹏璀璨，驚來紫電清霜；墨汁淋漓，疑下素書黃石。先施切感，後至希寬。

報董漕臺

伏以六彎風行，快睹霜前振斧；百朋日麗，俄驚天上投瓊。慚莫致夫雀銜，感寔深于鰲戴。恭惟○○古今直道，朝野且瞻[六]。列星高箕尾之分，光搖洌水；冬日靄幽營之地，律轉燕山。豺狼屏迹于埋輪，鵷鷺懷音于篷羽。維茲漕運，式借台靈。輓粟蚩嵍，總梯航於萬國；騰槽飽伍，調庚癸于三空。當舳艫既凍之餘，奏檣櫓先登之績。官軍用命，正運兌運支運，喜看画舫星馳；内外蒙麻，京倉通倉邊倉，仁見紅塵露積。某塞垣下士，版部庸流。愧無四寸之能，謬贊九圜之職。仰承鴻造，得效駑驅。雖奔走河隍，勉罄趨催之力；顧瞻依斗極，未酬臨照之慈。反辱豐函，兼承鼎眖。八行散采，恍聯珠合璧霏來；五貝凝輝，疑大珧連城擲下。省躬增悚，拜寵爲榮。敢因蓬使言旋，敬附殷緘鳴謝。水邊得月，幸迓驄御于方來；天外披雲，會覿龍光于孔邇。敷宣莫既，感激難言。

報龍憲長

竊念某堅同瓠落，朽類樗全。京廩持籌，未濟呼庚之急；通漕轉餉，徒滋旁午之憂。粟濫飽于東方，竽忝吹夫南郭。傾以逆酉犯順，三韓警切燃眉；猥因兵政乏人，一旦僭膺除目。歌《采薇》而出戍，愧無“執訊”之猷；按細柳以行邊，寧有誓師之略？蚊山懼重，蚷海知深。方虞簡命難勝，忽辱琅函遠及。赫蹏爛熳，恍絲綸從河漢飛來；白鏹焜煌，疑琬琰自雲霄擲下。豫鳴莫罄，感激難言。謹滌肺以銘慈，敬緘詞而勒謝。

報蕭司理

才高元白，業駕襲黃。星鳳光華，久識人間異瑞；雲龍遭際，俄收天上殊榮。當三年報績之期，正五服登明之候。仁敷艾韠，爭傳丹筆無冤；寵貴芸函，快睹黃麻有俶。某一廛托藉，萬廈蒙庥。常懷傾藿之忱，未遂輸芹之念。乃承青炤，重損朱提。一字一金，疑琬琰從天而下；三薰三沐，祝絲綸應日蕃來。不戩謝私，統希台鑒。

報牛太守

伏以五馬行春，久繫日邊之望；一鴻飛信，俄驚天上之音。寵寔重于百朋，感更深于五內。恭惟〇〇三川間氣，二室淳精。負元白才名，鶚薦早登天府；戀襲黃事業，龍光漸逼楓宸。錦江高兩烏之班，紫塞叶三刀之夢。權分唐節鉞，提虎竹以專城；儀蕭漢簪裾，擁熊軨而治郡。人歌五袴，帝眷三旌。某宦海漂萍，未遂班荊之願；家山借樾，殊懸御李之私。乃一芹莫致於崇臺，三錫頻承于遠道。赫蹏散采，恍如江漢鋪星；白銑流輝，疑是瑤琨麗日。神驚異數，色動殊榮。慚獎借之逾涯，淫淫汗墮；顧報稱其何日，業業衷銘。莫罄敷宣，祇深瞻戴。

報鎮將

伏以龍韜夙著，殿九塞以流鴻；魚素斜封，載八行而賁寵。貺擬瓊瑤之重，感當肺腑斯深。肅庀殷函，恭完趙璧。寅惟〇〇三軍司命，萬里長城。劍潑胡霜，瀚海秋閑皷角；弓彎漢月，陰山夜落旄頭。當三韓壘卯[七]之餘，仗一面維城之寄。功高召虎，望重非熊。不佞久懷屬樹之思，莫遂班荊之願。茲者謬分赤羽，幸接朱旗。緩帶輕裘，快睹師中長子；犁庭掃穴，行看閫外元戎。乃未修執雁之儀，猥荷投桃之惠。捫心知忝，拜首增慚。敢對使以珍完，敬緘詞而錦謝。

報鞏大尹

恭惟○○才駕飛黃，品高結綠。朱絲掄秀，名題千佛之經；黑緤分猷，政茂十奇之咏。拔園葵而表介，袖擁清風；去田莠以釐奸，廉邀明月。有人耕綠野，九區占黍稱成陰；無吏到青郊，四履報雞豚不擾。家稱慈母，户凜神君。某幸分榆社之光，快睹花封之績。乃廬中伏塊，未輸綫縷之誠；而雲外飛緘，忽辱瓊瑤之惠。榮生丹旆，感切黃衣。翹企層霄，莫罄披衷于既往；眷言永日，尚期圖報于將來。

報鄭副戎

恭惟○○萬里干城，九邊鎖鑰。雁門仗節，閑士馬以銷烽；龍塞擁旄，泣胡雛而靖幕。雅著非熊之望，聿高召虎之功。某梓里分榮，轅門借勝。隨陽有念，久懷寸草之私；獻曝無能，莫致疏麻之悃。猥承佳貺，殊切汗皇。望望台階，益仰雲霄之德；嬛嬛苦塊，愧無瓊玖之將。敢對使以璧完，敬緘詞而錦謝。

報蔣太尹

恭惟○○才雄元白，業駕龔黃。筆燦五花，色映含珠之浦；經傳千佛，名高淡墨之書。振木鐸于青氊，春風滿座；縮銅符于赤縣，霖雨隨車。纔橫單父之琴，即沛武城之愛。十奇初咏，三異行登。某伏首麻鬓，莫遂班荆之願；皈心芝宇，寔深御李之私。乃未致幽裳，翻承晉璧。感深五内，拜肅三薰。謹領牙璋，以圖優沃；再登穎管，用寫高明。不盡敷宣，可勝銜輯！

報各部道

伏念某拆綫微材，挈瓶小智。十年通藉奮雲泥，雖志切劻勷；三載栖苫感風木，竟魂消侘傺。心隨髮短，願與時違。自維長棄于林皋，詎意翻膺乎節鉞！況國步多艱之日，豈容粟濫東方？而邊情孔棘之秋，寧許竽吹南郭？猥蒙鴻造，誤點鵷梁。燕山烽火連天，敢自顧室家之便？遼海腥羶匝地，念誰遺君父之憂？是用舞效聞雞，驅同叱馭。方抱償轅之思，敢當束帛之施？白絹斜封，彷彿下七襄雲錦；朱提寵錫，依稀來萬鎰天球。感德難名，登嘉莫罄。投桃糜厭，深承戒使以遺縑；報李何期？竊效授飧而返璧。伏惟涵茹，可任冰兢！

報霍計部

竊念某風塵下走，草土餘生。三載扶桐，魂已消于雁塞；一朝受簡，懷寔重于蚊山。方虞鰲載之維艱，乃辱鴻慈之鼎注。遠承華札，莫罄瞻依；盥讀瑤章，何勝愧悚！才慚文武，敢希麟閣之勛？地控背肩，轉愧犁庭之績。恭遇○○琮璜粹品，經緯宏謨。調七策以抒籌，坐見騰槽飽伍；布九圍而養士，行看臥鼓銷烽。此不佞弟拳拳仰藉金繩，而盰盰依皈玉尺者也。肅緘附謝，不戩報私。

報王副戎

不佞生逢羽檄，技愧毛錐。年近無聞，嘆頭顱之未改；時當多警，傷髀肉之復生。方甘長臥林皋，何意頓膺節鉞。四路材官雨集，寧無破虜將軍？三屯甲馬雲蒸，豈鮮護疆都尉？猥承綸命，徒切冰兢。任重力綿，政切蚊山之懼；情深儀摯，忽蒙虎幄之施。感激難名，登嘉易隕。謹三薰而璧謝，敬百篆以銘衷。

報張憲使

伏念某尾瑣庸流，劖緱下品。六年倉使，愧莫抒庚癸之呼；五月邊臣，徒有感戊丁之變。況風木憂銷壯志，而雲泥望斷高途。豈期苫苴之餘，猥荷絲綸之重。駑馬玄黃改色，寧堪策奮長途？巖疆赤黑馳囊，未許竽吹下吏。飲冰滋懼，覆餗懷慚。恭遇〇〇貫斗雙鋒，擎天八柱。擁旗幢而開瘴厲，夙嫻召虎之猷；佩劍履以上星辰，雅負奢龍之望。某幸隨鞭弭，喜溢鬚眉。乃未申綫縷之誠，反辱瓊瑤之貺。赫蹏璀璨，疑七襄從河漢飛來；白鑈焜煌，若五貝自昆侖擲下。可勝感激，莫罄報私！謹對使以登嘉，敬緘詞而附謝。

報崔侍御

伏以三節推榮，濫沐絲綸從露下；八行載寵，俄驚琬琰自天來。飲水思源，負山知重。恭惟〇〇燕山間氣，灤水淳精。曳履踐星辰，池上識九苞威鳳；峨冠依日月，殿中驚一角神羊。廟堂高借劍之風，海宇壯埋輪之烈。班崇執法，望重持衡。某瞻鷺軒于雲霄，夙仰居官鼎鼐；奉龍門于咫尺，忻從近水樓臺。乃未修敬上之儀，猥辱下交之典。朱提爛熳，恍昆侖萬鎰之奇珍；文綺繽紛，疑河漢七襄之異錦。兼以蘭漿桂釀，寵溢屠蘇；芝檢芸函，榮逾華袞。拜嘉色悚，捧貺魂搖。式戒使遺緙，深感大夫之惠；爰受飧返璧，僭同公子之辭。伏乞鑒涵，可勝銜謝！

報魏尚寶

伏以霜明畫戟，高臺分法曜之輝；露湛瑤函，空谷喜跫音之貴。報瑚誼重，引玉慚深。恭惟〇〇參井含靈，行河挺秀。玄珠白璧，五千圖史撐腸；紫電清霜，十萬甲兵柱腹。偉抱涵今而茹

古，壯猷緯武以經文。赤棒擁花驄，攬轡靖燕山之瘴；碧幢搖綉
豸，提兵清潞水之波。地近魁三，已見金函尚璽；天纔尺五，行
看玉軸持衡。某落瓟孤踪，維桑後學。叨厠鄰封而共事，幸聯姓
字于和衷。方虞葵藿之未申，乃荷瓊琚之下及。繽紛白絹，八行
迴鳳藻鴛文；爛熳朱提，五貝錫裊蹄麟趾。拜而額手，感也銘
心。敬布謝忱，統希崇照。

校勘記

〔一〕此前疑脱"恭惟"二字。

〔二〕"未"，疑爲"末"字之誤。

〔三〕"思"，依文意看當爲"恩"字之誤。按以"雨露"喻恩情，典
出《詩經·小雅·湛露》。

〔四〕"哇"，當作"蛙"。

〔五〕"管"，前後文屢屢出現"菅蒯"一詞，是"管"字當爲"菅"
字之誤。

〔六〕"且瞻"難通，當爲"具瞻"之誤。按此典出《詩經·小雅·節
南山》："節彼南山，維石巖巖。赫赫師尹，民具爾瞻。"指大臣位高權重，
爲社會廣泛矚目。

〔七〕"卯"，當作"卵"。

尺牘卷六

啓候類

候葉台山座師啓代

伏念某醢甕微生，鹽車下走。十年甘寂寞，祇同傲歲黄楊；一旦慶遭逢，莫副倚雲紅杏。恭遇老師，藥籠廣庀，藻鑑弘開。遂令吳門焦尾之琴，傍朱弦而發響；豐縣埋頭之劍，借赤土以生輝。義重在三，恩深拔十。日者甫離草野，謬列花封。敝帚千金，何當公侯用世；郎官百里，殊慚父母斯民。雖勉抒狗馬之勞，猶恐負牛羊之托。是用恭修魚素，仰乞鴻慈。一篋隨雲，深愧鵝毛地遠；三台捧日，遙瞻雉尾天高。不腆荒儀，妄希莞納。

候李二溟座師啓

伏念某沱陽樸樕，塞下駑駘。燕麥兔葵，猥涸公門桃李；牛溲馬浡，僭倍藥籠參苓。感拔十以懷恩，凜在三而圖報。顧一時遭遇，雖從鵬鶚之群；十載沉淪，竟抱龍豬之嘆。陸莊無賴，范缽空傳。是以嚙指相看，深愧尹公骰率；捫心自語，何當安定門墻。且日下望南車，徒懸仰止；雲間瞻北斗，莫遂摳趨。久負生成，真同死罪。兹者足窮三刖，骨售千金。灶下焦桐，藉朱弦而發響；亭前敗篠，附玉笛以流音。此皆老師鼓鑄之仁，詎曰小子鑽研之力？有天頂戴，無地鎸銘。是用敬走荒椷，聊將鄙念。歛青緗而五頓，願言尺五身臨；拜絳帳以三呼，惟祝魁三手綰。

候曾少保啓代

元宰持衡，丕著包蒙之度；卑員捧檄，式懷鳴豫之私。仰八座於高明，形神頓爽；繹三褫於狂簀，愧感交增。恭惟○○一代真儒，百年名世。含香粉署，三宮錦覆天恩；秉鑑銓曹，九品疏清月旦。蘭臺典禮，不修綿蕞之儀；棘府平刑，獨沛寬和之化。際三朝知遇，謀王斷國佐熙明；握兩省樞機，緯武經文弘注厝。金甌特晋，榮分九陛之休；玉鼎專調，和鬯六符之氣。誠廟堂之柱石，寰宇之達尊也。如某者，蠓蠛些生，借余光於醢覆；駑駘下品，沾左顧於鹽車。曩不思螳臂之區區，敢拂龍鱗之赫赫。方謂草茅倨侮，甘白鑽其何辭；不圖淵澤優容，放黃岡而待罪。蓋惟台下以乾坤大德，任勞任怨而不蓄偏私；某以蒲柳微軀，憂國憂民而得延殘喘。日者西陲濫職，誰非覆露之餘？是以北斗瞻輝，益仰垂雲之庇。故茲野人不揣，敢輸暄曝於崇臺；遠念憑將，敬叩興居於函丈。伏願攬黃樞而論道，鞏震位於常尊；依紫極以扶元，燮離明於久照。

候傅太史求制文啓代

鑾坡視草，手扶雲漢之章；玉署宣麻，口代絲綸之大。敷陳賁惠，振勵官常。斗山望重於明時，椽筆聲騰於異代。恭惟○○九苞備質，五彩成文。蟾窟秋高，捬藻壓《三都》之賦；龍門春曉，蜚英題千佛之經。據白虎以校讎，乙夜青藜獨對；探碧雞之幽賾，西山赤甲平收。瀛洲隨十八神仙，侍高香案；璧澤布三千禮樂，化洽青衿。九重咨制草攸關，萬國望沙堤新築。如某雁門叨倅，幸分御李之緣；鳳沼瞻休，雅抱識荆之願。茲當考績，例得貤恩。敢希名世璣珠，用作傳家琬琰。顒陳下悃，是假先容。倘憐烏鳥私情，下華袞於榮親之典；將效靈蛇鄙意，銜明珠於報德之辰。九頓遙呼，萬惟俯納。

候湯霍林太史啓代

恭惟台下，五嶽鍾靈，四溟毓秀。平搏碧漢，振九萬以圖南；獨對丹墀，掃三千而逐北。橫經登虎觀，探蘭臺石室之奇；珥筆立螭頭，掞金馬碧鷄之麗。鑾坡供奉，日高五色捧紅雲；史局編摩，風動八音稱白雪。日者黃扉視草，九重綸綍尚司；紫極宣麻，一代鹽梅仔寄。如職者，草茅下士，菅蒯微材。仰大廈之千間，神馳燕雀；羨方塘之半畝，迹阻黿魚。頃承唾咳之私，式慰瞻依之念。顧龍門修阻，徒懷御李之忱；而鰲禁森嚴，未展輸芹之報。感三生而有幸，勒五內以何勝！是用俯效殷勤，少將暄曝。伏惟海納，曷任巖瞻！

候卞汶嶺稽勳啓代

陽春德大，潛回黍谷之生；野曝誠微，寔切芹泥之獻。幸幈幪之有藉，顧繾綣以何勝？戴重二天，感深九地。恭惟○○錦江濯秀，巫峽鍾靈。修身德備中和，遠邁當鋒之烈；華國才祚黼黻，近殊抱璞之貞。鳧舄擁琴堂，日麗弦歌鳴萬户；鷄香含畫省，風清佳氣襲三台。日者秩簡天曹，勳稽吏治。冰壺乍啓，寒潭秋月俱澄；藻鑑高懸，瑞鳳祥麟畢照。如職者，岐山賤士，汧水駑儒。燕麥兔葵，慚溷公門桃李；牛溲馬浡，叨陪藥籠參苓。感知遇之非常，誓鐫銘而莫罄。濫竽邊倅，雖辱牧於牛羊；而叨祉崇階，未效私於犬馬。矧晉國邇來凋瘵，雁門夙號衝疲。覆餗憂深，負乘念重。倘留神於鞭策，將戮力於馳驅。敬上暄悰，祈垂電炤。

候張洪源侍御啟代

恭惟○○朝野具瞻，古今直道。梟鳥擁琴堂之鶴，一天雨露隨車；豸冠行幕府之驄，萬里風霜動岳。皂囊白簡，已驚當道之豺狼；黃卷青箱，更啟傳家之麟鳳。喜見威騰鐵柱，會看姓覆金甌。如某者，鹿鹿庸人，魚魚後學。半生沉白屋，久甘醯甕同蒙；一旦領青氈，猶苦鹽車獨蹇。飧餘苜蓿，敢嗟朝日之寒？秀歡芙蓉，不怨秋江之晚。日者欽從烏仗，快睹鴻儀。方切幸夫執鞭，忽承恩於解橐。青陽有意，頓回幽谷之春；赤御無私，乍轉窮檐之照。有天頂戴，無地鑴銘。是用裁尺素以披衷，勒寸丹而報惠。伏願三台炳燿，膺止祉于槐階；更祈一字吹噓，布餘膏於梓里。

候史蓮勺侍御啟代

綠野風高，久係東山之望；烏臺地迴，常懸北斗之思。依馬帳以有懷，恨雀環其未報。衷凝耿耿，仰切岩岩。恭惟○○渭水人龍，華山威鳳。胸繙大酉，儷丹文綠字之奇；筆掃長庚，散東壁西昆之采。秋空披桂蕚，冲開九萬雲程；春水泛桃花，擊破三千雪浪。銅符曳綬，一天膏雨潤梟墟；鐵柱峨冠，萬里嚴霜飛鷺軾。如某者，介山礦質，汾水樗材。桃李分榮，借春風而發秀；樓臺近水，迎夜月以生輝。感如一之深恩，有天頂戴；荷再三之至教，無地鑴銘。頃附驥塵，總叨鴻庇。皂囊千古重，祇瞻赫赫崇標；絳帳五雲深，莫罄區區遠念。敢因順羽，敬貢荒械。伏願早覆金甌，常調玉燭。朱旗閃日，威清地雁天狼；黃閣排雲，業配奢龍召虎。

候胡慕東給諫啓代

青瑣夜寒，槐棘凜飛霜之氣；紫垣春曉，蒯菅沾覆露之仁。帡幪良多，瞻依倍切。恭惟○○三秦攬秀，八舍蜚英。丹地納言，秩重東臺之相；黃門批敕，封還北闕之文。詔媺諷惡以披忠，秉道嫉邪而就列。百辟維其章癉，一人藉以繩糺。如某者，鄉曲迂儒，邊亭下吏。濫竽三載，愧無塵露之功；托廈萬間，猥荷雲天之庇。茲當考課，實藉提携。魚目九淵，敢溷明於鮫客；駑蹄一顧，全借重於孫陽。謹布腹心，伏祈卵翼。

候李心白中翰啓

冀野空群，千里幸蒼蠅之附；斗墟色燦，一方生丹鳥之輝。喜雲路之聯翩，悵雷門而翹企。恭惟○○漳汾納秀，恒太儲精。一見登龍，聞望遠逾令伯；萬言倚馬，才名近邁崆峒。策對楓墀，絢錦繡胸中禮樂；班連薇省，掌絲綸閣下文章。依玉燭以調和，先司政本；啓金甌而覆姓，行擅鈞衡。如弟者，沱水寒菅，雁山棄石。慚埋頭於醯甕，甘掉尾於鹽車。一日慶遭逢，偶隨鸞鳳；三年同落寞，竟別龍豬。祇深夜月之思，莫覯春風之座。憶鳴騶出代，雖御李於行臺；而法駕還并，未寄梅于驛史。有懷耿耿，無任依依。敢因方便鴻音，恭叩興居駿祉。伏願身臨尺五，手握魁三。廿四考冠中書，位進居官鼎鼐；百千秋垂福曜，光分近水樓臺。

候丘震崗道尊啓代

綸綍下雲間，一段祥光連北闕；幨帷開日表，十分和氣靄西藩。軍民仁待其蘇，文武行看作憲。朝紳藉色，圉吏揚休。恭惟○○聖世真儒，明時間氣。金條司理，五刑多平反之仁；粉署含香，八座茂登閎之績。朱幡當亳郡，春回鼓腹千封；白羽震秦關，夜净旄頭萬里。兹者燕都轉[一]橄，晋地分籌。重望馳時，遥奠太行之鎮；先聲到處，豫清汾水之流。邊城篷發鳴騶，在在咸思扶杖；驛路鉦催徂旆，人人快睹行軒。某竊綬一方，愧已往功疏於計日；濫竽半倅，喜將來庇托夫垂雲。宜趨道左之塵，奈阻塞門之迹。是用恭修短狀，仰候崇臺。注目幨帷，竭蹶無能縮地；懸心節鉞，披忠有念瞻天。

候盛躋崖房師啓

恭惟○○玉柱崇標，金陵間氣。文章璀璨，跂班馬以追蹤；事業嶙岣，駕夔龍而接武。走雙鳧於赤縣，閩中苦蘗宜人；叱五馬於神州，齊下甘棠遍野。喜見蘭臺注姓，行看楓陛疏名。如某者，樗櫟庸才，幸逃紅勒；泥塗曲學，謬引朱絲。感拔十恩深，有天頂戴；荷在三誼重，無地鎸銘。顧一舉遭逢，雖辱歐公之點；而九年淹滯，竟荒陸氏之莊。殊愧門墻，未當衣鉢。枋榆是搶，徒嗟夢叶飛黄；桃李無顏，豈謂文成曳白。況甘牛馬，莫致鱗鴻。成恩未報于台端，死罪何辭于牖下！兹緣眷便，敬候興居。瑣瑣鵝毛，千里願伸繾綣；區區燕尾，三薰冀托殷勤。

候憲使失内啓代

恭惟○○碧幢當道，蘋蘩方藉於公宫；寶瑟沉音，蘭茝忽移於祐室。坤儀折範，震吊摧衷。雖鸞珮升遐，早赴麻姑之會；而燕釵飛化，應增武帝之悲。某濫廁卑員，瞻依莫罄；遥聞訃變，蹢躅何勝！謹將九頓之械，仰候三台之履。微茫雞炙，祇緣蕙館難通；焜耀鸞書，佇待松門有赫。

候王惺東司理啓代

黃堂贊理，循良高漢吏之名；丹筆垂恩，明允溢虞廷之治。布穌風于暖律，草艾生春；敷化日于寒甎，桑榆借色。情殷仰斗，念切懷暄。恭惟○台臺，星鳳乘時，雲龍際會。朱標崒崋，亘五嶺以崢奇；黃度汪洋，匯三洲而濯秀。鵬搏粤海，掠殘桂窟秋香；馬蹀燕山，占斷杏園春色。奉五刑而司李，肺石無冤；歷三載以及瓜，口碑有頌。宣清朝之鼎蕭，洵聖世之珪璋也。某進愧魚魚，生慚鹿鹿。盤中苜蓿，自憐影照琅玕；江上芙蓉，誰問形銷寂寞！猥蒙嘘植，曲荷周全。遂令旅竈之桐，竊附郵亭之竹。榮梯六管，敢忘提挈之仁；祉叩三階，益重瞻依之念。謹將芹獻，用效葵傾。伏楮宣心，滿擬網開雷雨；臨毫頓首，願言履踐星辰。不盡寅惊，統希丙炤。

候座師啓代

龍門夜曉，遙依北斗之暉；雁塞雲迷，頓阻南車之範。有意瞻天而戀結，無能縮地以趨蹌。繾綣何勝，主臣莫罄。恭惟○○三吳間氣，百代文盟。筆海含珠，散瑤光於穎兔；學山蘊玉，騰寶氣以連牛。扛龍文兩奪元魁，蔚豹變淯登華膴。黃門披素簡，霜寒八舍之鳧；赤羽練長楊，風靖七閩之蠆。日者鹽梅小試，斥鹵生春；薪楀程材，衡茅動色。鄧林來匠石，梗楠杞梓屬風斤；冀野過方裡，牝牡驪黃歸藻鑑。如某者，牛溲馬浡，濫陪藥籠參苓；燕麥兔葵，慚附公門桃李。慶遭逢於拔十，報玖何酬？感恩誼之在三，銜環靡及。方擬趨於函丈，忽遭瘠于征途。二竪侵尋，莫解沉痾之苦；三冬荏苒，竟孤叩謁之心。幸有起晨，旋隨計吏。雖老師乾坤德厚，不求寸草之知；顧小子塵露思深，空抱疏麻之感。成恩未報，死罪何辭！敢披悃素于鴻縹，用展興居于馬帳。伏願金甌早卜，玉鼎先調。庶斗轉微垣，輔山龍于有赫；雲連大廈，庇海燕于無涯。

候少宰盛公代

伏以玉堂天近，綸扉高絕席之班；金鏡星懸，銓政擅統均之地。巖瞻具肅，斗望彌尊。恭惟○○名世真儒，天民先覺。手扶雲漢，天邊瑞應三階；腹呈琅玕，日下祥生五色。橫襟依虎觀，早登著作之林；曳履踐龍圖，直企論思之位。日膺帝簡，特晉天曹。宮詹稱三島神仙，佩搖華蓋；吏部為六官領袖，秩重鈞衡。離渭分涇，妙題才于裴顗；振幽拔滯，隆啓事于山公。豈惟祗慎廉平，更見清通簡要。行調商鼎，亻宁輔周宸。某鄉曲後生，邊圉下吏。濫魚書于紫塞，時深覆餗之憂；仰龍見于黃扉，日切懷暄之念。謹將不腆，用展微忱。草野一芹，知無當于鼎實；揆階九命，祈有赫于升華。莫罄敷宣，可勝皇悚！

候司馬祁公代

伏以繡斧靖西陲，久著三犁之績；黃樞分夏署，洊崇九伐之權。朝中快睹奢龍，塞外驚傳司馬。望嶔魁杓，喜溢門墙。恭惟○○五岳元精，九河間氣。攬朱絲而造士，擅三千禮樂之宗；搖赤羽以行邊，壯百二河山之勢。霜寒列柏，棲烏夜擁高枝；風動長楊，牧馬秋空絕塞。日膺戀簡，特晉中樞。聯八座以貳三孤，官居鼎鼐；統六師而兼兩府，道合張弛。臣鄰共慶彈冠，裨海爭思扶杖。某桐焦灶下，濫蒙徽軫之加；梗斷溝中，猥辱青黃之飾。奉尹公轂率，愧無補于臨戎；仰方叔壯猷，知有裨于制勝。冥冥遼海，行看蜃氣全銷；業業燕山，亻宁見鴻圖永固。萬方稽首，百辟皈心。敢輸獻曝之誠，用表隨陽之悃。鵝毛不腆，惟祈莞納南溟；龍角遙瞻，更祝階崇北斗。

候司馬王公代

伏以明王守在四夷，樽俎重折衝之寄；祈父躬將九伐，節旄宣敵愾之靈。望隆八座文昌，威振六師武備。華夷易聽，朝野改觀。恭惟九幕元勛，四朝忠節。

洋洋東海，家傳金版之文；赫赫西臺，世擁青箱之業。朱旗繡斧，奄清上谷之山川；黃鉞白旄，坐靖漁陽之烽堠。廿年居虎幄，都無赤羽窺關；八載狎鷗盟，賸有丹心戀闕。頃以三韓多故，四履頻驚。君從綠野徵，甫奉纁以敦促；公爲蒼生起，不俟駕而宵征。猶謂居中非應變先圖，出塞有當機勝算。乃淋漓具疏，慷慨行邊。擐甲臨戎，一顧動參旗井鉞；援枹作氣，數聲驚鶴淚〔二〕烏啼。行看遼海燕山，萬里奏封狼之績；堯畿禹甸，千秋無牧馬之虞。四海見休，一人胥慶。某栖遲遠塞，未輸涓滴之功；瞻仰中樞，寔切雲霓之望。敢修蕪牘，用展芹悰。篚愧玄黃，願祝袞衣朱襮〔三〕；囊傳黑白，還祈卧鼓銷兵。不盡敷宣，可勝悚息！

候葉贊畫

伏以六師嚴細柳，陰符盡決諸參謀；千里致疏麻，遠念憑將於世講。投桃好永，報李思深。恭惟○○鳳穴探奇，龍門挺秀。學窺二酉，漱丹文綠字之芳；福具三壬，標玉海金山之范。鶗鵬搏晉水，息六月以圖南；騏驥過燕臺，售千金於冀北。日者榮承帝簡，特贊軍機。坐帷幄以抒籌，擁旌旄而授策。九關虎豹，同歸組練之中；八陣風雲，悉屬指揮之下。朝推大樹，塞倚長城。某一日慶遭逢，喜從扳桂；念年成契闊，莫遂班荊。何緣戎馬之場，得附雲龍之會。萍踪落落，一方共對辰星；桂影翻翻，兩地同瞻夜月。乃未裁雁帛，反辱魚緘。感實重于百朋，報罔申夫九頓。茲者謹將薄獻，用表微忱。伏乞下藉中涓，俯鑒懷人之悃；爰投外溷，聊充饗士之需。莫罄眷私，統維垂炤。

候張憲使

伏以東壁高華，久繫心于仰斗；南車鼎望，旋借指于同舟。喜慰隨陽，情殷獻曝。恭惟○○錦江濯秀，劍閣標奇。九萬里風雲，遠度峨嵋之雪；三千言禮樂，橫翻灔澦之濤。調庚癸以抒籌，功崇蘭省；輯戊丁而固域，閥著檀城。疆場推召虎之名，朝宁仰奢龍之業。某有懷御李，無任傾葵。金薤琳琅，永戴問遺之重；木瓜瓊玖，殊慚報稱之疏。敢借一毛，用將九首。梅花不腆，憑驛使以輸誠；芹葉無文，效野人而致悃。伏乞莞納，曷任躍然！

候制臺汪公

伏以甲帳宵空，虎落與燕山並峙；午橋晝[四]永，鷗盟將漢水同清。久揚赤羽之靈，忽迫紫芝之念。離筵歌動，祖道情殷。恭惟○○翼軫元精，衡湘間氣。化洽三千禮樂，士稟菁莪；胸藏十萬甲兵，威嚴細柳。朱旗懸日月，九邊高良翰之名；碧幕擁風霜，三輔壯維垣之任。茲者無心出岫，有念歸田。疏太傅橐散黃金，謝鼎鉉而適志；裴晉公堂開綠野，問泉石以怡神。漸成洛社之遊，浸失雪山之重。某夙從絳帳，今奉黃麾。馬首遙瞻[五]，扳戀祇深岐路；龍門翹企，光儀頓隔層霄。愧非貽贈于紉蘭，竊效殷勤于折柳。東山月皎，行看色映烟霞；南浦雲迷，莫禁思纏台斗。一毛不腆，九首是將。伏乞海涵，可勝岳戴！

候白計部

伏以蘭省風清，視草著潛郎之望；榆關天迥，持籌推內史之功。七策兼資，六師攸藉。恭惟○○毗陵間氣，斗野醇晶。毓荆溪蘸浦之靈，名高碧海；挺梅塢蘭山之秀，望聳丹崖。寵載芸涵，兄弟祖孫濟美；芳傳蕊榜，戊辰丑未重光。日者榮分地部之猷，特筦天倉之政。視民饑而由己，豈容醫眼剜心？念軍餉于呼庚，未許焦頭爛額。調停有道，出納無私。人推劉晏之能，士頌寇恂之德。某有懷御李，望龍門願切皈依；無地班荆，托雁帛期傳衷愫。敢將芹獻，用表葵誠。畫省香霏，尚憶隨班之雞舌；年家誼篤，頓忘遠道之鵝毛。伏乞鑒涵，可勝詹溯！

候司馬董公

伏以天討方張，晋黃樞而專九伐；帝心特簡，臨紫極以莅三階。朝野具瞻，華夷並肅。恭惟○○千秋間氣，一代元勛。丹筆生春，法曜炳太微之座；青綾載寵，佩聲高建禮之班。自海岱以歷衡湘，所在布和風甘雨；由臬藩而躋撫督，隨時敷愛日嚴霜。三千禮樂駕文昌，光映西昆東壁；十萬甲兵歸武庫，氣凌井鉞參旗。當雲中上谷之衝，總天下長城之重。繄卿才冠中外，宜宅揆以居尊；斯帝命藉安攘，掌樞機而據要。運幄中金板，深謀遠慮，九邊抒肘腋之虞；樹徼外銅標，破膽寒心，百虜切頭顱之痛。人推元老，何殊唐代奢龍？羌懾餘威，奚翅宋家司馬？某庇身宇下辱編氓，夙荷鴻麻；浪迹師中屬外吏，今承燕喜。幸托壯猷之指願，敢忘大冶之爐錘？敬擷溪毛，用將背曝。伏願功昭彝鼎，業滿封疆。銷金甲以事春農，永靖天狼地雁；攬玉衡而扶夏正，常從風虎雲龍。莫罄瞻[六]依，可勝皇悚！

候相公葉老師代

伏以黃扆地迥，九環推幹斗之功；紫塞天遙，萬里切瞻[七]雲之念。維巖望聳，獻曝情殷。恭惟○○百代名流，四朝元老。

侍氤氳之香案，身近蓬萊；行迤邐之沙堤，官居鼎鼐。金甌早覆，總三獨以論思；玉燭長調，燮四時而贊化。輔乾坤于萬曆，坐成熙洽之皇圖；弘黼黻於三台，立奏休明之相業。乃緣柱笏，暫就懸車。七載憂違，心不忘乎廊廟；一朝喜起，情更篤于股肱。當茲搶攘之秋，式藉勠勤之力。集衆思，廣忠益，真稱漢室武侯；相中國，讋遠夷，亶是宋家司馬。允矣濟川舟楫，居然翊運魁杓！某北鄙迂儒，西藩下吏。詹山仰止，久懷款款之誠；飲水思源，未展區區之報。禮文几〔八〕曠，罪譴何辭？茲者敢竭葵忱，用將芹念。鵝毛道遠，惟蘄俯鑒三薰；龍袞新裁，願祝平收九錫。

候太宰張公

伏以天開名世，玉衡遙應于西方；帝眷元勛，金鏡高懸于北闕。百僚爲式，萬國具瞻。恭惟河華元精，苞符間氣。梧掖勒回天之草，直聲搖青瑣黃門；柏臺揚震岳之威，憲度凜朱旗繡斧。五刑明國法，杅虛而冤白金條；七策佐軍儲，泉沛而塵紅玉廩。紀綱振肅，冠高執法之班；銓鑑虛明，書聚題才之閣。皇衷簡在，人望攸歸。明良交會於一堂，式序頓清夫九品。妍媸必照，大臣法而小臣廉；殿最綮公，正士親而邪士遠。三朝扶日轂，寧渠直亮忠勤；六計叙天曹，更見清通簡要。某昔從屬吏，久沾覆露之恩；今隸外僚，益切瞻〔九〕雲之念。樓臺近水，幸邀下際清暉；帷幄參籌，快睹中孚大業。鵝毛不腆，雀悃良殷。伏乞鑒存，可勝惶悚！

又代

伏以冢卿位冠仙班，長六官而司領袖；上宰躬承帝簡，佐八柄以布經綸。朝野具瞻，華夷鼎借。恭惟○○三朝耆碩，百辟儀刑。青瑣黄門，久著飛霜之草；朱旗繡斧，遥騰震岳之威。總金條國法無冤，仁昭令甲；督玉廩軍儲有借，士鮮呼庚。提五察以肅三台，職重朝廷之耳目；統百官而均四海，選除門户之浮沉。藻鑑空明，官推賢，事推能，五曹不爽；銓衡中正，爵馭貴，禄馭富，九品咸宜。寧渠祗慎廉平，不但清通簡要。吏懷推轂，士□□冠。某鄉曲後生，邊亭下走。三年棲雁塞，愧無轉芥之功；千里近龍光，竊有輸芹之念。敢將不腆，用展微忱。伏祈十六族同登，並收元愷；五百年名世，遠駕伊周。

校勘記

〔一〕“轉”，按傳統習慣説法，疑爲“傳”字之誤。

〔二〕“鶴淚”不辭，顯爲“鶴唳”之誤。

〔三〕“襎”，疑爲“襮”字之誤。按“朱襮”出《詩經·唐風·揚之水》：“素衣朱襮，從子于沃。”《毛傳》：“襮，領也。諸侯繡黼，丹朱中衣。”

〔四〕“畫”，據文意似當爲“晝”字之誤。

〔五〕“瞻”，據文意當作“瞻”字。

〔六〕“瞻”，據文意當作“瞻”。

〔七〕“瞻”，依文意當爲“瞻”字之誤。

〔八〕“几”，依文意當爲“幾”，或者當時已有“幾”之簡筆。

〔九〕“瞻”，據文意當作“瞻”。

尺牘卷七

啓 請類

請閻道尊啓

　　法星躔斗極，西臺之憲度方新；霖雨漉關山，南牧之胡氛盡洗。幸承風於鈴閣，宜獻曝于衡門。授粲思深，循墻念悚。恭惟○○名高司馬，望重奢龍。淮海鍾靈，赤水浚涵珠之浦；浮山拔萃，白虹霏縕玉之峰。搏羊角於九霄，魁名累占；育鳳毛其五色，科第重熙。翩翩鳧舄，下花封百里，爭傳異政；冉冉雞香，含粉署六曹，共挹清芬。朱轓迴雨露之恩，邵陽春滿；絳節擁風霜之氣，岱嶽塵清。日者受命丹書，提兵紫塞。碧幢乍駐潯沱，夜落旌頭；玉帳遙開勾注，秋閑鼓角。建牙翻白旆，已騰方叔之猷；握髮下青衿，更普姬公之度。某等托連雲大廈，鳴豫何勝？披傾日微誠，燕需莫罄。是用齋心卜吉，盥[一]手通涓。知閫公不隔堂廉，願上區區朋酒；效宋俗頓忘草野，期輸瑣瑣泥芹。伏祈莞爾諾金，惠然移玉。庶干旄在浚，大夫垂良馬之輝；甕牖隨陽，小子賦高軒之寵。

請潘案臺啓

　　豸冠執法，九重專綱紀之司；鷺軾巡方，萬里壯澄清之志。代天威于北闕，赤黑消丸；慰霓望于西藩，玄黃在筐。歡孚兌澤，燕啓需雲。恭惟○○勁節干霄，洪謨濟世。銅章出宰，軒隨兩袖春風；金部分儲，庭湛一簾秋月。尋膺帝簡，洊陟台班。皂囊依日月之光，鶹行篷羽；赤棒散風霜之氣，兔窟銷魂。茲者度燕市以埋輪，下堯封而攬轡。三關將吏飯心，迎一角神羊；八郡生靈翹首，望五花驄馬。某等夙懷仰斗，頃遂披雲。事大夫之賢，躬先利器；循小民之分，願切稱觥。敢卜良辰，恭邀法駕。尊開潢潦，期薦信於中孚；佩委雲霄，冀垂光于下濟。聳身鵠立，傾耳鸞鳴。

請陳計部啓

八座綴朝班，玉珮動楓墀之曉；三關司國計，銅焦回柳塞之春。陽和徧暨夫蒼生，景耀旁垂于白屋。沾同覆露，喜擬披雲。敢將藜藿之羞，敬致蓬茆之悃。恭惟○○六符臨運，九鼎升華。孕荊溪蕪浦之靈，度湛千尋碧海；會梅塢蘭山之秀，名高萬仞丹崖。桂苑秋深，凌月窟香紛羽袖；杏園春暖，步雲衢錦燦宮袍。人懷六館清華，宜入冰條之選；帝念九圍煩劇，暫分金部之籌。日者檄出螭坳，軺臨雁塞。春炊萬灶，山無庚癸之呼；旆偃千營，澤鮮戊丁之變。借羈縻以施五餌，仁看兵洗銀潢；圖節縮以佐三虛，會見塵生寶庚。展矣濟時之顯相，洵哉裕國之康侯！某瞻仰緇衣，適館還期授粲；勤渠閭俗，躋堂更欲稱觥。謹卜良辰，恭開薄席。茅柴不旨，用揚在藻之休；瓠葉非馨，聊表獻芹之意。牛墟朝散紫，一簾灝氣宜人；蠟炬晚燒紅，四座清輝逼體。伏祈金音豫允，玉趾賁移。朱芾焜煌，下襜帷于日表；碧幢縹緲，來榮戟于雲間。庶赤光隱隱照寒廬，得覯笑談尊俎；玄誨霏霏回暖律，欽承唾咳珠璣。傾耳鸞鳴，聳身鵠立。

請王京兆啓代

木鳳下丹墀，日射芸函生五色；玉麟分紫省，風迴艾綬度千尋。畿甿快睹披雲，部吏歡同負曝。敢將藜獻，用展葵忱。恭惟

○○八柱崇標，三階重望。臚傳蕊榜，杏園香染宮袍；續著花封，楓陛名題印紙。擁朱轓而牧衆，春滿三吳；揮絳節以臨戎，塵清兩淛。臬臺懸法曜，西都肺石無冤；藩岳壯維垣，南國口碑有頌。茲者宸衷特簡，帝里專符。郡屬股肱，此日見東皇轉律；官居喉舌，異時看北斗司辰。某等鳧企崇臺，鼃魚念切；今逢大厦，燕雀情深。是用謹涓　　日〔二〕，醵舉蟻尊，齋迓駟從。茅柴不腆，聊抒授粲之悰；瓠葉非馨，爰表獻芹之意。伏祈俯從燕喜，暫賁龍光。庶二簋伸誠，得覲談笑樽俎；四筵飛屑，欽承唾咳珠璣。傾耳鸞鳴，聳身鵠立。

請潘侍御啓代

鷺軾擁朱輪，攬轡壯澄清之任；豸冠峨鐵柱，立碥高綱紀之司。威行當道豺狼，慶洽環墻桃李。敢邀榮戟，祇薦匏尊。恭惟○○斗極儲精，浮山孕粹。秋深桂苑，鶚橫紫氣千尋；春滿杏園，馬踏紅香十里。銅符分縉野，仁看三異之呈；玉律轉慈陽，臥聽十奇之咏。茲者股肱帝座，耳目天朝。繡斧生風，度燕山而破曉；皁囊垂露，凌冀野以凝寒。望重三階，象崇五緯。如某者，泥蟠陋質，櫪伏庸材。鳳跂高華，猥向龍門御李；今叨末第，儓從烏府班荊。幸披閶闔之雲，撼借樓臺之月。乃未申烹瓠，反辱投桃。感一顧以銘心，戴百朋而俯首。是用吉涓　　日，齋迓法從，敬展愚悰。百拜稱觴，願效殷勤之款；四筵飛屑，冀聞唾咳之音。伏祈俯賜龍光，暫偕燕喜。庶培塿下品，傍山嶽以生輝；菅蒯微生，藉梧桐而發秀。

請李兵憲啓代

慶雲迴日御，光生秋水芙藁；化雨足霜臺，潤濯邊城桃李。仰玄功于吹萬，無地鎸銘；荷隆義之在三，有天頂戴。噓枯德厚，獻曝思深。恭惟〇〇海岳儲精，乾坤毓秀。五百年有名世，望重登龍；十二祀啓文明，才雄倚馬。芹宫鼓篋，作人化洽鳶魚；棘院掄才，取士榜盈龍虎。含香依畫省，握蘭起草動清班；秉憲受丹書，緯武經文恢壯略。日者匠斤廣運，神削鼻於成風；孔鑄旁施，妙鎔心於點雪。人游大冶，士稟洪鈞。如某者，十載窮經，未遂青錢之選；一朝入彀，幸叨淡墨之榮。此雖小子遭逢，實繄老師造就。且標揚錦幟，鴻恩與日月高騫；户燦璇題，駿惠及雲霞並麗。瞻依莫罄，感激難言。謹占　日，跽捧清觴，齋迎道駕。茅柴不旨，用揚在藻之休；瓠葉非馨，聊表獻芹之意。伏祈金音鼎諾，玉趾賁移。

朱芾焜煌，下幨帷于日表；碧幢縹緲，來棨戟于雲間。庶赤光藹藹映寒廬，得覲牛墟紫氣；素屑霏霏回暖律，欽承虎席玄提。

請甯觀察啓代

法星拱極，映槐棘以生輝；霖雨回春，洒參苓而發秀。快睹鴻儀之用，宜伸燕喜之私。敢叩宫墻，敬陳尊俎。恭惟〇〇精儲兩浙，才駕三都。紫籜風高，振八吹於道竅；赤城霞起，散五色於臚傳。官聯畫省之班，雞舌香浮北部；象列紫微之署，犬牙制重南州。三尺肅僚，露湛霜飛明水鑑；一廉貞度，天空月皎照冰壺。人人肺石無冤，在在口碑有頌。如某等太行駑士，大陸鯫生。燕麥兔葵，竊附倚雲紅杏；牛溲馬浡，僭陪浥露青芝。感拔十之恩深，何勝篆結；知在三之誼重，莫罄瞻依。幸同燕市班荆，益切龍門御李。是用穆卜　日，恭開絳帳，肅候丹帷。梧桐一葉報秋聲，好度金風薦爽；桃李幾枝分艷色，喜從玉露含滋。思列柏之非遥，愧野芹其不腆。伏祈暫移鸞馭，俯惠龍光。庶有楚賓筵，得覲模模範範；委蛇仙佩，不違步步趨趨。

請座主盛老師啓

　　熊軾專城，日懋銅符之績；龍庭輯瑞，風高金舄之班。光連萬國衣冠，慶洽一門桃李。傾葵意切，獻藿思深。恭惟○○望重三階，功崇八柱。走雙鳧於閩甸，綠野春融；翩一鶴於齊封，青山夜曉。琅玕披腹，久蜚元白之英；黼黻盟心，洊駕龔黃之業。茲者風清兩袖，喜瞻日下龍鱗；露湛肆筵，快沐天邊兔首。誠漢官之嘉會，而虞典之榮遭也。某等引分義於在三，徒懷龜顧；戴恩私於如一，未罄蛇銜。況當聚梗之余，益迫輪芹之念。謹占吉日，載舉醵私。敢陳瑣瑣溪毛，用展區區燕悃。一尊繾綣，和柏葉以迎祥；百拜殷勤，續椒花而叩祉。伏祈遙臨北斗，暫賁南車。庶絳帳流輝，俯賜笑談樽俎；青衿借采，仰承唾咳珠璣。

請座主范老師啓

　　芃樸醉春風，僭附倚雲紅杏；枯芹沾化雨，蘄隨向日丹葵。仰模範之自天，幸瞻依其有地。敢修尊俎，伏候襜帷。恭惟○○二室崇標，三川間氣。拜五衣于南省，采射千官；搦雙管於東臺，春生八舍。皂囊依日月，朝陽回鳴鳳之音；白簡動星辰，曉露散神羊之角。日者棘闈分校，朱繩將青鏡高懸；草澤搜奇，卞璞暨隋珠並剖。誠百年之盛典，多士之榮遭也。某等鹿鹿微生，魚魚後學。駕黃冀北，長鳴九折之車；豕白遼東，敢冒三驅之網？維老師拔十得五，借盈尺于階前；故小子如一在三，涸清班于宇下。生成有自，銜結何勝！望青瑣于遙空，喜傍連雲大廈；脫丹鉛于片晷，冀同點雪烘爐。是用敬涓　日，醵舉荒筵，齋迓道駕。茅柴不旨，願輸藜藿之衷；瓠葉非馨，聊展參苓之意。伏祈南車暫駐，北斗惠臨。庶霧靄匝襟裾，得覲牛墟紫炁；珠璣飛唾咳，欽承馬帳玄提。

請范老師起復啓

桃李向陽，倚春風而發秀；蓬茅獻曝，隨化日以輸誠。喜看朱紱方來，稱觥念切；快睹緇衣又改，授粲情殷。敢效芹私，恭陳瓠燕。寅惟○○靈標二室，粹拔三川。探金函玉簡之奇，神孚嶽降；會綠字丹文之奧，瑞應河圖。紫薇閣下宣麻，日麗橫空鸞鳳；青鎖闈中載簡，霜飛當道豺狼。指授六千，儼持滿定傾之策；胸蟠十萬，總先憂後樂之謨。鼓天籟以流音，蟬噪蛙鳴盡埽；啓藥籠而庀味，牛溲馬浡兼收。某等灶下枯桐，幸分徽軫；溝中斷梗，猥藉青黃。感拔十之恩，雖覆載乾坤莫喻；顧生三之義，即捐糜頂踵難酬。況素冠變異，尋常久隔模模範範；而絳帳恭承，只尺能無步步趄趄？是用敬卜良辰，齋迓道駕。蘋風拂座，喜黃花暗度香來；梧月當軒，看玉樹遥翻影動。茅柴不旨，因白餂以將忱；束帛無文，續素絲而效款。伏祈暫移鸞馭，俯惠龍光。庶天外振金聲，二三子同瞻赤幟；雲間霏玉屑，五千言獨稟玄提。不盡依阪，可勝延佇！

餞范老師册封啓

黃綃護節，典桐葉以推封；絳帳開筵，采芹莖而祖道。敢擬東門之餞，用扳北斗之光。宴集驪歌，衍陳鴻漸。恭惟○○清朝間氣，絕代真儒。文章與班馬齊驅，事業暨夔龍並駕。皂囊赤棒，已蜚直道之聲；青社白茅，更領建邦之任。九天馳玉牒，啓宗室於無疆；萬里咏皇華，奉絲綸而有赫。某等仰瞻函丈，立雪情深；俯聽鳴珂，懷暄念切。是用謹乩穀旦，祇薦芳尊。榴火噴紅，豫報梁園之景；蘭漿泛綠，先傳楚醴之馨。伏乞天上襜帷，擁春風而入座；庶幾門前桃李，沾化雨以生輝。倘賜龍光，何勝雀躍！

請州守蒞任啓

黑綬宣猷，允慰來蘇之望；緇衣仰德，期申授粲之忱。喜拔茹於方臨，威行轉轂；幸輸芹而有地，念切稱觥。恭惟○○東魯元宗，西昆正印。泰山毓粹，聳丹璧以蜚英；泗水儲精，濯玄珠而耀彩。走陳思於座下，古今八斗誰雄？括莊惠於胸中，上下五車獨富。鵬摶渤海，九秋振翮度天衢；鴻漸燕都，一日爲儀光上國。茲者雙熊戒道，遙清雁碣之嵐；五馬騰塵，遠滌濠流之瘴。駐節而肅清城社，狐鼠潛形；下車而撫字閭閻，雞豚若性。兒童馳竹馬歡呼，快睹威儀；父老策筇鳩鼓舞，思觀德化。允矣明時之召杜，洵哉今日之龔黃！某等樸樕微生，草茅下士。仰福星之臨照，願效魚麗；披霖雨之沾濡，歡同雀躍。是用敬諏日，跽捧清觴，齋迓法駕。伏乞金音鼎諾，玉趾貴移。庶風送幄帷，五色雲中看鳳舉[三]；日高榮戟，九重天外接鳧飛。

請州守送學啓

仁風披拂，芸蘭滋九畹之香；化雨沾濡，桃李藉三春之色。跂宮墻而得入，償俎豆以何勝！立雪情深，懷暄念亟。恭惟○○靈巘威鳳，荆渚神龍。遠追朱穆家聲，近合紫陽心印。才高元白，擅八斗以爭奇；業楙龔黃，佩三刀而乩夢。纔分半虎，立解全牛。赤子育春臺，已沛宜民之政；青衿提聖域，還弘造士之恩。茲者，薪樨程材，參苓庇籠。與其進也，蘄有德于成人；栽者培之，法無私于大造。模模範範成風，技練莊斤；步步趨趨點雪，功深孔鑄。鴻慈莫報，燕喜聊申。敢修白餒青芻，用枉朱輹皂蓋。食從龜吉，期收四美于芹宮；望切龍光，更乞一言于莘野。伏望賁虞庠而鼓篋，高騰五馬之塵；臨魯泮以觀旂，暫駐八鸞之駕。諾金悚聽，移玉翹瞻。

請州守送貢啓

聖治天高，不隑芹宮之選；人文兩化，幸分槐市之陰。喜三途載闢鴻逵，顧一介何當虎幄？噓枯德大，授粲恩深。恭惟○○翼軫醇晶，沅湘間氣。一龍飛電，迅羊角於秋空；五馬嘶風，布麟蹄于春野。菁采發在阿之秀，雁山桃李爭開；鶯聲揚飲泮之休，沱水魚鰕欲奮。如某者，齋函下士，伏櫪庸才。仰弓冶于先靈，殊愧青錢學士；競刀錐于末路，真同白蠟明經。猥藉台慈，濫叨賓薦。附倚雲紅杏，敢忘栽培？效傾日丹葵，蘄伸孺慕。是用吉涓　日，齋迓熊軾，肅奏魚罶。慚無白飯青芻，僭屈朱輪皁蓋。伏祈襜帷早顧，臨大從于蓬門；庶幾尊俎生輝，賁餘榮于梓里。

餞州守入計啓

夜月照華軒，萬里清暉閑一鶴；春雲迴絳闕，九天瑞靄動雙龍。漢庭喜應循良，祖道榮分眷注。敢將浮蟻，用餞行驄。恭惟○○翼軫淳晶，沅湘間氣。鴻裁探二酉，光聯東壁西昆；駿惠布三壬，化轉南箕北斗。烹鮮不亂，函牛鼎妙於調和；製錦無傷，繡虎才長於黼黻。奉無私之治，園葵野薤俱除；行有脚之春，壟麥墻桑並秀。雁山巒嶂，低埀如蓋之雲；沱水波濤，遠邐隨車之雨。茲者三年奏最，六計受成。天子徵九牧之金，殿邦是借；大夫輯五侯之玉，維翰攸歸。官柳接長安，夾朱輪而度影；泉芹明上館，映綠縹以生香。凡覲征軺，均懷薦罤。某一堂繾綣，久戴德於和衷；二簋殷勤，冀抒誠于敬上。謹詹吉日，祗候台星。伏祈俯念離悰，慰三薰於躍雀；暫移貴趾，停九罭[四]於飛鴻。

又

雙熊守土，一犁甘雨遍民疇；五馬朝天，兩袖清風懷帝闕。望仙舟於南浦，莫罄扳援；開祖帳於東郊，何勝繾綣！恭陳兔炙，祇餞鴻遽。寅惟○○漢水儲精，昆山縕粹。騷壇批月露，搖七澤以搏鵬；燕市駕風雲，售千金而展驥。冰壺夜湛，虛檐冷沁懸魚；水鑑秋澄，近社寒消伏鼠。闋三星之在罶，回爨骨於千封；傷二月之新絲，照剜心于百室。善政旋登漢史，賢聲久著虞廷。茲當述職之時，載企求章之烈。刺史奉六條而入計，喜看玉輯殊方；天子隆三錫以推恩，仁待金頒內帑。某等叨芘大廈，借造洪鈞。芝蓋挹春風，已被龍光矜大漠；楓宸迎曉日，更從馬首望長安。況承勸駕之榮，敢後稱觥之悃？是用穆乩穀旦，拱候華軒。伏祈朱紱賁臨，暫住騰關紫氣；汔且青衿豫奏，少抒臥轍丹衷。

請主考啓代

棘院掄材，簡龍文而羅國士；瓠筵效款，陳兔首以宴嘉賓。掃榻迓暉，稱觥獻悃。恭惟○○錦城毓秀，劍閣鍾靈。文章迴巫峽之瀾，禮樂冠丹墀之對。銅符布德，時聞襦袴千家；粉署含香，日覩絲綸五色。茲者馳軺北闕，攬鑑西陲。一顧空群，收牝牡於驪黃之外；雙芒璨斗，識雌雄於氣色之中。某世籍叨光，猥以通家辱愛；公車接望，幸緣守郡分榮。快睹拔茅，有懷授粲。謹詹念九，肅啓連三。葵菽非馨，用展幽人之念；芹藻不旨，願輸宋俗之忱。伏惟暫駐襜帷，少留青盼；庶幾光生几席，俯慰丹衷。

請座師啓代

風回狄籠，環墻桃李生香；雪積程門，滿座璚瑤借色。幸班荆之有地，念切披雲；顧結草其何時？情懸獻曝。敢將二簋，敬候三臺。寅惟○○翼軫醇晶，荆襄間氣。梅山毓秀，撑萬仞之丹崖；柏水涵靈，湛千尋之碧海。累朝恢甲第，平分上國衣冠；奕世取元魁，高奪中原旗鼓。謀優夏署，已清地雁天狼；網結秋闈，更撑雲龍風虎。如某等，牛溲馬浡，猥荷收儲；燕麥兔葵，濫叨培植。兹者名浮得五，僭分北斗之光；誼篤在三，益廩南車之望。成恩未報，涼德奚辭！是用吉涓某日，釀舉燕私，肅扳騶從。野芹不腆，願隨和鼎之厨；束帛無文，敬庀垂裳之縷。伏祈襜帷暫貴，榮戟遥臨。庶絳帳流輝，得覿笑談樽俎；青袍借采，欽承唾咳珠璣。

請參戎啓

恭惟○○九邊大樹，一代長城。白羽當關，瀚海朝閑鼓角；朱旗閃斗，陰山夜落旄頭。倚帳肅龍韜，此日雁門高鎖鑰；登壇提虎節，异時麟閣映絲綸。某等荷張弛文武之猷，衷懸托廈；仰内外順威之治，念切稱觥。是用敬涓某日，恭啓荒筵，齋迓大纛。茅柴不旨，祇將授粲之忱；瓠葉非馨，聊表獻芹之意。伏願旌旆暫駐，陽光隨赤羽流酥；庶幾俎豆榮施，佳氣靄青氈出色。有懷鵠立，佇待熊飛。

請同門啓

紅雨飄香，喜入杏園同縱目；青雲附武，願開華榻共論心。睹牙仗於天邊，占星念切；飛羽觴於月下，湛露思深。敢瀆中涓，用敦世講。寅惟○○學多二酉，福具三壬。彩筆霏花，價重五都之肆；墨氈起草，名高千佛之經。硯中影動龍鱗，已冠三千禮樂；案上香浮鳳腦，行登十八瀛洲。某等衣鉢分榮，燈毬借勝。傍連雲大厦，念四人共托槐陰；申永日初盟，數十世蘄傳桂籍。既隨燒尾，不碍澆腸。況萍水一分，南北東西異路；而雲山千叠，晦明寒暑難通。思聚樂之無多，悵離群其有日。可無佳宴，以洽朋情？是用穀旦從龜，瓠筵炙兔。青芻白飯，聯一時杜甫之歡；碧麥黃流，當十日平原之飯。披襟添逸興，請曳屐于良辰；揮塵壯高懷，幸盍簪于嘉會。聳身鵠立，傾耳鶯鳴。

人日請僚友啓

律回太簇，三陽開正始之期；節屆靈辰，萬物際同春之會。鏤金初作勝，南荆未厭流風；剪綵競爲人，西晋猶傳故俗。擷五花而裝額，襪襲朱盍；聚七菜以爲羹，香浮素椀。人事與天時並盛，宦情及旅況堪抒。敢卜蒼郊，恭迎皁蓋。茅柴不旨，愧無碧麥黃流；瓠葉非馨，願庇青芻白飯。登高開笑口，行看錦繡千封；作賦壯雄心，還乞珠璣萬斛。伏惟鼎諾，曷勝豫鳴！

元夜請社友啓

夏時轉律，正延禧華屋之辰；春日暄和，適獻曝茅檐之候。況值元宵盛節，宜爲宴樂佳期。雖柏酒椒花，自有三徵之養；然芹羹瓠葉，願輸一念之衷。謹詹十五，跽捧清觴，齋迓道駕。金鈿朝散彩，依稀開普舍之場；火樹夜交輝，彷彿啓清虛之路。伏祈文星反照，祥光璀璨下寒廬；庶幾化雨旁施，靈潤濂濺彌陋室矣。願言凫降，曷任蛙鳴！

請座師代

伏以紅杏倚雲，色借遙天曉露；丹葵向日，心傾大地春風。幸依立雪之班，敢乏懷暄之念？恭陳二簋，肅候三台。寅惟○○白水涵靈，紫金毓秀。文名撑斗極，光搖東壁西昆；德望冠新都，采射郇雲欒霧。字迴龍衮，萬言流擲地之音；政試牛刀，八面運成風之技。日者朱絲廣布，青鏡高懸。約良楛以皆裁，合妍媸而並照。某等材慚牝牡，何當冀野飛黄；質謝雌雄，敢謂豐城現紫？蒙老師不遺葑菲，宏開棫樸之途；故小子得脱泥沙，謬入珊瑚之網。數稱得五，恩重生三。若此遭逢，伊何報塞！向者秋深汾水，未輸授几之忱；兹焉春滿燕山，竊抱稱觥之悃。況萬國同瞻赤芾，而肆筵敢後青芻？是用穀旦從龜，荒醻備燕。雖無嘉肴，雖無旨酒，聊將潢潦之誠；薄采其藻，薄采其芹，冀委雲霄之佩。伏祈龍光俯賁，鸞馭遥臨。庶範範模模，座上見光風霽月；趨趨步步，階前聆玉振金聲。莫罄杜私，可勝蒲伏！

請李撫臺

伏以龍庭嚴鎖鑰，東藩久著師貞；鳳沼涣絲綸，南署新隆晋錫。總萬邦而爲憲，陟八座以居尊。人懷賀厦之心，吏切稱觥之念。恭惟○○九寰間氣，百代真儒。才名將北斗齊高，德業與西昆並峻。螭坳珥筆，直聲摇青瑣之班；豸節行邊，大略靖赤囊之警。材兼將相，措畿輔於泰山；望肅華夷，盪烽烟於瀚海。兹者功崇柏府，眷注楓宸。晋司馬以統中樞，步奢龍而登上相。葱珩焜燿，喜朱紱之方來；芝檢繽紛，羡黄麻之洊至。伫見衮裳歸闕，行看劍履升朝。某等翹企烏臺，莫罄瞻依之悃；扳援鶴駕，徒深眷戀之私。是用敬卜良辰，恭邀大纛。茅沸不腆，祇申三沐三薰；戔帛無文，願庀五章五服。伏乞旌旆暫賁，驂駟遥臨。庶日下接華裾，快睹雲間黼黻；風前聆玉屑，欽承天上珠璣。不盡屏營，可勝延伫！

請岳撫臺

伏以紫誥奕琅函，楓陛絲綸隆晋錫；朱旗開幕府，榆關鎖鑰壯師貞。慶洽朝紳，歡騰圉吏。敢薦幡幡之葉，用將款款之誠。

恭惟○○九野元精，三吴間氣。名高玉斗，望中夸樂霧郁雲；世占金闈，海内羡苟龍薛鳳。文昌回筆底，三千禮樂屬陶甄；武庫列胸中，十萬甲兵供叱馭。據紫薇而宣化，澤滿甘棠；揮赤羽以臨戎，威嚴細柳。兹者帝心特簡，人望攸歸。旋参上相之權，洊擁中丞之節。肅紀綱于蘭省，百辟其刑，弘經緯于柏臺，萬邦爲憲。仁見氛消遼海，行看燧熄燕山。某等仰托徽猷，莫效涓埃之助；恭逢大厦，實深燕雀之私。敢竭葵誠，敬將瓠悃。野芹不旨，期申授粲之忱；戔帛無文，用表爲裳之念。爰乩穀旦，僭候華軒。伏乞豸繡賁臨，暫駐雲霄之佩；庶幾犧尊□□，□瞻□斗之輝。引領鸞鳴，□□□□[五]。

校勘記

〔一〕"盥"，依文意似當爲"盟"字之俗體字。

〔二〕本句"日"字前空處爲原文所空，蓋爲請客人前來的日期，但因寫請啓時日期尚未確定，故空出待填。下文《請座師啓》"是用吉涓某日"可證。下文凡類此者一律照原文空出，重出者準此，不再出校。

〔三〕"夆"，當作"夅"（"降"古文）。

〔四〕"戝"，原文該字上部"皿"作"叩"，逕改。

〔五〕此前共九個字漫漶不清，最後四個字，第一個字剩下右半邊"束"，餘皆不可辨识。從前文用語看，蓋爲"悚身鵠立"之類的套語。

《續修四庫全書・句注山房集》提要

《句注山房集》二十卷　　明末刻本

劉啓瑞

　　明・張鳳翼撰。鳳翼字九苞，雁門人。萬曆癸丑進士第五名，授户部主事。崇禎時，累官兵部尚書，庸懦無戡亂才。清兵入昌平，都城戒嚴。鳳翼自請督師，與盧維寧、梁廷棟相掎角，皆退却不敢戰。言官劾疏五六上，鳳翼自知不免，遂日服大黄而卒。當其爲兵部尚書也，自勒詩文爲一集，法《文選》之例，先列賦，次列詩，次列文，都得詩文二十卷，名曰《句注山房集》。句注山房者，九苞家於兹山之下，遂以此爲集名也。是書卷一爲賦，卷二之九爲詩，卷十之二十爲文。詩以體分，曰擬古詩，曰五言古詩，曰七言古詩，曰五言律詩，曰七言律詩，曰排律詩。文亦以體爲次，曰詞，曰序，曰小引，曰銘，曰騷辭，曰祭文，曰傳，曰碑記，曰雜著。每體各存詩文若干首。其詩以古體爲佳，尤以模擬樂府者爲勝。如《滿歌行》云：“萋萋原上草，曄曄沼中荷。芳華味零落，忽焉霜露過。去日既莫挽，來日亦無多。人生苦不足，歲月能幾何？蜉蝣競羽翼，蟋蟀鳴檐阿。有酒不爲樂，其如鬢髮皤。幻矣青城藥，悠哉黑水禾。力民而代食，曳履且行歌。請看北邙坂，古冢鬱嵯峨。”其律詩亦頗可觀，如《聞警》云：“長城萬里鎖金微，百二分明拱帝畿。瀚海自歌朱鷺後，陰山誰射白狼歸？蒹葭夜永鴻初集，苜蓿秋深馬正肥。見説甘泉烽火急，君王未許罷宵衣。”亦雅有丰致。其文則挹唐宋之緒餘，而又錯雜以徘體，蓋未爲醇備。且間以佛老之言，則流於異端。矧卷末雜著一體，所録祇講《楞嚴經疏》二首，《净土庵銘》一首而已。乃李茂春序其集，評其詩則謂"其芳可縫，其美可襲，其音节可比金石，如古所稱詩人之度，非字櫛句比，模擬格象，襞積襯砌以爲工者"，評其文亦謂"古文辭則宏富近六朝，骨力參東西京。至於淘洗鉛華，自生姿態，則又在昌黎眉山之間"云云，則未免過於溢譽矣。